Dauber/Hendricks/Herzberg/Holzner/Kaponig/
Kollmar/Michel/Mirbach/Neufang/Schäfer/Voos

Vorbereitung auf die mündliche Steuerberaterprüfung/Kurzvortrag 2024/2025 mit Fragen und Fällen aus Prüfungsprotokollen

12. Auflage

2024
HDS-Verlag
Weil im Schönbuch

HDS
Verlag

Bibliografische Information der Deutschen Nationalbibliothek
Die Deutsche Nationalbibliothek verzeichnet diese Publikation
in der Deutschen Nationalbibliografie; detaillierte bibliografische Daten
sind im Internet über http://dnb.de abrufbar.

Gedruckt auf säure- und chlorfreiem, alterungsbeständigem Papier

ISBN: 978-3-95554-927-5

Dieses Werk einschließlich aller seiner Teile ist urheberrechtlich geschützt. Jede Verwertung außerhalb der engen Grenzen des Urheberrechtsgesetzes ist ohne Zustimmung des Verlages unzulässig und strafbar. Das gilt insbesondere für Vervielfältigungen, Übersetzungen, Mikroverfilmungen und die Einspeicherung und Verarbeitung in elektronischen Systemen.

© 2024 HDS-Verlag
www.hds-verlag.de
info@hds-verlag.de

Einbandgestaltung: Peter Marwitz – etherial.de
Layout: HDS-Verlag
Druck und Bindung: OSDW Azymut

Printed in Poland
2024

HDS-Verlag Weil im Schönbuch

Die Autoren

Harald Dauber, Diplom-Betriebswirt (FH), Inhaber der Unternehmen HDS-Verlag (Erstellung von Fachliteratur im Bereich Steuern, Wirtschaft und Recht), HDS-Buchhandelsversand (Spezialist für die Lieferung von Fachliteratur im Bereich Steuern, Wirtschaft und Recht), HDS-Unternehmensberatung. Er ist Autor für Steuern, Wirtschaft und Recht.

Lukas Hendricks, Steuerberater, Diplom-Finanzwirt, MBA (International Taxation), Fachberater für Umstrukturierungen (IFU/ISM gGmbH), Fachberater für den Heilberufebereich (IFU/ISM gGmbH) ist nach mehrjähriger praktischer Berufserfahrung in der Finanzverwaltung und in der Steuerabteilung eines DAX-Konzerns seit 2010 Steuerberater in eigener Praxis in Bonn und seit 2001 in der Erwachsenenbildung für zahlreiche Bildungseinrichtungen (u.a. Akademie Steuern und Wirtschaft GmbH, Schermbeck, IFU Institut für Unternehmensführung, Bonn, Sommerhoff AG Managementinstitut, Essen, Wrenger & Partner Studiengesellschaft, Nordkirchen, Dr. Bannas, Dr. Stitz) mit Schwerpunkt in der Prüfungsvorbereitung für angehende Steuerberater, Steuerfachwirte und Bilanzbuchhalter tätig. Er war Vorsitzender eines Prüfungsausschusses für Wirtschaftsfachwirte (IHK) und Mitglied des Prüfungsausschusses für Bilanzbuchhalter (IHK) bei der IHK Bonn. Er ist Autor und Mitautor mehrerer Fachbücher zu den Themen Buchführung, Bilanzierung, Steuerrecht und Jahresabschluss.

Dr. **Anja Herzberg** ist Steuerjuristin und Bankfachwirtin. Sie ist seit mehreren Jahren in der Steuerabteilung des Deutschen Sparkassen- und Giroverbandes e.V. (DSGV) in Berlin tätig. Dort verantwortet sie den Bereich der Abgabenordnung und des Steuerstrafrechts. Zudem ist sie seit vielen Jahren Lehrbeauftragte an der Hochschule für Technik und Wirtschaft Berlin und der Hochschule für Wirtschaft und Recht sowie Autorin und Herausgeberin zahlreicher Fachpublikationen zum Steuer- und Gesellschaftsrecht.

Christiane Holzner, Steuerberaterin, Master of Laws (LL.M.), Diplom-Finanzwirtin (FH), ist Referentin für Steuerrecht beim Gemeindetag Baden-Württemberg e.V. und Autorin/Mitautorin verschiedener Fach- und Lehrbücher zum Steuerrecht. Darüber hinaus ist sie als Dozentin in der Steuerberaterausbildung tätig.

Dr. **André Kaponig**, Diplom-Ökonom, Steuerberater, Studium der Wirtschaftswissenschaften an der Universität Duisburg-Essen. Während der Tätigkeit als Mitarbeiter bei einer mittelgroßen Wirtschaftsprüfungs- und Steuerberatungsgesellschaft erfolgte die Promotion. Seit 2015 geschäftsführender Gesellschafter der interdisziplinären Sozietät Hellnigk, Führ, Weiss, Zyber, Dr. Kaponig, Feldmann und Garden in Oberhausen. Des Weiteren erfolgen regelmäßig Veröffentlichungen in Fachzeitschriften zum Thema Bilanzierung und Steuergestaltung.

Prof. Dr. jur. **Jens Kollmar**, Steuerberater, ist Inhaber einer Professur für Steuer- und Gesellschaftsrecht an der Hochschule Worms und leitet dort den Studiengang Steuerlehre (B.A) – dual der Studienrichtung Steuern im Fachbereich Wirtschaftswissenschaften. Seine Schwerpunkte in Lehre und Forschung sind die Umstrukturierung von Unternehmen und die Besteuerung von Personengesellschaften. Auf diesen Gebieten sind zahlreiche Veröffentlichungen von ihm erschienen. Auch seine Tätigkeit als Steuerberater erstreckt sich hierauf. Darüber hinaus wurde er mit dem „Landeslehrpreis 2022" des Landes Rheinland-Pfalz für herausragende Leistungen in der Lehre ausgezeichnet.

Christian Michel, Diplom-Verwaltungswirt (FH), Rechtsanwalt, ist Leiter des Referats Recht und Berufsrecht beim Deutschen Steuerberaterverband e.V. in Berlin. Spezialisiert auf das Recht der steuerberatenden Berufe ist er auch als Dozent im Rahmen der Steuerberaterausbildung tätig.

Dr. **Christian Mirbach**, Diplom-Finanzwirt, Steuerberater, Master of Laws (LL.M.). Freiberuflicher Dozent in der Steuerberaterausbildung mit den Schwerpunktthemen Verfahrensrecht und Erbschaftsteuer und als Steuerberater in der Kanzlei VBR Hündgen Schreiber Wollseiffen und Partner mbB in Aachen tätig.

Mirko Neufang, M.A., Diplom-Ökonom, Steuerberater, Hauptgeschäftsführer der Neufang Akademie GbR und Partner der Kanzlei Neufang & Partner PartG mbB, Calw. Er ist Dozent und Autor im Rahmen der Steuerberaterfort- und Steuerberaterausbildung. In der Steuerberaterausbildung sind seine fachlichen Schwerpunktthemen: Einkommensteuer, Lohnsteuer.

Michael Schäfer, Bachelor of Laws (LL. B.), Steuerberater, Geschäftsführer der Neufang Akademie GbR und Partner der Kanzlei Neufang & Partner PartG mbB, Calw. Er ist Dozent und Autor im Rahmen der Steuerberaterfort- und Steuerberaterausbildung. In der Steuerberaterausbildung sind seine fachlichen Schwerpunktthemen: Einkommensteuer, Gesellschaftsteuer sowie Umsatzsteuer.

Prof. Dr. rer. pol. **Christoph Voos**, Diplom-Kaufmann, Wirtschaftsprüfer, Steuerberater und Fachberater für Internationales Steuerrecht. Partner der GTB Gesellschaft für Treuhand und Beratung mbH Wirtschaftsprüfungsgesellschaft, Krefeld. Professor für Allgemeine Betriebswirtschaftslehre, insb. Wirtschaftsprüfung und betriebliche Steuerlehre an der Hochschule Düsseldorf. Ehemaliges Mitglied der Prüfungskommission für das Steuerberaterexamen (2014-2022) sowie Mitglied der Prüfungskommission für das Wirtschaftsprüferexamen (2008 bis heute). Herr Prof. Dr. Voos ist zusätzlich als „Zertifizierter Berater für Steuerstrafrecht (FernUniversität in Hagen)" anerkannt.

Bearbeiterübersicht

Themenbereich	Verfasser
Teil A	Dauber
Teil B	
Kapitel 1	Neufang/Schäfer
Kapitel 2	Schäfer
Kapitel 3	Holzner
Kapitel 4	Kollmar
Kapitel 5	Voos
Kapitel 6	Herzberg
Kapitel 7	Kaponig
Kapitel 8	Mirbach
Kapitel 9	Dauber
Kapitel 10	Dauber
Kapitel 11	Michel
Kapitel 12	Dauber
Kapitel 13	Hendricks
Kapitel 14	Hendricks
Kapitel 15	Dauber
Kapitel 16	Voos

Vorwort zur 12. Auflage

Das Ziel zum Bestehen der Steuerberaterprüfung ist fast erreicht. Jetzt kommt das Finale: Die mündliche Prüfung, die aus dem mündlichen Kurzvortrag und dem Prüfungsgespräch besteht.

Bundesweit scheitern ca. 15 % der Teilnehmer an der mündlichen Prüfung. Dies sind sicherlich überwiegend die Bewerber mit einer Vornote von 4,5 aus der schriftlichen Prüfung. Es sind aber auch schon Kandidaten mit einer Vornote von 3,8 gescheitert. Einige hiervon hatten den sogenannten Blackout; andere wirkten aufgrund der vermeintlich guten Vornote zu selbstsicher. Dieses Erscheinungsbild sollten Sie unbedingt vermeiden; da Ihnen ein solches Auftreten nur schaden kann.

Aus den Prüfungsprotokollen geht hervor, dass die Bewerber mit der Vornote 4,3 bzw. 4,5 stärker befragt werden als die anderen Bewerber. Dies ist aber positiv zu werten. Die Kandidaten müssen im Gesamtergebnis die Note 4,15 erreichen. Daher wird diesen Bewerbern verstärkt die Chance gegeben, sich zu verbessern.

In diesem Buch wird ausführlich erläutert, was Sie bei der Vorbereitung und während des Vortrags zu beachten haben. Versuchen Sie sich in die Lage der Prüfungskommission zu versetzen. Diese Kommission entscheidet letztendlich darüber, ob Sie zukünftig als Steuerberater/in die Interessen der Mandanten vertreten können. Natürlich ist hier auch das gesamte Erscheinungsbild Ihrer Person für die Kommission wichtig. Die Prüfer/Innen sind auch „nur Menschen". Ein sympathisches Auftreten ist wichtig und hat bereits vielen Kandidaten geholfen. Ein respektvolles und freundliches „Gegenüber" hilft, um die letzten Entscheidungsgründe positiv zu beeinflussen.

Ein gelungener Kurzvortrag ist die „halbe Miete" und die Eintrittskarte zum erfolgreichen Abschluss der Prüfung und sollte daher intensiv trainiert werden.

Im Teil A des Buches wird zunächst allgemein erläutert, wie die Prüfung insgesamt abläuft. Danach werden zahlreiche Tipps gegeben, wie Sie Ihren Kurzvortrag halten sollten. Beim anschließenden Prüfungsdialog ist es wichtig, dass Sie nie „abschalten".

Zum Üben von Kurzvorträgen werden mehr als 700 mögliche Prüfungsthemen vorgestellt.

Teil B enthält mehr als 460 Fragen und Fälle zur Vorbereitung auf die Mündliche Steuerberaterprüfung mit Kurzvortrag 2024/2025.

Komplett überarbeitete und inhaltlich erweiterte 12. Auflage.

Wir wünschen Ihnen viel Erfolg für die bevorstehende Prüfung!

August 2024 **Die Autoren**

Inhaltsverzeichnis

Die Autoren	V
Bearbeiterübersicht	VII
Vorwort zur 12. Auflage	VIII

Teil A Vorbereitung für die mündliche Prüfung 1

1. Einleitung 1
1.1 Zulassung zur mündlichen Prüfung 1
1.2 Einladung und Ablauf der mündlichen Prüfung 1
1.3 Der Kurzvortrag 3
1.4 Das Prüfungsgespräch 4
1.5 Auswertung der Prüfungsergebnisse der Jahre 2011 bis 2023 4

2. Allgemeines 18
2.1 Blickkontakt und Vortragsvorlagen 18
2.2 Überschaubare Sätze (Sprechdenken) 19
2.3 Pausentechnik 19
2.4 Betonung/Gestik/Mimik 20
2.5 Kleidung/Übernachtung/Anfahrt/Gesundheit 20
2.6 Psychologische Vorbereitung 21
2.7 Sitzen oder Stehen? 22
2.8 Die Qual der Wahl – Themenauswahl 23
2.9 Aufbereitung des Vortragsthemas 24
2.10 Prüfungsdialog 26
2.11 Übersicht für den Kurzvortrag und an was Sie alles denken sollten 27
2.12 Weiterführende Prüfungsliteratur 27

3. Beispiele für Themen zur Selbstausarbeitung von Vorträgen 28
3.1 Allgemeines 28
3.2 Themen zum Ertragsteuerrecht 28
3.3 Themen zum Handelsrecht/Bilanzsteuerrecht/Umwandlungssteuerrecht 33
3.4 Themen zum Recht (Wirtschaftsrecht, Gesellschaftsrecht, Zivilrecht, Berufsrecht) ... 35
3.5 Themen zum Verfahrensrecht 37
3.6 Themen zur Umsatzsteuer 39
3.7 Themen zum Bewertungsrecht/Erbschaftsteuerrecht 41
3.8 Themen zur Betriebswirtschaft/Volkswirtschaft 42
3.9 Themen zu Sonstigen Steuerarten (Grunderwerbsteuer, Grundsteuer, Erbrecht) .. 43
3.10 Steuerartenübergreifende Themen/Sonstige Themen 43

4. Prüfungsprotokoll 45

Teil B Fragen und Fälle verschiedener Prüfungskommissionen aus den Prüfungsprotokollen 50

1. Einkommensteuer 50
1.1 12 Fragen zur Einkommensteuer 50
1.2 28 Fälle zur Einkommensteuer 58

2.	**Körperschaftsteuer**	77
2.1	20 Fragen zur Körperschaftsteuer	77
2.2	20 Fälle zur Körperschaftsteuer	87
3.	**Gewerbesteuer**	105
3.1	10 Fragen zur Gewerbesteuer	105
3.2	10 Fälle zur Gewerbesteuer	108
4.	**Umwandlungssteuerrecht**	113
4.1	10 Fragen zum Umwandlungssteuerrecht	113
4.2	12 Fälle zum Umwandlungssteuerrecht	125
5.	**Umsatzsteuerrecht**	137
5.1	15 Fragen zum Umsatzsteuerrecht	137
5.2	17 Fälle zum Umsatzsteuerrecht	154
6.	**Abgabenordnung**	161
6.1	15 Fragen zur Abgabenordnung	161
6.2	15 Fälle zur Abgabenordnung	181
7.	**Bilanzsteuerrecht**	192
7.1	54 Fragen zum Bilanzsteuerrecht	192
7.2	22 Fälle zum Bilanzsteuerrecht	202
8.	**Erbschaftsteuer und Bewertung**	217
8.1	21 Fragen zur Erbschaftsteuer und Bewertung	217
8.2	11 Fälle zum Erbschaftsteuer- und Bewertungsrecht	227
9.	**Betriebswirtschaftslehre**	236
9.1	7 Fragen zur Betriebswirtschaftslehre	236
9.2	8 Fälle zur Betriebswirtschaftslehre	237
10.	**Volkswirtschaftslehre**	243
10.1	19 Fragen zur Volkswirtschaftslehre	243
10.2	Fälle zur Volkswirtschaftslehre	251
11.	**Berufsrecht**	252
11.1	17 Fragen zum Berufsrecht	252
11.2	10 Fälle zum Berufsrecht	260
12.	**Bürgerliches Recht/Wirtschaftsrecht**	265
12.1	19 Fragen zum Bürgerlichen Recht/Wirtschaftsrecht	265
12.2	10 Fälle zum Bürgerlichen Recht/Wirtschaftsrecht	273
13.	**Handelsrecht**	277
13.1	12 Fragen zum Handelsrecht	277
13.2	9 Fälle zum Handelsrecht	280

14. Gesellschaftsrecht 285
14.1 13 Fragen zum Gesellschaftsrecht 285
14.2 13 Fälle zum Gesellschaftsrecht 293

15. Insolvenzrecht 301
15.1 18 Fragen zum Insolvenzrecht 301
15.2 8 Fälle zum Insolvenzrecht 310

16. Grunderwerbsteuerrecht 315
16.1 10 Fragen zum Grunderwerbsteuerrecht 315
16.2 7 Fälle zum Grunderwerbsteuerecht 321

Stichwortverzeichnis 325
Weitere Titel des HDS-Verlags 342

Teil A Vorbereitung für die mündliche Prüfung

1. Einleitung

1.1 Zulassung zur mündlichen Prüfung

Zur mündlichen Prüfung werden die Teilnehmer der Bewerber eingeladen, wenn die Gesamtnote der schriftlichen Prüfung die Zahl 4,5 nicht übersteigt. Die zuständige Steuerberaterkammer hat die Bewerber, die an der mündlichen Prüfung teilnehmen, hierzu spätestens zwei Wochen vorher zu laden. Mit der Ladung können die Teilnoten der schriftlichen Prüfung mitgeteilt werden.

Telefonische Vorweganfragen werden aus datenschutzrechtlichen Gründen nicht beantwortet.

1.2 Einladung und Ablauf der mündlichen Prüfung

Bei der Einladung zur mündlichen Prüfung wird Ihnen die Prüfungskommission mitgeteilt. Es geht hieraus nicht hervor, welche Prüfer in der Kommission sitzen. Dieses können Sie aber im Vorfeld durch Ihr Lehrgangsinstitut erfahren.

> **Hinweis!** Es kann aufgrund der vorliegenden Prüfungsprotokolle der Vorjahre hilfreich sein, sich einen Eindruck von den einzelnen Prüferinnen und Prüfern zu machen.

Dem Prüfungsausschuss gehören drei Beamte des höheren Dienstes oder vergleichbare Angestellte der Finanzverwaltung an, davon einer als Vorsitzender sowie drei Steuerberater oder zwei Steuerberater und ein Vertreter der Wirtschaft.

Der Ausschuss entscheidet mit Stimmenmehrheit. Bei Stimmengleichheit ist die Stimme des Vorsitzenden entscheidend.

In der mündlichen Prüfung werden der Vortrag und jeder Prüfungsabschnitt gesondert bewertet. Die Noten werden vom Prüfungsausschuss festgesetzt und für die mündliche Prüfung eine Gesamtnote gebildet.

Im unmittelbaren Anschluss an die mündliche Prüfung berät der Prüfungsausschuss über das Ergebnis der Prüfung. Die Prüfung ist bestanden, wenn die durch zwei geteilte Summe aus den Gesamtnoten für die schriftliche und die mündliche Prüfung die Zahl 4,15 nicht übersteigt. Der Vorsitzende eröffnet hierauf den Bewerbern, ob sie die Prüfung nach der Entscheidung des Prüfungsausschusses bestanden haben; er handelt insoweit als Vertreter der für die Finanzverwaltung zuständigen obersten Landesbehörde. Noten werden nicht verteilt (§§ 27 und 28 DVStB).

> **Tipp!** Seien Sie auf jeden Fall mindestens 30 Minuten vor der Uhrzeit der Ladung im Prüfungsgebäude. Es werden vom Aufsichtsführenden Ihre Personalien geprüft und die Vortragsthemen der Kurzvorträge verteilt.

Für den Vortrag über den Fachgegenstand werden dem Bewerber eine halbe Stunde vor Beginn der Prüfung drei Themen zur Auswahl gestellt.

Da die Vorbereitungszeit von 30 Minuten für den Kurzvortrag gestaffelt ist, werden die Prüflinge zu unterschiedlichen Zeiten eingeladen.

Bei den drei Themen zum Kurzvortrag werden meistens unterschiedlich Bereiche vorgegeben z.B. aus dem Ertragsteuerrecht, ein Umsatzsteuerthema und ein allgemeines Thema wie Berufsrecht, Handelsrecht etc. Welche Themen Ihnen angeboten werden, können wir nicht vorhersagen; dies ist vergleichbar mit der Ziehung der Lottozahlen.

> **Tipp!** Nehmen Sie sich für die Pausen kleine Snacks mit, da es keine Mittagspause gibt. Es liegt ein langer anstrengender Tag von ca. 8 Stunden vor Ihnen.

Die Prüfungsgebiete sind gem. § 37 Abs. 3 StBerG:
- Steuerliches Verfahrensrecht sowie Steuerstraf- und Steuerordnungswidrigkeitenrecht,
- Steuern vom Einkommen und Ertrag,
- Bewertungsrecht, Erbschaftsteuer und Grundsteuer,
- Verbrauch- und Verkehrsteuern, Grundzüge des Zollrechts,
- Handelsrecht sowie Grundzüge des Bürgerlichen Rechts, des Gesellschaftsrechts, des Insolvenzrechts und des Rechts der Europäischen Union,
- Betriebswirtschaft und Rechnungswesen,
- Volkswirtschaft,
- Berufsrecht.

Nicht erforderlich ist, dass sämtliche Gebiete Gegenstand der Prüfung sind.

Schwierig ist für die meisten Bewerber das Thema Volkswirtschaft, da Sie sich nur insoweit vorbereiten können, die Grundbegriffe wie Bruttosozialprodukt usw. zu verstehen. Wichtig ist, dass Sie sich mindestens drei Wochen vor der Prüfung mit den aktuellen Themen aus den „großen" Zeitungen wie z.B. FAZ, Handelsblatt, DIE ZEIT, Spiegel, Focus, Süddeutsche aber auch der Bildzeitung beschäftigen. In fast allen Fällen wird in diesem Bereich über aktuelle Themen gesprochen, teilweise auch diskutiert.

In der mündlichen Prüfung werden der Vortrag und jeder Prüfungsabschnitt gesondert bewertet und die Noten zwischen 1 bis 6 vom Prüfungsausschuss festgesetzt. Die auf jeden Bewerber entfallende Prüfungszeit soll neunzig Minuten nicht überschreiten.

Grundsätzlich werden die gleichen Hilfsmittel wie bei der schriftlichen Prüfung zugelassen. Mindestens benötigen Sie die Texte folgender Gesetze (Textausgaben) einschließlich ggf. hierzu erlassene Durchführungsverordnungen und Richtlinien (s. Gleich lautende Erlasse der obersten Finanzbehörden der Länder über den Termin der schriftlichen Steuerberaterprüfung 2024 und die hierfür zugelassenen Hilfsmittel vom 16. Oktober 2023):
- Abgabenordnung, Finanzgerichtsordnung, Verwaltungszustellungsgesetz,
- Erbschaftsteuer- und Schenkungssteuergesetz, Bewertungsgesetz,
- Umsatzsteuergesetz,
- Einkommen-, Körperschaftsteuergesetz und Gewerbesteuergesetz,
- Umwandlungsgesetz, Umwandlungssteuergesetz,
- Außensteuergesetz,
- Investitionszulagengesetz,
- Grunderwerbsteuergesetz, Grundsteuergesetz,
- Bürgerliches Gesetzbuch, Handelsgesetzbuch, Aktiengesetz, GmbH-Gesetz,
- Steuerberatungsgesetz.

Es liegt in der Verantwortung der Bewerber, dafür Sorge zu tragen, dass ihnen neben dem aktuellen Rechtsstand des Prüfungsjahres 2024 die vorgenannten Vorschriften auch in der für das Kalenderjahr 2023 geltenden Fassung zur Verfügung stehen. Sofern bei der Lösung einzelner Aufgaben ein anderer Rechtsstand maßgeblich ist, werden die entsprechenden Rechtsvorschriften dem Aufgabentext als Anlage beigefügt.

Die Textausgaben (Loseblatt-Sammlung oder gebunden) beliebiger Verlage dürfen weitere Gesetzestexte, Verwaltungsanweisungen der Finanzbehörden, Leitsatzzusammenstellungen, Fußnoten und Stichwortverzeichnisse enthalten. Fachkommentare sind ausdrücklich nicht zugelassen.

Die jeweiligen Textausgaben sind von den Bewerbern selbst zu beschaffen und zur Prüfung mitzubringen. Sie dürfen außer Unterstreichungen, Markierungen und Hilfen zum schnelleren Auffinden der Vorschriften (sog. Griffregister) keine weiteren Anmerkungen oder Eintragungen enthalten. Die Griffregister dürfen Stichworte aus der Überschrift und Paragrafen enthalten. Eine weitere Beschriftung ist nicht zulässig.

Die Benutzung eines nicht programmierbaren Taschenrechners ist zulässig, sofern eine Verbindung mit dem Internet nicht möglich ist.

Weitere Aussagen zu den Hilfsmitteln werden im Ladungsschreiben zur mündlichen Prüfung getroffen.

Die mündliche Prüfung gilt als nicht abgelegt, wenn der Bewerber aus einem von ihm nicht zu vertretenden Grund an der Ablegung der Prüfung gehindert ist. Die Prüfung kann in diesem Fall nachgeholt werden. Eine Erkrankung ist durch ein amtsärztliches Zeugnis nachzuweisen. Wird die mündliche Prüfung ohne ausreichende Entschuldigung versäumt, so gilt die Prüfung als nicht bestanden.

Einwendungen gegen den Ablauf der Vorbereitung auf den Vortrag oder der mündlichen Prüfung wegen Störungen, die durch äußere Einwirkungen verursacht worden sind, sind unverzüglich, spätestens jedoch bis zum Ende der mündlichen Prüfung, durch Erklärung gegenüber dem Aussichtsführenden oder dem Vorsitzenden des Prüfungsausschusses geltend zu machen.

Bei Täuschungsversuchen oder Benutzung nicht zugelassener Hilfsmittel kann der Vortrag als ungenügend bewertet werden. In schweren Fällen kann der Bewerber ausgeschlossen werden. Dies gilt auch bei ungebührlichem Verhalten während der Prüfung.

Im unmittelbaren Anschluss an die mündliche Prüfung berät der Prüfungsausschuss über das Ergebnis der Prüfung. Die Prüfung ist bestanden, wenn die durch zwei geteilte Summe aus den Gesamtnoten für die schriftliche und mündliche Prüfung die Zahl 4,15 nicht übersteigt.

Hat der Bewerber die Prüfung nicht bestanden, kann er eine Bekanntgabe der tragenden Gründe der Entscheidung verlangen.

1.3 Der Kurzvortrag

Während des Vortrags sind Sie mit der Prüfungskommission „alleine". Nach Ihrem Vortrag müssen Sie den Raum verlassen, da die Kommission Ihren Vortrag bewertet.

Der Vortrag sollte nicht länger als 10 Minuten dauern. Dies steht weder im Gesetz noch in der Durchführungsverordnung. Ein Vortrag unter fünf Minuten wird aber sicherlich negativ bewertet. Sollten Sie die zehn Minuten überschreiten, wird die Kommission dies ebenfalls nicht positiv bewerten. Der Vorsitzende wird bei längerer Überschreitung der Zeit abbrechen und sich für den Vortrag „bedanken". Der Vorsitzende des Prüfungsausschusses leitet die mündliche Prüfung. Er ist berechtigt, „jederzeit" in die Prüfung einzugreifen.

Eine Vortragszeit von 7 bis 9 Minuten ist sicherlich optimal. Natürlich können Sie nicht stetig zwischendurch auf Ihre Uhr oder u.U. auf die Uhr im Prüfungsraum sehen. Einige Kandidaten haben ihre Armbanduhr auf dem Handgelenk verdreht. Somit haben Sie die Möglichkeit, wenn sie zwischendurch auf die Notizen sehen, auch die Zeit „im Auge" zu haben.

> **Beispiel:** Sie sind kurz vor dem Ende Ihrer Schlussworte und erkennen, dass erst vier Minuten vergangen sind. Jetzt können Sie immer noch als Ende des Vortrags zur Abrundung ein oder zwei Beispiele bringen und kommen dann vielleicht auf sieben Minuten.

Natürlich: „Alles ist leichter geschrieben als getan!", aber mit viel Übung ist alles möglich.

In diesem Buch wird ausführlich erläutert, was Sie bei der Vorbereitung und während des Vortrags alles zu beachten haben. Sinn und Zweck dieser „Veranstaltung" ist es überwiegend, dass die Prüfungskommission einen Gesamteindruck von Ihnen erhält. Schließlich können Sie nach der bestandenen Prüfung und Bestellung sofort als Steuerberater tätig werden und damit den Berufstand vertreten.

1.4 Das Prüfungsgespräch

Nach den Vorträgen der Bewerber wird eine kurze Pause eingelegt. Danach beginnt das allgemeine Prüfungsgespräch. Sie werden jetzt mit vier oder fünf Mitbewerbern ausgiebig über alle Themen des § 37 Abs. 3 StBerG befragt. Ausführlich hierzu s. 2.10.

1.5 Auswertung der Prüfungsergebnisse der Jahre 2011 bis 2023

1. Einleitung

Steuerberaterprüfung 2011 im Bundesgebiet

Steuerberaterkammer bzw. Bundesland	Zulassungsanträge	zur Prüfung zugelassen	zur Prüfung erschienen	Rücktritt während der Prüfung	schriftliche Prüfung (sP) abgelegt (= 100)	sP nicht bestanden	sP nicht bestanden in %	zu mündlicher Prüfung (mP) geladen	Entschuldigt an mP nicht teilgenommen	Insgesamt bestanden	Insgesamt bestanden in %
Bayern	**1.116**	**1.107**	**962**	**102**	**860**	**355**	**41,28 %**	**505**	**1**	**411**	**47,79 %**
- München	814	805	710	69	641	266	41,50 %	375	1	296	46,18 %
- Nürnberg	302	302	252	33	219	89	40,64 %	130	0	115	52,51 %
Baden-Württemberg	**745**	**733**	**660**	**62**	**598**	**249**	**41,64 %**	**349**	**3**	**313**	**52,34 %**
- Nordbaden	171	169	152	17	135	65	48,15 %	70	0	65	48,15 %
- Stuttgart	465	456	412	36	376	155	41,22 %	221	3	194	51,60 %
- Südbaden	109	108	96	9	87	29	33,33 %	58	0	54	62,07 %
Berlin	317	307	267	31	236	135	57,20 %	101	0	93	39,41 %
Brandenburg	63	63	49	6	43	24	55,81 %	19	0	19	44,19 %
Bremen	75	75	70	4	66	33	50,00 %	33	0	28	42,42 %
Hamburg	391	390	351	23	328	139	42,38 %	189	0	165	50,30 %
Hessen	651	641	590	55	535	261	48,79 %	274	0	261	48,79 %
Mecklenburg-Vorpom.	32	31	26	0	26	12	46,15 %	14	1	13	50,00 %
Niedersachsen	388	384	344	27	317	122	38,49 %	195	0	171	53,94 %
Nordrhein-Westfalen	**1.551**	**1.523**	**1.363**	**145**	**1.218**	**486**	**39,90 %**	**732**	**1**	**595**	**48,85 %**
- Düsseldorf	728	720	658	66	592	237	40,03 %	355	1	289	48,82 %
- Köln	414	407	356	36	320	126	39,38 %	194	0	157	49,06 %
- Westfalen-Lippe	409	396	349	43	306	123	40,20 %	183	0	149	48,69 %
Rheinland-Pfalz	169	168	143	16	127	68	53,54 %	59	0	58	45,67 %
Saarland	64	63	58	4	54	31	57,41 %	23	0	23	42,59 %
Sachsen	167	164	137	9	128	56	43,75 %	72	0	58	45,31 %
Sachsen-Anhalt	53	51	47	1	46	27	58,70 %	19	0	16	34,78 %
Schleswig-Holstein	106	106	99	13	86	29	33,72 %	57	1	44	51,16 %
Thüringen	55	50	42	4	38	17	44,74 %	21	0	17	44,74 %
Bundesgebiet	**5.943**	**5855**	**5.208**	**502**	**4.706**	**2.044**	**43,43 %**	**2.662**	**7**	**2.285**	**48,56 %**

Quelle: steuerberaterpruefung-nrw.de

Steuerberaterprüfung 2012 im Bundesgebiet

Steuerberaterkammer bzw. Bundesland	Zulassungsanträge	zur Prüfung zugelassen	zur Prüfung erschienen	Rücktritt während der Prüfung	schriftliche Prüfung (sP) abgelegt (= 100)	sP nicht bestanden	sP nicht bestanden in %	zu mündlicher Prüfung (mP) geladen	Entschuldigt an mP nicht teilgenommen	Insgesamt bestanden	Insgesamt bestanden in %
Bayern	**908**	**903**	**801**	**97**	**704**	**229**	**32,5 %**	**475**	**0**	**392**	**55,7 %**
– München	661	658	585	57	528	179	33,9 %	349	0	276	52,3 %
– Nürnberg	247	245	216	40	176	50	28,4 %	126	0	116	65,9 %
Baden-Württemberg	**695**	**689**	**614**	**66**	**548**	**246**	**44,9 %**	**302**	**0**	**279**	**50,9 %**
– Nordbaden	161	160	141	19	122	52	42,6 %	70	0	63	51,6 %
– Stuttgart	433	430	384	43	341	160	46,9 %	181	0	168	49,3 %
– Südbaden	101	99	89	4	85	34	40,0 %	51	0	48	56,5 %
Berlin	243	236	210	31	179	89	49,7 %	90	0	85	47,5 %
Brandenburg	67	67	55	10	45	21	46,7 %	24	0	22	48,9 %
Bremen	69	69	59	2	57	31	54,4 %	26	0	23	40,4 %
Hamburg	346	346	309	26	283	119	42,0 %	164	0	143	50,5 %
Hessen	537	526	483	63	420	202	48,1 %	218	0	210	50,0 %
Mecklenburg-Vorpom.	52	52	45	6	39	25	64,1 %	14	0	14	35,9 %
Niedersachsen	293	283	254	13	241	97	40,2 %	144	0	135	56,0 %
Nordrhein-Westfalen	**1.372**	**1.363**	**1.191**	**112**	**1.079**	**433**	**40,1 %**	**646**	**0**	**553**	**51,3 %**
– Düsseldorf	583	581	524	55	469	198	42,2 %	271	0	231	49,3 %
– Köln	382	378	323	24	299	103	34,4 %	196	0	164	54,8 %
– Westfalen-Lippe	407	404	344	33	311	132	42,4 %	179	0	158	50,8 %
Rheinland-Pfalz	156	147	125	14	111	56	50,5 %	55	1	53	47,7 %
Saarland	61	60	54	6	48	26	54,2 %	22	0	22	45,8 %
Sachsen	164	160	139	19	120	56	46,7 %	64	0	54	45,0 %
Sachsen-Anhalt	39	37	32	3	29	11	37,9 %	18	0	16	55,2 %
Schleswig-Holstein	99	96	85	6	79	24	30,4 %	55	0	50	63,3 %
Thüringen	54	54	50	3	47	25	53,2 %	22	0	20	42,6 %
Bundesgebiet	**5.155**	**5.088**	**4.506**	**477**	**4.029**	**1.690**	**41,9 %**	**2.339**	**0**	**2.071**	**51,4 %**

Quelle: steuerberaterpruefung-nrw.de

1. Einleitung

Steuerberaterprüfung 2013 im Bundesgebiet

Steuerberaterkammer bzw. Bundesland	Zulassungsanträge	zur Prüfung zugelassen	zur Prüfung erschienen	Rücktritt während der Prüfung	schriftliche Prüfung (sP) abgelegt (= 100)	sP nicht bestanden	sP nicht bestanden in %	zu mündlicher Prüfung (mP) geladen	Entschuldigt an mP nicht teilgenommen	Insgesamt bestanden	Insgesamt bestanden in %
Bayern	**922**	**911**	**803**	**89**	**714**	**171**	**23,9 %**	**543**	**0**	**441**	**61,8**
– München	680	673	593	58	535	124	23,2 %	411	0	323	60,4 %
– Nürnberg	242	238	210	31	179	47	26,3 %	132	0	118	65,9 %
Baden-Württemberg	**719**	**709**	**641**	**57**	**584**	**214**	**36,6 %**	**370**	**2**	**335**	**57,4 %**
– Nordbaden	154	150	138	16	122	50	41,0 %	72	0	68	55,7 %
– Stuttgart	455	449	402	28	374	135	36,1 %	239	2	215	57,5 %
– Südbaden	110	110	101	13	88	29	33,0	59	0	52	59,1 %
Berlin	247	235	205	29	176	71	40,3 %	105	0	99	56,3 %
Brandenburg	66	65	56	8	48	26	54,2 %	22	0	18	37,5 %
Bremen	62	61	57	3	54	17	31,5 %	37	0	34	63,0 %
Hamburg	327	325	295	27	268	91	34,0 %	177	0	154	57,5 %
Hessen	557	545	494	40	454	160	35,2 %	294	0	283	62,3 %
Mecklenburg-Vorpom.	42	42	40	9	31	12	38,7 %	19	0	16	51,6 %
Niedersachsen	280	272	236	13	223	57	25,6 %	166	0	145	65,0 %
Nordrhein-Westfalen	**1320**	**1298**	**1146**	**110**	**1036**	**312**	**30,1 %**	**724**	**0**	**603**	**58,2 %**
– Düsseldorf	549	541	487	42	445	138	31,0 %	307	0	248	55,7 %
– Köln	380	375	323	33	290	87	30,0 %	203	0	171	59,0 %
– Westfalen-Lippe	391	382	336	35	301	87	28,9 %	214	0	184	61,1 %
Rheinland-Pfalz	154	147	124	11	113	40	35,4 %	73	0	71	62,8 %
Saarland	45	45	36	4	32	11	34,4 %	21	0	20	62,5 %
Sachsen	166	159	137	14	123	49	39,8 %	74	0	61	49,6 %
Sachsen-Anhalt	50	46	43	3	40	12	30,0 %	28	0	25	62,5 %
Schleswig-Holstein	82	82	70	6	64	19	29,7 %	45	0	42	65,6 %
Thüringen	53	52	47	3	44	10	22,7 %	34	0	28	63,6 %
Bundesgebiet	**5.092**	**4.994**	**4.430**	**426**	**4.004**	**1.272**	**31,8 %**	**2.732**	**2**	**2.375**	**59,3 %**

Quelle: steuerberaterpruefung-nrw.de

Steuerberaterprüfung 2014 im Bundesgebiet

Steuerberaterkammer bzw. Bundesland	Zulassungsanträge	zur Prüfung zugelassen	zur Prüfung erschienen	Rücktritt während der Prüfung	schriftliche Prüfung (sP) abgelegt (= 100)	sP nicht bestanden	sP nicht bestanden in %	zu mündlicher Prüfung (mP) geladen	Entschuldigt an mP nicht teilgenommen	Insgesamt bestanden	Insgesamt bestanden in %
Bayern	**968**	**954**	**823**	**90**	**733**	**274**	**37,4 %**	**459**	**0**	**380**	**51,8 %**
– München	688	677	583	56	527	198	37,6 %	329	0	262	49,7 %
– Nürnberg	280	277	240	34	206	76	36,9 %	130	0	118	57,3 %
Baden-Württemberg	**670**	**661**	**602**	**66**	**536**	**229**	**42,7 %**	**307**	**0**	**282**	**52,6 %**
– Nordbaden	172	170	154	19	135	57	42,2 %	78	0	72	53,3 %
– Stuttgart	392	387	357	35	322	135	41,9 %	187	0	173	53,7 %
– Südbaden	106	104	91	12	79	37	46,8 %	42	0	37	46,8 %
Berlin	285	280	256	31	225	120	53,3 %	105	1	99	44,0 %
Brandenburg	66	65	56	17	39	18	46,2 %	21	0	20	51,3 %
Bremen	59	59	52	3	49	21	42,9 %	28	0	26	53,1 %
Hamburg	315	314	282	26	256	121	47,3 %	135	0	121	47,3 %
Hessen	519	511	457	46	411	189	46,0 %	222	1	210	51,1 %
Mecklenburg-Vorpom.	41	40	35	6	29	17	58,6 %	12	0	12	41,4 %
Niedersachsen	289	286	260	25	235	104	44,3 %	131	0	112	47,7 %
Nordrhein-Westfalen	**1.342**	**1.319**	**1.172**	**134**	**1.038**	**389**	**37,5 %**	**649**	**1**	**559**	**53,9 %**
– Düsseldorf	579	571	513	47	466	177	38,0 %	289	1	248	53,2 %
– Köln	383	376	334	51	283	113	39,9 %	170	0	148	52,3 %
– Westfalen-Lippe	380	372	325	36	289	99	34,3 %	190	0	163	56,4 %
Rheinland-Pfalz	135	133	112	6	106	59	55,7 %	47	0	46	43,4 %
Saarland	62	62	57	0	57	22	38,6 %	35	0	34	59,6 %
Sachsen	164	158	136	11	125	54	43,2 %	71	0	65	52,0 %
Sachsen-Anhalt	45	42	37	7	30	9	30,0 %	21	0	20	66,7 %
Schleswig-Holstein	104	103	91	13	78	32	41,0 %	46	0	41	52,6 %
Thüringen	56	56	45	4	41	15	36,6 %	26	0	22	53,7 %
Bundesgebiet	**5.120**	**5.043**	**4.473**	**485**	**3.988**	**1.673**	**42,0 %**	**2.315**	**3**	**2.049**	**51,4 %**

Quelle: steuerberaterpruefung-nrw.de

1. Einleitung

Steuerberaterprüfung 2015 im Bundesgebiet

Steuerberaterkammer bzw. Bundesland	Zulassungsanträge	zur Prüfung zugelassen	zur Prüfung erschienen	Rücktritt während der Prüfung	schriftliche Prüfung (sP) abgelegt (= 100)	sP nicht bestanden	sP nicht bestanden in %	zu mündlicher Prüfung (mP) geladen	Entschuldigt an mP nicht teilgenommen	Insgesamt bestanden	Insgesamt bestanden in %
Bayern	**1.037**	**1.028**	**900**	**90**	**810**	**369**	**45,6 %**	**441**	**1**	**369**	**45,6 %**
- München	781	773	672	65	607	290	47,8 %	317	1	257	42,3 %
- Nürnberg	256	255	228	25	203	79	38,9 %	124	0	112	55,2 %
Baden-Württemberg	**763**	**755**	**680**	**84**	**596**	**298**	**50,0 %**	**298**	**1**	**273**	**45,8 %**
- Nordbaden	171	170	152	18	134	69	51,5 %	65	1	59	44,0 %
- Stuttgart	490	486	435	54	381	182	47,8 %	199	0	185	48,6 %
- Südbaden	102	99	93	12	81	47	58,0 %	34	0	29	35,8 %
Berlin	316	309	270	39	231	140	60,6 %	91	2	85	36,8 %
Brandenburg	48	48	42	12	30	17	56,7 %	13	1	11	36,7 %
Bremen	62	62	55	9	46	24	52,2 %	22	0	20	43,5 %
Hamburg	347	343	295	45	250	122	48,8 %	128	0	110	44,0 %
Hessen	503	489	455	50	405	202	49,9 %	203	0	194	47,9 %
Mecklenburg-Vorpom.	30	29	26	2	24	14	58,3 %	10	0	10	41,7 %
Niedersachsen	304	297	267	30	237	120	50,6 %	117	0	112	47,3 %
Nordrhein-Westfalen	**1.375**	**1.358**	**1.187**	**168**	**1.019**	**425**	**41,7 %**	**549**	**0**	**469**	**48,7 %**
- Düsseldorf	559	554	497	67	430	199	46,3 %	231	0	190	44,2 %
- Köln	415	411	355	50	305	125	41,0 %	180	0	151	49,5 %
- Westfalen-Lippe	401	393	335	51	284	101	35,6 %	183	0	155	54,6 %
Rheinland-Pfalz	159	155	133	15	118	65	55,1 %	53	0	50	42,4 %
Saarland	53	53	44	7	37	20	54,1 %	17	0	17	45,9 %
Sachsen	131	127	115	10	105	48	45,7 %	57	0	51	48,6 %
Sachsen-Anhalt	39	37	35	4	31	20	64,5 %	11	0	7	22,6 %
Schleswig-Holstein	104	104	97	15	82	29	35,4 %	53	0	47	57,3 %
Thüringen	43	43	35	4	31	15	48,4 %	16	0	15	48,4 %
Bundesgebiet	**5.314**	**5.237**	**4.636**	**584**	**4.052**	**1.928**	**47,6 %**	**2.124**	**5**	**1.867**	**46,1 %**

Quelle: steuerberaterpruefung-nrw.de

Steuerberaterprüfung 2016 im Bundesgebiet

Steuerberaterkammer bzw. Bundesland	Zulassungsanträge	zur Prüfung zugelassen	zur Prüfung erschienen	Rücktritt während der Prüfung	schriftliche Prüfung (sP) abgelegt (= 100)	sP nicht bestanden	sP nicht bestanden in %	zu mündlicher Prüfung (mP) geladen	Entschuldigt an mP nicht teilgenommen	Insgesamt bestanden	Insgesamt bestanden in %
Bayern	**1.079**	**1.066**	**935**	**131**	**804**	**405**	**50,4 %**	**399**	**1**	**335**	**41,7 %**
– München	790	783	688	98	590	299	50,7 %	291	1	235	39,8 %
– Nürnberg	289	283	247	33	214	106	49,5 %	108	0	100	46,7 %
Baden-Württemberg	**730**	**724**	**651**	**66**	**585**	**355**	**60,7 %**	**230**	**0**	**219**	**37,4 %**
– Nordbaden	154	154	130	20	110	68	61,8 %	42	0	41	37,3 %
– Stuttgart	467	462	421	36	385	234	60,8 %	151	0	146	37,9 %
– Südbaden	109	108	100	10	90	53	58,9 %	37	0	32	35,6 %
Berlin	309	305	270	55	215	133	61,9 %	82	0	77	35,8 %
Brandenburg	37	37	36	12	24	10	41,7 %	14	0	14	58,3 %
Bremen	71	71	63	14	49	29	59,2 %	20	0	18	36,7 %
Hamburg	346	341	303	40	263	162	61,6 %	101	0	95	36,1 %
Hessen	536	525	472	62	410	227	55,4 %	184	0	181	44,1 %
Mecklenburg-Vorpom.	33	33	28	2	26	14	53,8 %	12	0	11	42,3 %
Niedersachsen	322	314	283	43	240	133	55,4 %	107	0	98	40,8 %
Nordrhein-Westfalen	**1.472**	**1.456**	**1.280**	**179**	**1.101**	**508**	**46,1 %**	**593**	**0**	**507**	**46,0 %**
– Düsseldorf	600	594	519	68	451	233	51,7 %	218	0	192	42,6 %
– Köln	446	440	394	67	327	150	45,9 %	177	0	150	45,9 %
– Westfalen-Lippe	426	422	367	44	323	125	38,7 %	198	0	165	51,1 %
Rheinland-Pfalz	154	149	117	23	94	56	59,6 %	38	0	38	40,4 %
Saarland	54	54	46	3	43	26	60,5 %	17	0	17	39,5 %
Sachsen	153	145	126	4	122	70	57,4 %	52	0	47	38,5 %
Sachsen-Anhalt	46	43	39	3	36	22	61,1 %	14	0	12	33,3 %
Schleswig-Holstein	119	118	102	13	89	48	53,9 %	41	0	37	41,6 %
Thüringen	48	48	44	6	38	21	55,3 %	17	0	16	42,1 %
Bundesgebiet	**5.509**	**5.429**	**4.795**	**656**	**4.139**	**2.219**	**53,6 %**	**1.921**	**1**	**1.722**	**41,6 %**

Quelle: steuerberaterpruefung-nrw.de

1. Einleitung

Steuerberaterprüfung 2017 im Bundesgebiet

Steuerberaterkammer bzw. Bundesland	Zulassungsanträge	zur Prüfung zugelassen	zur Prüfung erschienen	Rücktritt während der Prüfung	schriftliche Prüfung (sP) abgelegt (= 100)	sP nicht bestanden	sP nicht bestanden in %	zu mündlicher Prüfung (mP) geladen	Entschuldigt an mP nicht teilgenommen	Insgesamt bestanden	Insgesamt bestanden in %
Bayern	**1.042**	**1.029**	**907**	**103**	**804**	**304**	**37,8 %**	**500**	**1**	**423**	**52,6 %**
- München	749	739	650	71	579	216	37,3 %	363	1	298	51,5 %
- Nürnberg	293	290	257	32	225	88	39,1 %	137	0	125	55,6 %
Baden-Württemberg	**782**	**773**	**696**	**75**	**621**	**296**	**47,7 %**	**325**	**1**	**300**	**48,3 %**
- Nordbaden	167	166	142	14	128	66	51,6 %	62	1	55	43,0 %
- Stuttgart	497	492	453	48	405	191	47,2 %	214	0	199	49,1 %
- Südbaden	118	115	101	13	88	39	44,3 %	49	0	46	52,3 %
Berlin	331	324	281	45	236	127	53,8 %	109	0	101	42,8 %
Brandenburg	48	45	38	4	34	16	47,1 %	18	0	17	50,0 %
Bremen	58	57	52	10	42	27	64,3 %	15	0	15	35,7 %
Hamburg	316	315	271	24	247	115	46,6 %	132	0	117	47,4 %
Hessen	586	570	525	64	461	206	44,7 %	255	1	250	54,2 %
Mecklenburg-Vorpom.	42	41	35	3	32	18	56,3 %	14	0	14	43,8 %
Niedersachsen	377	371	332	30	302	125	41,4 %	177	0	161	53,3 %
Nordrhein-Westfalen	**1.382**	**1.360**	**1.199**	**131**	**1.068**	**437**	**40,9 %**	**631**	**1**	**541**	**50,7 %**
- Düsseldorf	569	564	500	52	448	192	42,9 %	256	0	218	48,7 %
- Köln	426	418	362	36	326	137	42,0 %	189	0	162	49,7 %
- Westfalen-Lippe	387	378	337	43	294	108	36,7 %	186	1	161	54,8 %
Rheinland-Pfalz	156	154	136	15	121	61	50,4 %	60	0	58	47,9 %
Saarland	49	49	45	3	42	23	54,8 %	19	0	19	45,2 %
Sachsen	157	153	132	14	118	53	44,9 %	65	0	63	53,4 %
Sachsen-Anhalt	61	57	51	9	42	20	47,6 %	22	0	22	52,4 %
Schleswig-Holstein	126	126	117	12	105	45	42,9 %	60	0	53	50,5 %
Thüringen	46	45	41	7	34	11	32,4 %	23	0	20	58,8 %
Bundesgebiet	**5.559**	**5.469**	**4.858**	**549**	**4.309**	**1.884**	**43,7 %**	**2.425**	**4**	**2.174**	**50,5 %**

Quelle: steuerberaterpruefung-nrw.de

Steuerberaterprüfung 2018 im Bundesgebiet

Steuerberaterkammer bzw. Bundesland	Zulassungsanträge	zur Prüfung zugelassen	zur Prüfung erschienen	Rücktritt während der Prüfung	schriftliche Prüfung (sP) abgelegt (= 100)	sP nicht bestanden	sP nicht bestanden in %	zu mündlicher Prüfung (mP) geladen	Entschuldigt an mP nicht teilgenommen	Insgesamt bestanden	Insgesamt bestanden in %
Bayern	**1.101**	**1.081**	**956**	**115**	**841**	**262**	**31,2 %**	**579**	**3**	**502**	**59,7 %**
- München	800	788	700	83	617	194	31,4 %	423	3	356	57,7 %
- Nürnberg	301	293	256	32	224	68	30,4 %	156	0	146	65,2 %
Baden-Württemberg	**706**	**697**	**641**	**64**	**577**	**226**	**39,2 %**	**351**	**0**	**332**	**57,5 %**
- Nordbaden	166	162	147	17	130	49	37,7 %	81	0	77	59,2 %
- Stuttgart	427	424	391	36	355	145	40,8 %	210	0	203	57,2 %
- Südbaden	113	111	103	11	92	32	34,8 %	60	0	52	56,5 %
Berlin	289	285	257	49	208	106	51,0 %	102	0	98	47,1 %
Brandenburg	53	52	45	7	38	14	36,8 %	24	0	22	57,9 %
Bremen	63	62	53	7	46	18	39,1 %	28	0	27	58,7 %
Hamburg	285	281	239	28	211	80	37,9 %	131	0	116	55,0 %
Hessen	554	540	494	52	442	149	33,7 %	293	1	287	64,9 %
Mecklenburg-Vorpom.	46	43	41	6	35	21	60,0 %	14	0	13	37,1 %
Niedersachsen	336	333	300	26	274	100	36,5 %	174	2	156	56,9 %
Nordrhein-Westfalen	**1.372**	**1.375**	**1.200**	**149**	**1.051**	**364**	**34,6 %**	**687**	**0**	**599**	**57,0 %**
- Düsseldorf	556	551	502	52	450	171	38,0 %	279	0	237	52,7 %
- Köln	400	393	341	44	297	96	32,3 %	201	0	173	58,2 %
- Westfalen-Lippe	416	413	357	53	304	97	31,9 %	207	0	189	62,2 %
Rheinland-Pfalz	148	148	128	15	113	52	46,0 %	61	0	57	50,4 %
Saarland	55	55	43	3	40	21	52,5 %	19	0	19	47,5 %
Sachsen	149	143	134	14	120	51	42,5 %	69	1	65	54,2 %
Sachsen-Anhalt	40	39	30	3	27	9	33,3 %	18	0	16	59,3 %
Schleswig-Holstein	129	128	119	11	108	40	37,0 %	68	0	64	59,3 %
Thüringen	49	48	40	8	32	12	37,5 %	20	0	19	59,4 %
Bundesgebiet	**5.375**	**5.292**	**4.720**	**557**	**4.163**	**1.525**	**36,6 %**	**2.638**	**7**	**2.392**	**57,5 %**

Quelle: StBK Westfalen-Lippe

1. Einleitung

Steuerberaterprüfung 2019 im Bundesgebiet

Steuerberaterkammer bzw. Bundesland	Zulassungsanträge	zur Prüfung zugelassen	zur Prüfung erschienen	Rücktritt während der Prüfung	schriftliche Prüfung (sP) abgelegt (= 100)	sP nicht bestanden	sP nicht bestanden in %	zu mündlicher Prüfung (mP) geladen	Entschuldigt an mP nicht teilgenommen	Insgesamt bestanden	Insgesamt bestanden in %
Bayern	**1.062**	**1.044**	**922**	**103**	**819**	**298**	**36,4 %**	**521**	**0**	**460**	**56,2 %**
- München	772	761	674	69	605	214	35,4 %	391	0	344	56,9 %
- Nürnberg	290	283	248	34	214	84	39,3 %	130	0	116	54,2 %
Baden-Württemberg	**685**	**672**	**613**	**63**	**550**	**237**	**43,1 %**	**313**	**0**	**298**	**54,2 %**
- Nordbaden	155	151	133	20	113	41	36,3 %	72	0	70	61,9 %
- Stuttgart	437	432	404	34	370	165	44,6 %	205	0	193	52,2 %
- Südbaden	93	89	76	9	67	31	46,3 %	36	0	35	52,2 %
Berlin	291	282	244	34	210	91	43,3 %	119	0	114	54,3 %
Brandenburg	50	50	45	11	34	13	38,2 %	21	0	21	61,8 %
Bremen	52	51	46	11	35	15	42,9 %	20	0	19	54,3 %
Hamburg	314	308	271	35	236	83	35,2 %	153	2	139	58,9 %
Hessen	469	453	414	48	366	165	45,1 %	201	0	199	54,4 %
Mecklenburg-Vorpom.	36	35	29	1	28	14	50,0 %	14	0	14	50,0 %
Niedersachsen	359	353	322	25	297	108	36,4 %	189	1	168	56,6 %
Nordrhein-Westfalen	**1.323**	**1.318**	**1.164**	**134**	**1.030**	**313**	**30,4 %**	**717**	**3**	**640**	**62,1 %**
- Düsseldorf	541	539	479	54	425	133	31,3 %	292	2	254	59,8 %
- Köln	389	387	351	48	303	82	27,1 %	221	1	200	66,0 %
- Westfalen-Lippe	393	392	334	32	302	98	32,5 %	204	0	186	61,6 %
Rheinland-Pfalz	120	118	102	9	93	40	43,0 %	53	0	52	55,9 %
Saarland	44	44	38	2	36	16	44,4 %	20	0	19	52,8 %
Sachsen	133	129	115	9	106	48	45,3 %	58	0	56	52,8 %
Sachsen-Anhalt	35	32	26	3	23	11	47,8 %	12	0	12	52,2 %
Schleswig-Holstein	111	111	103	10	93	40	43,0 %	53	0	52	55,9 %
Thüringen	45	45	42	6	36	14	38,9 %	22	0	21	58,3 %
Bundesgebiet	**5.129**	**5.045**	**4.496**	**504**	**3.992**	**1.506**	**37,7 %**	**2.486**	**6**	**2.284**	**57,2 %**

Steuerberaterprüfung 2020 im Bundesgebiet

Steuerberaterkammer bzw. Bundesland	Zulassungsanträge	zur Prüfung zugelassen	zur Prüfung erschienen	Rücktritt während der Prüfung	schriftliche Prüfung (sP) abgelegt (= 100)	sP nicht bestanden	sP nicht bestanden in %	zu mündlicher Prüfung (mP) geladen	Entschuldigt an mP nicht teilgenommen	Insgesamt bestanden	Insgesamt bestanden in %
Bayern	**1.002**	**976**	**865**	**129**	**736**	**336**	**45,7%**	**400**	**1**	**351**	**47,7%**
– München	702	680	602	91	511	228	44,6%	283	1	245	47,9%
– Nürnberg	300	296	263	38	225	108	48,0%	117	0	106	47,1%
Baden-Württemberg	**609**	**597**	**548**	**86**	**462**	**227**	**49,1%**	**235**	**0**	**226**	**48,9%**
– Nordbaden	121	118	103	20	83	41	49,4%	42	0	41	49,4%
– Stuttgart	396	389	360	51	309	158	51,1%	151	0	144	46,6%
– Südbaden	92	90	85	15	70	28	40,0%	42	0	41	58,6%
Berlin	277	263	225	44	181	107	59,1%	74	1	73	40,3%
Brandenburg	43	43	34	3	31	14	45,2%	17	0	17	54,8%
Bremen	62	62	53	6	47	30	63,8%	17	0	17	36,2%
Hamburg	278	275	248	27	221	107	48,4%	114	0	102	46,2%
Hessen	522	506	453	62	391	188	48,1%	203	2	192	49,1%
Mecklenburg-Vorpom.	30	30	22	0	22	12	54,5%	10	0	10	45,5%
Niedersachsen	349	348	305	32	273	115	42,1%	158	0	146	53,5%
Nordrhein-Westfalen	**1.320**	**1.308**	**1.160**	**167**	**993**	**423**	**42,6%**	**570**	**7**	**497**	**50,1%**
– Düsseldorf	547	541	484	72	412	180	43,7%	232	2	207	50,2%
– Köln	389	384	341	51	290	114	39,3%	176	2	149	51,4%
– Westfalen-Lippe	384	383	335	44	291	129	44,3%	162	3	141	48,5%
Rheinland-Pfalz	140	138	117	11	106	55	51,9%	51	1	50	47,2%
Saarland	57	56	43	0	43	22	51,2%	21	0	21	48,8%
Sachsen	131	125	106	5	101	51	50,5%	50	0	47	46,5%
Sachsen-Anhalt	36	34	28	4	24	14	58,3%	10	0	10	41,7%
Schleswig-Holstein	109	109	99	14	85	38	44,7%	47	0	43	50,6%
Thüringen	44	44	37	7	30	17	56,7%	13	0	12	40,0%
Bundesgebiet	**5.009**	**4.914**	**4.343**	**597**	**3.746**	**1.756**	**46,9%**	**1.990**	**12**	**1.814**	**48,4%**

1. Einleitung

Steuerberaterprüfung 2021 im Bundesgebiet

Steuerberaterkammer bzw. Bundesland	Zulassungsanträge	zur Prüfung zugelassen	zur Prüfung erschienen	Rücktritt während der Prüfung	schriftliche Prüfung (sP) abgelegt (= 100)	sP nicht bestanden	zu mündlicher Prüfung (mP) geladen	Insgesamt bestanden	Insgesamt bestanden in %
Bayern	**1.147**	**1.115**	**1.006**	**127**	**879**	**289**	**590**	**518**	**58,9 %**
– München	796	768	692	85	607	215	392	344	56,7 %
– Nürnberg	351	347	314	42	272	74	193	174	64,0 %
Baden-Württemberg	**753**	**743**	**683**	**67**	**616**	**229**	**387**	**358**	**58,1 %**
– Nordbaden	160	155	143	12	131	51	80	72	55,0 %
– Stuttgart	498	493	455	43	412	157	255	240	53,3 %
– Südbaden	95	95	85	12	73	21	52	46	63,0 %
Berlin	304	295	257	46	211	107	104	101	47,9 %
Brandenburg	38	36	32	8	24	10	14	14	58,3 %
Bremen	70	70	59	7	52	24	28	28	53,8 %
Hamburg	313	308	271	31	240	79	161	152	63,3 %
Hessen	591	567	509	62	447	188	259	253	56,6 %
Mecklenburg-Vorpom.	39	39	34	1	33	16	17	17	56,6 %
Niedersachsen	386	384	341	25	316	100	216	195	60,6 %
Nordrhein-Westfalen	**1.437**	**1.420**	**1.243**	**144**	**1.099**	**339**	**760**	**666**	**60,6 %**
– Düsseldorf	590	538	521	68	453	151	302	267	58,9 %
– Köln	403	399	347	34	313	94	219	194	62,0 %
– Westfalen-Lippe	444	438	375	42	333	94	239	205	61,6 %
Rheinland-Pfalz	152	149	125	7	118	55	63	60	50,8 %
Saarland	61	60	50	2	48	24	24	24	50,0 %
Sachsen	140	131	118	12	106	46	60	56	52,8 %
Sachsen-Anhalt	31	30	22	4	18	8	10	10	55,6 %
Schleswig-Holstein	125	125	118	8	110	33	77	72	65,5 %
Thüringen	48	47	36	4	32	17	15	14	43,8 %
Bundesgebiet	**5.635**	**5.519**	**4.904**	**555**	**4.349**	**1.564**	**2.785**	**2.538**	**58,4 %**

Quelle: Steuerberaterkammer Westfalen-Lippe

Steuerberaterprüfung 2022 im Bundesgebiet

Steuerberaterkammer bzw. Bundesland	Zulassungsanträge	zur Prüfung zugelassen	zur Prüfung erschienen	Rücktritt während der Prüfung	schriftliche Prüfung (sP) abgelegt (= 100)	sP nicht bestanden	zu mündlicher Prüfung (mP) geladen	Insgesamt bestanden	Insgesamt bestanden in %
Bayern	1.007	989	865	115	750	373	377	344	**45,9 %**
– München	706	698	605	74	531	260	271	247	46,5 %
– Nürnberg	301	291	260	41	219	113	106	97	44,3 %
Baden-Württemberg	667	654	611	82	529	264	265	252	**47,6 %**
– Nordbaden	162	158	145	23	122	60	62	58	47,5 %
– Stuttgart	407	400	376	51	325	165	160	155	47,7 %
– Südbaden	98	96	90	8	82	39	43	39	47,6 %
Berlin	263	257	228	53	175	126	49	45	25,7 %
Brandenburg	39	37	29	3	26	13	13	13	50,0 %
Bremen	61	61	53	1	52	30	22	22	42,3 %
Hamburg	296	289	255	29	226	116	110	105	46,5 %
Hessen	525	511	428	50	378	212	166	159	42,1 %
Mecklenburg-Vorpom.	33	33	29	6	23	18	5	5	21,7 %
Niedersachsen	356	351	308	31	277	131	146	140	50,5 %
Nordrhein-Westfalen	1.274	1.263	1.138	134	1.004	466	538	467	**46,5 %**
– Düsseldorf	511	506	456	60	396	187	209	184	46,5 %
– Köln	350	347	311	37	274	126	148	132	48,2 %
– Westfalen-Lippe	413	410	371	37	334	153	181	151	45,2 %
Rheinland-Pfalz	185	179	149	17	132	66	66	66	50,0 %
Saarland	51	52	43	1	42	27	15	15	35,7 %
Sachsen	144	139	131	19	112	62	50	49	43,8 %
Sachsen-Anhalt	22	21	17	2	15	8	7	7	46,7 %
Schleswig-Holstein	117	115	106	9	97	53	44	43	44,3 %
Thüringen	56	56	48	8	40	21	19	18	45,0 %
Bundesgebiet	5.097	5.007	4.438	560	3.878	1.986	1.892	1.750	**45,1 %**

Quelle: Steuerberaterkammer Westfalen-Lippe

1. Einleitung

Steuerberaterprüfung 2023 im Bundesgebiet

Steuerberaterkammer bzw. Bundesland	Zulassungsanträge	zur Prüfung zugelassen	zur Prüfung erschienen	Rücktritt während der Prüfung	schriftliche Prüfung (sP) abgelegt (=100)	sP nicht bestanden	sP nicht bestanden in %	zu mündlicher Prüfung (mP) geladen	Entschuldigt an mP nicht teilgenommen	Insgesamt bestanden	Insgesamt bestanden in %
Bayern	**1.054**	**1.039**	**930**	**132**	**798**	**347**	**43,5 %**	**451**	**0**	**400**	**50,1 %**
- München	734	727	654	93	561	229	40,8 %	332	0	289	51,5 %
- Nürnberg	320	312	276	39	237	118	49,8 %	119	0	111	46,8 %
Baden-Württemberg	**681**	**673**	**633**	**79**	**554**	**240**	**43,3 %**	**314**	**1**	**302**	**54,5 %**
- Nordbaden	162	159	144	16	128	72	56,3 %	56	0	53	41,4 %
- Stuttgart	406	401	385	53	332	137	41,3 %	195	1	188	56,6 %
- Südbaden	113	113	104	10	94	31	33,0 %	63	0	61	64,9 %
Berlin	315	307	274	62	212	121	57,1 %	91	0	88	41,5 %
Brandenburg	59	57	44	6	38	19	50,0 %	19	0	19	50,0 %
Bremen	70	70	59	6	53	26	49,1 %	27	0	27	50,9 %
Hamburg	322	314	275	38	237	100	42,2 %	137	0	128	54,0 %
Hessen	572	559	507	76	431	225	52,2 %	206	0	203	47,1 %
Mecklenburg-Vorpom.	42	40	29	4	25	17	68,0 %	8	0	7	28,0 %
Niedersachsen	373	372	333	37	296	127	42,9 %	169	0	158	53,4 %
Nordrhein-Westfalen	**1.470**	**1.457**	**1.305**	**153**	**1.152**	**463**	**40,2 %**	**689**	**2**	**621**	**53,9 %**
- Düsseldorf	546	542	487	62	425	188	44,2 %	237	1	214	50,4 %
- Köln	432	427	379	53	326	135	41,4 %	191	1	172	52,8 %
- Westfalen-Lippe	492	488	439	38	401	140	34,9 %	261	0	235	58,6 %
Rheinland-Pfalz	171	167	147	17	130	52	40,0 %	78	0	76	58,5 %
Saarland	49	47	40	7	33	18	54,5 %	15	0	15	45,5 %
Sachsen	129	122	102	7	95	49	51,6 %	46	0	46	48,4 %
Sachsen-Anhalt	45	41	32	5	27	11	40,7 %	16	0	16	59,3 %
Schleswig-Holstein	126	125	115	16	99	46	46,5 %	53	0	51	51,5 %
Thüringen	47	47	42	14	28	12	42,9 %	16	0	14	50,0 %
Bundesgebiet	**5.525**	**5.437**	**4.867**	**659**	**4.208**	**1.873**	**44,5 %**	**2.335**	**3**	**2.171**	**51,6 %**

Quelle: steuerberaterpruefung-nrw.de

2. Allgemeines

„Das schaffst Du schon!" oder „In der Ruhe liegt die Kraft!" oder „Augen zu und durch!" oder „Andere haben es auch geschafft!". Diese tollen Tipps und Ratschläge kennen Sie alle. Sie aber stehen im Endspiel der Fußballweltmeisterschaft; die 90 Minuten haben Sie bis zum Unentschieden geschafft. In der 120sten Minute ein Strafstoß, den Sie verwandeln sollen!

Was passiert wohl, wenn Sie jetzt einem Vollprofi mit diesen Sprüchen kommen würden? Genauso geht es Ihnen. Sie stehen relativ einsam vor einer großen Hürde, die Sie überspringen müssen.

Dazu gibt es eine nette Fabel zur Gelassenheit:

Die Jünger fragten einen Weisen: „Was machst du anders als wir? Warum bist du immer so guter Dinge? Warum bist du so gelassen?"

Der Weise antwortet: „Das ist ganz einfach. Wenn ich gehe, gehe ich, wenn ich stehe, stehe ich, wenn ich esse, esse ich, wenn ich lese, lese ich!"

Die Jünger überrascht: „Das tun wir doch auch!"

Der Weise: „Nicht ganz. Wenn ihr steht, geht ihr schon, wenn ihr geht, lauft ihr schon, wenn ihr lauft, redet ihr schon, wenn ihr redet, denkt ihr schon an was anderes!"

In dieser Fabel steckt viel Wahrheit. Sich auf das zu konzentrieren, was Sie im Augenblick erleben, ist eine Fähigkeit, die erlernt werden muss.

Der Prüfungstag ist eine große Herausforderung und erfordert höchste Konzentration. Der Ablauf könnte sich wie folgt gestalten:

Uhrzeit laut Ladung	8.30 Uhr
Identitätsprüfung, Verteilung der Vortragsthemen	
Beginn der Vorbereitung der Kurzvorträge	9.00 Uhr
Ende der Vorbereitung der Kurzvorträge	9.30 Uhr
Begrüßung der Teilnehmer durch die Kommission	9.45 Uhr
danach Beginn des ersten Kurzvortrags	
Ende des letzten Kurzvortrags	10.30 Uhr
Kurze Pause, in der die Kommission sich über die Benotung der Kurzvorträge einigt.	
Beginn der ersten, beiden Abschnitte des Prüfungsdialogs	10.45 Uhr
Pause	12.00 Uhr
Beginn des dritten und vierten Abschnitts des Prüfungsdialogs	12.15 Uhr
Mittagspause	13.30 Uhr
Beginn des fünften und sechsten Abschnitts des Prüfungsdialogs	14.30 Uhr
Ende der mündlichen Prüfung für die Kandidaten – Pause	15.45 Uhr
Verkündung der Ergebnisse nach Beratung	Uhr ???

2.1 Blickkontakt und Vortragsvorlagen

Kennen Sie das? Sie sitzen im Straßencafe und unterhalten sich mit einer Person über irgendein für Sie wichtiges Thema. Ihr Gegenüber trägt eine dunkle Sonnenbrille. Wie fühlen Sie sich? Verunsichert Sie die Situation, weil Sie keinen Blickkontakt haben?

Ein Nächstes Mal trägt Ihr Gegenüber keine Sonnenbrille. Er beteiligt sich zwar am Gespräch; seine Blicke schweifen aber ununterbrochen zu den Passanten und vorbeifahrenden Pkw. Wie fühlen Sie sich?

Wahrscheinlich fühlen Sie sich nicht wahrgenommen. Alles wirkt nach Desinteresse, was Sie der Person gegenüber vermitteln möchten. Blicke „sagen" oft mehr als Worte. Der **Blickkontakt** hat etwas mit Berührung zu tun; der Gegenüber nimmt mich wahr.

2. Allgemeines

Im Prüfungsvortrag ist der Blickkontakt zum Gremium ein sehr wichtiger Bestandteil. Sie bekommen Sicherheit, wenn Sie spüren oder anhand von positiven Zeichen (Kopfnicken etc.) erkennen, dass Ihr Vortrag „ankommt". Sie sollten möglichst alle Prüfer gelegentlich ansehen.

Schaffen Sie sich „Blick-Inseln" zu einzelnen Prüfern und Ihre Anonymität verschwindet; es entsteht ein Netzwerk, ein Beziehungsgeflecht. Sie werden schnell erkennen, wer Ihnen persönlich am sympathischsten erscheint und diese Person häufiger ansehen. Dies bringt weitere Sicherheit.

Vielleicht liest ein Prüfer noch die Tageszeitung, da er aktuelle Themen für seine spätere Fragerunde braucht. Lassen Sie sich dadurch nicht ablenken oder irritieren.

Der **Blickkontakt** kann die Brücke sein von Ihnen zum Mensch (Prüfer) zum Zu-**Hörer** und Zu-**Schauer** als Mensch.

Sie haben Ihren Vortrag wie später beschrieben, sorgfältig vorbereitet. Je weniger „Zettel" Sie verwenden, desto freier werden Sie sprechen und desto mehr Möglichkeiten haben Sie zum Blickkontakt mit den Prüfern.

> **Wichtig!** Viele Zettel verderben Ihren gesamten Vortrag; auch wenn diese inhaltlich noch so gut sein sollte! Achten Sie auch darauf, kleine feste Zettel für Ihre Notizen zu machen! Sollten Sie wegen der Aufregung eventuell zittern, werden Sie große DIN A4-Zettel nicht gerade beruhigen. Vergessen Sie nicht, die Zettel zu nummerieren. Sollten diese zu Boden fallen oder verrutschen, ist das Chaos sonst ggf. perfekt. Notieren/Markieren Sie sich den wichtigsten Begriff auf jedem Notizblatt groß und die „Nebennotizen" klein! Machen Sie zudem bitte keinerlei Notizen auf der Rückseite!

2.2 Überschaubare Sätze (Sprechdenken)

Sie haben sicherlich schon viele Ansprachen von Politikern gehört und sind in eine Art Ohnmacht gefallen, da Sie am Ende eines Satzes nicht mehr wussten wie er angefangen hat. Wie ist das bei Ihnen? Sprechen Sie auch gerne in sogenannten Schachtelsätzen?

Das „müssen" Sie sich zumindest für den Prüfungsvortrag abgewöhnen. Ansonsten schalten auch die Prüfer ab und der Vortrag verfehlt sein Ziel!

Jeder Satz, der „geplant" ist, bevor Sie anfangen zu reden, bringt Ihnen Sicherheit und Energie. Ohne Planung reißt oft der „rote Faden" in Ihrem Vortrag oder Sie sind mit dem Denken schon weiter als mit dem Sprechen. Sie verlieren dadurch schnell den Kontakt zu den Prüfern. Wenn Sie Pech haben, kommt es zum „Black-out"!

Planen Sie ihren Satz bis zum Punkt, bevor Sie das Sprechwerkzeug einsetzen!

Diese Planung ist natürlich nur möglich, wenn Sie in kurzen Sätzen sprechen. Das ist für die Prüfer sehr viel angenehmer als Schachtelsätze, weil man Ihnen so besser folgen kann.

Beispiel:

parataktisch=	hypotaktisch=
kurze, überschaubare Sätze	lange, verschachtelte Sätze
„Gestern haben wir uns leider verfehlt. Wo und wann können wir uns treffen? Machen Sie mir bitte einen Vorschlag."	„Da wir uns gestern leider verfehlt haben, bitte ich Sie herzlich, mich wissen zu lassen, wo und wann wir uns nun treffen könnten."

2.3 Pausentechnik

Sicherlich haben auch Sie im Freundes- oder Bekanntenkreis Personen, zu denen die Zuhörer sagen: „Die/der redet ja, ohne Luft zu holen"!

Das ist für jeden Zuhörer eine Zumutung. Es ist schon fast eine Erlösung, wenn die Person aufhört zu reden! Ebenso empfinden das die Prüfer bei einem Vortrag „ohne Pause".

… und gerade mit Pausen schlagen Sie zwei Fliegen mit einer Klappe!

Die überschaubaren Sätze zu bilden (planen), benötigt etwas Zeit. Nehmen Sie sich die Zeit, um einen neuen Satz im Kopf zu formulieren. Spätestens mit Beginn des Sprechens nehmen Sie den Blickkontakt auf und **senken Ihre Stimme** am Satzende. Dies ist die Einführung in die „Pause" und erholsam für die Prüfer.

Sie müssen Ihre Aufmerksamkeit ungeteilt auf das richten, was Sie gerade tun. Das bedeutet für Sie üben, üben, üben, denn üben lohnt sich.

„Die Konzentration liegt auf dem, was Du jetzt tust. Wenn Du die Aufmerksamkeit auf das richtest, was Du jetzt tust, bist Du auf den nächsten Augenblick vorbereitet. Es gibt kein Später, weil das Kommende später die Gegenwart ist." (Samuel Avital)

2.4 Betonung/Gestik/Mimik

Stellen Sie sich vor, Ihr Bekannter erzählt Ihnen vom letzten „tollen" Urlaub. Es war wirklich alles super. Er erzählt es Ihnen aber in einer total monotonen Art und zeigt keinerlei Gestiken und Mimik. Wie kommt das bei Ihnen herüber? Zweifeln Sie an seinen Aussagen?

Um Ihren Vortrag interessant zu gestalten, setzen Sie alle Möglichkeiten der Betonung, Gestik und Mimik ein; aber übertreiben Sie dabei bitte nicht. Sie wollen kein „Comedy-Star" werden und sollten authentisch bleiben. Folgende Möglichkeiten bestehen zum Beispiel für eine interessante Gestaltung:

Wechsel des Tempos	aber nie zu schnell und hastig
Wechsel der Lautstärke	aber nie zu laut oder zu leise
Wechsel der Stimmlage	aber nie zu viel Gefühl
Wechsel der Pausenlänge	aber nicht übertreiben
Sprechende Mimik	fragend, ernst, lächelnd
Lebendige Gestik	natürliche Handbewegungen; sie unterstreichen wichtige Aussagen und Offenheit
Lockere Haltung	aufrecht ohne Verkrampfung. Das Ziel: Standfestigkeit/Sicherheit/Gelassenheit

2.5 Kleidung/Übernachtung/Anfahrt/Gesundheit

Sie sollten sich mehrere Wochen vor der mündlichen Prüfung die Kleidung besorgen, die Sie am Prüfungstag tragen werden. Manche Teilnehmer finden es lächerlich, diese Kleidung bereits bei den Prüfungssimulationen zu tragen, aber das macht Sinn. Die Teilnehmer tragen unbewusst anders (ernsthafter) vor, als wenn sie in Jeans und Pullover vortragen.

Ein Prüfling hatte sich frühzeitig ein tolles Hotel ausgesucht, was für jedermann(frau) ratsam ist. Morgens um sechs Uhr klingelte der Wecker. Als er sein Hemd anprobierte, stellte er fest, dass ihm seine Partnerin ein nagelneues Oberhemd eingepackt hatte. Für dieses Hemd benötigte er allerdings Manschettenknöpfe, die nicht aufzufinden waren. Die erste Stresssituation und Schweißausbrüche waren perfekt.

Er rannte zur Rezeption und stellte wiederum fest, dass das gesamte Personal keine Manschettenknöpfe trug. Ein netter Herr an der Rezeption bemerkte seine Nervosität und befragte ihn nach seinem Problem. Daraufhin beauftragte er einen jungen Mann, zum Bahnhof zu fahren und Manschetten zu besorgen. Der Teilnehmer gab ihm 100 € und der junge Mann fuhr los. Tatsächlich war er nach zwanzig

Minuten zurück und der Prüfling wurde langsam etwas ruhiger. Jetzt schmunzelt er darüber; damals nicht!

Oft wird gefragt: „Was soll ich denn eigentlich anziehen?" Wichtig ist sicherlich, dass Sie sich wohl fühlen. Natürlich sollten Sie nicht in lässigen Jeans oder Ähnlichem auftreten. Anderseits ist „overdresst" auch nicht angesagt. Es muss also kein Nadelstreifenanzug oder ein Ballkleid sein. Denken Sie bitte auch an gutes bequemes Schuhwerk; der Tag ist lang! Fragen Sie vielleicht vorher gute Freunde, Bekannte ihren Partner oder ihre Familie, ob Ihr Auftreten angemessen ist.

Die Anfahrt zum Prüfungstag ist vielen Bewerbern schon zum Verhängnis geworden. Bei dem einen hatte die Bahn Verspätung, der andere saß mit seinem Pkw im Stau. Auch ältere Navigationsgeräte brachten Hektik, da die neu erbaute Straße nicht im Navi zu finden war. Es ist zu empfehlen, frühzeitig ein ruhiges Hotel in der Nähe des Veranstaltungsortes zu buchen. Sicherlich ist es zudem vor allen für Ortsunkundige ratsam, sich vorher das Gebäude anzusehen, wo die Prüfung stattfindet. Dies gibt zusätzliche Sicherheit.

Schlucken Sie vor der Prüfung keine Beruhigungspillen, um ruhiger zu wirken. In Ausnahmefällen kann ein Arztbesuch viele Wochen vor Prüfungsbeginn ratsam sein, wenn Sie bei sich selber übernervöse Anzeichen bemerken und kaum Schlaf bekommen. In Absprache mit Ihrem Arzt können unter Umständen homöopathische Mittel hilfreich sein.

Es ist auch wichtig, dass Sie sich fit halten. Eine optimale Ernährung ist dabei genauso wichtig wie sportliche Betätigung im vernünftigen Rahmen. Vermeiden Sie es, vor der Prüfung zu erkranken. Schützen Sie sich, so gut wie es eben geht; denn auch kleinere Erkrankungen haben für viele Bewerber schon das „Aus" bedeutet, da eine Erkrankung schlechte Auswirkungen auf die Konzentrationsfähigkeit, die Stimme und das allgemeine Wohlbefinden hat.

2.6 Psychologische Vorbereitung

In Teil B Kapitel 3 sind mögliche Vortragsthemen aufgeführt. Die Liste kann aufgrund der Vielzahl möglicher anderer Themen jedoch nur als Anhaltspunkt dienen.

Sie sollten bis zur mündlichen Prüfung zahlreiche Themen als Prüfungsvortrag ausarbeiten, um so die Auswahl und Vorbereitung eines Vortrags immer und immer wieder zu üben.

Häufig bereitet der mündliche Vortrag deshalb Schwierigkeiten, weil während des Sprechens bereits der nächste Gedanke formuliert werden muss. Dieser Denk-Sprech-Vorgang benötigt ein gehöriges Maß an Routine, die Sie nur durch Übung und Erfahrung erreichen können.

Sie sollten sich deshalb nicht scheuen, die ausgewählten Vorträge vor anderen fachkompetenten Zuhörern (z.B. im Rahmen einer Arbeitsgemeinschaft) laut sprechend abzuhalten.

Auch ohne Zuhörer lassen sich Kurzvorträge gut mit Hilfe einer Videokamera/Filmaufnahme/Handy trainieren.

Bei einer Kontrolle mittels Videorecorder/Filmaufnahme/Handy sollte das Video/der Film in unmittelbarem zeitlichen Zusammenhang **ohne Ton angesehen** werden. So kann am ehesten die Wirkung der eigenen Gestik und Mimik geprüft werden.

Nach entsprechendem zeitlichem Abstand sollte die Aufzeichnung mit Ton noch einmal unter fachlichen Gesichtspunkten geprüft werden.

Ausdrücklich ist davor zu warnen, Kurzvorträge „im Kopf" ablaufen zu lassen, denn dies:
- vermittelt bei weitem nicht den Lerneffekt wie ein laut gesprochener Vortrag und
- verführt leicht zu Selbstbetrug.

Um einen bestmöglichen Trainingseffekt zu erreichen, sollten Kurzvorträge immer diszipliniert und laut (ab und zu auch in der Kleidung, die Sie am Prüfungstag tragen wollen) gesprochen/vorgetragen werden.

Auch wenn es Ihnen lächerlich vorkommt, Sie erhalten dadurch die notwendige rhetorische Sicherheit und außerdem ein Gefühl für das richtige „Timing" Ihres Vortrags.

Es reicht nicht, wenn Sie das Vortragsthema perfekt beherrschen. Sie müssen es den Prüfern auch vermitteln können.

2.7 Sitzen oder Stehen?

Einige Prüfer verlangen, dass der Vortrag im Stehen gehalten wird, andere lassen die Prüflinge im Sitzen reden. Manchmal wird den Prüflingen auch die Wahl, im Stehen oder Sitzen vorzutragen, freigestellt. In einem solchen Fall sollten Sie sich schnell entscheiden, denn das zeugt (angeblich) von Entschlussfreudigkeit und Überzeugungskraft.

Vortrag im Stehen
Vorteile:
- Herabblicken auf die sitzenden Prüfer (gibt Selbstsicherheit),
- innere Anspannung führt zu höherer Konzentration,
- (richtige) stehende Haltung vermittelt Überzeugungskraft,
- Vortrag im Stehen ist „effektvoller" als Vortrag im Sitzen.

Nachteile:
Starke Nervosität ist leicht erkennbar, deshalb ist:
- ein hohes Maß an Selbstsicherheit erforderlich,
- neben dem Vortrag muss auch ständig die Körpersprache kontrolliert werden.

> **Beachte!** Selbstsicherheit können Sie den Prüfern nicht „vorgaukeln", Sie können aber dafür sorgen, dass Ihre Körperhaltung Selbstsicherheit „ausstrahlt".

> **Tipp!** Stehen Sie aufrecht, ruhig und entspannt vor den Prüfern, die Hände sollten das Redemanuskript mit leicht angewinkelten Armen halten.

Vermeiden Sie es, die Hände vor der Brust zu verschränken (Abwehrhaltung), mit Ihrem Redemanuskript in den Händen zu spielen (zeigt Unsicherheit) oder die Hände in die Taschen zu stecken (Zeichen von Arroganz).

Lassen Sie die Hände auch nicht einfach herunterbaumeln. Ihre Haltung bleibt dabei nicht aufrecht und Sie ermüden schnell. Dies führt nur zu einer unnötigen Behinderung des Denk-Sprech-Vorgangs. Sprechen Sie laut und deutlich und schauen Sie dabei die Prüfer (und nicht Ihre Schuhe) an.

Vortrag im Sitzen
Vorteile:
- Entspanntere (fast kollegiale) Atmosphäre, da auch die Prüfer sitzen,
- Nervosität kann leichter überspielt werden,
- Hände können auf den Tisch gelegt werden,
- Umfang der Selbstkontrolle ist geringer, da man nicht neben dem Vortrag ständig auch noch die Körpersprache kontrollieren muss.

Nachteile:
- Prüfungsvortrag ist nicht so „effektvoll" wie im Stehen,
- Zwerchfell wird behindert, lautes, konzentriertes Sprechen bereitet dadurch Mühe,
- erforderliche innere Anspannung wird schnell abgebaut,
- Fachkompetenz kann nicht durch Körperhaltung vorgetäuscht werden.

2. Allgemeines

> **Beachte!**
> - Sitzen Sie aufrecht (nicht locker nach hinten gelehnt).
> - Spielen Sie nicht mit Ihrem Redemanuskript.
> - Sprechen Sie laut und deutlich und
> - schauen Sie dabei die Prüfer an (die Tischplatte ist nicht an Ihrem Vortrag interessiert).

Ein im Sitzen gehaltener Vortrag kann aber nie die gleiche überzeugende rhetorische Wirkung haben, wie ein mit **Selbstbewusstsein** im Stehen vorgetragener Vortrag.

Eine für die Prüfung erforderliche klare und deutliche Aussprache können Sie – wie ein Schauspieler – durch fortwährende Übung trainieren.

2.8 Die Qual der Wahl – Themenauswahl

Nachdem Sie vom Prüfungsausschuss die drei Auswahlthemen erhalten haben, werden erfahrungsgemäß spontane Reaktionen wie „jubilierende Freude" oder „panisches Entsetzen" einsetzen. Dies ist ein kritischer Moment der Vortragsvorbereitung!

> **Hinweis!** Darum heißt es jetzt **„Ruhe bewahren"** und **keine voreilige Entscheidung** treffen!

Auch wenn dies leichter geschrieben als getan ist. Sie müssen jetzt ruhig und gelassen das richtige Thema auswählen. Dazu sollten Sie sich 3 bis 4 Minuten Zeit nehmen. Keine Angst, diese Zeit holen Sie später wieder raus.

Zwingen Sie sich, die Themen in Ruhe durchzulesen und halten Sie bereits jetzt spontane Einfälle schriftlich fest. Anschließend nehmen Sie sich die beiden ersten Themen A und B vor und wägen ab, welches der beiden Themen Ihnen mehr liegt. **Das Thema C wird bei diesen Überlegungen zunächst nicht berücksichtigt.**

Notieren Sie sich positive und negative Kriterien für ein Thema durch „+" oder „–".

Positive Kriterien	Negative Kriterien	
- Aktualität	- wenig Wissen vorhanden	**Thema A**
- auf Thema vorbereitet	- unsichere oder wechselnde	
- Erinnerung an Unterricht	Rechtslage	**Thema B**
- Stofffülle	- gefühlsmäßige Abneigung	
- Beispiel aus Praxis bekannt	- Thema ist zu schwierig oder zu	**Thema C**
- großes Wissen vorhanden	speziell	
- ergiebiges Material aus Gesetz/	- zu umfangreiches Detailwissen	
Richtlinien etc.	notwendig	
- Thema ist gut vortragbar,	- Thema entspricht nicht der	
- Thema tangiert mehrere	Berufsausbildung	
Steuerarten		

Durch das Vorgehen der Themen mit Plus- und Minuszeichen wird sich ein „Favorit" ergeben. Ihren Favoriten (im Beispiel Thema A) vergleichen Sie anschließend mit Thema C. Bei den folgenden Überlegungen bleibt Thema B außen vor, denn selbst, wenn Thema B besser als Thema C ist, kann es (wie gerade ermittelt) nicht besser sein als A.	**Thema A** + – – + +
	Thema B – – + – –
	Thema C

Nun wiederholen Sie das Abwägen positiver und negativer Kriterien zwischen den Themen A und C. **Thema B ist für Sie jetzt tabu.** Sie haben sich entschieden, es nicht mehr zu verwenden!!	**Thema A**
	~~Thema B~~
	Thema C

Zwischen den beiden Themen A und C wird es durch Ihre Überlegungen wieder einen „Sieger" geben. Im Beispiel ist es das Thema C. Nachdem das Thema C ausgewählt wurde, sollten Sie an die Themen A und B keine Gedanken mehr verschwenden, jetzt gilt es das Thema C optimal aufzubereiten.	~~Thema A~~ - - - + +
	~~Thema B~~
	Thema C + + + + +

Wenn Sie die Themenanalyse und die schrittweise Aufbereitung der positiven und negativen Merkmale ruhig und überlegt vorgenommen haben, bleibt Ihnen die Situation eines etwaigen Themenwechsels im Verlaufe der Vorbereitungszeit erspart.

2.9 Aufbereitung des Vortragsthemas

Das Vortragsthema ist nun wie folgt aufzubereiten:

1. **Zu Beginn der Themenbearbeitung müssen Sie Material sammeln, aus dem Sie den Vortrag erstellen können.**
   Mögliche Materialquellen können sein:
   - Einzelparagrafen des Gesetzes und der Durchführungsverordnung,
   - Richtlinien, Erlasse,
   - Beispiele aus Ihrer Praxis oder unserem Vorbereitungslehrgang,
   - Entwicklung der Gesetzesvorschrift, Sinn und Zweck,
   - Rechtsprechung, Rechtsprechungstendenzen,
   - Ausnahmen zu den Grundfällen des Themas,
   - Berufspraktische Aspekte.

2. Aus der Fülle des Materials müssen Sie nun **Schwerpunkte herausfiltern**, die von ihrer Bedeutung her unbedingt notwendig für Ihren Vortrag sind. Erörtern Sie auch ruhig Randbereiche zur Problematik. Achten Sie aber darauf, das Hauptthema nicht zu kurz kommen zu lassen, sonst könnte leicht der Eindruck entstehen, dass Sie es nicht beherrschen.

3. Diese Schwerpunkte müssen in die **richtige Reihenfolge** gebracht werden.
   Möglicher Aufbau:

Allgemeines	Einleitung
Sinn und Zweck	Einleitung
Hauptthema	Hauptthema
Besonderheiten	Hauptthema
Ausnahmen	Hauptthema
Schlussbetrachtung	Schlussteil

4. Diesen Schwerpunkten ordnen Sie anschließend **Unterpunkte** zu. Komplizierte Themenbereiche sollten Sie anhand eines Beispiels erläutern.

5. Im **Redemanuskript** sollten Sie sich Ihren ersten Satz wortwörtlich notieren, denn zu Beginn Ihres Vortrags werden Sie erfahrungsgemäß noch unsicher und nervös sein und einen „Halt" benötigen.

Dies wird sich im Laufe des Vortrags aber geben und Sie werden freier im Reden sein. Darum reicht für den mittleren Teils Ihres Vortrags ein Stichwortzettel.

Außerdem können Sie mit einer gut formulierten Einleitung das Prüfungsgremium für sich gewinnen.

Der Vortrag sollte deshalb mit einer **Anrede** beginnen. Falls Sie noch nicht mit Namen angesprochen wurden, sollten Sie sich dem Prüfungsgremium vorstellen und anschließend Ihr Vortragsthema (im genauen Wortlaut) und die von Ihnen gewählte Gliederung des Themas erwähnen.

Der Stichwortzettel soll nur dazu dienen, Schwerpunkte zu setzen und die Gedanken in systematischer Reihenfolge ablaufen zu lassen.

Schreiben Sie die Hauptstichworte möglichst groß (damit Sie sie schnell wiederfinden und leichter lesen können), die „Nebenstichworte" etwas kleiner und nach rechts eingerückt.

Abstrakte Regelungen sollten Sie möglichst durch Beispiele beleben, denn damit gewinnen Sie nicht nur ein wenig Zeit. Sie zeigen auch, dass Sie das Erlernte anwenden können.

Auch die **Schlussbetrachtung** sollten Sie ausformulieren, denn dies ist der „krönende Abschluss" Ihres Vortrags. Er bleibt dem Prüfungsgremium als letzter Eindruck Ihres Vortrags haften.

Hier kann beispielsweise ein Ausblick auf künftige Rechtsentwicklungen oder auf Randbereiche Ihres Themas gegeben werden.

Leiten Sie den Abschluss Ihres Vortrags eindeutig ein (z.B. **„Abschließend möchte ich erwähnen, dass ..."**). So erkennt das Gremium, dass Ihr Vortrag zu Ende ist und Sie lenken die Aufmerksamkeit evtl. geistig weggetretener Kommissionsmitglieder wieder auf sich. Der allerletzte Satz muss der **Dank an die Zuhörer** für ihre Aufmerksamkeit sein.

Schlecht wäre es, wenn die Prüfer den Eindruck hätten, dass Ihr Vortrag noch nicht beendet ist und Sie sich nach etwas peinlichen Schweigen zu dem Hinweis hinreißen lassen: **„Ja, ääh, ... das war's!"**. Ein solcher Vortragsabschluss bleibt nicht in guter Erinnerung.

Weisen Sie die Prüfer bitte in keinem Fall darauf hin, dass Sie mehr hätten vortragen können, wenn die Vortragszeit länger oder das Thema besser gewesen wäre. Das wissen die Prüfer.

6. Der „Idealfall" eines Vortrags und seiner Gliederung könnte beispielsweise so aussehen:

Einleitung: Sehr geehrte (Damen und) Herren!
Mein Name ist ....
Das von mir gewählte Thema lautet .... Ich habe es wie folgt gegliedert:

Hauptthema: I. _____
_____
_____

II. _____
   a) _____
_____
   b) _____

III. _____

Schlussteil: Abschließend möchte ich noch darauf hinweisen, dass ...
...
Ich danke für Ihre Aufmerksamkeit.

Die Gliederung des Hauptthemas sollte nicht zu viele Ebenen haben, da es ansonsten schwer fällt, das Thema den Zuhörern verständlich darzulegen. Mehr als drei Ebenen sollten nicht verwendet werden.

7. Die **Aufbereitung des Themas und die Anfertigung des Redemanuskripte**s sollte etwa 20 Minuten beanspruchen. Die restliche Zeit (5-10 Minuten) sollten Sie nun darauf verwenden, den Vortrag in einer stummen Sprechprobe vor dem geistigen Auge und Ohr ablaufen lassen.
8. Während des Prüfungsvortrages werden (normalerweise) keine Fragen durch die Prüfer gestellt.
9. Bevor Sie anfangen zu sprechen, prüfen Sie Ihren Stand, nehmen Blickkontakt auf und **danach** geht es los!
Ebenso wichtig ist ein guter Schluss: Nach dem letzten Satz werfen Sie noch einen kurzen (möglichst netten) Blick zu den Prüfern und verlassen **erst dann** den Raum!
Nach den Kurzvorträgen schickt die Kommission die Prüflinge hinaus und berät über die zu vergebenden Noten.

2.10 Prüfungsdialog

Völlig anders als beim Kurzvortrag ist die Prüfungssituation beim anschließenden Prüfungsdialog. Hier handelt es sich um eine Art „Frage-Antwort-Spiel". Hier holen Sie sich die Restpunktzahl (Endspurt)!

Der Prüfer erwartet auf die von ihm gestellten Fragen ohne jede Überlegung die (möglichst richtigen) Antworten. Er kann jedes Ausweichen sofort unterbinden und hat die Möglichkeit durch Nachfragen von Antworten genau zu erkennen, ob der Prüfungsstoff beherrscht wird.

In dieser Situation ist Geistesgegenwart und Konzentrationsfähigkeit meist von größerer Bedeutung für den Prüfungserfolg als Fachwissen.

Sofern Sie während der Prüfung eine Frage inhaltlich oder akustisch nicht verstehen, fragen Sie nach. Der Prüfer wird die Frage wiederholen.

Auch wenn der Prüfungsvortrag gut gelaufen ist, ist dies „nur" $1/7$ der Gesamtnote. Auch hier ist das persönliche Erscheinungsbild von großer Bedeutung. „Lehnen" Sie sich also im wahrsten Sinne des Wortes nicht zurück. Legen Sie die Hände auf den Tisch und lassen Sie nicht Ihre Arme baumeln. Dies wirkt respektlos und arrogant.

Der Blickkontakt zu den fragenden Prüfern ist wichtig. Dadurch erwirken Sie erhöhte Aufmerksamkeit. Wie bereits erwähnt, gibt es „unbewusst" Pluspunkte, wenn Sie „im richtigen Moment" trotz Prüfungsstress lächeln können. Versuchen Sie locker, aber nicht zu lässig zu sein.

Keinesfalls sollten Sie sich „vordrängeln"; z.B. durch den Arm nach oben strecken. Dies ist erstens unkollegial und wirkt bei den Prüfern als vorlaut. Die Prüfer bestimmen, wer gefragt werden soll. Beantworten Sie die Fragen nie mit z.B.: „Das wusste ich schon mal!" oder „Das kann ich im Moment nicht beantworten!". Das bringt Sie nicht weiter.

Manchmal erhalten die Teilnehmer Fragen, die beim besten Willen nicht erkennen lassen, worauf der Prüfer hinaus will. Falls Sie nicht nachfragen wollen, schnappen Sie sich aus der Problemstellung einen Passus heraus, mit dem Sie etwas anfangen können und bauen Sie daran Ihre Antwort auf.

> **Beispiel:** Umsatzsteuerprüfer
> „Einer hat aus Holland einen Hund mitgebracht, mit dem er eine Tierzucht, die Liebhaberei im Sinne des EStG ist, aufmachen will. Das ist ein Rüde, der kann keine Welpen bekommen, deswegen fährt er nach Helgoland, weil er dort jemanden kennt, der dort wohnt und eine Hündin hat. Wie ist das jetzt?"
> Hier ist schwer zu erkennen, was der Prüfer eigentlich wissen möchte, Sie könnten jetzt nachfragen, bevor Sie antworten (das wäre die beste Lösung) oder, weil Sie bereits zehnmal nachgefragt haben, suchen Sie sich aus dem Sachverhalt einen Passus, mit dem Sie die Antwort beginnen.
> Beispielsweise: Die Frage ist hier, ob eine Werklieferung oder eine Werkleistung vorliegt.
> Wollte der Prüfer allerdings wissen, ob Helgoland zum Inland gehört, wird er es Ihnen jetzt sagen.

2. Allgemeines

Schlecht ist es, wenn Sie absolut keine Antwort geben!

Auch wenn Sie nicht an der Reihe sind, müssen Sie dem Prüfungsdialog **unbedingt** aufmerksam folgen, da Ihnen unter Umständen eine Anschlussfrage gestellt wird, die auf der Antwort des zuvor gefragten Prüflings aufbaut.

Weisen Sie den Prüfer auf gar keinen Fall darauf hin, dass seine Prüfungszeit abgelaufen ist oder er Fragen aus einem Fachbereich stellt, der nicht zu seinem Prüfungsgebiet gehört (z.B. AO-Prüfer fragt plötzlich Bilanzsteuerrecht).

2.11 Übersicht für den Kurzvortrag und an was Sie alles denken sollten

• Richtiges Thema auswählen
• Logische Aufbereitung/Gliederung des Themas
• Anfang und Ende schriftlich festlegen
• Blickkontakt zu Prüfern nie verlieren
• Pausentechnik beachten
• Richtige Zeiteinteilung
• Gestik
• Mimik
• Sprachgeschwindigkeit/Lautstärke
• Professionelle Notizzettel
• Überschaubare Sätze
• Stimme am Ende senken

2.12 Weiterführende Prüfungsliteratur

Als weitere Übungsmöglichkeiten zur Vorbereitung auf die Mündliche Steuerberaterprüfung empfehlen sich die folgenden drei Bücher:
1. Fränznick/Grobshäuser/Radeisen/Hellmer/Pientka/Hendricks/Holzner/Dauber/Michel/Murrer/Spegele, Der Kurzvortrag in der mündlichen Steuerberaterprüfung 2024/2025, 16. Auflage, HDS-Verlag.
2. Grobshäuser/Radeisen/Barzen/Hendricks/Dauber/Michel/Murrer, Die mündliche Steuerberaterprüfung 2024/2025, 17. Auflage, HDS-Verlag.
3. Voos, Betriebswirtschaft und Recht in der mündlichen Steuerberaterprüfung 2024/2025, 4. Auflage, HDS-Verlag.

3. Beispiele für Themen zur Selbstausarbeitung von Vorträgen

3.1 Allgemeines

Nachfolgend werden Vorschläge zu Themen, die Sie zu eigenen Vortragsübungen wählen können gemacht. Wenn möglich, nehmen Sie Ihre Übungsvorträge mit einer Videokamera auf und betrachten diese anschließend selbstkritisch. Ihre Aufnahmen sollten neutrale Personen ansehen, um die Resonanz der Betrachter zu erfahren. Achten Sie auf Ihre Gestik und Mimik, Sprachgeschwindigkeit, Lautstärke (s. Teil A Kapitel 2).

3.2 Themen zum Ertragsteuerrecht

1. § 15a EStG
2. § 16 EStG
3. § 17 EStG
4. § 20 EStG
5. § 46 EStG
6. § 6b EStG
7. §§ 24a und 24b EStG
8. Arbeitszimmer nach § 4 Abs. 5 S. 1 Nr. 6b EStG, § 9 Abs. 5 EStG, § 10 Abs. 1 Nr. 7 EStG Ertragsteuerliche Beurteilung
9. Arten der Steuerpflicht gem. §§ 1 und 1a EStG
10. Abgrenzung von § 15 EStG und § 18 EStG
11. Abgrenzung von Betriebsvorrichtungen vom Grundvermögen
12. Absetzung für Abnutzung bei Gebäuden
13. Abzug von Vorsorgeaufwendungen als Sonderausgaben
14. Abgrenzung von Kosten der Lebensführung von den Betriebsausgaben und den Werbungskosten
15. Abschreibungen im Steuerrecht
16. Abweichendes Wirtschaftsjahr bei Einkommensteuer und Gewerbesteuer
17. Abzug von Aufwendungen für Arbeitsmittel beim Arbeitnehmer im Einkommensteuerrecht
18. Altlastenrückstellung, Ertragsteuerliche Behandlung
19. Anrechnung und Abzug von ausländischen Steuern
20. Abgeltungsteuer für Einkünfte aus Kapitalvermögen
21. Angemessene und unangemessene Gesamtbezüge von Gesellschafter-Geschäftsführern
22. Anschaffungskosten, Herstellungskosten im Einkommensteuerrecht
23. Arbeitsverhältnis zwischen Ehegatten
24. Arbeitsverträge zwischen nahen Angehörigen und deren steuerliche Beurteilung
25. Arten der Veranlagung gem. §§ 26 ff. EStG
26. Aufbau von Doppelbesteuerungsabkommen
27. Aus- und Fortbildungskosten im Einkommensteuerrecht
28. Ausländische Einkünfte im Einkommensteuerrecht
29. Ausscheiden eines lästigen Gesellschafters
30. Ausscheiden und Eintreten von Gesellschaftern in Personenhandelsgesellschaften
31. Ausscheiden von Grundstücken aus dem Betriebsvermögen
32. Ausschüttungs-/Dividendenbesteuerung
33. Ausschüttungen und anrechenbare Kapitalertragsteuer bei beherrschenden Gesellschaftern mit Beteiligungen im Betriebsvermögen

3. Beispiele für Themen zur Selbstausarbeitung von Vorträgen

34. Außerordentliche Einkünfte im EStG und deren Besteuerung
35. Außergewöhnliche Belastungen gem. §§ 33, 33a EStG
36. Befreiungen von der Gewerbesteuer
37. Beginn und Ende der sachlichen Gewerbesteuerpflicht
38. Beginn und Ende der Körperschaftsteuerpflicht
39. Beginn und Ende der Steuerbefreiungen im Körperschaftsteuerrecht
40. Begriff der Einnahmen im Einkommensteuerrecht
41. Begünstigung nicht entnommener Gewinne gem. § 34a EStG
42. Berufsverbände und Wirtschaftsverbände in der Körperschaftsteuer
43. Beschränkte Körperschaftsteuerpflicht
44. Beschränkte Steuerpflicht bei ausländischen Körperschaften
45. Besteuerung der Mitunternehmer
46. Besteuerung negativer ausländischer Einkünfte
47. Besteuerung von Beteiligungen an ausländischen Zwischengesellschaften
48. Besteuerungsgegenstand in der Gewerbesteuer
49. Beteiligung an anderen Körperschaften und Personenvereinigungen (§ 8b EStG)
50. Betriebe gewerblicher Art von Körperschaften des öffentlichen Rechts in der Körperschaftsteuer
51. Betriebsaufgabe/Betriebsverpachtung
52. Betriebsaufspaltung
53. Betriebsausgaben, Werbungskosten, Kosten der Lebenshaltung (Art der Aufwendungen, Abgrenzung)
54. Betriebsausgabenabzug für Zinsaufwendungen bei Körperschaften (Zinsschranke)
55. Betriebsveräußerung
56. Betriebsverpachtung aus einkommen- und gewerbesteuerlicher Sicht
57. Bewertung der Entnahme von Wirtschaftsgütern zu Spendenzwecken
58. Bewertung im Einkommensteuerrecht
59. Bewirtungskosten im Einkommen- und Umsatzsteuerrecht
60. BFH-Urteil zu den Zivilprozesskosten im Rahmen des § 33 EStG
61. BMF-Schreiben zur Regelung des Werbungskostenabzugs für nachträgliche Schuldzinsen
62. Buchwertprivileg bei Sachspenden aus Betriebsvermögen
63. Die Besteuerung der britischen Limited im deutschen Körperschaftsteuerrecht
64. Dividendenansprüche, Behandlung
65. Doppelstöckige Personengesellschaft, steuerliche Beurteilung
66. Doppelte Haushaltsführung im Ertragsteuerrecht
67. Ehescheidungsfolgen in der Einkommensteuer
68. Einbringung eines Betriebs, Teilbetriebs oder Mitunternehmeranteils in eine Personengesellschaft
69. Einkommensermittlung bei einem Influencer
70. Einkommensteuerliche Behandlung von virtuellen Währungen (z.B. Bitcoin) im steuerlichen Privat- und Betriebsvermögen
71. Einkommensteuerliche Behandlung von Zuschüssen
72. Einkommensteuerliche Folgen bei der verbilligten Überlassung von Wohnraum
73. Einkommensteuerpflicht
74. Einkünfte aus Gewerbebetrieb
75. Einkünfte aus nichtselbständiger Arbeit
76. Einkünfte aus Vermietung und Verpachtung
77. Einlagen und Entnahmen im Steuerrecht

78. Eintragungen auf der Lohnsteuerkarte
79. Entnahme/Einlage, verdeckte Gewinnausschüttung/verdeckte Einlage, vergleichende Darstellung
80. Entschädigungen nach § 24 EStG
81. Entstehung und Erhebung der Einkommensteuer
82. Erbauseinandersetzung
83. Erbengemeinschaft und Erbauseinandersetzung, ertragsteuerliche Behandlung
84. Erbfall bei Ehegatten im Einkommensteuerrecht
85. Erhöhte Absetzungen gem. §§ 7h, 7i und 7k EStG
86. Ermittlung des Gewerbeertrags und des Gewerbekapitals
87. Ermittlung des Steuermessbetrags nach dem Gewerbeertrag
88. Ermittlung des GewSt-Messbetrags für eine Mitunternehmerschaft mit mehreren Gesellschaftern
89. Ermittlung des zu versteuernden Einkommens einer Kapitalgesellschaft
90. Ermittlung des zu versteuernden Einkommens im Körperschaftsteuerrecht
91. Ertragsteuerliche Behandlung von Aufwendungen für Altlasten
92. Ertragsteuerliche Folgen von Pensionszusagen an den beherrschenden Gesellschafter-Geschäftsführer
93. Erweiterte beschränkte Einkommensteuerpflicht
94. Finanzierung durch Lebensversicherungen im Ertragsteuerrecht
95. Firmenwert – Begriff, Abgrenzung, Bilanzierung, Abschreibung
96. Folgen inländischer Betriebsstätten aus gewerbesteuerlicher Sicht
97. Formelle und materielle Korrespondenz bei verdeckten Gewinnausschüttungen
98. Formelle und materielle Korrespondenz bei verdeckten Einlagen
99. Fortführungsgebundener Verlustvortrag gem. § 8d KStG
100. Freibeträge des § 16 und § 34 EStG
101. Gewinnermittlung bei Handelsschiffen im internationalen Verkehr gem. § 5a EStG
102. Freibetrag auf der Lohnsteuerkarte
103. Freibeträge nach §§ 24, 25 KStG für bestimmte Körperschaften
104. Geben Sie einen einkommensteuerrechtlichen Überblick über die Immobilienbesteuerung in Deutschland
105. Gegenstand der Schenkung bei Geldhingabe zum Erwerb eines Grundstücks oder zur Errichtung eines Gebäudes
106. Gemischte Schenkung und Schenkung unter Auflage
107. Gesellschaften als Gewerbesteuerobjekte
108. Gewerbesteuer: Kürzungen um Gewinne aus Anteilen an inländischen Schachtelbeteiligungen § 9 Nr. 2a GewStG und § 9 Nr. 7 GewStG
109. Gewerbesteuerliche Auswirkungen von Betriebsstätten inländischer Unternehmen
110. Gewerbesteuerliche Organschaft
111. Gewerbeverlust
112. Gewerblich geprägte Personengesellschaft
113. Gewerblicher Grundstückshandel, Abgrenzung von privater Vermögensverwaltung
114. Gewinn- und Umsatzantiemen im Körperschaftsteuerrecht
115. Gewinnabführungsvertrag in der körperschaftsteuerlichen Organschaft
116. Gewinneinkunftsarten des § 2 Abs. 1 EStG
117. Gewinnermittlung nach § 4 Abs. 3 EStG
118. GmbH & Co KG
119. GmbH & Co. KG im Ertragsteuerrecht

3. Beispiele für Themen zur Selbstausarbeitung von Vorträgen

120. GmbH und GmbH & Co. KG aus betriebswirtschaftlicher, steuerlicher und zivilrechtlicher Sicht
121. Grundlagen der Ertragsbesteuerung von gemeinnützigen Körperschaften
122. Grundstücke und deren Behandlung im Betriebsvermögen
123. Grundzüge der Besteuerung der Land- und Forstwirte
124. Grundzüge des Außensteuerrechts
125. Gründungskosten einer Kapitalgesellschaft
126. Häusliches Arbeitszimmer im Einkommensteuerrecht
127. Hinzurechnungen und Kürzungen bei der Ermittlung des Gewerbeertrags
128. Investitionsabzugsbetrag im Gesamthandsbereich einer KG
129. Kalenderjahr, Wirtschaftsjahr, Geschäftsjahr und Veranlagungszeitraum, Bedeutung im Ertragsteuerrecht
130. Kinder im Einkommensteuerrecht, Kinderbetreuungskosten
131. Kirchensteuer auf Dividendenausschüttungen
132. Körperschaftsteuerliche Organschaft
133. Körperschaftsteuerpflicht und Ermittlung des zu versteuernden Einkommens eines gemeinnützigen Vereins
134. Krankheiten und Körperbehinderungen im Einkommensteuerrecht
135. Kreditkauf oder Leasing – betriebswirtschaftliche und steuerliche Würdigung
136. Liebhaberei im Einkommensteuerrecht
137. Liquidation einer Kapitalgesellschaft
138. Lohn- und umsatzsteuerliche Behandlung von Sachleistungen an Arbeitnehmer
139. Lohnsteuerabzugsverfahren
140. Lohnsteuerermäßigungsverfahren bei Verlusten bei den Einkünften aus Vermietung und Verpachtung
141. Lohnsteuerhaftung und Lohnsteuernachforderung
142. Lohnsteuerliche Behandlung von Arbeitsessen
143. Möglichkeiten der Lohnsteuerpauschalierung
144. Nachträgliche Anschaffungskosten bei der Veräußerung eines Anteils gem. § 17 EStG
145. Nachträgliche Herstellungskosten
146. Negative Einkünfte mit Bezug zu Drittstaaten
147. Negativer Veräußerungsgewinn
148. Neuregelungen im Reisekostenrecht (Dienstreisen)
149. Nicht in das Nennkapital geleistete Einlagen gem. § 27 KStG (steuerliches Einlagenkonto)
150. Nichtabziehbare Aufwendungen im Körperschaftsteuerrecht
151. Nießbrauch
152. Notwendiges Betriebsvermögen, gewillkürtes Betriebsvermögen, notwendiges Privatvermögen, ertragsteuerliche Konsequenzen
153. Nutzungswertbesteuerung
154. Offene und verdeckte Gewinnausschüttungen
155. Offene Einlagen im Körperschaftsteuerrecht
156. Parteispenden
157. Personengesellschaften im EStG
158. Private Veräußerungsgeschäfte gem. § 23 EStG
159. Privatentnahmen von Wirtschaftsgütern im Rahmen des Buchwertprivilegs (Spende nach § 10b EStG)
160. Progressionsvorbehalt im Einkommensteuerrecht
161. Reisekosten in der Lohnsteuer

162. Renten und dauernde Lasten im Einkommensteuerrecht
163. Rückgängigmachung von verdeckten Gewinnausschüttungen
164. Rücklagen und Rückstellungen im Ertragsteuerrecht
165. Schadstoffbelastete Wirtschaftsgüter, ertragsteuerliche Behandlung
166. Sonderabschreibungen für Neubauten
167. Sonderausgaben
168. Sonderausgabenpauschale, Vorsorgeaufwendungen und Vorsorgepauschale
169. Sonderbilanzen, Ergänzungsbilanzen, Gesamthandsbilanzen im Einkommensteuerrecht
170. Sonstige Einkünfte
171. Spekulationsgewinne gem. § 23 EStG
172. Spenden/Betriebsausgaben
173. Spenden bei Kapitalgesellschaften, steuerliche Behandlung
174. Spenden im EStG, KStG und GewStG einschließlich § 34g EStG
175. Spenden, Abgrenzung Betriebsausgaben und Sonderausgaben
176. Spendenabzug im Einkommen- und Körperschaftsteuerrecht – Gemeinsamkeiten und Unterschiede
177. Steuerermäßigung gem. § 35a EStG
178. Steuerermäßigung bei ausländischen Einkünften gem. § 34c EStG
179. Steuerfreiheit von Zuschlägen gem. § 3b EStG
180. Steuerliche Probleme der betrieblichen Altersversorgung aus Arbeitnehmersicht
181. Steuerliche Sonderregelungen bei Körperbehinderung
182. Übertragung von Mitunternehmeranteilen im Wege vorweggenommener Erbfolge
183. Übertragungsmöglichkeiten stiller Reserven im Rahmen des § 6b EStG
184. Veräußerung eines Mitunternehmeranteils durch eine natürliche Person
185. Veräußerungsgewinne im Einkommensteuerrecht
186. Verdeckte Einlagen im Körperschaftsteuerrecht
187. Verdeckte Gewinnausschüttungen bei beherrschenden Gesellschaftern
188. Verdeckte Mitunternehmerschaft im Einkommensteuerrecht
189. Vereinnahmung und Verausgabung, § 11 EStG
190. Verfahren bei der Besteuerung nach dem Gewerbeertrag
191. Vergebliche Aufwendungen
192. Vergebliche Aufwendungen bei Grundstückserwerb
193. Verlust, Gewinn, Beurteilung bei § 17 EStG
194. Verlustabzug im Körperschaftsteuerrecht
195. Verlustabzug und -rücktrag nach EStG und KStG
196. Verlustausgleich und Verlustabzug
197. Verlustausgleich und -verrechnung bei beschränkt haftenden Gesellschaftern einer Personengesellschaft
198. Verluste aus wesentlicher Beteiligung in der Einkommensteuer und der Gewerbesteuer, Behandlung
199. Verluste bei beschränkter Haftung gem. § 15a EStG
200. Verluste nach § 2a EStG
201. Verlustnutzung im Konzern: Erläutern Sie die Rechtslage und zeigen Sie Möglichkeiten und Grenzen auf
202. Vermögensbegriff bei der Einkommensteuer und ihre Zuordnung
203. Verzicht auf eine Pensionszusage des Gesellschafter-Geschäftsführers
204. Vorverkaufsrecht von Erben und privates Veräußerungsgeschäft

205. Wechsel der Gewinnermittlung
206. Wechselwirkung von Umsatzsteuer und Einkommensteuer
207. Wesentliche Betriebsgrundlagen, Begriff und Anwendung
208. Wirtschaftlicher Geschäftsbetrieb
209. Wirtschaftliches Eigentum
210. Werbungskostenabzug bei Tele- und Poolarbeitsplatz
211. Welche Änderungen gibt es bei der Option nach § 1a KStG?
212. Zerlegung des Steuermessbetrags
213. Zusätzliche Altersvorsorge gem. § 10a EStG
214. Zuschüsse im Einkommensteuerrecht

3.3 Themen zum Handelsrecht/Bilanzsteuerrecht/Umwandlungssteuerrecht

215. Abgrenzungsmerkmale Anlage- und Umlaufvermögen
216. Abschreibungen in Handels- und Steuerbilanz
217. Abschreibung für immaterielle Vermögenswerte
218. Aktivierungs- und Passivierungswahlrechte in der Handels- und Steuerbilanz
219. Anhang zur Bilanz
220. Anlagengitter/Anlagenspiegel (§ 268 Abs. 2 HGB)
221. Anpassung der Handelsbilanz an die steuerliche Betriebsprüfung
222. Anschaffungs- und Herstellungskosten im Handelsrecht und Steuerrecht
223. Anschaffungskosten und Teilwert von GmbH-Anteilen in der Steuerbilanz
224. Aufwandsrückstellung in Handels- und Steuerbilanz
225. Aufzeichnungs- und Aufbewahrungsvorschriften nach Handelsrecht und Steuerrecht
226. Außerordentliche Aufwendungen und Erträge in der Handelsbilanz
227. Ausscheiden eines Gesellschafters
228. Auswirkung des Ergebnisverwendungsbeschlusses auf die Buchführung der Kapitalgesellschaft
229. Auswirkungen der Ergebnisse einer steuerlichen Betriebsprüfung auf die Handelsbilanz
230. Bedeutung der Kaufmannseigenschaft im Handelsrecht und Steuerrecht
231. Begriffliche Analyse: Jahresüberschuss, Gewinnvortrag, Bilanzgewinn
232. Behandlung von Pensionsrückstellungen im Handelsrecht und Steuerrecht
233. Beteiligungen in Handels- und Steuerbilanz
234. Bewertung von Einzelunternehmen, Personen- und Kapitalgesellschaften in der Handelsbilanz
235. Bewertung von Forderungen und Verbindlichkeiten in Handels- und Steuerbilanz
236. Bewertung von Vorratsvermögen im Bilanzsteuerrecht
237. Bilanz der Kapitalgesellschaft nach dem HGB
238. Bilanzanalyse
239. Bilanzberichtigung und Bilanzänderung im Handels- und Steuerrecht
240. Bilanzen der Personengesellschaften (Gesamthandsbilanz)
241. Bilanzen der Personengesellschaften (steuerliche Ergänzungsbilanz)
242. Bilanzen der Personengesellschaften (steuerliche Sonderbetriebsvermögensbilanz I und II)
243. Bilanzielle Behandlung der Betriebsaufspaltung
244. Bilanzielle Behandlung von Zulagen und Zuschüssen
245. Bilanzierung bei Wegfall der Going Concern-Prämisse
246. Bilanzierung von betrieblichen Transaktionen in Fremdwährung nach Handels- und Steuerrecht
247. Bilanzierung von Grundvermögen
248. Bilanzierung von Fremdwährungsgeschäften in Handels- und Steuerbilanz
249. Bilanzierung von Leasingverträgen

250. Bilanzierung von Zuwendungen der öffentlichen Hand unter Berücksichtigung der Corona-Finanzhilfen im handelsrechtlichen Abschluss
251. Bilanzierungsgebote, -verbote und -wahlrechte nach Handelsrecht und Steuerrecht
252. Bilanzierungs- und Bewertungsgrundsätze
253. Buchführungspflichten nach HGB und Steuerrecht
254. Deckelung der Rückstellung in der Steuerbilanz
255. Eigenkapital bei der AG und GmbH
256. Einbringung von Personengesellschaften in Kapitalgesellschaften nach § 20 UmwStG
257. Einbringungsgewinne I und II nach § 22 Abs. 1 und Abs. 2 UmwStG
258. Firma im Handelsrecht
259. Firmenwert – Begriff, Abgrenzung, Bilanzierung, Abschreibung
260. Geringwertige Wirtschaftsgüter
261. Gesamtkosten- und Umsatzkostenverfahren in der GuV
262. Gesellschafterwechsel
263. Gewinnabführungen im Rahmen des § 62 AktG
264. Gewinnabführungsvertrag nach § 291 AktG
265. Gliederung der Bilanz nach § 266 HGB
266. Gliederung der GuV nach HGB
267. Größenabhängige Erleichterung für Kapitalgesellschaften im Jahresabschluss
268. Grundstücke in Handels- und Steuerbilanz
269. Handelsrechtliche Grundzüge der Umwandlung einer Kapitalgesellschaft in eine
270. Immaterielle Wirtschaftsgüter in der Handelsbilanz
271. Inhalt und Gliederung des Anhangs
272. Inventur, Inventar, Inventurvereinfachungen
273. Investitionsabzugsbetrag, § 6b-Rücklage, Rücklage nach 6.6 EStR: Voraussetzungen und bilanzieller Ansatz
274. Jahresabschluss der GmbH
275. Kapitalerhöhung aus Gesellschaftsmitteln
276. Kapitalkonto bei Kapitalgesellschaften
277. Latente Steuern in der Handelsbilanz
278. Mietereinbauten
279. Möglichkeiten der Umwandlung von Unternehmen nach dem Umwandlungsgesetz
280. Organisation der doppelten Buchführung
281. Pensionsrückstellungen
282. Personengesellschaft nach UmwG
283. Planmäßige und außerplanmäßige Abschreibungen im Handelsrecht
284. Planmäßige und außerplanmäßige Absetzungen für Abnutzung im Steuerrecht
285. Realteilung
286. Rechnungsabgrenzungsposten im Handelsrecht und Steuerrecht
287. Rechtsform der Unternehmergesellschaft
288. Rücklage für Ersatzbeschaffung in der Steuerbilanz nach R 6.6 EStR
289. Rücklagen im Handelsrecht und Steuerrecht
290. Rückstellungen im Handelsrecht und Steuerrecht
291. Sonderbetriebsvermögen des Mitunternehmers
292. Spaltung von Kapitalgesellschaften
293. Teilwertansatz in der Steuerbilanz
294. Umwandlung von Kapital- und Personengesellschaften aus der Sicht des UmwStG

295. Umwandlung eines Einzelunternehmens in eine GmbH und zurück
296. Umwandlungssteuergesetz, Grundzüge
297. Umweltlasten in Handelsbilanz und Steuerbilanz
298. Umweltrückstellungen in Handelsbilanz und Steuerbilanz
299. Veräußerung eines Mitunternehmeranteils
300. Verlustfreie Bewertung und beizulegender Wert in der Handelsbilanz
301. Vorratsbewertung als bilanzpolitisches Instrument
302. Was ist ein eingetragener Kaufmann?
303. Wertaufholung und Wertbeibehaltung im HGB und Steuerrecht
304. Wertaufholungsgebot in der Handels- und Steuerbilanz

3.4 Themen zum Recht (Wirtschaftsrecht, Gesellschaftsrecht, Zivilrecht, Berufsrecht)

305. §§ 56 und 49 ff. StBerG
306. Abhängigkeitsvertrag nach dem AktG
307. Ahndung von Berufspflichtverletzungen des Steuerberaters
308. Anfechtung von Willenserklärungen
309. Allgemeine Geschäftsbedingungen
310. Aufgaben der Steuerberaterkammer
311. Aufsichtsrat der AG
312. Auftrag – Geschäftsführung und Kommissionär
313. Begriff, Arten und Zustandekommen von Handelsgeschäften
314. Behandlung eines entgeltlichen Gesellschafterwechsels bei einer Personengesellschaft
315. Berufsorganisation der Steuerberater und Steuerbevollmächtigten
316. Berufspflichten des Steuerberaters
317. Berufsrechtliche Sanktionen auf Pflichtverletzungen des Steuerberaters
318. Besitz und Eigentum im Zivilrecht
319. Beschränkung des § 181 BGB
320. Bestellung des Praxisabwicklers, Praxisvertreters und Treuhänders
321. Bestellung, Wiederbestellung und Abberufung eines Steuerberaters
322. Bevollmächtigung – Erteilung, Widerruf, Erlöschen
323. Beziehung des Steuerberaters zum Mandanten und zur Finanzverwaltung
324. BGB-Vollmacht, vollmachtloser Vertreter, Handlungsvollmacht
325. Darf ein Steuerberater Corona-Hilfen beantragen?
326. Eigentum – Erwerb und Verlust
327. Eintragungen im Grundbuch und Handelsregister und deren Folgen
328. Erbbaurecht – Bestellung, Folgen, Gründe
329. Erfüllungs-, Leistungs- und Zahlungsort im BGB
330. Errichtung von Steuerberatungsgesellschaften bzw. Berufsausübungsgesellschaften
331. Firma eines Kaufmanns
332. Formen der Erbeinsetzung, Vermächtnis, Auflage, Vorerbe, Nacherbe
333. Fristen, Verjährung in BGB und HGB
334. GbR: Änderungen durch das MoPeG
335. Geschäftsführervertrag beim beherrschenden Gesellschafter-Geschäftsführer
336. Gesellschaftsvertrag
337. Gewinnabführungsvertrag im AktG
338. GmbH und GmbH & Co. KG aus betriebswirtschaftlicher, steuerlicher und zivilrechtlicher Sicht

339. Grunddienstbarkeiten und Reallasten, Anerkennung und Inhalt
340. Grundpfandrechte und Pfandrechte an beweglichen Sachen: Begründung, Verwertung,
341. Bedeutung
342. Gründung und steuerliche Auswirkung der KG
343. Gründung von AG, GmbH und e.V.
344. Haftung des Steuerberaters für Beratungsfehler und berufsrechtliche Sonderregelungen
345. Haftung eines Geschäftsführers nach Zivil- und Steuerrecht
346. Haftung für KG und OHG
347. Haftung für Steuerschulden nach Steuerrecht und Zivilrecht
348. Handelsregister nach den §§ 8 bis 16 HGB
349. Handelsregister und Grundbuch, Eintragungstatbestände, Sinn und Zweck
350. Handelsvertreter
351. Juristische Personen
352. Kaufmannsbegriff im HGB
353. Kaufvertrag § 433 BGB – Folgen der Nichterfüllung und Sachgewährleistung
354. Kommanditgesellschaft – Wesen, Gründung und Haftung
355. Kommissionsgeschäfte
356. Kreditsicherungsmittel
357. Leasing und Kreditkauf – rechtliche und betriebswirtschaftliche Beurteilung
358. Möglichkeiten der Steuerberater zur gemeinsamen Berufsausübung nach
359. Musterprotokolle, Anwendbarkeit und Nutzen
360. Neuregelung der Steuerberatervergütungsverordnung (StBVV)
361. Organe der AG und GmbH sowie deren Aufgaben
362. Partnerschaft mit beschränkter Berufshaftung
363. Positive Vertragsverletzung
364. Privatautonomie
365. Prokura und Handlungsvollmacht
366. Rechtsfähigkeit
367. Rechtsformvergleich GmbH und GmbH & Co. KG
368. Rechtsformvergleich Personengesellschaft/Kapitalgesellschaft
369. Rechtsformvergleich Limited und Unternehmergesellschaft
370. Rechts- und Geschäftsfähigkeit
371. Sicherungsinstrumente der Bank – Einsatzmöglichkeiten und Unterschiede
372. Schweigen im Rechtsverkehr
373. Stellvertretung im Bürgerlichen Recht und Handelsrecht
374. Steuerberatungsgesellschaften/Berufsausübungsgesellschaften – Gründung und Bedeutung
375. Steuerliche Behandlung des nicht steuerbefreiten Vereins
376. Steuerpflichtige Tatbestände im Schenkung-, Erbschaftsteuerrecht
377. Stille Gesellschaft/Partiarisches Darlehen
378. Syndikus-Steuerberater nach § 58 Satz 2 Nr. 5a StBerG
379. Tätigkeiten eines Steuerberaters
380. Testamentsvollstrecker
381. Überörtliche Sozietäten und auswärtige Beratungsstellen von Steuerberatern
382. Unternehmensverträge nach dem AktG
383. Vereinsbesteuerung
384. Verjährungsfristen im Zivil- und Steuerrecht
385. Vertrag von Lissabon

386. Vertretung, Vollmacht im BGB, Erteilung, Erlöschen, Vertretung ohne Vertretungsmacht
387. Vormerkung
388. Wesen und Aufbau einer KG
389. Wesen und Grundlagen von Vereinen und Stiftungen
390. Wie entsteht ein Vertrag und wie endet ein Vertrag?
391. Zivil- und steuerrechtliche Behandlung von schwebenden Geschäften
392. Zivilrechtliche Ausgestaltung des Vereins und der Körperschaft des öffentlichen Rechts
393. Zivilrechtliche Haftung bei Personengesellschaften und Körperschaften

3.5 Themen zum Verfahrensrecht

394. § 130 und § 131 AO
395. § 160 AO
396. § 164, § 165 AO
397. § 174 AO
398. § 204 AO
399. § 364a AO
400. § 364b AO (Präklusion)
401. Aberkennung der Gemeinnützigkeit
402. Abtretung, Pfändung und Verpfändung von Steuererstattungsansprüchen
403. Adressat bei Gesamtrechtsnachfolge
404. Änderungsvorschriften der AO
405. Anfechtung von Willenserklärungen
406. Antrag auf schlichte Änderung (§ 172 AO)
407. Arrestverfahren
408. Aufbau der Finanzverwaltung und ihrer Organe
409. Aufbewahrungspflicht und Ablaufhemmung (§ 147 Abs. 3 S. 5 AO)
410. Aufzeichnungspflichten in der AO
411. Auskunfts- und Vorlageverweigerungsrechte
412. Auskunftsverweigerungsrecht
413. Außenprüfung – Zulässigkeit und Rechte des Steuerpflichtigen
414. Außergerichtliches Rechtsbehelfsverfahren, Voraussetzungen
415. Aussetzung der Vollziehung nach der AO und FGO
416. Aussetzung des Verfahrens, § 363 AO
417. Bekanntgabe von Steuerbescheiden
418. Besteuerungsgrundsätze und Beweismittel der AO
419. Berichtigung offenbarer Unrichtigkeiten nach § 173a AO
420. Berichtigung von Steuerbescheiden nach der AO
421. Dienstaufsichtsbeschwerde
422. Drittwirkung im Steuerrecht
423. Einsicht in Steuerakten beim Finanzamt
424. Einstweilige Anordnung in der FGO
425. Erledigung in der Hauptsache beim FG
426. Erlöschen von Ansprüchen aus dem Steuerschuldverhältnis
427. Erlöschensgründe in der AO (Zahlung, Aufrechnung, Erlass, Verjährung)
428. Ermessen, Ermessensgebrauch, -ausübung
429. Ermittlungsverfahren in der AO – Rechte und Pflichten des Steuerpflichtigen und des Finanzamts

430. Festsetzungs- und Zahlungsverjährung bei Steuerbescheiden
431. Folgen der Fristversäumnis im Steuerrecht
432. Fristen in der AO
433. Gemeinnützigkeit nach der AO und ihre steuerliche Bedeutung für eine Vereinigung
434. Gesetzliche Erbfolge, Erbenhaftung und Möglichkeiten der Haftungsbeschränkung
435. Gesetzliche und gewillkürte Erbfolge, Erbenhaftung
436. Gesonderte und einheitliche Feststellung
437. Grenzen der Aufbewahrungspflicht und die Ablaufhemmung, § 147 Abs. 3 S. 5 AO
438. Grundlagenbescheid, Folgebescheid in der AO
439. Haftung bei Betriebsübernahme
440. Haftung des Geschäftsführers der GmbH für Lohn- und Umsatzsteuer
441. Haftung des GmbH-Geschäftsführers
442. Haftung für Steuerschulden nach Steuerrecht und nach Zivilrecht
443. Haftungs- und Vollstreckungsschutz
444. Hinzuziehung und Beiladung im Steuerstrafverfahren
445. Innerer und äußerer Betriebsvergleich im Rahmen der Betriebsprüfung
446. Kassennachschau. Erläutern Sie die Rechte des Amtsträgers sowie die Rechte und Pflichten des Steuerpflichtigen
447. Kassennachschau und Verzögerungsgelder
448. Klagearten in der FGO, Voraussetzungen für Anfechtungsklage
449. Klagearten nach FGO
450. Konkursgründe von Kapitalgesellschaften und Haftung des Geschäftsführers
451. Korrektur nach § 173 AO
452. Korrekturvorschriften der AO
453. Offenbare Unrichtigkeit gem. § 129 AO
454. Örtliche und sachliche Zuständigkeit von Finanzämtern
455. Präklusion im Einspruchs- und Klageverfahren
456. Rechtmäßigkeit einer Einspruchsentscheidung des Finanzamtes
457. Rechtsbehelfsverfahren
458. Rechtsmittel gegen Entscheidungen der Finanzgerichte
459. Rechtsbehelfsverfahren nach AO/FGO
460. Ruhen im Rechtsbehelfsverfahren
461. Sachliche und örtliche Zuständigkeit im Finanzgerichtsverfahren
462. Sachlicher, persönlicher und zeitlicher Umfang einer Außenprüfung
463. Sachverhaltsaufklärung im finanzgerichtlichen Verfahren
464. Schutz von Bankkunden, § 30a AO
465. Selbstanzeige nach §§ 371, 378 AO
466. Steuerfahndung – Aufgaben und Möglichkeiten, Tätigkeit und Befugnisse
467. Steuerfestsetzung gem. § 164 und § 165 AO
468. Steuergeheimnis
469. Steuerliches Ermittlungsverfahren – Rechte und Pflichten des Steuerpflichtigen und des Finanzamts
470. Steuerordnungswidrigkeiten
471. Testamentsvollstrecker
472. Treu und Glauben im Steuerrecht
473. Unterschiede der Wiedereinsetzung in den vorigen Stand nach AO und FGO
474. Verböserung von Steuerbescheiden und Haftungsbescheiden

3. Beispiele für Themen zur Selbstausarbeitung von Vorträgen

475. Verjährung im Steuerrecht und im Zivilrecht
476. Verspätungszuschlag, Festsetzung des
477. Verspätungszuschläge, Stundungszinsen
478. Versteuerung von Steuern und Steuererstattungsansprüchen
479. Vertrauensschutz im Steuerrecht, Verbindliche Zusage/Auskunft
480. Verwaltungsakt, Form und Inhalt
481. Verwirkung im Steuerrecht
482. Verzinsung von Steuerschulden nach der AO
483. Vollstreckungsmaßnahmen
484. Vorläufiger Rechtsschutz in der AO und FGO
485. Widerstreitende Steuerfestsetzung nach § 174 AO
486. Wirtschaftlicher Geschäftsbetrieb eines gemeinnützigen Vereins und dessen steuerliche Folgen
487. Zahlung, Aufrechnung, Erlass in der AO
488. Zinsen in der AO
489. Zulässigkeit eines Einspruchs
490. Zulässigkeitsvoraussetzungen im außergerichtlichen Rechtsbehelfsverfahren
491. Zweckentsprechende Mittelverwendung bei gemeinnützigen Vereinen

3.6 Themen zur Umsatzsteuer

492. Abzugsverfahren nach § 18 UStG
493. Aufteilungsschüssel für Vorsteuerabzug
494. Besondere Besteuerungsverfahren nach dem sogenannten Digitalpakt
495. Besteuerung von Reiseleistungen, § 25 UStG
496. Berichtigung des Vorsteuerabzugs, § 15a UStG
497. Befreiung in der Umsatzsteuer (§ 4 UStG)
498. Bemessungsgrundlage bei unentgeltlichen Lieferungen
499. Berichtigungsmöglichkeiten in der Umsatzsteuer
500. Besteuerung der Kleinunternehmer
501. Bewirtungskosten im Einkommen- und Umsatzsteuerrecht
502. Buchmäßige Nachweise bei Ausfuhrlieferungen und innergemeinschaftlichem Warenverkehr
503. Behandlung drittlandsgrenzüberschreitender Lieferungen im Umsatzsteuerrecht
504. Bußgeldvorschriften, § 26a UStG
505. Differenzbesteuerung, § 25a UStG
506. Entstehung, Fälligkeit und Steuerschuldner im UStG
507. Erhebung der Umsatzsteuer im Abzugsverfahren
508. Ermäßigter Steuersatz in der Umsatzsteuer
509. Erwerbs- und Lieferschwellen in der Umsatzsteuer
510. Elektronische Rechnung
511. Fahrzeugeinzelbesteuerung
512. Fahrzeugkosten im Umsatzsteuerrecht
513. Fehlerhafte Rechnung
514. Formelle Systematik der Umsatzsteuer
515. Geschäftsveräußerung im Ganzen und der Vorsteuerabzug für damit zusammenhängende
516. Innergemeinschaftliche Güterbeförderungen und damit zusammenhängende sonstige Leistungen
517. Innergemeinschaftliche Lieferung neuer Fahrzeuge
518. Innergemeinschaftliche Warenlieferungen zwischen Unternehmen
519. Innergemeinschaftlicher Erwerb, § 1a UStG, Innergemeinschaftliche Lieferung, § 6a UStG

520. Innergemeinschaftlicher Erwerb in der Umsatzsteuer im Hinblick auf die sonstigen Leistungen
521. Innergemeinschaftlicher Versandhandel
522. Kleinunternehmer im Umsatzsteuerrecht
523. Leasing und Umsatzsteuer
524. Leistungen
525. Liefer- und Erwerbsfiktion in der Umsatzsteuer
526. Lieferung eines Gegenstands (§ 3c UStG)
527. Lohn- und umsatzsteuerliche Behandlung von Sachleistungen an Arbeitnehmer
528. Nullsteuersatz bei Photovoltaikanlagen
529. Option in der Umsatzsteuer
530. One-Stop-Shop (OSS) und Fernverkäufe ab dem 01.07.2021
531. Ort der sonstigen Leistung
532. Organschaft im Umsatzsteuerrecht
533. Ortsbestimmung in der Umsatzsteuer
534. Rechnung in der Umsatzsteuer, Bedeutung
535. Reihengeschäft
536. Reiseleistungen
537. Steuerbare Umsätze, § 1 UStG
538. Steuerbefreiung und Option im UStG
539. Steuerschuldnerschaft nach §13b UStG
540. Tausch und tauschähnlicher Umsatz
541. Umsatzsteuer bei Land- und Forstwirten
542. Umsatzsteuer-Abzugsverfahren
543. Umsatzsteuerbefreiung und Optionsmöglichkeiten in der Umsatzsteuer
544. Umsatzsteuerbemessungsgrundlage
545. Umsatzsteuerliche Voraussetzungen bei der Leistungsabrechnung mit anderen Unternehmen
546. Umsatzsteuersätze für Restaurant- und Verpflegungsleistungen
547. Umsatzsteuersonderprüfung
548. Umsatzsteuer-Voranmeldung, Umsatzsteuer-Vorauszahlung
549. Unentgeltliche Wertabgaben und Vorsteuerabzug
550. Unternehmer, Steuerpflicht und Besteuerungszeitraum in der Umsatzsteuer
551. Untersagung der Fiskalvertretung, § 22e UStG
552. Vermietung eines Geschäftsgrundstücks an den Erwerber
553. Versandhandelsregelung im Umsatzsteuerrecht
554. Verzicht auf die Steuerbefreiung im Umsatzsteuerrecht
555. Vorsteuerabzug und Eigenverbrauch
556. Vorsteuerberichtigung
557. Vorsteueraufteilung
558. Wechselwirkung von Umsatzsteuer und Einkommensteuer
559. Werkvertrag
560. Zusammenfassende Meldung, § 18a UStG
561. Zuschüsse im Umsatzsteuerrecht

3.7 Themen zum Bewertungsrecht/Erbschaftsteuerrecht

562. Abgrenzung und Umfang der Vermögensarten nach § 18 BewG
563. Anzeige- bzw. Steuererklärungspflichten bei der Erbschaftsteuer
564. Aufgaben, Bedeutung, Gliederung des BewG
565. Aufteilung des Wertes des Betriebsvermögens bei Personengesellschaften für Zwecke der Erbschaftsteuer
566. Bedarfsbewertung für Zwecke der Erbschaftsteuer
567. Begriffe: Grundstück, Grundvermögen, Grundbesitz und Betriebsgrundstück nach dem BewG
568. Begünstigtes Betriebsvermögen
569. Behandlung von Produktivvermögen bei der Erbschaftsteuer
570. Berücksichtigung von Schulden bei der Erbschaftsteuer
571. Besteuerungstatbestände im Erbschaftsteuerrecht
572. Bewertungsmaßstäbe nach dem Erbschaftsteuergesetz
573. Begünstigungen des Betriebsvermögens im ErbStG
574. Betriebsvermögen von Personengesellschaften im Bewertungsrecht für Zwecke der Erbschaftsteuer
575. Bewertung des Betriebsvermögens nach dem BewG
576. Bewertung des Grundvermögens
577. Bewertung von Kapitalforderungen und Schulden
578. Bewertung wiederkehrender Nutzungen und Leistungen
579. Bewertung einer lebenslänglichen Nutzung und Leistung
580. Bewertung eines 60 %-Anteils an einer KG im vereinfachten Ertragswertverfahren.
581. Bewertung eines Erbbaugrundstücks, auf dem der Erbbauberechtigte ein Gebäude errichtet hat
582. Definition des gemeinen Wertes
583. Doppelbesteuerung auf dem Gebiet der Erbschaftsteuer
584. Durchführung von Feststellungen nach § 13b Abs. 10 ErbStG
585. Einheitsbewertung
586. Einheitswerte und ihre steuerliche Bedeutung
587. Erbbaurecht
588. Erwerb von Betriebsvermögen durch Personen der Steuerklasse II im Erbschaftsteuerrecht
589. Erwerb von Todes wegen
590. Entrichtung der Erbschaft- und Schenkungsteuer bei Erwerb von Betriebsvermögen, Renten bzw. Nutzungen
591. Entrichtung der Erbschaftsteuer
592. Freibeträge in der Erbschaftsteuer
593. Ermittlung des Betriebsvermögenswertes bei einer GmbH & Co. KG
594. Ertragswertverfahren bei Grundstücken für Zwecke der Erbschaftsteuer
595. Fortschreibungsarten in der Einheitsbewertung
596. Gegenstand der Schenkung bei Geldhingabe zum Erwerb eines Grundstücks
597. Gemischte Schenkung und Schenkung unter Auflage
598. Gesellschaftsvertragliche Abfindungsklauseln zu Buchwerten und die erbschaftsteuerlichen Folgen
599. Gesetzliche und gewillkürte Erbfolge
600. Grundstücksbewertung im BewG für Zwecke der Erbschaftsteuer, Grunderwerbsteuer und der Grundsteuer
601. Hausrat mit einem gemeinen Wert von 100.000 €, der beiden Ehegatten zu 50 % gehört

602. Lebensversicherung mit einem Wert von 1 Mio. €. Berechtigt aus der Lebensversicherung sind die Eheleute zu jeweils 50 %
603. Sachwertverfahren bei Grundstücken für Zwecke der Erbschaftsteuer – Voraussetzung und Methode
604. Schwebendes Geschäft über ein unbebautes Grundstücks, für das ein Drittel des Kaufpreises am Todestag bezahlt wurde
605. Steuerbefreiungen für das Familienheim im Rahmen von Erbschaften und Schenkungen
606. Sinn und Zweck der Betriebsvermögensvergünstigungen im Erbschaftsteuerrecht
607. Steuerbefreiungen, Freibeträge und Freigrenzen bei der Erbschaftsteuer
608. Schenkung unter Lebenden
609. Schenkung eines GmbH-Anteils
610. Stichtagsprinzip im Erbschaftsteuerrecht
611. Stille Beteiligung in Bewertungsrecht
612. Übertragung sog. Familienheime im Erbschaftsteuerrecht
613. Unterscheidung Hauptfeststellung, Fortschreibung und Nachfeststellung
614. Umfang des Betriebsvermögens bei Einzelunternehmen, Personen- und Kapitalgesellschaften
615. Verfahren der Unternehmensbewertung: Nennen Sie eines und erläutern Sie dieses
616. Wirtschaftliche Einheit im BewG, Bedeutung und Umfang
617. Zugewinngemeinschaft im Erbschaftsteuerrecht

3.8 Themen zur Betriebswirtschaft/Volkswirtschaft
618. Anzeigepflicht für Steuergestaltungsmodelle
619. Arbeitslosigkeit und Arbeitsmarktpolitik
620. Asset Deal und Share Deal bei dem Kauf einer GmbH
621. Begriffsunterscheidung Steuern, Abgaben und Gebühren und deren Rangfolge für die Staatsfinanzierung
622. Bilanzpolitik
623. Bilanzanalyse
624. Bruttosozialprodukt, Staats- und Steuerquote
625. Cashflow
626. Cashflow-Analyse
627. Deutschland und die Eurokrisenländer in der Eurokrise
628. Deckungsbeitragsrechnung und break-even-point
629. Due-Diligence: Tax-Due-Diligence, Commercial Due-Diligence und Financial Due-Dilligence
630. Dow Jones, DAX und andere Börsenindizes
631. Euro-Rettungsschirm ESM
632. Folgen zu hoher Staatsverschuldung
633. Formen der Unternehmensbesteuerung
634. Finanzierungsquellen des Staates
635. Franchise-System, Darstellung
636. Geldpolitik der Europäischen Zentralbank
637. Höhe des Steueraufkommens in Deutschland. Welche Steuern bringen dem Staat am meisten ein?
638. Investitionsrechnung
639. Kapitalflussrechnung DRS 2
640. Kosten- und Leistungsrechnung
641. Kostenarten, Kostenstellen- und Kostenträgerrechnung

3. Beispiele für Themen zur Selbstausarbeitung von Vorträgen

642. Leasing und Kreditkauf – rechtliche und betriebswirtschaftliche Beurteilung
643. OECD
644. Probleme aus der demographischen Entwicklung in Deutschland
645. Steuergeheimnis und Steueroasen
646. Steuerquote
647. Unternehmer möchte ein Unternehmen kaufen. Wie läuft dieser Vorgang ab?
648. Was versteht man unter CETA und TTIP?
649. Ziele der Wirtschaftspolitik, konjunktur- und geldpolitische Maßnahmen

3.9 Themen zu Sonstigen Steuerarten (Grunderwerbsteuer, Grundsteuer, Erbrecht)

650. Eheliche Güterstände und erbrechtliche Folgen
651. Erbengemeinschaft
652. Erbfall bei Ehegatten
653. Erbschaftsteuerliche Behandlung der Vor- und Nacherbschaft
654. Erbverträge, Berliner Testament, Auflagen
655. Erläutern Sie die Änderungen der Grundsteuerreform
656. Forschungszulage
657. Frühere Erwerbe bei der Berechnung der Steuer
658. Grundsteuer bei Gesellschafterwechsel
659. Gesetzliche Erbfolge, Erbenhaftung und Möglichkeiten der Haftungsbeschränkung
660. Grunderwerbsteuer
661. Pflichtteil im Erbrecht
662. Steuerbare Rechtsgeschäfte bei der Grunderwerbsteuer
663. Testament

3.10 Steuerartenübergreifende Themen/Sonstige Themen

664. Altersvorsorge im Steuerrecht
665. Änderungen bei der steuerlichen Behandlung eines Blockheizkraftwerkes
666. Ausscheiden aus einer Personengesellschaft, Gestaltungsmöglichkeiten und steuerliche Folgen
667. Aufsichtsratsvergütungen aus der Sicht der Einkommensteuer und der Umsatzsteuer
668. Ausscheiden von Grundstücken aus dem Betriebsvermögen
669. Beschränkte Steuerpflicht bei ausländischen Körperschaften
670. Betriebsaufspaltung und ihre steuerlichen Folgen
671. Betriebsveräußerung
672. Betriebsverpachtung aus Sicht der Pächter bzw. Verpächter in Einkommensteuer und Gewerbesteuer
673. Betriebsverpachtung im Steuerrecht
674. Doppelstöckige Personengesellschaft, steuerliche Beurteilung
675. Eigen- und Fremdfinanzierung und steuerliche Folgen
676. Einlagen und Entnahmen im Steuerrecht
677. Einnahmen und Ausgaben im Steuerrecht
678. Erbbaurecht: wirtschaftliche Gründe, Beendigung
679. Erbe und Erbauseinandersetzung im Steuerrecht
680. Familienpersonengesellschaft
681. Firmenwert – Begriff, Abgrenzung, Bilanzierung, Abschreibung
682. Fristen im Steuerrecht und deren Versäumnis

683. Gesonderte Feststellung im Steuerrecht
684. Gläubiger im Insolvenzverfahren
685. Gründung und steuerliche Auswirkung der KG
686. Handelsvertreter
687. Insolvenzverfahren
688. Liquidation einer Kapitalgesellschaft
689. Nennen Sie die Änderungen durch das StARUG
690. Nichteheliche Lebensgemeinschaft im Steuerrecht
691. Pensionsrückstellungen
692. Personengesellschaften im Steuerrecht
693. Privatentnahmen und Neueinlagen im Steuerrecht
694. Restschuldbefreiung nach §§ 286 ff. InsO
695. Schenkung bei Grundstücken
696. Stellen Sie die Änderungen des Sanierungs- und Insolvenzrechtsfortentwicklungsgesetzes (SanInsFoG) dar
697. Stellvertretung im Steuerrecht
698. Steuerbegriff
699. Steuerermäßigungen
700. Steuerliche Rückwirkung von Gesetzen
701. Steuern, Gebühren, Beiträge
702. Stille Gesellschaft im Zivil- und Steuerrecht
703. Überblick über steuerliche Maßnahmen im Zusammenhang mit der Corona-Krise
704. Überblick über steuerliche Maßnahmen im Zusammenhang mit der Ukraine-Krise
705. Überschuldung in der Insolvenz
706. Unternehmerbegriff im Steuerrecht
707. Unterschiede bei den Gewinnermittlungsarten
708. Veranlagungszeitraum, Gewinnermittlungszeitraum, Wirtschaftsjahr, Kalenderjahr
709. Veräußerung eines Mitunternehmeranteils
710. Wirtschaftliches Eigentum im Steuerrecht
711. Zivil- und steuerrechtliche Behandlung von schwebenden Geschäften

4. Prüfungsprotokoll

Fast alle Steuerfachschulen bekommen von ihren Prüfungskandidaten nach erfolgter mündlicher Prüfung ein Protokoll. Dieses Protokoll ist ein typisches Beispiel. Aus vielen dieser Protokolle wurden die Fragen und Fälle der Prüfungskommissionen entwickelt (s. Teil B Kapitel 3.).

Bundesland	XYZ	Datum	XXX
Ort	XYZ	Kommission	PK

Zeitlicher Ablauf der mündlichen Prüfung	Vormittag	X	Nachmittag		
	Uhrzeit Beginn	8.15		Uhrzeit Ende	15.45
				ja	nein
	Einladung Prüflinge gestaffelt			X	
	Mittagspause				X
Welche Informationen erhielten Sie mit der Einladung vorab?				ja	nein
	Kommission			X	
	Noten			X	
	Prüfer				X
Welche Hilfsmittel standen Ihnen zur Vorbereitung des Vortrages zur Verfügung?				ja	nein
	Gesetze			X	
	Richtlinien			X	
	Erlasse			X	
	gestellte Texte				X
	gestelltes Papier			X	
	gestellte Stifte				X
	Waren eigene (leere) Karteikarten zugelassen?			X	

1 V = Verwaltung, S = Steuerberater, W = Vertreter der Wirtschaft
2 AO/FGO = Verfahrensrecht, Bew = Bewertung, ErbSt = Erbschaftsteuer, GrESt = Grunderwerbsteuer, ESt = Einkommensteuer, USt = Umsatzsteuer, KSt = Körperschaftsteuer, GewSt = Gewerbesteuer, UmwStR = Umwandlungsteuer, BWL = Betriebswirtschaftslehre, VWL = Volkswirtschaftslehre, BilStR = Bilanzsteuerrecht, ZivR = Zivilrecht, BerR = Berufsrecht, GesR = Gesellschaftsrecht, WiR = Wirtschaftsrecht, HR = Handelsrecht
3 StFag = Steuerfachangestellter, StFaWi = Steuerfachwirt, BWL/VWL = Studium BWL/VWL, Jura = Studium Rechtswissenschaften, So = Sonstige
4 AO/FGO = Verfahrensrecht, Bew = Bewertung, ErbSt = Erbschaftsteuer, GrESt = Grunderwerbsteuer, ESt = Einkommensteuer, USt = Umsatzsteuer, KSt = Körperschaftsteuer, GewSt = Gewerbesteuer, UmwStR = Umwandlungsteuer, BWL = Betriebswirtschaftslehre, VWL = Volkswirtschaftslehre, BilStR = Bilanzsteuerrecht, ZivR = Zivilrecht, BerR = Berufsrecht, GesR = Gesellschaftsrecht, WiR = Wirtschaftsrecht, HR = Handelsrecht

Welche Hilfsmittel standen Ihnen während den Prüfungsrunden zur Verfügung?		ja	nein
	Gesetze	X	
	Richtlinien		X
	Erlasse		X
	gestellte Texte		X
	gestelltes Papier	X	
	gestellte Stifte		X
	Durften die Texte unaufgefordert während der Prüfung verwendet werden?		X
	Durften Aufzeichnungen während der Prüfungsrunden gemacht werden?	X	

Aus welchen Mitgliedern bestand die Kommission?	Name	Gruppe[1]	Fachbereich[2]
	(Vorsitzender)	V	ErtrStR
	RD	V	VerfR
	ORR	V	BilStR
	StB	S	BWL
	StB	S	Zivilrecht/BerufsR
	Prof. X	W	VWL

Angaben zu den Prüflingen	Prüfling	Vornote	Versuch	Vorbereitung bei	Vorbildung[3]	bestanden
	A	3,66	1.	A	StFaWi	Ja
	B	4,16	1.	B	BWL	Ja
	C	3,83	1.	C	Bibu	Ja
	D	4,16	1.	D	BWL	Ja
	E	4,0	1.	E	Dipl. FW	Ja
	F	4,5	1.	F	Bibu	Ja

Vortragsthemen	Nr.	Thema	gehalten
	1	Erlöschen von Steueransprüchen § 47 AO	0
	2	Aktive und passive RAP in Handels- und Steuerbilanz	6
	3	Ertragsteuerliche Organschaft, Mehr- und Minderabführungen und StAP	0
	4		
	5		
	6		
	Wurde auf die Vortragsthemen im weiteren Verlauf der Prüfungsthemen noch einmal eingegangen?	ja X / nein

4. Prüfungsprotokoll

Gesamteindruck der Prüfung

- Nette Kommission
- Es wird auf Bestehen geprüft
- Prüfer sind bemüht, bei Erstellung der Antworten und Findung von Gedanken in die richtige Richtung zu leiten
- Insgesamt eine ruhige Prüfung
- Fragen wurden gleichmäßig gestellt
- Getränke und Bewirtung wird gestellt

Allen folgenden Prüflingen viel Erfolg!

Prüfungsrunden

Prüfungsrunde 1			
Prüfer	X	Fachbereich[4]	BilStR

Fragen:
1. Fall
EU hat Grundstück mit Gebäude, baut in das Gebäude ein Förderband ein; Abgrenzung Betriebsvorrichtung zu Gebäude mit Prüfung Mietereinbau
2. Fall
Aktuelles FG-Urteil zu der Bildung einer Rückstellung für Großbetriebsprüfungen; Aufwendungen für zu stellendes Personal und Räume; Abzinsung (keine!); R 5.7 EStR
Dauer: 50 Minuten

Eigene Einschätzung der Prüfungsrunde und des Prüfers	Lockere Runde, faire Fragen

Prüfungsrunde 2			
Prüfer	X	Fachbereich	ErtrStR

Fragen:
1. Ertragsteuerliche Organschaft; Mehr- und Minderabführungen und StAP
2. Rechnungsabgrenzungsposten; Was halten Sie davon, den RAP abzuschaffen? Freie Gedankenäußerung; Bezug auf BFH-Urteil
3. InvZul; ertragsteuerliche Behandlung; Abzug von Steuerberatungskosten zur Erstellung des Antrags auf InvZul
4. § 35a EStG; Diskussion über laufendes FG-Verfahren; Kläger möchte § 35a EStG für Müllgebühren und Straßenkehrgebühren geltend machen (Gesetz durfte geöffnet werden)

Dauer: 40 Minuten

Eigene Einschätzung der Prüfungsrunde und des Prüfers	Angenehme Runde, legt viel Wert auf eigene Meinungsbildung zu aktuellen Gerichtsverfahren

Prüfungsrunde 3			
Prüfer	X	Fachbereich	VerfR

Fragen:
1. § 42 AO, Gestaltungsmissbrauch; Zusammenhang zwischen Zivil- und Steuerrecht
2. Umsatzsteuer: Fall
   Autohändler organisiert zum Firmenjubiläum ein Gewinnspiel:
   - Preis: Opel Corsa 20.000,00 + 3.800,00 USt
   - Preis: Reise mit der AIDAblu 2.000,00 ohne USt

   Zudem tritt „Lady Gaga" als besonderes Event auf.
   Abgrenzung § 3 (1b) UStG, § 3 (9a) UStG, § 13b UStG; Prüfreihenfolge; Prüfung Vorsteuerabzug, Vorsteuerberichtigung (nicht anzuwenden); insgesamt Grundlagen abgefragt
3. Einspruchsverfahren vs. Antrag auf schlichte Änderung

Dauer: 45 Minuten

Eigene Einschätzung der Prüfungsrunde und des Prüfers	Angenehme, ruhige Runde

Prüfungsrunde 4			
Prüfer	X	Fachbereich	Bilanzanalyse

Fragen:
Bilanzkennzahlen
- Sinn und Zweck
- Beispiele mit Erläuterung
- Goldene Bilanz- und Finanzierungsregel

Dauer: 20 Minuten

Eigene Einschätzung der Prüfungsrunde und des Prüfers	• kein KLR, Buchführung oder HGB • erwartet genaue Antworten • gibt Fragen schnell weiter • gibt in anderen Fragerunden gelegentlich Zeichen

Prüfungsrunde 5			
Prüfer	X	Fachbereich	Zivilrecht, BerufR

4. Prüfungsprotokoll

Fragen:	
1. BGB • seit wann gibt es das BGB? • welche 5 Bücher gibt es? • Schuldrecht; Akzessorietät; Hypothek/Grundschuld; Nießbrauch; Reallast 2. Berufsrecht • Handakte • BOStB • Steuerberaterkammer als Körperschaft des öffentlichen Rechts Dauer: 20 Minuten	
Eigene Einschätzung der Prüfungsrunde und des Prüfers	genaue Paragraphenangabe verlangt Nennung von Stichwörtern

Prüfungsrunde 6			
Prüfer	X	Fachbereich	VWL
Fragen: Staatsverschuldung • Schuldenabbau möglich? • Wirtschaftswachstum • Inflation • Geldpolitik Dauer: 20 Minuten			
Eigene Einschätzung der Prüfungsrunde und des Prüfers	• X redet viel • ist an einer offenen Diskussion interessiert • legt Wert auf eigene Meinungsbildung		

Teil B Fragen und Fälle verschiedener Prüfungskommissionen aus den Prüfungsprotokollen

1. Einkommensteuer
1.1 12 Fragen zur Einkommensteuer

> **Frage 1:** In welchen Fällen können Versorgungsleistungen steuerlich berücksichtigt werden und wie werden diese beim Empfänger steuerlich behandelt?

Antwort: Auf besonderen Verpflichtungsgründen beruhende lebenslange und wiederkehrende Versorgungsleistungen können nach § 10 Abs. 1a Nr. 2 EStG unbeschränkt als Sonderausgaben berücksichtigt werden. Sie dürfen aber nicht mit Einkünften in wirtschaftlichem Zusammenhang stehen, die bei der Veranlagung außer Betracht bleiben. Außerdem muss der Empfänger unbeschränkt steuerpflichtig sein. Der Abzug kommt nur für die in § 10 Abs. 1a Nr. 2 Buchst. a bis c EStG aufgeführten Leistungen in Betracht.

Die Versorgungsleistungen müssen danach in Zusammenhang stehen mit der Übertragung eines:
- Mitunternehmeranteils,
- Betriebs oder Teilbetriebs oder
- mindestens 50 % betragenden Anteils an einer GmbH, wenn der Übergeber als Geschäftsführer tätig war und der Übernehmer diese Tätigkeit nach der Übertragung übernimmt.

Der Empfänger der Versorgungsleistungen muss korrespondierend die Einkünfte als sonstige Einkünfte nach § 22 Nr. 1a EStG versteuern. Ein Werbungskosten-Pauschbetrag von 102 € kann nach § 9a Nr. 3 EStG abgezogen werden.

Einzelheiten sind in dem BMF-Schreiben vom 11.03.2010, BStBl I 2010, 227, geregelt.

> **Frage 2:** In welchen Fällen liegt eine Betriebsaufspaltung vor und welche steuerlichen Folgen ergeben sich daraus hinsichtlich der Einkunftsart?

Antwort: Der Begriff der Betriebsaufspaltung ist durch die Rechtsprechung, insbesondere zum „Schutz der Gewerbesteuer", entwickelt worden. Danach liegt eine Betriebsaufspaltung vor, wenn ein Unternehmen (Besitzunternehmen) mindestens eine wesentliche Betriebsgrundlage an eine gewerblich tätige Personen- oder Kapitalgesellschaft (Betriebsunternehmen) zur Nutzung überlässt (sachliche Verflechtung) und eine Person oder mehrere Personen zusammen (Personengruppe) sowohl das Besitzunternehmen als auch das Betriebsunternehmen in dem Sinne beherrschen, dass sie in der Lage sind, in beiden Unternehmen einen einheitlichen geschäftlichen Betätigungswillen durchzusetzen (personelle Verflechtung). Vgl. H 15.7 Abs. 4 „Allgemeines" EStH. Dabei ist es unerheblich, ob die wesentliche Betriebsgrundlage entgeltlich oder unentgeltlich erfolgt. Vgl. H 15.7 Abs. 5 „Leihe" EStH.

Liegen die Voraussetzungen der Betriebsaufspaltung vor, ist die Vermietung oder Verpachtung keine Vermögensverwaltung mehr, sondern eine gewerbliche Vermietung oder Verpachtung. Das Besitzunternehmen ist ein eigenständiger Gewerbebetrieb. Vgl. H 15.7 Abs. 4 „Allgemeines" EStH. Die Betriebsaufspaltung kann auch im Verhältnis zu einer gewerblich tätigen Personengesellschaft vorliegen. In diesem Fall spricht von einer mitunternehmerischen Betriebsaufspaltung. Die Grundsätze der mitunternehmerischen Betriebsaufspaltung sind nicht anzuwenden bei:
- freiberuflichen „Betriebspersonengesellschaften",
- Überlassung im Rahmen von Doppelstockgesellschaften,
- unentgeltlichen Überlassungen und
- Besitz-Einzelunternehmen.

> **Frage 3:** Welche Arten der Betriebsaufspaltung gibt es:
> a) hinsichtlich ihrer Entstehung und
> b) hinsichtlich ihrer Konstruktion?

Antwort:
a) Hinsichtlich der Entstehung wird unterschieden zwischen der echten und der unechten Betriebsaufspaltung.
Bei der echten Betriebsaufspaltung sind Besitz- und Betriebsunternehmen aus einem ursprünglich einheitlichen Unternehmen hervorgegangen, d.h. ein Einzelunternehmen oder Personengesellschaft wird so aufgespalten, dass neben dem bisherigen Unternehmen ein neues Unternehmen, regelmäßig eine GmbH gegründet wird.
Bei einer unechten Betriebsaufspaltung sind Besitz- und Betriebsunternehmen von vornherein als getrennte Unternehmen errichtet worden. Hierfür kommen folgende zwei Fälle in Betracht:
- Zu einem bereits bestehenden Betriebsunternehmen kommt ein Besitzunternehmen hinzu.
- Es haben zunächst zwei getrennte Unternehmen bestanden.

Die echte und die unechte Betriebsaufspaltung werden steuerlich gleich behandelt.

b) Unterscheidung der rechtlichen Konstruktion:
- Eine eigentliche Betriebsaufspaltung liegt vor, wenn das Besitzunternehmen ein Einzelunternehmen oder eine Personengesellschaft und das Betriebsunternehmen eine Kapitalgesellschaft ist.
- Bei einer uneigentlichen oder umgekehrten Betriebsaufspaltung ist das Besitzunternehmen eine Kapitalgesellschaft und das Betriebsunternehmen eine Personengesellschaft. Eine mitunternehmerische Betriebsaufspaltung liegt vor, wenn sowohl das Besitzunternehmen als auch das Betriebsunternehmen Personengesellschaften sind. Die Betriebsaufspaltung kann auch im Verhältnis zu einer gewerblich tätigen Personengesellschaft vorliegen. In diesem Fall geht das Rechtsinstitut der Betriebsaufspaltung dem Sonderbetriebsvermögen der beteiligten Gesellschafter vor und man spricht von einer sog. „mitunternehmerischen Betriebsaufspaltung".
- Eine mitunternehmerische Betriebsaufspaltung an einer freiberuflich tätigen Personengesellschaft kann hingegen nicht bestehen.
- Eine kapitalistischen Betriebsaufspaltung liegt vor, wenn eine Kapitalgesellschaft unmittelbar oder mittelbar an einer anderen Kapitalgesellschaft beteiligt ist, jedoch nicht, wenn beide Gesellschaften durch die gleiche Person/Personengruppe beherrscht werden.

> **Frage 4:** Sind bei einem Wegfall der personellen Verflechtung bei einer Betriebsaufspaltung zwingend stille Reserven aufzudecken?

Antwort: Entfällt bei einer Betriebsaufspaltung das Tatbestandsmerkmal „personelle Verflechtung" und wird das Verpachtungsunternehmen nicht strukturell nachhaltig verändert, so lebt der ruhende gewerbliche Betrieb wieder auf, d.h. es besteht ein Wahlrecht zwischen einem ruhenden gewerblichen Betrieb (§ 16 Abs. 3b EStG) und der Verpachtung einer Sachgesamtheit im Rahmen des § 21 Abs. 1 Nr. 2 EStG (BFH-Urteil vom 17.04.2002, X R 8/00, BStBl II 2002, 527; BFH-Urteil vom 14.03.2006, VIII R 80/03, BStBl II 2006, 591; BFH-Urteil vom 11.10.2007, X R 39/04, BStBl II 2008, 220; BFH-Urteil vom 06.11.2008, IV R 51/07, BStBl II 2009, 303; BFH-Urteil vom 17.04.2019, IV R 12/16, BStBl II 2019, 745; H 16 Abs. 2 „Beendigung einer Betriebsaufspaltung" EStH).

Im Fall der Betriebsaufgabe müssen die stillen Reserven aufgedeckt und versteuert werden. Nach § 16 Abs. 3b EStG gilt in diesen Fällen ein Betrieb nicht als aufgegeben, bis der Steuerpflichtige die Aufgabe ausdrücklich gegenüber dem Finanzamt erklärt oder dem Finanzamt Tatsachen bekannt werden, aus denen sich ergibt, dass die Voraussetzungen für eine Aufgabe erfüllt sind. Nach § 16 Abs. 3b Satz 2

EStG wird eine Aufgabeerklärung rückwirkend anerkannt, wenn diese spätestens drei Monate nach dem vom Steuerpflichtigen gewählten Zeitpunkt der Aufgabe abgegeben wird. Geht die Aufgabeerklärung später ein, gilt der Gewerbebetrieb erst in dem Zeitpunkt als aufgegeben, in dem die Aufgabeerklärung beim Finanzamt eingeht.

> **Frage 5:** Welche Möglichkeiten bestehen aus steuerlicher Sicht Wirtschaftsgüter in das Gesamthandvermögen einer OHG durch einen Gesellschafter einzubringen und wie unterscheiden sich diese Wege im Hinblick auf die Verbuchung des Vorfalls und der Behandlung des Einbringenden?

Antwort: Zunächst muss untersucht werden, ob die Einbringung der Wirtschaftsgüter entgeltlich, teilentgeltlich oder unentgeltlich erfolgt. Dies ist wird auch durch die Verbuchung des Vorfalls auf Seiten der OHG ersichtlich. Dabei lautet der maßgebende Buchungssatz stets „Wirtschaftsgut an ...". Wird auf der Passivseite des Buchungssatzes auch ein Kapitalkonto angesprochen, welches Gesellschaftsrechte gewährt (die Verwaltung bezeichnet dies als Kapital I), ist von einem Tauschvorgang auszugehen (BMF-Schreiben vom 11.07.2011, BStBl I 2011, 713, Tz. II.2.a). Hierbei werden Wirtschaftsgüter gegen die Gewährung von Gesellschaftsrechten getauscht. Dieser Vorgang gilt als voll entgeltlich, unabhängig davon, in welcher Höhe das Kapital I bebucht wird. Auch Mischbuchungen z.B. in Form „Wirtschaftsgut 100 an Kapital I 10 und Kapital II 90" gelten als voll entgeltlich (BMF-Schreiben vom 11.07.2011, BStBl I 2011, 713, Tz. II.2.a). Dies deswegen, weil eine Gutschrift in Höhe 1 € auf dem Kapital I in der Realität Gesellschaftsrechte widerspiegelt, die deutlich mehr als 1 € wert sind.

Erfolgt die Verbuchung auf der Passivseite der Buchung nicht gegen Kapital I, besteht als weitere entgeltliche Möglichkeit die Buchung gegen „Bank", „Verbindlichkeit" oder sonstige „Wirtschaftsgüter". Auch in diesen Fällen handelt es sich um einen entgeltlichen Vorgang.

Erfolgt die Verbuchung auf der Passivseite der Buchung hingegen gegen ein weiteres Kapitalkonto, welches keine Gesellschaftsrechte gewährt (die Verwaltung bezeichnet dies als Kapital II), gegen „(s. b.) Ertrag" oder gegen eine Kapitalrücklage (ggf. gesamthänderisch), gilt der Vorgang als unentgeltlich.

Auch Mischbuchungen sind möglich, z.B. „Wirtschaftsgut 100 an Bank 40 und Kapital II 60". Dies stellt dann sogenannte teilentgeltliche Vorgänge dar.

Die Differenzierung entgeltlich, teilentgeltlich oder unentgeltlich ist sodann auch für den einbringenden Gesellschafter von Bedeutung. Hier muss dann noch weiter differenziert werden, ob dieser das Wirtschaftsgut aus dem Privat- oder aus seinem Betriebsvermögen in die OHG einbringt.

Einbringungen von einzelnen Wirtschaftsgütern aus dem Privatvermögen werden wie folgt behandelt:

a) Sollte die Einbringung unentgeltlich (Verbuchung gegen Kapital II, s. b. Ertrag, Kapitalrücklage) erfolgen, handelt es sich um Einlagen im Sinne des § 4 Abs. 1 S. 8 EStG. Die Bewertung erfolgt nach § 6 Abs. 1 Nr. 5 EStG auf Seiten der aufnehmenden OHG. Die künftige AfA richtet sich nach § 7 Abs. 1 S. 5 EStG. Ein privates Veräußerungsgeschäft liegt nicht vor, jedoch muss beachtet werden, dass die Frist des § 23 EStG auch nach Einlage weiter gilt (§ 23 Abs. 1 S. 5 EStG).

b) Sollte die Einbringung entgeltlich (Verbuchung zumindest teilweise gegen Kapital I oder Buchung gegen Bank, Verbindlichkeit oder Tausch-Wirtschaftsgut) erfolgen, handelt es sich um einen Veräußerungsvorgang. Je nach eingebrachtem Wirtschaftsgut handelt es sich um einen Vorgang, der nach § 17, § 20 Abs. 2 oder § 23 EStG steuerbar ist/sein kann. Die OHG schafft das Wirtschaftsgut neu an, hat damit eine neue AfA-Reihe zu berechnen.

Einbringungen von einzelnen Wirtschaftsgütern aus dem Betriebsvermögen werden wie folgt behandelt:

1. Einkommensteuer

a) Sollte die Einbringung unentgeltlich (Verbuchung gegen Kapital II, s. b. Ertrag, Kapitalrücklage) erfolgen, gilt § 6 Abs. 5 S. 3 Nr. 1 EStG. Der Buchwert muss durch die OHG fortgeführt werden.

b) Sollte die Einbringung entgeltlich in Form von Gewährung von Gesellschaftsrechten (Verbuchung zumindest teilweise gegen Kapital I) erfolgen, gilt ebenso § 6 Abs. 5 S. 3 Nr. 1 EStG. Der Buchwert muss durch die OHG fortgeführt werden. Hier wäre als lex specialis § 24 UmwStG möglich, wenn die Wirtschaftsgüter einen Betrieb, Teilbetrieb oder Mitunternehmeranteil darstellen.

c) Sollte ein sonstiges Entgelt vorliegen (z.B. Buchung gegen Bank, Verbindlichkeit oder Tausch-Wirtschaftsgut), ist der Vorgang als entgeltliche Veräußerung zu behandeln. Bei der OHG liegt eine Neuanschaffung mit neuer AfA-Reihe vor.

Die Bilanzierung bzw. der Ansatz des zutreffenden Wertes auf Seiten der OHG muss nicht direkt in der Gesamthand erfolgen. Es ist auch eine Korrektur des Wertes über einen entsprechenden ergänzenden Ansatz in einer Ergänzungsbilanz möglich.

Frage 6: Inwieweit können die einem Kommanditisten zuzurechnenden Anteile am Verlust der KG steuerlich berücksichtigt werden und ergeben sich Unterschiede hinsichtlich der Verluste aus einer Sonderbilanz und einer Ergänzungsbilanz?

Antwort: Nach § 15a Abs. 1 S. 1 EStG dürfen die Verlustanteile eines Kommanditisten weder mit anderen Einkünften aus Gewerbebetrieb noch mit Einkünften aus anderen Einkunftsarten ausgeglichen werden, soweit ein negatives Kapitalkonto des Kommanditisten entsteht oder sich erhöht. Nach § 15a Abs. 1 S. 2 EStG können, abweichend von Satz 1, Verluste des Kommanditisten bis zur Höhe des Betrags, um den die im Handelsregister eingetragene Einlage des Kommanditisten seine geleistete Einlage übersteigt, auch ausgeglichen oder abgezogen werden, soweit durch den Verlust ein negatives Kapitalkonto entsteht oder sich erhöht (Außenhaftung). Die nicht ausgleichsfähigen Verluste sind aber in späteren Wirtschaftsjahren mit Gewinnen aus der Beteiligung an der KG verrechenbar (§ 15a Abs. 2 EStG).

Das Kapitalkonto im Sinne des § 15a Abs. 1 S. 1 EStG setzt sich aus dem Kapitalkonto des Gesellschafters in der Steuerbilanz der Gesellschaft und dem Mehr- oder Minderkapital aus einer etwaigen positiven oder negativen Ergänzungsbilanz des Gesellschafters zusammen. Vgl. H 15a (Kapitalkonto) EStH und BMF vom 30.05.1997, BStBl I 1997, 627.

Verluste des Kommanditisten im Bereich seines Sonderbetriebsvermögens sind dagegen grundsätzlich unbeschränkt ausgleichs- und abzugsfähig (R 15a Abs. 2 S. 1 EStR).

Frage 7: Wie sind Werkspensionen bei den Empfängern steuerlich zu behandeln und welche Unterschiede ergeben sich zur steuerlichen Behandlung von Renten aus der gesetzlichen Rentenversicherung? Gehen Sie von einem Beginn der Pension bzw. Rente am 01.01.2024 aus.

Antwort: Werkspensionen werden aufgrund eines früheren Dienstverhältnisses gezahlt und führen bei dem Empfänger zu nachträglichen Einnahmen aus nichtselbständiger Arbeit (§§ 24 Nr. 2, 19 Abs. 1 S. 1 Nr. 2 EStG i.V.m. § 2 Abs. 2 Nr. 2 LStDV). Bei der Ermittlung der Einkünfte sind nach § 19 Abs. 2 EStG ein Versorgungsfreibetrag und ein Zuschlag zum Versorgungsfreibetrag zu berücksichtigen. Maßgebend für die Höhe der Freibeträge ist das Jahr des Beginns der Versorgung. So beträgt der Freibetrag bei einem Beginn der Versorgung in 2024 13,6 % der Versorgungsbezüge, höchstens 1.020 € und der Zuschlag 306 €. Der Zuschlag darf nur bis zur Höhe der um den Versorgungsfreibetrag geminderten Bemessungsgrundlage (§ 19 Abs. 2 S. 3 EStG) berücksichtigt werden. Diese Freibeträge gelten für die gesamte Laufzeit des Versorgungsbezugs (§ 19 Abs. 2 S. 8 EStG). Außerdem ist ein Werbungskosten-Pauschbetrag nach § 9a S. 1 Nr. 1 Buchst. b EStG in Höhe von 102 € zu berücksichtigen.

Die Besteuerung der Renten ist mit dem Alterseinkünftegesetz ab 2005 neu geregelt worden. Die Einkünfte aus den gesetzlichen Rentenversicherungen fallen unter § 22 Nr. 1 S. 3 Buchst. a Doppelbuchst.

aa EStG. Anders als im früheren Recht besteht insoweit kein Unterschied zwischen der Altersrente und einer Erwerbsunfähigkeitsrente. Für den Besteuerungsanteil der Rente ist das Jahr des Rentenbeginns maßgebend. So beträgt z.B. der Besteuerungsanteil bei Beginn der Rente im Jahr 2023 = 83 %. Danach ergibt sich ein steuerfreier Teil der Rente von 17 % (§ 22 Nr. 1 S. 4 EStG). Dieser gilt ab dem Jahr, das dem Jahr des Rentenbeginns folgt, für die gesamte Laufzeit des Rentenbezugs.

> **Frage 8:** Wie sind Gewinne aus der Veräußerung von Aktien steuerlich zu erfassen, wenn sie:
> a) zu einem Betriebsvermögen gehören?
> b) zu einem Privatvermögen gehören?

Antwort:
a) Betriebsvermögen
Soweit die Aktien in einem Betriebsvermögen gehalten werden, sind die Veräußerungsgewinne auch uneingeschränkt den Einkünften der entsprechenden Gewinn-Einkunftsart zuzurechnen. Dies folgt aus dem sog. Subsidiaritätsprinzip des § 20 Abs. 8 EStG. Sie unterliegen allerdings im Geltungsbereich der Einkommensteuer dem sog. Teileinkünfteverfahren gem. § 3 Nr. 40 S. 1 Buchst. d EStG und sind auf Ebene der Gesellschaft zu 40 % steuerfrei, wenn es sich um Aktien oder andere Anteile an Kapitalgesellschaften handelt. Im Geltungsbereich der Körperschaftsteuer unterliegen diese nach wie vor, unabhängig von der Beteiligungsquote, der Körperschaftsteuerbefreiung gem. § 8b Abs. 2 KStG (Hinweis: 5 % pauschaler nicht abzugsfähiger Betriebsausgabenabzug nach § 8b Abs. 3 KStG). Je nach Dauer der Zugehörigkeit der Aktien zum Betriebsvermögen kommt ein Abzug oder die Bildung einer Rücklage gem. § 6b Abs. 10 EStG in Betracht.

b) Privatvermögen
Werden die Anteile im Privatvermögen gehalten, ist zu differenzieren. Handelt es sich um eine Beteiligung im Sinne des § 17 Abs. 1 EStG (Beteiligung mindestens 1 % innerhalb der letzten fünf Jahre), gehört der Gewinn zu den Einkünften aus Gewerbebetrieb. Der Veräußerungsgewinn unterliegt dem Teileinkünfteverfahren. Der Veräußerungserlös ist nach § 3 Nr. 40 Buchst. c EStG zu 40 % steuerfrei. Nach § 3c Abs. 2 EStG können bei der Ermittlung des Veräußerungsgewinns auch die Anschaffungskosten der Beteiligung und die Veräußerungskosten nur zu 60 % berücksichtigt werden.

Bei der Ermittlung der Einkünfte ist ggf. ein Freibetrag nach § 17 Abs. 3 EStG in Höhe von höchstens 9.060 € zu berücksichtigen. Der Freibetrag kann aber nur anteilig berücksichtigt werden, soweit er dem veräußerten Anteil der Kapitalgesellschaft entspricht (§ 17 Abs. 3 S. 1 EStG). Der Freibetrag ermäßigt sich außerdem um den Betrag, um den der Veräußerungsgewinn den Teil von 36.100 € übersteigt, der dem veräußerten Anteil an der Kapitalgesellschaft entspricht.

Beträgt die Beteiligung an einer Kapitalgesellschaft weniger als 1 %, gehört der Veräußerungsgewinn nach § 20 Abs. 2 Nr. 1 EStG zu den Einkünften aus Kapitalvermögen. Dabei ist die Haltedauer unbeachtlich. Die Einkünfte unterliegen nach § 32d Abs. 1 EStG in Verbindung mit §§ 43 Abs. 1 Nr. 1 und 43 Abs. 5 EStG der sog. Abgeltungssteuer. Keine der in § 32d EStG normierten Ausnahmen bietet die Möglichkeit ggf. auf Antrag in die tarifliche Einkommensteuer zu wechseln. Dies ist nur bei Ausschüttungen z.B. nach § 32d Abs. 2 Nr. 3 EStG möglich, nicht jedoch bei Veräußerungen von Anteilen an Kapitalgesellschaften.

Bei der Ermittlung der Einkünfte aus Kapitalvermögen kann nur der Sparer-Pauschbetrag in Höhe von 1.000 € (Verdopplung bei zusammenveranlagten Ehegatten) berücksichtigt werden. Der Abzug der tatsächlichen Aufwendungen als Werbungskosten ist ausgeschlossen (§ 20 Abs. 9 S. 1 und 2 EStG). Diese gesetzliche Regelung ist anzuwenden, soweit die Anteile nach dem 31.12.2008 erworben worden sind (§ 52a Abs. 10 S. 1 EStG).

1. Einkommensteuer

Besonderheiten ergeben sich bei Verlusten aus der Aktienveräußerung. Hier ist § 20 Abs. 6 S. 4 EStG zu beachten. Demnach sind Verluste aus Kapitalvermögen, die aus der Veräußerung von Aktien entstehen, nur mit Gewinnen, die aus der Veräußerung von Aktien entstehen, ausgleichsfähig. Ggf. erfolgt ein Verlustvortrag im Sinne des § 10d EStG. Ein Aktienveräußerungsverlust kann somit z.B. nicht mit Zinsen nach § 20 Abs. 1 S. 1 Nr. 7 EStG verrechnet werden. Dies ist strittig und unter dem Az. 2 BvL 3/21 beim Bundesverfassungsgericht anhängig. Der BFH (Urteil vom 17.11.2020, VIII R 11/18, BStBl II 2021, 562) ist von der Verfassungswidrigkeit des § 20 Abs. 6 S. 4 EStG überzeugt.

Verluste aus Aktienveräußerung eines Ehegatten können nach § 20 Abs. 6 S. 3 Halbsatz 2 EStG jedoch mit Aktienveräußerungsgewinnen des anderen Ehegatten verrechnet werden, wenn eine Zusammenveranlagung erfolgt.

Frage 9: Wie erfolgt die Besteuerung von Investmentfonds des Privatvermögens?

Antwort: Investmentfonds sind Vermögen zur gemeinschaftlichen Anlage, die nach dem Grundsatz der Risikomischung in Wertpapieren und/oder anderen Vermögensgegenständen angelegt sind. Dabei ist zu unterscheiden zwischen Publikumsfonds, die grundsätzlich allen Anlegern offenstehen, und Spezial-Investmentfonds, die nur durch eine begrenzte Anzahl juristischer Personen erworben werden dürfen. Die folgenden Ausführungen beschränken sich auf die praktisch bedeutsameren Fälle der Publikumsfonds.

Zum 01.01.2018 wurde bei Publikums-Investmentfonds eine neue Besteuerungskonzeption eingeführt, die eine Abkehr vom bisher geltenden Transparenzprinzip mit sich bringt. Steuerpflichtig auf Ebene des Anlegers sind seit 2018 die Ausschüttung (§ 2 Abs. 11 InvStG), die Vorabpauschale (§ 18 InvStG) und der Gewinn aus der Rückgabe oder Veräußerung der Anteile (§ 19 InvStG). Alle drei Ertragsarten – insbesondere auch die Veräußerungsgewinne – werden von § 20 Abs. 1 Nr. 3 EStG erfasst.

Erfolgt keine oder eine zu geringe Ausschüttung, so hat der Anleger die sogenannte Vorabpauschale nach § 18 InvStG zu versteuern. Hierbei handelt es sich um eine steuerliche Normrendite, die aus dem jährlich von der Bundesbank ermittelten Basiszins errechnet wird. Der Basiszins leitet sich aus der langfristig erzielbaren Rendite öffentlicher Anleihen ab. Die Bundesbank hat auf den 02.01.2024 einen Wert von 2,29 % errechnet. Damit ergibt sich eine Vorabpauschale für das Jahr 2024 von 1,603 % (BMF-Schreiben vom 05.01.2024, IV C 1 – S 1980-1/19/10038: 008). Die Vorabpauschale gilt nach § 18 Abs. 3 InvStG am ersten Werktag (grundsätzlich 02. Januar) des folgenden Kalenderjahres als zugeflossen.

Die Vorabpauschale ist definiert als Basisertrag abzüglich der Ausschüttungen im Kalenderjahr. Der Basisertrag beträgt stets 70 % des Basiszinses vom Rücknahmepreis des Fonds zu Beginn des Kalenderjahres. Die Vorabpauschale ist auf die Wertentwicklung des Fondsanteils im Kalenderjahr begrenzt. Ist die Wertentwicklung innerhalb eines Kalenderjahres somit negativ, ist keine Vorabpauschale zu versteuern. Die Vorabpauschale kann nicht nur bei thesaurierenden, sondern auch bei ausschüttenden Publikums-Investmentfonds greifen, sofern die Ausschüttungen in einem Kalenderjahr geringer ausfallen als der Basisertrag. Im Jahr eines Anteilserwerbs wird die Vorabpauschale um 1/12 für jeden vollen Monat gekürzt, der dem Monat des Erwerbs vorangeht.

Gewinne aus der Rückgabe oder Veräußerung von Fondsanteilen sind steuerpflichtig.

Für diverse Fondsarten werden pauschale Steuerfreistellungen (Teilfreistellungen) gewährt. Diese sind in § 20 InvStG geregelt. Die Höhe dieser Teilfreistellung hängt vom Anlageschwerpunkt des Investmentfonds ab. Danach wird zwischen Aktien-, Misch- und Immobilienfonds unterschieden. Bei Aktienfonds handelt es sich um solche, die gemäß ihren Anlagebedingungen fortlaufend zu mindestens 50 % in Kapitalbeteiligungen (also insbesondere in- und ausländische Aktien) investiert sind (vgl. § 2 Abs. 6 InvStG). Bei Mischfonds liegt diese „Aktienquote" bei mindestens 25 % (vgl. § 2 Abs. 7 InvStG). Die Investition in Aktien muss tatsächlich erfolgen. Um als Immobilienfonds zu gelten, ist eine Anlage von mindestens 50 % in Immobilien nach den Anlagebedingungen erforderlich (§ 2 Abs. 9 InvStG). Ein sogenannter „ausländischer" Immobilienfonds muss zu mindestens 50 % in ausländische Immobilien investieren.

Die Teilfreistellung erfolgt gem. § 20 InvStG im Privatvermögen wie folgt:

Aktienfonds (> 50 %)	Mischfonds (25–50 %)	Immobilien-fonds	Auslands-immobilienfonds
30 %	15 %	60 %	80 %

Bei betrieblichen Anlegern gelten nach § 20 InvStG höhere Teilfreistelllungen.

Überführung „alter" Fonds in die neue Besteuerung

Seit 2018 werden alle Fonds nach dem Investmentsteuerreformgesetz nach der gleichen Systematik besteuert. Wer vor 2009 Fonds gekauft und seitdem in seinem Depot hat, muss Wertzuwächse seit 2018 nach der vorstehenden Systematik versteuern. Die Anteile gelten zum 31.12.2017 als verkauft und zum 01.01.2018 als neu angeschafft (Veräußerungsfiktion, § 56 Abs. 1 InvStG). Allerdings gibt es für Privatanleger einen personenbezogenen lebenslangen Freibetrag für Veräußerungsgewinnen von ehemals bestandsgeschützte Altanteilen von 100.000 €. Dieser gilt jedoch nur für Anteile, die vor 01.01.2009 erworben wurden. Wertzuwächse seit 2018 sind steuerbar – mit Ausnahme des vorgenannten Freibetrags von 100.000 €. Zur Anwendung des InvStG 2018 ist ein umfangreiches BMF-Schreiben ergangen (BMF vom 21.05.2019, IV C 1 – S 1980-1/16/10010 :001, BStBl I 2019, 527). Dieses Schreiben wurde mehrfach ergänzt.

Frage 10: Wozu fragen die Banken die Zugehörigkeit eines Bankkontos oder -depots zum Privat- oder Betriebsvermögen ab?

Antwort: Diese Abfrage erfolgt nicht wegen eines evtl. Kapitalertragsteuerabzuges, weil auch bei Kapitalerträgen im Betriebsvermögen grundsätzlich die Kapitalertragsteuer auf Kapitalerträge einzubehalten ist, § 43 Abs. 4 EStG. Allerdings kommen der Sparerfreibetrag, ein erteilter Freistellungsauftrag und eine Verrechnung mit Verlusten aus Aktienveräußerungen des Privatvermögens bei Erträgen des Betriebsvermögens nicht in Betracht.

Frage 11: Welcher Unterschied besteht zwischen einer stillen und einer atypischen stillen Beteiligung?

Antwort: Nach § 230 HGB ist ein stiller Gesellschafter derjenige, der sich an dem Handelsgewerbe eines anderen Unternehmens (Einzelunternehmen, Personen- oder Kapitalgesellschaft) beteiligt und die Einlage in das Vermögen des Inhabers des Handelsgeschäfts übergeht und nur dieser nach außen in Erscheinung tritt. Der Gesellschafter ist am Gewinn oder am Gewinn und Verlust, nicht aber an den stillen Reserven beteiligt (§§ 231, 232 HGB). Er hat zwar Kontrollrechte (§ 233 HGB), kann aber nicht auf die Geschäftsführung Einfluss nehmen.

Das Zivilrecht kennt nur die stille Gesellschaft. Das Steuerrecht differenziert diese weiter in eine typisch und atypisch stille Gesellschaft. Der typisch stille Gesellschafter erzielt Einnahmen aus Kapitalvermögen nach § 20 Abs. 1 Nr. 4 EStG. Er erzielt Einkünfte aus Gewerbebetrieb nach § 15 Abs. 1 Nr. 1 EStG in Verbindung mit § 20 Abs. 8 EStG, soweit die Beteiligung zu einem Betriebsvermögen des Beteiligten gehört. Die Gewinnanteile unterliegen grundsätzlich der Abgeltungssteuer (§§ 32d Abs. 1, 43 Abs. 1 Nr. 3, 43 Abs. 5 EStG).

Sind durch die vertraglichen Vereinbarungen die Mitunternehmerinitiative und Mitunternehmerrisiko ausreichend ausgeprägt, sodass eine steuerliche Mitunternehmerschaft entsteht, liegt eine sog. atypisch stille Gesellschaft vor.

1. Einkommensteuer

Mitunternehmerinitiative bedeutet vor allem Teilhabe an den unternehmerischen Entscheidungen, wie sie Gesellschaftern oder diesen vergleichbaren Personen als Geschäftsführern, Prokuristen oder anderen leitenden Angestellten obliegen (H 15.8 Abs. 1 EStH). Ausreichend ist schon die Möglichkeit zur Ausübung von Gesellschafterrechten, die wenigstens den Stimm-, Kontroll- und Widerspruchsrechten angenähert sind, die einem Kommanditisten nach dem HGB zustehen oder die den gesellschaftsrechtlichen Kontrollrechten entsprechen. Eine solche (schwache) Mitunternehmerinitiative hat grundsätzlich der stille Gesellschafter, denn über § 233 Abs. 1 HGB hat er Kontrollrechte, welche denen eines Kommanditisten angenähert sind. Dies kann vertraglich abbedungen werden.

Mitunternehmerrisiko (H 15.8 Abs. 1 EStH) trägt im Regelfall, wer am Gewinn und Verlust des Unternehmens und an den stillen Reserven einschließlich eines etwaigen Geschäftswerts beteiligt ist (BFH-Urteil vom 25.06.1984, BStBl II 1984, 751). Je nach den Umständen des Einzelfalls können jedoch auch andere Gesichtspunkte, z.B. eine besonders ausgeprägte unternehmerische Initiative, verbunden mit einem bedeutsamen Beitrag zur Kapitalausstattung des Unternehmens in den Vordergrund treten (BFH-Urteil vom 27.02.1980, BStBl II 1981, 210). Bezogen auf den stillen Gesellschafter ist das Mitunternehmerrisiko grundsätzlich nicht ausreichend ausgeprägt, denn nach § 231 HGB nimmt dieser „nur" am Gewinn und Verlust teil; die Verlustbeteiligung kann nach § 231 Abs. 2 HGB ausgeschlossen werden. Damit ein ausreichendes Mitunternehmerrisiko vorhanden ist, muss vertraglich vereinbart werden, dass der stille Gesellschafter explizit auch an den stillen Reserven teilnimmt. Dies kann im Gesellschaftsvertrag vereinbart werden. Sodann liegt (auch) das Mitunternehmerrisiko vor. Steuerlich wird nun von einer atypisch stillen Gesellschaft gesprochen.

Der atypisch stille Gesellschafter ist somit an den stillen Reserven und ggf. an dem Geschäftswert beteiligt und somit steuerlich Mitunternehmer im Sinne des § 15 Abs. 1 Nr. 2 EStG. Er erzielt somit Einkünfte aus Gewerbebetrieb nach dieser Vorschrift. Die Gewinnanteile unterliegen nicht mehr der Kapitalertragsteuer. § 15a EStG gilt gem. § 15a Abs. 5 EStG für den atypisch still Beteiligten sinngemäß, denn die Verlustbeteiligung ist nach § 232 Abs. 2 HGB auf die Vermögenseinlage beschränkt. Entsprechendes gilt auch für die typisch stille Gesellschaft nach § 20 Abs. 1 Nr. 4 Satz 2 EStG in Verbindung mit § 15a, § 15b EStG.

Frage 12: Wie können Verluste aus privaten Veräußerungsgeschäften i.S.d. § 23 Abs. 1 und 2 EStG verrechnet werden?

Antwort: Nach § 23 Abs. 3 S. 7 EStG dürfen Verluste aus privaten Veräußerungsgeschäften nur bis zur Höhe des Gewinns, den der Steuerpflichtige im gleichen Kalenderjahr erzielt hat, ausgeglichen werden. Sie dürfen auch nicht nach § 10d EStG von anderen Einkünften abgezogen werden (einschl. § 22 Nr. 1 und 3 EStG). Nach Maßgabe des § 10d EStG können aber die Verluste aus privaten Veräußerungsgeschäften mit Gewinnen aus privaten Veräußerungsgeschäften aus den zwei unmittelbar vorangegangenen Veranlagungszeiträumen (§ 10d Abs. 1 S. 1 und S. 2 EStG) oder den folgenden Veranlagungszeiträumen (§ 10d Abs. 2 EStG) ausgeglichen werden (§ 23 Abs. 3 S. 8, 1. Halbsatz EStG).
Ein nicht ausgeglichener Verlust ist nach § 23 Abs. 3 S. 8 2. Halbsatz EStG i.V.m. § 10d Abs. 4 EStG gesondert festzustellen.

Trotz der auch bei Zusammenveranlagung getrennten Ermittlung der Einkünfte bei Ehegatten lässt die Verwaltung den Ausgleich von Veräußerungsgewinnen und -verlusten zwischen Ehegatten zu. D.h. erzielt ein Ehegatte einen Verlust aus privaten Veräußerungsgeschäften, so kann dieser Verlust mit Gewinnen aus privaten Veräußerungsgeschäften des anderen Ehegatten verrechnet werden (BMF-Schreiben vom 05.10.2000, BStBl I 2000, 1383, Tz. 41).

1.2 28 Fälle zur Einkommensteuer

Fall 1: Der Arbeitnehmer B erhält am 10.03.2024 für das Jahr 2024 eine freiwillige Sonderzuwendung („Inflationsausgleichsprämie") in Höhe von 4.000 € wegen der gestiegenen Preise von seinem Arbeitgeber.

Aufgabe: Muss B die Prämie versteuern?

Lösung: Ja, aber nur zum Teil. B erzielt als Arbeitnehmer Einnahmen aus nichtselbständiger Arbeit nach § 19 Abs. 1 Nr. 1 EStG in Verbindung mit § 2 Abs. 1 LStDV, diese sind allerdings gem. § 3 Nr. 11c EStG als zusätzlich zum ohnehin geschuldeten Arbeitslohn vom Arbeitgeber in der Zeit vom 26.10.2022 bis zum 31.12.2024 aufgrund der gestiegenen Preise an seine Arbeitnehmer in Form von Zuschüssen und Sachbezügen gewährte Beihilfen und Unterstützungen bis zu einem Betrag von 3.000 € steuerfrei.

Fall 2: Am 15.02.2024 werden 12.000 € Miete für Juli 2023 bis Juni 2024 bezahlt.

Aufgabe: Nehmen Sie zu folgenden Punkten Stellung:
a) Buchungssätze und Gewinnauswirkung 2023 und 2024 bei Bestandsvergleich.
b) Betriebsausgaben und Gewinnauswirkung bei Gewinnermittlung nach § 4 Abs. 3 EStG.
c) Wechsel von § 4 Abs. 3 EStG im Jahr 2023 auf Bestandsvergleich im Jahr 2024; Korrekturgewinn nach R 4.6 EStR.
d) Wechsel von Bestandsvergleich im Jahr 2023 auf § 4 Abs. 3 EStG im Jahr 2024; Korrekturgewinn nach R 4.6 EStR.

Lösung:

a) Jahr 2023 bei Bestandsvergleich:
Mietaufwand 6.000 € / sonst. Verbindlichkeiten 6.000 €
Gewinnauswirkung ./. 6.000 €

Jahr 2024 bei Bestandsvergleich:
sonst. Verbindlichkeiten 6.000 € / Finanzkonto 12.000 €
Mietaufwand 6.000 €
Gewinnauswirkung ./. 6.000 €

b) Jahr 2023 bei Gewinnermittlung § 4 Abs. 3 EStG
Betriebsausgaben, kein Abfluss nach § 11 Abs. 2 EStG 0 €
Gewinnauswirkung 0 €

Jahr 2024 bei Gewinnermittlung § 4 Abs. 3 EStG
Betriebsausgaben, Abfluss nach § 11 Abs. 2 EStG 12.000 €
Gewinnauswirkung ./. 12.000 €

c) 2023 § 4 Abs. 3 EStG: Gewinnauswirkung bisher 0 €
2024 Bestandsvergleich: Gewinnauswirkung künftig ./. 6.000 €
daher Korrektur (GA Soll: ./. 12.000 €; GA Ist: ./. 6.000 €) ./. 6.000 €
Gewinnauswirkung insgesamt ./. 12.000 €

d) 2023 Bestandsvergleich: Gewinnauswirkung bisher ./. 6.000 €
2024 § 4 Abs. 3 EStG: Gewinnauswirkung künftig ./. 12.000 €
Korrektur (GA Soll: ./. 12.000 €; GA Ist: ./. 18.000 €) + 6.000 €
Gewinnauswirkung insgesamt ./. 12.000 €

1. Einkommensteuer

> **Fall 3:** Der Gewerbetreibende X kauft eine neue Maschine für seinen Betrieb für 50.000 €. Die Finanzierung erfolgt über das laufende Kontokorrentkonto. Dadurch hat sich der bisher schon negative Saldo des Kontokorrentkontos erhöht.
>
> **Aufgabe:** Sind die dadurch entstandenen Schuldzinsen in voller Höhe abzugsfähig, wenn X Überentnahmen getätigt hat?

Lösung: Nach § 4 Abs. 4a EStG sind Schuldzinsen nur eingeschränkt abzugsfähig, soweit Überentnahmen getätigt worden sind. Davon ist auszugehen, wenn die Entnahmen die Summe des Gewinns und der Einlagen des Wirtschaftsjahres übersteigen (§ 4 Abs. 4a S. 2 EStG). Nach § 4 Abs. 4a S. 5 EStG gilt das nicht für den Abzug von Schuldzinsen für ein Darlehen zur Finanzierung von Anschaffungs- oder Herstellungskosten von Wirtschaftsgütern des Anlagevermögens.

Aufgrund der BFH-Rechtsprechung (BFH-Urteil vom 23.02.2012, BStBl II 2012, 161) ist es nicht erforderlich, dass zur Finanzierung von Anschaffungs- oder Herstellungskosten von Wirtschaftsgütern des Anlagevermögens ein gesondertes Darlehen aufgenommen wird (so auch BMF-Schreiben vom 02.11.2018, BStBl I 2018, 1207, Tz. 24). Werden die Anschaffungs- oder Herstellungskosten eines Wirtschaftsguts des Anlagevermögens über ein Kontokorrentkonto finanziert und entsteht oder erhöht sich dadurch der negative Saldo des Kontokorrentkontos, sind die dadurch veranlassten Schuldzinsen gem. § 4 Abs. 4a S. 5 EStG unbeschränkt als Betriebsausgaben abzugsfähig. Der Anteil der unbeschränkt abzugsfähigen Schuldzinsen ist dabei nach der Zinsstaffelmethode oder im Rahmen einer Schätzung zu ermitteln.

> **Fall 4:** Das Lehrerehepaar Trude und Bernd Schlau teilen sich in Ihrer Mietwohnung ein häusliches Arbeitszimmer zur Unterrichtsvorbereitung und Klausurkontrolle. Die Gesamtkosten für das Arbeitszimmer betragen 2.000 € p.a. Eine private Mitbenutzung des Arbeitszimmers erfolgt nicht. Sie arbeiten in diesem Zimmer an 220 Tagen im Jahr.
>
> **Aufgabe:** Wie können Trude und Bernd das Arbeitszimmer steuerlich geltend machen?

Lösung: Seit 2023 ist ein häusliches Arbeitszimmer nach § 4 Abs. 5 Satz 1 Nr. 6b EStG nur berücksichtigungsfähig, wenn dort der Mittelpunkt der gesamten betrieblichen und berufliche Betätigung liegt. In diesem Fall besteht ein Wahlrecht zwischen:
- dem Nachweis der einzelnen Kosten und unbeschränkter Abzug der Höhe nach oder
- Ansatz einer Pauschale von 1.260 € (ohne Aufwandsnachweis).

Ein Lehrer hat nicht den Mittelpunkt seiner gesamten betrieblichen und beruflichen Tätigkeit im häuslichen Arbeitszimmer und somit scheidet diese Fallgruppe aus.

In allen anderen Fällen ist die Tagespauschale nach § 4 Abs. 5 Satz 1 Nr. 6c EStG zu prüfen. Für jeden Tag an dem die betriebliche oder berufliche Tätigkeit überwiegend in der häuslichen Wohnung ausgeübt und keine außerhalb der häuslichen Wohnung belegene erste Tätigkeitsstätte aufgesucht wird, kann die Tagespauschale von 6 € angesetzt werden, maximal 1.260 € (entspricht 120 Tagen). Es ist ausreichend, wenn der Steuerpflichtige an einem Tag überwiegend von zu Hause aus arbeitet. Einen zeitlichen Mindestumfang gibt es nach dem Gesetzeswortlaut nicht.

Steht für die betriebliche oder berufliche Tätigkeit dauerhaft kein anderer Arbeitsplatz zur Verfügung und wird der Steuerpflichtige auch in der häuslichen Wohnung tätig, ist ein Abzug der Tagespauschale auch dann zulässig, wenn die Tätigkeit am selben Kalendertag auswärts oder an der ersten Tätigkeitsstätte ausgeübt wird (§ 4 Abs. 5 Satz 1 Nr. 6c Satz 2 EStG). In diesen Fällen ist zwar ein Tätigwerden, aber kein zeitlich überwiegendes Tätigwerden in der häuslichen Wohnung für den Abzug der Tagespauschale erforderlich. Dies ist bei einem Lehrer der Fall.

Die Tagespauschale ist personenbezogen, d.h. pro Steuerpflichtigen können maximal 1.260 € geltend gemacht werden. Daher können sowohl Trude als auch Bernd jeweils 1.260 € (220 Tage x 6 € = 1.320, maximal 1.260 €) als Werbungskosten abziehen. Es ist nicht Voraussetzung, dass die Tätigkeit in einem häuslichen Arbeitszimmer ausgeübt wird. Die Pauschale ist auch bei gemischt genutzten Zimmern oder bei einer „Arbeitsecke" möglich.

> **Fall 5:** Der Steuerpflichtige Dr. Alter Ego (A), 60 Jahre alt, überträgt seinen Anteil am Gesamthandsvermögen der B-KG im Rahmen der vorweggenommenen Erbfolge auf seinen Sohn Siegfried (S). Der gemeine Wert des Anteils beträgt im Zeitpunkt der Übertragung 400.000 €. Sein Kapitalkonto bei der KG beläuft sich auf 100.000 €. Daneben hat A bei der KG eine Sonderbilanz. Einziger Posten ist eine Verbindlichkeit von 150.000 € (Negativkapital in der Sonderbilanz).
> S übernimmt die Verbindlichkeiten. Daneben hat er seiner Schwester ein Gleichstellungsgeld von 125.000 € zu zahlen.
>
> **Aufgabe:** Wie ist der Vorgang bei A und S steuerlich zu behandeln?

Lösung: Der Mitunternehmeranteil eines Gesellschafters umfasst sowohl den Anteil am Gesamthandsvermögen als auch das dem einzelnen Mitunternehmer zuzurechnende Sonderbetriebsvermögen (Tz. 3 des BMF-Schreibens vom 03.03.2005, BStBl I 2005, 458). Die Übernahme der betrieblichen Schulden des Sonderbetriebsvermögens stellt keine Gegenleistung dar, weil das Wirtschaftsgut Mitunternehmeranteil übertragen wird (vgl. Tz. 29 und 30 des BMF-Schreibens vom 13.01.1993, BStBl I 1993, 80 ber. S. 464).

Dagegen stellt das Gleichstellungsgeld an die Schwester eine Gegenleistung dar (Tz. 31). Ob ein entgeltlicher oder unentgeltlicher Erwerb vorliegt, entscheidet sich danach, ob die Gegenleistung die Buchwerte der Mitunternehmerschaft übersteigt (Tz. 35, sog. „Einheitstheorie", teilweise auch „modifizierte Trennungstheorie" genannt).

Kapitalkonto lt. Gesamthandsbilanz	100.000 €
Kapitalkonto lt. Sonderbilanz	./. 150.000 €
Kapitalkonto insgesamt	**./. 50.000 €**

Die Gegenleistung in Höhe von 125.000 € übersteigt die Kapitalkonten somit um 175.000 €. Insoweit sind bei S die Buchwerte aufzustocken. Dies geschieht in Höhe der anteiligen stillen Reserven in einer für ihn aufzustellenden Ergänzungsbilanz.

A erzielt einen Veräußerungsgewinn gem. § 16 Abs. 1 S. 1 Nr. 2 und Abs. 2 EStG in Höhe von 175.000 €. Dieser ist auf Antrag nach §§ 16 Abs. 4 und 34 EStG begünstigt. Der Freibetrag nach § 16 Abs. 4 EStG ist zu gewähren, da der Steuerpflichtige das 60. Lebensjahr vollendet hat. Weitere Voraussetzung ist aber, dass der Steuerpflichtige die Vergünstigung bisher noch nicht in Anspruch genommen hat. Obwohl es sich um einen Mitunternehmerteil handelt, ist ggf. der Freibetrag in voller Höhe zu gewähren (R 16 Abs. 13 S. 3 EStR). Der Freibetrag ermäßigt sich um den Betrag, um den der Veräußerungsgewinn 136.000 € übersteigt.

Veräußerungspreis		125.000 €
übertragene Buchwerte		50.000 €
Veräußerungsgewinn		**175.000 €**
Verbleibender Freibetrag gem. § 16 Abs. 4 EStG (auf Antrag)		./. 6.000 €
steuerpflichtiger Veräußerungsgewinn		**169.000 €**
Freibetrag		
Freibetrag		45.000 €
Veräußerungsgewinn	175.000 €	

1. Einkommensteuer

unschädlicher Betrag		./. 136.000 €
übersteigender Betrag	39.000 €	./. 39.000 €
verbleibender Freibetrag		**6.000 €**

> **Fall 6:** Aufgrund eines Bauantrages vom 15.09.202 stellt Hans-Peter-Günther Lauch (HPGL) am 18.12.2023 ein Mehrparteienmietwohngrundstück fertig. Die 6 Wohnungen haben jeweils 80 qm Wohnfläche. Die Herstellungskosten betrugen insgesamt 1.200.000 €. Die Vermietung erfolgt ab dem 01.01.2025. Mieteinnahmen erzielt HPGL 2024 noch nicht.
>
> **Aufgabe:** Darf HPGL 2024 trotzdem bereits Abschreibungen als Werbungskosten geltend machen?

Lösung: Ja, als vorweggenommene Werbungskosten.

Die Abschreibung ermittelt sich wie folgt:

§ 7 Abs. 1 Satz 1 Nr. 2a EStG $^{1}/_{12}$ von 3 % von 1.200.000 € = 3.000 €.

Für die Anschaffung oder Herstellung neuer Wohnungen können zusätzlich gem. § 7b EStG im Jahr der Anschaffung oder Herstellung und in den folgenden drei Jahren Sonderabschreibungen bis zu jährlich 5 % der Bemessungsgrundlage neben der Absetzung für Abnutzung nach § 7 Abs. 4 EStG in Anspruch genommen werden, da die Herstellungskosten 3.000 €/qm Wohnfläche nicht übersteigen, wenn er die Wohnungen mindestens 10 Jahre lang zu langfristigen Wohnzwecken vermietet.

Die Sonderabschreibungen können nur in Anspruch genommen werden, wenn:

1. durch Baumaßnahmen aufgrund eines nach dem 31.08.2018 und vor dem 01.01.2022 oder nach dem 31.12.2022 und vor dem 01.01.2029 (Bauanträge des Jahres 2022 sind damit ausgenommen) gestellten Bauantrags oder einer in diesem Zeitraum getätigten Bauanzeige neue, bisher nicht vorhandene, Wohnungen hergestellt werden, die die Voraussetzungen des § 181 Abs. 9 BewG erfüllen; hierzu gehören auch die zu einer Wohnung gehörenden Nebenräume
2. die Anschaffungs- oder Herstellungskosten 3.000 € je Quadratmeter Wohnfläche (Bauantrag 01.09.2018 bis 31.12.2021) bzw. 5.200 € je Quadratmeter Wohnfläche (Bauantrag 01.01.2023 bis 30.09.2029) nicht übersteigen,
3. die Wohnung das Kriterium eines „Effizienzhaus 40" erfüllt (bei Bauantrag 01.01.2023 bis 31.12.2026),
4. die Wohnung im Jahr der Anschaffung oder Herstellung und in den folgenden neun Jahren der entgeltlichen Überlassung zu Wohnzwecken dient; Wohnungen dienen nicht Wohnzwecken, soweit sie zur vorübergehenden Beherbergung von Personen genutzt werden.

Bemessungsgrundlage für die Sonderabschreibungen nach § 7b EStG sind die Anschaffungs- oder Herstellungskosten der begünstigten Wohnung, jedoch maximal 2.000 € je Quadratmeter Wohnfläche (Bauantrag 01.09.2018 bis 31.12.2021) bzw. 4.000 € je Quadratmeter Wohnfläche (Bauantrag 01.01.2023 bis 30.09.2029).

6 Wohnungen á 80 qm = 480 qm x maximal 2.000 € = 960.000 €
Davon 5 % = 48.000 €
Die gesamte Abschreibung 2022 beträgt daher 50.000 €.

Die Sonderabschreibungen gem. § 7b Abs. 4 EStG sind rückgängig zu machen, wenn:

1. die begünstigte Wohnung im Jahr der Anschaffung oder Herstellung und in den folgenden neun Jahren nicht der entgeltlichen Überlassung zu Wohnzwecken dient,
2. die begünstigte Wohnung oder ein Gebäude mit begünstigten Wohnungen im Jahr der Anschaffung oder der Herstellung oder in den folgenden neun Jahren veräußert wird und der Veräußerungsgewinn nicht der Einkommen- oder Körperschaftsteuer unterliegt oder

3. die Baukostenobergrenze innerhalb der ersten drei Jahre nach Ablauf des Jahres der Anschaffung oder Herstellung der begünstigten Wohnung durch nachträgliche Anschaffungs- oder Herstellungskosten überschritten wird.

Es liegt ein rückwirkendes Ereignis vorliegt, welches nach § 175 Abs. 1 S. 1 Nr. 2 AO zu korrigieren ist. Die Festsetzungsfrist wird hierzu nach § 7b Abs. 4 S. 3 EStG verlängert.

> **Fall 7:** Steuerpflichtiger A hat am 01.12.2023 einen Pkw angeschafft, für den er im Jahr 2022 einen Investitionsabzugsbetrag in Anspruch genommen hat und 2023 auf den Pkw übertragen hat. Mit dem Pkw werden lt. Fahrtenbuch 2023 bei einer Gesamtfahrleistung von 3.000 km 600 km private Fahrten durchgeführt. 2024 betrug die Jahresgesamtfahrleistung 25.000 km bei privaten Fahrten von 1.500 km.
>
> **Aufgabe:** Ist dies eine schädliche Verwendung? Stellen Sie auch die Verbleibens- und Nutzungsvoraussetzungen beim Investitionsabzugsbetrag dar.

Lösung: Nach der Übertragung eines Investitionsabzugsbetrag gelten die Verbleibens- und Nutzungsvoraussetzungen des § 7g Abs. 4 S. 1 EStG (BMF-Schreiben vom 15.06.2022, BStBl I 2022, 945, Rz. 33). Das Wirtschaftsgut muss bis zum Ende des dem Wirtschaftsjahr der Anschaffung bzw. Herstellung folgenden Wirtschaftsjahres
- in einer inländischen Betriebsstätte genutzt werden und
- ausschließlich oder so gut wie ausschließlich betrieblich genutzt werden.

Schädlich ist somit Veräußerungen und Entnahmen in das Privatvermögen oder Überführung in einen anderen Betrieb, eine ausländische Betriebsstätte oder ins Umlaufvermögen. Nicht schädlich ist es, wenn das Ausscheiden auf Umständen beruht, die in dem Wirtschaftsgut selbst, nicht aber im Betrieb als solches liegen (BMF-Schreiben vom 15.06.2022, BStBl I 2022, 945, Rz. 40). Dies ist bejaht worden beim Ausscheiden infolge eines Totalschadens, ebenso bei Brand und Diebstahl. Ein noch erzielbarer Schrott- oder Schlachtwert steht einem wirtschaftlichen Verbrauch oder einer Mangelhaftigkeit nicht entgegen. Auch langfristige Vermietungen sind nicht mehr schädlich und führen nicht zu einer Rückgängigmachung des Investitionsabzugsbetrags (§ 7g Abs. 4 S. 1 EStG).

Das Wirtschaftsgut muss fast ausschließlich betrieblich genutzt werden, d. h. die Privatnutzung darf maximal 10 % betragen. Bei Überschreiten dieser Grenze ist der Investitionsabzugsbetrag im Jahr der ursprünglichen Bildung aufzulösen (§ 7g Abs. 4 S. 1 EStG, BMF-Schreiben vom 15.06.2022, BStBl I 2022, 945, Rz. 41). Die außerbetriebliche Nutzung eines Wirtschaftsguts ist zeitraumbezogen und nicht wirtschaftsjahrbezogen zu prüfen. Eine schädliche Verwendung liegt nicht vor, wenn das Wirtschaftsgut im Wirtschaftsjahr der Anschaffung oder Herstellung zwar mehr als 10 % privat genutzt wird, aber bezogen auf den gesamten Nutzungszeitraum (von der Anschaffung oder Herstellung bis zum Ende des der Anschaffung oder Herstellung folgenden Wirtschaftsjahres) die 10 %-Grenze nicht übersteigt. Dementsprechend liegt beim Pkw keine schädliche Verwendung vor, da der Pkw nach der anzuwendenden Durchschnittsbetrachtung (Gesamtfahrleistung 28.000 km, bei privaten Fahrten von 2.100 km = 7,5 %) nicht zu mehr als 10 % privat genutzt wird.

1. Einkommensteuer

Fall 8: Herbert Hase (H), ledig, aus Hannover ist selbständig tätig und privat krankenversichert. Im Jahr 2024 hat er wegen der Mitgliedschaft in einem Fitnessstudio von seiner gesetzlichen Krankenkasse einen Bonus von 150 € für sportliche Lebensweise erhalten. Da er die angefallen Arztkosten in 2023 i.H.v. 700 € selbst getragen hat, erhält er 2024 eine Beitragsrückerstattung für 2023 von 1.000 €. 2024 hat er 500 € Arztkosten selbst getragen, auf deren Erstattung er ebenfalls verzichten wird.

Aufgabe: In welcher Höhe sind die Vorsorgeaufwendungen abzugsfähig?

Lösung: Die Beiträge zur Basis-Kranken- und Pflegeversicherung sind nach § 10 Abs. 1 Nr. 3 Buchst. a und b EStG in Verbindung mit § 10 Abs. 4 S. 4 EStG in voller Höhe abzugsfähig.

Übersteigen bei den Sonderausgaben nach § 10 Abs. 1 Nr. 2 bis 3a EStG, die im Veranlagungszeitraum erstatteten Aufwendungen die geleisteten Aufwendungen (Erstattungsüberhang), ist der Erstattungsüberhang mit anderen im Rahmen der jeweiligen Nummer anzusetzenden Aufwendungen zu verrechnen. Ein verbleibender Betrag des sich bei den Aufwendungen nach § 10 Abs. 1 Nr. 3 und 4 EStG ergebenden Erstattungsüberhangs ist dem Gesamtbetrag der Einkünfte hinzuzurechnen, § 10 Abs. 4b EStG.

Der Gesamtbetrag der Einkünfte ist daher um 500 € (500 € Kosten abzüglich 1.000 € Beitragsrückerstattung) zu erhöhen.

Beachte! Die Beiträge zur Basis-Kranken- und Pflegeversicherung, die unbeschränkt abzugsfähig sind, zehren die Höchstbeträge gem. § 10 Abs. 4 EStG (1.900 €/2.800 €) auf.
Erhaltene Beitragsrückerstattungen mindern den Sonderausgabenabzug der Basisbeiträge. Eine Kürzung um die selbst getragenen Krankheitskosten erfolgt nicht.
Grundsätzlich verringern erhaltene Bonuszahlungen die abzugsfähigen Sonderausgaben wie Beitragsrückerstattungen.
Mit Urteil vom 01.06.2016 X R 17/15 hat der BFH entschieden, dass bestimmte Bonusleistungen von gesetzlichen Krankenkassen den Sonderausgabenabzug nicht mindern dürfen. Mit BMF-Schreiben vom 06.12.2016, BStBl I 2016, 1426 darf eine Verrechnung von Bonusleistungen mit Krankenversicherungsbeiträgen aber nur unterbleiben, wenn die gesetzlichen Krankenkassen über den Bonus:
- die Kosten für Gesundheitsmaßnahmen erstatten,
- die nicht im regulären Versicherungsumfang enthalten sind und
- deshalb von dem Versicherten vorab privat finanziert worden sind.

Dies ist durch die Mitgliedschaft im Fitnessstudio der Fall. Eine Minderung des Sonderausgabenabzuges erfolgt daher nicht.

Fall 9: Die Eheleute Albert (A) und Berta (B) lebten im gesetzlichen Güterstand der Zugewinngemeinschaft (§ 1363 BGB). Die Ehe wurde – nach 24 Jahren – im Jahr 2024 geschieden. Die Eheleute lebten bereits seit 2023 dauernd getrennt. B hat gegenüber A einen Anspruch auf Zugewinnausgleich in Höhe von 60.000 €. Zur Abgeltung des Anspruchs überträgt A ein unbebautes Grundstück auf B, dass A 2019 für 50.000 € als Alleineigentümer erworben und vermietet hatte. Im Zeitpunkt der Übertragung im Kalenderjahr 2024 hat das Grundstück einen Verkehrswert von 80.000 €. Der übersteigende Betrag wird mit Unterhaltsforderungen von B gegen A verrechnet.

Aufgabe: Wie ist der Vorgang steuerlich zu beurteilen?

Lösung: Bei dem Anspruch auf Zugewinnausgleich handelt es sich um eine auf Geld gerichtete Forderung (§ 1378 BGB), die an Erfüllung statt (§ 364 BGB) durch die Übertragung des Grundstücks beglichen wird. Das gilt auch für die Verrechnung mit der Unterhaltsforderung. Die Übertragung des Grundstücks erfolgt somit entgeltlich. Es liegt ein privates Veräußerungsgeschäft nach § 23 Abs. 1 Nr. 1 EStG vor, weil die Veräußerung innerhalb von zehn Jahren nach der Anschaffung erfolgte. Der Veräußerungsgewinn beträgt 30.000 € (80.000 € ./. Anschaffungskosten 50.000 €). Der Veräußerungsgewinn gehört zu den sonstigen Einkünften nach § 22 Nr. 2 EStG.

In Höhe von 20.000 € (80.000 € ./. 60.000 €) erbringt A Unterhaltsleistungen nach § 10 Abs. 1a Nr. 1 EStG, die A, soweit B zustimmt, als Sonderausgaben bis zu dem Höchstbetrag von 13.805 € geltend machen kann.

Korrespondierend sind dann die als Sonderausgaben berücksichtigten Unterhaltsleistungen bei B als sonstige Einkünfte nach § 22 Nr. 1a EStG zu versteuern. Hiervon abzugsfähig ist ein Werbungskostenpauschbetrag in Höhe von 102 € nach § 9a Nr. 3 EStG.

Fall 10: Ehemann Emil und Ehefrau Elvira trennen sich nach 25 Jahren Ehe. Emil zahlt Elvira jährlich 24.000 nachehelichen Unterhalt. Während Emil während der gemeinsamen Partnerschaft selbständige Einkünfte als Steuerberater erzielt und dementsprechende Versorgungsansprüche gegen das Steuerberaterversorgungswerk erworben hat, hat Elvira sich zu Hause um die gemeinsamen vier Kinder gekümmert.
Zur Vermeidung der Durchführung eines Versorgungsausgleiches, einigen sich Emil und Elvira in einer Trennungsfolgenvereinbarung darauf, dass Emil an Elvira ab dem 65. Lebensjahr monatlich 350 € leistet, um den Versorgungsausgleich zu vermeiden.
Elvira stimmt in der Scheidungsvereinbarung zu, die erhaltenen Beträge zu versteuern.

Aufgabe: Wie ist der Vorgang bei Emil und Elvira steuerlich zu behandeln?

Lösung: Die Unterhaltsleistungen stellen für Emil i.H.v. 13.805 € abzugsfähige Sonderausgaben (§ 10 Abs. 1a Nr. 1 EStG), für Elvira i.H.v. 13.805 € sonstige Einkünfte nach § 22 Nr. 1a EStG dar.

Die Beträge zur Vermeidung des Versorgungsausgleichs stellen für Emil abzugsfähige Sonderausgaben (§ 10 Abs. 1a Nr. 3 und 4 EStG), für Elvira sonstige Einkünfte nach § 22 Nr. 1a EStG dar.

Fall 11: Die A-B-C-Steuerberatungs-GbR hat sich nach einem Streit geteilt, in dem A mit Zustimmung der verbleibenden B und C mit ca. ⅓ der Mandanten, ⅓ der Mitarbeiter und ca. ⅓ der Ausstattungsgegenstände der GbR eine Einzelkanzlei aufgemacht hat. B und C betreiben mit den „restlichen" Mandanten und Mitarbeitern weiter gemeinschaftlich Steuerberatung im Rahmen der neu gegründeten B-C-GbR. Die von A übernommenen Wirtschaftsgüter stellen keinen eigenen (Teil)Betrieb dar.

Aufgabe: Welche einkommensteuerlichen Konsequenzen hat der o.g. Sachverhalt für A, B und C?

Ergänzung: Welche einkommensteuerlichen Konsequenzen hat der o.g. Sachverhalt für A, B und C, wenn A nach zwei Jahren sein Einzelunternehmen verkauft?

Lösung: Bei der geschilderten Form der Auseinandersetzung handelt es sich um eine sog. „unechte" Realteilung i.S.d. § 16 Abs. 3 Satz 2 EStG. Eine Definition der unechten Realteilung gibt das BMF in Rz. 2 des BMF-Schreibens vom 19.12.2018, BStBl I 2019, 6: Scheidet ein Mitunternehmer aus einer mehrgliedrigen Mitunternehmerschaft gegen Übertragung von Wirtschaftsgütern des Betriebsvermögens, die beim ausscheidenden Mitunternehmer zumindest teilweise weiterhin Betriebsvermögen darstellen, aus und wird diese im Übrigen von den verbleibenden Mitunternehmern als Mitunternehmerschaft fortgeführt, liegt ein Fall der „unechten" Realteilung vor (BFH-Urteil vom 16.03.2017, IV R 31/14, BStBl II 2018, 24). Dies gilt unabhängig davon, ob der ausscheidende Mitunternehmer einen Teilbetrieb (BFH-Urteil 17.09.2015, III R 49/13, BStBl II 2017, 37), einen Mitunternehmeranteil oder nur Einzelwirtschaftsgüter (BFH-Urteil vom 30.03.2017, IV R 11/15, BStBl II 2019, 29) erhält.

Als Rechtsfolge der vorliegenden unechten Realteilung werden die Buchwerte von allen Beteiligten Parteien fortgeführt. Eine Aufdeckung stiller Reserven unterbleibt.

Zu beachten ist hier - auch im Hinblick auf die untenstehende Ergänzung - die Sperrfrist des § 16 Abs. 3 S. 3 EStG. Werden im Rahmen einer Realteilung einzelne Wirtschaftsgüter in ein Betriebsvermögen des Realteilers übertragen, ist für den jeweiligen Übertragungsvorgang nach § 16 Abs. 3 S. 3 EStG rückwirkend der gemeine Wert anzusetzen, soweit übertragener Grund und Boden, übertragene Gebäude (ausgenommen Umlaufvermögen) oder andere übertragene wesentliche Betriebsgrundlagen innerhalb der Sperrfrist entnommen oder veräußert (maßgeblicher Zeitpunkt: Übergang des wirtschaftlichen Eigentums) werden. Die Entnahme oder Veräußerung von Grund und Boden sowie Gebäuden des Anlagevermögens, die keine wesentlichen Betriebsgrundlagen darstellen, löst ebenfalls die Folgen des § 16 Abs. 3 S. 3 EStG aus. Bei einer Realteilung durch Übertragung von Betrieben, Teilbetrieben oder Mitunternehmer(teil)anteilen ist die Sperrfrist jedoch unbeachtlich. Die Sperrfrist beginnt im Zeitpunkt der Realteilung und endet drei Jahre nach Abgabe der Feststellungserklärung der Mitunternehmerschaft für den Veranlagungszeitraum der Realteilung. Vgl. hierzu Rz. 24 ff. des BMF-Schreibens vom 19.12.2018, BStBl I 2019, 6.

Lösung Ergänzung: Die Veräußerung stellt eine Sperrfristverletzung gem. § 16 Abs. 3 EStG dar. Zur Sperrfrist vgl. vorstehend. Die Sperrfrist ist zu beachten, weil lt. Sachverhalt die übernommenen Wirtschaftsgüter keinen (Teil)Betrieb darstellen. Damit handelt es sich um eine Überführung einzelner Wirtschaftsgüter. Aufgrund der Sperrfristverletzung ist für die Wirtschaftsgüter, die A erhalten hat, rückwirkend der gemeine Wert anzusetzen, da soweit bei einer Realteilung, bei der einzelne Wirtschaftsgüter übertragen worden sind, zum Buchwert übertragener Grund und Boden, übertragene Gebäude oder andere übertragene wesentliche Betriebsgrundlagen innerhalb einer Sperrfrist nach der Übertragung veräußert oder entnommen werden. Diese Sperrfrist endet drei Jahre nach Abgabe der Steuererklärung der Mitunternehmerschaft für den Veranlagungszeitraum der Realteilung. Ein Gewinn i.S.d. § 16 Abs. 3 S. 3 EStG, den ein Realteiler erzielt, weil er seinen Betrieb, in den er die im Rahmen der Realteilung übernommenen wesentlichen Betriebsgrundlagen zum Buchwert übertragen hat, innerhalb der Sperrfrist veräußert, ist gemäß § 16 Abs. 3 S. 8 EStG allein diesem Realteiler zuzurechnen, so auch BFH-Urteil vom 23.11.2021, VIII R 14/19, BStBl II 2022, 371 und BMF-Schreiben vom 19.12.2018, BStBl I 2019, 6, Rz. 31; dort ebenso die Folgen für die B-C-GbR. A muss folglich rückwirkend auf den Zeitpunkt der Realteilung den gemeinen Wert der erhaltenen Wirtschaftsgüter ansetzen und die stillen Reserven versteuern. Im selben Maße erhöhen sich die Buchwerte seiner Wirtschaftsgüter und verringert sich entsprechend der Veräußerungsgewinn gem. § 16 EStG beim Verkauf. Für B und C hat der Vorgang m.E. keine steuerlichen Konsequenzen. Die Verwaltung geht hier jedoch davon aus, dass zusätzlich zum Gewinn des A auf Ebene der Mitunternehmerschaft B-C-GbR ein laufender Gewinn entsteht mit der Folge, dass insoweit die Buchwerte der Wirtschaftsgüter der verbleibenden Mitunternehmerschaft aufzustocken sind (BMF-Schreibens vom 19.12.2018, BStBl I 2019, 6, Rz. 31). Ein höheres AfA-Volumen wäre die Folge.

Fall 12: Lucius Käfer ist am 30.06.2023 verstorben. Erben sind seine Söhne Romulus und Remus. Der Nachlass besteht aus einem Gewerbebetrieb. Im Gewerbebetrieb befindet sich ein Grundstück und Maschinen. Weitere Aktiva sind nicht vorhanden.

Bei der sofortigen Erbauseinandersetzung wird der Betrieb eingestellt. Romulus erhält das Grundstück, Remus die übrigen Wirtschaftsgüter. Zu Recht gehen die Brüder davon aus, dass Wertgleichheit zwischen den übernommenen Vermögenswerten besteht. Beide nutzen die übernommenen Wirtschaftsgüter in ihrem Einzelunternehmen.

Aufgabe: Wie ist der Vorgang steuerlich zu behandeln?

Lösung: Gehört zum Nachlass ein Gewerbebetrieb, sind alle Miterben Mitunternehmer nach § 15 Abs. 1 Nr. 2 EStG. Vgl. H 15.8 „Miterben" EStH.

Bei der sofortigen Erbauseinandersetzung handelt es sich um eine Realteilung und der Aufgabe der Mitunternehmerschaft. Dabei entstehen grundsätzlich Aufgabegewinne oder -verluste (§ 16 Abs. 3 EStG). Werden die Wirtschaftsgüter nicht veräußert, sind die zugeteilten Wirtschaftsgüter grundsätzlich mit ihren gemeinen Werten im Zeitpunkt der Aufgabe anzusetzen (§ 16 Abs. 3 S. 7 und 8 EStG).

Die Miterben haben jedoch nach Maßgabe des § 16 Abs. 3 Satz 2 bis 4 EStG die Buchwerte fortzuführen, wenn die bei der Aufteilung erworbenen Wirtschaftsgüter in ein anderes Betriebsvermögen übertragen.

Da beide Söhne die übernommenen Wirtschaftsgüter jeweils in ihren Einzelunternehmen nutzen, sind die Buchwerte fortzuführen. Damit entsteht kein Veräußerungsgewinn.

Fall 13: Der Steuerpflichtige Erik Abel (A) ist zu 30 % an der B-GmbH beteiligt. Seine Anschaffungskosten für die Beteiligung betrugen im Jahr 2014 umgerechnet 25.000 €. A hält die Beteiligung in seinem Privatvermögen. Gewinnausschüttungen wurden in der Vergangenheit nicht vorgenommen. Im Jahr 2024 veräußert er die Beteiligung für einen Kaufpreis von 50.000 €.

Aufgabe:
a) Wie ist der Vorgang steuerlich zu behandeln?
b) Wie ändert sich die Lösung zu a), wenn kein Kaufpreis erzielt wird, die Gesellschaft im Jahr 2024 Insolvenz angemeldet hat und im selben Jahr abgewickelt wird.

Lösung:

a) Da der Steuerpflichtige A in den letzten fünf Jahren zu mindestens 1 % beteiligt war, handelt es sich um eine Beteiligung im Sinne des § 17 Abs. 1 S. 1 EStG. Obwohl die Anteile im Privatvermögen gehalten werden, führt der Veräußerungsgewinn zu Einkünften aus Gewerbebetrieb. Der Veräußerungsgewinn unterliegt dem Teileinkünfteverfahren. Der Veräußerungserlös ist nach § 3 Nr. 40 Buchst. c EStG zu 40 % steuerfrei. Die Anschaffungskosten der Beteiligung und die Veräußerungskosten können nach § 3c Abs. 2 EStG nur zu 60 % abgezogen werden.

Der Veräußerungsgewinn ist nach § 17 Abs. 2 S. 1 EStG wie folgt zu ermitteln:

60 % von 50.000 € (§ 3 Nr. 40 Buchst. c EStG)	30.000 €
Anschaffungskosten, 60 % von 25.000 €, § 3c Abs. 2 EStG	./. 15.000 €
Veräußerungsgewinn	**15.000 €**

Da A zu 30 % beteiligt war, kann der Freibetrag nach § 17 Abs. 3 S. 1 EStG nur mit 30 % von 9.060 € = 2.718 € berücksichtigt werden. Nach § 17 Abs. 3 S. 2 EStG ermäßigt sich der Betrag um den Betrag, um den der Veräußerungsgewinn 30 % von 36.100 € übersteigt.

Freibetrag nach § 17 Abs. 3 S. 1 EStG		
30 % von 9.060 €		2.718 €
Veräußerungsgewinn	15.000 €	
30 % von 36.100 € (§ 17 Abs. 3 S. 2 EStG)	10.830 €	
übersteigender Betrag	4.170 €	./. 4.170 €
reduzierter Freibetrag		**0 €**

b) Nach § 3c Abs. 2 S. 2 EStG ist für die Anwendung dieser Vorschrift die Absicht zur Erzielung von Einnahmen im Sinne des § 3 Nr. 40 EStG ausreichend. Der Satz 2 wurde durch das JStG 2010 eingefügt und ist nach § 52 Abs. 8a S. 3 EStG seit 2011 anzuwenden. Der BFH hatte zuvor in den Urteilen vom 25.06.2009 IX R 42/08, BStBl II 2010, 220 und vom 18.03.2010, IX B 227/09, BStBl II 2010, 627, entschieden, dass die Abzugsbeschränkung nach § 3c Abs. 2 EStG dann nicht gelten soll, wenn der Steuerpflichtige aus der Beteiligung weder laufende Erträge (offene und verdeckte Gewinnausschüttungen) noch einen Veräußerungserlös nach § 17 Abs. 1 EStG oder eine Kapitalrückzahlung nach § 17 Abs. 4 EStG erhalten hat.

Damit ist der Veräußerungsverlust wie folgt zu ermitteln:

Veräußerungserlös	0 €
Anschaffungskosten, 60 % von 25.000 €, § 3c Abs. 2 EStG	./. 15.000 €
Veräußerungsverlust	**15.000 €**

Da die Ausschlusstatbestände des § 17 Abs. 2 S. 6 Buchst. a und b EStG nicht erfüllt sind, ist der Veräußerungsverlust in Höhe von 60 % von 25.000 = 15.000 € gem. § 3c Abs. 2 EStG in 2024 abzugsfähig.

Fall 14: Der Steuerpflichtige Dr. Egon Neureich (E) gewährt der Dr. Neureich Consulting GmbH, deren alleiniger Gesellschafter er ist, im Jahre 2016 ein Gründungsdarlehen, da zum damaligen Zeitpunkt keine alternativen Darlehensgeber bereit waren, der Neugründung ohne zusätzliche Sicherheiten ein Darlehen zu gewähren.
Bedauerlicherweise fand die GmbH keinerlei Kunden, sodass die GmbH im Oktober 2024 wegen Zahlungsunfähigkeit Insolvenz anmelden musste, nachdem die per Darlehen erhaltene Liquidität sowie das Stammkapital vollständig aufgebraucht waren. Die Eröffnung der Insolvenz wurde mangels Masse abgelehnt, weitere geschädigte Gläubiger als den Gesellschafter gab es nicht.
Aufgabe: Welche einkommensteuerlichen Konsequenzen hat die Insolvenz der GmbH und der Ausfall des Darlehens für E?

Lösung: E erzielt in 2024 einen negativen Veräußerungsgewinn i.H.d. verlorenen Anschaffungskosten (Stammkapital und ggf. Nebenkosten) der GmbH gem. § 17 EStG. Der Verlust ist gem. § 3c Abs. 2 EStG jedoch nur zu 60 % abzugsfähig.

Fraglich ist, ob auch der Darlehensausfall Auswirkung auf den Verlust nach § 17 EStG hat.

Nach älterer Auffassung gehören auch die Aufwendungen aus dem Verlust des Darlehens zu den (nachträglichen) Anschaffungskosten. Bis zum BFH-Urteil vom 11.07.2017, IX R 36/15, BStBl II 2019, 208 nahm der BFH in solchen Fällen nachträgliche Anschaffungskosten auf die Beteiligung an, wenn das Darlehen, wie vorliegend, (so der damalige Begriff) „eigenkapitalersetzend" war. Nachträgliche Anschaffungskosten minderten den Veräußerungs- oder Auflösungsgewinn oder erhöhten einen entsprechenden Verlust. Bei der Frage, ob die Finanzierungshilfe des Gesellschafters eigenkapitalersetzend war, orientierte sich der BFH an den gesellschaftsrechtlichen Vorgaben zum sog. Eigenkapitalersatzrecht.

Mit dem Gesetz zur Modernisierung des GmbH-Rechts und zur Bekämpfung von Missbräuchen vom 23.10.2008 (MoMiG) hat der Gesetzgeber allerdings das Eigenkapitalersatzrecht aufgehoben und durch eine insolvenzrechtliche Regelung ersetzt. Darlehen, die ein Gesellschafter seiner Gesellschaft gegeben hat, sind danach im Insolvenzverfahren der Gesellschaft nachrangig zu erfüllen. Eine Kapitalbindung tritt nicht mehr ein. Seitdem war umstritten und höchstrichterlich ungeklärt, welche Auswirkungen dies steuerrechtlich auf die Rechtsprechung zu nachträglichen Anschaffungskosten hat.

Der BFH hat mit BFH-Urteil vom 11.07.2017, IX R 36/15, BStBl II 2019, 208 entschieden, dass mit der Aufhebung des Eigenkapitalersatzrechts die gesetzliche Grundlage für die bisherige Annahme von nachträglichen Anschaffungskosten entfallen ist. Nachträgliche Anschaffungskosten der Beteiligung sind deshalb – wie auch ansonsten im Einkommensteuerrecht – nur noch nach Maßgabe der handelsrechtlichen Begriffsdefinition in § 255 HGB anzuerkennen. Darin liegt eine wesentliche Einschränkung gegenüber der bisherigen Praxis.

Bemerkenswert war, dass der BFH aus Gründen des Vertrauensschutzes allerdings eine zeitliche Anwendungsregelung für das o.g. Urteil getroffen hat. Zwar ist E nach dem neuen Urteil eigentlich nicht mehr berechtigt seinen Forderungsausfall als nachträgliche Anschaffungskosten geltend zu machen; der BFH gewährt jedoch Vertrauensschutz in die bisherige Rechtsprechung für alle Fälle, in denen der

Gesellschafter eine eigenkapitalersetzende Finanzierungshilfe bis zum Tag der Veröffentlichung des Urteils am 27.09.2017 geleistet hat oder wenn eine Finanzierungshilfe des Gesellschafters bis zu diesem Tag eigenkapitalersetzend geworden ist. Diese Fälle sind daher, wenn es für die Steuerpflichtigen günstiger ist, weiterhin nach den bisher geltenden Grundsätzen zu beurteilen. Das Darlehen des E war bereits im Zeitpunkt ihrer Hingabe eigenkapitalersetzend, denn lt. Sachverhalt war zum damaligen Zeitpunkt kein Externer bereit, ein Darlehen zu gewähren. Damit handelt es sich um ein sog. Darlehen in der Krise.

In einer weiteren Entscheidung hat der BFH mit Urteil vom 24.10.2017, VIII R 13/15, BStBl II 2020, 831 entschieden, dass der endgültige Ausfall einer Kapitalforderung i.S.d. § 20 Abs. 1 Nr. 7 EStG in der privaten Vermögenssphäre nach Einführung der Abgeltungsteuer zu einem steuerlich anzuerkennenden Verlust nach § 20 Abs. 2 S. 1 Nr. 7, S. 2, Abs. 4 EStG führt. Gem. § 32d Abs. 2 Nr. 3 EStG müsste dieser jedoch in den Fällen der (qualifizierten) Gesellschafterdarlehen voll mit allen übrigen Einkünften verrechenbar sein, da die Verlustverrechnungsbeschränkung des § 20 Abs. 6 EStG nicht greift. Auch § 3c Abs. 2 EStG wäre wörtlich nicht anwendbar.

Der Gesetzgeber hat sich dafür entschieden, nicht der Auffassung der Rechtsprechung des BFH-Urteils vom 24.10.2017, VIII R 13/15, BStBl II 2020, 831 zu folgen, sondern mit § 17 Abs. 2a EStG faktisch die alte Rechtslage des Eigenkapitalersatzes gesetzlich wiederherzustellen. Die Finanzverwaltung hat sich hierzu ausführlich mit BMF-Schreiben vom 07.06.2022, BStBl I 2022, 897 geäußert und stellt in der dortigen Rz. 11 klar: Im Falle der Hingabe des Darlehens in der Krise ist bei Verlust der Nennwert des Darlehens als nachträgliche Anschaffungskosten zu berücksichtigen (§ 17 Abs. 2a S. 3 Nr. 2 EStG). Eine Berücksichtigung des Verlustes eines solchen Darlehens im Rahmen der Einkünfte aus Kapitalvermögen ist aufgrund der Subsidiarität des § 20 EStG zu § 17 EStG nicht möglich (vgl. § 20 Abs. 8 EStG).

Für den vorliegenden Sachverhalt bedeutet dies: In 2024 entsteht ein Verlust i.S.d. § 17 Abs. 4 EStG. Im Rahmen dessen ist der Nennwert des ausgefallenen Darlehens als nachträgliche Anschaffungskosten zu berücksichtigen. Das Darlehen wirkt sich damit im Rahmen des Teileinkünfteverfahrens (§ 3 Nr. 40 Buchst. c, § 3c Abs. 2 EStG) steuerlich aus. Verlustzeitpunkt ist 2024 mit Ablehnung der Insolvenz mangels Masse. Zum Zeitpunkt siehe detailliert BMF-Schreiben vom 07.06.2022, BStBl I 2022, 897, Rz. 24.

Fall 15: Der Arbeitnehmer B erhält am 10.01.2024 für das Jahr 2023 eine Sonderzuwendung („Weihnachtsgeld") in Höhe von 3.000 € von seinem Arbeitgeber.

Aufgabe: In welchem Jahr muss B den Arbeitslohn versteuern?

Lösung: B erzielt als Arbeitnehmer Einnahmen aus nichtselbständiger Arbeit nach § 19 Abs. 1 Nr. 1 EStG in Verbindung mit § 2 Abs. 1 LStDV.

Nach § 11 Abs. 1 S. 4 EStG gilt das Zuflussprinzip des § 11 Abs. 1 EStG nicht für Einnahmen aus nichtselbständiger Arbeit, sondern § 38a Abs. 1 S. 2 und 3 und § 40 Abs. 3 S. 2 EStG. Nach § 38a Abs. 1 S. 2 EStG wird Arbeitslohn, der nicht als laufender Arbeitslohn gezahlt wird (sonstige Bezüge), in dem Kalenderjahr bezogen, in dem er dem Arbeitnehmer zufließt. Damit ist die Sonderzuwendung in dem ersten Lohnzahlungszeitraum des Kalenderjahrs 2024 der Lohnsteuer zu unterwerfen.

Fall 16: Der ledige Daytrader Lukas Schlau kauft am 03.04.2024 Knockout-Call auf die Aktie des US Unternehmen Tesla für 30.000 €. Aufgrund der Kursentwicklung verfällt das Papier im Juni 2024 wertlos. Zum Glück hatte Schlau auch in Puts auf Tesla investiert und verdient an diesen durch An- und Verkauf 28.000 € (Gewinn) in 2024. Weitere Einkünfte aus Kapitalvermögen hat Lukas Schlau nicht.

Aufgabe: Muss Lukas Schlau für 2024 Einkommensteuer aus dem Vorgang zahlen?

Lösung: Verluste aus der Veräußerung oder dem wertlosen Verfall von Optionsscheinen dürfen seit dem 01.01.2022 nur noch in Höhe von 20.000 € mit Gewinnen aus Optionsgeschäften ausgeglichen

1. Einkommensteuer

werden. Die nicht verrechneten Verluste werden in das Folgejahr vorgetragen und sind dort ebenfalls jeweils bis zur Höhe von 20.000 € mit Gewinnen aus Optionsscheinen verrechenbar. Dasselbe gilt für Verluste aus Kapitalvermögen aus der ganzen oder teilweisen Uneinbringlichkeit einer Kapitalforderung und aus der Ausbuchung wertloser Aktien, § 20 Abs. 6 Satz 5 und 6 EStG.

Gewinne aus Optionsgeschäften	28.000 €
Abzüglich Verluste aus Optionsgeschäften, maximal	./. 20.000 €
Sparerfreibetrag	./. 1.000 €
Einkünfte aus Kapitalvermögen = GdE	**7.000 €**

Daneben besteht noch ein Verlustvortrag aus Optionsgeschäften in Höhe von 10.000 € (Knockout-Call Tesla).

Fall 17: Der Steuerpflichtige A erhält nachweislich in 2022 eine verdeckte Gewinnausschüttung in Höhe von 10.000 € von der B-GmbH. Bei der GmbH kann die vGA aus verfahrenstechnischen Gründen nicht mehr bei der Ermittlung des Einkommens hinzugerechnet werden. Kapitalertragsteuer wurde nicht einbehalten und auch nicht vom Finanzamt nachgefordert.

Aufgabe: Wie ist die vGA bei dem Gesellschafter A steuerlich zu behandeln, wenn die Anteile:
a) im Privatvermögen und
b) in seinem Betriebsvermögen (Gewerbebetrieb) gehalten werden?

Lösung:
a) Die vGA gehören bei dem Gesellschafter nach § 20 Abs. 1 Nr. 1 S. 3 EStG zu den Einnahmen aus Kapitalvermögen. Die Einnahmen nach § 20 Abs. 1 Nr. 1 EStG unterliegen grundsätzlich der Abgeltungssteuer nach §§ 32d Abs. 1, 43 Abs. 1 Nr. 1, 43a Abs. 1 Nr. 1, 43 Abs. 5 EStG.
Da aber die vGA das Einkommen der B-GmbH gemindert hat (sie konnte nicht mehr hinzugerechnet werden) ist nach § 32d Abs. 2 Nr. 4 EStG die Vorschrift bzw. der Tarif i.S.d. § 32d Abs. 1 EStG nicht anzuwenden. Die Einkünfte unterliegen insoweit der tariflichen Einkommensteuer.

b) Die Einkunftsart Kapitalvermögen ist nach § 20 Abs. 8 EStG subsidiär. Da die Anteile bei dem Gesellschafter zum Betriebsvermögen gehören, ist die vGA den Einnahmen aus Gewerbebetrieb zuzurechnen. In diesem Fall ist grundsätzlich das Teileinkünfteverfahren anzuwenden. Nach § 3 Nr. 40 Buchst. d S. 1 EStG i.V.m. S. 2 EStG sind danach die Einnahmen zu 40 % steuerfrei. Nach § 3 Nr. 40 Buchst. d S. 2 EStG gilt das aber nicht für vGA, die das Einkommen der leistenden Kapitalgesellschaft gemindert haben.
Damit unterliegt auch in diesem Fall die vGA bei dem Anteilseigner in voller Höhe der tariflichen Einkommensteuer.

Fall 18: Anna Victoria (AV) ledig, konfessionslos, erhält in 2024 einen Gewinnanteil von der Maschinenbau-GmbH in Höhe von 14.000 €. AV hatte die Anteile (10 %) im Jahr 2005 erworben und zum Teil fremdfinanziert. In 2024 hat AV dafür Schuldzinsen in Höhe von 1.000 € gezahlt.
Außerdem sind AV für 2024 Zinsen für ein Bausparguthaben in Höhe von 2.000 € gutgeschrieben worden. AV hat der Bausparkasse einen Freistellungsauftrag über 1.000 € vorgelegt.

Aufgabe: Wie sind die Einkünfte zu ermitteln, wenn:
a) die Anteile an der AG im Privatvermögen und
b) die Anteile im Betriebsvermögen ihres Gewerbebetriebes
gehalten werden?

Lösung:
a) Die Dividende gehört zu den Einnahmen aus Kapitalvermögen nach § 20 Abs. 1 Nr. 1 EStG. Sie unterliegt nach §§ 32d Abs. 1, 43 Abs. 1 S. 1 Nr. 1, 43a Abs. 1 Satz 1 Nr. 1, 43 Abs. 5 EStG der Abgeltungssteuer in Höhe von 25 %. Das Teileinkünfteverfahren ist nach § 3 Nr. 40 Satz 2 EStG nicht anwendbar. Nach § 20 Abs. 9 Satz 1 EStG können die damit in Zusammenhang stehenden Aufwendungen nicht als Werbungskosten abgezogen werden. Die Bausparzinsen fallen unter § 20 Abs. 1 Nr. 7 EStG und unterliegen ebenfalls der Abgeltungssteuer, soweit sie den Freistellungsauftrag übersteigen. Ein Fall der Optionsmöglichkeit des § 32d Abs. 2 Nr. 3 EStG liegt nicht vor, da AV nicht mit mindestens 25 % an der GmbH beteiligt ist, noch laut Sachverhalt für diese arbeitet.

	Einnahmen	KapSt
Dividende, § 20 Abs. 1 Nr. 1 EStG	14.000 €	3.500 €
(kein Teileinkünfteverfahren!)		
Zinsen, § 20 Abs. 1 Nr. 7 EStG	2.000 €	
./. Sparerpauschbetrag (= Freistellungsauftrag)	./. 1.000 €	
Bemessungsgrundlage Abgeltungsteuer	**15.000 €**	**3.750 €**

Bemessungsgrundlage für die Abgeltungsteuer sind 15.000 € (14.000 € + 1.000 €). Die Abgeltungssteuer beträgt insgesamt 3.750 €. Dazu kommt noch der SolZ mit 5,5 % von 3.750 € = 206,25 €. Dividende und Zinsen sind nicht in der Einkommensteuererklärung für 2023 anzugeben.

b) Die Dividende gehört zu den Einnahmen aus Gewerbebetrieb (§ 20 Abs. 8 EStG). Die Dividende unterliegt der Kapitalertragsteuer in Höhe von 25 % (§ 43 Abs. 1 Nr. 1 i.V.m. § 43a Abs. 1 Nr. 1 und Abs. 4 EStG). Gem. § 43 Abs. 5 S. 2 EStG hat die Kapitalertragsteuer aber **keine** Abgeltungswirkung. Die Dividende ist im Rahmen der Einkommensteuer-Veranlagung zu erfassen. Sie unterliegt nach § 3 Nr. 40 S. 2 EStG dem Teileinkünfteverfahren (40 % steuerfrei).
Die tatsächlichen Aufwendungen sind nach § 3c Abs. 2 S. 1 EStG zu 60 % abzugsfähig.

Ermittlung der Einkünfte aus der Dividende

Betriebseinnahme, § 20 Abs. 8 EStG	14.000 €
40 % steuerfrei, § 3 Nr. 40d EStG	./. 5.600 €
Steuerpflichtig (60 %)	8.400 €
Betriebsausgaben, 60 % von 1.000 € (§ 3c Abs. 2 S. 2 EStG)	./. 600 €
Betriebliche Einkünfte	**7.800 €**

Die Kapitalertragsteuer ist nach § 36 Abs. 2 Nr. 2 EStG auf die persönliche Einkommensteuer anzurechnen. Dasselbe gilt für die Gewerbesteuer, die auf die Einkünfte entfällt, § 35 EStG. Die Besteuerung der Bausparzinsen erfolgt wie unter a.

Fall 19: Der Steuerpflichtige Dr. Egon Neureich (E), 60 Jahre alt, gewährt seiner Frau Franziska (F) ein fest verzinsliches Darlehen zur Anschaffung und Renovierung einer durch F fremd vermieteten Immobilie. F verfügte über keine eigenen finanziellen Mittel oder Einkünfte. Eine Bank hätte den Erwerb und die Renovierung des Objekts nicht zu 100 % finanziert.

Aufgabe: Wie ist der Vorgang bei E und F steuerlich zu behandeln?

Lösung: Gewährt der Steuerpflichtige seinem Ehegatten ein Darlehen zur Anschaffung einer fremdvermieteten Immobilie und erzielt er hieraus Kapitalerträge, ist die Anwendung des gesonderten Steuertarifs für Einkünfte aus Kapitalvermögen gemäß § 32d Abs. 1 EStG nach § 32d Abs. 2 Satz 1 Nr. 1 Buchst. a EStG ausgeschlossen, wenn der Steuerpflichtige auf den von ihm finanziell abhängigen Ehegatten bei der Gewährung des Darlehens einen beherrschenden Einfluss ausüben kann (BFH-Urteil vom 28.01.2015, VIII R 8/14, BStBl II 2015, 397). Unter den Begriff der „nahestehenden Person" fallen nach dem Wortsinn alle natürlichen Personen, die zueinander in enger Beziehung stehen.

Ein alleine aus der Ehe abgeleitetes persönliches Interesse reicht nach mittlerweile gefestigter Rechtsprechung des BFH nicht aus, um ein Näheverhältnis i.S.d. § 32d Abs. 2 Satz 1 Nr. 1 Buchst. a EStG zu begründen. Ein Näheverhältnis liegt nur dann vor, wenn der Steuerpflichtige auf die Person des Darlehensnehmers einen beherrschenden Einfluss ausüben kann (vgl. BFH-Urteil vom 29.04.2014, VIII R 9/13, BStBl II 2014, 986, VIII R 35/13, BStBl II 2014, 990, VIII R 44/13, BStBl II 2014, 992). Dies ist vorliegend nach BFH der Fall, denn F ist mittel- und einkünftelos. F verblieb hinsichtlich der Finanzierung kein eigener Entscheidungsspielraum, da ein fremder Dritter den Erwerb und die Renovierung des Objekts durch F nicht zu 100 % finanziert hätte. Danach war F bei der Aufnahme der Darlehen von E als Darlehensgeber (absolut) finanziell abhängig, sodass ein Beherrschungsverhältnis vorliegt, das gemäß § 32d Abs. 2 Satz 1 Buchst. a EStG zum Ausschluss der Anwendung des gesonderten Tarifs für Kapitaleinkünfte führt.

Die von F an E gezahlten Zinsen stellen daher bei F Werbungskosten bei ihren Einkünften aus Vermietung und Verpachtung dar und bei E zum regulären Tarif steuerpflichtige Kapitaleinkünfte.

> **Fall 20:** A ist mit 23 % an der A-GmbH, die A-GmbH mit 95 % an der Tochter-GmbH beteiligt. A gibt der Tochter-GmbH ein Darlehen und erhält dafür fremdübliche Zinsen von insgesamt 4.000 € p.a.
>
> **Aufgabe:** Stellen Sie dar, wie diese Beträge zu versteuern sind.

Lösung: Zinsen aus dem Darlehen eines mittelbaren Gesellschafters an eine Kapitalgesellschaft können dem gesonderten Steuertarif des § 32d Abs. 1 EStG (25 %) unterliegen (BFH-Urteil vom 20.10.2016, VIII R 27/15, BStBl II 2017, 441).

Die Ausnahmeregelung des § 32d Abs. 2 Satz 1 Nr. 1 Buchst. b Satz 1 EStG, die Zinsen aus Darlehen eines unmittelbaren Gesellschafters aus dem gesonderten Tarif ausschließt, findet weder nach ihrem Wortlaut für Darlehen eines mittelbaren Gesellschafters Anwendung, noch ist nach Sinn und Zweck der Vorschrift die Einbeziehung solcher Darlehen in die Regelung geboten.

Auch die Anwendung der weiteren Ausnahmeregelung (§ 32d Abs. 2 Satz 1 Nr. 1 Buchst. b Satz 2 EStG) kommt nicht in Betracht. Diese verlangt, dass der Gesellschafter der Muttergesellschaft als Darlehensgeber im Verhältnis zur Enkelgesellschaft als Darlehensnehmerin eine „nahestehende Person" sein muss.

Das hierzu erforderliche Nähe- und Abhängigkeitsverhältnis zur Enkelgesellschaft liegt jedenfalls dann vor, wenn der Darlehensgeber als Gläubiger der Kapitalerträge eine Beteiligung an der Muttergesellschaft innehat, die es ihm ermöglicht, seinen Willen in deren Gesellschafterversammlung durchzusetzen.

> **Fall 21:** Der Steuerpflichtige Ludger Lülfs (L) vermietet die am 01.08.1986 erworbene Eigentumswohnung in Oldenburg ab dem 01.03.2024 seinem Sohn Frank. Bisher hatte L die Wohnung für 1.000 € monatlich fremd vermietet. Mit seinem Sohn vereinbart er allerdings einen monatlichen Mietzins von:
> a) 700 €,
> b) 400 €,
> c) 600 €.
>
> Ansonsten entspricht der Mietvertrag dem, was üblicherweise unter Fremden vereinbart wird.
>
> **Aufgabe:** Welche Rechtsfolgen ergeben sich?

Lösung: L erzielt aus der Vermietung Einnahmen aus Vermietung und Verpachtung nach § 21 Abs. 1 Nr. 1 EStG, weil die Vermietung auf Dauer angelegt ist und damit eine Einkunftserzielungsabsicht vorliegt. Der Mietvertrag ist grundsätzlich anzuerkennen. Vgl. auch H 21.4 „Vermietung an Unterhaltsberechtigte" EStH. Nach § 21 Abs. 2 EStG ist gelten bei einer verbilligten Überlassung einer Wohnung zu Wohnzwecken die folgenden Fallgruppen:
- Beträgt die vereinbarte Miete mindestens 66 % der ortsüblichen Miete, gilt die Wohnungsüberlassung als entgeltlich. Die Werbungskosten sind in voller Höhe abziehbar.
- Beträgt die vereinbarte Miete weniger als 50 % der ortsüblichen Miete, ist die Nutzungsüberlassung in einen entgeltlichen und einen unentgeltlichen Teil aufzuteilen. Nur die auf den entgeltlichen Teil entfallenden Werbungskosten können steuerlich berücksichtigt werden.
- In der mittleren Fallgruppe (50 bis 66 %) ist nach den Vorstellungen des BMF ist eine Totalüberschussprognose durchzuführen (BMF-Schreiben vom 08.10.2004, BStBl I 2004, 933, Rz. 13, Hinweis: Das BMF-Schreiben vom 08.10.2004 ist veraltet und zum damaligen Zeitpunkt gelten mit 56 % und 75 % noch andere prozentuale Grenzen).

Im Fall a) können die Aufwendungen in voller Höhe als Werbungskosten berücksichtigt werden, weil die Miete 70 % (= 700 €/1.000 €) und damit nicht weniger als 66 % der ortsüblichen Miete beträgt.

Im Fall b) beträgt die Miete 40 % (= 400 €/1.000 €) und damit weniger als 50 % der ortsüblichen Miete. Die Nutzungsüberlassung ist in einen entgeltlichen (40 %) und einen unentgeltlichen Teil (60 %) aufzuteilen. Nur die auf den entgeltlich überlassen Teil entfallenden Aufwendungen in Höhe von 40 % sind als Werbungskosten abzugsfähig.

Im Fall c) ist eine Totalüberschussprognose durchzuführen, weil die Miete 60 % (= 600 €/1.000 €) der ortsüblichen Miete beträgt. Fällt die Totalüberschussprognose positiv aus, sind die Werbungskosten in voller Höhe zu berücksichtigen. Bei einer negativen Totalüberschussprognose ist eine Aufteilung in einen entgeltlichen (60 %) und einen unentgeltlichen Teil (40 %) vorzunehmen. Nur die auf den entgeltlich überlassen Teil entfallenden Aufwendungen in Höhe von 60 % sind dann als Werbungskosten abzugsfähig.

Fall 22: B hat am 15.08.2021 einen Bitcoin für 10.030 € erworben. Diesen hat er am 01.02.2024 für 34.300 € wieder veräußert.

Aufgabe: Muss B die Prämie versteuern? Wenn ja, nach welcher Vorschrift und in welcher Höhe?

Lösung: Der Gewinn aus der Veräußerung des Bitcoin unterliegt nicht der Besteuerung, weil die maßgebende Veräußerungsfrist abgelaufen ist. Einheiten einer virtuellen Währung und sonstige Token sind ein „anderes Wirtschaftsgut" i.S.d. § 23 Abs. 1 Satz 1 Nr. 2 EStG (vgl. Rz. 31 BMF-Schreiben vom 10.05.2022, BStBl I 2022, 668). Der BFH hat sich dieser Auffassung mit BFH-Urteil vom 14.02.2023, IX R 3/22 angeschlossen. Gewinne aus der Veräußerung von im Privatvermögen gehaltenen Einheiten einer virtuellen Währung und sonstigen Token können daher Einkünfte aus privaten Veräußerungsgeschäften nach § 22 Nr. 2 in Verbindung mit § 23 Abs. 1 Satz 1 Nr. 2 EStG darstellen, wenn der Zeitraum zwischen der Anschaffung und der Veräußerung nicht mehr als ein Jahr beträgt, vgl. Rz. 53, BMF a.a.O. sowie BFH-Urteil vom 14.02.2023, IX R 3/22. Erforderlich sind ein Anschaffungs- und ein Veräußerungsvorgang. Unter einer Anschaffung ist der entgeltliche Erwerb von Dritten zu verstehen. Dies umfasst insbesondere die im Zusammenhang mit der Blockerstellung (vgl. BMF Rz. 42 a.a.O.) und gegebenenfalls die durch einen ICO oder Airdrop (vgl. Rz. 75 BMF a.a.O.) erlangten Einheiten einer virtuellen Währung und sonstigen Token. Entgeltlich erworben sind zudem alle Einheiten einer virtuellen Währung und sonstige Token, die Steuerpflichtige im Tausch gegen Einheiten einer staatlichen Währung (z.B. Euro), Waren oder Dienstleistungen sowie gegen Einheiten einer anderen virtuellen Währung und sonstige Token erworben haben, sowie die durch Lending und Staking erlangten Einheiten einer virtuellen Währung und gegebenenfalls sonstigen Token. Spiegelbildlich zur Anschaffung stellt die entgeltliche Übertragung des angeschafften Wirtschaftsguts auf Dritte eine Veräußerung dar. Der Tausch von Einheiten einer virtuellen Währung und sonstigen Token in Einheiten einer staatlichen Währung (z.B. Euro), Waren oder Dienstleistungen sowie in Einheiten einer anderen virtuellen Währung und sonstige Token führt demgemäß zu einer Veräußerung.

Die Veräußerungsfristen des § 23 Abs. 1 Satz 1 Nr. 2 EStG beginnen nach jedem Tausch neu. Für die Ermittlung der Jahresfrist ist bei einer Anschaffung oder Veräußerung über eine Handelsplattform auf die dort aufgezeichneten Zeitpunkte abzustellen. Bei einem Direkterwerb oder einer Direktveräußerung ohne Zwischenschaltung von Intermediären ist aus Vereinfachungsgründen in der Regel auf die Zeitpunkte abzustellen, die sich aus der Wallet ergeben. Soll für die Frage, ob die Jahresfrist überschritten ist, das schuldrechtliche Verpflichtungsgeschäft maßgebend sein, müssen die Steuerpflichtigen den Zeitpunkt des Vertragsabschlusses durch geeignete Unterlagen nachweisen. Der Gewinn oder Verlust aus der Veräußerung von Einheiten einer virtuellen Währung und sonstigen Token ermittelt sich aus dem Veräußerungserlös abzüglich der Anschaffungs- und der Werbungskosten.

Als Veräußerungserlös ist bei einer Veräußerung in Euro das vereinbarte Entgelt zu berücksichtigen. Werden Einheiten einer virtuellen Währung und sonstige Token gegen Einheiten einer anderen virtuellen Währung und sonstige Token getauscht, ist als Veräußerungserlös der hingegebenen Einheiten einer virtuellen Währung und sonstigen Token der Marktkurs der erlangten Einheiten der anderen virtuellen Währung oder sonstigen Token am Tauschtag anzusetzen. Kann ein Marktkurs der erlangten Einheiten nicht ermittelt werden, wird es nicht beanstandet, wenn stattdessen der Marktkurs der hingegebenen Einheiten angesetzt wird.

Der Marktkurs der hingegebenen Einheiten einer virtuellen Währung oder sonstigen Token – zuzüglich eventuell gezahlter Anschaffungsnebenkosten – stellt zugleich die Anschaffungskosten der erhaltenen Einheiten einer virtuellen Währung oder sonstigen Token am Tauschtag dar. Die im Zusammenhang mit der Veräußerung aufgewendeten Transaktionsgebühren sind als Werbungskosten zu berücksichtigen.

> **Fall 23:** B hat den am 15.08.2021 erworbenen Bitcoin (siehe Fall 22) zwischenzeitlich gegen Zinsen verliehen (Lending) und dafür am 31.12.2023 0,1 Bitcoin im Gegenwert von 4.070 € (Kurs 31.12.2023) gutgeschrieben bekommen
>
> **Aufgabe:** Würde sich die Lösung zu Fall 21 ändern, wenn B den Bitcoin zwischenzeitlich gegen Zinsen verliehen hätte (Lending) und am 01.02.2024 den kompletten Bestand von 1,1 Bitcoin für 37.400 € verkauft?

Lösung: Ja, die Gutschrift der „Zinsen" gilt als Einkünfte gem. § 22 Nr. 3 EStG (Rz. 65 von BMF-Schreiben 10.05.2022, BStBl I 2022, 668) und zugleich als Anschaffung der 0,1 Bitcoin zum 31.12.2023. Weil der Verkauf bezogen auf die neuen Bitcoin (die 0,1 Bitcoin) innerhalb eines Jahres erfolgt, erzielt B einen steuerlich vortragsfähigen Verlust gem. § 23 EStG i.H.v.:

Anteiliger Verkaufspreis 1/11 von 37.400 € =	3.740 €
abzüglich AK 31.12.2023	./. 4.070 €
Verlust gem. § 23 EStG	**330 €**

Der Verlust ist nach § 23 Abs. 3 Satz 7 EStG nur mit Gewinnen nach § 23 EStG ausgleichsfähig. Sind solche Gewinne nicht vorhanden, erfolgt ein Verlustrück- oder -vortrag (§ 23 Abs. 3 Satz 8 EStG).

Der länger als ein Jahr gehaltene Bitcoin (1,0 Bitcoin) wird jedoch weiterhin nicht steuerbar veräußert. Bei virtuellen Währungen kommt die Verlängerung der Veräußerungsfrist nach § 23 Abs. 1 Satz 1 Nr. 2 S. 4 EStG wegen der zwischenzeitlichen Nutzung zur Einkünfteerzielung nicht zur Anwendung, vgl. Rz. 63 von BMF-Schreiben vom 10.05.2022, BStBl I 2022, 668.

Fall 24: Der frühere deutsche Fußballprofi Özil van der Vaart wohnt seit Jahren in Österreich. Seinen Wohnsitz in Deutschland hat er aufgegeben. Sein Vermögen hat er in Österreich und der Schweiz angelegt. In Deutschland bezieht er Honorare von einem Fernsehsender und einem bekannten Zeitungsverlag.

Aufgabe: Wo hat Özil van der Vaart (Ö) seine Einkünfte zu versteuern?

Lösung: Da Ö im Inland weder einen Wohnsitz (§ 8 AO) noch gewöhnlichen Aufenthalt (§ 9 AO) hat, ist er nach § 1 Abs. 4 EStG beschränkt steuerpflichtig, soweit er im Inland Einkünfte im Sinne des § 49 EStG erzielt und das Besteuerungsrecht nicht durch das DBA mit Österreich eingeschränkt ist.

Für die in Österreich und im übrigen Ausland erzielten Einkünfte liegt das Besteuerungsrecht bei Österreich. Bei einem Wohnsitzwechsel innerhalb der letzten 10 Jahre kommt darüber hinaus die sog. verlängerte unbeschränkte Steuerpflicht gem. § 2 AStG in Betracht (siehe dort).

Grundsätzlich ist davon auszugehen, dass es sich bei den Einkünften um Einkünfte aus selbstständiger Tätigkeit handelt (journalistische Tätigkeit und/oder Autor). Diese werden von Art. 14 DBA-Österreich-Deutschland erfasst. Nach dessen Absatz 1 liegt das Besteuerungsrecht im Wohnsitzstaat (Österreich), außer in Deutschland bestünde eine Betriebsstätte. Darauf erhält der Sachverhalt keine Hinweise, sodass die Besteuerung in Österreich zu erfolgen hat.

Fall 25: Der deutsche Frührentner A (60 Jahre), der seit 2011 eine Erwerbsunfähigkeitsrente aus der deutschen gesetzlichen Rentenversicherung bezieht, lebt seit 2013 in den USA. Im Inland hat er keinen Wohnsitz und hält sich nur hin und wieder zu Besuch bei Verwandten im Inland auf. Die Rente beträgt seit 2011 unverändert monatlich 1.000 €. Weitere Einkünfte hat A im Inland nicht erzielt.

Aufgabe: Hat A die Rente in 2024 in Deutschland zu versteuern?
a) A hat nachweislich keine Einkünfte in den USA erzielt.
b) A hat in den USA einen Gewinn aus Gewerbebetrieb in Höhe von 15.000 € erzielt.

Lösung: Da A weder seinen Wohnsitz (§ 8 AO) noch gewöhnlichen Aufenthalt (§ 9 AO) im Inland hat, ist er nach § 1 Abs. 4 EStG mit den im Inland erzielten Einkünften im Sinne des § 49 EStG beschränkt steuerpflichtig. Die Renteneinkünfte fallen unter § 49 Abs. 1 Nr. 7 EStG. Entscheidend sind aber die Regelungen in den jeweiligen Doppelbesteuerungsabkommen (DBA). Nach Art. 18 DBA mit den USA das Besteuerungsrecht für die Bezüge aus der gesetzlichen Rentenversicherung in diesem Fall bei Deutschland (Kassenstaat).

Seit dem 01.01.2009 ist für diese Fälle bundesweit das Finanzamt Neubrandenburg zuständig. Die zentrale Zuständigkeit gilt nicht, soweit der Steuerpflichtige im Inland noch weitere Einkünfte erzielt hat, die der beschränkten Steuerpflicht unterliegen.

Nach § 1 Abs. 3 EStG können die natürlichen Personen auch als unbeschränkt steuerpflichtig behandelt werden, wenn das gesamte Einkommen dieser Personen mindestens zu 90 % der deutschen Einkommensteuer unterliegt. Das ist ggf. durch eine Bescheinigung der zuständigen ausländischen Steuerbehörde nachzuweisen.

a) Da der Steuerpflichtige neben den Rentenbezügen keine weiteren Einkünfte erzielt hat, kann er einen entsprechenden Antrag stellen. Der Besteuerungsanteil der Rente beträgt nach § 22 S. 3 Buchst. a Doppelbuchst. aa EStG bei einem Rentenbeginn in 2011 = 62 %.

62 % von 12.000 € (Jahresrente) =	7.440 €
Werbungskosten-Pauschbetrag, § 9a Nr. 3 EStG	./. 102 €
Einkünfte	**7.338 €**

1. Einkommensteuer

Da die Einkünfte den Grundfreibetrag nach § 32a Abs. 1 Nr. 1 EStG für 2023 nicht übersteigen, ergibt sich keine festzusetzende Einkommensteuer.

b) In diesem Fall kann der Steuerpflichtige nicht als unbeschränkt steuerpflichtig behandelt werden. Der Grundfreibetrag der ausländischen Einkünfte ist überschritten und mehr als 10 % der Einkünfte werden im Ausland erzielt.
Nach § 50 Abs. 1 S. 2 EStG sind die Einkünfte um den Grundfreibetrag zu erhöhen. Sonderausgaben und außergewöhnliche Belastungen können nicht berücksichtigt werden.

Einkünfte	7.338 €
Grundfreibetrag 2024 nach § 32a Abs. 1 Nr. 1 EStG (Rechtsstand 06.05.2024)	+ 11.604 €
zu versteuerndes Einkommen (Grundtabelle)	**18.942 €**

Fall 26: Ehepaar Adam und Berta sind beide verbeamtete Lehrer ohne weitere Nebeneinkünfte. Sie betreiben auf ihrem selbstgenutzten Einfamilienhaus eine Photovoltaikanlage mit einer Leistung von 25 kW (peak). Der Strom wird teilweise ins Netz eingespeist. Sie veräußern fünf Jahre nach Erwerb der Immobilie diese wieder inklusive der aufstehenden Photovoltaikanlage.

Aufgabe: Muss für die Photovoltaikanlage eine Gewinnermittlung durchgeführt werden? Welche Folgen ergeben sich aus der Veräußerung?

Lösung: Nach § 3 Nr. 72 Satz 1 Buchst. a EStG sind die Einnahmen aus der Photovoltaikanlage steuerfrei, wenn die eingetragene Leistung laut Marktstammdatenregister maximal 30 kw (peak) beträgt. Das Einfamilienhaus fällt dabei unter die Fallgruppe des Buchstabens a. Die Steuerbefreiung gilt unabhängig von der Verwendung des erzeugten Stroms. Ausgaben im Zusammenhang mit unter § 3 Nr. 72 EStG fallenden Photovoltaikanlagen dürfen nach § 3c Abs. 1 EStG nicht berücksichtigt werden. Dies sind beispielsweise Abschreibung, Wartungskosten, Instandhaltungskosten oder Finanzierungskosten. Es ergibt sich zwangsläufig ein Gewinn von 0 €, der nicht erklärt werden muss (§ 3 Nr. 72 Satz 2 EStG). Es ist keine Gewinnermittluch durchzuführen.

Der Veräußerung ist einkommensteuerrechtlich unbeachtlich, denn auch für das selbstgenutzte Gebäude ist eine Besteuerung nach § 23 Abs. 1 Satz 1 Nr. 1 Satz 3 EStG nicht vorzunehmen. Die Photovoltaikanlage unterfällt § 3 Nr. 72 Buchstabe a EStG, sodass bei der Veräußerung eine Besteuerung unterbleibt. Die Photovoltaikanlage unterfällt nach h. M. auch nicht der Grunderwerbsteuer (Wittlinger, Haufe Steuerlexikon, Stichwort Fotovoltaik Tz. 5, HI3045806), denn es handelt sich um eine Betriebsvorrichtung.

Fall 27: Der in Leipzig ansässige Unternehmer A hat beim zuständigen Finanzamt einen Antrag auf Investitionszulage gestellt. Die Investitionszulage wurde bewilligt, ausgezahlt und als Ertrag gebucht. Für die Erstellung des Antrags sind 1.000 € Steuerberatungskosten entstanden.

Aufgabe: Sind die Aufwendungen als Betriebsausgaben abzugsfähig?

Lösung: Nach § 12 InvZulG gehört die Investitionszulage nicht zu den Einkünften im Sinne des Einkommensteuergesetzes. Bei der Ermittlung des steuerlichen Gewinns ist deshalb die Investitionszulage zu neutralisieren. Es ist zu prüfen, ob die damit in Zusammenhang stehenden Aufwendungen unter das Abzugsverbot des § 3c Abs. 1 EStG fallen. Danach dürfen Aufwendungen, die mit steuerfreien Einnahmen in unmittelbarem wirtschaftlichen Zusammenhang stehen, nicht als Betriebsausgaben abgezogen werden.

Obwohl der Zufluss der Investitionszulage häufig als steuerfreie Einnahme bezeichnet wird (vgl. R 29, Tz. 9 KStR), handelt es sich formal nicht um eine steuerfreie Einnahme, sondern um eine nicht steuerbare Vermögensmehrung.

Die Aufwendungen sind deshalb nicht nach § 3c Abs. 1 EStG vom Abzug ausgeschlossen und daher als Betriebsausgabe abzugsfähig. Vgl. auch Tz. 3 des BMF-Schreibens vom 21.12.2007, BStBl I 2008, 256.

> **Fall 28:** Der Einzelunternehmer E erzielt in 2023 einen Gewinn von 150.000 €. Er gibt seine Steuererklärung für das Jahr 2023 im Februar 2024 ab. Den Steuerbescheid erhält er am 01.03.2024. Einspruch wird nicht erhoben. Im April 2024 entsteht bei einer Maschine im Einzelunternehmen ein Defekt; diese wird unwiederbringlich zerstört. Der Buchwert zu diesem Zeitpunkt beträgt 1 € und wird zutreffend ausgebucht. E erwirbt am 02.05.2024 eine Ersatzmaschine mit einer betriebsgewöhnlichen Nutzungsdauer von 8 Jahren. Die Anschaffungskosten betragen 100.000 €.
>
> **Aufgabe:** Berechnen Sie die in 2024 maximal mögliche AfA für die Maschine. Wie hoch ist sodann der Buchwert zum 31.12.2024 für die Maschine.?

Lösung: Die reguläre AfA nach § 7 Abs. 1 EStG in 2024 beträgt 100.000 € x 1/8 x 8/12 = 8.333,33 €.

Wegen Anschaffung im Zeitraum 01.04.2024 ist eine Abschreibung nach § 7 Abs. 2 EStG mit dem zweifachen der linearen AfA (2 x 8.333,33 € = 16.666,67 €), maximal jedoch mit 20 % (100.000 € x 20 % x 8/12 = 13.333,33 €) möglich, somit 16.666,67 €.

Außerdem ist eine Sonder-AfA gem. § 7g Abs. 5 EStG (ohne pro rata temporis) mit 40 % von 100.000 € = 40.000 € möglich; die Größenmerkmale des § 7g EStG sind erfüllt. Diese mindert, im Gegensatz zum regulären Investitionsabzugsbetrag, nicht die AfA-Bemessungsgrundlage.

Im Sachverhalt ist nicht ersichtlich, dass ein Investitionsabzugsbetrag (§ 7g Abs. 1 EStG) gebildet wurde. Die Erklärung des Vorjahres ist bestandskräftig, sodass auch nicht nachträglich eine Bildung möglich wäre.

Damit ist die maximale AfA des Jahres 2024: 16.666,67 € + 40.000 € = 56.666,67 €, der Buchwert zum 31.12.2024 damit 43.333,33 €.

2. Körperschaftsteuer
2.1 20 Fragen zur Körperschaftsteuer

Frage 1: Welche Steuersubjekte sind unbeschränkt körperschaftsteuerpflichtig?

Antwort: Unbeschränkt körperschaftsteuerpflichtig sind alle Körperschaften, Personenvereinigungen und Vermögensmassen im Sinne von § 1 Abs. 1 Nr. 1 bis 6 KStG:
1. Kapitalgesellschaften (insbesondere Europäische Gesellschaften, Aktiengesellschaften, Kommanditgesellschaften auf Aktien, Gesellschaften mit beschränkter Haftung einschließlich optierender Gesellschaften im Sinne des § 1a KStG);
2. Genossenschaften einschließlich der Europäischen Genossenschaften;
3. Versicherungs- und Pensionsfondsvereine auf Gegenseitigkeit;
4. sonstige juristische Personen des privaten Rechts;
5. nichtrechtsfähige Vereine, Anstalten, Stiftungen und andere Zweckvermögen des privaten Rechts;
6. Betriebe gewerblicher Art von juristischen Personen des öffentlichen Rechts,

die ihre Geschäftsleitung oder ihren Sitz im Inland haben. Nach § 1 Abs. 2 KStG erstreckt sich die unbeschränkte Steuerpflicht auf sämtliche Einkünfte.

Durch das Gesetz zur Modernisierung der Körperschaftsteuer (KöMoG) wird auch Personenhandelsgesellschaften und Partnerschaftsgesellschaften eine Option zur Körperschaftsteuer gemäß § 1a KStG ermöglicht. Diese erhalten seit dem Veranlagungszeitraum 2022 die Möglichkeit, auf Antrag wie eine Körperschaft besteuert zu werden.

Nach § 1 Abs. 2 KStG erstreckt sich die unbeschränkte Steuerpflicht auf sämtliche Einkünfte.

Hinweis! Die Aufzählung in dieser Vorschrift ist abschließend (R 1 Abs. 1 KStR 2022). Sollten Ihnen in der mündlichen Prüfung nicht alle Steuersubjekte bekannt sein, können Sie auf § 1 Abs. 1 KStG verweisen und nachfragen, ob Sie dort (unter Nennung der Vorschrift) nachschlagen können.

Frage 2: Enthält das KStG Steuerfreibeträge? Wenn ja, für wen gelten diese?

Antwort: Körperschaftsteuerpflichtige Subjekte, die keine Kapitalgesellschaften sind, erhalten gem. § 24 KStG unter den dort genannten Voraussetzungen einen Freibetrag von 5.000 €; insbesondere, wenn die Leistungen der Körperschaft bei den Empfängern nicht zu Kapitalerträgen nach § 20 Abs. 1 Nr. 1 EStG führt. Dies betrifft insbesondere gemeinnützige Körperschaften mit ihren wirtschaftlichen Geschäftsbetrieben und Betriebe gewerblicher Art von juristischen Personen des öffentlichen Rechts (R 24 Abs. 1 KStR 2022).

Außerdem erhalten neugegründete landwirtschaftliche Genossenschaften und bestimmte landwirtschaftlich tätige Vereine in den ersten zehn Jahren nach Gründung einen Freibetrag von 15.000 €/Jahr, nach § 25 Abs. 1 KStG unter den dort genannten Voraussetzungen.

Frage 3: Wie erfolgt die Besteuerung einer „Unternehmergesellschaft haftungsbeschränkt" und welche Unterschiede ergeben sich zur GmbH?

Antwort: Bei der UG (haftungsbeschränkt) handelt es sich nicht um eine eigene Rechtsform, sondern um eine besondere Form der GmbH. Die gesetzliche Grundlage ist in § 5a GmbHG geregelt. Sie fällt somit auch unter § 1 Abs. 1 Nr. 1 KStG.

Im Gegensatz zur GmbH (Mindeststammkapital 25.000 €, § 5 Abs. 1 GmbHG) genügt als Mindestkapital eine Einlage von 1 € je Geschäftsanteil. Die UG unterliegt der „normalen" Körperschaftsteuer und unterscheidet sich daher nicht von der Besteuerung einer GmbH.

Frage 4: Wie erfolgt die Besteuerung einer Kapitalgesellschaft in ihrer Gründungsphase?

Antwort: Zivilrechtlich entsteht eine Kapitalgesellschaft (§§ 11 GmbHG, 41 AktG) erst mit der Eintragung in das Handelsregister. Steuerrechtlich ist zwischen drei Phasen zu unterscheiden.

- Die **1. Phase** ist die Vorgründungsgesellschaft. Sie erstreckt sich auf die Zeit zwischen der Vereinbarung über die Errichtung einer Kapitalgesellschaft bis zur notariellen Beurkundung des Gesellschaftsvertrags bzw. der Satzung und ist weder mit der Vorgesellschaft noch mit der später entstehenden Kapitalgesellschaft identisch (H 1.1 „Vorgründungsgesellschaft" KStH 2022). Es kann sich dabei nur um einen Gesellschafter, um ein Einzelunternehmen oder bei mehreren Beteiligten um eine Personengesellschaft (z.B. GbR, OHG) handeln. Die Auflösung erfolgt mit der notariellen Beurkundung des Gesellschaftsvertrags und der Eintragung in das Handelsregister. Die in dieser Zeit erzielten Gewinne werden als Einkünfte im Rahmen der Einkommensteuerveranlagung des oder der künftigen Gesellschafter erfasst. Bei einer Personengesellschaft erfolgt die einheitliche und gesonderte Feststellung nach §§ 179, 180 AO. Bei einem Gewerbebetrieb kann bereits eine Gewerbesteuerpflicht bestehen (R 2.5 Abs. 1 GewStR). Auch umsatzsteuerlich kann bereits ein Unternehmen vorliegen (§ 2 UStG).
- Die **2. Phase** wird als Vorgesellschaft (Kapitalgesellschaft im Gründungsstadium) bezeichnet. Sie beginnt mit der notariellen Beurkundung des Gesellschaftsvertrags bzw. der Satzung. Die Vorgesellschaft wird steuerlich bereits mit der entstehenden Kapitalgesellschaft als ein Steuersubjekt behandelt. Zu diesem Zeitpunkt beginnt die Körperschaftsteuerpflicht (H 1.1 „Beginn der Steuerpflicht" KStH 2022). Das gilt auch ggf. für die Gewerbesteuer- und Umsatzsteuerpflicht. Auch die Eröffnungsbilanz der entstehenden Kapitalgesellschaft ist auf den Tag der notariellen Beurkundung bzw. Satzung aufzustellen.

  Voraussetzung ist allerdings, dass später auch tatsächlich die Eintragung in das Handelsregister erfolgt. Ist das nicht der Fall wird die Vorgesellschaft wie eine Vorgründungsgesellschaft behandelt (H 1.1 „Unechte Vorgesellschaft" KStH 2022).
- Die **3. Phase** beginnt mit der Eintragung in das Handelsregister und damit der zivilrechtlichen Entstehung der Kapitalgesellschaft. Es besteht eine rechtliche Identität mit der Vorgesellschaft.

Frage 5: Kann eine Körperschaft Einkünfte aus Kapitalvermögen erzielen und wie sind diese ggf. steuerlich zu behandeln, wenn es sich z.B. um Zinseinnahmen handelt?

Antwort: Körperschaftsteuerpflichtig sind alle in § 1 Abs. 1 Nr. 1 bis 6 KStG genannten Körperschaften, Personenvereinigungen und Vermögensmassen. Nach § 8 Abs. 2 KStG sind alle Einkünfte von unbeschränkt Steuerpflichtigen im Sinne des § 1 Abs. 1 Nr. 1 bis 3 KStG als Einkünfte aus Gewerbebetrieb – kraft Rechtsform – zu behandeln. Auch Betriebe gewerblicher Art im Sinne des § 1 Abs. 1 Nr. 6 KStG können nur Einkünfte aus Gewerbebetrieb haben; vgl. insoweit die Definition in § 4 Abs. 1 KStG.

Das bedeutet, dass die übrigen in § 1 Nr. 4 und 5 KStG genannten Steuerpflichtigen grundsätzlich Einkünfte aus allen übrigen in § 2 Abs. 1 EStG genannten Einkunftsarten erzielen können. Nur die Erzielung von Einkünften aus nichtselbständiger Arbeit ist nicht möglich (R 8.1 Abs. 2 KStR 2022).

Die Steuerpflichtigen im Sinne des § 1 Abs. 1 Nr. 4 und 5 KStG, insbesondere Vereine und Stiftungen, können somit auch Einkünfte aus Kapitalvermögen erzielen. Die Zinseinnahmen fallen unter § 20 Abs. 1 Nr. 7 EStG i.V.m. § 8 KStG und unterliegen grundsätzlich der Abgeltungssteuer in Höhe von 25 % (§§ 32d Abs. 1, 43 Abs. 1 Nr. 1 i.V.m. Abs. 5 EStG). Nach § 8 Abs. 10 S. 1 KStG ist aber § 2 Abs. 5b EStG nicht anzuwenden. Im Gegensatz zu natürlichen Personen sind somit die Einkünfte bei der Ermittlung des körperschaftsteuerlichen Einkommens im Rahmen der Körperschaftsteuerveranlagung einzubeziehen. Die einbehaltene Kapitalertragsteuer ist in dem Fall nach § 31 Abs. 1 KStG i.V.m. § 36 Abs. 2 Nr. 2 EStG anrechenbar. Bei der Ermittlung der Einkünfte sind grundsätzlich § 8 Abs. 1 KStG i.V.m. § 20 Abs. 6 (Verlustverrech-

2. Körperschaftsteuer

nungsbeschränkung) und § 9 EStG anzuwenden. Danach kann nur der Sparerpauschbetrag nach § 8 Abs. 1 KStG i.V.m. § 20 Abs. 9 EStG in Höhe von 1.000 € abgezogen werden. Tatsächlich entstandene Aufwendungen können nicht als Werbungskosten abgezogen werden. Das gilt nach § 8 Abs. 10 Satz 2 KStG nicht, soweit ein Ausnahmetatbestand des § 32d Abs. 2 S. 1 EStG vorliegt.

> **Frage 6:** Wie kann bei einer GmbH mit Verlustvorträgen i.H.v. 1.000.000 €, an der Anteile von 60 % auf einen neuen Gesellschafter übertragen werden sollen, der Wegfall der Verlustvorträge vermieden werden?

Antwort: Die Übertragung von mehr als 50 % der Anteile an der GmbH würde grundsätzlich zum Wegfall der Verlustvorträge gem. § 8c KStG führen. Dies gilt nach § 8c Abs. 1 Satz 5 KStG nicht, soweit in der GmbH im Zeitpunkt der Übertragung stille Reserven vorhanden sind. Stille Reserven sind der Unterschiedsbetrag zwischen dem in der steuerlichen Gewinnermittlung ausgewiesenen Eigenkapital und dem auf dieses Eigenkapital jeweils entfallenden gemeinen Wert, unter fremden Dritten regelmäßig der Kaufpreis. Ebenfalls liegt kein schädlicher Anteilserwerb vor, sofern die Konzernklausel des § 8c Abs. 1 Satz 4 KStG Anwendung findet.

Ein Erwerb seitens einer natürlichen Person durch Erbfall einschließlich der unentgeltlichen Erbauseinandersetzung und der unentgeltlichen vorweggenommenen Erbfolge zwischen Angehörigen i.S.d. § 15 AO wird von § 8c KStG ebenfalls nicht erfasst; dies gilt nur dann nicht, wenn der Erwerb in auch nur geringem Umfang entgeltlich erfolgt (BMF-Schreiben vom 28.11.2017, BStBl I 2017, 1645, Tz. II).

Sollten keine stillen Reserven in ausreichendem Umfang vorhanden sein, die Konzern-Klausel nicht greift und auch keine Übertragung im Wege der Erbfolge erfolgt, müssten entweder im Vorfeld der Übertragung Erträge erzielt werden, die die Verlustvorträge verrechnen (z.B. durch den Erlass von nicht mehr werthaltigen Gesellschafterdarlehen) oder geprüft werden, ob die Voraussetzungen des § 8d KStG vorliegen.

§ 8c KStG ist nach § 8d Abs. 1 KStG einem schädlichen Beteiligungserwerb auf Antrag nicht anzuwenden, wenn die Körperschaft seit ihrer Gründung oder zumindest seit dem Beginn des dritten Veranlagungszeitraums, der der Anteilsübertragung vorausgeht, ausschließlich denselben Geschäftsbetrieb unterhält und in diesem Zeitraum bis zum Schluss des Veranlagungszeitraums des schädlichen Beteiligungserwerbs kein schädliches Ereignis i.S.v. § 8d Abs. 2 KStG stattfindet.

Voraussetzung ist, dass die GmbH zu Beginn des dritten Veranlagungszeitraums, der der schädlichen Übertragung vorausgeht, weder Organträger einer körperschaftsteuerlichen Organschaft ist noch an einer Mitunternehmerschaft (Personengesellschaft) beteiligt ist und der Geschäftsbetrieb unverändert fortgeführt wird. Ein Geschäftsbetrieb umfasst die nachhaltigen, sich gegenseitig ergänzenden und fördernden Betätigungen der Körperschaft und bestimmt sich nach qualitativen Merkmalen in einer Gesamtbetrachtung. Qualitative Merkmale sind dabei insbesondere die angebotenen Dienstleistungen oder Produkte, der Kunden- und Lieferantenkreis, die bedienten Märkte und die Qualifikation der Arbeitnehmer.

Der Antrag auf Feststellung des fortführungsgebundenen Verlustvortrages ist in der Steuererklärung für die Veranlagung des Veranlagungszeitraums zu stellen, in den der schädliche Beteiligungserwerb fällt. Dies muss jedoch nicht zwingend die erste Körperschaftsteuererklärung sein; sollte in der ersten Körperschaftsteuererklärung der Antrag vergessen worden sein, kann dieser bis zur Unanfechtbarkeit des Verlustfeststellungsbescheides durch eine erneute Übermittlung einer Körperschaftsteuererklärung nachgeholt werden. Der Verlustvortrag, der zum Schluss des Veranlagungszeitraums verbleibt, in den der schädliche Beteiligungserwerb fällt, wird zum fortführungsgebundenen Verlust (fortführungsgebundener Verlustvortrag). Dieser ist künftig gesondert auszuweisen und festzustellen; Würde der

verlustverursachende Geschäftsbetrieb später eingestellt, geht der zuletzt festgestellte fortführungsgebundene Verlustvortrag unter. Gleiches gilt, wenn:
1. der Geschäftsbetrieb ruhend gestellt wird,
2. der Geschäftsbetrieb einer andersartigen Zweckbestimmung zugeführt wird,
3. die Körperschaft einen zusätzlichen Geschäftsbetrieb aufnimmt,
4. die Körperschaft sich neu an einer Mitunternehmerschaft beteiligt,
5. die Körperschaft die Stellung eines Organträgers im Sinne des § 14 Abs. 1 KStG einnimmt oder
6. auf die Körperschaft z.B. im Rahmen einer Umwandlung Wirtschaftsgüter übertragen werden, die sie zu einem geringeren als dem gemeinen Wert ansetzt.

Hinweis! Zu § 8c KStG ist ein Verfahren vor dem BVerfG anhängig (Az.: 2 BvL 19/17). Es stellt sich die Frage, ob Kapitalgesellschaften hinsichtlich des Verlustabzugs mit und ohne schädlichen Anteilseignerwechsel ungleich behandelt werden und das Trennungsprinzip durchbrochen wird.
Die Einzelheiten zur Vorschrift des § 8d KStG ergeben sich aus dem BMF-Schreiben vom 18.03.2021, BStBl I 2021, 363.

Frage 7: Was versteht man unter der formellen und materiellen Korrespondenz in Zusammenhang mit verdeckten Gewinnausschüttungen?

Antwort:
a) **Formelle Korrespondenz**
Verdeckte Gewinnausschüttungen (vGA) werden häufig im Rahmen von Betriebsprüfungen festgestellt. Der Körperschaftsteuerbescheid der GmbH steht in der Regel unter dem Vorbehalt der Nachprüfung (§ 164 AO). Verfahrensrechtliche Probleme können sich hinsichtlich der Änderung des Einkommensteuerbescheides des Gesellschafters ergeben. In Fällen der sogenannten „Umqualifizierung" (z.B. bisher Einnahmen aus nichtselbständiger Arbeit in vGA) können sich bei Anwendung der Abgeltungssteuer oder des Teileinkünfteverfahrens bei dem Gesellschafter Steuererstattungen ergeben. Die einschlägigen Korrekturvorschriften aus der AO sind in solchen vGA-Fällen teilweise nicht anwendbar.
Dafür kann der Einkommensteuerbescheid des Gesellschafters i.d.R. nach § 32a KStG geändert werden. Es handelt sich dabei um eine eigenständige Korrekturvorschrift. Obwohl die Vorschrift im KStG angesiedelt ist, kann nach § 172 Abs. 1 S. 1 Nr. 2d AO i.V.m. § 32a Abs. 1 S. 1 KStG der Einkommensteuerbescheid eines Gesellschafters aufgehoben oder geändert werden, soweit gegenüber einer Körperschaft ein Steuerbescheid hinsichtlich der Berücksichtigung einer vGA erlassen, aufgehoben oder geändert wird und die vGA dem Gesellschafter zuzurechnen ist. Nach § 32a Abs. 1 S. 2 KStG endet die Festsetzungsfrist insoweit nicht vor Ablauf eines Jahres nach Unanfechtbarkeit des Steuerbescheides der Körperschaft.

b) **Materielle Korrespondenz**
Nach § 3 Nr. 40d S. 2 EStG kann die Steuerbefreiung für Kapitalerträge i.S.d. § 20 Abs. 1 Nr. 1 S. 2 EStG (vGA, Teileinkünfteverfahren) nur dann gewährt werden, soweit sie das Einkommen der leistenden Körperschaft nicht gemindert haben (§ 8 Abs. 3 S. 2 KStG). Das heißt, dass die Steuerbefreiung nur dann zu gewähren ist, soweit die vGA bei der leistenden Körperschaft bei der Einkommensermittlung hinzugerechnet werden konnte. Nach § 32d Abs. 2 S. 2 Nr. 4 EStG gilt das sinngemäß auch für die Anwendung der Abgeltungssteuer nach § 32d Abs. 1 EStG.
Auch die Steuerbefreiung für Körperschaften nach § 8b Abs. 1 KStG für Beteiligungserträge i.S.d. § 20 Abs. 1 Nr. 1 S. 2 EStG (vGA) kommt nur in Betracht, soweit die Leistungen der leistenden Körperschaft das Einkommen nicht gemindert haben (§ 8 Abs. 3 S. 2 KStG).

2. Körperschaftsteuer

> **Frage 8:** Wann liegt eine verdeckte Gewinnausschüttung vor (Tatbestandsmerkmale) und welche Rechtsfolgen ergeben sich bei der Kapitalgesellschaft?

Antwort: Der Begriff der vGA ist durch die Rechtsprechung entwickelt worden. Danach ist eine vGA im Sinne des § 8 Abs. 3 S. 2 KStG eine Vermögensminderung oder verhinderte Vermögensmehrung, die durch das Gesellschaftsverhältnis veranlasst ist, sich auf die Höhe des Gewinns im Sinne des § 4 Abs. 1 S. 1 EStG auswirkt und nicht auf einem den gesellschaftsrechtlichen Vorschriften entsprechenden Gewinnverteilungsbeschluss beruht (R 8.5 Abs. 1 S. 1 KStR 2022). Nur wenn kumulativ alle Tatbestandsmerkmale erfüllt sind liegt eine vGA vor. Darüber hinaus liegt bei einem beherrschenden Gesellschafter auch eine vGA vor (R 8.5 Abs. 2 KStR 2022):
- bei Leistungen der Gesellschaft (z.B. Entgelten für Mitarbeit, Nutzungsüberlassung, usw.) ohne zivilrechtlich wirksame, klare, eindeutig und im Vorhinein getroffene wirksame Vereinbarung oder
- wenn nicht entsprechend einer klaren und eindeutigen Vereinbarung verfahren wird. Dies gilt jedoch nur, wenn die fehlende tatsächliche Durchführung darauf schließen lässt, dass die Vereinbarung lediglich die Unentgeltlichkeit der Leistung des Gesellschafters verdecken soll (BFH-Urteil vom 28.10.1987, I R 110/83, BStBl II 1988, 301).

Nach § 8 Abs. 3 S. 2 KStG dürfen vGA das Einkommen der Kapitalgesellschaft nicht mindern. Eine festgestellte vGA ist deshalb bei der Einkommensermittlung der Kapitalgesellschaft wieder hinzuzurechnen. Die Korrektur erfolgt außerhalb der Steuerbilanz bei der Ermittlung des Einkommens, vgl. BMF-Schreiben vom 28.05.2002, BStBl I 2002, 603.

> **Frage 9:** Liegt eine vGA vor, wenn der Gesellschafter-Geschäftsführer einer GmbH
> a) ein unangemessen niedriges Gehalt erhält oder
> b) die vereinbarte Vergütung lediglich aus einer Pensionszusage (angemessen) besteht?
>
> **Zusatzfrage:** Liegt in dem Fall a) eine verdeckte Einlage vor?

Antwort:

a) Ein Gesellschafter kann für seine Gesellschaft (ganz oder teilweise) unentgeltlich tätig werden und den Gegenwert für seine Tätigkeit in der Gewinnausschüttung erhalten (BFH, Beschluss vom 26.10.1987, GrS 2/86, BStBl II 1988, 348 und BFH, Urteil vom 06.04.2005, I R 27/04, BFH/NV 2005, 1633). Dementsprechend ist es ihm auch unbenommen, als angestellter Geschäftsführer zunächst gegen ein unangemessen niedriges Gehalt tätig zu werden. Insoweit liegt keine vGA vor.
Gegenstand einer verdeckten Einlage kann nur ein aus Sicht der Gesellschaft bilanzierungsfähiger Vermögensvorteil sein (R 8.9 Abs. 1 KStR 2022, H 8.9 „Einlagefähiger Vermögensvorteil" und „Nutzungsvorteile" KStH 2022). Die unentgeltlich oder teilentgeltlich erbrachte Leistung des Gesellschafters kann somit nicht Gegenstand einer verdeckten Einlage sein. Eine verdeckte Einlage könnte aber vorliegen, wenn der Gesellschafter auf ein zuvor vereinbartes, noch nicht ausgezahltes aber als Verbindlichkeit passiviertes Gehalt verzichtet und die Ursachen dafür im Gesellschaftsverhältnis liegen.

b) Bei dem Tatbestandsmerkmal der vGA „Veranlassung durch das Gesellschaftsverhältnis" ist ein Fremdvergleich erforderlich. Nach der Rechtsprechung des BFH liegt eine Veranlassung durch das Gesellschaftsverhältnis vor, wenn ein ordentlicher und gewissenhafter Geschäftsleiter (§ 93 Abs. 1 AktG, § 43 Abs. 1 GmbHG) die Vermögensminderung oder verhinderte Vermögensmehrung gegenüber einer Person, die nicht Gesellschafter ist, unter sonst gleichen Umständen nicht hingenommen hätte (H 8.5 „Allgemeines" KStH 2022). Das Handeln eines ordentlichen und gewissenhaften Geschäftsleiters ist jedoch nicht für alle Fälle als Vergleichsmaßstab geeignet, da einseitig auf eine Beurteilung aus Sicht der Kapitalgesellschaft abgestellt wird. Der ordentliche und gewissenhafte

Geschäftsleiter wird jede Vereinbarung akzeptieren, die für die Gesellschaft günstig ist. Bei einem Fremdvergleich muss jedoch auch der Vertragspartner einbezogen werden. Eine Vereinbarung kann auch dann durch das Gesellschaftsverhältnis veranlasst sein, wenn sie zwar für die Gesellschaft günstig ist, ihr jedoch ein fremder Dritter nicht zugestimmt hätte (unübliche Vereinbarung). Vgl. BFH vom 17.05.1995, I R 147/93, BStBl II 1996, 204 (Urteil zur „Nur-Pensionszusage" und H 8.7 „Angemessenheit" KStH 2022. Eine Vergütung des Geschäftsführers ausschließlich durch eine Pensionszusage ist unüblich. Somit liegt in Höhe der Zuführung zur Pensionsrückstellung eine vGA vor.

> **Frage 10:** Nach R 8.7 S. 5 und 6 KStR 2022 sind bei einer Pensionsrückstellung, die dem Grunde und der Höhe nach zutreffend bilanziert worden ist, die Aspekte Ernsthaftigkeit, Erdienbarkeit und Angemessenheit zu prüfen. Welche Voraussetzungen müssen bei dem Aspekt Erdienbarkeit vorliegen?

Antwort: Die Erdienbarkeit hängt entscheidend vom Alter des Geschäftsführers zum Zeitpunkt der Pensionszusage (Zusagealter) und vom Zeitpunkt des vertraglich möglichen Eintritts in den Ruhestand (Pensionierungsalter) ab. Nach ständiger Rechtsprechung des BFH soll eine Zusage nicht mehr erdient werden können, wenn der Begünstigte im Zeitpunkt der Erteilung der Zusage das 60. Lebensjahr bereits vollendet hat. Begründet wird dies mit dem zunehmenden Alter steigenden Risiko kurzfristiger Inanspruchnahme aus der Pensionsverpflichtung (BFH-Urteil vom 17.05.1995, I R 66/94, BFH/NV 1995, 1092). Bei der Beurteilung derartiger Zusagen unter dem Gesichtspunkt der vGA stellt der BFH in besonderem Maße darauf ab, ob die Zusage noch durch eine ausreichend lange Tätigkeit im Betrieb erdient werden kann (BFH vom 21.12.1994, I R 98/93, BStBl II 1995, 419).

Bei beherrschenden Gesellschaftern kann aufgrund des Rückwirkungs- bzw. Nachzahlungsverbots (klare, eindeutige, vorherige Vereinbarung) nicht auf eine in der Vergangenheit liegende Betriebszugehörigkeit, sondern nur auf die nach Erteilung der Zusage noch verbleibende Zeit abgestellt werden. Bei Übertragung der dem BetrAVG zugrundeliegenden Konzeption für die Unverfallbarkeit einer Zusage kommt deshalb für beherrschende Gesellschafter-Geschäftsführer nur ein im Zusagezeitpunkt noch mindestens verbleibender 10-jähriger Erdienungszeitraum in Betracht (BFH vom 21.12.1994, I R 98/93, BStBl II 1995, 419 und H 8.7 „Erdienbarkeit" KStH 2022).

Bei nicht beherrschenden Gesellschafter-Geschäftsführern gilt das Nachzahlungsverbot nicht, sodass auch auf die in der Vergangenheit liegenden Zeiten der Betriebszugehörigkeit abgestellt werden kann. Es darf deshalb auch auf die vergangenheitsbezogenen zeitlichen Vorstellungen des BetrAVG zurückgegriffen werden. Eine Zusage an einen nicht beherrschenden Gesellschafter-Geschäftsführer ist eine vGA, wenn:
- der Erdienungszeitraum weniger als 10 Jahre beträgt oder
- der Erdienungszeitraum zwar mindestens 3 Jahre beträgt, der Gesellschafter-Geschäftsführer dem Betrieb aber weniger als 12 Jahre angehörte (BFH vom 24.01.1996, I R 41/95, BStBl II 1997, 440, vom 15.03.2000, I R 40/99, BStBl II 2000, 504 und H 8.7 „Erdienbarkeit" KStH 2022).

Bei fehlender Erdienbarkeit ist die Zusage bereits dem Grunde nach im Ganzen als vGA zu beurteilen, ohne dass es auf eine partielle Erdienbarkeit ankäme.

> **Frage 11:** Führt die Nichtverzinsung einer noch nicht geleisteten Einlage zu einer vGA?

Antwort: Es besteht keine Verpflichtung für einen ordentlichen und gewissenhaften Geschäftsführer, ausstehende Einlagen einzufordern. Tut er dies nicht, liegt in der entgangenen Gewinnmöglichkeit der Kapitalgesellschaft (Nutzung des eingeforderten Betrags als Bankeinlage) keine verdeckte Gewinnausschüttung.

2. Körperschaftsteuer

Ist dagegen die Einlage eingefordert (z.B. durch entsprechende Vereinbarung im Gesellschaftsvertrag), wird sie aber von dem Gesellschafter nicht erbracht, hat die Gesellschaft nach § 20 GmbHG einen Anspruch auf Verzugszinsen. Erfüllt der Gesellschafter diesen Anspruch nicht, liegt eine vGA vor.

> **Frage 12:** Ist durch die Gesellschafter ein „Direktzugriff" auf das steuerliche Einlagekonto möglich? Auf die Ausnahme nach § 28 Abs. 2 S. 2 und 3 KStG soll nicht eingegangen werden.

Antwort: Einlagen der Gesellschafter (auch verdeckte Einlagen), die über das Nennkapital hinausgehen, werden nach § 27 Abs. 1 S. 1 KStG in dem steuerlichen Einlagekonto erfasst. Unter Berücksichtigung der Zu- und Abgänge eines Wirtschaftsjahrs wird der Bestand des steuerlichen Einlagekontos gesondert festgestellt (§ 27 Abs. 2 S. 1 KStG).

Leistungen der Kapitalgesellschaft (z.B. offene und verdeckten Gewinnausschüttungen) mindern das steuerliche Einlagekonto unabhängig von der handelsrechtlichen Einordnung nur, soweit sie den auf den Schluss des Wirtschaftsjahrs ermittelten ausschüttbaren Gewinn übersteigen (§ 27 Abs. 1 S. 3 KStG). Als ausschüttbarer Gewinn gilt das um das gezeichnete Kapital geminderte in der Steuerbilanz ausgewiesene Eigenkapital abzüglich des Bestands des steuerlichen Einlagekontos (§ 27 Abs. 1 S. 5 KStG).

Dabei handelt es sich um eine gesetzliche Fiktion. Nur soweit die gesetzlichen Tatbestandsmerkmale erfüllt sind, kann es zu einer Verwendung aus dem steuerlichen Einlagekonto kommen. Ein Direktzugriff ist deshalb nicht möglich.

> **Frage 13:** Eine GmbH ist an einer Kapitalgesellschaft in den Niederlanden beteiligt. Die GmbH hat in der Handelsbilanz eine berechtigte Teilwertabschreibung auf die Beteiligung vorgenommen.
>
> **Fragen:** Welche steuerlichen Folgen ergeben sich:
> **a)** hinsichtlich der Teilwertabschreibung,
> **b)** wenn später eine Wertaufholung nach § 6 Abs. 1 Nr. 2 S. 3 EStG erfolgt?

Antwort:
a) Die Teilwertabschreibung ist eine Gewinnminderung im Sinne des § 8b Abs. 3 S. 3 KStG, die bei der Ermittlung des Einkommens nicht zu berücksichtigen ist. Sie steht in Zusammenhang mit einem in § 8b Abs. 2 KStG genannten Anteil. Vgl. Tz. 25 und 26 des BMF-Schreibens vom 28.04.2003, BStBl I 2003, 292. Das gilt auch für die Beteiligung an einer ausländischen Kapitalgesellschaft, unabhängig von der Beteiligungshöhe. Da die Teilwertabschreibung in der Handelsbilanz zutreffend als Aufwand berücksichtigt wurde, ist sie bei der Ermittlung des Einkommens wieder hinzuzurechnen (R 7.1 Abs. 1 KStR 2022).

b) Der Gewinn aus der Wertaufholung ist nach § 8b Abs. 2 S. 1 i.V.m. S. 3 KStG steuerfrei, weil eine steuerlich nicht zu berücksichtigende Teilwertabschreibung vorausgegangen ist (Tz. 18 des BMF-Schreibens vom 28.04.2003, BStBl I 2003, 292). Nach § 8b Abs. 3 S. 1 KStG gelten aber 5 % des Gewinns als Ausgaben, die nicht als Betriebsausgaben abgezogen werden dürfen. Dabei ist es unerheblich, ob und ggf. in welcher Höhe tatsächlich Aufwendungen entstanden sind. In § 8b Abs. 3 S. 2 KStG ist ausdrücklich geregelt, dass § 3c Abs. 1 EStG nicht anzuwenden ist.

> **Frage 14:** Wie erfolgt die Besteuerung einer KGaA?

Antwort: Die KGaA ist eine Kapitalgesellschaft und unterliegt daher gemäß § 1 Nr. 1 KStG der Körperschaftsteuer. Der auf den Komplementär entfallende Gewinnanteil ist für die KGaA abzugsfähig gemäß § 9 Abs. 1 KStG. Die steuerliche Abzugsfähigkeit gemäß § 9 Abs. 1 KStG gilt auch für die Tätigkeitsvergütung, Zinsen für ein Gesellschafterdarlehen sowie Mietzahlungen für der Gesellschaft überlassene Wirtschaftsgüter.

Gewerbesteuerlich wird die KGaA als Gewerbebetrieb kraft Rechtsform behandelt. Für die Feststellung des Gewerbeertrags sind allerdings gemäß § 8 Nr. 4 GewStG die Vergütungen an den Komplementär wieder hinzuzurechnen.

Die Kommanditaktionäre der KGaA erzielen sie Einkünfte aus Kapitalvermögen, wenn sie die Aktien nicht im Betriebsvermögen hakten (Subsidiaritätsprinzip). Die Dividende ist nach § 20 Abs. 1 Nr. 1 EStG zu besteuern.

Die Einkünfte des Komplementärs sind in zwei Bereiche zu unterteilen:
1. Dividenden
2. Sonstige Gewinnanteile, die nicht auf der Beteiligung am Kapital beruhen sowie Tätigkeitsvergütungen etc.

Dividendenzahlungen aus eventuell gehaltenen Aktien sind beim Komplementär als Einkünfte aus Kapitalvermögen zu erfassen.

Die sonstigen Gewinnanteile sowie die an den Komplementär gezahlten Vergütungen für die Geschäftsführung etc. sind Einkünfte aus Gewerbebetrieb nach § 15 Abs. 1 Nr. 3 EStG. Vereinfacht ausgedrückt erfolgt die Besteuerung des Komplementärs wie folgt: Soweit er Dividenden aus Aktien bezieht, wird er wie ein Aktionär einer AG besteuert, hinsichtlich der übrigen Bezüge wie ein Gesellschafter einer Personengesellschaft.

Frage 15: Welche körperschaftsteuerlichen Konsequenzen hat die Erhöhung des Stammkapitals aus vorhandenen Gewinnrücklagen?

Antwort: Ausschüttungen aus den Gewinnrücklagen stellen beim Anteilseigner grundsätzlich Kapitaleinkünfte dar und unterliegen entsprechend der Verwendungsreihenfolge des § 27 KStG der Kapitalertragsteuer. Rückzahlungen aus der Herabsetzung des Stammkapitals stellen regelmäßig Minderungen der Anschaffungskosten des Gesellschafters dar und unterliegen grundsätzlich keiner unmittelbaren Besteuerung. Soweit die Leistung aus dem steuerlichen Einlagenkonto jedoch die Anschaffungskosten des Gesellschafters übersteigen, ist der Betrag steuerpflichtig, vgl. § 17 Abs. 4 EStG. Negative Anschaffungskosten können durch die Leistung aus dem steuerlichen Eigenkapital nicht entstehen. Über den Umweg der Einstellung der Gewinne in die Gewinnrücklage, Erhöhung des Stammkapitals aus der Gewinnrücklage und nachfolgender Herabsetzung des Stammkapitals mit Auszahlung an die Gesellschafter könnten so steuerpflichtige Gewinnausschüttungen „optisch" in Rückzahlungen von Stammkapital umgewandelt werden.

Damit dies nicht geschieht, sieht § 28 KStG einen sog. Sonderausweis der ursprünglich aus Gewinnrücklagen stammenden Stammkapitalenteile vor. Sollte das Stammkapital später einmal herabgesetzt werden, gelten zunächst die ursprünglich aus den Gewinnrücklagen stammenden Anteile des Stammkapitals als herabgesetzt. Werden diese an den Gesellschafter ausgekehrt, gelten sie als Gewinnausschüttungen.

Frage 16: Nehmen Sie Stellung zur Darlehensvergabe innerhalb des Konzerns mit zu hohen/zu niedrigen Zinssätzen und den Auswirkungen auf die Gesellschafter.

Antwort: Fraglich ist, welcher Rechtsnatur der Aufwand aus dem Verbrauch des Nutzungsvorteils in diesen Fällen beim gemeinsamen Gesellschafter ist.

Nach Auffassung des BFH handelt es sich um einen Verbrauch des Nutzungsvorteils, den der Gesellschafter seiner – den Vorteil empfangenden – Gesellschaft zugewandt hat. Auf diesen Aufwand wendet der BFH grundsätzlich § 3c EStG an (BFH-Urteil vom 04.02.2014, I R 32/12, BFH/NV 2014, 1010).

2. Körperschaftsteuer

Dies bedeutet, dass der Aufwand bei einem Gesellschafter, der eine natürliche Person ist oder einer Personengesellschaft mit natürlichen Personen als Mitunternehmern gem. § 3c Abs. 2 EStG – bezogen auf die Unentgeltlichkeit des Vorgangs – zu 40 % nicht abziehbar ist.

Bei einer GmbH als Gesellschafterin kommt dagegen im Hinblick auf die gem. § 8b Abs. 1 S. 1 KStG voll steuerfreien Ausschüttung die Anwendung des § 3c Abs. 1 EStG – nicht in Betracht, weil gem. § 8b Abs. 5 S. 2 KStG die Vorschrift des § 3c Abs. 1 EStG keine Anwendung findet.

Somit ist fraglich, ob und inwieweit es sich bei dem Beteiligungsaufwand beim Gesellschafter, soweit dieser steuerlich abziehbar ist, dennoch um Zinsaufwand, Mietaufwand usw. handelt. Hier wird die Auffassung vertreten, da es sich um Beteiligungsaufwand für die den Vorteil empfangende Gesellschaft handele, könne daneben kein sonstiger Aufwand (etwa Zinsaufwand, Mietaufwand usw.) vorliegen. Insoweit unterschiede sich der Vorteilsverbrauch im Dreiecksverhältnis vom Vorteilsverbrauch in einer unmittelbaren Beteiligungskette, weil sich die Begriffe des Beteiligungsaufwandes und sonstiger Aufwand (etwa Zinsaufwand usw.) ausschließen (Pung, in Dötsch/Pung/Möhlenbrock, KStG, § 8b Rz. 93). Nach dieser Auffassung stellt der Aufwand aus dem Verbrauch keine fiktiven Zinsen, Miete usw. dar, mit der Folge, dass die Anwendung der Vorschriften des § 4h EStG (Zinsschranke) oder die Hinzurechnungsvorschriften des § 8 Nr. 1 GewStG (Nr. a: Zinsen; Nr. e: und f: = Mietaufwand) usw. nicht in Betracht kommt. Zudem wird noch darauf hingewiesen, dass der Aufwand aus einem Vorteilsverbrauch stammt und nicht etwa aus einer Rechtsbeziehung zwischen der die vGA leistenden Gesellschaft und dem Gesellschafter, bei dem der Vorteilsverbrauch eintritt.

Vereinzelt wird aber auch die Auffassung vertreten, dass bei der tatsächlichen Refinanzierung einer Beteiligung die entstehenden Schuldzinsen sowohl Zinsaufwand als auch Beteiligungsaufwand darstellen könnten, sodass es sich nicht unbedingt um ein „Gegensatzpaar" handelt. Nach dieser Auffassung fällt auch in Dreiecksfällen etwa der Zinsaufwand – soweit er abziehbar ist – unter die Regeln der Zinsschranke sowie unter die Hinzurechnungsvorschrift des § 8 Nr. 1a GewStG.

Nach dieser Auffassung fällt auch in Dreiecksfällen etwa der Zinsaufwand – soweit er abziehbar ist – unter die Regeln der Zinsschranke sowie unter die Hinzurechnungsvorschrift des § 8 Nr. 1a GewStG.

Frage 17: Wie ist das Verhältnis zwischen vGA und Verrechnungspreisen?

Antwort: Eine Minderung von steuerpflichtigen Einkünften im Inland kann erfolgen aufgrund von Bedingungen, die unabhängige Dritte unter vergleichbaren Umständen nicht vereinbart hätten. Dies kann zum einen erreicht werden durch erhöhte Aufwendungen, z.B. durch die Zahlung überhöhter Verrechnungspreise. Zum anderen kann die Minderung der im Inland steuerpflichtigen Einkünfte durch Mindererlöse z.B. durch die Berechnung zu niedriger Verrechnungspreise hervorgerufen werden.

Aus dem Wortlaut des § 1 AStG „unbeschadet anderer Vorschriften" könnte abgeleitet werden, dass diese Korrekturvorschrift nachrangig anzuwenden sei.

Nach der Rechtsprechung des BFH ergibt sich aus dieser Formulierung kein Vorrang des § 8 Abs.3 Satz 2 KStG. Die Formulierung sei vielmehr dahingehend zu verstehen, dass beide Vorschriften sich überlagern, in dem Sinne, dass sich eine Gewinnkorrektur nach der einen Vorschrift erübrigt, wenn sie bereits nach der anderen vollzogen wurde. Soweit die Rechtsfolgen gleich sind, könne der Rechtsanwender wählen, welche von Ihnen er vorrangig prüft (BFH-Urteil vom 27.11.2019 I R 40/19 (I R 14/16), BFH/NV 2020, 1307). Das Wort „unbeschadet" bedeute im juristischen Sinne lediglich ein Nebeneinander und lege keine Reihenfolge fest. Sollte sich aus der früheren Rechtsprechung (BFH-Urteil vom 09.11.1988, I R 335/83, BStBl II 1989, 510) etwas Anderes ergeben, hält der BFH daran nicht mehr fest.

Tipp! Problematisch an dieser Auffassung ist jedoch, dass zwar die Einkommenserhöhung bei beiden Vorschriften gleich hoch ist, bei einer verdeckten Gewinnausschüttung jedoch Kapitalertragsteuer anfallen kann und die Rechtsfolgen letztlich nicht gleich sind.

Frage 18: Ist die Rückgängigmachung einer vGA möglich?

Antwort: Eine bewirkte vGA kann grundsätzlich nicht mit steuerlicher Wirkung rückgängig gemacht werden. Die Rückzahlung einer vGA durch den Anteilseigner ist als eigenständiger Geschäftsvorfall zu behandeln (i.d.R. verdeckte Einlage). Ein Rückforderungsanspruch aus Gesetz oder Satzung entsteht zeitlich erst nach der vGA, denn erst die Vorteilszuwendung löst ihn aus. Die die vGA auslösende Vermögensminderung/verhinderte Vermögensmehrung war dann schon eingetreten (H 8.6 „Rückgängigmachung" KStH 2022).

Frage 19: Stellen Sie die Vor- und Nachteile einer ertragssteuerrechtlichen Organschaft dar.

Antwort: Vorteile einer Organschaft sind:
- Die Zurechnung des Einkommens der Organgesellschaft ermöglicht die sofortige Verrechnung mit positiven oder negativen Ergebnissen anderer Organgesellschaften oder des Organträgers. Dadurch wird die Abschirmwirkung der Kapitalgesellschaft beseitigt. Die definitive Besteuerung des Gewinns einer anderen Konzerngesellschaft wird durch die Organschaft folglich vermieden und es kann ein positiver Zins- und Liquiditätseffekt erreicht werden.
- Das Abzugsverbot des § 3c EStG greift weitgehend nicht.
- Die negativen Folgen der Annahme einer vGA innerhalb des Organkreises entfallen weitgehend; eine Außenprüfung ist daher in soweit nicht mit Problemen behaftet.
- Gewinne aus der Veräußerung eines Anteils an einer Organgesellschaft sind nach § 8b Abs. 2 Satz 1 steuerfrei. Zudem ist § 8b Abs. 5 KStG nicht bei der Ermittlung des Einkommens der Organgesellschaft, sondern nur bei der Einkommensermittlung des Organträgers anzuwenden.
- Eine Liquiditätsbelastung für die Kapitalertragsteuer auf Dividenden der Tochtergesellschaft entfällt.
- Hinzurechnungen nach § 8 GewStG unterbleiben im Organkreis regelmäßig (R 7.1 Abs. 5 GewStR).
- Die rechtliche Selbständigkeit der Konzernunternehmen bleibt trotz Organschaft erhalten.

Nachteile einer Organschaft sind:
- Vororganschaftliche Verlustvorträge der Organgesellschaft werden eingefroren.
- Die verunglückte Organschaft kann zur Annahme von vGA oder verdeckten Einlagen führen.
- Bei natürlichen Personen oder Personengesellschaften., deren Gesellschafter natürliche Personen sind, unterliegt das Einkommen der Organgesellschaft dem individuellen Steuersatz der Gesellschafter.
- Es besteht die Gefahr der Haftung nach § 73 AO.

Frage 20: Nehmen Sie Stellung zu vGA an nahestehende Person.

Antwort: Zur Begründung des „Nahe Stehens" reicht jede Beziehung eines Gesellschafters der Kapitalgesellschaft zu einer anderen Person aus, die den Schluss zulässt, sie habe die Vorteilszuwendung der Kapitalgesellschaft an die andere Person beeinflusst. Beziehungen, die ein Nahestehen begründen, können familienrechtlicher, gesellschaftsrechtlicher, schuldrechtlicher oder auch rein tatsächlicher Art sein (BFH, Urteil vom 18.12.1996, I R 139/94, BStBl II 1997, 301).

Wenn eine verdeckte Gewinnausschüttung einer Person zufließt, die einem Gesellschafter nahesteht, ist diese vGA steuerrechtlich stets dem Gesellschafter als Einnahme zuzurechnen, es sei denn, die nahe stehende Person ist selbst Gesellschafter. Darauf, dass der betreffende Gesellschafter selbst einen Vermögensvorteil erlangt, kommt es nicht an (BFH, Urteil vom 18.12.1996, I R 139/94, BStBl II 1997, 301).

Neben dem Vorliegen eines "Näheverhältnisses" zwischen Gesellschafter und Vorteilempfänger setzt eine vGA ohne tatsächlichen Zufluss beim Gesellschafter voraus, dass die Vorteilszuwendung ihren Anlass im Gesellschaftsverhältnis der vorteilgewährenden Gesellschaft zum Gesellschafter hat.

2. Körperschaftsteuer

Unerheblich ist, ob der Gesellschafter selbst ein vermögenswertes Interesse an der Zuwendung hat (BFH-Urteil vom 14.02.2022 VIII R 29/18, BStBl II 2022, 544).

Für Zwecke der Schenkungssteuer gilt Folgendes: Zahlt eine Kapitalgesellschaft auf Veranlassung eines Gesellschafters einer diesem nahestehenden Person, die nicht Gesellschafter ist, überhöhte Vergütungen, liegt regelmäßig keine freigebige Zuwendung der Gesellschaft an die nahestehende Person vor (BFH-Urteil vom 30.01.2013, II R 6/12, BStBl II 2013, 930). In diesen Fällen liegt jedoch regelmäßig eine freigebige Zuwendung i.S.d. § 7 Abs. 1 Nr. 1 ErbStG zwischen dem Gesellschafter und der nahestehenden Person vor. Kommen mehrere Gesellschafter als Schenker in Betracht (z.B. Vater und Onkel des Begünstigten), kann eine quotale Zuwendung der Gesellschafter angenommen werden (R E 7.5 Abs. 7 ErbStR).

2.2 20 Fälle zur Körperschaftsteuer

Fall 1: Die niederländische BV (Kapitalgesellschaft) hat ihren Sitz in Eindhoven (NL). Die Geschäftsleitung befindet sich in Nordhorn. Die Gesellschaft unterhält in beiden Orten Betriebsstätten.

Frage: Ist die BV in Deutschland unbeschränkt steuerpflichtig?

Lösung: Die BV ist nach § 1 Abs. 1 S. 1 Nr. 1 KStG unbeschränkt steuerpflichtig, weil sich die Geschäftsleitung (§ 10 AO) im Inland befindet. Für die unbeschränkte Steuerpflicht reicht es aus, dass sich die Geschäftsleitung oder der Sitz im Inland befindet. Allerdings ist das DBA Deutschland/Niederlande zu beachten und zu prüfen, wie die Doppelbesteuerung vermieden wird. Wichtig sind hier die sog. tiebreaker-rules (Art. 4 DBA) und der Methodenartikel (Art. 22 DBA).

1. Ergänzung: Zum 01.01.23 verlegt die BV die Geschäftsleitung nach Hengelo.

Frage: Welche Rechtsfolgen ergeben sich?

Lösung: Da sich nunmehr weder die Geschäftsleitung noch der Sitz im Inland befinden, entfällt die unbeschränkte Steuerpflicht. Die BV ist mit den im Inland erzielten Einkünften beschränkt steuerpflichtig nach § 2 Nr. 1 KStG.

Für Verlagerungen ab 2022 bewirkt die Streichung von § 12 Abs. 3 KStG a.F., der in dem Fall der Verlagerung der Geschäftsleitung in die das übrige Gemeinschaftsgebiet der EU keine Exit-Besteuerung vorsah, die Entstrickungsbesteuerung gem. § 12 Abs. 1 KStG.

Auswirkungen auf Anteile im Privatvermögen i.S.d. § 17 EStG

Nach § 17 Abs. 1 EStG gehört auch der Gewinn aus der Veräußerung von Anteilen an einer Kapitalgesellschaft, die eine im Inland steuerpflichtige natürliche Person im Privatvermögen hält, zu seinen Einkünften aus Gewerbebetrieb, "wenn der Veräußerer innerhalb der letzten fünf Jahre am Kapital der Gesellschaft unmittelbar oder mittelbar zu mindestens 1 % beteiligt war".

Gem. § 17 Abs. 5 Satz 1 EStG führt der Ausschluss oder die Beschränkung des inländischen Besteuerungsrechts hinsichtlich eines Veräußerungsgewinns aus einer derartigen Beteiligung zu einer fiktiven Veräußerung der Beteiligung zum gemeinen Wert, wenn diese "Entstrickung" durch die Verlegung des Sitzes oder der Geschäftsleitung der Kapitalgesellschaft in einen anderen Staat ausgelöst wird.

Allerdings sieht § 17 Abs. 5 S. 2 EStG nur für die Sitzverlegung – nicht für die Verlegung der Geschäftsleitung – dann eine Ausnahme von diesem Ersatzrealisationstatbestand vor, wenn diese in einen anderen EU-Staat erfolgt. Es ist fraglich, ob die Beschränkung des § 17 Abs. 5 S. 2 EStG auf Fälle der Sitzverlegung EU-rechtlich tragfähig ist, und ob nicht gerade die Verlegung der tatsächlichen Geschäftsleitung als Ausdruck der Ausübung der Niederlassungsfreiheit schutzwürdig wäre.

Zwar führt die Verlegung der tatsächlichen Geschäftsleitung aus deutscher abkommensrechtlicher Sicht dazu, dass die Gesellschaft nach der "Tie-Breaker"-Regelung in Art. 4 DBA-NL anschließend abkommensrechtlich als in den Niederlanden ansässig gilt. Allerdings bleibt das deutsche Besteuerungsrecht grundsätzlich unberührt, denn das DBA-NL weist dieses ausschließlich dem Ansässigkeitsstaat des Veräußerers – hier Deutschland – zu. Daher greift bereits der Tatbestand des § 17 Abs. 5 Satz 1 EStG in diesen Fällen nicht, wenn der Gesellschafter seinen Sitz in Deutschland beibehält. Dass § 17 Abs. 5 S. 2 EStG nach seinem Wortlaut nur Sitzverlegungen betrifft, wirkt sich deshalb nicht aus.

> **Tipp!** Die Sitzverlegung der Gesellschaft darf nicht mit der Wohnsitzverlegung des Gesellschafters verwechselt werden. Verlegt der wesentlich beteiligte Gesellschafter seinen Wohnsitz ins Ausland, greift § 6 AStG.

> **2. Ergänzung:** Im Zuge der Verlegung der Geschäftsleitung nach Hengelo, wird die komplette Büroeinrichtung des Geschäftsführers nach Hengelo überführt.
> **Frage:** Welche steuerlichen Folgen ergeben sich?

Lösung: Hier kommt es zu einer „Entstrickung" nach § 12 Abs. 1 S. 1 und 2 KStG in Verbindung mit § 4 Abs. 1 S. 4 EStG, weil damit ein Ausschluss des Besteuerungsrechts hinsichtlich des Gewinns aus der Veräußerung der Wirtschaftsgüter vorliegt. Die stillen Reserven sind aufzudecken. Dabei sind die gemeinen Werte der überführten Wirtschaftsgüter anzusetzen. Nach § 12 Abs. 1 S. 1, 2. Halbsatz KStG in Verbindung mit § 4g EStG kann aber die Gewinnrealisierung durch die Bildung eines Ausgleichspostens neutralisiert und zeitlich gestreckt werden.

> **Fall 2:** Die B-GmbH hatte zum 31.12.2022 keine Kapitalrücklage und weist in der dem Finanzamt vorliegenden und auch als E-Bilanz elektronisch übermittelten Jahresabschluss 2022 erstmals eine Kapitalrücklage von 833.000 € aus. In der Feststellungserklärung zum steuerlichen Einlagekonto wurde kein Zugang zum steuerlichen Einlagekonto erklärt und das steuerliche Einlagekonto erklärungsgemäß endgültig mit 0 € auf den 31.12.2023 festgestellt. Nach Ablauf der Einspruchsfrist bemerkt der Steuerberater den Fehler.
> **Frage:** Kann der Feststellungsbescheid über die Feststellung des steuerlichen Einlagekontos geändert werden?

Lösung: Ja (BFH, Urteil vom 08.12.2021, I R 47/18, BStBl II 2022, 827).

Nach § 129 S. 1 AO kann die Finanzbehörde Schreibfehler, Rechenfehler und ähnliche offenbare Unrichtigkeiten, die beim Erlass eines Verwaltungsakts unterlaufen sind, jederzeit berichtigen. Bei berechtigtem Interesse des Beteiligten ist zu berichtigen (§ 129 S. 2 AO).

Die Berichtigungsmöglichkeit nach § 129 AO setzt grundsätzlich voraus, dass die offenbare Unrichtigkeit in der Sphäre der den Verwaltungsakt erlassenden Finanzbehörde entstanden ist (BFH-Urteil vom 16.09.2015, IX R 37/14, BStBl II 2015, 1040). Da die Unrichtigkeit aber nicht aus dem Bescheid selbst erkennbar sein muss, ist die Vorschrift auch dann anwendbar, wenn das Finanzamt **offenbar fehlerhafte Angaben** des Steuerpflichtigen als eigene übernimmt.

Offenbare Unrichtigkeiten i.S.d. § 129 AO sind mechanische Versehen wie beispielsweise Eingabe- oder Übertragungsfehler. Dagegen schließen Fehler bei der Auslegung oder Anwendung einer Rechtsnorm, eine unrichtige Tatsachenwürdigung oder die unzutreffende Annahme eines in Wirklichkeit nicht vorliegenden Sachverhalts eine offenbare Unrichtigkeit aus. § 129 AO ist nicht anwendbar, wenn auch nur die ernsthafte Möglichkeit besteht, dass die Nichtbeachtung einer feststehenden Tatsache in einer fehlerhaften Tatsachenwürdigung oder einem sonstigen sachverhaltsbezogenen Denk- oder Überlegungsfehler begründet ist oder auf mangelnder Sachverhaltsaufklärung beruht (vgl. dazu insgesamt BFH-Urteil vom 17.05.2017. X R 45/16, BFH/NV 2018, 10). Dagegen ist die Berichtigungsmöglichkeit nach § 129 AO nicht von Verschuldensfragen abhängig (BFH-Urteile vom 07.11.2013. IV R 13/11, BFH/NV 2014, 657 und vom 16.01.2018. VI R 38/16, BFH/NV 2018, 513).

Ob ein mechanisches Versehen oder ein die Berichtigung nach § 129 AO ausschließender Tatsachen- oder Rechtsirrtum vorliegt, muss nach den Verhältnissen des Einzelfalls beurteilt werden.

§ 129 Satz 1 AO stellt auf eine offenbare "Unrichtigkeit" bei Erlass eines Verwaltungsakts ab. Auch wenn hierfür ein mechanisches Versehen erforderlich ist, das einem Schreib- oder Rechenfehler ähnelt, bedeutet dies nicht, dass auch der zutreffende Wert ohne weitere Prüfungen erkennbar sein muss. Zumindest in denjenigen Fällen, in denen die offenbare Unrichtigkeit auf der versehentlichen Nichtangabe eines Werts in der Steuererklärung beruht, ist § 129 Satz 1 AO bereits dann anwendbar, wenn für jeden unvoreingenommenen Dritten klar und deutlich erkennbar ist, dass die Nichtangabe fehlerhaft ist (BFH-Urteil vom 22.05.2019, XI R 9/18, BStBl II 2020, 37). Entsprechendes muss gelten, wenn (nur) die Angabe einer Endsumme mit 0 € erfolgt und dies erkennbar unrichtig ist.

Allein der Umstand, dass zur Bestimmung der zutreffenden Höhe des steuerlichen Einlagekontos nicht die mechanische Übernahme der im Jahresabschluss angegebenen Kapitalrücklage i.S.d. § 272 Abs. 2 Nr. 4 HGB ausreicht, sondern auf einer zweiten Stufe noch weitere Sachverhaltsermittlungen zur tatsächlichen Höhe des steuerlichen Einlagekontos erforderlich sind, schließt eine offenbare Unrichtigkeit i.S.d. § 129 Satz 1 AO nicht aus (BFH-Urteil vom 27.08.2013, VIII R 9/11, BStBl II 2014, 439).

Dass die Angabe des steuerlichen Einlagekontos in Höhe von 0 € auf einem Rechtsfehler der Gesellschaft beruht, ist ausgeschlossen. Eine Situation, in der die tatsächliche Angabe des Steuerpflichtigen in der Steuererklärung ggf. das Ergebnis rechtlicher Überlegungen sein könnte (BFH-Urteil vom 17.05.2017, X R 45/16, BFH/NV 2018, 10), liegt sodann nicht vor.

Insofern ist zu berücksichtigen, dass die Gesellschaft in der elektronischen Steuererklärung lediglich Angaben zur Höhe des Endbestands des steuerlichen Einlagekontos zum Schluss des laufenden sowie zum Schluss des vorhergehenden Wirtschaftsjahrs gemacht hat.

Das Finanzamt hat die offenbar unrichtigen Angaben der Gesellschaft aus der Steuerklärung übernommen und das steuerliche Einlagekonto mit 0 € festgestellt. Sofern es keine Anhaltspunkte dafür gibt, dass das Finanzamt bei der Übernahme der Angaben der Klägerin rechtliche Überlegungen angestellt haben könnte, liegt auch auf Ebene des Finanzamts ein mechanischer Fehler vor (sog. doppelter mechanischer Fehler, vgl. BFH-Urteil vom 22.05.2019, XI R 9/18, BStBl II 2020, 37).

Fall 3: Die A-GmbH mit Sitz und Geschäftsleitung im Inland betreibt ein Bauunternehmen. Zum Betriebsvermögen gehört u.a. ein geländegängiger Kleinbus, der als Baustellenfahrzeug eingesetzt wird. Im Juli 2023 wird ein neues Fahrzeug angeschafft. Das alte Fahrzeug verschenkt die GmbH im August an die Ortsgruppe des THW, der das Fahrzeug bei Aufräumarbeiten nach einer Flutkatastrophe einsetzt. Der Kleinbus hatte im Zeitpunkt der Schenkung einen Buchwert von 4.000 € und einen Teilwert von 10.000 €. Bei der GmbH wurde der Buchwert als Aufwand gebucht; eine Hinzurechnung der Sachspende erfolgte bisher nicht. Umsatzsteuerlich wurde der Vorgang bisher nicht gewürdigt. Weitere Spenden wurden nicht erbracht. Die 4-Promille-Grenze nach § 9 Abs. 1 S. 1 Nr. 2 Unterpunkt 2 KStG wirkt sich in diesem Fall nicht aus.
Die GmbH weist bisher einen steuerlichen Gewinn in Höhe von 20.000 € aus.

Frage: Ist die Ausbuchung mit dem Buchwert zulässig und welche weiteren steuerlichen Folgen ergeben sich?

Lösung: Bei der Überlassung des Fahrzeugs handelt es sich um eine Zuwendung zur Förderung steuerbegünstigter Zwecke im Sinne der §§ 52 bis 54 AO an eine nach § 5 Abs. 1 Nr. 9 KStG steuerbefreite Körperschaft. Nach § 8 Abs. 1 KStG in Verbindung mit § 6 Abs. 1 Nr. 4 S. 4 EStG sinngemäß ist die Bewertung der Spende grundsätzlich zum Buchwert zulässig. Umsatzsteuerlich handelt es sich nach § 3 Abs. 1b Nr. 1 UStG um eine steuerbare und auch steuerpflichtige Entnahme zu unternehmensfremden

Zwecken. Bemessungsgrundlage sind nach § 10 Abs. 4 Nr. 1 UStG die Wiederbeschaffungskosten (hier Teilwert) im Zeitpunkt der Entnahme. Die darauf entfallende Umsatzsteuer beträgt damit 19 % von 10.000 € = 1.900 €.

Die Umsatzsteuer ist als Verbindlichkeit in die Steuerbilanz einzustellen. Nach § 10 Nr. 2 KStG ist aber die Umsatzsteuer nicht abziehbar und deshalb bei der Einkommensermittlung wieder hinzuzurechnen.

Zur Ermittlung des steuerlichen Gewinns sind die als Aufwand berücksichtigten Spenden hinzuzurechnen. Der steuerliche Gewinn ist auch die Bemessungsgrundlage für die Berechnung der Spenden-Höchstbeträge. Nach R 9 Abs. 1 KStR 2022 in Verbindung mit R 10b.1 Abs. 1 S. 4 EStR darf bei Sachzuwendungen aus einem Betriebsvermögen zuzüglich zu dem Entnahmewert i.S.d. § 6 Abs. 1 Nr. 4 EStG auch die auf die Entnahme angefallene Umsatzsteuer abgezogen werden.

Danach ergäbe sich folgende Berechnung:

Steuerlicher Gewinn bisher		20.000 €	
Gewinnminderung (Steuerbilanz), Umsatzsteuer auf Entnahme		./. 1.900 €	
Hinzurechnung der Umsatzsteuer nach § 10 Nr. 2 KStG		+ 1.900 €	
Hinzurechnung der Spenden		+ 4.000 €	
Steuerlicher Gewinn		**24.000 €**	
Buchwert der Spende	4.000 €		
darauf entfallende Umsatzsteuer	1.900 €		
insgesamt	5.900 €		
abzugsfähig nach § 9 Abs. 1 S. 1 Nr. 2 Unterpunkt 1 KStG beträgt 20 % von 24.000 €	4.800 €		./. 4.800 €
Steuerlicher Gewinn			**19.200 €**

I.d.R. ist in solchen Fällen zu prüfen, ob die Verwaltung aus Billigkeitsgründen ein Verzicht auf die Umsatzbesteuerung auf Antrag zulässt (z.B. BMF, Schreiben vom 23.07.2021, BStBl I 2021, 1024 zu Billigkeitsmaßnahmen im Zusammenhang mit der Flutkatastrophe vom Juli 2021).

Fall 4: Der Autohändler Maier, alleiniger Gesellschafter und Geschäftsführer der M-GmbH, schenkt seinem Sohn zum 18. Geburtstag einen gebrauchten Sportwagen. Die M-GmbH hat dieses Fahrzeug von einem Unternehmer für 20.000 € zuzüglich 19 % Umsatzsteuer angekauft und es bisher für 25.000 € (brutto) zum Verkauf angeboten. Aufgrund der guten Nachfrage ist das auch der tatsächlich erzielbare Veräußerungspreis. Die Wiederbeschaffungskosten entsprechen im Zeitpunkt der Schenkung dem Einkaufspreis. Die Zulassung erfolgt auf den Namen des Sohnes. Nach den Feststellungen der Außenprüfung ist der Ankauf bisher lediglich als Wareneinkauf gebucht worden.

Frage: Welche Rechtsfolgen ergeben sich für die M-GmbH und den Gesellschafter?

Lösung:
Nach R 8.5 Abs. 1 KStR 2022 liegt eine vGA im Sinne des § 8 Abs. 3 S. 2 KStG vor, wenn bei der Gesellschaft eine Vermögensminderung oder verhinderte Vermögensmehrung vorliegt:
- die durch das Gesellschaftsverhältnis veranlasst ist,
- sich auf den Gewinn im Sinne des § 4 Abs. 1 S. 1 EStG auswirkt und
- nicht mit einer offenen Gewinnausschüttung in Zusammenhang steht.

Wenn kumulativ alle Tatbestandsmerkmale erfüllt sind liegt eine vGA vor.

Durch die unentgeltliche Zuwendung an den Sohn liegt sowohl eine Vermögensminderung (Minderung des Warenbestands) als auch eine verhinderte Vermögensmehrung (fehlender Kaufpreis) vor. Die Ursache liegt im Gesellschaftsverhältnis, weil ein ordentlicher und gewissenhafter Geschäftsleiter die Vermögensminderung oder verhinderte Vermögensmehrung gegenüber einem fremden Dritten nicht hingenommen hätte. Vgl. H 8.5 III „Allgemeines" KStH 2022. Durch die Schenkung ist der Gewinn im Sinne des § 4 Abs. 1 S. EStG gemindert worden und es besteht auch kein Zusammenhang mit einer offenen Gewinnausschüttung. Da alle Tatbestandsmerkmale erfüllt sind, liegt eine vGA im Sinne des § 8 Abs. 3 S. 2 KStG vor.

Der Vorteil ist zwar nicht dem Gesellschafter selbst, sondern dem Sohn in Form eines Sachwerts zugeflossen. Da der Sohn aber eine nahestehende Person ist (H 8.5 III „Kreis der nahe stehenden Personen" KStH 2022), ist das Einkommen der M-GmbH um die vGA zu erhöhen (§ 8 Abs. 3 S. 4 und 5 KStG).

Umsatzsteuerlich handelt es sich um eine Entnahme zu unternehmensfremden Zwecken nach § 3 Abs. 1b Nr. 1 UStG. Die Wiederbeschaffungskosten im Zeitpunkt der Entnahme (20.000 €) stellen die Bemessungsgrundlage für die Umsatzsteuer dar (§ 10 Abs. 4 Nr. 1 UStG). Die auf den Vorgang entfallende Umsatzsteuer beträgt somit 19 % von 20.000 € = 3.800 €. Die Umsatzsteuer ist als Verbindlichkeit in die Steuerbilanz einzustellen.

Ertragsteuerlich ist die vGA mit dem gemeinen Wert im Sinne des § 9 BewG anzusetzen (H 8.6 „Hingabe von Wirtschaftsgütern" KStH 2022). Das ist der auf dem freien Markt erzielbare Einzelveräußerungspreis einschließlich der gesetzlichen Umsatzsteuer. Nach der Verwaltungsauffassung (Bruttomethode) ist die vGA damit bei der Ermittlung des steuerlichen Gewinns außerhalb der Bilanz (H 8.6 „Steuerbilanzgewinn" KStH 2022) in Höhe von 25.000 € anzusetzen, unabhängig davon in welcher Höhe durch den Vorgang tatsächlich die Umsatzsteuer entstanden ist. Die Umsatzsteuer ist aber nach R 8.6 KStR 2022 nicht zusätzlich nach § 10 Nr. 2 KStG bei der Gewinnermittlung hinzuzurechnen.

Die vGA ist dem Gesellschafter und nicht dem Sohn als nahestehende Person zuzurechnen. Es kommt nicht darauf an, dass der betreffende Gesellschafter selbst einen Vermögensvorteil erlangt (H 8.5 III „Zurechnung der verdeckten Gewinnausschüttung" KStH 2022).

> **Fall 5:** Die D-GmbH übereignet im Jahre 2023 dem alleinigen Gesellschafter D unentgeltlich ein Einfamilienhaus, das D mit seiner Familie bewohnt. Der Verkehrswert beträgt 300.000 €; davon entfallen 180.000 € auf das Gebäude. Die Buchwerte betragen im Zeitpunkt der Übertragung für das Gebäude 100.000 € und für den Grund und Boden 40.000 €. Die Nebenkosten für die Übertragung in Höhe von 10.000 € hat der Gesellschafter selbst getragen. Die D-GmbH hat wie folgt gebucht: Gewinnrücklagen 140.000 € an Grund und Boden 40.000 € und Gebäude 100.000 €. D hält die Anteile in seinem Privatvermögen.
>
> **Frage:** Welche Rechtsfolgen ergeben sich für die D-GmbH und den Gesellschafter D?

Lösung: Die Buchung bei der D-GmbH ist erfolgsneutral (Aktiv-Passiv-Tausch). Durch die Buchung über Gewinnrücklagen steht weniger Ausschüttungspotenzial zur Verfügung. In Höhe der Differenz zwischen dem Verkehrswert und der Minderung der Gewinnrücklagen in Höhe von 160.000 € liegt eine verhinderte Vermögensmehrung vor. Die Ursache liegt im Gesellschaftsverhältnis, weil ein ordentlicher und gewissenhafter Geschäftsleiter von einem fremden Dritten den Verkehrswert von 300.000 € verlangt hätte (H 8.5 III „Allgemeines" KStH 2022). Durch die fehlenden Einnahmen ergibt sich eine Auswirkung auf die Höhe des Gewinns nach § 4 Abs. 1 S. 1 EStG und es besteht kein Zusammenhang mit einer offenen Gewinnausschüttung. Weil alle Tatbestandsmerkmale der R 8.5 Abs. 1 KStR 2022 erfüllt sind, ist die vGA nach § 8 Abs. 3 S. 2 KStG außerbilanziell in Höhe von 160.000 € hinzuzurechnen (H 8.6 „Steuerbilanzgewinn" KStH 2022).

Für die Anwendung des § 8 Abs. 3 S. 2 KStG kommt es nicht drauf an, ob und in welcher Höhe beim Gesellschafter ein Kapitalertrag im Sinne des § 20 Abs. 1 Nr. 1 EStG vorliegt (H 8.6 „Verdeckte Gewinnausschüttung und Kapitalertrag nach § 20 EStG" KStH 2022). Dem Gesellschafter D ist tatsächlich unentgeltlich ein Vermögensvorteil in Höhe von 300.000 € zugeflossen. Dabei handelt es sich um Einnahmen aus Kapitalvermögen nach § 20 Abs. 1 Nr. 1 S. 2 EStG, die nach §§ 32d Abs. 1, 43 Abs. 5 EStG der Abgeltungssteuer unterliegen.

Aufgrund der sogenannten Fiktionstheorie hat D Anschaffungskosten für das Einfamilienhaus in Höhe von 300.000 €. Die Anschaffungsnebenkosten sind im Verhältnis der Verkehrswerte auf das Gebäude und den Grund und Boden aufzuteilen. Wegen der Selbstnutzung durch den Steuerpflichtigen ergibt sich aber insoweit keine Auswirkung, weil der Steuerpflichtige keine AfA für die Anschaffungskosten des Gebäudes geltend machen kann.

Fall 6: Dem Gesellschafter-Geschäftsführer E ist von der E-GmbH im Wirtschaftsjahr 2003 eine Pensionszusage (Invaliditäts- und Altersversorgung) erteilt worden, für die zum Schluss des Jahres 2022 eine Pensionsrückstellung von 100.000 € zu bilden ist. Die Voraussetzungen des § 6a EStG sind erfüllt. Bei einer Außenprüfung wurde aber (unstreitig) festgestellt, dass 40 % als vGA einzustufen sind, weil die Angemessenheitsgrenze überschritten ist. Wegen Ablauf der Festsetzungsfrist der ersten Jahre hat das Finanzamt die vGA nur in Höhe von 20.000 € bei der Ermittlung des steuerlichen Gewinns hinzugerechnet.

Am 01.01.2023 stirbt plötzlich der Gesellschafter-Geschäftsführer. Weil die Verpflichtung zur Zahlung einer Pension weggefallen ist, wird die Rückstellung in Höhe von 100.000 € im Jahre 2023 erfolgswirksam aufgelöst.

Frage: Welche Folgen ergeben sich für die steuerliche Gewinnermittlung und hätte das Finanzamt die gesamte vGA durch eine anteilige Auflösung der Pensionsrückstellung in der ersten offenen Veranlagung erfassen können?

Lösung: Nach dem BFH-Urteil vom 29.06.1994, I R 137/93, BStBl II 2002, 366, erschöpft sich die Rechtsfolge einer vGA nach § 8 Abs. 3 S. 2 KStG auf eine Gewinnkorrektur außerhalb der Steuerbilanz. Der BFH hat auch deutlich gemacht, dass es sich nicht um einen Fall des materiellen Bilanzzusammenhangs handelt, soweit der Bilanzansatz den handels- und steuerrechtlichen Vorschriften entspricht. Ist die vGA bei der erstmaligen Veranlagung des Wirtschaftsjahres, in dem es zu der Vermögensminderung oder verhinderten Vermögensmehrung gekommen ist, nicht hinzugerechnet worden und kann diese Veranlagung nach den Vorschriften der AO nicht mehr berichtigt oder geändert werden, so unterbleibt die Hinzurechnung nach § 8 Abs. 3 S. 2 KStG endgültig (BMF-Schreiben vom 28.05.2002, BStBl I 2002, 603). Beim Gesellschafter ist die vGA nach den für ihn geltenden steuerlichen Grundsätzen unabhängig davon zu erfassen, ob sie auf der Ebene der Gesellschaft dem Einkommen hinzugerechnet werden konnte.

Das Finanzamt konnte somit die Steuerbescheide, bei denen die Festsetzungsfrist bereits abgelaufen war, nicht mehr ändern. Insoweit konnte eine Hinzurechnung nach § 8 Abs. 3 S. 2 KStG auch nicht mehr erfolgen. Weil die Pensionsverpflichtung zivilrechtlich bestand und auch die Voraussetzungen des § 6a EStG erfüllt waren, konnte der Bilanzposten „Pensionsrückstellung" nicht berichtigt werden.

Mit dem Wegfall der Verpflichtung wurde zutreffend die Pensionsrückstellung gewinnerhöhend aufgelöst. Da aber bereits in den Vorjahren insgesamt 20.000 € als vGA hinzugerechnet wurden, käme es insoweit zu einer doppelten Auswirkung.

In solchen Fällen ist deshalb eine Nebenrechnung durchführen. In den Teilbetrag I sind die tatsächlich festgestellten vGA, unabhängig davon ob sie hinzugerechnet werden konnten, zu erfassen (hier 40.000 €). In den Teilbetrag II sind die vGA einzustellen, die tatsächlich auch in der Vergangenheit nach

2. Körperschaftsteuer

§ 8 Abs. 3 S. 2 KStG hinzugerechnet werden konnten (hier 20.000 €). Bei einer Gewinnerhöhung durch Auflösung der Verpflichtung in der Steuerbilanz sind die im Teilbetrag II festgehaltenen Beträge zur Vermeidung einer doppelten Erfassung, außerhalb der Steuerbilanz vom Steuerbilanzgewinn abzuziehen.

Bei der Ermittlung des steuerlichen Gewinns sind somit außerbilanziell 20.000 € vom Steuerbilanzgewinn abzuziehen.

> **Fall 7:** Die E-GmbH veräußert ihre 5 %-ige Beteiligung an der F-GmbH (Buchwert 100.000 €, Teilwert 400.000 €) für 200.000 € an ihren Gesellschafter E und erklärt einen Veräußerungsgewinn von 100.000 €. E hält die Anteile an der E-GmbH in dem Betriebsvermögen seines Einzelunternehmens (Gewerbebetrieb).
>
> **Frage:** Wie ist der Fall steuerlich zu beurteilen?

Lösung: Der Veräußerungsgewinn ist nach § 8b Abs. 2 S. 1 KStG unabhängig von der Höhe der Beteiligungsquote steuerfrei. § 8b Abs. 4 KStG gilt nur für laufende Beteiligungserträge i.S.d. § 8b Abs. 1 KStG. Da der Gesellschafter die Anteile zu einem Kaufpreis, der unterhalb des Teilwerts liegt, erworben hat, ist zu prüfen, ob eine vGA vorliegt.

Bei der E-GmbH ist durch den geringeren Veräußerungserlös eine verhinderte Vermögensmehrung eingetreten, die ihre Ursache im Gesellschaftsverhältnis hat. Ein ordentlicher und gewissenhafter Geschäftsleiter hätte von einem fremden Dritten für die Beteiligung 400.000 € gefordert (H 8.5 III „Allgemeines" KStH 2022). Es ergibt sich eine Auswirkung auf die Höhe des Gewinns im Sinne des § 4 Abs. 1 S. 1 EStG und es besteht auch kein Zusammenhang mit einer offenen Gewinnausschüttung. Da alle Tatbestandsmerkmale der R 8.5 Abs. 1 KStR 2022 erfüllt sind, handelt es sich um eine vGA im Sinne des § 8 Abs. 3 S. 2 KStG, die außerbilanziell dem Steuerbilanzgewinn hinzuzurechnen ist. Nach Tz. 21 des BMF-Schreibens vom 28.04.2003, BStBl I 2003, 292; erstreckt sich die Steuerbefreiung des § 8b Abs. 2 KStG auch auf die vGA. Das Ergebnis ist gerechtfertigt, weil auch ein Veräußerungsgewinn in Höhe von 300.000 € (bei einem Veräußerungspreis von 400.000 €) steuerfrei gewesen wäre.

Der Veräußerungsgewinn ist wie folgt zu ermitteln:

Steuerpflichtiger Veräußerungsgewinn		
Veräußerungserlös		200.000 €
Buchwert		./. 100.000 €
Gewinn		**100.000 €**
vGA (§ 8 Abs. 3 S. 2 KStG)		
Wert der Anteile (Teilwert)	400.000 €	
Gegenleistung	./. 200.000 €	
Hinzurechnung (außerbilanziell)	200.000 €	+ 200.000 €
insgesamt		**300.000 €**
Steuerfrei nach 8b Abs. 2 KStG		./. 300.000 €
Steuerpflichtiger Veräußerungsgewinn		**0 €**

Bemessungsgrundlage der Kapitalertragsteuer (§ 43a Abs. 1 Nr. 1 EStG; allerdings wird bei vGA i.d.R: auf die Festsetzung der Kapitalertragsteuer verzichtet, sondern es wird die Besteuerung im Einkommensteuerbescheid des Gesellschafters vorgenommen)	200.000 €
Bezüge des Anteilseigners (§ 20 Abs. 1 Nr. 1 EStG)	**200.000 €**

Nach § 8b Abs. 3 S. 1 KStG sind die pauschalierten Betriebsausgaben in Höhe von 5 % des nach § 8b Abs. 2 KStG steuerfreien Veräußerungsgewinns i.H.v. 300.000 € = 15.000 € außerbilanziell hinzuzurechnen.

Weil E die Anteile an der E-GmbH im Betriebsvermögen hält, führt die vGA nach § 20 Abs. 1 Nr. 1 S. 2 i.V.m. § 20 Abs. 8 EStG zu Einnahmen aus Gewerbebetrieb. Diese sind nach § 3 Nr. 40d i.V.m. § 3 Nr. 40 S. 2 EStG zu 40 % steuerfrei. Sofern für die vGA Kapitalertragsteuer entrichtet wurde, ist diese nach § 36 Abs. 2 Nr. 2 EStG auf die Einkommensteuer des Anteilseigners anzurechnen. Die Anschaffungskosten für die Beteiligung an der F-GmbH betragen nach der Fiktionstheorie insgesamt 400.000 € (Kaufpreis 200.000 € + vGA 200.000 €).

Fall 8: Die G-GmbH hat dem Gesellschafter-Geschäftsführer H eine Pension zugesagt. Alle Kriterien für die steuerliche Anerkennung sind erfüllt. In der Pensionszusage heißt es „1. Altersrente: Scheiden Sie nach Vollendung ihres 65. Lebensjahres aus den Diensten unserer Firma aus und treten in den Ruhestand, so gewähren wir Ihnen ein lebenslängliches Ruhegeld in Höhe von monatlich 5.000 €". In der Steuerbilanz wurde eine Rückstellung in zutreffender Höhe gebildet. Im Alter von 60 Jahren veräußert H sämtliche Anteile an der G-GmbH und scheidet aus dem Arbeitsverhältnis als Geschäftsführer aus. Es wird vereinbart, dass H auf seine Pensionsansprüche verzichtet. In dem Vertrag heißt es u.a. „Die Pensionszusage wird einvernehmlich mit Wirkung zum 31.12.2023 aufgehoben. Als Gegenleistung für die Aufhebung der Pensionszusage hat die Gesellschaft einen Betrag von 300.000 € zu zahlen". Der Betrag entspricht der Rückstellung. Buchung bei der G-GmbH: Pensionsrückstellung 300.000 € an Bank 300.000 €.

Frage: Wie ist der Vorgang bei der G-GmbH steuerlich zu beurteilen?

Lösung: Aus der Pensionszusage geht hervor, dass eine Pension nur gezahlt wird, wenn der Gesellschafter-Geschäftsführer nach Vollendung des 65. Lebensjahres in den Ruhestand tritt. Im Zeitpunkt des Verzichts ist H erst 60 Jahre alt. Damit waren die Ansprüche im Zeitpunkt der Auflösung des Dienstverhältnisses noch nicht unverfallbar, mit der Folge, dass auch noch keine unbedingte Verpflichtung für die G-GmbH bestand.

Ein ordentlicher Geschäftsleiter hätte H darauf hingewiesen, dass bei einer Beendigung des Dienstverhältnisses vor Vollendung des 65. Lebensjahres kein Pensionsanspruch besteht und deshalb bei einer vorzeitigen Beendigung auch eine Abfindungszahlung nicht in Betracht komme. Die Abfindungszahlung ist durch das Gesellschaftsverhältnis veranlasst. Die Pensionsrückstellung hätte bei Wegfall der Verpflichtung erfolgswirksam aufgelöst werden müssen. Weil die Ausbuchung aber erfolgsneutral erfolge, liegt eine verhinderte Vermögensmehrung vor, die sich auch auf die Höhe des Gewinns nach § 4 Abs. 1 S. 1 EStG auswirkt. Es besteht auch kein Zusammenhang mit einer offenen Gewinnausschüttung. Da alle Tatbestandsmerkmale des R 8.5 Abs. 1 KStR 2022 erfüllt sind, liegt in Höhe von 300.000 € eine vGA vor, die außerbilanziell hinzuzurechnen ist (H 8.6 „Steuerbilanzgewinn" KStH 2022). Im Verzicht auf die Pensionszusage liegt zudem zugleich eine verdeckte Einlage vor, die beim Gesellschafter zu nachträglichen Anschaffungskosten auf seine Beteiligung wird und den zeitgleich realisierten Veräußerungsgewinn gem. § 17 EStG aus dem Verkauf der GmbH-Anteile entsprechend mindert.

2. Körperschaftsteuer

> **Fall 9:** Der Anteilseigner Manuel Adler (A) verkauft im Jahr 2023 der Neuer-GmbH, an der er zu 70 % beteiligt ist, ein unbebautes Grundstück für 100.000 €, Teilwert 150.000 €. A hatte das Grundstück (Privatvermögen) im Jahr 2014 für 100.000 € erworben. A hält die Anteile im Privatvermögen. Die GmbH hat in ihrer Handelsbilanz wie folgt gebucht: Grundstück 100.000 € an Bank 100.000 €. Eine separate Steuerbilanz wurde nicht aufgestellt.
>
> **Frage:** Welche steuerlichen Folgen ergeben sich für die N-GmbH und den Anteilseigner A?

Lösung: Der Gesellschafter hat der Gesellschaft das Grundstück zu einem Kaufpreis unter dem Teilwert veräußert. Nach R 8.9 Abs. 1 KStR liegt eine verdeckte Einlage vor, wenn ein Gesellschafter der Körperschaft außerhalb der gesellschaftsrechtlichen Einlagen einen einlagefähigen Vermögensvorteil zuwendet und diese Zuwendung durch das Gesellschaftsverhältnis veranlasst ist. Die Ursächlichkeit des Gesellschaftsverhältnisses ist dann gegeben, wenn ein Nichtgesellschafter bei Anwendung der Sorgfalt eines ordentlichen und gewissenhaften Geschäftsleiters den Vermögensvorteil der Gesellschaft nicht eingeräumt hätte (Fremdvergleich). Vgl. R 8.9 Abs. 3 S. 2 KStR 2022. Ein fremder Dritter hätte von der Gesellschaft einen Kaufpreis von 150.000 € gefordert. Deshalb liegt in Höhe der Differenz von 50.000 € eine verdeckte Einlage vor. Nach § 8 Abs. 3 S. 3 KStG darf eine verdeckte Einlage das Einkommen der Gesellschaft nicht erhöhen. Die bisherige Buchung erfolgte erfolgsneutral.

Das Grundstück ist aber bei der N-GmbH für steuerliche Zwecke mit dem Teilwert in Höhe von 150.000 € anzusetzen. Vgl. § 8 Abs. 1 KStG i.V.m. § 6 Abs. 1 Nr. 5 EStG, § 6 Abs. 6 EStG (R 8.9 Abs. 4 S. 1 KStR 2022).

Wird nun innerhalb der Bilanz die Aktivierung in Höhe von 50.000 € gewinnerhöhend nachgeholt, muss außerbilanziell das Einkommen der Gesellschaft in gleicher Höhe gemindert werden. Alternativ könnte die Gesellschaft innerbilanziell „Grundstück an Kapitalrücklage 50.000 €" buchen. In dem Fall käme eine außerbilanzielle Korrektur nicht in Betracht.

Unabhängig davon ist der vom Gesellschafter zugewandte Vermögensvorteil in Höhe von 50.000 € als Zugang zum steuerlichen Einlagekonto nach § 27 KStG zu erfassen.

Weil die Beteiligung des Anteilseigners mindestens 1 % beträgt (hier 70 %), handelt es sich um eine Beteiligung im Sinne des § 17 EStG. Der Wert der verdeckten Einlage gehört bei A zu den Anschaffungskosten der Beteiligung (H 17 Abs. 5 „Verdeckte Einlage" EStH). Eine Auswirkung würde sich insoweit bei einer späteren Veräußerung der Beteiligung ergeben.

Die verdeckte Einlage gilt nach § 23 Abs. 1 S. 5 Nr. 2 EStG als Veräußerungsgeschäft im Sinne des § 23 Abs. 1 S. 1 EStG. Da A das Grundstück innerhalb von 10 Jahren erworben und veräußert hat, liegt ein privates Veräußerungsgeschäft nach § 23 Abs. 1 Nr. 1 EStG vor.

Verkaufspreis des Grundstücks	100.000 €
Wert der verdeckten Einlage	+ 50.000 €
Summe	150.000 €
Anschaffungskosten	./. 100.000 €
Veräußerungsgewinn	50.000 €

Der Veräußerungsgewinn führt bei A nach § 23 Abs. 1 Nr. 1 EStG i.V.m. § 22 Nr. 2 EStG zu sonstigen Einkünften.

Der Grunderwerbsteuer unterliegt jedoch nur der tatsächliche Kaufpreis, § 8 Abs. 1 GrEStG.

Fall 10: Die D-GmbH ist zu 60 % an der Z-AG beteiligt. Die Anschaffung der Beteiligung wurde durch die Aufnahme eines langfristigen Darlehens finanziert. Dafür sind im Jahr 2023 Schuldzinsen in Höhe von 20.000 € angefallen. Die D-GmbH erhält im Jahr 2023 eine Dividende von der Z-AG in Höhe von 100.000 €. Daneben hat sie von der AG in 2023 unstreitig eine verdeckte Gewinnausschüttung in Höhe von 10.000 € erhalten, die allerdings aus verfahrensrechtlichen Gründen bei der Z-AG nicht mehr nach § 8 Abs. 3 S. 2 KStG hinzugerechnet werden konnte.
Frage: Welche steuerlichen Folgen ergeben sich?

Lösung: Die Dividenden führen bei der D-GmbH zu Einnahmen im Sinne des § 20 Abs. 1 Nr. 1 EStG. Das gilt nach § 20 Abs. 1 Nr. 1 S. 2 EStG auch für die zugeflossenen verdeckten Gewinnausschüttungen. Die Bezüge sind nach § 8b Abs. 1 S. 1 KStG steuerfrei. Das gilt grundsätzlich auch für die verdeckten Gewinnausschüttungen. Nach § 8b Abs. 1 S. 2 KStG gilt das für verdeckte Gewinnausschüttungen aber nicht, soweit sie das Einkommen der leistenden Körperschaft gemindert haben. Weil bei der Z-AG eine Hinzurechnung der vGA nicht mehr erfolgen konnte, fällt die vGA bei der D-GmbH nicht unter die Steuerbefreiung des § 8b Abs. 1 KStG.

Die Dividende in Höhe von 100.000 € ist steuerfrei und muss außerbilanziell von dem Gewinn laut Steuerbilanz abgezogen werden. Nach § 8b Abs. 5 S. 1 KStG gelten 5 % der steuerfreien Dividende (= 5.000 €) als nicht abziehbare Betriebsausgaben, die außerbilanziell wieder hinzuzurechnen sind. Nach § 8b Abs. 5 S. 2 KStG ist § 3c Abs. 1 EStG nicht anzuwenden. Die tatsächlich gezahlten Schuldzinsen sind somit in voller Höhe als Betriebsausgaben abzugsfähig.

Fall 11: Die X-AG hat 1992 Anteile an der Y-GmbH für 1.000.000 € erworben. 1997 wurde auf die Anteile eine steuerlich zulässige Teilwertabschreibung in Höhe von 300.000 € vorgenommen. Eine weitere in 2008 vorgenommene Teilwertabschreibung in Höhe von 300.000 € wurde steuerlich zutreffend behandelt. Zum 31.12.2023 ergibt sich die Notwendigkeit einer Teilwertaufholung nach § 6 Abs. 1 Nr. 2 S. 3 EStG in Höhe von 400.000 €.
Frage: Wie ist die Wertaufholung steuerlich zu behandeln?

Lösung: Die Wertaufholung fällt grundsätzlich unter die Veräußerungsgewinnbefreiung nach § 8b Abs. 2 KStG. Vgl. Tz. 18 des BMF-Schreibens zu § 8b KStG vom 28.04.2003, BStBl I 2003, 292. Nach § 8b Abs. 2 S. 4 KStG gilt das nicht, soweit der Anteil in früheren Jahren steuerwirksam auf den niedrigeren Teilwert abgeschrieben und nicht durch den Ansatz eines höheren Werts ausgeglichen worden ist. Im aktuellen Körperschaftsteuerrecht gehört die Teilwertabschreibung auf Beteiligungen zu den Gewinnminderungen im Sinne des § 8b Abs. 3 S. 3 KStG, die bei der Ermittlung des Einkommens nicht zu berücksichtigen sind (Tz. 25 und 26 des BMF-Schreibens zu § 8b KStG vom 28.04.2003, BStBl I 2003, 292). § 8b Abs. 2 und 3 KStG gilt erstmals für Gewinne und Gewinnminderungen, die im Jahr 2002 oder später erfolgen (Tz. 65). Das bedeutet, dass die Teilwertabschreibung in 2008 bei richtiger steuerlicher Behandlung steuerlich nicht wirksam geworden ist. Die Teilwertabschreibung in 1997 ist dagegen voll steuerwirksam geworden. Die Wertaufholung ist nach 8b Abs. 2 S. 1 i.V.m. S. 4 KStG insoweit von der Steuerbefreiung ausgeschlossen. Allerdings war in der Vergangenheit umstritten, welche Teilwertabschreibung vorrangig bei der Wertaufholung zu berücksichtigen ist.

Mit Urteil vom 19.08.2009, BStBl II 2010, 760, hat der BFH entschieden, dass vorrangig eine Verrechnung mit den steuerunwirksamen Teilwertabschreibungen erfolgen soll („Last in first out"). Die Verwaltung hat sich – entgegen der früheren Regelung – dieser Auffassung angeschlossen. Vgl. Verfügung der OFD Hannover vom 09.08.2010, S 2750a – 19 – StO 242.

2. Körperschaftsteuer

Teilwertaufholung	400.000 €
Steuerfreie Wertaufholung nach § 8b Abs. 2 S. 1 KStG (steuerunwirksame Teilwertabschreibung aus 2008)	./. 300.000 €
Steuerwirksame Wertaufholung (steuerwirksame Teilwertabschreibung aus 1997)	**100.000 €**

5 % von dem steuerfreien Wertaufholungsgewinn von 300.000 € = 15.000 € gelten nach § 8b Abs. 3 S. 1 KStG als nicht abziehbare Betriebsausgaben.

> **Fall 12:** B hält 100 % der Anteile an der B-GmbH. Diese hat per 31.12.2023 ein Eigenkapital in Höhe von 30.000 € und einen nicht verbrauchten Verlustvortrag (§ 10d EStG) in Höhe von 50.000 €. Am 01.01.2024 verkauft B 60 % der Anteile an X für 24.000 €.
>
> **Frage:** Bleibt der bisher noch nicht ausgeglichene Verlustvortrag nach § 10d Abs. 2 EStG erhalten?

Lösung: Nach § 8c Abs. 1 S. 1 KStG sind bis zum schädlichen Beteiligungserwerb noch nicht genutzte Verluste vollständig nicht mehr abziehbar, wenn innerhalb von fünf Jahren mehr als 50 % der Anteile übertragen werden. Danach wäre der gesamte noch nicht ausgeglichene Verlust in Höhe von 50.000 € nicht mehr abziehbar.

Soweit in dem erworbenen Anteil an der Verlustgesellschaft stille Reserven enthalten sind, geht ein noch nicht ausgeglichener Verlust jedoch nach § 8c Abs. 1 S. 5 KStG nicht verloren.

Solange die – dem anteiligen Beteiligungserwerb entsprechenden – stillen Reserven in der Verlustgesellschaft höher oder zumindest gleich hoch sind wie der Verlustvortrag, bleibt dieser in vollem Umfang erhalten. Übersteigt der Verlustvortrag die ggf. anteiligen stillen Reserven, so geht er nach den allgemeinen Regeln des § 8c Abs. 1 S. 1 und 2 KStG teilweise oder ganz verloren.

Bei einer Veräußerung unter fremden Dritten können die stillen Reserven regelmäßig durch die Gegenüberstellung des – ggf. anteiligen – steuerlichen Eigenkapitals und des gemeinen Werts der erworbenen Anteile der Körperschaft ermittelt werden. Eine Unternehmensbewertung ist nicht erforderlich. Der dem Eigenkapital gegenüberzustellende gemeine Wert der Anteile ergibt sich regelmäßig aus dem unter fremden Dritten gezahlten Entgelt.

Danach ergibt sich folgende Berechnung:

Verlustvortrag		50.000 €
Gemeiner Wert der Anteile insgesamt (100/60 von 24.000 €)	40.000 €	
./. 100 % des Eigenkapitals	./. 30.000 €	
Stille Reserven, § 8c Abs. 1 S. 7 KStG = abziehbarer Verlust	10.000 €	./. 10.000 €
Untergehender Verlust		**40.000 €**

Der bisher noch nicht ausgeglichene Verlust bleibt in Höhe von 10.000 € erhalten. In der Steuererklärung könnte an Stelle des untergehenden Verlusts jedoch insgesamt auf Antrag ein als sog. "fortführungsgebundener Verlustvortrag" gem. § 8d KStG festgestellt werden und würde zur Verrechnung mit künftigen Gewinnen zur Verfügung stehen, sofern der Geschäftsbetrieb nicht erweitert, eingestellt oder geändert wird.

> **Hinweise!** Zu § 8c KStG ist ein Verfahren vor dem BVerfG anhängig (Az.: 2 BvL 19/17). Es stellt sich die Frage, ob Kapitalgesellschaften hinsichtlich des Verlustabzugs mit und ohne schädlichen Anteilseignerwechsel ungleich behandelt werden und das Trennungsprinzip durchbrochen wird.

Fall 13: Die L-GmbH hat zum 01.01.2021 ihre Auflösung beschlossen. Zum 30.06.2023 wird die Liquidation beendet und eine Liquidationsschlussbilanz erstellt. Die Schlussauskehrung beträgt 180.000 €. Darin ist die Rückzahlung des Nennkapitals mit 50.000 € enthalten. Der Bestand des steuerlichen Einlagekontos beträgt zum 30.06.2023 (vor der Schlussauskehrung) 0 €. Zum 31.12.2020 wurde ein Sonderausweis nach § 28 Abs. 1 S. 3 KStG in Höhe von 30.000 € gesondert festgestellt.

Frage: Welche Auswirkungen ergeben sich durch die Rückzahlung des Nennkapitals und die Schlussauskehrung an den Gesellschafter?

Lösung: Nach § 28 Abs. 2 S. 1 KStG ist im Fall der Auflösung das Nennkapital vorrangig mit dem Sonderausweis im Zeitpunkt der Auskehrung zu verrechnen. Die Nennkapitalrückzahlung von 50.000 € verringert somit den Sonderausweis um 30.000 €. Der übersteigende Betrag von 20.000 € führt zu einer Erhöhung und gleichzeitig zu einer Verringerung des steuerlichen Einlagekontos (§ 28 Abs. 2 S. 1 2. Halbsatz und S. 3 KStG). Eine Steuerbescheinigung ist insoweit nicht auszustellen. Vgl. Tz. 15 des BMF-Schreibens vom 26.08.2003, BStBl I 2003, 434.

Die Rückzahlung des Nennkapitals gilt, soweit der Sonderausweis (30.000 €) zu mindern ist, nach § 28 Abs. 2 S. 2 KStG als eine Gewinnausschüttung, die beim Anteilseigner zu Bezügen nach § 20 Abs. 1 Nr. 2 EStG führt. Der übersteigende Betrag der Nennkapitalrückzahlung in Höhe von 20.000 € führt zu einer Minderung der Anschaffungskosten der Beteiligung. Vgl. H 17 Abs. 5 „Rückzahlung aus Kapitalherabsetzung" EStH. Bei Beteiligungen im Sinne des § 17 Abs. 1 EStG führt die Rückzahlung insoweit zu Einnahmen im Sinne des § 17 Abs. 4 EStG. Das gleiche gilt für übrige Auskehrungen aus dem steuerlichen Einlagekonto.

Der Restbetrag der Schlussauskehrung führt beim Gesellschafter ebenfalls zu Einnahmen nach § 20 Abs. 1 Nr. 2 EStG. Die Einnahmen unterliegen grundsätzlich der Abgeltungssteuer nach § 32d Abs. 1 i.V.m. § 43 Abs. 5 EStG. Gehören die Anteile zu einem Betriebsvermögen oder wurde ein Antrag nach § 32d Abs. 2 Nr. 3 EStG gestellt, fallen die Einnahmen nach § 3 Nr. 40d EStG i.V.m. § 3 Nr. 40 S. 2 EStG unter das Teileinkünfteverfahren.

Ein „Veräußerungsgewinn" im Sinne des § 17 Abs. 4 EStG unterliegt nach § 3 Nr. 40c EStG dem Teileinkünfteverfahren.

Schlussauskehrung	180.000 €
Rückzahlung Nennkapital	./. 50.000 €
Restauskehrung	**130.000 €**
Einnahmen nach § 20 Abs. 1 Nr. 2 EStG	
Minderung des Sonderausweis	30.000 €
Restauszahlung	+ 130.000 €
Einnahmen aus Kapitalvermögen insgesamt	**160.000 €**

2. Körperschaftsteuer

Fall 14: Die Schreinermeisterei Eder GmbH hält seit Jahren eine 5 %ige Beteiligung an der Kitzigtaler Holzhandels AG. Aufgrund zunehmender Geschäftsbeziehungen zwischen den beiden Gesellschaften stockt die Schreinermeisterei Eder GmbH am 15.05.2023 den Anteil um:
a) 7 % auf insgesamt 12 %,
b) 10 % auf insgesamt 15 % auf.

Nach Durchführung der Hauptversammlung der Kitzigtaler Holzhandels AG im Juni 2023 erhält die Schreinermeisterei Eder GmbH am 16.07.2023 eine Dividende für das zurück liegende Geschäftsjahr 2022 in Höhe von:
a) 12.000 €
b) 15.000 € ausbezahlt.

Frage: Wie ist die Dividende jeweils körperschaftsteuerlich zu berücksichtigen?

Lösung: Die Gewinnausschüttungen stellen Betriebseinnahmen gem. § 8 Abs. 1 KStG i.V.m. § 4 Abs. 4 EStG dar. Sie sind Bestandteil des körperschaftsteuerlichen Einkommens. Grundsätzlich kommt für Gewinnausschüttungen anderer Kapitalgesellschaften die Befreiung gem. § 8b Abs. 1 KStG in Betracht. Diese greift hier jedoch gem. § 8b Abs. 4 KStG nicht, da die Beteiligung zu Beginn des Jahres 2022 nicht mindestens 10 % betrug. Zufließende Dividenden aus Streubesitzbeteiligungen (unmittelbare Beteiligung unter 10 % bei inländischen Kapitalgesellschaften) sind voll körperschaftsteuerpflichtig. Für die Prüfung auf Streubesitz ist dabei auf die Beteiligungshöhe zu Beginn des Kalenderjahres abzustellen. Bei unterjährigem Erwerb einer Beteiligung von mindestens 10 % gilt der Erwerb jedoch nach § 8b Abs. Satz 6 KStG (Rückbeziehungsfiktion) als zu Beginn des Kalenderjahres erfolgt.

Die OFD Frankfurt nimmt in ihrer Verfügung vom 30.03.2023 (S 2750a A – 027 – St 52) zum unterjährigen Hinzuerwerb von Beteiligungen Stellung und erkennt die Rückbeziehungsfiktion nur auf Erwerbe eines Anteilspakets von mindestens 10 % durch jeweils einzelne Erwerbsvorgänge an. Keine Rückbeziehung soll nach Auffassung der OFD für Beteiligungen gelten, die schon zu Beginn des Kalenderjahres bestanden haben. Der Rückbezug soll ebenfalls nur quotal Anwendung finden, wenn im Kalenderjahr des Erwerbs einer Beteiligung von mindestens 10 % noch zusätzlich eine Beteiligung von unter 10 % erworben wurde. Die Steuerfreiheit könnte damit nur für Dividenden in Anspruch genommen werden, die auf den hinzuerworbenen Anteil von mindestens 10 % entfallen.

Nach der Verwaltungsauffassung sind folgende Konstellationen denkbar:

1. **Keine Beteiligung zu Beginn des Jahres, Hinzuerwerb im Laufe des Jahres von 11 %**
   § 8b Abs. 4 Satz 6 KStG regelt, dass für Zwecke dieses Absatzes der Erwerb einer Beteiligung von mindestens 10 % als zu Beginn des Kalenderjahres erfolgt. Durch die Rückbeziehung findet § 8b Abs. 4 KStG auf Erträge aus dieser Beteiligung keine Anwendung.

2. **Beteiligungshöhe zu Beginn des Jahres 4 %, Hinzuerwerb im Laufe des Jahres von 7 %**
   Zu Beginn des Kalenderjahres besteht eine Beteiligung von weniger als 10 %. Nach dem Hinzuerwerb ist der Steuerpflichtige zu insgesamt 11 % beteiligt. Die Regelung des § 8b Abs. 4 Satz 6 KStG ist jedoch nicht anzuwenden, da nicht mindestens 10 % hinzuerworben werden. Die Beteiligungserträge sind in voller Höhe in diesem Jahr steuerpflichtig.

3. **Beteiligungshöhe zu Beginn des Jahres 4 %, Hinzuerwerb im Laufe des Jahres 11 %**
   Zu Beginn des Kalenderjahres besteht eine Beteiligung von weniger als 10 %. Nach dem Hinzuerwerb ist der Steuerpflichtige zu insgesamt 15 % beteiligt. Die Regelung des § 8b Abs. 4 Satz 6 KStG ist nur für den hinzuerworbenen Anteil von 11 % anzuwenden. Erzielt der Steuerpflichtige in diesem Jahr Erträge aus der Beteiligung, sind diese insoweit steuerfrei, als sie auf den hinzuerworbenen 11 %igen Anteil entfallen und steuerpflichtig, soweit sie auf den Anteil von 4 % entfallen.

4. Keine Beteiligung zu Beginn des Jahres, Erwerb einer Beteiligung von 20 % am 1. April und einer Beteiligung von 7 % am 1. Juni und einer Beteiligung von 4 % am 1. September
Die Regelung des § 8b Abs. 4 Satz 6 KStG ist nur für den Erwerb der Beteiligung i.H.v. 20 % am 1. April anzuwenden. Am 1. Juni und 1. September wurden jeweils Beteiligungen von weniger als 10 % erworben, sodass eine Rückbeziehung nicht in Betracht kommt.
Erzielt der Steuerpflichtige in diesem Jahr Erträge aus der Beteiligung, sind diese insoweit steuerfrei, als sie auf den am 1. April erworbenen 20 %igen Anteil entfallen und steuerpflichtig, soweit sie auf die Anteile von 7 und 4 % entfallen.

5. Keine Beteiligung zu Beginn des Jahres, Hinzuerwerb von 5 % von Veräußerer 1 und Hinzuerwerb von 5 % von Veräußerer 2
Die Regelung des § 8b Abs. 4 Satz 6 KStG ist nicht anzuwenden, da nicht in einem Erwerbsvorgang mindestens 10 % erworben werden.

6. Erwerb von 15 % und Veräußerung von 10 % im gleichen Jahr; anschließende Ausschüttung
Der Erwerb der Beteiligung von 15 Prozent gilt als zu Beginn des Kalenderjahres erfolgt. Durch die Rückbeziehung findet § 8b Abs. 4 KStG auf Erträge aus dieser Beteiligung keine Anwendung, auch wenn der Steuerpflichtige im Zeitpunkt der Ausschüttung nur noch zu 5 % beteiligt ist. Der Erwerber der Beteiligung, der 10 % hinzuerwirbt, profitiert ebenfalls von der Regelung des § 8b Abs. 4 Satz 6 KStG und kann die auf ihn entfallenen Beteiligungserträge steuerfrei vereinnahmen.

Nach den o.g. Grundsätzen ist daher die Gewinnausschüttung im Falle a) in voller Höhe steuerpflichtig. Eine Gewinnausschüttung ist erst in den Folgejahren in voller Höhe gem. § 8b Abs. 1 KStG steuerfrei.

Im Fall b) greift der Rückbezug des § 8b Abs. 4 Satz 6 KStG für die hinzu erworbenen 10 % neuen Anteile. Die Gewinnausschüttung ist daher zu $^{10}/_{15}$ von 15.000 = 10.000 gem. § 8b Abs. 1 KStG steuerfrei und zu $^{5}/_{15}$ von 15.000 = 15.000 gem. § 8b Abs. 4 KStG nicht gem. § 8b Abs. 1 KStG steuerfrei. Zusätzlich hat die Schreinermeisterei Eder GmbH gem. § 8b Abs. 5 KStG 500 € (5 % von 10.000 €) als pauschal nicht abzugsfähige Betriebsausgaben zu berücksichtigen. Eine Gewinnausschüttung ist in diesem Fall in den Folgejahren in voller Höhe gem. § 8b Abs. 1 KStG steuerfrei.

> **Hinweis!** Der BFH hat mit Urteil vom 06.09.2023, BFH/NV 2024, 339 entschieden, dass die Beteiligungsschwelle von 10 % auch dann erreicht werden kann, wenn mehrere Veräußerer beteiligt sind, sofern es sich wirtschaftlich um einen einheitlichen Vorgang handelt.

> **Fall 15:** Das Eigenkapital (EK) der A-GmbH in der Steuerbilanz zum 31.12.2022 beträgt 183.500 €, davon Stammkapital 50.000 €. Das Einlagekonto zum 31.12.2022 beträgt 40.000 €. Die A-GmbH nimmt im Veranlagungszeitraum 2023 für 2022 eine Gewinnausschüttung an den Gesellschafter A in Höhe von 120.000 € vor. A ist Alleingesellschafter und hält die Anteile im Privatvermögen.
>
> **Frage:** Wie wirkt sich die Ausschüttung auf das steuerliche Einlagekonto der A-GmbH und bei den Einkünften des Gesellschafters A aus?

Lösung: Soweit die Leistungen der Kapitalgesellschaft im Wirtschaftsjahr den auf den Schluss des vorangegangenen Wirtschaftsjahrs ermittelten ausschüttbaren Gewinn übersteigen, gilt das steuerliche Einlagekonto als verwendet (§ 27 Abs. 1 S. 3 KStG). Mit Leistungen sind alle Auskehrungen der Kapitalgesellschaft gemeint. Dazu rechnen neben den offenen Gewinnausschüttungen auch die verdeckten Gewinnausschüttungen. Als ausschüttbarer Gewinn gilt nach § 27 Abs. 1 S. 5 KStG das um das gezeichnete Kapital geminderte in der Steuerbilanz ausgewiesene Eigenkapital abzüglich des Bestands des steuerlichen Einlagekontos.

2. Körperschaftsteuer

1. Verwendung des Einlagekontos für die Ausschüttung in 2023 (für 2022)

			Leistungen der Kapitalgesellschaft	120.000 €
	EK laut Steuerbilanz am 31.12.2022	183.500 €		
./.	gezeichnetes Kapital	./. 50.000 €		
=	verbleiben	133.500 €		
./.	Bestand Einlagekonto 31.12.2022	./. 40.000 €		
=	ausschüttbarer Gewinn	**93.500 €**	ausschüttbarer Gewinn	93.500 €
			Minderung des Einlagekontos	**26.500 €**

2. Gesonderte Feststellung nach § 27 Abs. 2 S. 1 KStG

Bestand am 31.12.2022	40.000 €
Verminderung durch Ausschüttung in 2023	./. 26.500 €
Endbestand am 31.12.2023	**13.500 €**

Die Verwendung aus dem steuerlichen Einlagekonto ist in der Steuerbescheinigung gesondert auszuweisen (§ 27 Abs. 3 KStG).

Bei dem Anteilseigner A führt die Auskehrung aus dem steuerlichen Einlagekonto nicht zu Einnahmen aus Kapitalvermögen (§ 20 Abs. 1 Nr. 1 S. 3 EStG). Weil die Beteiligung mindestens 1 % beträgt, liegt eine Beteiligung im Sinne des § 17 EStG vor. Die Auskehrung aus dem Einlagekonto in Höhe von 26.500 € führt bei dem Gesellschafter A zu einer Minderung der Anschaffungskosten für die Beteiligung (H 20.2 „Einlagenrückgewähr" EStH). In Höhe von 93.500 € erzielt A Einnahmen aus Kapitalvermögen nach § 20 Abs. 1 Nr. 1 EStG.

> **Fall 16:** Vater V ist Alleingesellschafter der V-GmbH. Diese hat einen festgestellten Verlustvortrag zum 31.12.07 von 1 Mio. €, am 31.12.09 von 1,8 Mio. € und im Jahr 10 bis zum 30.06. einen laufenden Verlust von 200 T€. V überträgt im Wege der vorweggenommenen Erbfolge zunächst 20 % seiner Kapitalanteile am 01.07.08 auf seinen Sohn S und schenkt ihm am 01.07.10 weitere 40 %.
>
> **Frage:** Welche Auswirkungen auf die Verlustvorträge der GmbH haben die beiden Übertragungen?

Lösung: Da durch die erste Übertragung am 01.07.08 die Schädlichkeitsgrenze von 50 % nicht überschritten wird, bleibt der Verlustvortrag ohnehin in voller Höhe erhalten. Mit der zweiten Übertragung am 01.07.10 hat V zwar innerhalb der 5-Jahres-Frist 50 % seiner Kapitalanteile übertragen mit der Folge, dass 100 % des Verlusts, der bis zum Beteiligungserwerb nicht abgezogen oder ausgeglichen werden konnte, verloren gehen würden. Die Übertragung im Rahmen der vorweggenommenen Erbfolge ist jedoch unschädlich laut BMF (Billigkeitsregelung des BMF-Schreiben vom 28.11.2017, BStBl I 2017, 1645, Tz. II), sodass die Übertragungen keinen Untergang der Verlustvorträge auslösen.

Fall 17: Die Victorius GmbH betreibt seit ihrer (Bar-)Gründung im Jahr 2001 einen Handel mit Fahrrädern und verfügt trotz der konstanten Gewinne der letzten Jahre von ca. 100.000 € pro Jahr zum 31.12.2022 über einen fortführungsgebundenen Verlustvortrag gem. § 8d KStG i.H.v. 300.000 €.
Mit Wirkung zum 01.01.2023 bringt ein Emil Ebike als neuer Gesellschafter seinen bisher als Einzelunternehmen betriebenen „Produktions- und Handelbetrieb mit Elektrofahrrädern" in die Victorius GmbH ein und erhält dafür im Wege der Erhöhung des Stammkapitals 50 % neue Anteile an der Victorius GmbH. Das eingebrachte Betriebsvermögen wird auf Antrag gem. § 20 UmwStG zum Buchwert angesetzt.
Die GmbH verspricht sich von der Transaktion neue Impulse im Direktmarketing durch neuen Gesellschafter sowie eine stärkere Partizipation am E-Bike-Boom.

Frage: Welche Auswirkungen auf die Verlustvorträge der GmbH hat die Aufnahme des neuen Gesellschafters?

Lösung: Weil durch die Einbringung des Einzelunternehmens von Emil Ebike auf die Victorius GmbH gem. § 20 UmwStG Wirtschaftsgüter übertragen werden, die sie zu einem geringeren als dem gemeinen Wert ansetzt, geht der festgestellte fortführungsgebundene Verlustvortrag grundsätzlich gem. § 8d Abs. 2 S. 2 Nr. 6 KStG unter. Dies gilt selbst dann, wenn es sich um einen branchengleichen Betrieb handelt und man weder von einer Erweiterung des bestehenden noch Aufnahme eines neuen Geschäftsbetriebes ausgeht. Allerdings gelten auch beim fortführungsgebundenen Verlustvortrag gem. § 8d S. 1 KStG der § 8c Abs. 1 S. 6 bis 9 KStG bezogen auf die zum Schluss des vorangegangenen Veranlagungszeitraums vorhandenen stillen Reserven entsprechend, d.h. im Umfang der zum 31.12.2022 vorhandenen stillen Reserven bleibt der Verlustvortrag trotz des eigentlich schädlichen Ereignisses bestehen. Bei einem konstanten Gewinn der letzten Jahre von 100.000 € pro Jahr dürften die stillen Reserven des selbst geschaffenen Firmenwertes nach jeder denkbaren Unternehmensbewertungsmethode, insbesondere aber gem. § 203 BewG, den Betrag der Verlustvorträge erheblich übersteigen, sodass diese erhalten bleiben.

Fall 18: Die Brautmoden GmbH betreibt seit ihrer (Bar-)Gründung im Jahr 2001 einen stationären Handel mit Brautmoden. Zum 21.12.2020 bestehen keinerlei steuerliche Verlustvorträge. Allerdings hat die Brautmoden GmbH im Jahre 2021 und 2022 aufgrund der Einschränkungen des Betriebs durch die Schließungsanordnungen infolge der Coronapandemie insgesamt einen Verlust von 120.000 € erwirtschaftet. Zum 01.01.2023 verkauft die Gesellschafterin Bettina Weiß die vollständigen Anteile an der Brautmoden GmbH an Zeki Zuversichtlich. Dieser kündigt nach Übernahme das Ladenlokal und betreibt den Handel mit Brautmoden fortan ausschließlich über einen Online Shop brautkleid24.de.

Frage: Welche Auswirkungen auf die Verlustvorträge der GmbH hat der Verkauf und die nachfolgende Umstellung auf den Onlinehandel?

Lösung: Durch den Verkauf entfallen grundsätzlich sämtliche steuerliche Verlustvorträge gemäß § 8c KStG. Allerdings kann der übernehmende Gesellschafter einen Antrag auf Feststellung der bestehenden Verlustvorträge als fortführungsgebundene Verlustvorträge gemäß § 8d KStG stellen. Die Umstellung auf den online-Handel ist für die Annahme der Fortführung des Geschäftsbetriebes unschädlich, vgl. BMF vom 18.03.2021, BStBl I 2021, 363, Rz. 32. Anpassungen der Betätigung bzw. des Geschäftsmodells an dauerhaft veränderte wirtschaftliche oder gesellschaftliche Rahmenbedingungen (Strukturwandel) sind nicht als schädlicher Branchenwechsel einzustufen, wenn ein Sach- und Förderzusammenhang zu der bisherigen Betätigung besteht.

2. Körperschaftsteuer

> **Tipp!** Das BMF-Schreiben vom 18.03.2021, BStBl I 2021, 363 zum fortführungsgebundenen Verlustvortrag nach § 8d KStG sollten Sie unbedingt vor der mündlichen Prüfung vollständig lesen.

> **Fall 19:** Die Recyclus Schrotthandels GmbH & Co. KG möchte wegen des hohen progressiven Steuersatzes der Gesellschafter in den Anwendungsbereich der Körperschaftsteuer gelangen.
>
> **Frage:** Welche Möglichkeiten haben die Gesellschafter dieses Ziel zu erreichen? Ergeben sich hierzu ggf. Änderungen ab dem Veranlagungszeitraum 2024 durch das Wachstumschancengesetz?

Lösung: Die Gesellschafter haben die Möglichkeit die GmbH & Co. KG nach den Vorschriften des Umwandlungsgesetzes in eine Kapitalgesellschaft, wie zum Beispiel eine GmbH, umzuwandeln. Hierfür kommen grundlegend zwei Möglichkeiten in Betracht:

1. Zum einen kann ein sogenannter **Formwechsel nach dem Umwandlungsgesetz** erfolgen.
   Dabei wird unter Beibehaltung der Rechtsidentität die Rechtsform von der GmbH & Co. KG in eine GmbH umgewandelt.
2. Alternativ können sämtliche Kommanditanteile gegen die Erhöhung von Gesellschaftsanteilen in die Komplementär GmbH eingebracht werden und auf diesem Wege eine Anteilsvereinigung mit anschließender Anwachsung in der GmbH erreicht werden. Durch die Anwachsung wird das gesamte bisherige Gesellschaftsvermögen der GmbH & Co. KG zu Vermögen der GmbH und die KG geht durch die Anteilsvereinigung ohne Abwicklung unter.

Beide Umwandlungen können unter den Voraussetzungen des § 20 UmwStG steuerneutral erfolgen. Im Falle der Anwachsung muss jedoch eine Kapitalerhöhung erfolgen, damit nach § 20 Abs. 1 UmwStG neue Anteile ausgegeben werden.

Durch das Gesetz zur Modernisierung des Körperschaftsteuerrechts (KöMoG, BGBl I 2021, 2050) wurde ab 01.01.2022 für Personenhandelsgesellschaften und Partnerschaftsgesellschaften, also auch für KGs zusätzlich die Möglichkeit geschaffen, nach § 1a KStG zur Besteuerung nach dem KStG wie eine Körperschaft zu optieren.

Dieses Wahlrecht besteht erstmals für das Kalenderjahr 2022. Soll das Wahlrecht ab 2023 ausgeübt werden, setzt dies voraus, dass die KG bis zum 30.11.2022 gegenüber dem zuständigen Finanzamt erklärt hat, von diesem Wahlrecht Gebrauch zu machen. In diesem Fall wird die GmbH & Co. KG ohne zivilrechtliche Änderung der Gesellschaftsform ab dem Jahr 2023 wie eine Körperschaft besteuert.

Die Option gilt als fiktiver Formwechsel und hat neben dem Wechsel des Besteuerungssystems keine weiteren zivilrechtlichen Auswirkungen. Auch dieser fiktive Formwechsel ist unter den Voraussetzungen des § 20 UmwStG steuerneutral möglich.

Alternativ kann der Wechsel auch zum 01.01.2024 erfolgen, und setzt voraus, dass die KG bis zum 30.11.2023 gegenüber dem zuständigen Finanzamt erklärt hat, von diesem Wahlrecht Gebrauch zu machen.

Zu den Veränderungen ab dem Veranlagungszeitraum 2024: Folge der Ausübung der Option des § 1a KStG ist, dass die §§ 25 und 20 UmwStG für den fingierten Formwechsel zur Anwendung kommen. Eine Voraussetzung des § 25 Satz 1 i.V.m. § 20 Abs. Abs. 1 und 2 UmwStG für den steuerneutralen Formwechsel ist, dass der gesamte Mitunternehmeranteil eingebracht wird. Es stellt sich regelmäßig das Problem, dass die bei einer GmbH & Co. KG die von den Mitunternehmern gehaltenen Anteile der Komplementär-GmbH notwendiges Sonderbetriebsvermögen darstellen und diese Anteile somit grundsätzlich zuvor auf die Personengesellschaft übertragen werden müssten. Mit der Ergänzung des § 1a Abs. 2 Satz 2 KStG ist die steuerneutrale Ausübung der Option nunmehr aber nicht allein dadurch ausgeschlossen, dass die Beteiligung an einer Komplementärin einer optierenden KG (i.d.R. eine vermögensmäßig zu 0 % an der GmbH & Co. KG beteiligte GmbH) eine funktional wesentliche Betriebsgrundlage darstellen.

Sind die Anteile an der Komplementär-GmbH zum Zeitpunkt der Ausübung der Option nach § 1a KStG im Sonder-Betriebsvermögen eines Kommanditisten, ist damit der fiktive Formwechsel zu Buchwerten trotz der nicht erfolgten Einbringung dieser Anteile zulässig. Nur die Gesellschaftsanteile wären sodann in das Privatvermögen zu entnehmen.

> **Tipp!** Das BMF-Schreiben vom 10.11.2021, BStBl I 2021, 2212 zur KSt-Option nach § 1a KStG sollten Sie unbedingt vor der mündlichen Prüfung vollständig lesen.

> **Fall 20:** Die A-GmbH (Organträger) hält eine Beteiligung i.H.v. 80 % an der B-GmbH (Organgesellschaft) zum Buchwert von 80.000 € Die Voraussetzungen einer ertragsteuerlichen Organschaft sind erfüllt. Im Jahr 2022 kommt es bei der B-GmbH zu einer Mehrabführung von 20.000 €. Im Jahr 2023 kommt es bei der B-GmbH zu einer Minderabführung von 40.000 €. Die B-GmbH hat zum 31.12.2021 ein steuerliches Einlagekonto i.H.v. 10.000 €. Ausschüttungen und Einlagen sind in 2022 und in 2023 nicht erfolgt.
>
> **Frage:** Welche Auswirkungen haben die Mehr- und Minderabführungen?

Lösung: Durch das Gesetz zur Modernisierung des Körperschaftsteuerrechts vom 25.06.2021, BStBl I 2021, 889 wurde in Bezug auf die ertragsteuerliche Organschaft ein Wechsel der bisherigen Behandlung von Minder- und Mehrabführungen vollzogen und die Bildung steuerlicher Ausgleichsposten durch die Einlagelösung nach § 14 Abs. 4 KStG ersetzt.

Minderabführungen erhöhen und Mehrabführungen mindern das steuerliche Einlagekonto einer Organgesellschaft, wenn sie ihre Ursache in organschaftlicher Zeit haben. Mehrabführungen mindern dabei das steuerliche Einlagekonto vorrangig vor anderen Leistungen (§ 27 Abs. 6 Satz 2 KStG) und führen zu einem Direktzugriff auf dessen Bestand (§ 27 Abs. 1 Satz 3 KStG). Mehrabführungen können zum Entstehen oder zu einer Erhöhung eines negativen Bestands des steuerlichen Einlagekontos führen (§ 27 Abs. 1 Satz 4 2. Halbsatz KStG).

Die Mehrabführung in 2022 führt zu einer Verringerung des Beteiligungsbuchwerts der B-GmbH in der Bilanz der A-GmbH um 20.000 € auf 60.000 €. Die Minderabführung in 2023 führt zu einer Erhöhung des Beteiligungsbuchwerts der B-GmbH in der Bilanz der A GmbH um 40.000 € auf 100.000 € (BMF-Schreiben vom 29.09.2022, BStBl I 2022, 1412). Somit entwickelt sich das steuerliche Einlagekonto der B-GmbH wie folgt:

Steuerliches Einlagekonto zum 31.12.2021	10.000 €
Mehrabführung 2022	./. 20.000 €
Steuerliches Einlagekonto zum 31.12.2022	./. 10.000 €
Minderabführung 2023	+ 40.000 €
Steuerliches Einlagekonto zum 31.12.2023	**30.000 €**

3. Gewerbesteuer
3.1 10 Fragen zur Gewerbesteuer

Frage 1: Um was für eine Steuerart handelt es sich bei der Gewerbesteuer?

Lösung: Es handelt sich bei der Gewerbesteuer um eine Besitzsteuer, genauer gesagt um eine Ertragsteuer, da sie den Vermögenszuwachs, auch Ertrag genannt, besteuert. Die wirtschaftliche Belastung durch die Steuer erfolgt direkt beim Steuerobjekt Gewerbebetrieb, daher ist sie eine direkte Steuer. Man bezeichnet sie auch als Objektsteuer, da die sachliche bzw. objektive Ertragskraft des Steuerobjekts Gewerbebetrieb maßgeblich ist und besteuert wird (anders bei der Personensteuer, welche die Leistungsfähigkeit des Steuersubjekts ebenfalls berücksichtigt, etwa durch steuerliche Vergünstigungen, die an persönliche Verhältnisse des Steuerschuldners anknüpfen z.B. EStG). Die Gewerbesteuer wird auch als Realsteuer bezeichnet (§ 3 Abs. 2 AO). Die Gewerbesteuer ist eine Gemeindesteuer (§ 1 GewStG), da die Ertragshoheit den Gemeinden zusteht. Laut R 1.1 der GewStR wird durch die Abführung einer Umlage aus dem Gewerbesteueraufkommen an den Bund und das jeweilige Bundesland der Charakter als Gemeindesteuer nicht berührt.

Frage 2: Was bedeutet Gewerbesteuerpflicht?

Lösung: Gem. § 2 GewStG unterliegt jeder inländische stehende Gewerbebetrieb der Gewerbesteuer. Des Weiteren unterliegen gem. § 35a GewStG auch Reisegewerbebetriebe, soweit sie im Inland betrieben werden, der Gewerbesteuer. Die Definition des Begriffs „Reisegewerbebetrieb" befindet sich in R 35a.1 GewStR.

Für die Gewerbesteuer ist Steuerobjekt der Gewerbebetrieb und Steuersubjekt derjenige, der die Gewerbesteuer schuldet.

Frage 3: Kann ein Gemeindebediensteter an der Außenprüfung bei einem Steuerpflichtigen teilnehmen?

Lösung: Nach § 21 FVG sind die Gemeinden berechtigt, hinsichtlich der Gewerbesteuer durch einen Gemeindebediensteten an einer Außenprüfung bei einem Steuerpflichtigen teilzunehmen, wenn dieser in der Gemeinde eine Betriebsstätte unterhält und die Außenprüfung im Gemeindebezirk erfolgt (siehe auch R 1.2 Abs. 3 GewStR).

Frage 4: Was ist ein Gewerbebetrieb?

Lösung: Aus § 2 GewStG ergeben sich drei Arten von Gewerbebetrieben:
1. Unter Gewerbebetrieb ist ein gewerbliches Unternehmen im Sinne des Einkommensteuergesetzes zu verstehen (§ 2 Abs. 1 S. 2 GewStG und R 2.1 Abs. 1 GewStR). Für die Begriffsbestimmung des Gewerbebetriebs müssen daher die Merkmale des § 15 Abs. 2 EStG erfüllt sein:
   - Selbstständigkeit,
   - Nachhaltigkeit der Betätigung,
   - Gewinnerzielungsabsicht,
   - Beteiligung am allgemeinen wirtschaftlichen Verkehr,
   - keine Ausübung von Land- und Forstwirtschaft,
   - keine Ausübung eines freien Berufs noch einer selbständigen Arbeit und
   - keine Ausübung bloßer Vermögensverwaltung.

   Näheres hierzu siehe auch R 15.1 bis 15.7 EStR.
   Sind diese Voraussetzungen erfüllt, liegt ein Gewerbebetrieb aufgrund der Tätigkeit vor.

2. Die Tätigkeit der Kapitalgesellschaften gilt gem. § 2 Abs. 2 GewStG stets und in vollem Umfang als Gewerbebetrieb ebenso die weiteren in § 2 Abs. 2 GewStG aufgeführten Rechtsformen. Es liegt dann ein Gewerbebetrieb kraft Rechtsform vor.
3. Eine sonstige juristische Person des privaten Rechts, die nicht bereits in § 2 Abs. 2 S. 1 GewStG aufgeführt ist, oder ein nicht rechtsfähiger Verein unterliegen der Gewerbesteuer soweit sie einen wirtschaftlichen Geschäftsbetrieb unterhalten (R 2.1 Abs. 5 GewStR). Ein wirtschaftlicher Geschäftsbetrieb ist gegeben, wenn der Geschäftsbetrieb die Kriterien Selbstständigkeit, Nachhaltigkeit, Erzielung von Einnahmen oder andere wirtschaftliche Vorteile erfüllt und über den Rahmen einer bloßen Vermögensverwaltung hinausgeht (§ 14 S. 1 AO). Anders als bei dem Gewerbebetrieb kraft Tätigkeit müssen Gewinnerzielungsabsicht und Teilnahme am allgemeinen wirtschaftlichen Verkehr nicht gegeben sein. Ein wirtschaftlicher Geschäftsbetrieb der Land- und Forstwirtschaft ist zudem ausdrücklich von der Gewerbesteuerpflicht ausgenommen (§ 2 Abs. 3 GewStG).

Frage 5: Anhand welcher Kriterien würden Sie bei einem Einzelunternehmer abgrenzen, ob es sich bei seinen gewerblichen Tätigkeiten um einen oder mehrere Gewerbebetriebe handelt?

Lösung: Sind mehrere Tätigkeiten gegeben, ist im Einzelfall anhand der folgenden Kriterien abzugrenzen, ob es sich um einen oder mehrere Gewerbebetriebe handelt. Das Merkmal Gleichartigkeit der Tätigkeit spricht dafür, dass es sich um einen Gewerbebetrieb handelt. Es ist zu prüfen, ob die ausgeübten Tätigkeiten eine wirtschaftliche Einheit darstellen und sachlich, wirtschaftlich, finanziell oder organisatorisch innerlich zusammenhängen. Das ist gegeben, wenn eine überwiegende Übereinstimmung der folgenden Punkte gegeben ist:
- Art der Betätigung,
- Kunden und Lieferantenkreis,
- die Geschäftsleitung,
- die Arbeitnehmerschaft,
- die Betriebsstätten und
- die Zusammensetzung und Finanzierung des Aktivvermögens.
- Aber auch die Nähe/Entfernung der „Betriebe/Betriebsteile" zueinander ist ein Kriterium.

Die Verschiedenartigkeit der Betätigung spricht dafür, dass es sich um mehrere Gewerbebetriebe handelt. Sind aber nach Verkehrsauffassung und nach Betriebsverhältnissen die verschiedenartigen Tätigkeiten finanziell, wirtschaftlich und organisatorisch eng miteinander verflochten und jeweils als Teil eines Gewerbebetriebes anzusehen, ist von einem einheitlichen Gewerbebetrieb auszugehen (R 2.4 Abs. 1 GewStR). Die Tätigkeit einer Personengesellschaft bildet auch bei verschiedenartigen Tätigkeiten einen einheitlichen Gewerbebetrieb (R 2.4 Abs. 3 GewStR). Die Tätigkeit der Gewerbebetriebe kraft Rechtsform gilt stets und in vollem Umfang als einheitlicher Gewerbebetrieb (R 2.4 Abs. 4 GewStR). Werden von einer sonstigen juristischen Person des privaten Rechts oder einem nichtrechtsfähigen Verein mehrere wirtschaftliche Geschäftsbetriebe unterhalten, so gelten sie ebenso als ein einheitlicher Gewerbebetrieb, § 8 GewStDV.

Frage 6: Wie ist der Verfahrensablauf zur Festsetzung der Gewerbesteuer (Besteuerungsverfahren)? Wo ist der Einspruch einzulegen?

Lösung: Die Verwaltung der Gewerbesteuer steht grundsätzlich den Landesfinanzbehörden zu (Art. 108 Abs. 2 S. 1 GG). Sie kann von einem Land ganz oder zum Teil auf die Gemeinden übertragen werden (Art. 108 Abs. 4 S. 2 GG). Daraus ergibt sich dann ein zweigeteiltes Verfahren. Für die Ermittlung der Besteuerungsgrundlagen und für die Festsetzung der Steuermessbeträge (und ggf. dessen Zerlegung) sind die Finanzämter zuständig. Die Festsetzung und Erhebung der Gewerbesteuer, einschließ-

3. Gewerbesteuer

lich Stundung und Erlass, obliegen den hebeberechtigten Gemeinden. Nur in den Stadtstaaten ist die Verwaltungshoheit zum Teil nicht auf die Gemeinden übertragen, dort sind die Finanzämter auch für die Festsetzung und Erhebung der Gewerbesteuer zuständig. Das Finanzamt setzt zunächst nur die Besteuerungsgrundlage im Gewerbesteuermessbescheid fest und gibt diesen an den Steuerpflichtigen bekannt. Es handelt sich um einen Grundlagenbescheid. Der Messbescheid ist ein Steuerbescheid im Sinne der AO (§ 184 Abs. 1 i.V.m. § 155 Abs. 1 AO). Der Steuerpflichtige kann gegen diesen beim Finanzamt Einspruch (§§ 347 ff. AO) einlegen. Der Gemeinde wird der festgesetzte Messbetrag mitgeteilt, diese erlässt dann den Gewerbesteuerbescheid. Der Gewerbesteuerbescheid kann bei der Gemeinde mit einem Widerspruch (§§ 69 ff. VwGO) angefochten werden.

> **Frage 7:** Was ist die Grundlage der Besteuerung?

Lösung: Besteuerungsgrundlage ist der Gewerbeertrag (§ 6 GewStG). Seine Berechnung ergibt sich aus § 7 GewStG:

    Gewinn nach den Vorschriften des EStG oder KStG
+ Hinzurechnungen, § 8 GewStG
./. Kürzungen, § 9 GewStG
./. verrechenbare Verluste im Sinne des § 10a GewStG
= **maßgeblicher Gewerbeertrag**

> **Frage 8:** Wie ist eine nach § 1a KStG optierende Gesellschaft bezüglich der Gewerbesteuerfestsetzung zu behandeln?

Lösung: Nach § 2 Abs. 8 GewStG ist eine optierende Gesellschaft im Sinne des § 1a des KStG als Kapitalgesellschaft und ihre Gesellschafter wie die nicht persönlich haftenden Gesellschafter einer Kapitalgesellschaft zu behandeln.

> **Frage 9:** Erläutern Sie den Vortrag von Gewerbeverlusten und deren Verrechnung.

Lösung: Der Verlustvortrag ist in § 10a GewStG und z.T. auch in § 35b Abs. 2 GewStG geregelt. Die Höhe der vortragsfähigen Fehlbeträge ist gesondert festzustellen. Der festzustellende Fehlbetrag ergibt sich aus dem Fehlbetrag zu Beginn des Erhebungszeitraums abzüglich des im Erhebungszeitraum verbrauchten Fehlbetrags oder zuzüglich weiterer Verluste.

Im ersten Schritt ist zu prüfen, ob für die auf den Schluss des vorangegangenen Erhebungszeitraums festgestellten Verluste Unternehmensidentität (R 10a.2 GewStR) und Unternehmeridentität (R 10a.3 GewStR) gegeben sind. Soweit diese entfallen sind, können die Verluste nicht mehr verrechnet werden. Bei Personengesellschaften sind Träger des Rechts für den Verlustabzug die einzelnen Mitunternehmer. Ist ein Wechsel im Gesellschafterbestand oder eine Änderung der Beteiligungsquote gegeben, entfällt ggf. der Verlust anteilig (R 10a.3 Abs. 3 GewStR). Bei Körperschaften ist zu beachten, dass § 8c KStG auch für die Gewerbesteuer gilt (§ 10a S. 10 GewStG). Den Regelungen liegt der Objektsteuercharakter der Gewerbesteuer zugrunde: nur derselbe Betrieb, der einen Verlust erlitten hat, soll diesen später mit Gewerbeerträgen verrechnen dürfen. Ein Verlustrücktrag ist bei der Gewerbesteuer nicht möglich.

Im zweiten Schritt wird die Verlustverrechnung in zwei Stufen vorgenommen. Sie erfolgt vor dem Abzug des Freibetrags vom maßgebenden Gewerbeertrag. Der Freibetrag geht dann ggf. ins Leere.

Auf der ersten Stufe kann der Fehlbetrag bis zu einem Betrag von 1 Mio. € (Sockelbetrag) direkt vom positiven Gewerbeertrag abgezogen werden.

Auf der zweiten Stufe kann der noch nicht verrechnete Fehlbetrag mit maximal 60 % des den Betrag von 1 Mio. € übersteigenden Gewerbeertrags verrechnet werden.

Dadurch ist eine Mindestbesteuerung von 40 % des den Betrag von 1 Mio. € übersteigenden Gewerbeertrags gesichert. Damit will man das Steueraufkommen für die Gemeinden verstetigen.

Frage 10: Es gibt Unternehmer, die Betriebsstätten in unterschiedlichen Gemeinden haben. Wie wird die Tätigkeit, die der Unternehmer selbst in den einzelnen Betriebsstätten verrichtet, bei der Zerlegung des Steuermessbetrags berücksichtigt?

Lösung: Um unbillige Ergebnisse für Unternehmen, die nicht von einer juristischen Person betrieben werden, zu vermeiden, wird nach § 31 Abs. 5 GewStG ein fiktiver Unternehmerlohn i.H.v. 25.000 € bei der Ermittlung und Aufteilung der Arbeitslöhne berücksichtigt. Der Betrag von 25.000 € ist nach dem Anteil der Tätigkeit des Unternehmers in den einzelnen Betriebsstätten zu verteilen.

3.2 10 Fälle zur Gewerbesteuer

Fall 1: Es wurde die Wind GmbH & Co. KG gegründet, welche Windkraftanlagen zur Montage auf Dächern herstellen soll. Die Eintragung ins Handelsregister erfolgte am 25.03.05. Aufgrund der hohen Nachfrage wurden bereits Lieferverträge am 25.05.05 unterzeichnet. Die zur Serienreife führende Forschungs- und Entwicklungsarbeit der GmbH & Co KG begann aufgrund baulicher Verzögerungen erst am 28.08.05. Ab dem 01.03.06 ist die GmbH & Co KG lieferfähig. Am 25.03.06 wird das erste Modell ausgeliefert.

Frage: Wann beginnt die Gewerbesteuerpflicht?

Lösung: Erst mit der Lieferfähigkeit am 01.03.06 beginnt die Gewerbesteuerpflicht.

Die GmbH & Co. KG ist originär gewerblich tätig. Sowohl ihr Gewerbebetrieb als auch die Gewerbesteuerpflicht beginnt mit dem Zeitpunkt indem die Voraussetzungen erfüllt sind, die zur Annahme eines Gewerbebetriebs erforderlich sind. Entscheidendes Kriterium ist hier, ob die Teilnahme am wirtschaftlichen Verkehr möglich ist. Die Eintragung im Handelsregister führt nicht zur sachlichen Gewerbesteuerpflicht, auch ist der bloße Abschluss von Lieferverträgen noch keine Teilnahme am allgemeinen wirtschaftlichen Verkehr, ebenso die Entwicklung der Windkraftanlagen. Bloße Vorbereitungshandlungen genügen nicht für die Annahme der Ingangsetzung des Gewerbebetriebs, siehe auch R/H 2.5 Abs. 1 GewStR/H. Anlaufverluste, die auf den Zeitraum vor Ingangsetzung des Gewerbebetriebs entfallen, können für die Gewerbesteuer daher nicht vorgetragen werden.

Exkurs: Auch ein gewerblich geprägter Gewerbebetrieb im Sinne des § 15 Abs. 3 Nr. 2 EStG beginnt erst, wenn der Gewerbebetrieb in Gang gesetzt ist (R 2.5 Abs. 1 S. 4 GewStR).

Fortsetzung: Zwischenzeitlich ist ein Konkurrent an den Markt getreten, der ein ähnliches Produkt zu Kampfpreisen unter den Produktionskosten der Wind GmbH & Co. KG anbietet. Die Wind GmbH & Co. KG beschließt unter diesen Umständen den Gewerbebetrieb zu veräußern. Der Betrieb wird am 25.09.06 an die Z-AG veräußert.

Frage: Welche gewerbesteuerlichen Konsequenzen ergeben sich dadurch?

Lösung: Mit der Veräußerung gilt der Betrieb der GmbH & Co. KG als eingestellt (§ 2 Abs. 5 S. 1 GewStG und R 2.7 Abs. 1 GewStR). Die Gewerbesteuerpflicht endet. Der Gewinn aus der Veräußerung des Betriebs durch die Mitunternehmerschaft ist insoweit gewerbesteuerfrei, als er auf unmittelbar beteiligte natürliche Personen entfällt (R 7.1 Abs. 3 S. 4 GewStR). Der Anteil aus der Veräußerung der auf Kapitalgesellschaften als unmittelbar beteiligte Mitunternehmer entfällt, gilt gem. § 7 S. 2 GewStG als zum Gewerbeertrag zugehörig und unterliegt der Gewerbesteuer.

3. Gewerbesteuer

Fall 2: V betreibt einen Supermarkt. Ab 03 verpachtet er diesen im Ganzen an seinen Angehörigen X und geht keiner weiteren Tätigkeit mehr nach.

Frage: Besteht weiterhin die Gewerbesteuerpflicht?

Lösung: Durch die Verpachtung des ganzen Gewerbebetriebs erlischt die Gewerbesteuerpflicht des V (siehe auch R/H 2.2 GewStR/H). Voraussetzung für die Gewerbesteuer ist eine werbende Tätigkeit. Liegt die Verpachtung eines Gewerbebetriebs im Ganzen vor, ist zu prüfen, ob der Besitzer des Betriebs seine werbende Tätigkeit mit der Verpachtung eingestellt hat. Wenn dies zu bejahen ist, erlischt die Gewerbesteuerpflicht. Es ist im Einzelfall zu prüfen, ob im Überlassungsverhältnis ein reiner Pachtvertrag gegeben ist. Bestehen weitere Verpflichtungen im Zusammenhang mit der Überlassung des Betriebs, ist zu prüfen, ob durch diese nicht weiterhin eine werbende Tätigkeit ausgeübt wird.

Fallvariante: V betreibt fünf Supermärkte als einheitlichen Gewerbebetrieb. Einen der fünf Supermärkte verpachtet er ab 03 an den Angehörigen X und betreibt die anderen vier weiterhin. Der Auftritt am Markt erfolgt für die fünf Märkte nach außen hin einheitlich (Werbung, Wareneinkauf etc.).

Frage: Besteht weiterhin die Gewerbesteuerpflicht?

Lösung: Die Verpachtung des Supermarkts ist im Zuge seines einheitlichen Gewerbebetriebs zu beurteilen. Wenn die neue Tätigkeit (hier: Überlassung eines Supermarkts und Übernahme von Werbung und Einkauf für diesen) Teil des einheitlichen Gewerbebetriebs wird, unterliegt sie auch der Gewerbesteuer.

Fall 3: Beim Gewerbetreibenden G sind in 01 insgesamt Darlehenszinsen i.H.v. 205.000 € angefallen, die richtigerweise als Betriebsausgaben erfasst wurden.

Frage: Wirken sich die Darlehenszinsen i.H.v. 205.000 € in voller Höhe mindernd auf den Gewerbeertrag aus?

Lösung: Nach § 8 Nr. 1a GewStG sind die Darlehenszinsen grundsätzlich hinzuzurechnen. Allerdings gibt es nach § 8 Nr. 1 GewStG einen Freibetrag i.H.v. 200.000 €. Von der nach Berücksichtigung des Freibetrags verbleibenden Summe sind 25 % hinzuzurechnen. Folglich also 1.250 € (5.000 € x 25 %), sodass sich schlussendlich 203.750 € mindernd auf den Gewerbeertrag auswirken.

Fall 4: A und B gründen eine Gesellschaft bürgerlichen Rechts (GbR). Zum Gesellschaftsvermögen gehört ein mit einem Büro- und Verwaltungsgebäude bebautes Grundstück. A ist am Gesellschaftsvermögen mit 70 % beteiligt; B mit 30 %. Für die Stimmrechte der Gesellschafter soll der Anteil am Gesellschaftsvermögen maßgebend sein. Die GbR verpachtet das Grundstück an die X-GmbH, deren Stammkapital zu 100 % von A gehalten wird. Das Grundstück stellt bei der X-GmbH eine wesentliche Betriebsgrundlage dar.

Frage: Welche ertragsteuerlichen Konsequenzen ergeben sich aus diesem Sachverhalt für die Gewerbesteuer?

Lösung: Die Besitzgesellschaft betätigt sich mit der Erfüllung der Verflechtungsvoraussetzungen eigengewerblich, wegen der Möglichkeit des A, den einheitlichen geschäftlichen Betätigungswillen in beiden Gesellschaften durchzusetzen. In diesem Fall ist der Anteil am Gesellschaftsvermögen für die Stimmrechte maßgeblich (abweichend von § 709 Abs. 1 BGB). Isoliert betrachtet wäre die Tätigkeit des Besitzunternehmens Vermögensverwaltung (§ 14 S. 3 AO). Durch die personelle und sachliche Verflechtung geht die Tätigkeit des Besitzunternehmens jedoch über die Vermögensverwaltung hinaus. Es liegen trotz der einheitlichen Betrachtung mehrere Unternehmen vor (H 2.4 (3) „Betriebsaufspaltung"

GewStH). Für das Besitzunternehmen kann ggf. eine Kürzung nach § 9 Nr. 1 S. 1 GewStG in Anspruch genommen werden (prüfen, ob § 20 Abs. 1 S. 2 GewStDV erfüllt ist, da das Stichtagsprinzip gilt). Die erweiterte Kürzung nach § 9 Nr. 1 S. 2 GewStG kommt nicht in Betracht (H 9.2 (2) „Betriebsaufspaltung" GewStH). Das Betriebsunternehmen muss für die Mietaufwendungen, soweit diese den Gewinn gemindert haben, eine Hinzurechnung im Sinne des § 8 Nr. 1 Buchst. e) GewStG vornehmen.

> **Frage:** Die X-GmbH schüttet Gewinne an A aus. Was ist zu beachten?

Antwort: Ausschüttungen aus der X-GmbH zugunsten von A sind zunächst im maßgeblichen Gewinn der GbR im Sinne des § 7 S. 1 GewStG in Höhe von 60 % enthalten (§ 3 Nr. 40 S. 1 Buchst. d) EStG). Der im Gewinn enthaltene Anteil wird bei der Ermittlung des Gewerbeertrags gem. § 9 Nr. 2a GewStG vom Gewinn gekürzt. Der Anteil des A beträgt 100 %, da dies mehr ist als mindestens 15 %, liegt eine Schachtelbeteiligung vor. Nach R 9.3 S. 4 GewStR sind für die Prüfung, ob eine Schachtelbeteiligung gegeben ist, die Anteile an der GmbH aller Gesellschafter der GbR zusammenzurechnen.

> **Fallvariante:** Die X-GmbH ist nach § 3 Nr. 20 Buchst. c) GewStG von der Gewerbesteuer befreit.

Lösung: Wenn die GbR wie in diesem Fall ausschließlich aufgrund der Betriebsaufspaltung gewerbliche Einkünfte erzielt, wirkt die Befreiung nach § 3 Nr. 20 Buchst. c) auch für die GbR (siehe auch H 3.20 „Merkmalserstreckung bei Betriebsaufspaltung" GewStH).

Sie ist nicht möglich, wenn das Besitzunternehmen auch ohne die Betriebsaufspaltung gewerblich tätig ist.

> **Fall 5:** Ein Mandant betreibt eine ambulante Krankenhilfe mit Unterstützung von fünf geringfügig Beschäftigten. Die Tätigkeit umfasst die spezielle Pflege, die Grundversorgung sowie die haushaltlichen Tätigkeiten. Nach einer Außenprüfung erließ das zuständige Finanzamt einen Gewerbesteuermessbescheid.
>
> **Frage:** Zu Recht? Anhand welcher Kriterien prüfen Sie, ob tatsächlich gewerbliche Einkünfte vorliegen?

Lösung: Es ist zu prüfen, ob die Voraussetzungen des § 15 Abs. 2 EStG gegeben sind. Ist dies der Fall, würde ein Gewerbebetrieb vorliegen, der gem. § 2 GewStG gewerbesteuerpflichtig ist. Wenn eine selbstständige nachhaltige Betätigung, die mit der Absicht Gewinn zu erzielen unternommen wird, vorliegt und eine Beteiligung am allgemeinen wirtschaftlichen Verkehr gegeben ist, liegen gewerbliche Einkünfte vor. Jedoch darf es sich nicht um Einkünfte aus selbständiger Arbeit (§ 18 EStG) oder aus Land- und Forstwirtschaft (§ 15 EStG) handeln und es darf auch nicht eine bloße Vermögensverwaltung vorliegen.

Für den vorgenannten Fall ist zu prüfen ob ggf. Einkünfte aus selbständiger Arbeit gegeben sind. Ein Tätigkeitsberuf im Sinne des § 18 Nr. 1 EStG liegt nicht vor. Ein Katalogberuf des § 18 Nr. 1 EStG ist ebenfalls nicht gegeben. Daher ist zu prüfen, ob ein Beruf vorliegt, der einem Katalogberuf ähnlich ist. Ein Beruf ist einem Katalogberuf ähnlich, wenn er in wesentlichen Punkten mit ihm verglichen werden kann. Dazu gehört die Vergleichbarkeit der Ausbildung und der beruflichen Tätigkeit (H 15.6 „Ähnliche Berufe" EStH). Für einen Altenpfleger liegt eine selbständige Arbeit vor, soweit keine hauswirtschaftliche Versorgung der Patienten erfolgt (siehe Auflistung in H 15.6 „Abgrenzung selbständige Arbeit/Gewerbebetrieb" EStH). Die hauswirtschaftliche Versorgung spricht gegen eine selbständige Tätigkeit im Sinne des § 18 EStG, aber auch die Tatsache, dass ein Krankenpfleger die Pflegeleistung überwiegend seinen Mitarbeitern überlässt, spricht für eine gewerbliche Tätigkeit (vgl. H 15.6 „Mithilfe anderer Personen" EStH). Er ist dadurch ggf. nicht mehr leitend tätig und handelt in der für seinen Beruf typischen Tätigkeit nicht mehr eigenverantwortlich. Für das Vorliegen einer selbständigen Arbeit i.S.v.

3. Gewerbesteuer

§ 18 EStG muss die erbrachte Leistung auch ihm zugerechnet werden können und von ihm persönlich geprägt sein („Stempeltheorie"). Das wäre im Einzelfall hier zu prüfen. Freiberufliche Arbeit leistet der Berufsträger nur, wenn die Ausführung jedes einzelnen ihm erteilten Auftrags ihm und nicht den fachlichen Mitarbeitern, den Hilfskräften, den technischen Hilfsmitteln oder dem Unternehmen als Ganzem zuzurechnen ist, wobei in einfachen Fällen eine fachliche Überprüfung der Arbeitsleistung der Mitarbeiter genügt.

Fall 6: Ihr Mandant legt Ihnen erstmals seine Einnahmen-Überschuss-Rechnung für die Vermietung seines Wohnmobils vor. Tatsächlich vermietet er das Wohnmobil etwa 50–70 Tage im Jahr, erzielt jedoch zunächst nur Verluste. Er ist der Meinung, es lägen gewerbliche Einkünfte vor.

Frage: Anhand welcher Kriterien prüfen Sie, ob tatsächlich gewerbliche Einkünfte vorliegen?

Lösung: Es ist zu prüfen, ob die Voraussetzungen des § 15 Abs. 2 EStG gegeben sind. Liegt eine selbstständige nachhaltige Betätigung, die mit der Absicht Gewinn zu erzielen unternommen wird, vor und ist eine Beteiligung am allgemeinen wirtschaftlichen Verkehr gegeben, handelt es sich um gewerbliche Einkünfte. Jedoch dürfen keine Einkünfte aus selbstständiger Arbeit oder aus Land- und Forstwirtschaft vorliegen. Des Weiteren darf auch nicht nur eine bloße Vermögensverwaltung vorliegen. Laut R 15.7 Abs. 1 EStR liegt Vermögensverwaltung vor, wenn sich die Betätigung noch als Nutzung von Vermögen im Sinne einer Fruchtziehung aus zu erhaltenden Substanzwerten darstellt und die Ausnutzung substantieller Vermögenswerte durch Umschichtung nicht entscheidend in den Vordergrund tritt. Die Einkünfte aus der Vermietung von beweglichen Gegenständen sind in der Regel Einkünfte im Sinne des § 22 Nr. 3 EStG (siehe R 15.7 Abs. 3 EStR). Nur wenn im Zusammenhang mit der Vermietung ins Gewicht fallende Sonderleistungen erbracht werden oder der Umfang der Tätigkeit eine unternehmerische Organisation erfordert, kann eine gewerbliche Tätigkeit vorliegen. In H 15.7 (3) „Wohnmobil" EStH vertritt die Finanzverwaltung die Meinung (ebenso: BFH-Urteil vom 12.11.1997, BStBl II 1998, 774), dass die Vermietung nur eines Wohnmobils keine gewerbliche Tätigkeit ist.

Fall 7: Einzelunternehmer B hat ein abweichendes Wirtschaftsjahr vom 01.07. bis zum 30.06. Für das Wirtschaftsjahr 01.07.04 bis 30.06.05 ergibt sich eine voraussichtliche Gewerbesteuer i.H.v. 100.000 €.

Frage: Wann hat Einzelunternehmer B die Vorauszahlungen zu entrichten?

Lösung: Die Vorauszahlungen i.H.v. je 25.000 € sind von B am 15.08.04, 15.11.04, 15.02.05 und am 15.05.05 zu entrichten. Diese werden auf die endgültige Steuerschuld des Erhebungszeitraums 05 angerechnet.

Weitere Frage: Was soll durch die Entrichtung der Vorauszahlungen in dem jeweiligen Wirtschaftsjahr vermieden werden?

Antwort: Durch die Entrichtung der Vorauszahlungen bei einem vom Kalenderjahr abweichenden Wirtschaftsjahr in dem jeweiligen Wirtschaftsjahr soll vermieden werden, dass es bei Neugründungen mit vom Kalenderjahr abweichendem Wirtschaftsjahr oder bei der Umstellung auf ein vom Kalenderjahr abweichendes Wirtschaftsjahr zu einer Steuerpause kommt.

Fall 8: Die XY-GmbH spendet im Jahr 01 1.000 € an einen gemeinnützigen Verein.

Frage: Was ist bei der Ermittlung des Gewerbeertrags zu berücksichtigen?

Lösung: Die Spende an den gemeinnützigen Verein (= Förderung steuerbegünstigter Zwecke im Sinne der §§ 52 bis 54 AO) gehört zu den Ausgaben i. S. d. § 9 Abs. 1 Nr. 2 KStG, die bei der Ermittlung des

Gewinns aus Gewerbebetrieb mit bestimmten Höchstbeträgen abzugsfähig ist. Im Rahmen der Ermittlung des Gewerbeertrags wird die Spende allerdings wieder nach § 8 Nr. 9 GewStG hinzugerechnet. Die Hinzurechnung ist mit dem Betrag vorzunehmen, mit dem die Spende bei der Ermittlung des körperschaftlichen Einkommens abgezogen worden ist. Anschließend wird die Spende nach § 9 Nr. 5 GewStG im Rahmen dieser Höchstbeträge als Kürzungsbetrag berücksichtigt.

> **Fall 9:** Die Firma X-Promotion beschäftigt in ihren zwei Betriebsstätten, die in zwei unterschiedlichen Gemeinden liegen, jeweils vier Mitarbeiter. Der Gewerbesteuermessbetrag beträgt 100.000 €. Alle Beschäftigten erhalten jeweils einen Jahreslohn von 10.000 €. In beiden Betriebsstätten werden jeweils ein festangestellter Arbeitnehmer, zwei Praktikanten und ein Auszubildender beschäftigt. Die Festangestellten erhalten beide eine Gratifikation von 15.000 €.
>
> **Fragen:** Wie zerlegen Sie den Messbetrag auf die beiden Betriebsstätten? Wie hoch ist der maßgebliche Arbeitslohn?

Lösung: Der Gewerbesteuermessbetrag ist gem. § 28 GewStG i.V.m. § 29 Abs. 1 Nr. 1 GewStG nach den Arbeitslöhnen zu zerlegen. Die Vergütung für die Praktikanten und für die Auszubildenden ist gem. § 31 GewStG und R 31.1 Abs. 2 GewStR nicht in die Zerlegung mit einzubeziehen, ebenso wenig die Gratifikationen (§ 31 Abs. 4 GewStG). Somit verbleiben je Betriebsstätte jeweils 10.000 €, die für die Zerlegung maßgeblich sind. 10.000 € ins Verhältnis gesetzt zu 20.000 € ergibt jeweils 50 % des Gewerbesteuermessbetrags für die Gemeinden der jeweiligen Betriebsstätten.

> **Fall 10:** Mandant G hat einen Gewerbesteuermessbescheid für den Erhebungszeitraum 08 erhalten. Sie stellen fest, dass der Bescheid fehlerhaft ist. Sie erkennen auch, dass der Messbetrag für die Vorauszahlungen für die Gewerbesteuer zu hoch bemessen ist.
>
> **Frage:** Was veranlassen Sie?

Lösung: Gegen den fehlerhaften Gewerbesteuermessbescheid ist beim zuständigen Finanzamt Einspruch einzulegen (§§ 347 ff. AO). Sollte das Finanzamt Einspruch als unbegründet zurückweisen, kann hiergegen mit einer Klage beim zuständigen Finanzgericht vorgegangen werden. Ist absehbar, dass die Gewerbesteuerlast in Zukunft deutlich niedriger sein wird als bisher, ist ggf. ein Antrag auf Berichtigung des voraussichtlichen Steuermessbetrags zu stellen. Das Finanzamt kann dann einen Gewerbesteuermessbetrag für Zwecke der Vorauszahlungen erlassen, wenn die Voraussetzungen der R 19.2 Abs. 1 S. 7 GewStR erfüllt sind.

> **Weitere Frage:** Aufgrund welcher Rechtsnorm können Sie die Änderung des Gewerbesteuermessbescheids verlangen, wenn aufgrund eines geänderten Einkommen- oder Körperschaftsteuerbescheids der Gewinn aus dem Gewerbebetrieb berührt ist?

Antwort: § 35b GewStG sieht vor, dass der Gewerbesteuermessbescheid von Amts wegen aufzuheben oder zu ändern ist, wenn die Änderung des Gewinns aus Gewerbebetrieb die Höhe des Gewerbeertrags oder des vortragbaren Gewerbeverlusts beeinflusst.

> **Weitere Frage:** Einige Zeit später erhalten Sie den Gewerbesteuerbescheid und stellen fest, dass ein falscher Hebesatz angewandt wurde. Was veranlassen Sie jetzt?

Antwort: Es ist ein Widerspruch bei der Gemeinde einzulegen (§ 69 VwGO). Hier wäre die nächste Instanz das Verwaltungsgericht.

4. Umwandlungssteuerrecht

4.1 10 Fragen zum Umwandlungssteuerrecht

Frage 1: Erläutern Sie die Behandlung der Spaltung von Kapitalgesellschaften.

Antwort: Nach § 123 UmwG erfolgt die Spaltung einer Kapitalgesellschaft im Rahmen einer Gesamtrechtsnachfolge entweder als:
- Aufspaltung,
- Abspaltung oder
- Ausgliederung.

Bei der **Aufspaltung** geht gemäß § 123 Abs. 1 UmwG das gesamte Vermögen eines Rechtsträgers unter Auflösung ohne Abwicklung auf mindestens zwei andere bereits bestehende (Aufspaltung durch Aufnahme) oder neu gegründete (Aufspaltung durch Neugründung) Rechtsträger über. Der bisherige Rechtsträger geht unter. Die Altgesellschafter werden an dem oder den übernehmenden Rechtsträgern beteiligt.

Bei der **Abspaltung** geht gemäß § 123 Abs. 2 UmwG wie bei der Aufspaltung Vermögen auf bereits bestehende (Abspaltung zur Aufnahme) oder neu gegründete (Abspaltung zur Neugründung) Rechtsträger über. Im Gegensatz zur Aufspaltung geht der bisherige Rechtsträger jedoch nicht unter, sondern bleibt bestehen, Die Gesellschafter der übertragenden Gesellschaft erhalten Anteile an der übernehmenden Gesellschaft.

Auch bei der **Ausgliederung** wird gemäß § 123 Abs. 3 UmwG Vermögen auf einen bestehenden (Ausgliederung zur Aufnahme) oder neuen Rechtsträger (Ausgliederung zur Neugründung) übertragen. Die Anteile an der übernehmenden Gesellschaft gehen jedoch nicht auf die Gesellschafter der übertragenden Gesellschaft über, sondern gelangen unmittelbar in das Vermögen der übertragenden Gesellschaft.

Steuerrechtlich ist die Spaltung in Form von Auf- oder Abspaltung einer Körperschaft von §§ 15, 16 UmwStG erfasst, während die Ausgliederung als Einbringung in eine Kapitalgesellschaft nach den §§ 20 ff. UmwStG oder als Einbringung in eine Personengesellschaft nach dem § 24 UmwStG anzusehen ist.

Besonderheit: Spaltung auf eine Kapitalgesellschaft

Bei der Spaltung einer Kapitalgesellschaft auf eine andere Kapitalgesellschaft hat die übertragende Kapitalgesellschaft die übergehenden Wirtschaftsgüter grundsätzlich mit dem gemeinen Wert anzusetzen (§ 15 Abs. 1, § 11 Abs. 1 UmwStG). Ertragsteuerneutral kann die Spaltung durch Ansatz der Buchwerte nur dann durchgeführt werden, wenn sowohl die speziellen Voraussetzungen des § 15 Abs. 1 Satz 2 UmwStG und § 15 Abs. 2 UmwStG als auch die allgemeinen Voraussetzungen des § 11 Abs. 2 UmwStG erfüllt sind. Diese sind:

- Die steuerneutrale Spaltung setzt voraus, dass auf die Übernehmerin ein Teilbetrieb, ein Mitunternehmeranteil oder eine 100 %ige Beteiligung an einer Kapitalgesellschaft übergeht (§ 15 Abs. 1 UmwStG).
- Im Falle der Abspaltung muss das der übertragenden Kapitalgesellschaft verbleibende Vermögen ebenfalls ein Teilbetrieb sein (§ 15 Abs. 1 Satz 2 UmwStG).
- Mitunternehmeranteile und 100 %ige Beteiligungen sind nicht begünstigt, wenn sie innerhalb eines Zeitraums von drei Jahren vor dem steuerlichen Übertragungsstichtag durch Übertragung von Wirtschaftsgütern erworben oder aufgestockt worden sind, die keinen Teilbetrieb darstellen (§ 15 Abs. 2 Satz 1 UmwStG).
- Eine steuerneutrale Spaltung ist dann nicht möglich, wenn gem. § 15 Abs. 2 Satz 2 UmwStG durch die Spaltung die Veräußerung an außenstehende Personen vollzogen wird (bloßer Einleitungssatz) oder gem. § 15 Abs. 2 Satz 3 UmwStG die Voraussetzungen für eine Veräußerung geschaffen werden

(Grundlage für die nachfolgende Vermutungsregel, kein eigenständiger Ausschlussgrund: siehe BFH, I R 39/18 (BFH/NV 2022, 297); a.A. Fin-Beh Hamburg vom 13.04.2015, DStR 2015, 1871; Fin-Min Brandenburg vom 16.07.2015, DStR 2014, 2180). Dies ist dann der Fall, wenn innerhalb von fünf Jahren nach dem steuerlichen Übertragungsstichtag Anteile an einer an der Spaltung beteiligten Körperschaft übertragen werden, die mehr als 20 % der vor Wirksamwerden der Spaltung bestehenden Anteile ausmachen (§ 15 Abs. 2 Satz 4 UmwStG).

> **Hinweis!** Mit dem Wachstumschancengesetz hat der Gesetzgeber § 15 Abs. 2 UmwStG grundlegend geändert (Art. 11 Wachstumschancengesetz) und die zuvor dargestellte Rechtsprechung ins Leere laufen gelassen. Danach wird in § 15 Abs. 2 S. 2 UmwStG n.F. zusätzlich die Vorbereitung einer Veräußerung aufgenommen, die nach § 15 Abs. 2 S. 4 UmwStG n.F. vorliegen soll, wenn innerhalb von fünf Jahren nach dem steuerlichen Übertragungsstichtag eine Veräußerung mindestens eines Anteils an einer an der Spaltung beteiligten Körperschaft an außenstehende Personen erfolgt. Zur Definition der außenstehenden Person wird auf § 15 Abs. 2 S. 3 UmwStG n.F. verwiesen, der außenstehende Personen als nicht ununterbrochen fünf Jahre vor der Spaltung an der übertragenden Körperschaft beteiligte Personen beschreibt. Hierdurch sollen Umgehungsmöglichkeiten ausgeschlossen werden (Art. 11 Ziff. 1 lit. b Wachstumschancengesetz). Insgesamt dient die Neuregelung dem Zweck, steuerneutrale Spaltungen auch dann auszuschließen, wenn diese der Vorbereitung einer Veräußerung an außenstehende Dritte dient (Höster, NWB Nr. 41 vom 13.10.2023, 2790, 2803). Die Änderungen gelten bereits für alle Spaltungen, die nach dem 14.07.2023 zum Handelsregister angemeldet werden bzw. worden sind (Art. 11 Ziff. 2 Wachstumschancengesetz).

- Es muss sichergestellt sein, dass die übergehenden Wirtschaftsgüter weiterhin der Körperschaftsteuer unterliegen.
- Das deutsche Besteuerungsrecht muss erhalten bleiben und
- eine Gegenleistung darf nicht gewährt werden oder muss in Gesellschaftsrechten bestehen (§ 11 Abs. 2 UmwStG).

Sind die genannten Voraussetzungen erfüllt, ist der Buchwertansatz möglich mit der Folge, dass bei der übertragenden Körperschaft keine Gewinnrealisierung eintritt. Die übernehmende Gesellschaft tritt grundsätzlich in die steuerliche Rechtsstellung der übertragenden Kapitalgesellschaft ein. Steuerliche Besitzzeiten werden angerechnet (§§ 15 Abs. 1, 12 Abs. 3, 4 Abs. 2 und 3 UmwStG).

> **Frage 2:** Die X-GmbH & Co KG soll in eine GmbH umgewandelt werden.
> a) Wie ist das zivilrechtlich möglich?
> b) Was ist steuerrechtlich zu beachten?
> c) Unter welchen Voraussetzungen ist eine Bewertung mit dem Buchwertansatz möglich?
> d) Nennen Sie ein Beispiel, wann der Buchwertansatz nicht möglich wäre!
> e) Was ist bei einer Verschmelzung noch zu beachten?

Antwort:
a) Eine GmbH & Co KG kann durch Formwechsel oder Verschmelzung (zur Neugründung gemeinsam mit einem weiteren, bereits vorhandenen Rechtsträger oder zur Aufnahme seitens einer bereits vorhandenen GmbH) in eine GmbH umgewandelt werden. Dabei ist zu beachten, dass die Komplementär-GmbH grundsätzlich zur Gesellschafterin der übernehmenden GmbH wird und nicht untergeht.

> **Hinweis!** Die ebenfalls bestehende Möglichkeit der Aufspaltung führt zu zwei neuen GmbHs und dem Erlöschen der GmbH & Co. KG, während bei Abspaltung nur eine neue GmbH entsteht und die X-GmbH & Co. KG fortbesteht.

4. Umwandlungssteuerrecht

b) Bei dieser Umwandlung ist die Vorschrift des § 20 UmwStG (im Falle des Formwechsels über § 25 UmwStG) zu beachten. Generelle Voraussetzung ist, dass der ganze Betrieb (bzw. im Fall des Formwechsels sämtliche Mitunternehmeranteile; siehe Tz. 20.03, BMF vom 11.11.2011, IV C 2 – 1978-b/08/10001, BStBl I 2011, 1314 „**UmwSt-Erlass**") gegen Gewährung von Gesellschaftsanteilen übertragen wird/werden. Wesentliche Betriebsgrundlagen im Sonderbetriebsvermögen sind miteinzubringen (Tz. 20.06 UmwSt-Erlass). Die Bewertung erfolgt grundsätzlich durch Ansatz mit dem gemeinen Wert.

c) Ein Buchwertansatz ist möglich, wenn die folgenden Voraussetzungen erfüllt sind:
- Sicherstellung der Körperschaftsteuerpflicht bei der übernehmenden Körperschaft,
- Passivposten nicht größer als Aktivposten (Eigenkapital bleibt unberücksichtigt),
- Gewinnbesteuerung in Deutschland nicht ausgeschlossen oder eingeschränkt und
- der gemeine Wert von sonstigen Gegenleistungen, die neben den neuen Gesellschaftsanteilen gewährt werden, nicht mehr beträgt als:
  - 25 % des Buchwerts des eingebrachten Betriebsvermögens oder
  - 500.000 €, höchstens jedoch den Buchwert des eingebrachten Betriebsvermögens.

d) Ein Buchwertansatz wäre z.B. nicht möglich, wenn auf eine gemeinnützige Körperschaft verschmolzen würde.

e) Bei der Umwandlung muss bezüglich der neuen Anteile die 7-jährige Frist des § 22 Abs. 1 UmwStG beachtet werden.

Frage 3: Erläutern Sie die Umwandlung einer GmbH in eine KG.

Antwort: Eine GmbH kann durch Formwechsel, Verschmelzung oder Spaltung in eine KG umgewandelt werden.

Der **Formwechsel einer GmbH in eine KG** beinhaltet die Änderung der Rechtsform des Unternehmens unter Wahrung seiner rechtlichen Identität (sog. Änderung des Rechtskleides). Aus der GmbH wird eine KG, ohne dass sich an den Beteiligungsverhältnissen oder dem Vermögen etwas ändert. Ein Vermögensübergang findet nicht statt.

Bei der Spaltung ist zu differenzieren (§ 123 UmwG): Eine GmbH kann ihr Vermögen auf mindestens zwei andere Rechtsträger aufspalten. Als übernehmender Rechtsträger kommt auch eine KG in Betracht. Eine GmbH kann einen Teil ihres Vermögens auf eine KG abspalten. Die GmbH existiert mit dem verbleibenden Vermögen neben der KG fort. Eine GmbH kann einen Teil ihres Vermögens auf eine KG ausgliedern. Die GmbH besteht fort. An die Stelle des ausgegliederten Vermögens tritt die Beteiligung an der KG. Bei der Spaltung kann das Vermögen sowohl auf eine bestehende KG wie auch auf eine mit der Spaltung zu gründende KG übergehen.

Eine GmbH kann – auch gleichzeitig mit anderen Personenhandels- oder Kapitalgesellschaften – auf eine bestehende KG verschmolzen werden (Verschmelzung durch Aufnahme). Mit anderen Rechtsträgern kann die GmbH zu einer neuen KG verschmolzen werden (Verschmelzung durch Neugründung). Die Verschmelzung führt zur Übertragung des Vermögens der GmbH auf die KG im Wege der Gesamtrechtsnachfolge. Die GmbH geht unter. An die Stelle der GmbH-Anteile treten die Beteiligungen an der KG.

Steuerlich ist grundsätzlich in allen Fällen eine Buchwertfortführung (Verschmelzung: §§ 3 ff. UmwStG; Formwechsel: § 9 UmwStG; Spaltung § 16 UmwStG) möglich. Ein Verlustvortrag der GmbH, der nicht im Rahmen des Formwechsels ausgenutzt wird, geht gem. § 4 Abs. 2 S. 2 UmwStG verloren.

Frage 4: Was versteht man unter einer Einbringung i.S.d. § 20 UmwStG?

Antwort: Die Einbringung von Betriebsvermögen in eine Kapitalgesellschaft ist aus ertragsteuerlicher Sicht ein veräußerungs- bzw. tauschähnlicher Vorgang, bei dem die übernehmende Kapitalgesellschaft als Gegenleistung für das eingebrachte Betriebsvermögen neue Gesellschaftsanteile gewährt (Tz. 00.02 UmwSt-Erlass).

Zivilrechtlich kann sich die Einbringung auf unterschiedlichen Wegen vollziehen.

Im Wege der **Gesamtrechtsnachfolge**:

- durch Verschmelzung von Personenhandelsgesellschaften auf eine bestehende oder neu gegründete Kapitalgesellschaft (§ 2 UmwG),
- durch Aufspaltung und Abspaltung von Vermögensteilen einer Personenhandelsgesellschaft auf eine Kapitalgesellschaft (§ 123 Abs. 1, 2 UmwG) und
- durch Ausgliederung von Vermögensteilen eines Einzelkaufmanns auf eine Kapitalgesellschaft (§§ 152 ff., 158 ff. UmwG).

Im Wege der **Einzelrechtsnachfolge**:

- durch Sacheinlagen i.S.d. § 5 Abs. 4 GmbHG bzw. § 27 AktG oder
- durch Sachkapitalerhöhungen aus Gesellschaftermitteln (§ 56 GmbHG, §§ 183, 194, 205 AktG).

Im Wege des **Formwechsels** nach § 190 UmwG vollzieht sich die Einbringung bei der Umwandlung einer Personenhandelsgesellschaft in eine Kapitalgesellschaft, da der Formwechsel steuerlich nach § 25 UmwStG wie ein Rechtsträgerwechsel behandelt wird.

> **Frage 5:** Welche Folgerungen ergeben sich aus einer Einbringung i.S.d. § 20 UmwStG für den Einbringenden und für die Übernehmerin?

Antwort für den Einbringenden: Die Einbringung führt grundsätzlich zu einer Gewinnrealisierung, wobei im Falle der Betriebsveräußerung nach § 16 Abs. 1 Nr. 1 EStG ggf. der Freibetrag nach § 16 Abs. 4 EStG und die Steuersatzermäßigung nach § 34 EStG zur Anwendung kommen. Abweichend von diesem Grundsatz ist die Gewinnrealisierung insbesondere dann zu vermeiden, wenn die Voraussetzungen des § 20 UmwStG vorliegen.

Grundvoraussetzung für die Anwendung des § 20 UmwStG ist, dass die Gegenleistung der übernehmenden Kapitalgesellschaft für das eingebrachte Vermögen zumindest teilweise in neuen Gesellschaftsrechten besteht.

Geeigneter Einbringungsgegenstand sind Betriebe, Teilbetriebe und Mitunternehmeranteile. Soweit Anteile an einer Kapitalgesellschaft gegen Gewährung von Gesellschaftsrechten in eine andere Kapitalgesellschaft eingebracht werden, liegt ein sog. Anteilstausch vor, dessen steuerliche Behandlung durch § 21 UmwStG geregelt wird.

Soweit ein Betrieb, Teilbetrieb oder Mitunternehmeranteil gegen Gewährung von Gesellschaftsrechten in eine Kapitalgesellschaft eingebracht wird, hat die übernehmende Gesellschaft das eingebrachte Betriebsvermögen grundsätzlich mit dem gemeinen Wert anzusetzen (§ 20 Abs. 2 Satz 1 UmwStG).

Auf Antrag kann das übernommene Betriebsvermögen gem. § 20 Abs. 2 Satz 2 UmwStG einheitlich jedoch auch mit dem Buchwert oder einem Zwischenwert angesetzt werden, soweit:

- die körperschaftsteuerliche Erfassung der Wirtschaftsgüter bei der übernehmenden Körperschaft sichergestellt ist,
- die Passivposten des eingebrachten Betriebsvermögens die Aktivposten ohne Berücksichtigung des Eigenkapitals nicht übersteigen,
- das deutsche Besteuerungsrecht erhalten bleibt und
- der gemeine Wert von sonstigen Gegenleistungen, die neben den neuen Gesellschaftsanteilen gewährt werden, nicht mehr beträgt als:
  - 25 % des Buchwerts des eingebrachten Betriebsvermögens oder
  - 500.000 €, höchstens jedoch den Buchwert des eingebrachten Betriebsvermögens.

4. Umwandlungssteuerrecht

Antwort für die Übernehmerin: Welche Auswirkungen sich bei der übernehmenden Kapitalgesellschaft konkret ergeben, hängt davon ab, mit welchen Werten die eingebrachten Wirtschaftsgüter angesetzt werden:

- Wird das eingebrachte Betriebsvermögen mit dem Buchwert bewertet, tritt die Kapitalgesellschaft insbesondere in Bezug auf die AfA, steuermindernde Rücklagen und die Anrechnung von Besitzzeiten grundsätzlich in die Rechtsstellung des Einbringenden ein (§§ 23 Abs. 1, 12 Abs. 3, 4 Abs. 2 Satz 3 UmwStG).
- Bei einem Zwischenwertansatz ist die AfA auf Basis der Zwischenwerte zu bemessen (§ 23 Abs. 3 UmwStG).
- Beim Ansatz des gemeinen Wertes gelten die eingebrachten Wirtschaftsgüter bei Einzelrechtsnachfolge als angeschafft, bei Gesamtrechtsnachfolge sind die Regelungen für den Zwischenwertansatz maßgebend (§ 23 Abs. 4 UmwStG).

Frage 6: Wie werden bei Einbringungen in Kapitalgesellschaften Entnahmen im Rückwirkungszeitraum behandelt?

Antwort: Gemäß § 20 Abs. 5 S. 3 UmwStG werden Einlagen und Entnahmen nicht von der Rückwirkung erfasst, sondern erhöhen oder mindern die Anschaffungskosten der gewährten Anteile. Nach Auffassung der Finanzverwaltung dürfen Entnahmen im Rückwirkungszeitraum nicht dazu führen, dass das Kapital zum steuerlichen Übertragungsstichtag negativ wird (Tz. 20.19 UmwSt-Erlass). Die Rechtsprechung hat dieser Auffassung mit Urteil vom 07.03.2018 (BFH, DStR 2018, 1560, 1562 f., Tz. 18) widersprochen und gestattet somit die Erzeugung negativer Anschaffungskosten.

Hinweis! Das Bundeskabinett hat am 05.06.2024 den Entwurf des Jahressteuergesetzes (JStG) 2024 beschlossen (www.bundesfinanzministerium.de/service/Gesetze und Gesetzesvorhaben/Stand: 13.06.2024), das unter anderem eine Ergänzung des § 20 Abs. 2 UmwStG durch Anfügung eines neuen Satzes 5 mit folgendem Wortlaut enthält:

„Das eingebrachte Betriebsvermögen im Sinne des Satzes 2 Nummer 2 und 4 sowie Satz 4 ermittelt sich unter Berücksichtigung der Entnahmen und Einlagen im Sinne des Absatzes 5 Satz 2." (Art. 9 Ziff. 6 RegE JStG 2024).

Gemäß der Regierungsentwurfs-Begründung zu Art. 9 Ziffer 6 soll ausdrücklich entgegen der zuvor zitierten Rechtsprechung des BFH klargestellt werden, dass entsprechend der bestehenden Verwaltungsauffassung Entnahmen und Einlagen im Rückwirkungszeitraum zu berücksichtigen sind und somit ein Buchwertansatz des eingebrachten Betriebsvermögens nicht möglich ist, soweit sich unter Berücksichtigung von Entnahmen und Einlagen im Rückwirkungszeitraum negative Anschaffungskosten ergeben würden. In dieser Höhe sind die Buchwerte des eingebrachten Betriebsvermögens aufzustocken (RegE JStG 2024, S. 172).

Sollte das Gesetz unverändert durch den Bundestag verabschiedet werden und damit nach der Entwurfsfassung am Tage nach seiner Verkündung in Kraft treten (Art. 45 Abs. 1 RegE JStG 2024), wäre die bisherige Verwaltungsauffassung in Gesetzesform gegossen. Bei Drucklegung waren betreffend das weitere Gesetzgebungsverfahren noch keine Termine bekannt.

Beispiel der Einbringung eines Einzelunternehmens in eine GmbH

E betreibt ein Einzelunternehmen, das er im Wege der Ausgliederung zur Neugründung gemäß der §§ 123 Abs. 3, 152, 158 ff. UmwG in eine GmbH überführt. Die Beurkundung der Ausgliederung fand am 01.04.2024 statt. Die Anmeldung erfolgte unverzüglich am 02.04.2024. Am 30.06.2024 wurde die Umwandlung ins Handelsregister eingetragen. Der Umwandlung lag folgende Bilanz zugrunde:

Aktiva	Schlussbilanz des Einzelunternehmens zum 31.12.2023		Passiva
Anlagevermögen	100 T€ 150 T€ (GW)	Kapital	0 T€
Umlaufvermögen	200 T€ 250 T€ (GW)	Verbindlichkeiten	300 T€
(Firmenwert)	0 T€ 20 T€ (GW)		
	300 T€		**300 T€**

Die Einbringung soll zu Buchwerten erfolgen. Wie in der Vergangenheit üblich hat E bis zur Eintragung der Umwandlung monatlich einen Betrag von 5.000 € aus dem Einzelunternehmen entnommen, die ihm ab Eintragung der Umwandlung als Geschäftsführergehalt ausbezahlt werden.

Lösung: Gemäß § 20 Abs. 2 Nr. 2 UmwStG dürfen die Passivposten die Aktivposten nicht übersteigen. Ausweislich der vorliegenden Schlussbilanz zum 31.12.2023 ist dies nicht der Fall. Allerdings führen die Entnahmen im Rückwirkungszeitraum dazu, dass der monatliche Betrag von 5.000 € für die Dauer von 6 Monaten (Januar bis Juni 2024) von den Anschaffungskosten der erworbenen Geschäftsanteile abzuziehen ist. Da E zu Buchwerten in die GmbH eingebracht hat, betrugen seine Anschaffungskosten ursprünglich 0 €.

Bei wörtlicher Anwendung des Gesetzeswortlauts führen die Entnahmen zu negativen Anschaffungskosten in Höhe von 60.000 € und damit zu einem negativen Kapital. Die Schlussbilanz des Einzelunternehmens sähe wie folgt aus:

Aktiva	Schlussbilanz des Einzelunternehmens zum 31.12.2023		Passiva
Anlagevermögen	100 T€ 150 T€ (GW)	Verbindlichkeiten	300 T€
Umlaufvermögen	200 T€ 250 T€ (GW)	Korrekturposten für Entnahmen	60 T€
(Firmenwert)	0 T€ 20 T€ (GW)		
Kapital	60 T€		
	360 T€		**360 T€**

In der Literatur ist jedoch die Zulässigkeit negativer Anschaffungskosten umstritten. Im einschlägigen Schrifttum sowie nach Tz. 20.19 UmwSt-Erlass wird stattdessen eine andere Lösung vertreten (vgl. Patt/Rasche, DStR 1995, 1529; Buyer, in: Dötsch/Eversberg/Jost/Witt, Die Körperschaftsteuer, Anh. UmwStG, Rz. 805).

Danach gelten die in der Interimszeit zwischen rückbezogenem Übertragungszeitpunkt und der notariellen Beurkundung der Ausgliederung getätigten Einlagen bzw. Entnahmen steuerlich als noch bei dem eingebrachten Einzelunternehmen bewirkt. Nach Tz. 20.19 UmwSt-Erlass darf das eingebrachte Betriebsvermögen durch Entnahmen während des Rückbeziehungszeitraums nicht negativ werden, dagegen spricht auch § 20 Abs. 2 Satz 2 Nr. 2 UmwStG. Soweit das eingebrachte Betriebsvermögen negativ wird, ist eine Wertaufstockung (Zwischenwertansatz) vorzunehmen. Daraus folgt, dass in der steuerlichen Übertragungsbilanz in Höhe der Entnahmen ein passiver Korrekturposten auszuweisen ist. Gegen diesen Korrekturposten werden die Entnahmen dann später erfolgsneutral verrechnet.

Daher kommt es nach dieser Ansicht zu einer Zwangsaufstockung, die den entsprechenden Prozentsatz aller stillen Reserven zu umfassen hat (Tz. 3.25 UmwSt-Erlass). Ausweislich der Schlussbilanz zum 31.12.2023 verfügt E über stille Reserven von insgesamt 120 T€, sodass die erforderliche Zwangsaufstockung in Höhe von 60.000 € die Aufdeckung der stillen Reserven im Umfang von 50 % notwendig macht. Die korrigierte Schlussbilanz des E sieht nach dieser Auffassung daher wie folgt aus:

4. Umwandlungssteuerrecht

Aktiva		Schlussbilanz des Einzelunternehmens zum 31.12.2023		Passiva
Anlagevermögen	125 T€	150 T€ (GW)	Kapital	0 T€
Umlaufvermögen	225 T€	250 T€ (GW)	Korrekturposten für Entnahmen	60 T€
Firmenwert	10 T€	20 T€ (GW)	Verbindlichkeiten	300 T€
	360 T€			**360 T€**

E hat daher gemäß § 20 Abs. 3 S. 1 UmwStG einen Einbringungsgewinn in Höhe von 60.000 € realisiert und (zunächst vor Entnahmen) entsprechende Anschaffungskosten in derselben Höhe. Die Privilegien des § 16 Abs. 4 und § 34 EStG greifen gemäß § 20 Abs. 4 UmwStG nicht, da die Einbringung zum Zwischenwert erfolgt ist.

Dieser Auffassung ist der BFH mit Urteil vom 07.03.2018 (DStR 2018, 1560, 1562 f., Tz. 18) entgegen getreten, sodass insoweit negative Anschaffungskosten von der Rechtsprechung anerkannt werden. Danach ist eine Zwangsaufstockung mit entsprechender Gewinnrealisierung nicht erforderlich. Die negativen Anschaffungskosten führen bei späterer Veräußerung der Geschäftsanteile zu einem entsprechend höheren Veräußerungsgewinn.

Frage 7: Wie wird die Besteuerung der Anteilseigner im § 20 UmwStG sichergestellt?

Antwort: Der Wert, mit dem die übernehmende Gesellschaft die eingebrachten Anteile ansetzt, gilt für den Einbringenden als Veräußerungspreis der eingebrachten Anteile und als Anschaffungskosten der alten Anteile (§ 20 Abs. 3 Satz 1 UmwStG). Die Anteile bleiben grundsätzlich auch weiterhin steuerverhaftet. Dadurch können zusätzlich zu den stillen Reserven der eingebrachten Wirtschaftsgüter auch in den als Gegenleistung erhaltenen Gesellschaftsrechten stille Reserven entstehen. Diese Verdoppelung wird über 7 Jahre hinweg systematisch wieder abgebaut. Dabei ist bei einer Veräußerung der als Gegenleistung erhaltenen oder der eingebrachten Anteile wie folgt zu differenzieren:

- Soweit innerhalb von 7 Jahren nach dem Einbringungszeitpunkt erhaltene Anteile veräußert werden, die nicht zum gemeinen Wert angesetzt wurden, ist der Gewinn aus der Einbringung rückwirkend im Wirtschaftsjahr der Einbringung als sog. Einbringungsgewinn I nach § 16 EStG zu versteuern. Dabei sind die Vergünstigungen der § 16 Abs. 4, § 34 Abs. 1 und 3 EStG nicht anwendbar (§ 22 Abs. 1 UmwStG). Der Einbringungsgewinn I gilt als nachträgliche Anschaffungskosten der erhaltenen Anteile (§ 22 Abs. 1 S. 4 UmwStG). Bei der übernehmenden Gesellschaft kann der Einbringungsgewinn gewinnneutral als Erhöhungsbetrag angesetzt werden (§ 23 Abs. 2 UmwStG) und über die Abschreibungsdauer oder sofort als Aufwand abgezogen werden.
- Soweit eingebrachte Anteile an Kapitalgesellschaften als Teil des eingebrachten Betriebs, Teilbetriebs oder Mitunternehmeranteils innerhalb einer Frist von 7 Jahren veräußert werden, ist nach § 22 Abs. 1 S. 5 i.V.m. Abs. 2 UmwStG ein sog. Einbringungsgewinn II zu versteuern, wenn die Anteile unter dem gemeinen Wert eingebracht wurden und der Einbringende nicht nach § 8b Abs. 2 KStG begünstigt ist.

Frage 8: Was versteht man unter einem steuerneutralen Anteilstausch?

Antwort: Im Bereich der Umwandlung von bestehenden Unternehmen bieten sowohl das Umwandlungsgesetz (UmwG) als auch das Umwandlungssteuergesetz (UmwStG) zahlreiche Möglichkeiten. Eine in der Praxis häufig vorkommende Umwandlungsmöglichkeit ist dabei der sog. „steuerneutrale Anteilstausch".

Gründe für einen solchen Prozess können unter anderem Differenzen zwischen den Gesellschaftern aber auch die Umgestaltung aufgrund eines Generationenwechsels sein. Nicht zuletzt können durch eine Umwandlung etwaige unternehmerische Risiken auf verschiedene Rechtsträger verteilt werden.

Der steuerneutrale Anteilstausch ist dabei eine Form der vom Umwandlungssteuergesetz erfassten Gestaltungen. Im Zuge dessen werden Anteile an einer Kapitalgesellschaft (X-GmbH) in eine Kapitalgesellschaft (Y-GmbH) gegen Gewährung neuer Anteile an der übernehmenden Gesellschaft (Y-GmbH) eingebracht (§ 21 UmwStG).

Beispiel einer Holdinggesellschaft:
A betreibt eine sehr gut laufende X-GmbH. Die Anteile hieran hält A im Privatvermögen. Für die nähere Zukunft ist geplant, eine weitere Y-GmbH zu gründen. Es ist bereits jetzt absehbar, dass die Y-GmbH in der Anfangszeit Kapital benötigen wird. Da die X-GmbH Kapitalreserven hat, möchte A diese gern auf die Y-GmbH transferieren, möglichst ohne Verluste durch etwaige Steuerzahlungen.

Lösung:
Eine Lösung könnte in der Übertragung der Anteile an der X-GmbH auf die Y-GmbH als Holding-Gesellschaft im Wege des steuerneutralen Anteilstausches sein. Im Zuge dessen tauscht A die Anteile an der X-GmbH gegen Anteile an der Y-GmbH als Holding.

Grundsätzlich ist der Tausch von Anteilen als ein Realisierungsvorgang zu bewerten und damit zwingend steuerwirksam (Tz. 21.07 UmwSt-Erlass). Werden jedoch die Voraussetzungen des § 21 Abs. 1 Satz 2 UmwStG erfüllt, findet mithin ein mehrheitsvermittelnder Anteilstausch statt, sind die Normen des Umwandlungssteuergesetzes einschlägig. In diesem Fall handelt es sich um einen sogenannten qualifizierten Anteilstausch. Unter Einhaltung der weiteren Voraussetzungen kann der Tausch dann auf Antrag steuerneutral vollzogen werden. Diese sind im Einzelnen:
- Bei den Anteilen handelt es sich um Anteile an einer Kapitalgesellschaft oder Genossenschaft (erworbene Gesellschaft, X-GmbH).
- Diese werden in eine Kapitalgesellschaft oder Genossenschaft eingebracht (übernehmende Gesellschaft, hier also Y-GmbH oder „Holding-GmbH").
- Der Anteilstausch erfolgt gegen Gewährung neuer Anteile an der übernehmenden Gesellschaft (Y-GmbH).
- Die „Holding-GmbH" muss nach der Einbringung einschließlich der eingebrachten Anteile nachweisbar unmittelbar die Mehrheit der Stimmrechte an der erworbenen X-GmbH halten.

Doch was bedeutet das im Einzelnen?
Unter Anteilen an einer Kapitalgesellschaft bzw. Genossenschaft im Sinne des § 21 UmwStG sind nicht nur im Betriebsvermögen gehaltene Anteile zu verstehen. Umfasst sind darüber hinaus auch solche, die sich im Privatvermögen befinden sowie für aufgrund einer vorherigen Einbringung erhaltene Anteile (sog. einbringungsgeborene Anteile); (Tz. 21.02. UmwSt-Erlass).

Erworbene Gesellschaft (X-GmbH) kann jede – auch ausländische (EU-, EWR- oder Drittstaatengesellschaft) – Gesellschaft sein, soweit diese nach den Wertungen des deutschen Steuerrechts als Kapitalgesellschaft oder Genossenschaft anzusehen ist (Tz. 21.05 i.V.m. Tz. 1.27. UmwSt-Erlass).

Als deutsche Gesellschaft kommt damit jede unter § 1 Abs. 1 Nr. 1 und 2 KStG genannte Kapitalgesellschaft bzw. Genossenschaft in Frage. Für ausländische Rechtsträger gilt, dass diese im Rahmen eines Rechtstypenvergleichs einem vergleichbaren Rechtsträger inländischen Rechts entsprechen müssen. Auf die steuerliche Einordnung als Körperschaft oder Personalgesellschaft kommt es dabei allein nicht an. Vielmehr hat die Beurteilung anhand des gesetzlichen Leitbilds zu erfolgen (Tz. 21.05. i.V.m. Tz. 1.27. UmwSt-Erlass).

Einbringung in eine Kapitalgesellschaft oder Genossenschaft
Hinsichtlich der Person des Einbringenden bestehen keine Beschränkungen (Tz. 21.03. UmwSt-Erlass).
Eine weitere Voraussetzung für die steuerneutrale Einbringung der Anteile an der X-GmbH in die Y-GmbH ist jedoch, dass es sich bei der übernehmenden X-GmbH um eine nach den Vorschriften eines

4. Umwandlungssteuerrecht

Mitgliedstaates der EU oder des EWR gegründete Gesellschaft handelt und sie ihren Sitz und ihre Geschäftsleitung in einem Mitgliedstaat der EU oder des EWR hat (§ 1 Abs. 4 Nr. 1 UmwStG). Handelt es sich bei der Y-GmbH um eine GmbH nach deutschem Recht, ist die Voraussetzung stets erfüllt.

Gewährung neuer Anteile

Der qualifizierte Anteilstausch ist nur dann möglich, wenn dem Einbringenden für den Tausch seiner Anteile neue Anteile an der übernehmenden Gesellschaft (Y-GmbH) gewährt werden. Die neuen Anteile stellen die Gegenleistung für die an der X-GmbH eingebrachten Anteile dar. Neue Anteile entstehen nur im Fall der Gesellschaftsgründung oder einer Kapitalerhöhung.

Mangels Gewährung neuer Anteile stellen daher insbesondere:
- die verdeckte Einlage,
- die verschleierte Sachgründung,
- die Einräumung einer typischen oder atypischen stillen Beteiligung,
- die Gewährung von Genussrechten sowie
- die Einräumung einer Darlehensforderung

keine Gewährung neuer Anteile dar (Tz. E 20.10 UmwSt-Erlass).

Grundsätzlich können dem Einbringenden neben den neuen Anteilen auch weitere Gegenleistungen gewährt werden. Für den qualifizierten Anteilstausch ist dabei entscheidend, dass diese sonstigen Gegenleistungen entweder:
- nicht mehr als 25 % des Buchwertes der eingebrachten Anteile oder
- 500.000 €, höchstens jedoch den Buchwert der eingebrachten Anteile

betragen. Andernfalls sind die an der X-GmbH eingebrachten Anteile entsprechend § 21 Abs. 1 Satz 4 UmwStG mit dem gemeinen Wert der sonstigen Gegenleistung anzusetzen. Ein steuerneutraler Anteilstausch ist folglich ausgeschlossen.

Die unmittelbare Mehrheit der Stimmrechte

Weitere Voraussetzung ist, dass die Y-GmbH im Rahmen des Anteilstausches unmittelbar die Mehrheit der Stimmen an der X-GmbH erhält, mithin mehr als 50 % (50 % plus 1 Stimme würden folglich ausreichen). Nicht erforderlich ist, dass die Y-GmbH bereits vor der Einbringung an der X-GmbH beteiligt war.

Es wird hier nicht auf die Kapitalmehrheit sondern ausschließlich auf die Stimmenmehrheit abgestellt. Dies wird als qualifizierter Anteilstausch bezeichnet. Die Voraussetzung ist auch dann erfüllt, wenn mehrere Personen Anteile einbringen, die zwar nicht einzeln, jedoch insgesamt die Voraussetzung erfüllen. In diesem Fall muss die Einbringung auf einem einheitlichen Vorgang beruhen.

Begünstigt ist weiterhin der Fall, dass eine zum Übertragungsstichtag bereits bestehende mehrheitsvermittelnde Beteiligung aufgestockt wird (Tz. 21.09 UmwSt-Erlass).

Nur wenn all diese Voraussetzungen erfüllt sind, hat die Y-GmbH die Möglichkeit, die im Rahmen des Anteilstausches erworbenen Anteile an der X-GmbH auf Antrag mit dem Buchwert anzusetzen. Befinden sich die an der X-GmbH gehaltenen Anteile im Privatvermögen, treten an die Stelle des Buchwertes die Anschaffungskosten. Der Ansatz des Buchwertes bzw. der Anschaffungskosten bewirkt die steuerneutrale Einbringung. In diesem Fall sind keine stillen Reserven aufzudecken.

Die Übertragung der Anteile zum Buchwert bzw. zu den Anschaffungskosten (steuerneutral) erfolgt nicht von Amts wegen, sondern ausschließlich über die Stellung eines formlosen Antrages. Dabei ist zu beachten, dass der Antrag bedingungsfeindlich ist und nicht widerrufen werden kann (Tz. 03.29. UmwSt-Erlass). Der Antrag ist von der übernehmenden Gesellschaft spätestens bis zur erstmaligen Abgabe ihrer steuerlichen Schlussbilanz bei dem für sie für die Besteuerung örtlich zuständigem Finanzamt zu stellen.

Der Antrag kann auch konkludent durch Abgabe der Steuererklärung mit einer Bilanz, die vom Steuerpflichtigen als steuerliche Schlussbilanz bezeichnet und der Steuerfestsetzung zugrunde gelegt wird, erfolgen (Tz. 03.29. UmwSt-Erlass).

Sperrfrist von sieben Jahren
Werden im Anschluss an einen qualifizierten Anteilstausch die erhaltenen Anteile oder ein Teil der erhaltenen Anteile an der X-GmbH durch die Y-GmbH unmittelbar oder mittelbar binnen einer Sperrfrist von sieben Jahren veräußert, kommt es gemäß § 22 Abs. 2 UmwStG zu einer nachträglichen Versteuerung eines Einbringungsgewinns der Anteile an der X-GmbH. Dieser Einbringungsgewinn II ist von dem Einbringenden voll zu versteuern. Der Einbringungsgewinn reduziert sich dabei linear um ein Siebtel für jedes seit dem Einbringungszeitpunkt abgelaufene Zeitjahr. Die Siebenjahresfrist beginnt mit dem Zeitpunkt der Einbringung zu laufen. Nach Ablauf von 84 Monaten können die Anteile ohne Entstehung eines Einbringungsgewinns für den Einbringenden durch die übernehmende Y-GmbH veräußert werden.

Die jährliche Nachweisfrist
Um der Finanzverwaltung die Möglichkeit zu geben, die Voraussetzungen für das Entstehen eines Einbringungsgewinns festzustellen, hat der Einbringende festgelegte Nachweispflichten zu erfüllen. Im Zuge dessen hat er nachzuweisen, das mit Ablauf des Tages, der dem maßgebenden Einbringungszeitpunkt entspricht, die eingebrachten Anteile an der X-GmbH und die auf diesen Anteilen beruhenden Anteile weiterhin zu 100 % der Y-GmbH zuzurechnen sind. Der Nachweis ist in den dem Einbringungszeitpunkt folgenden sieben Jahren jährlich bis spätestens zum 31.05. beim zuständigen Wohnsitz-/Betriebsfinanzamt des Einbringenden zu erbringen (§ 22 Abs. 3 UmwStG).

Wird der Nachweis nicht rechtzeitig erbracht, die Nachweisfrist folglich versäumt, wird eine Veräußerung der eingebrachten Anteile an der X-GmbH fingiert. Im Zuge dessen entsteht ebenfalls der sogenannte Einbringungsgewinn II.

Frage 9: Erläutern Sie die Realteilung einer Personengesellschaft.

Antwort: Die Realteilung von Gesellschaften ist begrifflich in § 16 Abs. 3 S. 2 EStG verankert, ohne dass dort die zivilrechtliche Durchführung näher erläutert ist. Für die Realteilung von Personengesellschaften gilt zivilrechtlich Folgendes: Die Durchführung der Realteilung erfordert i.d.R. die Einzelübertragung von Vermögensgegenständen aus dem Gesellschaftsvermögen der Personengesellschaft in das Eigentum eines oder mehrerer Gesellschafter aus Anlass einer anderen Art der Auseinandersetzung i.S.d. § 143 Abs. 2 HGB. Die Vorschriften des Umwandlungsgesetzes über die Spaltung von Rechtsträgern, die einen Übergang des Vermögens auf die Gesellschafter im Wege der partiellen Gesamtrechtsnachfolge ermöglichen, sind auf die Realteilung von Personengesellschaften grundsätzlich nur anzuwenden, soweit die real zu teilende Personengesellschaft eine Personenhandelsgesellschaft/Partnerschaftsgesellschaft ist und an dieser als Gesellschafter Kapitalgesellschaften oder Personenhandelsgesellschaften/Partnerschaftsgesellschaften beteiligt sind. Sie greifen hingegen nicht ein, wenn die real zu teilende Gesellschaft eine GbR ist oder an einer real zu teilenden Personenhandelsgesellschaft/Partnerschaftsgesellschaft natürliche Personen als übernehmende Rechtsträger beteiligt sind.

Technisch erfolgt die Realteilung:
- i.d.R. durch Einzelrechtsübertragung, sodass die bestehenden schuldrechtlichen Beziehungen ohne Zustimmung der jeweiligen Vertragspartner nicht auf die Vermögensübernehmer übergehen oder
- ausnahmsweise durch Spaltung des Rechtsträgers in den Formen der Aufspaltung und Abspaltung gem. § 123 Abs. 1 und 2 UmwG mit partieller Gesamtrechtsnachfolge, sodass auch die schuldrechtlichen Beziehungen, z.B. bestehende Mietverträge, unverändert übergehen. Gemäß § 3 Abs. 1 Nr. 1 UmwG können auch Partnerschaftsgesellschaften durch Spaltung realgeteilt werden.

Eine Realteilung einer Personengesellschaft kann in folgenden Fällen angenommen werden:
- Jeder Gesellschafter einer zwei- oder mehrgliedrigen Personengesellschaft übernimmt bei der Auflösung und Beendigung der Personengesellschaft einen Teil des Geschäftsvermögens und eröffnet

mit diesem einen eigenen Betrieb oder führt einen bereits bestehenden Betrieb fort (sog. **echte Realteilung**, BFH vom 16.03.2017, DStR 2017, 1381). Dies gilt auch bei Ausscheiden unter Übertragung eines Teilbetriebs, eines (Teil-) Mitunternehmeranteils an einer Tochter-Personengesellschaft oder von Einzelwirtschaftsgütern aus einer zweigliedrigen Mitunternehmerschaft und Fortführung des Betriebs durch den verbleibenden Mitunternehmer in Form eines Einzelunternehmens (BMF-Schreiben vom 19.12.2018 betr. Realteilung, BStBl. I 2019, 6 ff., („Realteilungserlass"), Tz. 1).

- Ein oder mehrere Gesellschafter scheidet/scheiden aus einer mehrgliedrigen, unter den verbliebenen Gesellschaftern fortbestehenden Personengesellschaft aus und erhält/erhalten als Abfindung einen Teil des Geschäftsvermögens, und führen damit einen eigenen Betrieb fort (sog. **unechte Realteilung**, BFH vom 16.03.2017, DStR 2017, 1381). Dies gilt unabhängig davon, ob der ausscheidende Mitunternehmer einen Teilbetrieb, einen Mitunternehmeranteil oder nur Einzelwirtschaftsgüter erhält (Realteilungserlass, Tz. 2 m.V.a. BFH vom 17.09.2015, BStBl. II 2017, 37; BFH vom 30.03. 2017, DStR 2017, 1376).
- Eine Realteilung liegt nicht vor, wenn sich die Gesellschafter zweier personenidentischer Gesellschaften, die jeweils einen Betrieb unterhalten, dergestalt auseinandersetzen, dass jeder der Gesellschafter einen Betrieb als Einzelunternehmen fortführt (BFH vom 20.02.2003, BStBl II 2003, 700).

Die Realteilung führt regelmäßig dazu, dass die Buchwerte der Kapitalkonten der Realteiler nicht mehr mit den Buchwerten von deren Kapitalkonto der real geteilten Personengesellschaft übereinstimmen. In diesem Fall wird ertragsteuerneutral das jeweilige Kapitalkonto angepasst (sog. Kapitalkontenanpassungsmethode (Realteilungserlass, Tz. 22 mVa BFH vom 10.12.1991, BStBl. II 1992, 385).

Weiterhin führt die Realteilung regelmäßig dazu, dass stille Reserven infolge der Verhaftung in den übertragenen Wirtschaftsgütern in Abweichung der bisherigen Beteiligungsverhältnisse auf die Realteiler übertragen werden und daher eine Ausgleichszahlung aus privaten Mitteln vom übervorteilten an den benachteiligten Realteiler gezahlt wird (sog. Spitzenausgleich). Die Besteuerung des Spitzenausgleichs ist streitig. Die Finanzverwaltung behandelt die Zahlung als laufenden Gewinn, vermindert um den anteiligen Buchwert (Realteilungserlass, Tz. 17). Die Rechtsprechung behandelt die Zahlung in voller Höhe als laufenden Gewinn (BFH vom 01.12.1992, BStBl II 1994, 607; ebenso BFH vom 17.02.1994, BFH/NV 1995, 98). Spiegelbildlich führt der Spitzenausgleich zu einer Erhöhung der Buchwerte (Realteilungserlass, Tz. 20 f.).

Frage 10: Erläutern Sie die ertragsteuerliche Behandlung der Verschmelzung einer Kapitalgesellschaft auf eine andere Kapitalgesellschaft.

Antwort: Bei der Verschmelzung (s. §§ 2 ff. UmwStG) geht das Vermögen der übertragenden Körperschaft auf die übernehmende Körperschaft im Wege der Gesamtrechtsnachfolge über. Man unterscheidet verschiedene Möglichkeiten:
- Verschmelzung zur Neugründung oder zur Aufnahme,
- „down stream merger": Abwärtsverschmelzung von Mutter auf Tochter,
- „up stream merger": Aufwärtsverschmelzung von Tochter auf Mutter,
- „side step merger": Seitwärtsverschmelzung.

Die übertragende Körperschaft erlischt und die Gesellschafter der übertragenden Körperschaft erhalten zum Ausgleich für ihre untergehenden Anteile an der übertragenden Körperschaft Anteile an der übernehmenden Körperschaft. Besonderheit: Beim up stream merger darf keine Kapitalerhöhung durchgeführt werden, beim down stream merger kann auf die eine Kapitalerhöhung verzichtet werden (s. § 54 Abs. 1 UmwG).

> **Hinweis!** Das Umwandlungssteuergesetz begünstigt auch entsprechende ausländische Vorgänge von EU/EWR-Körperschaften (s. §§ 305 ff. UmwG und § 1 Abs. 1 Nr. 1 UmwStG). Mit Wegfall des § 1 Abs. 2 UmwStG zum 1.1.2022 wurde der persönliche Anwendungsbereich auch auf Rechtsträger in Drittstaaten erstreckt. Hierdurch wurde § 12 Abs. 2 KStG obsolet und daher ebenfalls mit Wirkung vom VZ 2022 aufgehoben.

Eine Verschmelzung erfolgt grundsätzlich zum Stichtag, eine Rückbeziehung ist aber bis zu 8 Monaten rückwirkend möglich (§ 2 UmwStG i.V.m. § 17 Abs. 2 UmwG).

> **Hinweis!** Die 8-Monatsfrist war für die Jahre 2020 und 2021 infolge der Sonderregeln aus Anlass der Corona-Pandemie auf 12 Monate verlängert worden (für 2020: Art. 2 §§ 4, 7 des Gesetzes vom 27.03.2020, BGBl. I 2020, I 564; für 2021: VO vom 20.10.2020, BGBl. I 2020, 2258).

Behandlung der übertragenden Körperschaft

Die übertragende Körperschaft kann ihre Wirtschaftsgüter zum Übertragungsstichtag zum Buchwert, zum Zwischenwert oder zum gemeinen Wert ansetzen (§ 11 Abs. 1, 2 UmwStG). Der Ansatz zum Buchwert oder Zwischenwert ist gemäß § 11 Abs. 2 UmwStG auf Antrag möglich, soweit:
- die Besteuerung der stillen Reserven bei der übernehmenden Körperschaft sichergestellt ist,
- die Besteuerung der übertragenen Wirtschaftsgüter bei späterer Veräußerung durch die übernehmende Körperschaft nicht ausgeschlossen oder beschränkt wird und,
- eine Gegenleistung in Gesellschaftsrechten besteht oder keine Gegenleistung gewährt wird,

Macht die übertragende Körperschaft von ihrem Recht auf Buchwertansatz Gebrauch, entsteht kein Übertragungsgewinn. Beim Ansatz des Zwischenwerts oder des gemeinen Wertes entsteht im Veranlagungszeitraum, in welchem der steuerliche Übertragungsstichtag liegt, ein Übertragungsgewinn. Dieser kann mit einem Verlustvortrag unter Beachtung der Mindestbesteuerung verrechnet werden. Ein nicht verbrauchter Verlustvortrag geht ungenutzt unter (§ 12 Abs. 3 i.V.m. § 4 Abs. 2 S. 2 UmwStG).

Behandlung der übernehmenden Körperschaft

Die übernehmende Körperschaft übernimmt die Wirtschaftsgüter der übertragenden Körperschaft grundsätzlich mit deren Schlussbilanzansatz (s. § 12 Abs. 1 UmwStG). Zu weiteren Besonderheiten hinsichtlich des Eintritts in die steuerliche Rechtsstellung siehe § 12 Abs. 3 S. 1, Abs. 4 UmwStG und § 29 KStG. Hinsichtlich der Behandlung der Gewerbesteuer siehe § 19 UmwStG.

Auf den Übernahmegewinn ist gem. § 12 Abs. 2 S. 2 UmwStG grds. § 8b KStG anzuwenden, soweit die übernehmende Körperschaft an der übertragenden Körperschaft beteiligt ist, im Übrigen bleibt er außer Ansatz (§ 12 Abs. 2 S. 1 UmwStG).

Besteuerung der umwandlungsbeteiligten Gesellschafter

Gem. § 13 Abs. 1 UmwStG erfolgt ein Tausch der Anteile zum gemeinen Wert. Auf Antrag – unter den Voraussetzungen des § 13 Abs. 2 UmwStG – kann auch ein Ansatz zum Buchwert erfolgen. Dies setzt voraus, dass die Besteuerungsmerkmale der Anteile an der übertragenden Körperschaft bei den Anteilen an der übernehmenden Körperschaft fortgeführt werden. Eine Antragstellung ist aber i.d.R. nur dann sinnvoll, wenn die Anteile an der Überträgerin steuerverstrickt waren.

> **Hinweis!** Eine Rückbeziehung für die Gesellschafter nach § 2 UmwStG ist nicht möglich.

4. Umwandlungssteuerrecht

4.2 12 Fälle zum Umwandlungssteuerrecht

Fall 1: An der A & B OHG mit Sitz in Hamburg sind die Gesellschafter A und B jeweils zur Hälfte beteiligt.
Im Gesellschaftsvermögen der OHG befindet sich eine 100 %ige Beteiligung an der X-GmbH mit Sitz in Flensburg; die X-GmbH wurde im Jahre 01 gegründet. Die Beteiligung ist in der Bilanz mit den Anschaffungskosten, die dem Gründungskapital entsprechen, ausgewiesen. Im März des Jahres 21 beschließen die Gesellschafter der A & B OHG, die X-GmbH rückwirkend zum 01.01.21 auf die A & B OHG zu verschmelzen. Es liegt ein notariell beurkundeter Umwandlungsbeschluss vom 20.03.21 (alternativ: 20.09.21) vor. Die Anmeldung zum Handelsregister erfolgte am 17.06.21 (alternativ: 01.10.21). Die Eintragung erfolgte am 31.08.21 (alternativ (15.10.21).

Fragen:
1. Wie stellt sich die Umwandlung zivilrechtlich dar und welche Vorschriften sind für diesen Fall relevant?
2. Wie wird diese Umwandlung steuerrechtlich grundsätzlich behandelt?
3. Kann die X-GmbH die Buchwerte fortführen, und welche steuerlichen Konsequenzen ergeben sich daraus?

Lösung:
Zu 1.:
Die Umwandlung einer Kapitalgesellschaft auf eine bestehende Personenhandelsgesellschaft erfolgt nach den Vorschriften der Verschmelzung durch Aufnahme gem. § 2 Nr. 1 UmwG. Dabei wird das Vermögen der X-GmbH (übertragender Rechtsträger) unter Auflösung ohne Abwicklung grundsätzlich als Ganzes durch Gesamtrechtsnachfolge auf die bestehende A & B OHG (übernehmender Rechtsträger) gegen Gewährung von Anteilen des übernehmenden Rechtsträgers an die Gesellschafter des übertragenden Rechtsträgers übertragen.

Da im vorliegenden Fall die A & B OHG sämtliche Anteile an der X-GmbH hält, entfällt gem. § 54 Abs. 1 Nr. 1 UmwG bei der OHG eine Kapitalerhöhung, sodass keine neuen Anteile gewährt werden müssen.

Der Ablauf der Verschmelzung gem. §§ 4 ff. UmwG stellt sich nach dem zeitlichen Ablauf schematisch wie folgt dar:
- Erstellen eines Entwurfs des Verschmelzungsvertrags zwischen der GmbH und der OHG (zum Inhalt vgl. § 5 UmwG),
- Zuleitung des Entwurfs an den Betriebsrat nach § 5 Abs. 3 UmwG (falls vorhanden),
- Erstellen eines Verschmelzungsberichts (§ 8 UmwG),
- Verschmelzungsprüfung gem. § 9 UmwG, falls ein Gesellschafter dies verlangt),
- notariell beurkundeter Verschmelzungsbeschluss (§ 13 UmwG),
- Anmeldung und Eintragung im Handelsregister (§ 16 UmwG).

Die ersten vier zuvor dargestellten Schritte können auch der Vorbereitungsphase zugeordnet werden. Für diese ist genügend Zeit einzuplanen, um die Umwandlung noch bis zum 31.8. des Folgejahres zum Handelsregister anmelden und damit die Bilanzen zum 31.12. des Vorjahres verwenden zu können. Der Verschmelzungsbeschluss kann dann der Beschlussphase zugeordnet werden und die Anmeldung und Eintragung im Handelsregister der Vollzugsphase.

Zu 2.:
Die Umwandlung einer Kapitalgesellschaft im Wege der Verschmelzung auf eine bestehende Personenhandelsgesellschaft wird nach den Vorschriften der §§ 3 bis 9 sowie § 18 UmwStG steuerrechtlich als Vermögensübergang auf eine Personengesellschaft behandelt.

Ertragsteuerlich stellen Umwandlungen und Einbringungen auf der Ebene des übertragenden sowie des übernehmenden Rechtsträgers Veräußerungs- und Anschaffungsvorgänge hinsichtlich des übertragenen Vermögens dar (Tz. 00.02 UmwStE).

Die steuerrechtlichen Vorschriften differenzieren jeweils zwischen der Behandlung auf der Ebene der Kapitalgesellschaft (§ 3 UmwStG), auf der Ebene der übernehmenden Personengesellschaft (§ 4 UmwStG) und auf der Ebene der Anteilseigner der übertragenden Körperschaft (§ 5 UmwStG). In § 18 UmwStG ist die gewerbesteuerliche Behandlung geregelt.

Nach § 1 Abs. 1 UmwStG sind für Umwandlungen i.S.d. § 2 UmwG (= Verschmelzung) die steuerrechtlichen Vorschriften des Umwandlungssteuergesetzes anzuwenden. Da nach § 17 Abs. 2 UmwStG der Umwandlung eine Bilanz zugrunde gelegt werden kann, die auf einen höchstens acht Monate vor der Anmeldung liegenden Stichtag aufgestellt worden ist, lässt auch das Steuerrecht eine entsprechende Rückwirkung nach § 2 Abs. 1 UmwStG zu.

Hinweis! Die 8-Monatsfrist war für die Jahre 2020 und 2021 infolge der Sonderregeln aus Anlass der Corona-Pandemie auf 12 Monate verlängert worden (für 2020: Art. 2 §§ 4, 7 des Gesetzes vom 27.03.2020, BGBl. I 2020, I 564; für 2021: VO vom 20.10.2020, BGBl. I 2020, 2258).

Zu beachten ist, dass nach Tz. 02.01 UmwStE der steuerliche Übertragungsstichtag i.S.d. § 2 Abs. 1 UmwStG nicht mit dem handelsrechtlichen Umwandlungsstichtag identisch ist. Der handelsrechtliche Umwandlungsstichtag ist der Zeitpunkt, von dem an die Handlungen des übertragenden Rechtsträgers (hier: die X-GmbH) als für Rechnung des übernehmenden Rechtsträgers (hier: die A & B OHG) vorgenommen gelten. Der übertragende Rechtsträger hat auf den Schluss des Tages, der dem Umwandlungsstichtag vorangeht, nach § 17 Abs. 2 UmwStG eine Schlussbilanz aufzustellen. Da im vorliegenden Fall der 01.01.21 den Umwandlungsstichtag darstellt, hat die X-GmbH die Schlussbilanz auf den 31.12.20 aufzustellen.

Nach Tz. 02.02 UmwStE ist der steuerliche Übertragungsstichtag der Tag, auf den der übertragende Rechtsträger die Schlussbilanz aufzustellen hat, also im vorliegenden Fall der 31.12.20. Die Wahl eines anderen steuerlichen Übertragungsstichtags ist nicht möglich.

Wird die Umwandlung der X-GmbH bis spätestens zum 31.12.21 beim Handelsregister angemeldet, kann der Umwandlung mit steuerlicher Wirkung der 31.12.20 als steuerlicher Übertragungsstichtag zugrunde gelegt werden. Da im Ausgangsfall die Anmeldung bereits am 17.06.21 erfolgt ist, kann von der Rückwirkung zulässigerweise Gebrauch gemacht werden. (Anmerkung: aufgrund der in 2020 und 2021 geltenden Sonderregeln war eine Anmeldung jeweils bis zum 31.12. des Jahres ausreichend. Daher wäre auch im Alternativszenario die Rückwirkung eingetreten). Aufgrund dieser steuerlichen Rückwirkung ist das Einkommen, das Vermögen und die Besteuerungsgrundlagen für die Gewerbesteuer der übertragenden GmbH sowie der übernehmenden OHG danach so zu ermitteln, als ob das Vermögen der GmbH mit Ablauf des steuerlichen Übertragungsstichtags auf die übernehmende OHG übergegangen wäre. Die steuerlichen Folgen aus der Umwandlung entfalten also bereits in 20 ihre steuerliche Wirkung, bezogen auf die OHG sind diese Besteuerungsgrundlagen daher bereits in der gesonderten und einheitlichen Feststellung für das Jahr 20 zu erklären.

Zu 3.:
Grundsätzlich erfolgt bei der Verschmelzung einer Kapitalgesellschaft auf eine Personengesellschaft gem. § 3 Abs. 1 UmwStG in der steuerlichen Übertragungsbilanz ein Ansatz der Wirtschaftsgüter zum gemeinen Wert. Eine steuerneutrale Übertragung zum Buchwert oder der Ansatz von Zwischenwerten wird nur gewährt, wenn die Voraussetzungen des § 3 Abs. 2 UmwStG erfüllt sind.

Gemäß § 3 Abs. 2 UmwStG dürfen die Wirtschaftsgüter in der Übertragungsbilanz zum Buch- oder Zwischenwert angesetzt werden, soweit:

4. Umwandlungssteuerrecht

- sie Betriebsvermögen der übernehmenden Personengesellschaft oder natürlichen Person werden und sichergestellt ist, dass sie später der Besteuerung nach dem EStG oder KStG unterliegen, und
- das Recht der Bundesrepublik Deutschland hinsichtlich der Besteuerung des Gewinns aus der Veräußerung der übertragenen Wirtschaftsgüter bei den Gesellschaftern der übernehmenden Personengesellschaft oder bei der natürlichen Person nicht ausgeschlossen oder beschränkt wird und
- eine Gegenleistung nicht gewährt wird oder in Gesellschaftsrechten besteht.

> **Fall 2:** Ausgangslage wie Fall 1.
> **Fragen:**
> 1. Wann entsteht ein steuerlicher Übertragungsgewinn, und wie ist dieser zu ermitteln und zu besteuern?
> 2. Wann macht der Ansatz von Zwischenwerten oder der Ansatz des gemeinen Wertes Sinn?
> 3. Welche steuerlichen Konsequenzen ergeben sich auf der Ebene der übernehmenden Personengesellschaft und für die Anteilseigner der X-GmbH?
> 4. Welche Auswirkungen hat die Umwandlung auf die Grunderwerbsteuer und Umsatzsteuer?

Lösung:
Zu 1.:
Wählt die Kapitalgesellschaft in ihrer steuerlichen Schlussbilanz einen höheren Wertansatz als den Buchwert, so ist der daraus resultierende Übertragungsgewinn voll steuerpflichtig. Das gilt gem. § 18 Abs. 1 S. 1 UmwStG ebenso für die Gewerbesteuer. Das ist auch konsequent, denn wurden die übergehenden Wirtschaftsgüter in der Schlussbilanz der übertragenden Kapitalgesellschaft aufgestockt, so hat die aufnehmende Personengesellschaft aufgrund der Buchwertverknüpfung des § 4 Abs. 1 UmwStG den Wertansatz in ihrer Bilanz fortzuführen. Dadurch erhöht sich auch die AfA-Bemessungsgrundlage der übernehmenden Personengesellschaft, die daher also zusätzliches Abschreibungspotenzial erhält. Das verringert den laufenden Gewinn der übernehmenden Personengesellschaft und damit die Steuerbelastung ihrer Gesellschafter in der Zukunft.

Bei nicht abschreibbaren Wirtschaftsgütern hat die übernehmende Personengesellschaft im Falle der späteren Veräußerung einen niedrigeren Veräußerungsgewinn als im Fall ohne Aufstockung der Wirtschaftsgüter auf der Ebene der übertragenden Kapitalgesellschaft.

Der beim Ansatz von Zwischenwerten oder dem gemeinen Wert entstehende Übertragungsgewinn ermittelt sich wie folgt:

	Übergehendes Vermögen zu Zwischen- bzw. gemeinen Wert
./.	übergehendes Vermögen zu Buchwerten
=	Übertragungsgewinn
./.	Umwandlungskosten
=	Übertragungsergebnis vor Steuern
./.	auf den Übertragungsgewinn anfallende Gewerbesteuer
./.	auf den Übertragungsgewinn anfallende Körperschaftsteuer
=	**Übertragungsergebnis nach Steuern**

Zum Ansatz der übergehenden Wirtschaftsgüter dem Grunde nach vertritt die Verwaltung in Tz. 03.06 UmwStE die Auffassung, dass für die steuerliche Schlussbilanz sämtliche steuerliche Ansatzverbote des § 5 EStG außer Kraft gesetzt sind, es sei denn, die Buchwerte werden fortgeführt. Nach dieser Auffassung sind bei einer Umwandlung zum gemeinen Wert oder zum Zwischenwert in der steuerlichen Schlussbilanz neben selbst geschaffenen immateriellen Wirtschaftsgütern auch z.B. Drohverlustrückstellungen und bedingte Verbindlichkeiten anzusetzen. Bezüglich der Aufstockung gilt das sog. Gieskannenprinzip, wonach nach einem einheitlichen Prozentsatz über sämtliche materiellen und immateriellen Wirtschaftsgüter hinweg die stillen Reserven aufzudecken sind (Tz. 3.25 UmwSt-Erlass).

Zu 2.:
Da verrechenbare Verluste, verbleibende Verlustvorträge oder vom übertragenden Rechtsträger nicht ausgeglichene negative Einkünfte, ein Zinsvortrag nach § 4h Abs. 1 S. 5 EStG und ein EBIDTDA-Vortrag nach § 4h Abs. 1 S. 3 EStG gem. § 4 Abs. 2 S. 2 UmwStG nicht auf die übernehmende Gesellschaft übergehen, würden diese grundsätzlich ungenutzt verfallen. Eine Möglichkeit diese Verluste geltend zu machen, bietet die teilweise oder komplette Aufdeckung der stillen Reserven (sog. step up). Das ist deshalb sinnvoll, weil ein Verlustvortrag oder die nicht ausgeglichenen negativen Einkünfte mit dem durch die Auflösung der stillen Reserven entstehenden Übertragungsgewinn verrechnet werden können. Andererseits führt die Aufdeckung der stillen Reserven bei der Übernehmerin zu höheren Wertansätzen in ihrer Bilanz und damit zu höherem Abschreibungspotenzial bzw. bei nicht abnutzbaren Wirtschaftsgütern zu geringeren Veräußerungsgewinnen in der Zukunft.

Zu 3.:
Nach § 4 Abs. 1 S. 1 UmwStG hat die übernehmende Personengesellschaft die auf sie übergegangenen Wirtschaftsgüter mit dem in der steuerlichen Schlussbilanz der GmbH enthaltenen Wert zu übernehmen. Es gilt somit eine strenge Buchwertverknüpfung.
Die übernehmende Personengesellschaft tritt nach § 4 Abs. 2 UmwStG bezüglich:
- der Bewertung der übernommenen Wirtschaftsgüter,
- der Absetzungen für Abnutzung, einschließlich erhöhten Absetzungen und Sonderabschreibungen,
- den steuerlichen Gewinn mindernden Rücklagen (z.B. nach § 6b EStG) und
- bezüglich der Besitzzeitanrechnung

in die Rechtsstellung der übertragenden GmbH ein.

Dieser Eintritt erfolgt im Wege der Gesamtrechtsnachfolge. Die Aufzählung in § 4 Abs. 2 S. 1 UmwStG ist nicht als abschließend zu interpretieren, weshalb z.B. auch eine Besitzzeitanrechnung erfolgt. Der Vermögensübergang im Wege der Gesamtrechtsnachfolge bedeutet gleichzeitig, dass bei der übernehmenden Personengesellschaft für Zwecke des § 6b EStG und des § 7g EStG keine begünstigte Anschaffung vorliegt (Tz. 04.14 UmwStE).

Tz. 04.09 UmwSt-Erlass weist noch einmal besonders darauf hin, dass der übernehmende Rechtsträger in die steuerliche Rechtsstellung der übertragenden Körperschaft auch hinsichtlich ihrer historischen Anschaffungs- oder Herstellungskosten eintritt. Das ergibt sich aber bereits aus der Gesamtrechtsnachfolge.

Der Eintritt in die Rechtsstellung der Überträgerin gilt nicht nur in den Fällen, in denen bei der GmbH der Buchwert angesetzt wird. Er gilt auch dann, wenn die GmbH Zwischenwerte oder den gemeinen Wert ansetzt (vgl. Tz. 04.10 UmwStE). Nur für diese Fälle – also nicht beim Buchwertansatz wie im vorliegenden Fall – regelt § 4 Abs. 3 UmwStG die neue Bemessungsgrundlage für die Abschreibungen wie folgt:
Bei der Gebäudeabschreibung nach § 7 Abs. 4 EStG und § 7 Abs. 5 EStG ist die bisherige Bemessungsgrundlage zuzüglich des Betrags der aufgelösten stillen Reserven maßgebend (vgl. Tz. 04.10 UmwSt-Erlass). Auf diese Bemessungsgrundlage ist der bisherige Prozentsatz weiterhin anzuwenden.

4. Umwandlungssteuerrecht

Zu 4.:
Wenn zum übergehenden Vermögen des übertragenden Rechtsträgers inländischer Grundbesitz gehört, fällt aufgrund des Verschmelzungsvorgangs gem. § 1 Abs. 1 Nr. 3 GrEStG Grunderwerbsteuer bei der übernehmenden Personengesellschaft an. Bemessungsgrundlage ist gem. § 8 Abs. 2 Nr. 2 GrEStG der im Wege der Bedarfsbewertung ermittelte Grundbesitzwert i.S.v. § 138 Abs. 2 BewG. Nach Auffassung der Finanzverwaltung und der Rechtsprechung zählen zu den Umwandlungskosten jedoch die bei der Verschmelzung anfallenden Grunderwerbsteuern nur dann, wenn es aufgrund der Umwandlung zu einer Anteilsvereinigung im Sinne des § 1 Abs. 3 UmwStG kommt, in allen anderen Fällen sind die Grunderwerbsteuern als objektbezogene Kosten beim übernehmenden Rechtsträger zu aktivieren (Tz. 12.05. UmwSt-Erlass i.V.m 04.34. m.V.a. BFH vom 20.04.2011, I R 2/10, BStBl II 2011, S. 761 Brähler/Krenzin, Umwandlungssteuerrecht, 11. Auflage 2020, S. 303 m.V.a. S. 167; Junge, Lehrbuch Umwandlungssteuerrecht, 4. Auflage 2017, Rn. 83; van Lishaut in: Rödder/Herlinghaus/van Lishaut, Umwandlungssteuergesetz, 3. Auflage 2019, § 4, Rn. 138).

Da das gesamte Vermögen der übertragenden Kapitalgesellschaft auf die übernehmende Personengesellschaft übergeht, ist die Verschmelzung als Geschäftsveräußerung gem. § 1 Abs. 1a UStG nicht steuerbar.

Fall 3: Steuerberater S führte bis zum 31.12.23 eine Einzelpraxis. Er ermittelte seinen Gewinn durch Einnahmenüberschussrechnung gem. § 4 Abs. 3 EStG.

Im Januar 2024 gründete er mit dem Steuerberater X eine Steuerberatungs-GbR zum 01.01.24. S verpflichtete sich, das bisherige Praxisinventar (Buchwert: 40.000 €, gemeiner Wert 100.000 €) und den originären Praxiswert (gemeiner Wert: 400.000 €) in die GbR einzubringen. Die Forderungen von (netto) 50.000 €, die bis zum 31.12.23 entstanden waren, wurden von der Einbringungsverpflichtung ausgenommen.

X verpflichtete sich zum Ausgleich der Hälfte des Praxiswerts 250.000 € an S in dessen Privatvermögen zu zahlen. Auch die neu gegründete GbR ermittelt den Gewinn durch Einnahmenüberschussrechnung.

Frage:
1. Entsteht S aufgrund der Einbringung seiner Praxis in die GbR ein nach § 24 UmwStG begünstigter Einbringungsgewinn, der nach den §§ 16 und 34 EStG begünstigt besteuert werden kann, obwohl die Forderungen zurückbehalten wurden?
2. In welchem VZ ist der etwaig entstandene Einbringungsgewinn zu versteuern?

Lösung:

Frage 1: Wird ein Betrieb, dessen Gewinn nach § 4 Abs. 3 EStG ermittelt wird, nach § 24 UmwStG gegen Gewährung von Gesellschaftsrechten in eine Personengesellschaft eingebracht, stellt dies eine Veräußerung des Betriebs dar. § 24 UmwStG eröffnet für die Personengesellschaft ein Wahlrecht, wie das eingebrachte Betriebsvermögen angesetzt werden soll.

Ein Betrieb ist dann im Sinne des § 24 UmwStG eingebracht, wenn seine – funktional – wesentlichen Betriebsgrundlagen auf die Personengesellschaft übergehen. Bei der Einbringung einer freiberuflichen Praxis sind der Mandantenstamm, der Praxiswert, und unter Umständen die Praxiseinrichtungen wesentlich, nicht jedoch bereits vorhandene Forderungen. § 24 UmwStG ist also anwendbar, obwohl S eine Forderung nicht miteingebracht hat.

Voraussetzung für die steuerliche Begünstigung nach § 24 Abs. 3 UmwStG i.V.m. § 16 Abs. 4 EStG und § 34 Abs. 1 oder 3 EStG ist, dass das eingebrachte Betriebsvermögen der aufnehmenden Gesellschaft mit seinem gemeinen Wert angesetzt wird und damit sämtliche stillen Reserven aufgelöst worden sind.

Die Tarifbegünstigung ist auch bei Einbringung zu gemeinen Werten anzuwenden, wenn eine Zuzahlung in das Privatvermögen des Einbringenden erfolgt.

Im vorliegenden Fall bringt S seine Praxis gem. § 24 Abs. 3 UmwStG zu gemeinen Werten in die GbR ein. Im ersten Schritt werden sämtliche stillen Reserven aufgedeckt, und anschließend ein ½-Anteil des eintretenden X veräußert. Der Einbringungsgewinn beträgt 500.000 € ./. 40.000 € = 460.000 €. Da durch die Einbringung sämtliche stillen Reserven aufgedeckt worden sind, führt die anschließende Veräußerung des ½-Anteils nicht mehr zu einem Gewinn. Der Einbringungsgewinn des S ist jedoch nur zu 50 % (= 230.000 €) begünstigt, da S zur Hälfte an der GbR beteiligt ist.

Frage 2: Der Einbringungsgewinn ist im VZ 2024 zu versteuern, da gemäß § 24 Abs. 4 HS 2 eine Rückwirkung nur im Falle der Gesamtrechtsnachfolge greift. Diese ist nach §§ 152 ff. UmwG möglich, wenn der übertragende Rechtsträger ein im Handelsregister eingetragener Kaufmann ist. Praxisinhaber jedoch betreiben keinen Gewerbebetrieb und sind daher nicht als Kaufleute eintragungsfähig. Vorliegend wurde die Praxis daher im Wege der Einzelrechtsnachfolge auf die GbR übertragen.

> **Fall 4:** Ausgangslage wie im Fall 3.
>
> **Frage:** Welche Folgen ergeben sich für S und X, wenn die Praxiseinbringung des S zu Buchwerten erfolgt, sodass in der Eröffnungsbilanz der GbR für S und X ein Kapitalkonto von je 20.000 € (½ von 40.000 €) ausgewiesen wird?

Lösung: Erfolgt eine Buchwerteinbringung, ist die Tarifbegünstigung des § 24 Abs. 3 UmwStG nicht auf den Gewinn des S anzuwenden, der sich aus der Zuzahlung in sein Privatvermögen ergibt, weil nicht alle stillen Reserven aufgedeckt werden. Insoweit liegt eine von der Einbringung getrennt zu beurteilende Veräußerung vor. Dies ist gemäß § 24 Abs. 2 möglich, soweit das Recht der BRD hinsichtlich der Besteuerung des eingebrachten Betriebsvermögens nicht ausgeschlossen oder beschränkt wird und der gemeine Wert von sonstigen Gegenleistungen nicht mehr beträgt als 25% des Buchwerts des eingebrachten Betriebsvermögens oder 500.000 €, höchstens jedoch den Buchwert des eingebrachten Betriebsvermögens. Da es sich um eine reine Inlandseinbringung handelt und S neben den Anteilen keine weiteren Gegenleistungen von der GbR erhält, kann die Einbringung zu Buchwerten erfolgen. In Höhe der Differenz zwischen der Zuzahlung von 250.000 € und anteiligen Buchwerten von 20.000 € entsteht beim Einbringenden S ein nicht begünstigter Gewinn, der auch nicht durch Erstellung einer negativen Ergänzungsbilanz neutralisiert werden kann (Tz. 24.09 UmwSt-Erlass). Die anschließende Einbringung des Praxisvermögens erfolgt dann teilweise für eigene Rechnung des S und teilweise für Rechnung des Eintretenden X.

Da X 250.000 € Anschaffungskosten entstanden sind, von denen ihm aber in der Bilanz der GbR nur 20.000 € zugerechnet worden sind, muss der Differenzbetrag von 230.000 € in einer steuerlichen Ergänzungsbilanz erfasst werden (Tz. 24.14 UmwSt-Erlass).

> **Fall 5:** Die M-GmbH ist seit 2010 die Muttergesellschaft der T1-GmbH und seit 2020 auch der T2-GmbH. Die T2-GmbH ist im Jahr 2020 durch Abspaltung eines Teilbetriebs aus der T1-GmbH entstanden. Diese Abspaltung erfolgte gem. 15 Abs. 1 UmwStG zu Buchwerten. Im Jahr 2023 wurden die Anteile an der M-GmbH veräußert.
>
> **Frage:** Ist die Veräußerung der Anteile an der M-GmbH schädlich für den Buchwertansatz bei der T1-GmbH im Jahr 2020?

Lösung: § 15 Abs. 2 S. 4 UmwStG sieht vor, dass im Zeitraum von 5 Jahren nach einer Spaltung der Verkauf von Anteilen einer an der Spaltung beteiligten Gesellschaft schädlich ist, wenn deren Wert größer ist als 20 % der vor dem Wirksamwerden der Spaltung bestehenden Anteile. Da die Formulierung „... an der Spaltung beteiligten Gesellschaften ..." nicht nach Konzernstufen differenziert, kommt wortlautgemäß auch der Verkauf von Anteilen an einer Muttergesellschaft wie vorliegend in Betracht. Erschwerend stellt Tz. 15.26 UmwSt-Erlass fest, dass nach einer Umstrukturierung innerhalb verbundener Unternehmen keine unmittelbare oder mittelbare Veräußerung an außenstehende Personen stattfinden darf.

Nach einhelliger Auffassung in der Literatur fällt die Veräußerung mittelbarer Beteiligungen nicht unter den Anwendungsbereich des § 15 Abs. 2 S. 4 UmwStG (Schumacher in: Rödder/Herlinghaus/vanLishaut, 3. Aufl., 2019, § 15 UmwStG, Rn. 254; Schmidt/Hörtnagl/Stratz, § 15 UmwStG, Rn. 171 m.w.N.), da mit an der Spaltung beteiligten Rechtsträgern nur die übernehmenden Rechtsträger und im Falle der Abspaltung der übertragende Rechtsträger gemeint sei (Schumacher in: Rödder/Herlinghaus/vanLishaut, 3. Aufl. 2019, § 15 UmwStG, Rn. 256). Die oben angesprochene Tz. 15.26 UmwSt-Erlass ist wohl so auszulegen, dass sie nicht die mittelbare Veräußerung, sondern die Übertragung durch die Umstrukturierung für schädlich hält (Schmidt/Hörtnagl/Stratz, § 15 UmwStG, Rn. 171). Nach einer Verfügung der OFD Nürnberg vom 9.2.2000 (DB 2000, 697) soll allerdings nach Sinn und Zweck der Regelung eine Umgehung der Besteuerung einer Teilbetriebsveräußerung im Einzelfall schädlich sein. Da § 15 Abs. 2 S. 4 UmwStG mittelbare Veräußerungen nicht erfasst, verbleibt für diese Auffassung als Rechtsgrundlage nur § 15 Abs. 2 S. 3 UmwStG (Schumacher in: Rödder/Herlinghaus/vanLishaut, 3. Aufl. 2019, § 15 UmwStG, Rn. 254). Dieser jedoch schafft keinen eigenen Anwendungsbereich (BFH vom 11.08.2021, I R 39/18, BFH/NV 2022, 297: S. 3 ist kein eigenständiger Ausschlussgrund!).

Daher liegt im vorliegenden Fall keine Umgehung der Mißbrauchsnorm des § 15 Abs. 2 S. 4 UmwStG vor. Ein rückwirkender Teilwertansatz scheidet folglich aus (so auch Schumacher in: Rödder/Herlinghaus/vanLishaut, 3. Aufl. 2019, § 15 UmwStG, Rn. 254).

Aufgrund der durch das Wachstumschancengesetz geschaffenen Neuregelung des § 15 Abs. 2 UmwStG könnten an dieser bisher vertretbaren Lösung des Falles Zweifel bestehen, da die Veräußerung an außenstehende Personen nun auch Gesellschafter miteinschließt, sofern diese nicht mindestens 5 Jahre vor der Spaltung bereits beteiligt waren. Im vorliegenden Fall jedoch war die M-GmbH bereits 5 Jahre vor der Spaltung an der T 1- GmbH beteiligt. Daher verbleibt es auch nach der Neuregelung bei einer unschädlichen Veräußerung.

Fall 6: Rudi Ratlos (R) war Inhaber eines Autohauses, das er als Einzelunternehmer unter der Firma „Ratlos e.K." betrieb. Mit notariellem Vertrag vom 30.12.21 wurde das Vermögen der „Ratlos e.K." im Wege der Ausgliederung von sonstigen Vermögen des R abgespalten und mit Wirkung zum 01.01.22 mit allen Aktiva und Passiva zu Buchwerten auf die neu zu gründende R-GmbH gegen Gewährung von Gesellschaftsrechten in Höhe von 50.000 € übertragen. Alle Rechte und Pflichten sowie alle Vermögensgegenstände sowie Verbindlichkeiten der „Ratlos e.K.", die nicht in deren Schlussbilanz per 31.12.21 aufgeführt sind, sollten ebenfalls auf die R-GmbH übergehen. Soweit das übertragene Vermögen das Stammkapital der GmbH überstieg, sollte dieser Betrag in die Rücklage eingestellt werden.

Im Rahmen einer Betriebsprüfung wurde festgestellt, dass ein vor Jahren angeschafftes Grundstück (Anschaffungskosten 50.000 €) fälschlicherweise bisher nicht bilanziert wurde.

Frage: Wie vollzieht sich die Einbringung und welche Konsequenz auf die Umwandlung hat es, dass das Grundstück bisher nicht bilanziert wurde?

Lösung: Steuerlich vollzieht sich die Umwandlung eines Einzelunternehmens in eine GmbH stets als Einbringung i.S.v. § 20 UmwStG. Danach besteht ein Wahlrecht, das vom Einzelunternehmen in die GmbH eingebrachte Betriebsvermögen mit Buchwerten, Teilwerten oder Zwischenwerten anzusetzen. Soll die Umwandlung ohne Ertragsteuerbelastung erfolgen, ist eine Einbringung zu Buchwerten möglich. Das bedeutet, dass die Schlussbilanzwerte des Einzelunternehmens von der GmbH übernommen werden. Dies ist aber nur möglich, wenn das gesamte Einzelunternehmen mit allen wesentlichen Betriebsgrundlagen auf die GmbH übertragen wird. Wird nur eine wesentliche Betriebsgrundlage, zum Beispiel ein Grundstück zurückbehalten, scheitert die steuerneutrale Einbringung. Als Gegenleistung für die Übertragung des Einzelunternehmens müssen neue Anteile an der GmbH erworben werden. Das ist bei der Ausgliederung zur Neugründung nach den §§ 152 ff. UmwG stets der Fall. Hierbei handelt es sich um eine Sachgründung, da das Unternehmen im Wege der Gesamtrechtsnachfolge auf die GmbH übergeht. Davon betroffen sind auch alle bestehenden Vertragsverhältnisse. Gesonderte Vereinbarungen mit Gläubigern, Kunden und Lieferanten sind deshalb nicht erforderlich. Als Nachteil ist anzumerken, dass der Einzelunternehmer für Verbindlichkeiten der GmbH für einen Zeitraum von fünf Jahren als Gesamtschuldner neben der GmbH haftet.

Zwar wurde das Grundstück fälschlicherweise nicht bilanziert. Aber nach dem notariellen Vertrag vom 30.12.21 sollten alle Vermögensgegenstände sowie Verbindlichkeiten der Einzelfirma, die nicht in der Schlussbilanz per 31.12.21 aufgeführt sind, ebenfalls auf die R-GmbH übergehen. Somit geht dieses Grundstück auch über. Insoweit hat die R-GmbH einen Anspruch auf Grundstücksübertragung in der Steuerbilanz einzustellen. Als Gegenposition ist das Konto Rücklagen anzusprechen.

Fall 7: A und B, denen jeweils die Anteile an der AB-GmbH gehören, wollen diese zum 31.12.21 zu Buchwerten auf die A&B-OHG verschmelzen, an der beide ebenfalls zu je 50 % beteiligt sind. Es liegt keine Betriebsaufspaltung und keine Organschaft vor.
Die Verschmelzung wird am 04.07.22 beim Handelsregister angemeldet; Verschmelzungsstichtag ist der 01.01.22. Die Eintragung erfolgt am 15.10.22.
Frage: Ist eine Verschmelzung zu Buchwerten möglich?

Lösung: Nach dem UmwG ist die Verschmelzung einer GmbH auf eine bestehende OHG möglich. Der Anmeldung beim Handelsregister darf eine der Verschmelzung zugrunde liegende Bilanz beigefügt werden, die auf einen bis zu acht Monaten zurückliegenden Zeitpunkt aufgestellt worden ist (§ 17 Abs. 2 UmwG). Dies ist im vorliegenden Fall gegeben, sodass eine Verschmelzung zum 01.01.22 erfolgen kann. Der steuerliche Übertragungsstichtag ist gem. § 2 Abs. 1 UmwStG der Vortag, also der 31.12.21, weil die der Umwandlung zu Grunde liegende Bilanz vom 31.12.21 ist (Tz. 02.02 UmwSt-Erlass). Da im vorliegenden Fall die Anmeldung bereits am 04.07.22 erfolgt ist, kann von der Rückwirkung zulässigerweise Gebrauch gemacht werden. (Anmerkung: Aufgrund der in 2020 und 2021 geltenden Sonderregeln wäre in diesen Jahren eine Anmeldung jeweils bis zum 31.12. des Jahres ausreichend).

Voraussetzung für die Buchwertfortführung ist, dass die GmbH als übertragender Rechtsträger einen Antrag nach § 3 Abs. 2 UmwStG stellt. Zudem ist Voraussetzung, dass die übertragenden Wirtschaftsgüter Betriebsvermögen der übernehmenden Personengesellschaft werden und die Besteuerung mit Einkommen- oder Körperschaftsteuer sichergestellt ist, das Recht der Besteuerung der Bundesrepublik Deutschland des Gewinns aus der Veräußerung der übertragenen Wirtschaftsgüter bei den Gesellschaftern der Personengesellschaft nicht ausgeschlossen oder beschränkt wird und keine Gegenleistung, außer der in Form von Gesellschaftsrechten, gewährt wird. Dies ist gegeben, sodass die Buchwertfortführung möglich ist.

4. Umwandlungssteuerrecht

Fall 8: Ausgangslage wie in Fall 7: Die Bilanz der AB-GmbH stellt sich wie folgt dar:

Aktiva		Passiva	
Anlagevermögen	300.000 €	Stammkapital	100.000 €
Umlaufvermögen	200.000 €	Gewinnrücklagen	400.000 €
	500.000 €		**500.000 €**

Das Anlagevermögen hat einen gemeinen Wert von 1.000.000 €; das Umlaufvermögen hat einen gemeinen Wert von 500.000 €.
Die Bilanz der AB-OHG stellt sich wie folgt dar:

Aktiva		Passiva	
Anlagevermögen	200.000 €	Kapital A	300.000 €
Umlaufvermögen	400.000 €	Kapital B	300.000 €
	600.000 €		**600.000 €**

Das Anlagevermögen hat einen gemeinen Wert von 2.400.000 €; das Umlaufvermögen hat einen gemeinen Wert von 100.000 €.

Frage: Wie sieht die Bilanz der A&B-OHG bei der Buchwertverknüpfung aus und welche steuerlichen Folgen ergeben sich bei der AB-GmbH?

Lösung: Unter der Prämisse der Buchwertfortführung ergibt sich nach der Verschmelzung, in der die Buchwerte aus der Übertragungsbilanz der GmbH nach § 4 Abs. 1 UmwStG wieder angesetzt werden müssen folgende Bilanz der der A&B-OHG:

A		P	
Anlagevermögen (OHG)	200.000 €	Kapital A	300.000 €
Anlagevermögen (GmbH)	300.000 €	Kapital A	250.000 €
Umlaufvermögen (OHG)	400.000 €	Kapital B	300.000 €
Umlaufvermögen (GmbH)	200.000 €	Kapital B	250.000 €
	1.100.000 €		**1.100.000 €**

Das Vermögen der GmbH ist mit einem Wert von insgesamt 500.000 € übertragen worden, daher ergeben sich 500.000 € zusätzliches Eigenkapital, das jedem Gesellschafter zur Hälfte, also mit 250.000 € auf dem Kapitalkonto gutgeschrieben wird.

Bei der AB-GmbH ergeben sich keine weiteren Folgen. Allerdings ist nach § 7 UmwStG eine fiktive Ausschüttung zu ermitteln, weil bei der Verschmelzung auf eine Personengesellschaft ansonsten steuerpflichtige Gewinnrücklagen in steuerfrei entnehmbare Guthaben auf den Kapitalkonten werden. Es ist wie folgt zu rechnen:

Eigenkapital laut Bilanz	500.000 €
./. fiktive Herabsetzung des Eigenkapitals	100.000 €
= fiktive Ausschüttung	**400.000 €**

Von den 400.000 € entfallen auf A und B je 200.000 €, die als Einkünfte i.S.d. § 20 Abs. 1 Nr. 1 EStG gelten. Da die Umwandlung als zum 31.12.21 erfolgt, sind die steuerpflichtigen Einkünfte bei der Veranlagung des Jahres 21 zu erfassen. Die Besteuerung erfolgt bei wesentlich beteiligten Anteilseignern im Sinne des § 17 EStG gemäß § 20 Abs. 8, 15 Abs. 1 Nr. 2, 3 Nr. 40a EStG nach dem Teileinkünfteverfahren, da die Anteile an der GmbH gemäß § 5 Abs. 2 UmwStG als in das Betriebsvermögen der aufnehmenden Personengesellschaft eingelegt gelten (sog. Einlagefiktion).

> **Hinweis!** Nach der geplanten Neuregelung des § 5 Abs. 2 UmwStG gemäß des Regierungsentwurfs eines Jahressteuergesetzes 2024 (Art. 9 Ziff. 2) sollen künftig auch Anteile im Sinne des § 20 Abs. 2 Nr. 1 EStG als fiktiv in das Betriebsvermögen der Personengesellschaft eingelegt gelten.

> **Fall 9:** Ausgangslage wie in Fall 7: Die Anschaffungskosten von A für die GmbH-Anteile betrugen 50.000 €, die von B 300.000 €.
>
> **Frage:** Welche steuerlichen Folgen ergeben sich für die Gesellschafter im Zusammenhang mit der Übernahme?

Lösung: Für die beiden Gesellschafter ist – personenbezogen – ein Übernahmegewinn bzw. -verlust nach § 4 Abs. 4 und 5 Abs. 2 UmwStG zu ermitteln:

	A	B
Wert des übergangenen Vermögens	250.000 €	250.000 €
Anschaffungskosten	./. 50.000 €	./. 300.000 €
Zwischensumme	200.000 €	./. 50.000 €
Fiktive Ausschüttung (§ 7 UmwStG)	./. 200.000 €	./. 200.000 €
Übernahmegewinn/-verlust	**0 €**	**./. 250.000 €**

Das Übernahmeergebnis von A beträgt 0 €, er hat lediglich die fiktive Gewinnausschüttung zu versteuern.

Das Übernahmeergebnis von B beträgt ./. 250 T€. Bis zur Höhe der Bezüge gemäß § 7 UmwStG kann er den Verlust mit diesen verrechnen, ein darüberhinausgehender Verlust geht ungenutzt unter (§ 4 Abs. 6 S. 4 UmwStG). B kann also die Bezüge in Höhe von 200 T€ mit dem Übernahmeverlust verrechnen, sodass diese bei ihm steuerfrei bleiben. Der darüberhinausgehende Übernahmeverlust in Höhe von 50 T€ geht ungenutzt unter.

> **Fall 10:** Die in Deutschland ansässige A-AG soll auf ihre in der Schweiz ansässige Schwestergesellschaft, B-AG, grenzüberschreitend herausverschmolzen werden. In Deutschland soll eine Betriebsstätte zurückbleiben. Die Anteile an den an der Umwandlung beteiligten Gesellschaften halten die in Deutschland ansässige X- und Y-GmbH jeweils zu 50 %
>
> **Frage:** Können die X- und die Y-GmbH nach § 13 Abs. 2 UmwStG einen Antrag auf Buchwertfortführung stellen?

Lösung: Gem. § 1 Abs. 1 Nr. 1 UmwStG ist der sachliche Anwendungsbereich des 2. bis 5. Teils des Umwandlungssteuergesetzes und damit der §§ 11 ff. UmwStG nur dann eröffnet, wenn eine Umwandlung im Sinne des § 2 UmwG oder ein vergleichbarer ausländischer Vorgang vorliegt. Nach Streichung des § 1 Abs. 2 UmwStG mit Wirkung zum 01.01.2022 und damit dem Wegfall der weiteren Einschränkung grenzüberschreitender Umwandlungen auf EU- bzw. EWR-Gesellschaften, sind Verschmelzungen unter Beteiligung von Rechtsträgern in Drittstaaten grundsätzlich möglich, sofern die Erfüllung der Tatbestandsvoraussetzungen des § 1 Abs. 1 Nr. 1 UmwStG gegeben ist.

Dieser könnte vorliegend erfüllt sein, da die grenzüberschreitende Verschmelzung gemäß der §§ 305 ff. UmwG möglich ist. Allerdings sieht § 306 Abs. 1 Nr. 1 UmwG vor, dass es sich bei den an der grenzüberschreitenden Verschmelzung teilnehmenden Rechtsträgern – wie bereits in der Vorgängerregelung des § 122b Abs. 1 Nr. 1 UmwG a.F. – um EU- bzw. EWR-Gesellschaften handeln muss. Die B-AG in Form einer Schweizer Aktiengesellschaft erfüllt wegen der Drittstaatenqualifikation der Schweiz diese Voraussetzung nicht. Gesellschaftsrechtlich ist daher die grenzüberschreitende Verschmelzung mit Drittstaatenbezug nach wie vor ausgeschlossen, sodass die Voraussetzung des § 1 Abs. 1 Nr. 1

4. Umwandlungssteuerrecht

UmwStG in Form der Verschmelzung im Sinne des § 2 UmwG nicht erfüllt ist. Die hinter der Änderung der bisherigen §§ 122a ff. UmwG a.F. stehende Umsetzung der sog. Mobilitätsrichtlinie hat folglich der Erweiterung des steuerlichen Anwendungsbereichs durch Streichung des § 1 Abs. 2 UmwStG a.F. nicht Rechnung getragen, sodass das Umwandlungsgesetz nach dem Umwandlungssteuergesetz mögliche Drittstaatenverschmelzungen nicht erlaubt (siehe hierzu im Einzelnen: Holle/Krüger in: Nationales und internationales Umwandlungssteuerrecht im Fokus, 1. Auflage, Kapitel II.11, Abschnitt E, Beispiel 1).

Die X- und die Y-GmbH können demnach keinen Antrag auf Buchwertfortführung gem. § 13 Abs. 2 UmwStG stellen, sodass für die erhaltenen Anteile an der Schwestergesellschaft gem. § 13 Abs. 1 UmwStG die gemeinen Werte anzusetzen sind und somit der in Deutschland anfallende Veräußerungsgewinn gem. § 8b Abs. 2, 3 KStG zu versteuern ist.

Fall 11: K. Lauer bringt sein Einzelunternehmen der Softwarebranche (Umsatz: 40 Mio. €) in die neu gegründete K. Lauer GmbH im Wege der Einzelrechtsnachfolge nach § 20 UmwStG ein. Der Einbringungsvertrag wurde auf den 01.01.2024 abgeschlossen.
Buchwert des Einzelunternehmens zum steuerlichen Übertragungsstichtag 31.12.2023: 2.000.000 €.
Gemeiner Wert des Einzelunternehmens: 5.000.000 € (lt. IDW S1-Gutachten)
Sacheinlage gegen Gewährung neuer Anteile im Betrag von: 1.000.000 €.
Die GmbH räumt dem K. Lauer zusätzlich ein Darlehen von 1.000.000 € ein.
Es wird ein fristgerechter Antrag auf Buchwertfortführung gestellt, und die übrigen Voraussetzungen für einen Buchwertansatz in § 20 Abs. 2 S. 2 Nr. 1 bis 3 und Abs. 2 S. 3 UmwStG sollen vorliegen.

Frage: Stellt das gewährte Darlehen eine schädliche Gegenleistung an K. Lauer dar?

Lösung: Bei der Prüfung, ob die Darlehensgewährung eine schädliche Gegenleistung darstellt, sind gewisse Teilschritte einzuhalten.

Teilschritt – Prüfung der Grenze des § 20 Abs. 2 S. 2 Nr. 4 UmwStG:
Der gemeine Wert der sonstigen Gegenleistung von 1 Mio. € übersteigt sowohl 25 % des Buchwerts (2 Mio. € × 25 % = 500.000 €) als auch die alternative Höchstbetragsgrenze von 500.000 € um 500.000 €. Daher sind die Buchwerte in Höhe des die Wertgrenzen des § 20 Abs. 2 Nr. 4 UmwStG übersteigenden Betrages aufzustocken, sodass in entsprechender Höhe ein Einbringungsgewinn bei K. Lauer entsteht.
Hierzu wird zunächst der Aufstockungsbetrag wie folgt ermittelt:

3. Teilschritt – Ermittlung des relativen Wertverhältnisses für den Buchwert-Teil:
(Gesamtwert eingebrachtes BV ./. übersteigende Gegenleistung) / Gesamtwert eingebrachtes BV
(5.000.000 € ./. 500.000 € (= 4.500.000 €))/5.000.0000 € = 90 %.

4. Teilschritt – Ermittlung des Wertansatzes des eingebrachten BV bei der GmbH:
Buchwertfortführung: 90 % von 2.000.000 €	1.800.000 €
Sonstige Gegenleistung (schädlicher Teil)	500.000 €
Ansatz des eingebrachten BV bei der GmbH	**2.300.000 €**

Daraus ergeben sich sodann folgende Konsequenzen beim Einbringenden:
5. Teilschritt – Einbringungsgewinn:
Veräußerungspreis nach § 20 Abs. 3 S. 1 UmwStG	2.300.000 €
./. Buchwert des eingebrachten Betriebsvermögens	2.000.000 €
Einbringungsgewinn (faktisch Zwischenwert)	**300.000 €**

6. Teilschritt – Ermittlung der Anschaffungskosten der erhaltenen Anteile:

Anschaffungskosten der erhaltenen Anteile	2.300.000 €
./. Wert der sonstigen Gegenleistung	1.000.000 €
Anschaffungskosten der Anteile final	**1.300.000 €**

Im Ergebnis ist der Vorgang in einen buchwertneutralen und einen realisierenden Teil zu zerlegen.

> **Fall 12:** Die Rechtsanwälte Arm (A) und Reich (R) betreiben eine Rechtsanwaltskanzlei. Sie ermitteln ihren Gewinn durch Einnahmeüberschussrechnung. A kündigte den Gesellschaftsvertrag zum 31.12.23; daraufhin wurde die GbR zum 31.12.23 aufgelöst. Jeder Rechtsanwalt bekam den vom ihm betreuten Mandantenstamm zugewiesen. Forderungen und Verbindlichkeiten wurden so aufgeteilt, dass kein Spitzenausgleich erforderlich wurde. A und R führen die von Ihnen übernommenen Wirtschaftsgüter mit dem Buchwert in ihren Einzelpraxen ab 01.01.24 fort.
>
> **Frage:** Muss im Fall dieser Realteilung zum Bestandsvergleich übergegangen werden, wenn sowohl die GbR als auch nachher die Gesellschafter wieder ihren Gewinn nach § 4 Abs. 3 EStG ermitteln?

Lösung: Die Frage, ob Mitunternehmerschaften, die ihren Gewinn durch Einnahmenüberschussrechnung ermitteln, im Fall der Realteilung mit Buchwertfortführung unter Fortsetzung der Einnahmenüberschussrechnung zum Bestandsvergleich übergehen müssen, ist umstritten. Von der Verwaltungspraxis wurde davon ausgegangen, dass bei jeder Einbringung im Sinne von § 24 UmwStG zwingend zum Bestandsvergleich gewechselt und eine Übergangsbesteuerung durchgeführt werden muss (Potsch, KÖSDI 2013, 18225, 18230; OFD Düsseldorf vom. 13.09.1993, DB 1993, 2002; vgl. auch Verfügung der OFD Karlsruhe vom. 08.10.2007, DStR 2007, 2326). Der Realteilungserlass schweigt sich zu dieser Frage aus. Nach Auffassung des BFH vom 11.04.2013 (III R 32/12, BStBl II 2014, 242) besteht im Fall der Realteilung einer freiberuflichen Mitunternehmerschaft ohne Spitzenausgleich allerdings keine Verpflichtung zur Erstellung einer Realteilungsbilanz nebst Übergangsgewinnermittlung, wenn die Buchwerte fortgeführt werden und die Mitunternehmer unter Aufrechterhaltung der Gewinnermittlung durch Einnahme-Überschussrechnung ihre berufliche Tätigkeit in den Einzelpraxen weiterbetreiben.

5. Umsatzsteuerrecht

5.1 15 Fragen zum Umsatzsteuerrecht

> **Frage 1:** Was verstehen Sie unter dem Begriff „Schadenersatz" und wie wird dieser im Umsatzsteuerrecht behandelt?

Lösung: Schadensersatz liegt vor, wenn jemand einem anderen gegenüber zum Ersatz eines ihm zugefügten Schadens – gleich auf welcher Rechtsgrundlage – verpflichtet ist. Wichtig ist, dass der Schadensersatz nicht geleistet wird, weil der Leistende eine Lieferung oder eine sonstige Leistung erhalten hat, sondern weil er nach Gesetz oder Vertrag für den Schaden oder seine Folgen einzustehen hat. In diesem Fall mangelt es an einem Leistungsaustausch i.e.S., sodass kein steuerbarer Umsatz i.S.d. § 1 Abs. 1 Nr. 1 Satz 1 UStG vorliegt.

Der Schadensersatz ist im Umsatzsteuerrecht nicht gesetzlich geregelt. Da ein Schadensersatz nicht alle Tatbestandsmerkmale des § 1 Abs. 1 Nr. 1 Satz 1 UStG erfüllt, ist er von Grundsatz her nicht steuerbar. Es ist jedoch zwischen einem echten und einem unechten Schadensersatz zu unterscheiden. Lediglich der echte Schadensersatz ist nicht steuerbar. Abgrenzungen dazu ergeben sich aus Abschnitt 1.3 UStAE.

Echter Schadensersatz

„Echter Schadensersatz" ist insbesondere gegeben, wenn der Schädiger den Schaden selbst beseitigt oder durch einen von ihm beauftragten Erfüllungsgehilfen beseitigen lässt. Entsprechendes gilt, wenn die Schadensbeseitigung durch eine Geldzahlung an den Geschädigten erfolgt oder die Geldzahlung an einen Dritten geleistet wird, der den Schaden im Auftrag des Geschädigten beseitigt.

Auf die Bezeichnung kommt es nicht an. Beispiele für den echten Schadensersatz sind:
- Vertragsstrafen wegen Nichterfüllung (Abschnitt 1.3 Abs. 3 Satz 1 UStAE),
- Erstattung von Kosten für ein gerichtliches Mahnverfahren (Abschnitt 1.3 Abs. 6 Satz 1 UStAE),
- Verzugszinsen, Fälligkeitszinsen und Prozesszinsen (Abschnitt 1.3 Abs. 6 Satz 3 UStAE),
- Ersatzleistungen aufgrund einer Warenkreditversicherung (Abschnitt 1.3 Abs. 7 Satz 1 UStAE).

Unechter Schadenersatz

Demgegenüber liegt ein „unechter Schadensersatz" vor, wenn eine Entschädigung aus umsatzsteuerrechtlicher Sicht die Voraussetzungen einer entgeltlichen Leistung und damit eines Leistungsaustauschs erfüllt. Eine Grundregel für das Vorliegen eines unechten Schadensersatzes gibt es nicht. Es muss laut ständiger Rechtsprechung und h.M. in der Literatur stets anhand des jeweiligen Einzelfalles geprüft werden, ob ein Leistungsaustauschverhältnis vorliegt oder nicht.

Beseitigt der Geschädigte im Auftrag des Schädigers einen ihm zugefügten Schaden selbst, ist die Schadensersatzleistung als Entgelt im Rahmen eines Leistungsaustauschs anzusehen. Ein „Klassiker" für einen unechten Schadenersatz liegt z.B. vor, wenn der Geschädigte ein Betreiber einer Kfz-Werkstatt ist und der Schädiger den Geschädigten ausdrücklich beauftragt, den Schaden an seinem Firmenfahrzeug in seiner KfZ-Werkstatt selbst zu beseitigen. In diesem Fall liegt ein steuerbarer und wohl auch steuerpflichtiger Umsatz vor.

Beispiele für den unechten Schadenersatz sind:
- Ausgleichszahlungen an Handelsvertreter nach § 89b HGB (Abschnitt 1.3 Abs. 12 UStAE),
- Ausgleichszahlungen an Mieter wegen vorzeitiger Räumung der Mieträume (Abschnitt 1.3 Abs. 13 UStAE m.w.N.),
- Vorzeitige Auflösung von Beraterverträgen (Abschnitt 1.1 Abs. 8a UStAE m.w.N.).

> **Hinweis!** Für die Beurteilung von Ausgleichszahlungen im Zusammenhang mit der Beendigung von **Leasingverträgen** ist entscheidend, ob der Zahlung für den jeweiligen Schadensfall eine mit ihr eng verknüpfte Leistung gegenübersteht. Die Zahlung eines Minderwertausgleichs ist nicht als Schadensersatz, sondern als Entgelt für die bereits erfolgte Gebrauchsüberlassung und Duldung der Nutzung in vertragsgemäßen Gebrauch zu beurteilen. Soweit aber bei Kündigung des Leasingverhältnisses Ausgleichszahlungen für künftige Leasingraten geleistet werden, handelt es sich um echten Schadenersatz.

> **Hinweis!** Vgl. zum **Leasing** im Umsatzsteuerrecht auch **Frage 15**!

> **Frage 2:** Was ist eine „Geschäftsveräußerung im Ganzen"?

Lösung: Die Geschäftsveräußerung in Ganzen ist in § 1 Abs. 1a UStG geregelt; der Wortlaut ist:

„Die Umsätze im Rahmen einer Geschäftsveräußerung an einen anderen Unternehmer für dessen Unternehmen unterliegen nicht der Umsatzsteuer. Eine Geschäftsveräußerung liegt vor, wenn ein Unternehmen oder ein in der Gliederung eines Unternehmens gesondert geführter Betrieb im Ganzen entgeltlich oder unentgeltlich übereignet oder in eine Gesellschaft eingebracht wird. Der erwerbende Unternehmer tritt an die Stelle des Veräußerers."

Nach Rechtsauffassung des EuGH (Urteil vom 27.11.2003, C-497/01 „Zita Modes Sàrl") ist Sinn und Zweck einer Geschäftsveräußerung im Ganzen die steuerliche Erleichterung von Unternehmensübertragungen oder der Übertragung von Unternehmensteilen.

Für den Veräußerer führt die Geschäftsveräußerung nicht zu einer Berichtigung des Vorsteuerabzugs (§ 15a Abs. 10 UStG), sodass der vom veräußernden Unternehmer vorgenommene Vorsteuerabzug erhalten bleibt. Es ist allerdings zu beachten, dass durch den Eintritt des Erwerbers in den Berichtigungszeitraum der Veräußerer verpflichtet ist, dem Erwerber die für die Durchführung der Berichtigung erforderlichen Angaben zu machen.

Da § 1 Abs. 1a UStG nicht als Wahlrecht ausgestaltet ist („unterliegen nicht der Umsatzsteuer") darf keine Umsatzsteuer ausgewiesen werden. Wird sie trotzdem unberechtigt ausgewiesen, so ist § 14c Abs. 1 Satz 3 UStG mit der Folge anzuwenden, dass der Rechnungsaussteller die ausgewiesene Umsatzsteuer schuldet.

> **Hinweis!** Die Finanzverwaltung hat an verschiedenen Stellen den UStAE ergänzt. Insbesondere wurde ein neuer Abschn. 12.18 UStAE eingeführt, der zehn Absätze umfasst. In Abschn. 1.5 Abs. 10 UStAE wird erläutert, dass der Verkauf oder die unentgeltliche Übertragung einer Photovoltaikanlage unter gewissen Bedingungen zu einer nicht steuerbaren Geschäftsveräußerung führt. Der Erwerber tritt dann an die Stelle des Veräußerers; im Einzelnen:
> „Betrieb einer Photovoltaikanlage (10) 1Verkauft ein Unternehmer, der kein Kleinunternehmer ist und dessen Unternehmen (unter anderem) im Betrieb einer Photovoltaikanlage besteht, die Photovoltaikanlage oder übereignet er sie unentgeltlich an einen Dritten, handelt es sich hierbei unter den übrigen Voraussetzungen des § 1 Abs. 1a UStG um eine nichtsteuerbare Geschäftsveräußerung im Ganzen. 2Der Erwerber tritt dabei an die Stelle des Veräußerers (§ 1 Abs. 1a Satz 3 UStG); dies stellt keine Änderung der Verhältnisse im Sinne von § 15a UStG dar (Abschnitt 15a.10). 3Ist der Erwerber Kleinunternehmer, führt der Wechsel der Besteuerungsart bei diesem zu einer Berichtigung des Vorsteuerabzugs (§ 15a Abs. 7 UStG)."

> **Frage 3:** Welche Anforderungen muss umsatzsteuerrechtlich ein „Unternehmer" erfüllen?

5. Umsatzsteuerrecht

Lösung: Der Unternehmer ist in § 2 Abs. 1 UStG geregelt; der Wortlaut ist:
„Unternehmer ist, wer eine gewerbliche oder berufliche Tätigkeit selbständig ausübt. Das Unternehmen umfasst die gesamte gewerbliche oder berufliche Tätigkeit des Unternehmers. Gewerblich oder beruflich ist jede nachhaltige Tätigkeit zur Erzielung von Einnahmen, auch wenn die Absicht, Gewinn zu erzielen, fehlt oder eine Personenvereinigung nur gegenüber ihren Mitgliedern tätig wird."

Nach Abschnitt 2.1. Abs. 1 Satz 1 UStAE können natürliche und juristische Personen sowie Personenzusammenschlüsse Unternehmer sein.

„Der Begriff der gewerblichen oder beruflichen Tätigkeit im Sinne des UStG geht über den Begriff des Gewerbebetriebes nach dem EStG und dem GewStG hinaus" (Abschnitt 2.1. Abs. 1 Satz 1 UStAE). Eine selbständige Tätigkeit liegt nach Abschnitt 2.2. Abs. 1 Satz 1 UStAE vor, wenn sie auf eigene Rechnung und auf eigene Verantwortung ausgeübt wird. Ob natürliche Personen selbstständig sind, ist im Wesentlichen nach den Kriterien des § 19 EStG, des § 1 LStDV und der Verwaltungsauffassung (H 19.0. „Allgemeines" LStH) zu beurteilen. Personengesellschaften sind stets selbständig. Es sei denn, sie sind ausnahmsweise nach § 2 Abs. 2 UStG in das Unternehmen eines Organträgers eingegliedert (Abschnitt 2.8 Abs. 2 Satz 5 UStAE).

Eine Kapitalgesellschaft ist stets selbständig, wenn sie nicht nach § 2 Abs. 2 UStG in das Unternehmen eines Organträgers eingegliedert ist.

> **Hinweis!** Vgl. in diesem Zusammenhang Frage 4 zur Organschaft und Frage 14 zu den umsatzsteuerrechtlichen Neuerungen.

Die gewerbliche oder berufliche Tätigkeit wird nachhaltig ausgeübt, wenn sie auf Dauer zur Erzielung von Entgelten angelegt ist (Abschnitt 2.3. Abs. 5 Satz 1 UStAE).

Als Kriterien für die Nachhaltigkeit einer Tätigkeit kommen nach Abschnitt 2.3. Abs. 5 Satz 2 UStAE m.w.N. in Betracht:
- „mehrjährige Tätigkeit;
- planmäßiges Handeln;
- auf Wiederholung angelegte Tätigkeit;
- die Ausführung mehr als nur eines Umsatzes;
- Vornahme mehrerer gleichartiger Handlungen unter Ausnutzung derselben Gelegenheit oder desselben dauernden Verhältnisses;
- langfristige Duldung eines Eingriffs in den eigenen Rechtskreis;
- Intensität des Tätigwerdens;
- Beteiligung am Markt;
- Auftreten wie ein Händler;
- Unterhalten eines Geschäftslokals;
- Auftreten nach außen, z.B. gegenüber Behörden."

Die Unternehmereigenschaft beginnt mit dem ersten nach außen erkennbaren auf eine Unternehmertätigkeit gerichteten Tätigwerden (Abschnitt 2.6. Abs. 1 Satz 1 UStAE). Sie endet mit dem letzten Tätigwerden; der Zeitpunkt der Einstellung oder Abmeldung eines Gewerbebetriebes ist unbeachtlich (Abschnitt 2.6. Abs. 6 Satz 1 und 2 UStAE).

> **Frage 4:** Was verstehen Sie unter einer Organschaft? Welche Voraussetzungen sind zu erfüllen?

Lösung: Die Organschaft ist in § 2 Abs. 2 Nr. 2 UStG geregelt; der Wortlaut ist:
„Die gewerbliche oder berufliche Tätigkeit wird nicht selbständig ausgeübt, wenn eine juristische Person nach dem Gesamtbild der tatsächlichen Verhältnisse finanziell, wirtschaftlich und organisatorisch in das Unternehmen des Organträgers eingegliedert ist (Organschaft). Die Wirkungen der Organschaft sind auf Innenleistungen zwischen den im Inland gelegenen Unternehmensteilen beschränkt.

Diese Unternehmensteile sind als ein Unternehmen zu behandeln. Hat der Organträger seine Geschäftsleitung im Ausland, gilt der wirtschaftlich bedeutendste Unternehmensteil im Inland als der Unternehmer."

Die umsatzsteuerliche Organschaft wurde in den letzten Jahren durch zahlreiche Rechtsprechungsänderungen, insbesondere bei der Eingliederung von Personengesellschaften, beherrscht. Durch das BMF-Schreiben vom 26.05.2017, III C 2 S 7105/15/10002 hat sich die Finanzverwaltung mit der umsatzsteuerlichen Organschaft auseinandergesetzt und einige Änderungen des UStAE vorgenommen.

Eine Organschaft im Sinne des Umsatzsteuergesetzes liegt vor, wenn eine juristische Person in ein anderes Unternehmen eingegliedert ist. Dabei sind drei Eingliederungsvoraussetzungen zu erfüllen:
- Finanzielle Eingliederung,
- Wirtschaftliche Eingliederung,
- Organisatorische Eingliederung.

Die Rechtsform des Organträgers ist im Umsatzsteuergesetz zwar nicht ausdrücklich geregelt. Aus dem Wortlaut des § 2 Abs. 2 Nr. 2 UStG kann jedoch abgeleitet werden, dass Organträger jedes Unternehmen i. S. d. § 2 Abs. 1 UStG sein kann (Abschn. 2.8. Abs. 2 Satz 2 UStAE). Der Organträger muss daher lediglich Unternehmer sein.

Nach dem Wortlaut des § 2 Abs. 2 Nr. 2 Satz 1 UStG kann grundsätzlich nur eine juristische Person Organgesellschaft sein. Nach Abschnitt 2.8 Abs. 5a UStAE können allerdings ausnahmsweise auch Personengesellschaften Organgesellschaft sein; im Einzelnen:

„Die finanzielle Eingliederung einer Personengesellschaft setzt voraus, dass Gesellschafter der Personengesellschaft neben dem Organträger nur Personen sind, die nach § 2 Abs. 2 Nr. 2 UStG in das Unternehmen des Organträgers finanziell eingegliedert sind, so dass die erforderliche Durchgriffsmöglichkeit selbst bei der stets möglichen Anwendung des Einstimmigkeitsprinzips gewährleistet ist (vgl. BFH-Urteile vom 2.12.2015, V R 25/13, BStBl 2017 II S. 547, und vom 3.12.2015, V R 36/13, BStBl 2017 II S. 563)."

Die Änderung von Absatz 5a ist das Ergebnis der verwaltungsrechtlichen Umsetzung der Rechtsprechung des BFH und des EuGH, die sich u.a. zur umsatzsteuerrechtlichen Organschaft geäußert haben.

Hinweis! Vgl. in diesem Zusammenhang das BMF-Schreiben vom 26.05.2017, III C 2 S 7105/15/10002, BStBl I 2017, S. 790.

Nach Abschnitt 2.8. Abs. 5 Satz 1 UStAE ist „unter der finanziellen Eingliederung einer juristischen Person [...] der Besitz der entscheidenden Anteilsmehrheit an der Organgesellschaft zu verstehen, die es dem Organträger ermöglicht, durch Mehrheitsbeschlüsse seinen Willen in der Organgesellschaft durchzusetzen (Eingliederung mit Durchgriffsrechten, vgl. BFH-Urteil vom 2.12.2015, V R 15/14, BStBl II 2017, S. 553)." Im Zweifel kommt es daher in der Praxis auf die Stimmrechtsverhältnisse an.

Abschnitt 2.8. Abs. 6 Satz 1 UStAE führt zur wirtschaftlichen Eingliederung aus:

„Wirtschaftliche Eingliederung bedeutet, dass die Organgesellschaft nach dem Willen des Unternehmers im Rahmen des Gesamtunternehmens, und zwar in engem wirtschaftlichen Zusammenhang mit diesem, wirtschaftlich tätig ist (vgl. BFH-Urteil vom 22.6.1967, V R 89/66, BStBl III S. 715)."

Bei einer Betriebsaufspaltung ist dieses regelmäßig zu bejahen (Abschnitt 2.8. Abs. 6b UStAE).

Die organisatorische Eingliederung setzt nach Abschnitt 2.8. Abs. 7 Satz 1 und 2 UStAE voraus, „dass die mit der finanziellen Eingliederung verbundene Möglichkeit der Beherrschung der Tochtergesellschaft durch die Muttergesellschaft in der laufenden Geschäftsführung tatsächlich wahrgenommen wird (BFH-Urteil vom 28. 1. 1999, V R 32/98, BStBl II S. 258). Es kommt darauf an, dass der Organträger die Organgesellschaft durch die Art und Weise der Geschäftsführung beherrscht und seinen Willen in der Organgesellschaft durchsetzen kann." Das ist z.B. bei einer Personenidentität in den Leitungsgremien beider Gesellschaften gegeben (Abschnitt 2.8. Abs. 8 Satz 2 UStAE).

5. Umsatzsteuerrecht

Liegen diese Voraussetzungen der Organschaft vor, handelt es sich umsatzsteuerrechtlich um ein Unternehmen. Dies führt dazu, dass Leistungen innerhalb des Organkreises nicht steuerbar sind (sog. „nicht steuerbarer Innenumsatz"). Diese im Inland gelegenen Unternehmensteile sind als ein Unternehmen zu behandeln (§ 2 Abs. 2 Nr. 2 Satz 3 UStG). Die umsatzsteuerrechtliche Organschaft ist nicht als „Wahlrecht" ausgestattet, da es am Tatbestandsmerkmal „Gewinnabführungsvertrag" wie bei der körperschaft- und gewerbesteuerrechtlichen Organschaft (§ 14 Abs. 1 Satz 1 KStG bzw. § 2 Abs. 2 Satz 2 GewStG) bereits aus systematischen Gründen fehlt bzw. fehlen muss.

Steuerschuldner ist im Falle einer Organschaft der Organträger als Unternehmer (§ 13a Abs. 1 Nr. 1 UStG).

Es gelten Besonderheiten für grenzüberschreitende Organschaften.

> **Hinweis!** Der BFH hatte sich im Jahre 2019 (Beschluss vom 11.12.2019, XI R 16/18, BFH/NV 2020, 598) und 2020 Beschluss vom 07.05.2020, V R 40/19, BFH/NV 2020, 839) mit der Organschaft auseinandergesetzt. In diesem Zusammenhang hatte er u.a. zu prüfen, ob es zulässig ist, den Organträger als den Unternehmer anzusehen oder ob nicht eher der gesamte Organkreis als einheitliches Gebilde der Unternehmer ist. Im Ergebnis hatte der BFH erhebliche Zweifel an der nationalen Umsetzung der umsatzsteuerrechtlichen „Gruppenbesteuerung" in Deutschland und hat dem EuGH folgende Fragen zur Vorabentscheidung vorgelegt:
> 1. Ist die in Art. 4 Abs. 4 Unterabs. 2 der Richtlinie 77/388/EWG für die Mitgliedstaaten vorgesehene Ermächtigung, in ihrem Gebiet ansässige Personen, die zwar rechtlich unabhängig, aber durch gegenseitige finanzielle, wirtschaftliche und organisatorische Beziehungen eng miteinander verbunden sind, zusammen als einen Steuerpflichtigen zu behandeln, in der Weise auszuüben:
>   a) dass die Behandlung als ein Steuerpflichtiger bei einer dieser Personen erfolgt, die Steuerpflichtige für alle Umsätze dieser Personen ist oder in der Weise,
>   b) dass die Behandlung als ein Steuerpflichtiger zwingend – und damit auch unter Inkaufnahme erheblicher Steuerausfälle – zu einer von den eng miteinander verbundenen Personen getrennten Mehrwertsteuergruppe führen muss, bei der es sich um eine eigens für Mehrwertsteuerzwecke zu schaffende fiktive Einrichtung handelt?
> 2. Falls zur ersten Frage die Antwort a) zutreffend ist: Folgt aus der EuGH-Rechtsprechung zu den unternehmensfremden Zwecken i.S.v. Art. 6 Abs. 2 der Richtlinie 77/388/EWG (EuGH-Urteil VNLTO, EU:C:2009:88), dass bei einem Steuerpflichtigen,
>   a) der zum einen eine wirtschaftliche Tätigkeit ausübt und dabei entgeltliche Leistungen i.S.v. Art. 2 Nr. 1 der Richtlinie 77/388/EWG erbringt und
>   b) der zum anderen zugleich eine Tätigkeit ausübt, die ihm im Rahmen der öffentlichen Gewalt obliegt (Hoheitstätigkeit), für die er nach Art. 4 Abs. 5 der Richtlinie 77/388/EWG nicht als Steuerpflichtiger gilt,
>   die Erbringung einer unentgeltlichen Dienstleistung aus dem Bereich seiner wirtschaftlichen Tätigkeit für den Bereich seiner Hoheitstätigkeit keine Besteuerung nach Art. 6 Abs. 2 Buchst. b der Richtlinie 77/388/EWG vorzunehmen ist?"

> Der Europäische Gerichtshof (EuGH) hat nunmehr in drei Entscheidungen (Urteile vom 1.12.2022, C-141/20 und C-269/20 sowie vom 11.7.2024, C 184/23) zur umsatzsteuerlichen Organschaft Stellung genommen. Anders als bei der Entscheidung (C-819) zum Themenkomplex „Personengesellschaften als Organgesellschaft", also zu den Tatbestandsvoraussetzungen der Organschaft, ergingen die vorstehenden Entscheidungen zu den Rechtsfolgen der Organschaft. Im Ergebnis bleibt es bei der bisherigen Regelung, den Organträger als Steuerpflichtigen des Organkreises zu bestimmen, so wie es auch § 2 Abs. 2 Nr. 2 UStG vorsieht. Allen Examenskandidaten kann nur empfohlen werden, die o. g. Entscheidungen wenigstens einmal gelesen zu haben.

Frage 5: Wie bestimmt sich der Ort einer Lieferung?

Lösung: Die Bestimmung des Lieferortes ist unverzichtbar für die Frage, ob ein Umsatz nach § 1 Abs. 1 Nr. 1 UStG steuerbar ist. Es ist zwischen allgemeinen und besonderen Vorschriften zum Lieferort zu unterscheiden. Die Grundregeln unterscheiden zwischen bewegten und unbewegten Lieferungen.

Eine bewegte Lieferung (§ 3 Abs. 6 Satz 1 UStG) erfolgt durch Befördern oder Versenden durch den Lieferer, seinen Abnehmer oder einem beauftragten Dritten. Dieses Befördern oder Versenden setzt voraus, dass der Abnehmer bei Beginn des Warentransports feststeht (sog. „rechtliche Lieferverpflichtung"), nicht jedoch, dass dem Beauftragten der Versendung der Abnehmer bekannt ist. Der Ort ist dann dort, wo die Beförderung oder Versendung beginnt.

Besonderheiten bestehen für sog. Reihengeschäfte, die ab dem 01.01.2020 neu geregelt wurden. § 3 Abs. 6a Satz 1 UStG gibt hier folgende Legaldefinition vor:

„Schließen mehrere Unternehmer über denselben Gegenstand Liefergeschäfte ab und gelangt dieser Gegenstand bei der Beförderung oder Versendung unmittelbar vom ersten Unternehmer an den letzten Abnehmer (Reihengeschäft), so ist die Beförderung oder Versendung des Gegenstands nur einer der Lieferungen zuzuordnen."

Demnach gibt es nur eine bewegte Lieferung, deren Ort am Beginn der Beförderung oder Versendung liegt. Ausnahme ist die Zuordnungsregelung nach § 3 Abs. 6a UStG. Alle anderen Lieferungen im Reihengeschäft gelten als unbewegt. Die im Reihengeschäft der bewegten Lieferung vorangehenden Lieferungen werden am Beginn des Transports ausgeführt (§ 3 Abs. 7 S. 2 Nr. 1 UStG). Die der bewegten Lieferungen folgenden Lieferungen werden am Ende des Transports ausgeführt (§ 3 Abs. 7 S. 2 Nr. 2 UStG).

Der „Klassiker" einer unbewegten Lieferung (§ 3 Abs. 7 UStG) ist z.B. eine Grundstückslieferung. Nach dieser Norm befindet sich der Ort dort, wo sich der Gegenstand im Zeitpunkt der Verschaffung der Verfügungsmacht befindet.

Neben der Unterscheidung in bewegte und unbewegte Lieferungen existieren noch spezialgesetzliche Ausnahmeregelungen. Diese finden sich in § 3 Abs. 5a UStG i.V.m. §§ 3c, 3e und 3g UStG. Ähnlich wie bei den sonstigen Leistungen (§ 3 Abs. 9 UStG i.V.m. § 3a UStG) sind die Grundregeln nur subsidiär anzuwenden, d.h. die spezialgesetzlichen Regelungen gehen vor. Im Einzelnen:

Die Vorschrift des § 3c UStG (früher: sog. „Versandhandelsregelung") regelt seit dem 01.07.2021 den Ort der Lieferung bei sog. Fernverkäufen (sog. „Fernverkaufsregelung") und kann wie folgt systematisiert werden:
- Abs. 1: Begriff des innergemeinschaftlichen Fernverkaufs und Lieferort,
- Abs. 2: Fernverkauf in einen Mitgliedstaat, der nicht der Mitgliedstaat der Einfuhr ist,
- Abs. 3: Fernverkauf in einen Mitgliedstaat, der Mitgliedstaat der Einfuhr ist,
- Abs. 4: Lieferort bei innergemeinschaftlichen Fernverkäufen in geringem Umfang,
- Abs. 5: Von der Ortsregelung für Fernverkäufe ausgenommene Umsätze.

5. Umsatzsteuerrecht

Zu Abs. 1:
Bei Lieferungen eines Gegenstandes mit Ausnahme von neuen Fahrzeugen (§ 3c Abs. 5 Satz 1 Nr. 1 UStG) aus dem Gebiet eines Mitgliedstaates in einen anderen Mitgliedstaat durch einen Unternehmer an bestimmte „Erwerber" gilt die Lieferung grundsätzlich an dem Ort als ausgeführt, an dem die Beförderung oder Versendung endet. Die Ortsverlagerung an den Bestimmungsort erfolgt nach § 3c Abs. 1 Satz 1 und 2 UStG allerdings nur, wenn z.B. folgende Erwerber vorliegen wird (§ 3c Abs. 1 Satz 4 UStG):
- Nichtunternehmer (§ 3a Abs. 5 Satz 1 UStG), sog. „B2C-Umsätze",
- Unternehmer, die nur steuerfreie Umsätze ausführen, die zum Ausschluss vom Vorsteuerabzug führen,
- Kleinunternehmer.

> **Beispiel:** Die Lieferung beginnt in Frankreich und endet in Deutschland.

Zu Abs. 2:
Für Fernverkäufe aus dem Drittland gilt nach § 3c Abs. 2 Satz 2 UStG Folgendes:
  „Als Ort der Lieferung eines Fernverkaufs eines Gegenstands, der aus dem Drittlandsgebiet in einen anderen Mitgliedstaat als den, in dem die Beförderung oder Versendung des Gegenstands an den Erwerber endet, eingeführt wird, gilt der Ort, an dem sich der Gegenstand bei Beendigung der Beförderung oder Versendung an den Erwerber befindet."
  Die Ortsverlagerung findet ebenso wie beim innergemeinschaftlichen Fernverkauf nur für die vorstehend beispielhaft genannte Personengruppe statt.

> **Beispiel:** Die Lieferung beginnt in den USA und gelangt über Frankreich nach Deutschland, wo die Lieferung endet.

Zu Abs. 3:
Der Ort der Lieferung beim Fernverkauf eines Gegenstands, der aus dem Drittlandsgebiet in den Mitgliedstaat, in dem die Beförderung oder Versendung der Gegenstände an den Erwerber endet, eingeführt wird, gilt als in diesem Mitgliedstaat gelegen, sofern die Steuer auf diesen Gegenstand gemäß dem besonderen Besteuerungsverfahren (sog. „Import-One-Stop-Shop") nach § 18k zu erklären ist (§ 3c Abs. 3 Satz 1 UStG).

> **Beispiel:** Die Lieferung beginnt in den USA und gelangt unmittelbar nach Deutschland, wo die Lieferung endet.

Zu Abs. 4:
Nach § 3 Abs. 4 Satz 1 UStG sind die Regelungen des Absatzes 1 über den innergemeinschaftlichen Fernverkauf bei Unterschreitung einer Lieferschwelle von 10.000 € an Nichtunternehmer nicht anzuwenden. Sofern diese Schwelle überschritten wird, kann eine umsatzsteuerrechtliche Erfassung vermieden werden, wenn sich der Unternehmer zum besonderen Besteuerungsverfahren nach Art 359a-359k MwStSystRL bzw. § 18j UStG in seinem Staat anmeldet (sog. „One-Stop-Shop").

Zu Abs. 5:
Die vorstehend genannten Regelungen der Absätze 1 bis 3 gelten nach § 3c Abs. 1 Satz 1 UStG nicht für:
1. die Lieferung neuer Fahrzeuge,
2. die Lieferung eines Gegenstands, der mit oder ohne probeweise Inbetriebnahme durch den Lieferer oder für dessen Rechnung montiert oder installiert geliefert wird, und für
3. die Lieferung eines Gegenstands, auf die die Differenzbesteuerung nach § 25a Abs. 1 oder 2 UStG angewendet wird.

Ferner gilt die Ortsverlagerung nach § 3c Abs. 1 bis 3 UStG nicht für innergemeinschaftliche Fernverkäufe über verbrauchsteuerpflichtige Waren, wie etwa Mineralöl, Alkohol und alkoholische Getränke sowie Tabakwaren an bestimmte Abnehmer (§ 3c Abs. 5 Satz 2 UStG).

In Kürze noch die spezialgesetzlichen Vorschriften zum Lieferort nach **§ 3e und § 3g UStG**:

- Die Lieferung an Bord von Schiffen, Flugzeugen oder in einer Eisenbahn während einer innergemeinschaftlichen Personenbeförderung stellt ebenfalls eine Spezialregelung (§ 3e UStG) dar. Hier bestimmt sich der Ort danach, wo der Abgangsort des jeweiligen Beförderungsmittels im Gemeinschaftsgebiet ist.
- Bei der Lieferung von Gas, Elektrizität, Wärme und Kälte (§ 3g UStG) über Verteilungsnetze bestimmt sich der Ort danach, wo der Abnehmer sein Unternehmen betreibt oder aber es ist der Verbrauchsort.

Frage 6: Können Sie uns die Regelungen zum Reihengeschäft näher erläutern?

Lösung: Ja. Durch Art. 12 des Gesetzes zur weiteren steuerlichen Förderung der Elektromobilität und zur Änderung weiterer steuerlicher Vorschriften wurden mit Wirkung zum 01.01.2020 die Regelungen zum Reihengeschäft neu gefasst. Dazu wurden die Sätze 5 und 6 in § 3 Abs. 6 UStG aufgehoben und in § 3 UStG ein neuer Abs. 6a eingefügt.

Im Zuge der gesetzlichen Klarstellung wurde in § 3 Abs. 6a Satz 1 UStG eine Definition des umsatzsteuerlichen Reihengeschäfts vorgenommen:

„Schließen mehrere Unternehmer über denselben Gegenstand Liefergeschäfte ab und gelangt dieser Gegenstand bei der Beförderung oder Versendung unmittelbar vom ersten Unternehmer an den letzten Abnehmer (Reihengeschäft), so ist die Beförderung oder Versendung des Gegenstands nur einer der Lieferungen zuzuordnen."

Unmittelbarkeit bedeutet dabei, dass beim Transport der Ware vom Abgangsort zum Bestimmungsort nur ein Unternehmer in der Kette die Transportverantwortung innehaben kann. Liegt die Transportverantwortlichkeit bei mehreren an der Reihe beteiligten Unternehmern (sog. gebrochene Beförderung oder Versendung), liegt kein Reihengeschäft vor. Dies entspricht allerdings inhaltlich der Regelung des bisherigen § 3 Abs. 6 Satz 5 UStG, sodass eine materiell-rechtliche Neuregelung damit nicht verbunden ist.

§ 3 Abs. 6a Satz 2 UStG stellt entsprechend der bislang geltenden Rechtsanwendung gesetzlich klar, dass bei Beförderung oder Versendung durch den ersten Unternehmer entsprechend der Transportveranlassung die Warenbewegung der Lieferung des ersten Unternehmers zuzuordnen ist.

Wird der Gegenstand der Lieferung durch den letzten Abnehmer in der Reihe befördert oder versendet, ist die Warenbewegung nach § 3 Abs. 6a Satz 3 UStG entsprechend der Transportveranlassung der Lieferung an den letzten Abnehmer zuzuordnen.

Durch § 3 Abs. 6a Satz 4 UStG wird in Umsetzung von Art. 36a Abs. 3 MwStSystRL der Begriff des Zwischenhändlers definiert. Zwischenhändler ist danach der Lieferer innerhalb der Reihe mit Ausnahme des ersten Lieferers in der Reihe, der die Gegenstände selbst oder auf seine Rechnung durch einen Dritten versendet oder befördert.

Befördert oder versendet der Zwischenhändler den Gegenstand der Lieferung, ist die Warenbewegung grundsätzlich der Lieferung an ihn zuzuordnen (Art. 36a Abs. 1 MwStSystRL). Dies gilt nach Art. 36a Abs. 2 MwStSystRL nicht, wenn der Zwischenhändler nachweist, dass er den Gegenstand nicht entsprechend der gesetzlichen Vermutung in seiner Eigenschaft als Abnehmer, sondern ausnahmsweise als Lieferer befördert oder versendet hat.

Gelangt der Gegenstand der Lieferung aus dem Gebiet eines Mitgliedstaates in das Gebiet eines anderen Mitgliedstaates und verwendet der Zwischenhändler gegenüber dem leistenden Unternehmer bis zum Beginn der Beförderung oder Versendung eine Umsatzsteuer-Identifikationsnummer, die ihm

5. Umsatzsteuerrecht

vom Mitgliedstaat des Beginns der Beförderung oder Versendung erteilt wurde, ist die Beförderung oder Versendung seiner Lieferung zuzuordnen (§ 3 Abs. 6a Satz 5 UStG). In der Gesetzesbegründung wird dazu ausgeführt, dass durch Art. 36a Abs. 2 MwStSystRL bestimmt werde, dass die gesetzliche Vermutung im Falle innergemeinschaftlicher Lieferungen durch die Verwendung einer dem transportverantwortlichen mittleren Unternehmer (Zwischenhändler) durch den Abgangsmitgliedstaat erteilten USt-IdNr. widerlegt werde.

Im Interesse einer vereinfachten und bürokratiearmen Regelung wurde zur Zuordnung der Warenbewegung in § 3 Abs. 6a Satz 6 UStG bestimmt, dass die gesetzliche Vermutung des § 3 Abs. 6a Satz 4 UStG im Falle der Ausfuhr typisierend widerlegt wird, wenn der Zwischenhändler gegenüber seinem Lieferanten nachweist, dass er im Mitgliedstaat des Beginns der Beförderung oder Versendung der Ware für Umsatzsteuerzwecke steuerlich erfasst ist. Dies geschieht entweder durch Verwendung der ihm vom Mitgliedstaat des Beginns der Beförderung oder Versendung erteilten USt-IdNr. oder durch Verwendung seiner Steuernummer. Wenn das Finanzamt eine gesonderte Steuernummer für Zwecke der Umsatzbesteuerung erteilt hat (z.B. bei von der Zuständigkeit nach dem Betriebssitz abweichender Zuständigkeit nach § 21 AO), ist diese zu verwenden. Die durch den Zwischenhändler ausgeführte Lieferung gilt dann als warenbewegte Lieferung.

> **Hinweis!** Wegen Anwendungsfragen zu § 3 Abs. 6a UStG hat das BMF ein Entwurfsschreiben (Umsatzsteuer; Umsatzsteuerliche Behandlung von Reihengeschäften, GZ III C 2 -S 7116-a/19/10001 :003 DOK 2023/0380817) veröffentlicht.

> **Frage 7:** In welchen Fällen sieht das Umsatzsteuerrecht eine Option vor?

Lösung: Das Umsatzsteuerrecht gewährt dem Unternehmer einige Möglichkeiten durch Wahlrechte die Umsatzbesteuerung zu beeinflussen. Sie dienen in aller Regel zur Verwaltungsvereinfachung. Als Optionsmöglichkeit wird § 9, d.h. der Verzicht auf Steuerbefreiungen, bezeichnet.

Nach der Regelung in § 9 UStG kann der Unternehmer bestimmte in § 9 Abs. 1 UStG genannte steuerfreie Umsätze als steuerpflichtig behandeln. Voraussetzung hierfür ist, dass der Umsatz an einen anderen Unternehmer für dessen Unternehmen ausgeführt wird. Die wichtigsten Befreiungsvorschriften sind § 4 Nr. 9a und § 4 Nr. 12 UStG.

§ 4 Nr. 9a UStG befreit die Umsätze, die unter das Grunderwerbsteuergesetz fallen, von der Umsatzsteuer, um grundsätzlich eine Doppelbelastung mit Verkehrsteuern zu vermeiden. Neben den Voraussetzungen aus Absatz 1 ist es allerdings erforderlich, dass der Verzicht in dem notariell zu beurkundenden Vertrag erklärt wird (§ 9 Abs. 3 S. 2 UStG).

§ 4 Nr. 12a UStG befreit die Umsätze, die die Vermietung und Verpachtung von Grundstücken betreffen. Hierbei gilt es allerdings noch die Vorschrift des § 9 Abs. 2 UStG zu beachten. Ein Verzicht bzw. die Option ist nur dann möglich, wenn der Leistungsempfänger ein Unternehmer ist, der selbst Umsätze ausübt, die den Vorsteuerabzug nicht ausschließen.

> **Frage 8:** Kennen Sie noch andere „Wahlrechte" im Umsatzsteuerrecht?

Lösung: Ja. Es gäbe noch:
- die Option der Kleinunternehmer (§ 19 UStG),
- die Besteuerung nach vereinnahmten Entgelten (§ 20 UStG),
- die Durchschnittssatzbesteuerung für land- und forstwirtschaftliche Betriebe (§ 24 UStG),
- die Differenzbesteuerung (§ 25a UStG).

Option der Kleinunternehmer (§ 19 UStG)

Bei inländischen Unternehmern besteht die Möglichkeit der sogenannten Kleinunternehmerregelung. Diese besagt, dass keine Umsatzsteuer erhoben wird, wenn der Gesamtumsatz im vorangegangenen Kalenderjahr 22.000 € nicht überstiegen hat und im laufenden Kalenderjahr 50.000 € voraussichtlich nicht übersteigen wird. Nach § 19 Abs. 1 Satz 1 UStG handelt sich bei dem Umsatzgrenzen um fiktive Bruttoumsätze („zuzüglich der darauf entfallenden Steuer"). Nach § 19 Abs. 2 UStG wird dem Unternehmer das Wahlrecht eingeräumt, die Umsätze der Besteuerung zu unterwerfen. An diese Option ist der Unternehmer mindestens fünf Kalenderjahre gebunden. Ein Widerruf kann nur mit Wirkung von Beginn eines Kalenderjahres erfolgen.

Besteuerung nach vereinnahmten Entgelten (§ 20 UStG)

Grundsätzlich sieht das Umsatzsteuerrecht eine Versteuerung nach vereinbarten Entgelten vor (§ 16 Abs. 1 Satz 1 UStG). Nach § 20 Satz 1 UStG, kann das Finanzamt gestatten, dass ein Unternehmer:

„1. dessen Gesamtumsatz (§ 19 Abs. 3) im vorangegangenen Kalenderjahr nicht mehr als 800.000 Euro betragen hat, oder
2. der von der Verpflichtung, Bücher zu führen und auf Grund jährlicher Bestandsaufnahmen regelmäßig Abschlüsse zu machen, nach § 148 der Abgabenordnung befreit ist, oder
3. soweit er Umsätze aus einer Tätigkeit als Angehöriger eines freien Berufs im Sinne des § 18 Abs. 1 Nr. 1 des Einkommensteuergesetzes ausführt,"
4. der eine juristische Person des öffentlichen Rechts ist, soweit er nicht freiwillig Bücher führt und auf Grund jährlicher Bestandsaufnahmen regelmäßig Abschlüsse macht oder hierzu gesetzlich verpflichtet ist, "

die Steuer nach vereinbarten Entgelten berechnet.

Durchschnittssatzbesteuerung für land- und forstwirtschaftliche Betriebe (§ 24 UStG)

Für die Unternehmer aus dem Bereich der Land- und Forstwirtschaft erleichtert § 24 UStG die Umsatzbesteuerung durch die Festsetzung von sogenannten Durchschnittssätzen. Dies gilt sowohl für die ausgeführten Umsätze als auch für die damit im Zusammenhang stehenden Vorsteuern. Im Ergebnis entsteht somit weder eine Zahllast noch ein Vorsteuererstattungsanspruch. Nach § 24 Abs. 4 UStG kann der Unternehmer bis spätestens zum 10. Tag eines Kalenderjahres gegenüber dem Finanzamt erklären, dass seine Umsätze vom Beginn des vorangegangenen Kalenderjahres nach den allgemeinen Vorschriften des Umsatzsteuergesetzes besteuert werden sollen. Dieses Wahlrecht bindet den Unternehmer mindestens für fünf Kalenderjahre. Sie kann mit Wirkung vom Beginn eines Kalenderjahres an widerrufen werden.

Differenzbesteuerung (§ 25a UStG)

Im § 25a UStG sind einige Optionsrechte enthalten:

- Gemäß § 25a Abs. 2 UStG kann der Unternehmer beantragen, dass er für Kunstgegenstände, Sammlungsstücke und Antiquitäten die Differenzbesteuerung anwendet. An diese Option ist er für mindestens zwei Jahre gebunden.
- Nach § 25a Abs. 4 UStG kann der Wiederverkäufer für Gegenstände, deren Einkaufspreis 500 € nicht übersteigt, basierend auf einer Gesamtdifferenz die Bemessungsgrundlage ermitteln.
- In § 25a Abs. 8 UStG wird dem Unternehmer das Wahlrecht eingeräumt, bei jeder Lieferung auf die Differenzbesteuerung zu verzichten; dies gilt allerdings nicht bei der Gesamtdifferenzbesteuerung nach § 25a Abs. 4 UStG.

Frage 9: Erläutern Sie die Regelung des § 13b UStG (sog. „Reverse-Charge-Verfahren").

5. Umsatzsteuerrecht

Lösung: Im Grundsatz ist der leistende Unternehmer (sog. Leistungserbringer) auch gleichzeitig Schuldner der Umsatzsteuer. Davon gibt es aber Ausnahmen, wonach der Leistungsempfänger Steuerschuldner ist. Im Einzelnen gilt dies gemäß § 13b Abs. 2 UStG für folgende sonstige Leistungen:
- Werklieferungen und nicht unter Absatz 1 fallende sonstige Leistungen eines im Ausland ansässigen Unternehmers,
- Lieferungen sicherungsübereigneter Gegenstände durch den Sicherungsgeber an den Sicherungsnehmer außerhalb des Insolvenzverfahrens,
- Umsätze, die unter das Grunderwerbsteuergesetz fallen,
- Bauleistungen, einschließlich Werklieferungen und sonstigen Leistungen im Zusammenhang mit Grundstücken, die der Herstellung, Instandsetzung, Instandhaltung, Änderung oder Beseitigung von Bauwerken dienen, mit Ausnahme von Planungs- und Überwachungsleistungen. Als Grundstücke gelten insbesondere auch Sachen, Ausstattungsgegenstände und Maschinen, die auf Dauer in einem Gebäude oder Bauwerk installiert sind und die nicht bewegt werden können, ohne das Gebäude oder Bauwerk zu zerstören oder zu verändern. Nummer 1 bleibt unberührt,
- Lieferungen, die a) der in § 3g Absatz 1 Satz 1 genannten Gegenstände eines im Ausland ansässigen Unternehmers unter den Bedingungen des § 3g und b) von Gas über das Erdgasnetz und von Elektrizität, die nicht unter Buchstabe a fallen,
- Lieferungen der in der Anlage 3 bezeichneten Gegenstände,
- Reinigen von Gebäuden und Gebäudeteilen. Nummer 1 bleibt unberührt,
- Lieferungen von Gold mit einem Feingehalt von mindestens 325 Tausendstel, in Rohform oder als Halbzeug (aus Position 7108 des Zolltarifs) und von Goldplattierungen mit einem Goldfeingehalt von mindestens 325 Tausendstel (aus Position 7109),
- Lieferungen von Mobilfunkgeräten, Tablet-Computern und Spielekonsolen sowie von integrierten Schaltkreisen vor Einbau in einen zur Lieferung auf der Einzelhandelsstufe geeigneten Gegenstand, wenn die Summe der für sie in Rechnung zu stellenden Entgelte im Rahmen eines wirtschaftlichen Vorgangs mindestens 5.000 Euro beträgt; nachträgliche Minderungen des Entgelts bleiben dabei unberücksichtigt,
- Lieferungen der in der Anlage 4 bezeichneten Gegenstände, wenn die Summe der für sie in Rechnung zu stellenden Entgelte im Rahmen eines wirtschaftlichen Vorgangs mindestens 5.000 € beträgt; nachträgliche Minderungen des Entgelts bleiben dabei unberücksichtigt und
- sonstige Leistungen auf dem Gebiet der Telekommunikation. Nummer 1 bleibt unberührt.

Voraussetzung für die Umkehr der Steuerschuldnerschaft ist es, dass die o.g. sonstigen Leistungen im Inland durch einen im übrigen Gemeinschaftsgebiet ansässigen Unternehmer ausgeführt worden sind (§ 13b Abs. 1 UStG).

Grundsätzlich entsteht die Steuer für diese Umsätze mit Ausstellung der Rechnung, spätestens jedoch mit Ablauf des der Ausführung der Leistung folgenden Kalendermonats. Hiervon gibt es aber Ausnahmen. Für nach § 3a Abs. 2 UStG im Inland steuerpflichtige sonstige Leistungen eines im übrigen Gemeinschaftsgebiet ansässigen Unternehmers entsteht die Steuer erst mit Ablauf des Voranmeldungszeitraums, in dem die Leistung ausgeführt wurde.

Der Unternehmer, der eine Leistung i.S.d. § 13b UStG erbringt, muss auf der Rechnung den Hinweis „Steuerschuldnerschaft des Leistungsempfängers" anbringen.

> **Frage 10:** Wie erfolgt die Berichtigung des Vorsteuerabzugs?

Lösung: Ändern sich ab dem Zeitpunkt der erstmaligen Verwendung die für die Höhe des ursprünglichen Vorsteuerabzugs maßgebenden Verhältnisse, gleicht § 15a UStG den Vorsteuerabzug der Höhe nach so aus, dass er den Verhältnissen entspricht, die sich aufgrund der tatsächlichen Verwendung ergeben. § 15a UStG wirkt somit als Korrektiv zum sog. Prinzip des Sofortabzugs der Vorsteuer aufgrund der nachgewiesenen Verwendungsabsicht.

Die Rechtsprechung unterscheidet Leistungsbezüge des Unternehmers für die:
- unternehmerische (wirtschaftliche) Sphäre und
- nichtunternehmerische Sphäre (unternehmensfremde oder private Sphäre)

Diese Differenzierung hat auch Auswirkungen auf die Berichtigung des Vorsteuerabzugs nach § 15a UStG.

Zu den Berichtigungsobjekten i.S.d. § 15a UStG gehören:
- Investitionsgüter, die nicht nur einmalig zur Ausführung von Umsätzen verwendet werden (§ 15a Abs. 1 UStG); dies ist in aller Regel das ertragsteuerliche Anlagevermögen.
- Einmalig verwendete Wirtschaftsgüter (§ 15a Abs. 2 UStG); dies ist in aller Regel das ertragsteuerliche Umlaufvermögen.
- Gegenstände oder sonstige Leistungen, die mit einem anderen Gegenstand derart verbunden werden, dass sie dabei ihre körperliche und wirtschaftliche Eigenart verlieren (Bestandteile) gemäß § 15a Abs. 3 UStG. Hierzu gehört z.B. der Einbau neuer Fenster oder Gebäudeanstrich.
- Ein weiteres Berichtigungsobjekt liegt vor, wenn das Wirtschaftsgut für Zwecke, die außerhalb des Unternehmens liegen, aus dem Unternehmen entnommen wird, ohne dass dabei nach § 3 Abs. 1b UStG eine unentgeltliche Wertabgabe zu besteuern ist (§ 15a Abs. 3 S. 3 UStG).

Ebenso gehören hierzu sonstige Leistungen, die nicht an einem Wirtschaftsgut ausgeführt werden und die einmalig oder mehrmalig zur Ausführung von Umsätzen verwendet werden (nur bei steuerbilanziellem Aktivierungsverbot). Dies sind z.B. Patente, Lizenzen oder eine Anzahlung für Mietleasing.

Nach § 15a Abs. 6 UStG gilt dies auch für nachträgliche Anschaffungs- oder Herstellungskosten.

Weitere Voraussetzung ist, dass sich die Verwendungsverhältnisse ändern, d.h. wenn z.B. ein Mieterwechsel stattfindet und aus einer zunächst steuerpflichtigen Vermietung eine steuerfreie Vermietung entsteht.

Ebenso liegt eine Änderung der Verwendungsverhältnisse vor, wenn sich die unternehmerische Nutzung bei einem Gegenstand des Unternehmensvermögens erhöht, der auch nichtwirtschaftlich verwendet wird. Ein weiteres Beispiel ist, dass sich die rechtliche Beurteilung später als unzutreffend erweist und die ursprüngliche Steuerfestsetzung nicht mehr änderbar ist.

> **Hinweis!** § 15a UStG findet bei der Geschäftsveräußerung im Ganzen aber keine Anwendung (§ 15a Abs. 10 UStG).

Die Durchführung der Berichtigung erfolgt nach den folgenden Grundsätzen:
- Für Berichtigungsobjekte, die nur einmalig verwendet werden, erfolgt die Berichtigung einmalig für den Besteuerungszeitraum der Verwendung.
- Für Berichtigungsobjekte, die nicht nur einmalig verwendet werden erfolgt die Berichtigung „pro rata temporis" des Berichtigungszeitraums von 5 bzw. 10 Jahren.

> **Hinweis!** Hierbei sind aber die sog. Bagatellgrenzen des § 44 UStDV zu beachten und für nachträgliche Anschaffungs- oder Herstellungskosten besteht ein eigenständiger Berichtigungszeitraum (§ 15a Abs. 3 S. 1 UStG).

> **Frage 11:** Wann gilt jemand als Kleinunternehmer i.S.d. UStG laut Jahressteuergesetz 2024?

Lösung:

> **Hinweis!** Die Besteuerung von Kleinunternehmern wird zum 1.1.2025 durch das JStG 2024 (das JStG 2024 war zum Zeitpunkt der Drucklegung noch nicht verabschiedet) umfassend geändert. Ab dem 1.1.2025 führen Kleinunternehmer steuerfreie Umsätze aus und haben aufgrund der Steuerfreiheit der Umsätze keinen Vorsteuerabzug für eigene Eingangsleistungen. Die Kleinunternehmereigenschaft liegt dann vor, wenn der Gesamtumsatz im vorangegangenen Kalenderjahr geringer als 25.000 € war. Wird im laufenden Kalenderjahr ein Gesamtumsatz von 100.000 € überschritten, ist ab dem Zeitpunkt der Überschreitung die Kleinunternehmerbesteuerung nicht mehr anzuwenden. Der Unternehmer kann auf die Anwendung der Kleinunternehmerbesteuerung verzichten.

Nach § 19 Abs. 1 UStG wird die Steuer, für einen im Inland ansässigen Kleinunternehmer für dessen steuerpflichtigen Umsätze unter Umständen nicht erhoben. Dies ist dann der Fall, wenn der Gesamtumsatz im vorangegangenen Kalenderjahr 25.000 € und voraussichtlich im laufenden Kalenderjahr 100.000 € nicht überschreitet.

Dieser Gesamtumsatz im Sinne des § 19 Abs. 3 UStG ist nach vereinnahmten Entgelten zu ermitteln. Hat der Gesamtumsatz im Vorjahr die Grenze von 25.000 € überschritten, ist die Steuer für das laufende Kalenderjahr auch dann zu erheben, wenn der Gesamtumsatz in diesem Jahr die Grenze von 25.000 € voraussichtlich nicht überschreiten wird.

Nimmt ein Unternehmer seine gewerbliche oder berufliche Tätigkeit im Laufe eines Kalenderjahres neu auf, ist in diesen Fällen allein auf den voraussichtlichen Umsatz des laufenden Kalenderjahres abzustellen. Hierbei ist dann allerdings auch die Grenze von 25.000 € maßgebend.

Nach § 19 Abs. 2 UStG kann der Unternehmer dem Finanzamt gegenüber erklären, dass er auf die Kleinunternehmerregelung verzichtet. Diese Erklärung gilt vom Beginn des Kalenderjahres an, in der der Unternehmer sie abgegeben hat. Eine Formvorschrift ist nicht vorgegeben. Die Erklärung bindet ihn für mindestens fünf Jahre. Die Fünfjahresfrist ist vom Beginn des ersten Kalenderjahres an zu berechnen, für das die Erklärung gilt.

Bei der Ermittlung des Gesamtumsatzes ist die Summe der vom Unternehmer ausgeführten steuerbaren Umsätze im Sinne des § 1 Abs. 1 Nr. 1 UStG, abzüglich der Umsätze nach § 4 Nr. 8i, 9b und 11–29 UStG sowie der Umsätze nach § 4 Nr. 8a-h, Nr. 9a und Nr. 10 UStG, wenn sie Hilfsumsätze sind, zu berücksichtigen. Nach § 19 Abs. 1 Satz 1 UStG handelt es sich bei dem Umsatzgrenzen um fiktive Bruttoumsätze („zuzüglich der darauf entfallenden Steuer").

Durch das **Wachstumschancengesetz** ergeben sich ab dem Veranlagungszeitraum 2024 im Wesentlichen zwei Änderungen. Zum einen muss der Kleinunternehmer keine Umsatzsteuer-Jahreserklärung mehr einreichen. Allerdings kann das Finanzamt zur Einreichung derselbigen auffordern. Dieser Aufforderung ist dann allerdings nachzukommen (§ 19 Abs. 1 Satz 4 UStG). Zum anderen wird die Frist zum Verzicht auf die Kleinunternehmerregelung auf zwei Jahre verlängert (§ 19 Abs. 2 UStG).

> **Hinweis!** Erstmals ab 2025 können Unternehmer aus Deutschland unter bestimmten Voraussetzungen die Kleinunternehmerbesteuerung in anderen Mitgliedstaaten anwenden. Diese Regelung gilt umgekehrt auch für Unternehmer aus anderen Mitgliedstaaten in Deutschland.

> **Frage 12:** Wie werden Reiseleistungen umsatzsteuerrechtlich behandelt?

Lösung: Die Reiseleistungen eines Unternehmers sind sonstige Leistungen (§ 3 Abs. 9 UStG). Die Unternehmer, die die Voraussetzungen des § 25 UStG erfüllen, haben zwingend die Sonderregelung der sog. „Margenbesteuerung" zu beachten; ansonsten erfolgt die Besteuerung nach den allgemeinen Vorschriften des UStG.

Der Begriff der Reiseleistung ist in § 25 UStG nicht definiert; eine beispielhafte Aufzählung kann Abschnitt 25.1 Abs. 2 Satz 2 UStAE entnommen werden:
- Beförderung zu den einzelnen Reisezielen, Transfer,
- Beherbergung,
- Verpflegung,
- Betreuung durch Reiseleiter,
- Durchführung von Veranstaltungen (z. B. Stadtrundfahrten, Besichtigungen, Sport- und sonstige Animationsprogramme, Landausflüge),
- Eintrittsberechtigungen.

Die Voraussetzungen des § 25 UStG sind:
- Auftreten im eigenen Namen,
- Inanspruchnahme von Reisevorleistungen; der Reiseveranstalter erbringt die Leistungen nicht mit eigenen Mitteln und
- Reiseleistungen für nichtunternehmerische Zwecke des Leistungsempfängers (sog. „B2C-Umsätze").

Hinweis! Der EuGH hat mit Urteil vom 08.02.2018 (C-380/16) entschieden, dass die Regelung des § 25 UStG nicht vollständig EU-konform ist, da diese Regelung nur gilt, soweit der Empfänger die Leistung nicht für sein Unternehmen erhält. Der deutsche „Reisedienstleister" kann also – unter Hinweis auf Art. 306-310 MwStSystRL – die Margenbesteuerung auch für Unternehmer anwenden.

Die Rechtsfolgen aus § 25 UStG sind:
- Mehrere Reiseleistungen werden zu einer einheitlichen Leistung (z.B. Pauschalreise) zusammengefasst.
- Der Leistungsort bestimmt sich nach § 3a Abs. 1 UStG, d.h. dem Ort des Reiseveranstalters.
- Die Steuerfreiheit tritt nur dann ein, wenn Reisevorleistungen im Drittland bezogen wurden.
- Für steuerpflichtige Reiseleistungen gilt die Bruttomargenbesteuerung. Diese wird ermittelt, indem vom Reisepreis des Leistungsempfängers der Aufwand des Reiseveranstalters für die Reiseleistung abgezogen wird. Aus dieser ermittelten Bruttomarge wird die Umsatzsteuer mit dem derzeit gültigen Steuersatz von 19 % herausgerechnet und man erhält die Nettomarge. Bei dieser Margenberechnung gilt grundsätzlich die Einzelmargenberechnung (= Berechnung für jede Reise). Allerdings darf der Unternehmer auch die Gruppen- bzw. Gesamtmargenbesteuerung anwenden. Der Vorteil hierbei ist, dass auch negative Margen mit positiven Margen verrechenbar sind, was bei der Einzelmargenbesteuerung ausgeschlossen ist.
- Der Regelsteuersatz findet keine Anwendung für den Beherbergungsanteil im Ausland.
- Aus sämtlichen Vorleistungen hat der Reiseveranstalter keinen Vorsteuerabzug.
- Es gelten die besonderen Aufzeichnungspflichten des § 25 Abs. 5 UStG.

Frage 13: Erläutern Sie die Differenzbesteuerung nach § 25a UStG!

Lösung: Die Differenzbesteuerung ist eine Umsatzbesteuerung mit Vorumsatzabzug. Die Umsatzsteuer wird aus dem Unterschiedsbetrag zwischen dem Verkaufspreis und dem Einkaufspreis, der sogenannten Marge, herausgerechnet.

Die Differenzbesteuerung ist auf alle beweglichen körperlichen Gegenstände anwendbar, ausgenommen sind jedoch Edelsteine bzw. Edelmetalle.

Voraussetzung für die Anwendung der Differenzbesteuerung ist, dass:
- der Unternehmer ein sogenannter Wiederverkäufer ist,
- der Gegenstand an den Wiederverkäufer im Gemeinschaftsgebiet geliefert wurde und
- für diese Lieferung die Umsatzsteuer entweder nicht geschuldet oder nicht erhoben wurde.

5. Umsatzsteuerrecht

Im § 25a UStG sind einige Optionsrechte enthalten:
- Gemäß § 25a Abs. 2 UStG kann der Unternehmer beantragen, dass er für Kunstgegenstände, Sammlungsstücke und Antiquitäten die Differenzbesteuerung anwendet. An diese Option ist er für mindestens zwei Jahre gebunden.
- Nach § 25a Abs. 4 UStG kann der Wiederverkäufer für Gegenstände, deren Einkaufspreis 500 € nicht übersteigt, basierend auf einer Gesamtdifferenz die Bemessungsgrundlage ermitteln.
- In § 25a Abs. 8 UStG wird dem Unternehmer das Wahlrecht eingeräumt, bei jeder Lieferung auf die Differenzbesteuerung zu verzichten; dies gilt allerdings nicht bei der Gesamtdifferenzbesteuerung nach Abs. 4 UStG.

> **Frage 14:** Erläutern Sie zunächst kurz, welche umsatzsteuerrechtlichen Neuregelungen seit 2023 eingetreten sind! Im Anschluss besprechen Sie bitte ausführlich die – aus Ihrer Sicht – wesentliche(n) Änderung(en)!

Lösung: Es gab folgende verabschiedete Gesetze, die das Umsatzsteuerrecht ab dem 1.1.2023 (teilweise) geändert haben:
- Gesetz zur Reform des Vormundschafts- und Betreuungsrechts vom 4.5.2021 (BGBl I 2021, 882).
- Achtes Gesetz zur Änderung von Verbrauchsteuergesetzen vom 24.10.2022 (BGBl I 2022, 1838).
- Jahressteuergesetz 2022 (JStG 2022) vom 16.12.2022 (BGBl I 2022, 2294).
- Drittes Gesetz zur Änderung des Tabakerzeugnisgesetzes vom 19.7.2023 (BGBl I 2023, Nr. 194).
- Gesetz zur Regelung des Sozialen Entschädigungsrecht vom 12.12.2019 (BGBl. I, 2652)
- Gesetz über die Entschädigung der Soldatinnen und Soldaten und zur Neuordnung des Soldatenversorgungsrechts vom 20.8.2021 (BGBl. I, 3932)
- Zukunftsfinanzierungsgesetz (ZuFinG) vom 11.12.2023 (BGBl. 2023 I Nr. 354)
- Wachstumschancengesetz vom 27.3.2024 (BGBl. 2024 I Nr. 108)

Der Unternehmerbegriff wurde angepasst. § 2 Abs. 1 UStG lautet nunmehr:

„(1) Unternehmer ist, wer eine gewerbliche oder berufliche Tätigkeit selbstständig ausübt, unabhängig davon, ob er nach anderen Vorschriften rechtsfähig ist."

Hiermit wurde ein Urteil des Bundesfinanzhofs umgesetzt (BFH vom 22.11.2018, V R 65/17, MwStR 2019, S. 236)

Wesentlich ist auch die Einfügung von § 12 Abs. 3 UStG hinsichtlich des Nullsatzes für Solarmodule. Dieser wurde wie folgt gefasst:

„(3) Die Steuer ermäßigt sich auf 0 Prozent für die folgenden Umsätze:
1. die Lieferungen von Solarmodulen an den Betreiber einer Photovoltaikanlage, einschließlich der für den Betrieb einer Photovoltaikanlage wesentlichen Komponenten und der Speicher, die dazu dienen, den mit Solarmodulen erzeugten Strom zu speichern, wenn die Photovoltaikanlage auf oder in der Nähe von Privatwohnungen, Wohnungen sowie öffentlichen und anderen Gebäuden, die für dem Gemeinwohl dienende Tätigkeiten genutzt werden, installiert wird. Die Voraussetzungen des Satzes 1 gelten als erfüllt, wenn die installierte Bruttoleistung der Photovoltaikanlage laut Marktstammdatenregister nicht mehr als 30 Kilowatt (peak) beträgt oder betragen wird;
2. den innergemeinschaftlichen Erwerb der in Nummer 1 bezeichneten Gegenstände, die die Voraussetzungen der Nummer 1 erfüllen;
3. die Einfuhr der in Nummer 1 bezeichneten Gegenstände, die die Voraussetzungen der Nummer 1 erfüllen;
4. die Installation von Photovoltaikanlagen sowie der Speicher, die dazu dienen, den mit Solarmodulen erzeugten Strom zu speichern, wenn die Lieferung der installierten Komponenten die Voraussetzungen der Nummer 1 erfüllt."

Widmann (MwStR 2023, S. 5f.) führt hierzu sehr anschaulich aus:

„Mit § 12 Abs. 3 UStG kommt zum ersten Mal ein Nullsatz in das UStG. Er hat systematisch die gleiche Wirkung wie eine Steuerbefreiung mit dem Recht zum Vorsteuerabzug, ist aber in der Praxis einfacher als diese zu handhaben, weil die formellen Voraussetzungen an den Vorsteuerabzug gemäß § 15 UStG beim Leistungsempfänger nicht erfüllt sein müssen.

Diesen Vorteil führt auch die Regierungsbegründung an, wobei sie v. a. hervorhebt, dass die Photovoltaikanlagenbetreiber, die Kleinunternehmer gemäß § 19 Abs. 1 UStG sind, bisher den Zugang zum Vorsteuerabzug nur erlangten, wenn sie auf die Anwendung der Kleinunternehmerregelung verzichteten. Diesen bürokratischen Aufwand will man ihnen nun ersparen, denn wenn wegen des Nullsatzes die Anlage ohne Umsatzsteuer geliefert und installiert werden kann, kommt erst gar keine Vorbelastung beim Kleinunternehmer an, die durch den Vorsteuerabzug neutralisiert werden müsste. Dagegen lässt sich systematisch nichts einwenden."

Ab dem 1.1.2024 wurde im Wesentlichen ein neuer § 22g UStG „Besondere Pflichten für Zahlungsdienstleister, Verordnungsermächtigung" eingefügt (zu Einzelheiten wird auf Widmann, MwStR 2023, S.9 f. verwiesen).

§ 20 Satz 1 Nr. 1 UStG wurde geändert. Die Umsatzgrenze für einen erfolgreichen Antrag auf Istversteuerung („Besteuerung nach vereinnahmten Entgelten") wurde von 600.000 € auf 800.000 € angehoben.

Hinweis! Die elektronische Rechnung kommt ab dem 1.1.2025! Es wird daher auf Art. 23 des o.g. Wachstumschancengesetzes verwiesen, wodurch im Wesentlichen § 14 UStG geändert wird: „Eine elektronische Rechnung ist eine Rechnung, die in einem strukturierten elektronischen Format ausgestellt, übermittelt und empfangen wird und eine elektronische Verarbeitung ermöglicht. Das strukturierte elektronische Format einer elektronischen Rechnung 1. muss der europäischen Norm für die elektronische Rechnungsstellung und der Liste der entsprechenden Syntaxen gemäß der Richtlinie 2014/55/EU des Europäischen Parlaments und des Rates vom 16. April 2014 über die elektronische Rechnungsstellung bei öffentlichen Aufträgen (ABl. L 133 vom 6.5.2014, S. 1) entsprechen oder 2. kann zwischen Rechnungsaussteller und Rechnungsempfänger vereinbart werden. Voraussetzung ist, dass das Format die richtige und vollständige Extraktion der nach diesem Gesetz erforderlichen Angaben aus der elektronischen Rechnung in ein Format ermöglicht, das der Norm nach Nummer 1 entspricht oder mit dieser interoperabel ist."

Da der Prüfungsabschnitt „AO/FGO und Umsatzsteuer" in der mündlichen Steuerberaterprüfung (fast) ausnahmslos von Vertretern der Finanzverwaltung geprüft wird, sollten sich alle Kandidaten effizient hinsichtlich dieses Prüfungsteils mit dem offiziellen „Statement" der Finanzverwaltung vorbereiten. Zum Zeitpunkt der Drucklegung lag die endgültige Fassung noch nicht vor; hier ist der Entwurf zu finden:

https://www.bundesfinanzministerium.de/Content/DE/Downloads/BMF_Schreiben/Steuerarten/Umsatzsteuer/2024-06-14-entwurf-einfuehrung-e-rechnung.html

In Zusammenhang mit neueren BMF-Schreiben sollte zum Thema „Zuordnungsentscheidung" auch folgendes studiert werden:

https://www.bundesfinanzministerium.de/Content/DE/Downloads/BMF_Schreiben/Steuerarten/Umsatzsteuer/Umsatzsteuer-Anwendungserlass/2024-05-17-zuordnung-leistungen-zum-unternehmen.html

5. Umsatzsteuerrecht

Frage 15: Welche Besonderheiten sind umsatzsteuerrechtlich beim Leasing zu beachten?

Lösung: Der Leasingvertrag ist zivilrechtlich gesehen ein Vertrag sui generis (= Vertrag eigener Art), der Elemente eines Miet- und Pachtvertrags miteinander vereint. Das Element der „Miete" ergibt, dass der Leasinggeber weiterhin Eigentümer des Leasinggegenstandes ist und das Leasing eine **sonstige Leistung** in Form einer entgeltlichen Gebrauchsüberlassung darstellt. Wegen der Verlagerung des Sachrisikos (= Element der „Pacht") und der Koppelung mit Optionsrechten wird der Leasingnehmer jedoch unter bestimmten Voraussetzungen als wirtschaftlicher Eigentümer angesehen, sodass u.U. eine **Lieferung** angenommen werden kann.

Bis vor kurzem wurde die Zuordnung bei Leasingverträgen entsprechend der ertragsteuerrechtlichen Beurteilung vorgenommen. Die Finanzverwaltung hat allerdings mit dem BMF-Schreiben vom 18.03.2020, BStBl I 2020, 286 neue Regelungen zur umsatzsteuerrechtlichen Behandlung von Leasingverträgen erlassen.

Damit bei einem Leasingvertrag oder einem auf Übertragung des Eigentums gerichteten Mietvertrag von einer Lieferung ausgegangen werden kann, müssen **kumulativ** zwei Voraussetzungen vorliegen:
1. Der Vertrag muss ausdrücklich eine Klausel zum Übergang des Eigentums an dem Gegenstand des Miet- oder Leasingvertrags vom Leasinggeber auf den Leasingnehmer enthalten und
2. aus den Vertragsbedingungen muss deutlich hervorgehen, dass das Eigentum am Gegenstand **automatisch** auf den Leasingnehmer übergehen soll, wenn der Vertrag bis zum Vertragsablauf planmäßig ausgeführt wird.

Dabei ist auf den Zeitpunkt des Vertragsabschlusses abzustellen und die Voraussetzungen aus objektiver Sicht zu beurteilen.

Nach der Finanzverwaltung liegt eine Klausel zum Eigentumsübergang auch dann vor, wenn in dem Vertrag lediglich eine Kaufoption für den Gegenstand enthalten ist. Zur Prüfung, ob auch die zweite Bedingung erfüllt ist, muss auch bei einer im Vertrag enthaltenen unverbindlichen Kaufoption die Bedingung erfüllt sein, wenn angesichts der finanziellen Vertragsbedingungen die Optionsausübung am Vertragsende in Wirklichkeit als einzig wirtschaftlich rationale Möglichkeit für den Leasingnehmer erscheint. Dabei darf der Vertrag dem Leasingnehmer keine echte wirtschaftliche Alternative bieten, dass er zum Optionszeitpunkt, je nach Interessenlage den Gegenstand erwerben, zurückgeben oder weiterhin mieten kann.

Eine Besonderheit stellt das „sale-and-lease-back-Verfahren" dar. Hiernach erwirbt der Unternehmer (= späterer Leasingnehmer) das Wirtschaftsgut im eigenen Namen vom Hersteller mit der Option zur Rücklieferung an den Hersteller. Der Unternehmer veräußert sodann das Wirtschaftsgut zur Finanzierung der Anschaffungskosten an einen Leasinggeber durch Einigung über den Eigentumsübergang und Vereinbarung eines Besitzkonstituts (§§ 929, 930 BGB). Gleichzeitig schließen der Unternehmer (Leasingnehmer) und Leasinggeber einen Rückkauf-Vertrag nach Ablauf der Leasingzeit ab.

Bei dieser Abwicklung dient die Übertragung des Eigentums auf den Leasinggeber nach dem wirtschaftlichen Gehalt lediglich der Finanzierung und der Sicherung. Teilweise tritt der Leasinggeber dem Vertrag des späteren Leasingnehmers mit dem Hersteller des Leasinggegenstandes bei. Hier gilt dann die sog. „Gesamtbetrachtung": Der Hersteller liefert somit zunächst an den Unternehmer; dieser liefert entsprechend später an den Hersteller zurück Die Verfügungsmacht bleibt nach Eigentumsübertragung auf den Leasinggeber beim Leasingnehmer. Daher liefert weder der Leasingnehmer an den Leasinggeber noch (später) der Leasinggeber an den Leasingnehmer.

Bei den Ausgleichszahlungen im Zusammenhang mit der Beendigung des Leasingvertrages ist zwischen Schadenersatz und Leistungsaustausch für eine vom Leasinggeber an den Leasingnehmer erbrachte Leistung zu differenzieren. Ein Minderwertausgleich wegen Schäden am Leasingfahrzeug ist nach bisheriger Verwaltungsauffassung ein zusätzliches Entgelt für die Gebrauchsüberlassung; hingegen sieht der BFH in seiner aktuellen Rechtsprechung dies als Schadenersatz. Zahlungen für Mehrkilometer stellen hingegen einen steuerbaren Leistungsaustausch dar.

5.2 17 Fälle zum Umsatzsteuerrecht

Fall 1: Die **Klaus-GmbH** ist Komplementärin der K-GmbH & Co KG. Neben der Übernahme der Haftung führt sie auch die Geschäfte der KG. Dafür erhält sie monatlich 2.000 €; dabei entfallen 200 € auf die Haftungsübernahme und 1.800 € auf die laufende Geschäftsführung.

Lösung: Die **Klaus-GmbH** führt ihre Leistung selbstständig als Unternehmerin aus (§ 2 Abs. 1 UStG). Einnahmeerzielungsabsicht ist gegeben. Die Leistung erfolgt gewinnunabhängig gegen Festvergütung und somit im Rahmen eines Leistungsaustauschs (Abschnitt 1.6 Abs. 3 S. 2 UStAE). Die Haftungsübernahme und die Geschäftsführung stellen eine einheitliche sonstige Leistung dar (§ 3 Abs. 9 UStG). Der Ort der Leistung bestimmt sich nach § 3a Abs. 2 UStG. Die Leistung ist somit steuerbar und mangels Steuerbefreiung auch steuerpflichtig, da § 4 Nr. 8g UStG keine Anwendung findet (vgl. Beispiel in Abschnitt 1.6 Abs. 6 UStAE). Steuerschuldner ist die **Klaus-GmbH**. Die Bemessungsgrundlage beträgt (2.000 €: 1,19) = 1.680,67 € (§ 10 Abs. 1 UStG). Der Steuersatz beträgt 19 % (§ 12 Abs. 1 UStG) und die Steuer somit 319,33 €.

Fall 2: Der Geschäftsführer der K-GmbH ist **Klaus**. Er hat mit der GmbH einen Anstellungsvertrag geschlossen, der eine angemessene Vergütung in Höhe von monatlich 3.000 € vorsieht. Zudem sind die Entgeltfortzahlung im Krankheitsfall und ein jährlicher Urlaubsanspruch in diesem Vertrag geregelt. **Klaus** schreibt jeden Monat eine Rechnung über 3.000 € zuzüglich 19 % Umsatzsteuer an die KG. Ist das umsatzsteuerrechtlich richtig oder wurde die Umsatzsteuer unberechtigterweise ausgewiesen?

Lösung: Zu prüfen ist im vorliegenden Fall, ob **Klaus** selbstständig oder nicht selbstständig tätig ist. Nach dem Gesamtbild der Verhältnisse wird er für die GmbH nicht selbstständig tätig; eine etwaige anderslautende ertragsteuerliche Qualifizierung ist unbeachtlich (Abschnitt 2.2. Abs. 2 S. 2 UStAE). **Klaus** ist somit kein Unternehmer i.S.d. § 2 Abs. 1 UStG. Da er jedoch die Umsatzsteuer offen in den Rechnungen ausweist, schuldet **Klaus** die Umsatzsteuer in Höhe von monatlich 570 € (§ 14c Abs. 2 S. 1 UStG). Die Steuer entsteht jeweils mit Ausgabe der Rechnung (§ 13 Abs. 1 Nr. 4 UStG). Für die KG besteht kein Vorsteuerabzug, weil **Klaus** die Steuer nach § 14c UStG schuldet. Die Rechnung kann nach § 14c Abs. 2 Satz 3 UStG unter bestimmten Voraussetzungen berichtigt werden.

Fall 3: Der Unternehmer **Michael** ist Schrotthändler mit Firmensitz Westerwald/Deutschland. Aus seiner Betriebsstätte in den Niederlanden entnimmt er Fahrzeugwracks im Wert von 100.000 €, um diese an seinem Firmensitz an diverse Kunden zu veräußern.

Lösung: Dieser Vorgang stellt für **Michael** einen fiktiven innergemeinschaftlichen Erwerb gegen Entgelt dar (sog. „Innergemeinschaftliches Verbringen" gemäß § 1a Abs. 2 UStG). Das Verbringen erfolgt in der Absicht der Weiterlieferung und damit nicht nur zur vorübergehenden Verwendung. Erwerbsort ist nach § 3d S. 1 UStG Deutschland. Der Vorgang ist im Inland steuerbar (§ 1 Abs. 1 Nr. 5 UStG). Mangels Steuerbefreiung in § 4b UStG ist dieser Vorgang auch steuerpflichtig.

Steuerschuldner ist **Michael** (§ 13a Abs. 1 Nr. 2 UStG). Die Bemessungsgrundlage beträgt 100.000 € (§ 10 Abs. 4 Nr. 1 UStG). Der Steuersatz beträgt 19 % und die Umsatzsteuer 19.000 € (§ 12 Abs. 1 UStG). Die Steuer entsteht grundsätzlich mit Ausstellung der Rechnung, spätestens jedoch mit Ablauf des dem

5. Umsatzsteuerrecht

Erwerb folgenden Kalendermonats (§ 13 Abs. 1 Nr. 6 UStG). **Michael** ist in Höhe von 19.000 € zum Vorsteuerabzug berechtigt (§ 15 Abs. 1 Nr. 3 UStG).

> **Fall 4:** Der Unternehmer **Michael** veräußert nunmehr genau diese Fahrzeugwracks (vgl. Fall 3) an einen inländischen Unternehmer aus dem Inland für 50.000 €.

Lösung: Bei dem Verkauf handelt es sich für **Michael** um eine Lieferung gemäß § 3 Abs. 1 UStG. Ort der Lieferung ist das Inland gemäß § 3 Abs. 6 S. 1 UStG. Der Vorgang ist somit steuerbar und mangels Befreiungsvorschrift steuerpflichtig. Bei den Fahrzeugwracks handelt sich um Gegenstände im Sinne des § 13b Abs. 2 Nr. 7 UStG i.V.m. Anlage 3 (Lfd. Nr. 7 „Abfälle und Schrott"). Somit ist Steuerschuldner der Leistungsempfänger. Die Differenzbesteuerung findet wegen des innergemeinschaftlichen Erwerbs keine Anwendung (§ 25a Abs. 7 Nr. 1a UStG).

> **Fall 5:** Der Unternehmer Johannes (= Rufname „**Hannes**") aus Deutschland handelt mit Mobiltelefonen. Vom spanischen Großhändler **Santos** erwarb er 1.000 Mobiltelefone zu einem Festpreis von 20.000 €. Die Ware wurde per Frachtflugzeug von Spanien nach Deutschland gebracht. Welche Konsequenzen ergeben sich für die Umsatzsteuer?

Lösung: Hannes tätigt einen innergemeinschaftlichen Erwerb im Sinne des § 1a UStG. Die Voraussetzungen hierfür sind:
- Bewegte Lieferung des Santos von Spanien nach Deutschland,
- Hannes erwirbt als die Mobiltelefone als Unternehmer für sein Unternehmen,
- Santos ist Unternehmer.

Der Ort des innergemeinschaftlichen Erwerbs ist in Deutschland (§ 3d S. 1 UStG). Somit ist der Vorgang steuerbar nach § 1 Abs. 1 Nr. 5 UStG und mangels Steuerbefreiung (§ 4b UStG) auch steuerpflichtig. Steuerschuldner ist **Hannes** (§ 13a Abs. 1 Nr. 2 UStG). Die Bemessungsgrundlage beträgt 20.000 € (§ 10 Abs. 1 UStG). Der Steuersatz beträgt 19 % (§ 12 Abs. 1 UStG), der Steuerbetrag mithin 3.800 €.

Die Steuer entsteht grundsätzlich mit Ausstellung der Rechnung, spätestens jedoch mit Ablauf des dem Erwerb folgenden Kalendermonats (§ 13 Abs. 1 Nr. 6 UStG). Gleichzeitig ist **Hannes** zum Vorsteuerabzug in Höhe von 3.800 € berechtigt (§ 15 Abs. 1 Nr. 3 UStG).

> **Fall 6:** Der Unternehmer **Hannes** aus Deutschland erwarb nunmehr unverbaute integrierte Schaltkreise (sog. CPU) zum Preis von 30.000 € von einem anderen Unternehmer, die von Hannes in Mobiltelefone eingebaut werden. Welche Konsequenzen ergeben sich für die Umsatzsteuer?

Lösung: Es liegt eine Lieferung an **Hannes** vor (§ 3 Abs. 1 UStG). Der Ort der Lieferung befindet sich im Inland (§ 3 Abs. 6 Satz 1 UStG). Die Lieferung ist somit steuerbar (§ 1 Abs. 1 Nr. 1 UStG) und mangels Steuerbefreiung (§ 4 UStG) auch steuerpflichtig. Fraglich ist aber, ob die Steuerschuldnerschaft vom Leistungserbringer zum Leistungsempfänger wechselt (§ 13b Abs. 2 Nr. 10 UStG).

Bei den CPUs handelt es sich um unverbaute integrierte Schaltkreise und die Summe des Entgelts beträgt mehr als 5.000 €. Somit liegen die Voraussetzungen der Umkehr der Steuerschuldnerschaft nach § 13b Abs. 5 S. 1 UStG vor. **Hannes** ist Steuerschuldner. Die Bemessungsgrundlage beträgt 30.000 € (§ 10 Abs. 1 UStG). Der Steuersatz beträgt 19 % (§ 12 Abs. 1 UStG) und der Steuerbetrag lautet auf 5.700 €. Die Steuer entsteht mit Ausstellung der Rechnung, spätestens jedoch mit Ablauf des dem Erwerb folgenden Kalendermonats. **Hannes** ist zum Vorsteuerabzug i. H. v. 5.700 € berechtigt (§ 15 Abs. 1 Nr. 4 UStG).

Fall 7: Der Diplom-Sportlehrer **Manfred** möchte sich auf seinem Einfamilienhaus im Inland eine Photovoltaikanlage installieren. Den erzeugten Strom speist er in das Elektrizitätsnetz der Stadt ein und erhält hierfür eine Vergütung. Was ist hierbei umsatzsteuerlich zu beachten?

Lösung: Mit dem Betrieb der Photovoltaikanlage ist **Manfred** Unternehmer i. S. d. UStG, da es sich um eine gewerbliche und berufliche Tätigkeit handelt, die selbstständig ausgeübt wird (§ 2 Abs. 1 UStG). Der Rahmen des Unternehmens beschränkt sich auf den Betrieb der Photovoltaikanlage (§ 2 Abs. 1 S. 2 UStG). Bei der Stromeinspeisung handelt es sich um eine Lieferung, da die Verschaffung der Verfügungsmacht an einem Gegenstand übertragen wird (§ 3 Abs. 1 UStG). Der Ort der Lieferung bestimmt abweichend von den Vorschriften der § 3 Abs. 6 und 7 UStG nach § 3g UStG. Der Ort ist dort, wo der **Abnehmer** sein Unternehmen betreibt, d.h. im Inland. Die Lieferung ist somit steuerbar (§ 1 Abs. 1 Nr. 1 UStG). Mangels Steuerbefreiung ist die Lieferung auch steuerpflichtig. Die Bemessungsgrundlage bestimmt sich nach dem Entgelt (§ 10 UStG). Der Steuersatz beträgt 19 % (§ 12 Abs. 1 UStG). Steuerschuldner ist damit **Manfred** (§ 13a UStG). Die Steuerschuld entsteht mit Ablauf des Voranmeldungszeitraums in dem die Leistung erbracht wurde (§ 13 Abs. 1 Nr. 1a UStG).

Bei der Vergütung des Stromanbieters handelt es sich um eine Abrechnung im **Gutschriftverfahren**. Eine Gutschrift ist eine Rechnung, die vom Leistungsempfänger ausgestellt wird (Abschnitt 14.3 UStAE). Auch diese Gutschrift muss die Merkmale einer ordnungsgemäßen Rechnung gemäß § 14 Abs. 4 UStG erfüllen. Die Gutschrift ist als solche zu bezeichnen (§ 14 Abs. 4 Satz 1 Nr. 10 UStG).

Alternativ könnte Manfred den neuen § 12 Abs. 3 UStG anwenden, wenn er die Anlage jüngst angeschafft hätte. Im Ergebnis ergibt sich keine in Rechnung gestellte Umsatzsteuer, die als Vorsteuer abgezogen werden könnte (vgl. in diesem Zusammenhang die Ausführungen zur Frage 14). Im Ergebnis wäre die Photovoltaikanlage umsatzsteuerrechtlich (wie auch einkommensteuerrechtlich) nicht relevant.

Hinweis! Zur Gewinnerzielungsabsicht bei kleinen Photovoltaikanlagen und vergleichbaren Blockheizkraftwerken siehe auch BMF Schreiben (koordinierter Ländererlass) vom 29.10.2021, IV C 6 - S-2240/19/10006 :006.

Fall 8: Eine Inselgemeinde in Deutschland namens **Pylt** betreibt und organisiert auf ihrem Marktplatz unter anderem Wochenmärkte. Welche umsatzsteuerrechtlichen Folgen ergeben sich?

Lösung: Bei einer Gemeinde handelt es sich grundsätzlich um eine juristische Person des öffentlichen Rechts. Diese ist grundsätzlich kein Unternehmer. Übt sie jedoch eine wirtschaftliche Tätigkeit aus, liegt ein sog. Betrieb gewerblicher Art vor (§ 2 Abs. 4 UStG). Umsatz- und Gewinngrenzen haben insofern keine Bedeutung. Es liegt eine **Teilunternehmereigenschaft** vor. Die Vermietung der Marktplätze stellt eine sonstige Leistung dar (§ 3 Abs. 9 UStG). Der Ort bestimmt sich nach § 3a Abs. 3 UStG und ist dort, wo das Grundstück liegt, also im Inland. Im Ergebnis ist diese Leistung damit steuerbar und steuerpflichtig ist (§ 1 Abs. 1 Nr. 1 UStG).

Eine Befreiungsmöglichkeit ist für die Vermietung nicht vorgesehen, da es sich um eine kurzfristige Vermietung handelt (§ 4 Nr. 12 Satz 2 UStG). Ein Vorsteuerabzug ist nach § 15 Abs. 4 UStG nur möglich, sofern die Aufwendungen der wirtschaftlichen Tätigkeit, also dem Betrieb gewerblicher Art, zuzurechnen sind.

Fall 9: Der inländische Gebrauchtwagenhändler **Gustav** hat von einer Privatperson („**Paul**") ein Fahrzeug für 15.000 € erworben. Wenig später verkauft **Gustav**, wie im Gebrauchtwagenhandel üblich, durch Inzahlungnahme eines anderen gebrauchten Fahrzeugs und Zuzahlung von 8.000 €, mithin für insgesamt 23.000 € das Fahrzeug an eine weitere Privatperson. Wie ist der Fall umsatzsteuerrechtlich zu bewerten?

5. Umsatzsteuerrecht

Lösung: Der Verkauf des Pkw stellt für **Gustav** eine Lieferung (§ 3 Abs. 1 UStG) als Tausch mit Baraufgabe (§ 3 Abs. 12 S. 1 UStG) dar. Der Ort der Lieferung befindet sich im Inland (§ 3 Abs. 6 Satz 1 UStG). Die Lieferung ist somit steuerbar (§ 1 Abs. 1 Nr. 1 UStG) und mangels Befreiungsvorschrift auch steuerpflichtig. Steuerschuldner ist **Gustav** (§ 13a Abs. 1 Nr. 1 UStG).

Zu prüfen ist allerdings, ob die Voraussetzungen der Differenzbesteuerung nach § 25a Abs. 1 UStG vorliegen; im Einzelnen:
- Gustav ist Wiederverkäufer (§ 25a Abs. 1 Nr. 1 UStG),
- Paul schuldet als Nichtunternehmer für die Lieferung im Inland an Gustav keine Umsatzsteuer (§ 25a Abs. 1 Nr. 2 UStG),
- Gustav hat laut Sachverhalt nicht auf die Anwendung der Differenzbesteuerung verzichtet (§ 25a Abs. 8 UStG).

Die Bemessungsgrundlage bestimmt sich nach § 25a Abs. 3 S. 1 UStG wie folgt:

Verkaufspreis:	23.000,00 €
./. Einkaufspreis	./. 15.000,00 €
= **Differenzbetrag**	**8.000,00 €**

Die darin enthaltene Umsatzsteuer beträgt (§ 10 Abs. 1 Satz 2 UStG i.V.m. § 25a Abs. 5 S. 1 UStG) daher 1.277,31 € und die Bemessungsgrundlage folglich 6.722,69 €.

> **Fall 10:** Der spanische Unternehmer **Santos** kommt nach Deutschland und kauft einen gebrauchten PKW vom deutschen Unternehmer **Detlef**. Santos nimmt den PKW direkt nach Spanien mit.

Lösung: Der Verkauf des gebrauchten Pkw stellt für **Detlef** eine Lieferung dar (§ 3 Abs. 1 UStG). Der Ort der Lieferung bestimmt sich nach § 3 Abs. 6 Satz 1 UStG und ist dort, wo die Beförderung beginnt, also Deutschland. Der Vorgang ist somit steuerbar (§ 1 Abs. 1 Nr. 1 UStG). Die Lieferung kann jedoch steuerfrei sein, wenn es sich um eine innergemeinschaftliche Lieferung gem. § 4 Nr. 1b i.V.m. § 6a UStG handelt. Voraussetzung hierfür ist, dass:
- der Unternehmer oder Abnehmer den Gegenstand in das übrige Gemeinschaftsgebiet befördert/versendet,
- der Abnehmer ein Unternehmer ist, der den Gegenstand für sein Unternehme erwirbt und
- der Erwerb des Gegenstands beim Abnehmer der Umsatzbesteuerung unterliegt.

Diese Voraussetzungen liegen laut Sachverhalt vor. Weitere Voraussetzungen ergeben sich aus § 17b) Abs. 2 UStDV; im Einzelnen:

Als eindeutig und leicht nachprüfbar nach § 17b Abs. 1 UStDV gilt insbesondere ein Nachweis, der wie folgt geführt wird:

1. durch das Doppel der Rechnung (§§ 14 und 14a UStG) und
2. durch eine Bestätigung des Abnehmers, dass der Gegenstand der Lieferung in das übrige Gemeinschaftsgebiet gelangt ist (Gelangensbestätigung), die folgenden Angaben zu enthalten hat:
   a) den Namen und die Anschrift des Abnehmers,
   b) die Menge des Gegenstands der Lieferung und die handelsübliche Bezeichnung einschließlich der Fahrzeug-Identifikationsnummer bei Fahrzeugen im Sinne des § 1b Abs. 2 UStG,
   c) im Fall der Beförderung oder Versendung durch den Unternehmer oder im Fall der Versendung durch den Abnehmer den Ort und den Monat des Erhalts des Gegenstands im übrigen Gemeinschaftsgebiet und im Fall der Beförderung des Gegenstands durch den Abnehmer den Ort und den Monat des Endes der Beförderung des Gegenstands im übrigen Gemeinschaftsgebiet,
   d) das Ausstellungsdatum der Bestätigung sowie
   e) die Unterschrift des Abnehmers oder eines von ihm zur Abnahme Beauftragten. Bei einer elektronischen Übermittlung der Gelangensbestätigung ist eine Unterschrift nicht erforderlich,

sofern erkennbar ist, dass die elektronische Übermittlung im Verfügungsbereich des Abnehmers oder des Beauftragten begonnen hat."

Liegen diese Voraussetzungen vor, wäre die Lieferung steuerfrei. Dem Bundeszentralamt für Steuern gegenüber hat der deutsche Unternehmer **Detlef** in der sog. zusammenfassenden Meldung (§ 18a UStG) diese Lieferung zusätzlich zur Angabe in der Umsatzsteuer-Voranmeldung anzugeben.

Fall 11: Unternehmer **Andrew** aus den USA bestellt beim Unternehmer **Benedikt** in Berlin Ware, die dieser nicht vorrätig hat. Benedikt bestellt diese Ware bei seinem Zulieferer **Karl** aus Köln, der die Ware unmittelbar zu dem Kunden Andrew in die USA transportiert. Karl hat sich verpflichtet, den Gegenstand in die USA zu transportieren. Wie sind die umsatzsteuerrechtlichen Auswirkungen für **Karl** und **Benedikt**?

Lösung: Gemäß § 3 Abs. 6a Satz 1 UStG liegt ein Reihengeschäft vor, da drei Beteiligte über denselben Gegenstand Liefergeschäfte abgeschlossen haben und der Gegenstand unmittelbar vom ersten Lieferanten, **Karl**, an den letzten Abnehmer, **Andrew**, gelangt.

Dabei wird auf Basis der gesetzlichen Neuregelung (§ 3 Abs. 6a Satz 2 UStG) die bewegte Lieferung von **Karl** ausgeführt. Gemäß § 3 Abs. 6 Satz 1 UStG wird die Lieferung damit an dem Ort ausgeführt, an dem der Transport beginnt (Deutschland). Unter den weiteren gesetzlichen Voraussetzungen ist die Lieferung von **Karl** als Ausfuhrlieferung gemäß § 4 Nr. 1a i.V.m. § 6 UStG umsatzsteuerbefreit. Die gedankliche Lieferung von **Benedikt** an **Andrew** ist eine Lieferung, die der bewegten Lieferung nachfolgt (§ 3 Abs. 7 Satz 2 Nr. 2 UStG) und gilt dort als ausgeführt, wo die Beförderung endet, d.h. in den USA.

Fall 12: Der Unternehmer **Detlef** aus Deutschland besuchte eine Fachmesse für Skibedarf in Österreich. Dabei gefielen ihm die neuen Skimodelle so gut, dass er bei dem in Österreich ansässigen Unternehmer **Moritz** aus Maria Alm am Steinernen Meer (Salzburg) noch während der Messe 1.000 Ski zu einem vereinbarten Nettopreis von 100 € pro Stück bestellte. Moritz bestellte die Ski seinerseits beim Hersteller **Ignazio** in Italien. Da Moritz und Detlef an einer schnellen Auslieferung der Ski interessiert war, holte ein Angestellter von Moritz die Ski direkt in Italien ab und beförderte sie zu Detlef nach Deutschland. Alle Unternehmen verwenden jeweils ihre nationalen und auch gültigen Umsatzsteuer-Identifikationsnummern. Die buch- und belegmäßigen Nachweispflichten gelten als von allen Beteiligten als erbracht.

Lösung: Die Ski werden im Rahmen eines Reihengeschäfts geliefert (§ 3 Abs. 6a UStG). Innerhalb dieses Reihengeschäfts werden zwei Lieferungen, die von **Ignazio** (Italien) an **Moritz** (Österreich) und die von **Moritz** (Österreich) an **Detlef** (Deutschland), ausgeführt. Zu prüfen sind die Voraussetzungen des innergemeinschaftlichen Dreiecksgeschäfts (§ 25b Abs. 1 Nr. 1-4 UStG). Diese liegen vor, da drei in verschiedenen Mitgliedsstaaten erfasste Unternehmer jeweils über dieselben Ski Liefergeschäfte abgeschlossen haben und die Ski unmittelbar von Ignazio in Italien an Detlef nach Deutschland gelangt sind und die Beförderung durch den mittleren Unternehmer Moritz in seiner Eigenschaft als Abnehmer erfolgt. Bei der Lieferung von Moritz an Detlef handelt es sich um eine Lieferung gem. § 3 Abs. 1 UStG. Der Ort der Lieferung ist im Inland (§ 3 Abs. 7 S. 2 Nr. 2 UStG), da die bewegte Lieferung die des Ignazio Moritz gemäß § 3 Abs. 6a 1. HS UStG ist. Die Leistung ist steuerbar (§ 1 Abs. 1 Nr. 1 UStG) und mangels Steuerbefreiung auch steuerpflichtig.

Im Ergebnis wird die Steuer für die von Moritz an Detlef ausgeführte Lieferung von Detlef geschuldet (§ 25b Abs. 2 UStG). Der Lieferung des Moritz ist ein innergemeinschaftlicher Erwerb vorausgegangen. Moritz ist nicht in Deutschland ansässig und verwendet gegenüber Ignazio und Detlef seine österreichische Umsatzsteuer-Identifikationsnummer, somit eben keine italienische oder deutsche. Moritz erteilt eine Rechnung und Detlef verwendet seine deutsche Umsatzsteuer-Identifikationsnummer. Die Bemessungsgrundlage ergibt sich aus § 25b Abs. 4 UStG. Der Steuersatz beträgt 19 %. In gleicher Höhe steht Detlef ein Vorsteuerabzug zu (§ 25b Abs. 5 i.V.m. § 15 UStG).

> **Fall 13:** Der inländische Unternehmer **Norbert** vom Niederrhein vermietet PKW an verschiedene Abnehmer. Unter anderem vermietet er einen PKW für 2 Monate gegen Entgelt an die Privatperson **Niels de Jong** mit Wohnsitz in den Niederlanden.

Lösung: Bei der Vermietung des Pkw handelt es sich um eine sonstige Leistung (§ 3 Abs. 9 UStG). Der Ort der sonstigen Leistung im sog. B2C-Fall bestimmt sich grundsätzlich nach § 3a Abs. 1 UStG. Im vorliegenden Fall ist allerdings die Ausnahmeregelung des § 3a Abs. 3 Nr. 2 S. 3 UStG zu beachten. Diese Regelung besagt, dass der Ort der sonstigen Leistung bei der „langfristigen" Vermietung dort ist, wo der Empfänger seinen Wohnsitz hat. Dies gilt allerdings nur, wenn der Empfänger kein Unternehmer ist bzw. keine unternehmerisch nicht tätige juristische Person mit Umsatzsteuer-Identifikationsnummer ist. Somit befindet sich der Ort der sonstigen Leistung in den Niederlanden und diese Leistung ist im Inland nicht steuerbar.

> **Fall 14:** Der in Österreich ansässige Betreiber der Fluggesellschaft **Fly Away** führt Rundflüge durch. Er wurde durch den in Frankfurt am Main ansässigen Unternehmer **Felix** beauftragt, einen Rundflug über den Spessart für seine insgesamt 20 Mitarbeiter zu organisieren und durchzuführen. Fly Away rechnete hierüber einen Betrag von 2.000 € ab. Zusätzlich wurde noch die vom Flughafen Frankfurt-Hahn angeforderte Start- und Landegebühr von 500 € gezahlt. Insgesamt zahlte Felix also 2.500 €.

Lösung: Der Rundflug – als Personenbeförderung – ist eine sonstige Leistung gemäß § 3 Abs. 9 UStG. Leistungsort ist gemäß § 3b Abs. 1 UStG die zurückgelegte Strecke, d.h. der Luftraum im Spessart. Diese Leistung ist steuerbar und mangels Steuerbefreiung auch steuerpflichtig. Es liegt eine sonstige Leistung gemäß § 13b Abs. 2 Nr. 1 UStG vor. Die Fluggesellschaft **Fly Away** bzw. deren österreichischer Betreiber ist ein im Ausland ansässiger Unternehmer (§ 13b Abs. 7 S. 1 UStG). Somit wechselt die Steuerschuldnerschaft auf **Felix**. Bemessungsgrundlage ist das von **Fly Away** in Rechnung gestellte Entgelt von 2.500 € (§ 10 Abs. 1 UStG). Der Steuersatz beträgt 19 % (§ 12 Abs. 1 UStG), der Steuerbetrag mithin 475 €. Die Steuer entsteht mit Ausstellung der Rechnung (§ 13b Abs. 2 UStG). Felix ist zum Vorsteuerabzug von 475 € berechtigt (§ 15 Abs. 1 Nr. 4 UStG).

> **Fall 15:** Wie ist die Zuwendung an die Arbeitnehmer des Unternehmers **Felix** umsatzsteuerrechtlich zu würdigen?

Lösung: Der Rundflug stellt eine Betriebsveranstaltung dar. Es liegen übliche Zuwendungen vor, da die Höhe von 110 € (inklusive Umsatzsteuer) pro Arbeitnehmer nicht überschritten wird (Abschnitt 1.8 Abs. 4 Nr. 6 UStAE). Die Veranstaltung liegt überwiegend im eigenbetrieblichen Interesse, sodass keine Zuwendung für den privaten Bedarf des Personals (§ 3 Abs. 9a Nr. 2 UStG) vorliegt. Somit begründet der Betriebsausflug des Unternehmers **Felix** keinen steuerbaren Umsatz.

> **Fall 16:** Die in Deutschland ansässige **Nüsse** Import GmbH handelt mit Nüssen aller Art. Sie importiert diese im Wesentlichen aus China von der jiānguó WFOE (= chinesische GmbH). Welche umsatzsteuerlichen Folgen ergeben sich?

Lösung: Der Vorgang ist nach § 1 Abs.1 Nr. 4 UStG als Einfuhr in Deutschland steuerbar. Eine Steuerbefreiung nach §§ 4, 5 UStG ist nicht ersichtlich. Folglich ist der Vorgang steuerbar und mangels Steuerbefreiung steuerpflichtig. Die Vorsteuer auf die Einfuhr ist nach § 15 Abs. 1 Nr. 2 UStG abzugsfähig.

> **Fall 17:** Sofern die Verzollung durch die belgische B-SPRL durchgeführt wird, wurde vermutlich das sog. „4200-Zollverfahren" angewandt. Im Ergebnis ist damit keine Einfuhrumsatzsteuer durch die Nüsse Import GmbH zu bezahlen (§ 5 Abs. 1 Nr. 3 UStG). Bei der Lieferung der B-SPRL an die Nüsse Import GmbH handelt es sich damit um eine innergemeinschaftliche Lieferung (§ 4 Nr. 1b UStG) und korrespondierend bei der Nüsse Import GmbH um einen innergemeinschaftlichen Erwerb nach § 1 Abs. 1 Nr. 5 UStG. Die Umsatzsteuer ist unter den Voraussetzungen des § 15 Abs. 1 Nr. 3 UStG als Vorsteuer abziehbar.

Lösung: Der Rundflug stellt eine Betriebsveranstaltung dar. Es liegen übliche Zuwendungen vor, da die Höhe von 110 € (inklusive Umsatzsteuer) pro Arbeitnehmer nicht überschritten wird (Abschnitt 1.8 Abs. 4 Nr. 6 UStAE). Die Veranstaltung liegt überwiegend im eigenbetrieblichen Interesse, sodass keine Zuwendung für den privaten Bedarf des Personals (§ 3 Abs. 9a Nr. 2 UStG) vorliegt. Somit begründet der Betriebsausflug des Unternehmers **Felix** keinen steuerbaren Umsatz.

> **Hinweis!** Zu Einzelheiten des „4200-Zollverfahren" wird u. a. auf S. 224 des nachfolgenden Dokuments verwiesen: https://www.zoll.de/SharedDocs/Downloads/DE/FormulareMerkblaetter/Zollrecht/mb_zu_zollanmeldungen.html

6. Abgabenordnung
6.1 15 Fragen zur Abgabenordnung

> **Frage 1:** Wo ist der Begriff der Haftung für Steuerschulden geregelt? Was beinhaltet der steuerrechtliche Haftungsbegriff?

Antwort: Das materielle Haftungsrecht ist vorrangig in den §§ 69 bis 76, 191, 219 AO geregelt. Zudem sind weitere Haftungsnormen in den Einzelsteuergesetzen (z.B. in § 10b Abs. 4, § 42d EStG, § 20 ErbStG oder §§ 13c, 25e UStG), aber auch im Zivilrecht (z.B. §§ 128, 130 HGB) verortet.

Unter dem Begriff der „Haftung" wird im steuerrechtlichen Sinne das „Einstehen müssen" gegenüber dem Steuergläubiger für eine fremde Schuld verstanden; so hat z.B. ein GmbH-Geschäftsführer für die Steuerschulden der GmbH einzustehen.

> **Hinweis!** Das Zivilrecht kennt die Haftung in Form eines Dualismus von zwei unterschiedlichen Haftungsgrundlagen: Entweder für die persönliche Erfüllung einer Pflicht oder mit dem eigenen Vermögen bei vertraglicher Haftung einstehen zu müssen. Darüber hinaus kann eine außervertragliche Verpflichtung zum Schadenersatz bestehen.

Der Zweck der Haftung besteht in der Ausdehnung des Steuerschuldverhältnisses (§ 37 AO) auf andere Personen, um bei einem Ausfall des Steuerschuldners (= Primärschuldner) das Steueraufkommen zu sichern. Haftungsschuldner und Steuerschuldner haften als Gesamtschuldner gem. § 44 Abs. 1 S. 1 AO.

Ein Haftungsanspruch kann frühestens mit der Entstehung des zugrunde liegenden Anspruchs aus dem – fremden – Steuerschuldverhältnis entstehen, d.h. Haftungs- und Steuerschuld sind voneinander abhängig (akzessorisch). Erforderlich ist also, dass die fremde Steuerschuld nach Maßgabe der Einzelsteuergesetze i.V.m. der Abgabenordnung entstanden ist.

Haftungsansprüche erlöschen – bedingt durch die Abhängigkeit zum Steueranspruch – im Allgemeinen durch Erlöschen der zugrunde liegenden Steuerschuld, also insbesondere durch Zahlung des ursprünglichen Steuerschuldners.

Haftungstatbestände und Verfahren
Die wichtigsten – steuerrechtlichen – Haftungstatbestände im Überblick:

Haftung für Steuerschulden

Abgabenordnung	Einzelsteuergesetze
§ 191 Abs. 1 AO i.V.m.	§ 191 Abs. 1 AO i.V.m.
- § 69 AO: Vertreter	- § 42d EStG für Lohnsteuer
- § 70 AO: Vertretene	- § 10b Abs. 4 EStG, § 9 Nr. 3 KStG, § 9 Nr. 5 GewStG für Spenden
- § 71 AO: Steuerhinterzieher	- § 44 Abs. 5 EStG für Kapitalertragsteuer
- § 72 AO: Kontenführer	- § 20 ErbStG für Erbschaftsteuer
- § 73 AO: Organschaft	- §§ 13c, 25e UStG für Umsatzsteuer
- § 74 AO: Wesentlich Beteiligter	
- § 75 AO: Betriebsübernehmer	

Haftung der Vertreter und Geschäftsführer nach § 69 AO

Die in den §§ 34 und 35 AO genannten gesetzlichen Vertreter haften nach § 69 AO für die Ansprüche aus dem Steuerschuldverhältnis, wenn sie die ihnen auferlegten Pflichten vorsätzlich oder grob fahrlässig verletzt haben.

Die Haftung nach § 69 AO setzt eine Pflichtverletzung voraus (= verschuldensabhängige Haftung). Die Verantwortung der gesetzlichen Vertreter kann nicht durch Gesellschaftsvertrag eingegrenzt bzw. ausgeschlossen werden, also z.B. durch eine statutarische Regelung der Zuständigkeitsbereiche. Zu den nach § 69 AO relevanten Pflichten gehören insbesondere die (rechtzeitige) Steuerentrichtung, die Abgabe von Steuererklärungen bzw. Steueranmeldungen, aber auch Mitwirkungs- und Auskunftspflichten gegenüber der Finanzverwaltung. Eine Pflichtverletzung ist allerdings nur im Rahmen der verwalteten Mittel möglich. Bei Liquiditätsschwierigkeiten kann eine Pflichtverletzung nur vorliegen, wenn die Steuerschulden nicht im gleichen Verhältnis wie die Forderungen anderer Gläubiger getilgt werden (z.B. bei der Umsatzsteuer oder der pauschalen Lohnsteuer). Etwas anderes gilt ausnahmsweise bei der angemeldeten Lohnsteuer. Hier ist der Vorrang des Finanzamtes zu beachten, da die Lohnsteuer nur treuhänderisch verwaltet wird. Gegebenenfalls darf der Lohn nur anteilig ausgezahlt werden. Der Einwand der eingeschränkten Verfügungsmacht über eingehende Zahlungen (z.B. aufgrund von Zessionen und Vereinbarungen mit der Hausbank) entlasten nicht vom Vorwurf der Pflichtverletzung.

Die Vertreter haften für alle Ansprüche aus dem Steuerschuldverhältnis (§ 37 Abs. 1 i.V.m. § 3 Abs. 3 AO), wenn:

- Ansprüche nicht bzw. nicht in voller Höhe oder nicht fristgerecht durch Steuerbescheid (§ 155 AO) oder Steueranmeldung (§ 167 AO) festgesetzt werden,
- Ansprüche nicht bzw. nicht in voller Höhe oder nicht fristgerecht erfüllt werden, oder
- Steuervergütungen oder Steuererstattungen ohne rechtlichen Grund erfolgt sind.

Die Haftung erstreckt sich auch auf die steuerlichen Nebenleistungen nach § 3 Abs. 4 AO (z.B. Säumniszuschläge). Die Haftung beschränkt sich auf den Betrag, der aufgrund der Pflichtverletzung entstanden ist (z.B. Lohnsteuer in Höhe der gebotenen Kürzung der Nettolöhne → „Quotale Entrichtung").

Die Haftung nach § 69 AO ist persönlicher Natur, d.h. eine Vollstreckung in das Privatvermögen des Haftungsschuldners ist möglich. Die Haftung ist zudem unbeschränkt – und wie schon ausgeführt – unbeschränkbar.

> **Hinweis!** Sind mehrere gesetzliche Vertreter vorhanden (z.B. mehrere Geschäftsführer einer GmbH), haften diese grundsätzlich gesamtschuldnerisch für die Erfüllung der steuerlichen Pflichten (= Grundsatz der Gesamtverantwortung).

Auch nach dem Erlöschen der Vertretungs- oder Verfügungsmacht haben die Vertreter (§ 34 AO) bzw. die Verfügungsberechtigten (§ 35 AO) die nach den §§ 34 und 35 AO bestehenden Pflichten zu erfüllen, soweit sie vor dem Erlöschen entstanden sind.

Haftung des Steuerhinterziehers und des Steuerhehlers (§ 71 AO)

Die zentrale Haftungsvorschrift für den Bereich der Steuerhinterziehung ist § 71 AO. Danach haften Steuerhinterzieher (und Teilnehmer) für die verkürzten Steuern und die zu Unrecht gewährten Steuervorteile sowie für die Hinterziehungszinsen (§ 235 AO).

Die Regelung des § 71 AO erweitert den Kreis der haftenden Personen über den des § 69 AO hinaus. Nach § 71 AO umfasst die Haftung bei Steuerhinterziehung (und -hehlerei) alle Personen, die mit Steuerangelegenheiten (wie z.B. Mittäter, Anstifter oder Gehilfen einer Steuerhinterziehung) eines Steuerpflichtigen befasst sind.

6. Abgabenordnung

Haftung einer Organgesellschaft, die selbst Organträger ist (§ 73 Satz 1 AO)

Neben Organgesellschaften haften, wenn diese auch selbst Organträger sind, ihre Organgesellschaften für Steuern des Organträgers, für die die Organschaft steuerlich von Bedeutung ist. Die Haftung bei mittelbarer Organschaft gilt gemäß Art. 97 § 11 Abs. 4 EGAO erstmals für nach dem 18.12.2019 verwirklichte Haftungstatbestände.

Haftung des Betriebsübernehmers (§ 75 AO)

Der Käufer eines Unternehmens haftet bei einer Übereignung im Ganzen in bestimmtem Umfang für betriebsbedingte Steuern und für Steuerabzugsbeträge. Der Vorschrift liegt die Idee zugrunde, dass durch den Betriebsübergang die Sicherung für die betriebsbedingten Steuern und Steuerabzugsbeträge der Finanzverwaltung nicht verlorengehen sollen. Voraussetzungen einer Haftung des Betriebsübernehmers sind:

- **Übereignung:** Das Unternehmen muss dem Erwerber übereignet worden sein (vgl. zur Zurechnung § 39 AO).
  Hingegen liegt keine Übereignung i.S.d. § 75 AO vor, wenn:
  - der Erwerb im Wege der Gesamtrechtsnachfolge, z.B. durch Erbfolge, oder
  - eine Verpachtung eines Betriebes, auch langfristig, erfolgt ist.
- **... eines Unternehmens oder eines Teilbetriebes:** Als Unternehmen ist jede selbständig ausgeübte Tätigkeit im Sinne von § 2 UStG anzusehen. Bei einem Unternehmen handelt es sich um die organisatorische Zusammenfassung sachlicher und persönlicher Mittel zu einer wirtschaftlichen Einheit. Somit erfasst § 75 AO nicht nur gewerbliche Unternehmen, sondern auch land- und forstwirtschaftliche Betriebe sowie freiberufliche Unternehmen und wirtschaftliche Geschäftsbetriebe.
- **... im Ganzen:** Der Erwerber muss alle wesentlichen Grundlagen des Unternehmens („im Ganzen") übernommen haben.

Haftungsumfang

Der Erwerber haftet nach § 75 AO nur für bestimmte Steuerschulden und zwar für:
- betriebsbedingte Steuern (z.B. Gewerbesteuer; nicht jedoch Einkommensteuer, Körperschaftsteuer oder Kraftfahrzeugsteuer).
- Steuerabzugsbeträge (z.B. Lohnsteuer nach § 38 EStG oder Umsatzsteuer) und
- Ansprüche auf Erstattung von Steuervergütungen (z.B. Umsatzsteuer).

> **Besonderheit!** Ein vertraglicher Haftungsausschluss ist für § 75 AO unbedeutend!

Zeitliche Grenzen

Nach § 75 AO haftet der Erwerber jedoch nur für die Steuerschulden, die innerhalb eines begrenzten zeitlichen Rahmens liegen – also für Steuern, die seit dem Beginn des letzten, vor der Übereignung liegenden Kalenderjahres „entstanden" sind und zum Ablauf von einem Jahr nach Anmeldung des Betriebs durch den Erwerber festgesetzt oder angemeldet worden sind.

Die Steuerschuld muss seit dem Beginn des letzten vor der Übereignung liegenden Kalenderjahres entstanden sein. Maßgebend hierfür ist der Tag des wirtschaftlichen Übergangs i.S.v. § 39 AO. Der Haftungszeitraum beträgt danach mindestens ein, aber höchstens zwei Jahre.

Die weitere zeitliche Begrenzung der Haftung ergibt sich aus der Anmeldung des Betriebs, die der Erwerber nach § 138 AO vorzunehmen hat. Gehaftet wird nur für Beträge, die bis zum Ablauf eines Jahres nach Anmeldung des Betriebs durch den Erwerber „festgesetzt oder angemeldet" werden. Diese Jahresfrist beginnt mit dem Zeitpunkt der Betriebsübernahme.

Frage 2: Erläutern Sie die Auskunfts- und Vorlageverweigerungsrechte der Abgabenordnung.

Antwort: Grundsätzlich ist der Steuerpflichtige und jeder Dritte verpflichtet, die für die Feststellung eines steuerlich relevanten Sachverhalts notwendigen Auskünfte zu erteilen (§ 93 Abs. 1 AO). Die Auskünfte können gegenüber Steuerpflichtigen und Dritten auch mit Zwangsmitteln durchgesetzt werden (§ 328 AO). Ausnahmen hiervon sind abschließend in der Abgabenordnung geregelt und sollen Selbstbezichtigungen und Konflikte von mit der Rechtsordnung anerkannten besonderen Vertrauensverhältnissen (Familie, bestimmte Berufe) vermeiden.

Für Steuerpflichtige existieren im Besteuerungsverfahren keine Ausnahmen. Der Steuerpflichtige bleibt im Besteuerungsverfahren selbst dann zur Auskunft bzw. Vorlage verpflichtet, wenn er sich hierdurch in einem Steuerstraf- oder Ordnungswidrigkeitenverfahren selbst belasten würde. Diese Mitwirkung kann auch nicht mit Zwangsmitteln durchgesetzt werden (§ 393 Abs. 1 S. 2 AO).

Für Angehörige gilt die Regelung des § 101 AO, wonach nur Angehörige i.S.d. § 15 AO begünstigt werden. Zudem ist eine aktenkundige Belehrung erforderlich – ansonsten besteht ein Verwertungsverbot. Bei nachgeholter Belehrung wird das Verwertungsverbot aufgehoben, wenn der Angehörige danach seine Auskunft wiederholt oder der Verwertung der bisherigen Auskunft – aktenkundig – zustimmt. Falls der Angehörige – nach ordnungsgemäß erfolgter Belehrung – von seinem Verweigerungsrecht keinen Gebrauch macht, muss die Auskunft wahr sein. Anderenfalls besteht die Gefahr einer strafrechtlichen Verfolgung. Neben dem Auskunftsverweigerungsrecht besteht auch das Recht, die Beeidigung der Aussage zu verweigern. Auch hierüber ist vor der Eidesleistung aktenkundig zu belehren.

Die Verschwiegenheitsverpflichtung privater Berufsträger ist abschließend in § 102 Abs. 1 Nr. 1 bis 3 AO geregelt. Diese Verpflichtung gilt auch auf Hilfspersonen und Auszubildende der dort genannten Berufsträger. Das Verweigerungsrecht ist allerdings auf Tatsachen beschränkt, die in der beruflichen Eigenschaft anvertraut oder bekannt geworden sind. Geistliche und Parlamentarier haben auch dann ein Verweigerungsrecht, wenn sie von der Pflicht zur Verschwiegenheit befreit worden sind; auf andere Berufsträger trifft diese Regelung nicht zu. Die Mitteilungspflichten der in § 102 Abs. 1 Nr. 3b AO bezeichneten Personen hinsichtlich der in § 138f Abs. 3 S. 1 Nr. 1 und 4 bis 9 AO bezeichneten Angaben bestehen auch dann, wenn mit diesen Angaben betroffene Nutzer identifizierbar sein sollten.

Hinweis! Eine Belehrung der Berufsträger ist nicht erforderlich.

Gemäß § 102 Abs. 1 Nr. 4 AO gilt für Journalisten ein Auskunftsverweigerungsrecht zum Schutz ihrer Quellen (sowohl personell als auch sachlich), welches aber auf den redaktionellen Teil beschränkt ist. Auch hier ist eine Belehrung nicht erforderlich. Nach § 103 AO gilt ein eingeschränktes Auskunftsverweigerungsrecht für Unbeteiligte auf einzelne Fragen, wenn deren Beantwortung sie selbst oder ihre Angehörigen strafrechtlicher Verfolgung aussetzen würde.

Nach § 103 AO gilt dies – soweit ein Auskunftsrecht besteht – auch für Gutachten und Urkunden, es sei denn, sie werden nur für den Steuerpflichtigen verwahrt und er selbst wäre zur Vorlage verpflichtet. Dieser Grundsatz gilt auch für die durch ihn geführte Buchführung. Die öffentlichen Stellen haben gem. § 105 AO eine Schweigepflicht. Dies begründet allerdings kein Auskunftsverweigerungsrecht gegenüber Finanzbehörden. Ausnahme: Das Brief-, Post oder Fernmeldegeheimnis ist betroffen.

Frage 3: Erläutern Sie die Änderungsmöglichkeiten von Steuerbescheiden, wenn neue Tatsachen oder Beweismittel bekannt werden (§ 173 AO).

Antwort: Die Vorschrift des § 173 AO erstreckt sich auf alle endgültigen (vorbehaltslosen) Steuerbescheide oder gleichgestellte Bescheide, solange die Festsetzungsfrist noch nicht abgelaufen ist. Hierbei handelt es sich um eine Änderung eines Steuerbescheides, soweit **Tatsachen** oder **Beweismittel** bekannt werden, die:

- zu einer **höheren Steuer** (§ 173 Abs. 1 Nr. 1 AO) führen,
- zu einer **niedrigeren Steuer** führen, wenn den Steuerpflichtigen an deren nachträglichem Bekanntwerden **kein grobes Verschulden trifft** (§ 173 Abs. 1 Nr. 2 AO).

Voraussetzungen sind:
1. **Tatsache:** Dazu gehört alles, was Merkmal oder Teilstück eines gesetzlichen Steuertatbestands sein kann, wie z.B. tatsächliche Zustände, Vorgänge, Beziehungen und Eigenschaften materieller und immaterieller Art. Schlussfolgerungen, rechtliche Würdigungen, Vermutungen, Rechtsprechungsänderungen, Erfahrungssätze oder eine falsche Rechtsanwendung sind hingegen keine neuen Tatsachen.
2. **Beweismittel:** Alle zur Aufklärung eines Sachverhalts dienenden Erkenntnismittel, insbesondere die Beweismittel gem. § 92 AO (Auskünfte und Urkunden).
3. **Nachträgliches Bekanntwerden:** Die Tatsachen/Beweismittel müssen für die Finanzbehörde neu sein. Private Kenntnisse, Kenntnisse anderer Dienststellen bzw. rechtswidrig ermittelte Tatsachen sind unbeachtlich.
4. **Höhere oder niedrigere Steuer:** Die neue Tatsache/Beweismittel muss für die Steuerfestsetzung rechtserheblich sein. Maßgeblich ist die festgesetzte Steuer, ohne Berücksichtigung von Steuerabzugsbeträgen.
5. **Kein grobes Verschulden (§ 172 Abs. 1 Nr. 2 AO):** Grobes Verschulden meint Vorsatz oder grobe Fahrlässigkeit. Hierbei gilt der individuelle Verschuldensmaßstab; Vertreter- bzw. Beraterverschulden wird dem Steuerpflichtigen zugerechnet. Kein grobes Verschulden besteht bei einem offensichtlichen Versehen, bei allgemeinen Irrtümern und bei der Unkenntnis steuerrechtlicher Vorschriften. Die Feststellungslast für fehlendes grobes Verschulden trifft grundsätzlich den Steuerpflichtigen. Das grobe Verschulden ist gem. § 173 Abs. 1 Nr. 2 S. 2 AO unbeachtlich, wenn die Tatsachen in einem unmittelbaren oder mittelbaren Zusammenhang mit steuererhöhenden Tatsachen stehen, d.h. ursächlicher – nicht zeitlicher – Zusammenhang zwischen steuermindernden und steuererhöhenden Tatsachen.

Hinweis! Beim Zusammentreffen von steuermindernden und steuererhöhenden Tatsachen sind die steuermindernden Tatsachen nicht nur bis zur steuerlichen Auswirkung der steuererhöhenden Tatsachen, sondern uneingeschränkt zu berücksichtigen. Dies gilt nicht, wenn die Änderung nach § 173 Abs. 1 Nr. 1 AO bereits bestandskräftig oder verjährt ist.

Nach § 173 Abs. 2 AO besteht nach einer Außenprüfung grundsätzlich eine Änderungssperre. Ausnahme: Es liegt eine Steuerhinterziehung bzw. leichtfertige Steuerverkürzung vor. Rechtsfolge des § 173 AO ist eine – punktuelle – Korrekturpflicht („soweit"). § 177 AO ist anwendbar.

Frage 4: Was versteht das Steuerverfahrensrecht unter einem „Verwaltungsakt".

Antwort: Die Abgabenordnung erläutert den Begriff des Verwaltungsaktes in § 118 AO. Danach ist jede Verfügung, Entscheidung oder andere hoheitliche Maßnahme, die eine Behörde zur Regelung eines Einzelfalles auf dem Gebiet des öffentlichen Rechts mit unmittelbarer Rechtswirkung nach außen trifft, ein Verwaltungsakt. Der Verwaltungsakt muss inhaltlich hinreichend bestimmt sein und die Rechtslage für den Steuerpflichtigen konkretisieren (§ 119 AO). Eine bestimmte Form sieht das Gesetz nicht vor. Verwaltungsakte können dementsprechend schriftlich, mündlich, elektronisch oder in anderer Art und Weise erlassen werden (§ 119 Abs. 2 S. 1 AO). Mündliche Verwaltungsakte sind jedoch schriftlich zu bestätigen, wenn hieran ein berechtigtes Interesse besteht und die betroffene Person dies unverzüglich verlangt (§ 119 Abs. 2 S. 2 AO).

Ein schriftlich oder elektronisch erlassener Verwaltungsakt muss die erlassende Behörde erkennen lassen. Ferner muss ein Verwaltungsakt die Unterschrift oder die Namenswiedergabe des Behördenleiters, seines Vertreters oder seines Beauftragten enthalten; dies gilt nicht für einen Verwaltungsakt, der formularmäßig oder mit Hilfe automatischer Einrichtungen erlassen wird (§ 119 Abs. 3 AO).

Die Norm des § 120 AO sieht vor, dass Verwaltungsakte mit einer Nebenbestimmung versehen werden dürfen, soweit dies gesetzlich zugelassen ist.

Verwaltungsakte, die im Ermessen der Finanzbehörde stehen, können mit:
- einer Befristung,
- einer Bedingung,
- einem Widerrufsvorbehalt,
- einer Auflage oder,
- einem Auflagenvorbehalt

gekoppelt werden.

Schriftliche, elektronische sowie schriftliche bzw. elektronisch bestätigte Verwaltungsakte sind mit einer Begründung zu versehen, soweit dies zu seinem Verständnis erforderlich ist.

Der Verwaltungsakt muss demjenigen bekannt gegeben werden, für den er bestimmt ist oder der von ihm betroffen ist; eine Bekanntgabe an Bevollmächtigte ist erlaubt.

Ein schriftlicher Verwaltungsakt ist grundsätzlich mit der Post zuzusenden. Alternativ ist auch eine öffentliche Bekanntmachung oder eine Zustellung nach dem Verwaltungszustellungsgesetz möglich.

Bei der Zustellung per Post ist der genaue Bekanntgabezeitpunkt kaum feststellbar. Deshalb bestimmt § 122 Abs. 2 AO, dass der Verwaltungsakt:
- bei der Übermittlung im Geltungsbereich der Abgabenordnung am dritten Tag nach Aufgabe zur Post,
- bei der Übermittlung an Beteiligte außerhalb des Geltungsbereichs der Abgabenordnung einen Monat nach Aufgabe zur Post,

als zugegangen und somit wirksam gilt. Diese Zugangsvermutung gilt auch, wenn der Verwaltungsakt tatsächlich früher zugegangen ist oder der Empfänger erst später Kenntnis erhält, der Verwaltungsakt aber schon in seinen Machtbereich gelangt ist. Die Fiktionen gelten aber nicht, wenn der Steuerpflichtige den Bescheid erst später oder überhaupt nicht erhält.

Mit der Bekanntgabe ist der Verwaltungsakt mit dem Inhalt wirksam, mit dem er bekannt gegeben wird (§ 124 Abs. 1 AO). Der Verwaltungsakt bleibt auch solange wirksam, soweit und solange er nicht korrigiert wird.

Ein nichtiger Verwaltungsakt ist unwirksam (§ 125 AO). Dies ist insbesondere dann der Fall, wenn er an einem besonders schwerwiegenden Fehler leidet und dies bei verständiger Würdigung aller in Betracht kommenden Umstände offenkundig ist (§ 125 Abs. 1 AO). Ein Verwaltungsakt ist dann auch nichtig, wenn die erlassende Behörde nicht zu erkennen ist oder wenn er die Begehung einer rechtswidrigen Tat verlangt, die einen Straf- oder Bußgeldtatbestand verwirklicht oder wenn er gegen die guten Sitten verstößt (§ 125 Abs. 2 AO). Liegt ein heilbarer Verfahrens- oder Formfehler vor, so ist die Rechtswidrigkeit eines Verwaltungsaktes unbeachtlich (§ 126 AO).

Gegen einen Verwaltungsakt ist als Rechtsbehelf der Einspruch gegeben (§ 347 AO). Im außergerichtlichen Rechtsbehelfsverfahren ist grundsätzlich Klage möglich (FGO).

Frage 5: Erläutern Sie die Klagemöglichkeiten der Finanzgerichtsordnung.

Antwort: Nachdem das außergerichtliche Rechtsbehelfsverfahren durchlaufen wurde, besteht nur noch die Möglichkeit im gerichtlichen Rechtsbehelfsverfahren seine Rechte durchzusetzen. Dabei unterscheidet die FGO zwischen:
- der Anfechtungsklage,

- der Leistungsklage sowie
- der Feststellungsklage.

Anfechtungsklage (§ 40 Abs. 1 FGO)
Anfechtungsklagen dienen der Korrektur bestehender Maßnahmen mittels Aufhebung (Kassation) oder Änderung eines Verwaltungsaktes. Anfechtungsklagen kommen insbesondere in Betracht, wenn das Finanzamt einen rechtswidrigen Steuerbescheid erlassen und diesen Steuerbescheid in der Einspruchsentscheidung bestätigt hat.

Leistungsklage (§ 40 Abs. 1 FGO)
Mit einer Leistungsklage soll die Finanzbehörde zum Erlass eines abgelehnten oder unterlassenen Verwaltungsakts (sog. Verpflichtungsklage) oder zu einer anderen Leistung verurteilt werden (sog. andere Klage).

Mit der sogenannten Verpflichtungsklage will der Steuerpflichtige die Finanzbehörde zum Erlass eines bereits abgelehnten Verwaltungsaktes verurteilen lassen. Eine besondere Form der Verpflichtungsklage stellt die Untätigkeitsklage dar, mit der die Finanzbehörde gezwungen werden soll, einen angestrebten Verwaltungsakt zu erlassen bzw. abzulehnen. Voraussetzung hierfür ist allerdings, dass zuvor ein Untätigkeitseinspruch (§ 347 Abs. 1 S. 2 AO) eingelegt wurde.

Strebt der Steuerpflichtige beispielsweise eine Auskunftserteilung durch die Finanzbehörde an, dann liegt eine sonstige Leistungsklage vor. Dies gilt auch dann, wenn eine Erstattung durch die Finanzbehörde vorgenommen werden muss. Eine Klagefrist besteht für diese Art der Klage nicht (§ 47 FGO).

Feststellungsklage (§ 41 FGO)
Mit einer Feststellungsklage kann der Steuerpflichtige die Unwirksamkeit bzw. Nichtigkeit eines Verwaltungsakts feststellen lassen, wenn ein berechtigtes Interesse an der baldigen Feststellung besteht (§ 41 Abs. 1 AO). Die Nichtigkeitsfeststellungsklage setzt weder ein außergerichtliches Vorverfahren noch ein erfolgloses Antragsverfahren nach § 125 Abs. 5 AO voraus.

Sprungklage (§ 45 FGO)
Die Sprungklage ist keine eigene Klageart. Vielmehr bestimmt § 45 FGO nur die Zulässigkeitsvoraussetzungen für eine unmittelbare Klageerhebung für Anfechtungs- und Leistungsklagen ohne Vorverfahren. Voraussetzung ist allerdings, dass die Behörde, die über den außergerichtlichen Rechtsbehelf zu entscheiden hat, innerhalb eines Monats nach Zustellung der Klageschrift der Sprungklage zustimmt.

> **Frage 6:** Welche steuerlichen Nebenleistungen kennt die Abgabenordnung?

Antwort: Zu den steuerlichen Nebenleistungen i.S.d. § 3 Abs. 4 AO gehören:
- Verzögerungsgelder (§ 146 Abs. 2c AO),
- Verspätungszuschläge (§ 152 AO),
- Zuschläge nach § 162 Abs. 4 und 4a AO,
- Zinsen (§§ 233 bis 237 AO), Zinsen nach den Steuergesetzen, auf die die §§ 238 und 239 AO anzuwenden sind, sowie Zinsen, die über die §§ 233 bis 237 AO und die Steuergesetze hinaus nach EU-Recht auf zu erstattende Steuern zu leisten sind,
- Säumniszuschläge (§ 240 AO),
- Zwangsgelder (§ 329 AO),
- Kosten (§§ 89, 89a Abs. 7, 178, 337 bis 345 AO) sowie,
- Zinsen auf Einfuhr- und Ausfuhrabgaben nach Artikel 5 Nr. 20 und 21 des Zollkodex der Union und
- Verspätungsgelder nach § 22a Abs. 5 EStG.

Verzögerungsgeld (§ 146 Abs. 2c AO)
Mit der Festsetzung eines Verzögerungsgeldes soll der Steuerpflichtige einerseits zur zeitnahen Erfüllung seiner Mitwirkungspflichten angehalten werden, aber andererseits auch die Verletzung dieser Mitwirkungspflichten sanktioniert werden. Die Festsetzung eines Verzögerungsgeldes kommt insbesondere in Betracht, wenn der Steuerpflichtige im Rahmen einer Außenprüfung Auskünfte oder angeforderte Unterlagen nicht oder nicht vollständig innerhalb einer angemessenen Frist erteilt bzw. vorlegt.

Die Finanzverwaltung kann Verzögerungsgelder nach pflichtgemäßem Ermessen („Entschließungsermessen") innerhalb einer Bandbreite von 2.500 € bis 250.000 € festsetzen. Hinsichtlich der Höhe hat die Finanzverwaltung ihr Ermessen aber pflichtgemäß auszuüben („Auswahlermessen").

Verspätungszuschlag (§ 152 AO)
Der Verspätungszuschlag ist keine Strafe für vergangene Versäumnisse, sondern soll den Steuerpflichtigen zu einer zeit- und fristgerechten Erfüllung seiner Erklärungspflichten anhalten. Der Verspätungszuschlag sanktioniert somit eine Pflichtverletzung (Ungehorsamsfolge) und dient zudem der in die Zukunft gerichteten Prävention (Druckmittel).

Ein Verspätungszuschlag ist grundsätzlich festzusetzen, wenn eine Steuererklärung, die sich auf ein Kalenderjahr oder auf einen gesetzlich bestimmten Zeitpunkt bezieht,
- nicht innerhalb von 14 Monaten (bei Land- und Fortwirten mit abweichendem Wirtschaftsjahr nach 19 Monaten) nach Ablauf des Kalenderjahres bzw. nach dem besteuerungszeitpunkt abgegeben wird oder
- im Falle einer Vorabanordnung i.S.d. § 149 Abs. 4 AO nicht innerhalb der gesetzten Frist

abgegeben wurde. Ausnahmen sind in § 152 Abs. 3 AO geregelt, z.B. wenn die Steuer auf 0 € oder einen negativen Betrag festgesetzt wird.

Der Verspätungszuschlag beträgt nach § 152 Abs. 5 bis 8 AO für jeden angefangenen Monat der Verspätung:

Grundsatz	0,25 % der festgesetzten Steuer (mindestens 10 € für jeden angefangenen Monat der Verspätung)
Steuererklärungen beziehen sich auf ein Kalenderjahr oder einen gesetzlich bestimmten Zeitpunkt	0,25 % der festgesetzten Steuer abzgl. festgesetzter Vorauszahlungen und anzurechnender Steuerabzugsbeträge (mindestens 25 € für jeden angefangenen Monat der Verspätung)
Erklärungen zur gesonderten Feststellung von Besteuerungsgrundlagen, Erklärungen zur Festsetzung des Gewerbesteuermessbetrags und Zerlegungserklärungen	pauschal 25 €
Erklärungen zu gesondert festzustellenden einkommensteuerpflichtigen oder körperschaftsteuerpflichtigen Einkünften	0,0625 % der positiven Summe der festgestellten Einkünfte (mindestens 25 € für jeden angefangenen Monat der Verspätung)
Höchstbetrag (§ 152 Abs. 10 AO)	25.000 €

Der Verspätungszuschlag ist regelmäßig mit der Steuer oder dem Steuermessbetrag festzusetzen (§ 152 Abs. 11 AO). Die Festsetzung des Verspätungszuschlages ist ein selbstständig belastender Verwaltungsakt, der nach §§ 130 Abs. 1 und 131 Abs. 1 AO korrigierbar ist. Der Verspätungszuschlag steht in freier Konkurrenz zu den Zwangsmitteln nach den §§ 328 ff. AO.

Gegen die Festsetzung des Verspätungszuschlags ist der Einspruch möglich; im außergerichtlichen Rechtsbehelf besteht die Möglichkeit der Anfechtungsklage.

> **Hinweis!** Durch das Abzugsteuerentlastungsmodernisierungsgesetz wurde § 152 Abs. 3 Nr. 4 AO mit Wirkung zum 09.06.2021 dahingehend geändert, dass § 152 Abs. 2 AO nicht bei Anmeldungen von Umsatzsteuer-Sondervorauszahlungen nach § 48 Abs. 2 UStDV anzuwenden ist.

Säumniszuschlag (§ 240 AO)

Der Säumniszuschlag ist weder Zins noch Strafe, sondern ein Mittel, den Steuerpflichtigen zur pünktlichen Zahlung anzuhalten. Säumniszuschläge sind zudem eine Gegenleistung für das Hinausschieben der fälligen Steuerzahlung. Wird eine festgesetzte oder angemeldete Steuer nicht bis zum Ablauf des Fälligkeitstages gezahlt, hat der Steuerpflichtige einen Säumniszuschlag zu entrichten (§ 240 Abs. 1 AO). Ein Verschulden ist nicht erforderlich. Bei steuerlichen Nebenleistungen sind keine Säumniszuschläge vorgesehen (§ 240 Abs. 2 AO). Der Säumniszuschlag entsteht – kraft Gesetzes – allein durch Zeitablauf, jedoch nicht bei einer Säumnis von bis zu drei Tagen (= Schonfrist). Diese Schonfrist gilt nicht bei Bar- oder Scheckzahlung (§ 240 Abs. 3 S. 2 AO).

Der Säumniszuschlag beträgt:
- 1 % der auf volle 50 € abgerundeten Steuer und zwar,
- für jeden angefangenen Monat der Säumnis.

Bei Steueranmeldungen (z.B. Umsatzsteuervoranmeldung, Umsatzsteuererklärung oder Lohnsteueranmeldung) tritt die Säumnis nicht ein, bevor die Anmeldung abgegeben worden ist (§ 240 Abs. 1 S. 3 AO).

> **Hinweis!** Für die Besteuerungszeiträume 2019 bis 2024 bestehen Sonderregelungen hinsichtlich der Abgabefristen für Steuererklärungen; hier gelten die im BMF-Schreiben vom 23.06.2022 genannten abweichenden Termine und Zeiträume (BStBl I 2022, 938).

Zinsen (§§ 233 ff. AO)

Zinsen sind das laufzeitabhängige Entgelt für den Gebrauch eines auf Zeit überlassenen oder vorenthaltenen Geldkapitals. Ansprüche aus dem Steuerschuldverhältnis werden jedoch nur verzinst, soweit eine Verzinsung gesetzlich vorgesehen ist (§ 233 S. 1 AO). Die Abgabenordnung sieht abschließend folgende Zinsen vor:
- Zinsen für Steuernachzahlungen/-erstattungen (§ 233a AO),
- Stundungszinsen (§ 234 AO),
- Hinterziehungszinsen (§ 235 AO),
- Prozesszinsen (§ 236 AO) und
- Aussetzungszinsen (§ 237 AO).

Zinsen sind steuerliche Nebenleistungen (§ 3 Abs. 4 AO) und daher Ansprüche aus dem Steuerschuldverhältnis (§ 37 Abs. 1 AO). Gegenstand der Verzinsung sind der Steueranspruch nach § 37 Abs. 1 AO, der Steuervergütungsanspruch, der Haftungsanspruch, der Anspruch gem. § 37 Abs. 2 AO und die in den Einzelgesetzen geregelten Ansprüche (z.B. § 28 ErbStG, § 12 InvZulG 2010).

Der Zinssatz beträgt ab dem Verzinsungszeitraum 2019 0,15 % pro Monat für Steuernachzahlungen/-erstattungen i.S.d. § 233a AO und 0,5 % pro Monat für alle übrigen Zinsarten für jeden vollendeten Monat (§ 238 Abs. 1, 2 AO). Für die Berechnung der Zinsen ist der zu verzinsende Betrag jeder Steuerart auf den nächsten durch 50 € teilbaren Betrag abzurunden. Die Berechnung muss für jede Steuerforderung gesondert erfolgen. Eine Festsetzung unterbleibt, wenn der Zinsbetrag weniger als 10 € beträgt (§ 239 Abs. 2 AO). Der Zinsbetrag wird auf volle Euro zugunsten des Steuerpflichtigen gerundet.

> **Hinweis!** Das BVerfG hat mit Beschluss vom 08.07.2021 (1 BvR 2237/14, 1 BvR 2422/17) entschieden, dass die Verzinsung von Steuernachforderungen und Steuererstattungen nach den §§ 233a, 238 Abs. 1 S. 1 AO verfassungswidrig ist, soweit der Zinsberechnung für Verzinsungszeiträume ab dem 01.01.2014 ein Zinssatz von monatlich 0,5 % zugrunde gelegt wurde.
> Die Verzinsung von Steuernachforderungen mit einem Zinssatz von monatlich 0,5 % nach Ablauf einer zinsfreien Karenzzeit von grundsätzlich 15 Monaten stellte eine Ungleichbehandlung von Steuerschuldnern, deren Steuer erst nach Ablauf der Karenzzeit festgesetzt wird, gegenüber Steuerschuldnern, deren Steuer bereits innerhalb der Karenzzeit endgültig festgesetzt wird, dar. Diese Ungleichbehandlung erwies sich, gemessen am allgemeinen Gleichheitssatz des Art. 3 Abs. 1 GG, für in die Jahre 2010 bis 2013 fallende Verzinsungszeiträume noch als verfassungsgemäß, für in das Jahr 2014 fallende Verzinsungszeiträume dagegen als verfassungswidrig. Eine geringere Ungleichheit bewirkendes und mindestens gleich geeignetes Mittel zur Förderung des Gesetzeszwecks besteht insoweit in einer Vollverzinsung mit einem niedrigeren Zinssatz. Die Unvereinbarkeit der Verzinsung nach § 233a AO mit dem Grundgesetz umfasst ebenso die Erstattungszinsen zugunsten der Steuerpflichtigen. Das bisherige Recht ist für bis einschließlich in das Jahr 2018 fallende Verzinsungszeiträume weiter anwendbar.

Frage 7: Erläutern Sie den Begriff der „steuerlichen Außenprüfung".

Antwort: Die Außenprüfung (früher: Betriebsprüfung) dient der Ermittlung des Steueranspruchs. Bei der Außenprüfung können die Finanzbehörden im Rahmen der Vorgaben nach den §§ 193 bzw. 207 AO die steuerlichen Verhältnisse von Steuerpflichtigen ermitteln und überprüfen.

Zulässigkeit

Eine allgemeine Außenprüfung ist nach § 193 Abs. 1 AO nur zulässig bei Steuerpflichtigen mit land- und forstwirtschaftlichen, gewerblichen oder freiberuflichen Einkünften. Eine besondere Außenprüfung ist nach § 193 Abs. 2 Nr. 1 AO auch bei Steuerpflichtigen möglich, die für Rechnung eines anderen Steuern zu entrichten oder Steuern einzubehalten oder abzuführen haben (z.B. bei der Lohnsteueraußenprüfung).

Ausnahmsweise können auch andere Steuerpflichtige nach § 193 Abs. 2 Nr. 2 AO geprüft werden, wenn die für die Besteuerung erheblichen Verhältnisse der Aufklärung bedürfen und eine Prüfung an Amtsstelle nicht zweckmäßig erscheint. Gemäß § 193 Abs. 2 Nr. 3 AO kann auch eine Außenprüfung durchgeführt werden, wenn ein Steuerpflichtiger seinen Mitwirkungspflichten nach § 12 Steueroasen-Abwehrgesetzes nicht nachkommt.

Sachlicher Umfang

Bei einer Außenprüfung können die steuerlichen Verhältnisse von Steuerpflichtigen für eine oder mehrere Steuerarten geprüft werden (§ 194 Abs. 1 AO). Nach der Betriebsprüfungsordnung unterteilt die Finanzverwaltung die Betriebe in vier Größenklassen (Großbetriebe, Mittelbetriebe, Kleinbetriebe und Kleinstbetriebe). Die Zuordnung ist in den meisten Fällen vom Umsatz und Gewinn abhängig. Bei Großbetrieben sollen nach § 4 Abs. 2 BPO sog. Anschlussprüfungen stattfinden, wobei der Prüfungszeitraum auf mehr als drei Jahre ausgedehnt werden kann. Bei den übrigen Betrieben werden in der Regel nach § 4 Abs. 3 BPO die letzten drei Jahre geprüft.

Aus § 194 Abs. 3 AO ergibt sich die Zulässigkeit von Kontrollmitteilungen. Durch sie sollen anlässlich einer Außenprüfung auch Feststellungen ausgewertet werden, die für die Besteuerung von anderen Steuerpflichtigen von Bedeutung sind.

6. Abgabenordnung

Prüfungsanordnung und Beginn der Außenprüfung
Die zuständige Finanzbehörde muss nach § 196 AO den Umfang der Außenprüfung in einer schriftlichen oder elektronischen Prüfungsanordnung mit Rechtsmittelbelehrung nach § 356 AO bekanntgeben. Wie jeder Verwaltungsakt muss auch die Prüfungsanordnung hinsichtlich ihres Inhalts und des Adressaten hinreichend bestimmt sein (§ 119 Abs. 1 AO). Der Beginn der Außenprüfung ist nach § 198 Satz 2 AO unter Angabe von Datum und Uhrzeit aktenkundig zu machen. Der genaue Beginn einer Außenprüfung hat u. a. Bedeutung für den Ablauf der Festsetzungsfrist nach § 171 Abs. 4 AO.

Prüfungsgrundsätze
Der Außenprüfer hat nach § 199 Abs. 1 AO die Besteuerungsgrundlagen zugunsten und zuungunsten des Steuerpflichtigen zu überprüfen. Über eventuelle Auswirkungen der festgestellten Sachverhalte muss der Steuerpflichtige nach § 199 Abs. 2 AO laufend unterrichtet werden. Der Steuerpflichtige hat bei der Betriebsprüfung hingegen Mitwirkungspflichten, insbesondere muss er nach § 200 Abs. 1 AO Auskünfte erteilen sowie Aufzeichnungen, Bücher, Geschäftspapiere und andere Urkunden (z.B. Verträge) zur Einsicht und Prüfung vorlegen und ggf. erläutern.

Schlussbesprechung
Über das Ergebnis der Außenprüfung ist nach § 201 Abs. 1 AO eine Schlussbesprechung zwischen den Vertretern der Finanzverwaltung und dem Steuerpflichtigen abzuhalten. Die Schlussbesprechung stellt den formellen Abschluss der Außenprüfung dar. Der Steuerpflichtige hat einen Rechtsanspruch auf Abhaltung einer Schlussbesprechung, sofern die Prüfungsfeststellungen zu einer Änderung der Besteuerungsgrundlagen führen. Zweck der Schlussbesprechung ist:
- die abschließende Unterrichtung des Steuerpflichtigen über die Prüfungsfeststellungen,
- die Möglichkeit der Erörterung und Diskussion über Sachverhalts- und Rechtsprobleme und dadurch
- die Herbeiführung einer bindenden tatsächlichen Verständigung.

Eine Schlussbesprechung unterbleibt nach § 201 Abs. 1 AO, wenn sich keine Änderung der Besteuerungsgrundlagen ergibt oder wenn der Steuerpflichtige darauf verzichtet.

Prüfungsbericht
Über das Ergebnis der Außenprüfung ergeht nach § 202 Abs. 1 AO ein schriftlicher Prüfungsbericht, in dem die für die Besteuerung erheblichen Prüfungsfeststellungen sowie die Änderungen der Besteuerungsgrundlagen darzustellen sind. Auf Antrag kann der Steuerpflichtige Stellung zu den Inhalten des Prüfungsberichtes nehmen (§ 202 Abs. 2 AO).

Frage 8: Erläutern Sie das Datenzugriffsrecht der Finanzbehörde.

Antwort: Das Datenzugriffsrecht der Finanzbehörde ist nur rudimentär in § 147 Abs. 6 AO geregelt. Weitere Vorgaben der Finanzverwaltung sind in den „Grundsätzen zur ordnungsmäßigen Führung und Aufbewahrung von Büchern, Aufzeichnungen und Unterlagen in elektronischer Form sowie zum Datenzugriff (GoBD)", BMF-Schreiben vom 11.03.2024, IV D 2 - S-0316/21/10001:002, BStBl. I 2024, S. 374, verortet worden.

Das Zugriffsrecht besteht nur im Rahmen einer Außenprüfung (z. B. Lohnsteueraußenprüfung, Umsatzsteuersonderprüfung, Steuerfahndung), nicht hingegen bei einer umsatzsteuerlichen Nachschau bzw. einer Liquiditätsprüfung.

Der sachliche Anwendungsbereich wird begrenzt durch:
- den durch die Prüfungsanordnung festgesetzten Prüfungsumfang,
- die Aufbewahrungspflicht gem. § 147 Abs. 1 AO und
- den Zugriff „nur" auf die „steuerlich relevanten Daten".

> **Hinweis!** Papierunterlagen müssen nicht digitalisiert werden.

Persönlicher Anwendungsbereich
Das Datenzugriffsrecht besteht bei jedem Steuerpflichtigen, der im Inland:
- der Außenprüfung unterliegt,
- buchführungs- und aufzeichnungspflichtig ist (gilt z.B. nicht bei Aufzeichnungspflicht für Betriebsausgaben bei § 4 Abs. 3 EStG) und,
- über ein EDV-gestütztes Buchführungs- bzw. Aufzeichnungssystem verfügt.

Beim Zugriff werden drei Arten unterschieden:
1. **unmittelbarer Zugriff** – Z1-Zugriff (§ 147 Abs. 6 S. 1 AO): Hier hat der Prüfer das Recht, selbst Einsicht in die gespeicherten Daten zu nehmen (= „Nur-Leseberechtigung). Eine Fernabfrage bzw. Onlinezugriff ist nicht zulässig.
2. **mittelbarer Zugriff** – Z2-Zugriff (§ 147 Abs. 6 S. 2 1. Alt. AO): Der Prüfer kann den Steuerpflichtigen auffordern, Daten nach seinen Vorgaben auszuwerten.
3. **Datenträgerüberlassung** – Z3-Zugriff (§ 147 Abs. 6 S. 2 2. Alt. AO): Der Prüfer kann verlangen, dass der Steuerpflichtige ihm die gespeicherten Daten auf einem maschinell verwertbaren Datenträger (z.B. CD/DVD) zur Auswertung überlässt.

Die Wahl der Zugriffsart steht im pflichtgemäßen Ermessen des Prüfers (§ 5 AO). Falls erforderlich können auch mehrere Zugriffsarten eingesetzt werden. Die Finanzverwaltung verwendet als Prüfsoftware das Programm „IDEA".

> **Hinweis!** Seit dem 01.01.2018 besteht ein zusätzliches Datenzugriffsrecht im Rahmen einer Kassen-Nachschau (§ 146b AO). Ergänzt werden die Vorgaben der Abgabenordnung durch die Kassensicherungsverordnung (BGBl I 2017, 3515), in der die technischen Anforderungen an elektronische Aufzeichnungs- und Sicherungssysteme (z.B. computergestützte Kassensysteme und Registrierkassen) geregelt werden. Die Verordnung dient dem Schutz vor Manipulation der digitalen Grundaufzeichnungen von Unternehmen.

> **Frage 9:** Erläutern Sie die Berichtigungsmöglichkeiten von Steuerverwaltungsakten.

Antwort: Mit der Bekanntgabe ist der Steuerverwaltungsakt wirksam, auch wenn er fehlerhaft ist. Der Verwaltungsakt bindet zunächst die Finanzbehörde und die am Verfahrensbeteiligten bis zum Ablauf der Festsetzungsfrist (§ 124 Abs. 2 AO).

Voraussetzungen für eine Berichtigung von Steuerverwaltungsakten
Eine Berichtigung kann nur erfolgen, wenn:
- ein wirksamer Verwaltungsakt vorliegt,
- eine Berichtigungsvorschrift Anwendung findet und
- die Festsetzungsfrist noch nicht abgelaufen ist.

Die Korrekturvorschriften
Korrekturvorschriften für alle Verwaltungsakte (§ 129 AO)
Wenn beim Erlass eines Steuerverwaltungsaktes eine sog. offenbare Unrichtigkeit vorliegt (Schreib-, Rechenfehler oder ähnliche offenbare Unrichtigkeit), kann diese gem. § 129 AO berichtigt werden.

Korrekturvorschriften für alle Verwaltungsakte, die keine Steuerbescheide sind (§§ 130, 131 AO)
Die §§ 130 ff. AO enthalten allgemeine Berichtigungsvorschriften für alle sonstigen Verwaltungsakte, die keine Steuerbescheide sind (z.B. Freistellungsbescheinigungen). § 130 AO definiert die Rücknahme eines rechtswidrigen und § 131 AO den Widerruf eines recht¬mäßigen sonstigen Verwaltungsaktes.

6. Abgabenordnung

Korrekturvorschriften für Steuerbescheide

Für die Korrektur von Steuerbescheiden (§ 155 Abs. 1 S. 2 AO) sind in der Abgabenordnung einige besondere Vorschriften verortet worden.

Vorläufig (§ 165 AO) oder unter dem Vorbehalt der Nachprüfung (§ 164 AO) festgesetzte Steuern können innerhalb der Festsetzungsfrist jederzeit aufgehoben oder geändert werden.

Nach § 172 AO besteht die Möglichkeit, bei Zöllen und Verbrauchsteuern sowie bei Zustimmung des Steuerpflichtigen, Korrekturen vorzunehmen.

Bestandskräftige Steuerbescheide müssen bis zum Ablauf der Festsetzungsfrist aufgehoben oder geändert werden, wenn der Finanzverwaltung neue Tatsachen oder Beweismittel nachträglich bekannt werden, die:

- zu einer höheren Steuer führen (§ 173 Abs. 1 Nr. 1 AO) oder
- zu einer niedrigeren Steuer führen, wenn den Steuerpflichtigen am nachträglichen Bekanntwerden kein grobes Verschulden trifft (§ 173 Abs. 1 Nr. 2 AO).

Durch das "Gesetz zur Modernisierung des Besteuerungsverfahrens" wurde in 2016 eine neue Korrekturvorschrift in § 173a AO aufgenommen, nach der ein Steuerbescheid geändert werden kann, soweit dem Steuerpflichtigen bei der Erstellung seiner Steuererklärung Schreib- oder Rechenfehler unterlaufen sind. Die Neuregelung ergänzt § 129 AO, der Berichtigungen bei offenbaren Unrichtigkeiten ermöglicht. Nach § 129 AO gehört hierzu auch ein Schreib- oder Rechenfehler oder ein sonstiger mechanischer Fehler, der dem Steuerpflichtigen unterlaufen ist und den das Finanzamt versehentlich übernimmt, obwohl es den Fehler anhand der Unterlagen hätte erkennen können. Die Neuregelung des § 173a AO soll nun eine Änderung in denjenigen Fällen ermöglichen, in denen das Finanzamt den Fehler des Steuerpflichtigen nicht erkennen konnte und damit § 129 AO nicht einschlägig ist.

Soweit ein Grundlagenbescheid (z.B. Gewinnfeststellungsbescheid nach § 182 Abs. 1 AO, Gewerbesteuermessbescheid nach § 184 Abs. 1 AO) geändert wird, ist auch der Folgebescheid (z.B. Einkommensteuerbescheid) zu ändern (§ 175 Abs. 1 Nr. 1 AO). Einzige Voraussetzung dieser Norm ist, dass ein Grundlagenbescheid ergeht, geändert oder aufgehoben wird. Was als Grundlagenbescheid gilt regelt § 171 Abs. 10 AO und der Anwendungserlass zu § 175 AO. Zudem ergibt sich aus § 175 Abs. 1 Nr. 2 AO, dass eine Änderung möglich ist, falls ein rückwirkendes Ereignis eintritt.

Korrekturvorschriften für Steuerbescheide nach Einzelsteuergesetzen

Korrekturvorschriften finden sich auch in den Einzelsteuergesetzen, so z.B. in:

- § 10d EStG: Korrektur von Einkommensteuerbescheiden wegen Verlustvortrag,
- § 35b GewStG: Änderung des Gewerbesteuer-Messbescheides bei Änderung des Einkommensteuer-, Körperschaftsteuer- oder Feststellungsbescheides.

Frage 10: Erläutern Sie den Begriff der „Gemeinnützigkeit".

Antwort: Die Legaldefinition der „Gemeinnützigkeit" ist zentral in der Abgabenordnung und damit außerhalb der einzelnen Steuergesetze geregelt. Ist die Rede von „Gemeinnützigkeit" oder „gemeinnützigen Zwecken", so sind damit regelmäßig alle „steuerbegünstigten Zwecke" nach der Abgabenordnung gemeint. In diesem Sinne verfolgt eine Körperschaft gemeinnützige Zwecke, wenn ihre Tätigkeit darauf gerichtet ist, die Allgemeinheit auf materiellem, geistigem oder sittlichem Gebiet selbstlos zu fördern (§ 52 Abs. 1 S. 1 AO). Förderung der Allgemeinheit meint jedoch nicht, dass alle gesellschaftlichen Gruppen angesprochen werden müssen. Entscheidend ist vielmehr, dass inhaltlich eine Förderung auf materiellem, geistigem oder sittlichem Gebiet erfolgt, die sich wiederum an die Allgemeinheit als Adressat richten muss. Zu den gemeinnützigen – und damit steuerbegünstigten – Zwecken zählen z. B. die Förderung von Wissenschaft und Forschung, der Religion, des öffentlichen Gesundheitswesens, der Jugend- und Altenhilfe, der Kunst und Kultur, des Denkmalschutzes, der Erziehung, des Naturschutzes,

aber auch die Förderung der Hilfe für Menschen, welche aufgrund ihrer geschlechtlichen Identität oder geschlechtlichen Orientierung diskriminiert werden. Der Gemeinnützigkeitsstatus wird zudem nur gewährt, wenn die Tätigkeit selbstlos erfolgt (§ 55 AO). Dies ist gegeben, wenn:
- vordergründig keine eigenwirtschaftliche Zwecke verfolgt werden,
- die Mittel ausschließlich für satzungsmäßige Zwecke genutzt werden,
- die Mitglieder bei ihrem Ausscheiden oder bei Auflösung oder Aufhebung der Körperschaft nicht mehr als ihre eingezahlten Kapitalanteile und den gemeinen Wert ihrer geleisteten Sacheinlagen zurückerhalten,
- die Körperschaft keine Person durch Ausgaben, die dem Zweck der Körperschaft fremd sind, oder durch unverhältnismäßig hohe Vergütungen begünstigen,
- die Körperschaft ihre Mittel grundsätzlich zeitnah für ihre steuerbegünstigten satzungsmäßigen Zwecke verwendet, (Hinweis! Von dieser Pflicht zur zeitnahen Mittelverwendung werden Körperschaften mit jährlichen Einnahmen von nicht mehr als 45.000 € ab dem 29.12.2020 ausgenommen.) und
- die Körperschaft bei Auflösung oder Aufhebung oder bei Wegfall ihres bisherigen Zwecks das Vermögen der Körperschaft nur für steuerbegünstigte Zwecke verwendet.

Der Gemeinnützigkeitsstatus gewährt zahlreiche Steuervergünstigungen, so insbesondere eine Körperschaftsteuerbefreiung (§ 5 Abs. 1 Nr. 9 KStG), eine Gewerbesteuerbefreiung (§ 3 Nr. 6 GewStG), einen geringeren Umsatzsteuersatz (§ 12 Abs. 2 Nr. 8 UStG) sowie eine Grundsteuerbefreiung (§ 3 Abs. 1 Nr. 3 GrStG). Eine Steuervergünstigung ist ausgeschlossen, soweit die gemeinnützige Körperschaft einen wirtschaftlichen Geschäftsbetrieb i.S.d. § 14 AO betreibt (§ 64 AO).

Hinweis! Der Bundesfinanzhof betonte in seiner Folgeentscheidung zu seinem „Attac"-Urteil erneut, dass die Einflussnahme auf die politische Willensbildung und öffentliche Meinung kein eigener gemeinnütziger Zweck i. S. d. § 52 AO ist (BFH-Urteil vom 10.01.19, V R 60/17, BStBl II 2019, 301 und die dagegen gerichtete anhängige Verfassungsbeschwerde 1 BvR 697/21).

Zuwendungen an steuerbegünstigte Körperschaften dürfen beim Zuwendenden nach § 10b Abs. 1 EStG bzw. § 9 Nr. 2 KStG – im Rahmen gewisser Höchstgrenzen – steuermindernd berücksichtigt werden.

Frage 11: Erläutern Sie die Besonderheiten der steuerlichen Verjährungsfristen.

Antwort: In der Abgabenordnung ist zwischen der Festsetzungs- und der Zahlungsverjährung zu unterscheiden. Festsetzungsverjährung bedeutet, dass nach Ablauf der Festsetzungsfrist eine Steuerfestsetzung sowie deren Korrektur nicht mehr erfolgen dürfen (§ 169 Abs. 1 AO). Nach Eintritt der Zahlungsverjährung darf eine festgesetzte Steuer nicht mehr erhoben werden (§ 232 AO).

Festsetzungsverjährung
Nach Ablauf der Festsetzungsfrist ist eine Steuerfestsetzung nicht mehr zulässig. Dementsprechend darf ein Steuerbescheid auch nicht mehr aufgehoben, geändert oder berichtigt werden (§ 169 Abs. 1 S. 1 und 2 AO). Erfolgt eine Steuerfestsetzung trotz Eintritts der Festsetzungsverjährung, ist sie rechtswidrig, aber nicht nichtig. Wird die Steuerfestsetzung nicht mit einem Einspruch angefochten, ist die festgesetzte Steuer zu erheben.

Die Festsetzungsfrist beträgt für die Besitz- und Verkehrssteuern, so z.B. für die Einkommensteuer, vier Jahre (§ 169 Abs. 2 S. 1 AO). Die Frist verlängert sich auf zehn Jahre im Fall einer Steuerhinterziehung, bei besonders schwerer Steuerhinterziehung allerdings auf 15 Jahre. Die steuerliche Festsetzungsverjährungsfrist zur Nacherhebung der leichtfertig verkürzten Steuern beträgt gem. § 169 Abs. 2 S. 2 AO fünf Jahre.

6. Abgabenordnung

Die Festsetzungsfrist ist gewahrt, wenn der Steuerbescheid noch vor Ablauf der Frist den Bereich der zuständigen Finanzbehörde verlassen hat. Die Festsetzungsfrist beginnt nach der Grundregel des § 170 Abs. 1 AO mit Ablauf des Kalenderjahrs, in dem die Steuer entstanden ist. Hauptanwendungsfall ist die sog. Antragsveranlagung (§ 46 Abs. 2 Nr. 8 EStG). Für Besitz- und Verkehrssteuern, für die eine Steuererklärung (z.B. Einkommensteuer), eine Steueranmeldung (z.B. Lohnsteuer) oder eine Anzeige abzugeben ist, sieht die Abgabenordnung eine Anlaufhemmung vor: Die Festsetzungsfrist beginnt erst mit Ablauf des Kalenderjahrs, in dem die Steuererklärung, die Steueranmeldung oder die Anzeige eingereicht wird, spätestens jedoch mit Ablauf des dritten Kalenderjahrs, das auf das Kalenderjahr folgt, in welchem die Steuer entstanden ist (§ 170 Abs. 2 Nr. 1 AO).

Grundsätzlich endet die Festsetzungsfrist nach Ablauf von vier, fünf oder zehn Jahren (§ 169 Abs. 2 S. 1 Nr. 2 und S. 2 AO). Abweichend hiervon normiert § 171 AO zahlreiche Ablaufhemmungstatbestände, die den Ablauf der Frist hinausschieben (§ 171 AO):

- Ist beim Erlass eines Steuerbescheids eine offenbare Unrichtigkeit unterlaufen, endet die Festsetzungsfrist nicht vor Ablauf eines Jahres nach Bekanntgabe dieses Steuerbescheids (§ 171 Abs. 2 AO).
- Zulässige Rechtsbehelfe (Einspruch, Klage) gegen Steuerbescheide verlängern zudem die Festsetzungsfrist bis zur Unanfechtbarkeit der Entscheidung (§ 171 Abs. 3a AO).
- Wird vor Ablauf der Festsetzungsfrist beim Steuerpflichtigen mit einer Außenprüfung begonnen, läuft die Festsetzungsfrist für die Steuern, auf die sich die Außenprüfung erstreckt, nicht ab, bevor die aufgrund der Außenprüfung zu erlassenden Steuerbescheide unanfechtbar geworden sind (§ 171 Abs. 4 AO).
- Beginnen die Behörden des Zollfahndungsdienstes oder die mit der Steuerfahndung betrauten Dienststellen der Landesfinanzbehörden vor Ablauf der Festsetzungsfrist mit Ermittlungen der Besteuerungsgrundlagen, läuft die Festsetzungsfrist ebenfalls nicht ab, bevor die aufgrund der Ermittlungen zu erlassenden Steuerbescheide unanfechtbar geworden sind (§ 171 Abs. 5 AO).
- Ist für die Steuerfestsetzung ein Feststellungsbescheid oder ein anderer Verwaltungsakt bindend (Grundlagenbescheid), endet die Festsetzungsfrist gleichsam nicht vor Ablauf von zwei Jahren nach Bekanntgabe des Grundlagenbescheids (§ 171 Abs. 10 AO).

Zahlungsverjährung

Der Zahlungsverjährung unterliegen festgesetzte Ansprüche aus dem Steuerschuldverhältnis, aber auch solche, die kraft Gesetzes entstehen und nicht festgesetzt werden (z. B. Säumniszuschläge). Mit Eintritt der Zahlungsverjährung erlöschen diese Ansprüche (§§ 232, 47 AO). Der Fälligkeitszeitpunkt des Anspruchs kann sich hierbei:

- unmittelbar aus einem Einzelsteuergesetz (§ 220 Abs. 1 AO),
- aus der mit einer Festsetzung verbundenen Zahlungsaufforderung (§ 220 Abs. 2 AO),
- aus dem Entstehungszeitpunkt (§ 220 Abs. 2 AO) oder
- aus dem Zeitpunkt der Bekanntgabe (§ 220 Abs. 2 S. 2 AO) ergeben.

Die allgemeine Zahlungsverjährungsfrist beträgt fünf Jahre (§ 228 S. 2 AO), aber zehn Jahre in Fällen der Steuerhinterziehung. Die Frist beginnt mit Ablauf des Kalenderjahrs, in welchem der Anspruch erstmals fällig geworden ist (§ 229 Abs. 1 S. 1 AO). Bei den Fälligkeitssteuern (insbesondere Umsatz- und Lohnsteuer), die unabhängig von einer Festsetzung fällig werden, gilt zusätzlich eine Anlaufhemmung: Die Verjährungsfrist beginnt in diesen Fällen nicht vor Ablauf des Kalenderjahrs, in welchem die Steueranmeldung oder die Festsetzung (bzw. Aufhebung, Änderung oder Berichtigung) der Steuer wirksam geworden ist (§ 229 Abs. 1 S. 2 AO).

Der Lauf der Verjährungsfrist kann durch mehrere Handlungen der Finanzbehörde unterbrochen werden (§ 231 AO). Dabei tritt die Unterbrechung jeweils nur bezüglich des Teils des Anspruchs ein, auf den sich die Unterbrechungshandlung bezieht (§ 231 Abs. 4 AO).

Unterbrechungshandlungen sind insbesondere:
- die schriftliche Geltendmachung des Anspruchs (Zahlungsaufforderung) durch die Finanzbehörde,
- eine Stundung,
- die Aussetzung der Vollziehung sowie
- ein Eintritt des Vollstreckungsverbots nach § 210 oder § 294 Abs. 1 InsO.

Mit Ablauf des Kalenderjahrs, in welchem die Unterbrechung endet, beginnt eine neue, wiederum fünfjährige, Verjährungsfrist zu laufen (§ 231 Abs. 3 AO).

Frage 12: Erläutern Sie die Inhalte des Steuerstrafrechts.

Antwort: Die Abgabenordnung regelt in den §§ 369 ff. AO das Steuerstrafrecht und unterscheidet zwischen Steuerstraftaten und Steuerordnungswidrigkeiten.

Steuerstraftaten sind Taten, die nach den Steuergesetzen strafbar sind. Diese sind im Einzelnen in den §§ 369 bis 376 AO aufgeführt.

Die Hauptform der Steuerstraftat ist die Steuerhinterziehung (§ 370 Abs. 1 AO).

Eine Steuerhinterziehung liegt vor, wenn:
- ein Steuerpflichtiger gegenüber den Finanzbehörden unrichtige oder unvollständige Angaben macht oder die Finanzbehörden pflichtwidrig über steuerlich erhebliche Tatsachen in Unkenntnis lässt und dadurch Steuern verkürzt bzw. für sich oder einen anderen nicht gerechtfertigte Steuervorteile erlangt werden. Bereits der Versuch ist strafbar (§ 370 Abs. 2 AO) oder
- Steuern nicht, nicht in voller Höhe oder nicht rechtzeitig festgesetzt werden; dies gilt auch dann, wenn die Steuer vorläufig oder unter dem Vorbehalt der Nachprüfung festgesetzt wird (§ 370 Abs. 4 AO).

Die Steuerhinterziehung wird mit einer Freiheitsstrafe von bis zu fünf Jahren oder mit einer Geldstrafe bestraft (§ 370 Abs. 1 AO). In besonders schweren Fällen wird eine Freiheitsstrafe von sechs Monaten bis zehn Jahren verhängt (§ 370 Abs. 3 AO).

Selbstanzeige

Die Bestrafung unterbleibt, wenn gegenüber der Finanzbehörde zu allen unverjährten Steuerstraftaten einer Steuerart in vollem Umfang die unrichtigen Angaben berichtigt, die unvollständigen Angaben ergänzt oder die unterlassenen Angaben nachgeholt werden (§ 371 AO). Sind Steuerverkürzungen bereits eingetreten oder Steuervorteile erlangt, so tritt für den Tatbeteiligten nur dann Straffreiheit ein, wenn die aus der Tat zu seinen Gunsten hinterzogenen Steuern innerhalb der ihm bestimmten Frist entrichtet werden (§ 371 Abs. 3 AO).

Straffreiheit tritt nicht ein, wenn bei einer der zur Selbstanzeige gebrachten unverjährten Steuerstraftat vor der Berichtigung, Ergänzung oder Nachholung:
- dem Täter oder seinem Vertreter eine Prüfungsanordnung nach § 196 AO bekannt gegeben worden ist oder
- dem Täter oder seinem Vertreter die Einleitung des Straf- oder Bußgeldverfahrens bekannt gegeben worden ist oder
- ein Amtsträger der Finanzbehörde zur steuerlichen Prüfung, zur Ermittlung einer Steuerstraftat oder einer Steuerordnungswidrigkeit erschienen ist oder
- die Tat bereits entdeckt war und der Täter dies wusste oder damit rechnen musste oder
- der Hinterziehungsbetrag mehr als 50.000 € beträgt.

Die Regelungen zur Selbstanzeige sind zum 01.01.2015 nochmals verschärft und mit Wirkung zum 25.06.2017 modifiziert worden. Wichtige Eckpunkte hierzu sind:
- die steuerliche Anlaufhemmung für nicht deklarierte ausländische Kapitalerträge (§ 170 Abs. 6 AO),
- die Anpassung und Erweiterung der Sperrgründe bei der strafbefreienden Selbstanzeige durch die Aufnahme der Bekanntgabe der Prüfungsanordnung nur an den Begünstigten (§ 371 Abs. 2 Nr. 1 Buchst. a AO),
- die Einführung der Umsatzsteuer- und Lohnsteuer-Nachschau (§ 371 Abs. 2 Nr. 1 Buchst. d AO),
- die Absenkung der Betragsgrenze auf 25.000 € (§ 371 Abs. 2 Nr. 3 AO),
- die Aufnahme der Regelbeispiele des § 370 Abs. 3 Satz 2 Nr. 2 bis 6 AO (§ 371 Abs. 2 Nr. 4 AO),
- die gesetzliche Klarstellung zur Beseitigung bestehender und praktischer Verwerfungen im Bereich der Umsatzsteuer-Voranmeldungen und der Lohnsteueranmeldung (§ 371 Abs. 2a AO),
- die Aufnahme der Hinterziehungszinsen als Tatbestandsvoraussetzung für eine wirksame strafbefreiende Selbstanzeige (§ 371 Abs. 3 AO),
- die Ausdehnung der Strafverfolgungsverjährung auf zehn Jahre (seit dem 29.12.2020 durch das JStG 2020: **15 Jahre**) in allen Fällen der besonders schweren Steuerhinterziehung (§ 376 Abs. 1 AO),
- die Staffelung des Zuschlags in § 398a AO abhängig vom Hinterziehungsvolumen.

Weitere Steuerstraftaten

Neben der Steuerhinterziehung kommen noch in Betracht:
- Bannbruch (§ 372 AO),
- Schmuggel (§ 373 AO),
- Steuerhehlerei (§ 374 AO),
- Wertzeichenfälschung (§ 369 Abs. 1 Nr. 3 AO) sowie
- Schädigung des Umsatzsteueraufkommens (§ 26c UStG).

Steuerordnungswidrigkeiten

Steuerordnungswidrigkeiten sind Zuwiderhandlungen, die nach den Steuergesetzen mit einer Geldbuße geahndet werden können (§ 377 Abs. 1 AO). Hauptanwendungsfall ist die leichtfertige Steuerverkürzung i.S.d. § 378 AO.

Leichtfertige Steuerverkürzung

Ordnungswidrig handelt, wer als Steuerpflichtiger oder bei Wahrnehmung der Angelegenheiten eines anderen Steuerpflichtigen eine der in § 370 Abs. 1 AO bezeichneten Taten leichtfertig begeht (§ 378 Abs. 1 AO). Die Ordnungswidrigkeit kann mit einer Geldbuße von bis zu 50.000 € geahndet werden (§ 378 Abs. 2 AO). Eine Geldbuße wird nicht festgesetzt, soweit der Täter gegenüber der Finanzbehörde die unrichtigen Angaben berichtigt, die unvollständigen Angaben ergänzt oder die unterlassenen Angaben nachholt, bevor ihm oder seinem Vertreter die Einleitung eines Straf- oder Bußgeldverfahrens wegen der Tat bekannt gegeben worden ist (§ 378 Abs. 3 AO).

Steuergefährdung

Als weitere Steuerordnungswidrigkeit gilt die sog. Steuergefährdung nach § 379 AO.
  Eine Steuergefährdung begeht, wer vorsätzlich oder leichtfertig:
- Belege ausstellt, die in tatsächlicher Hinsicht unrichtig sind,
- Belege gegen Entgelt in den Verkehr bringt oder
- buchungs- oder aufzeichnungspflichtige Geschäftsvorfälle oder Betriebsvorgänge nicht oder in tatsächlicher Hinsicht unrichtig verbucht oder verbuchen lässt und dadurch ermöglicht, Steuern zu verkürzen (§ 379 AO).

> **Hinweis!** Mit dem JStG 2020 wurde die Strafverfolgungsverjährung von zehn auf 15 Jahre verlängert. Mit Wirkung zum 01.07.2020 wurde § 376 Abs. 3 AO mit dem Zweiten Corona-Steuerhilfe-Gesetz geändert: Die absolute Verjährung bei Fällen der besonders schweren Steuerhinterziehung wurde in Abweichung zu § 78c Abs. 3 StGB auf das Zweieinhalbfache der strafrechtlichen Verjährungsfrist erhöht. Die Maximalverfolgungsverjährung tritt ein, wenn Unterbrechungstatbestände nach § 78c Abs. 1 Nr. 1 bis 12 StGB vorliegen. Nach § 78c Abs. 3 S. 1 StGB beginnt die Strafverfolgungsverjährung dann neu zu laufen. Die Verlängerung der Strafverfolgungsverjährung ist auf alle am 29.12.2020 strafrechtlich noch nicht verjährten Taten anwendbar.

Frage 13: Erläutern Sie den Begriff des „Steuergeheimnisses" im Steuerrecht.

Antwort: Das Steuergeheimnis schützt die Interessen der Steuerpflichtigen, die einen Anspruch auf Einhaltung des Steuergeheimnisses haben (§ 30 AO). Dem Steuergeheimnis unterliegen sowohl personenbezogene Daten eines anderen als auch fremde Betriebs- und Geschäftsgeheimnisse (§ 30 Abs. 2 AO).

Die Daten bzw. Geheimnisse müssen den Finanzbehörden im behördlichen oder gerichtlichen Verfahren bekannt geworden sein. Das Steuergeheimnis erfasst nicht nur die Verhältnisse des Steuerpflichtigen, sondern auch die Verhältnisse Dritter, so z.B. bei Steuerpflicht der Gesellschaft auch die Verhältnisse der Gesellschafter.

Fremde Betriebs- und Geschäftsgeheimnisse
Darunter fallen alle Tatsachen des betrieblichen oder beruflichen Lebens, die nur einem eng begrenzten Personenkreis bekannt und nicht ohne Weiteres zugänglich sind. Dazu gehören z.B. Kundendaten, Rezepte, Fertigungsmethoden, beabsichtigte Investitionen oder Werbemaßnahmen.

Art des Bekanntwerdens
Die Finanzbehörde muss von den Verhältnissen **auf dienstlichem Wege Kenntnis** erlangt haben. Was dem Amtsträger außerhalb des Verwaltungsverfahrens, also privat, bekannt wird, unterliegt nicht dem Steuergeheimnis. Im Einzelnen können dem Steuergeheimnis unterliegende Verhältnisse der Finanzbehörde auf folgende Weise bekannt werden:
- im Verwaltungsverfahren,
- im Steuerstrafverfahren bzw. Bußgeldverfahren wegen einer Steuerordnungswidrigkeit,
- im Rahmen einer Weiterverarbeitung nach § 29c Abs. 1 S. 1 Nr. 4, 5 oder 6 AO oder
- aus anderem dienstlichen Anlass, insbesondere durch Mitteilung einer Finanzbehörde oder
- durch die gesetzlich vorgeschriebene Vorlage eines Steuerbescheids oder einer Bescheinigung über die bei der Besteuerung getroffenen Feststellungen.

Der Finanzbehörde darf dem Steuergeheimnis unterliegende Verhältnisse weder offenbaren noch verwerten.

Zur Wahrung des Steuergeheimnisses verpflichtete Personen
Amtsträger haben das Steuergeheimnis zu wahren (§ 30 Abs. 1 AO). Amtsträger ist, wer:
- Beamter oder Richter ist,
- in einem sonstigen öffentlich-rechtlichen Amtsverhältnis steht oder
- sonst dazu bestellt ist, bei einer Behörde oder bei einer sonstigen Stelle oder in deren Auftrag Aufgaben der öffentlichen Verwaltung wahrzunehmen (§ 7 AO).

Diesen Amtsträgern stehen gleich:
- Personen, die – ohne Amtsträger zu sein – bei einer Behörde oder bei einer sonstigen Stelle, die Aufgaben der öffentlichen Verwaltung wahrnehmen,
- amtlich – auch gerichtlich – zugezogene Sachverständige,

- die Träger von Ämtern der Kirchen und anderen Religionsgemeinschaften des öffentlichen Rechts (§ 30 Abs. 3 Nr. 3 AO).

Entscheidend ist somit nicht der Status der verpflichteten Personen, sondern deren **Funktion**.

Erlaubtes Offenbaren

Das Steuergeheimnis gilt nicht uneingeschränkt. In zahlreichen Fällen sind Amtsträger befugt, ihnen bekannt gewordene Verhältnisse anderer Personen zu offenbaren (§ 30 Abs. 4 bis 6 AO; § 31 AO, § 31a AO, § 31b AO). Befugt ist eine Bekanntgabe jedoch nur, wenn und soweit **dies ausdrücklich gesetzlich geregelt** ist. Unabhängig davon ist ein Offenbaren stets befugt, soweit die betroffene Person **zustimmt** (§ 30 Abs. 4 Nr. 3 AO).

In allen Fällen der gesetzlich geregelten Befugnis der Offenbarung von Steuergeheimnissen ist zu beachten, dass Verhältnisse nur in dem Umfang offenbart werden dürfen, **soweit** dies zugelassen bzw. erforderlich ist.

In den folgenden Fällen erfolgt eine Durchbrechung des Steuergeheimnisses:
- Offenbarung zur Durchführung eines Verfahrens im Sinne des § 30 Abs. 2 Nr. 1 Buchst. a und b AO dient (§ 30 Abs. 4 Nr. 1 AO),
- Offenbarung wegen eines zwingenden öffentlichen Interesses (§ 30 Abs. 4 Nr. 5 AO),
- Mitteilung von Besteuerungsgrundlagen an bestimmte Körperschaften (§ 31 Abs. 1 AO),
- Bekämpfung der illegalen Beschäftigung oder Schwarzarbeit (§ 31a Abs. 1 AO),
- Bekämpfung von Geldwäsche und der Terrorismusfinanzierung (§ 31b AO).

Ob eine Befugnis zur Offenbarung besteht, entscheidet der Amtsträger, der zur Geheimhaltung verpflichtet ist, nicht die anfragende oder ersuchende Stelle. Zuständig ist der Amtsträger, in dessen Bereich die zu offenbarende Tatsache fällt.

Das unbefugte Offenbaren ist kein Verwaltungsakt, sodass ein Einspruch nicht möglich ist. Allenfalls kann eine Leistungsklage auf Unterlassung beim Finanzgericht gestellt werden.

> **Hinweis!** Durch das Finanzmarktintegritätsstärkungsgesetz (FISG) vom 03.06.2021, BGBl I S. 1534 sind in § 31b AO mit Wirkung ab 01.07.2021 folgende Änderungen eingetreten:
> „(2a) Die Finanzbehörden übermitteln der Zentralstelle für Finanztransaktionsuntersuchungen folgende Daten nach Maßgabe des § 31 Absatz 5 des Geldwäschegesetzes im automatisierten Verfahren, soweit dies zur Wahrnehmung der Aufgaben der Zentralstelle für Finanztransaktionsuntersuchungen nach § 28 Absatz 1 Satz 2 Nummer 2 des Geldwäschegesetzes erforderlich ist:
> 1. beim Bundeszentralamt für Steuern die nach § 5 Absatz 1 Nummer 13 des FVG vorgehaltenen Daten,
> 2. bei den Landesfinanzbehörden die zu einem Steuerpflichtigen gespeicherten Grundinformationen, die die Steuernummer, die Gewerbekennzahl, die Grund- und Zusatzkennbuchstaben, die Bankverbindung, die vergebene Umsatzsteuer-Identifikationsnummer sowie das zuständige Finanzamt umfassen.
>
> (2b) Wird von der Verordnungsermächtigung des § 22a GrErStG zur elektronischen Übermittlung der Anzeige im Sinne des § 18 GrErStG Gebrauch gemacht, übermitteln die Landesfinanzbehörden die dort eingegangenen Datensätze nach Maßgabe des § 31 Abs. 5a des GWG der Zentralstelle für Finanztransaktionsuntersuchungen zur Wahrnehmung ihrer Aufgaben nach § 28 Abs. 1 Satz 2 Nr. 2 des GWG im automatisierten Verfahren. Absatz 2 Satz 2 gilt entsprechend."
> § 31b Abs. 2a AO n.F. sieht für die Übermittlung von Daten im Zusammenhang mit § 31 Abs. 5 Satz 2 GwG die Möglichkeit vor, Daten zum automatisierten Abruf bereit zu stellen.
> § 31b Abs. 2b AO n.F. regelt die nach der Rechtsprechung des Bundesverfassungsgerichts erforderliche Rechtsgrundlage für die korrespondierende Übermittlung der elektronischen Grundstücksveräußerungsanzeige im Sinne des § 18 Abs. 1 Satz 1 GrErStG durch die Landesfinanzbehörden.

Frage 14: Erläutern Sie die Merkmale eines Abrechnungsbescheids (§ 218 Abs. 2 AO).

Antwort: Der Abrechnungsbescheid behandelt grundsätzlich die Verwirklichung der festgesetzten Zahlungsansprüche im Erhebungsverfahren. Durch Abrechnungsbescheid wird aber auch das Nichtbestehen eines Erstattungsanspruchs festgestellt. Ausnahmsweise können Zahlungsansprüche durch Abrechnungsbescheid begründet werden, wie z.B. der Rückforderungsanspruch nach § 37 Abs. 2 AO durch Überzahlung oder Falschzahlung.

Der Gegenstand des Abrechnungsbescheides

Die Finanzbehörde entscheidet über Streitigkeiten, die das Bestehen oder das Nichtbestehen von Zahlungsansprüchen betreffen durch einen Abrechnungsbescheid. Dieser behandelt den reinen Zahlungsanspruch, d.h. ausschließlich die Frage, inwieweit der im Steuerbescheid festgesetzte Anspruch noch besteht und nicht schon ganz oder teilweise erloschen ist (z.B. durch Zahlung oder Aufrechnung, Anrechnung von Vorauszahlungen, Erlass, Zahlungsverjährung oder Forderungsausgleich durch Vollstreckung). Ebenso klärt der Abrechnungsbescheid, wem ein bestimmter Erstattungsanspruch zusteht, z.B. bei Abtretungen oder bei zusammen veranlagten Ehegatten. Die materielle Richtigkeit des Steuerbescheids ist nicht Gegenstand des Abrechnungsbescheids.

Hinweis! Es ist möglich, aber nicht erforderlich, dass der Steuerpflichtige einen Antrag stellt; die Finanzbehörde kann den Abrechnungsbescheid auch von Amts wegen erteilen.

Eine Schriftform ist gesetzlich nicht vorgeschrieben, dürfte aber aufgrund der Regelung des § 119 Abs. 2 AO die Regel sein. Die Bezeichnung als Abrechnungsbescheid ist nicht erforderlich. Zuständig ist das Finanzamt, das für die Verwaltung des zu verwirklichenden Anspruchs nach allgemeinen Regeln (§§ 16 ff. AO) zuständig ist.

Inhaltlich muss der Steuerpflichtige in die Lage versetzt werden nachzuvollziehen, aus welchen Umständen sich das Bestehen oder Nichtbestehen des Anspruchs oder dessen Erlöschen ergibt. Es ist also nach Art, Zeitraum und Betrag genau zu bezeichnen. Mehrere Ansprüche sind aufzugliedern.

Die Feststellungen des Abrechnungsbescheids binden den Adressaten und die Finanzbehörde. Eine Vollstreckung darf über den festgestellten Betrag nicht hinausgehen.

Der Abrechnungsbescheid ist ein eigenständiger Verwaltungsakt. Gegen den Abrechnungsbescheid ist der Einspruch und sodann eine Anfechtungs- oder Verpflichtungsklage statthaft.

Hinweis! Eine Änderung des Abrechnungsbescheids ist unter den Voraussetzungen der §§ 129, 130 und 131 AO möglich.

Frage 15: Erläutern Sie die möglichen Rechtsmittel der Revision und der Beschwerde.

Antwort: Das Steuerrecht ist durch einen Zwei-Instanzen-Weg gekennzeichnet: Zunächst die Finanzgerichte als obere Landesgerichte und den Bundesfinanzhof.

Während im vorgerichtlichen Rechtsbehelfsverfahren das zulässige Rechtsmittel der Einspruch ist, stehen nach der FGO die Revision und Beschwerde als Rechtsmittel zur Verfügung. Nach § 115 Abs. 1 FGO steht den Beteiligten gegen das Urteil des Finanzgerichts die Revision zum Bundesfinanzhof zu, wenn das Finanzgericht oder – auf Beschwerde gegen die Nichtzulassung – der Bundesfinanzhof die Revision zugelassen hat.

Die Revision ist nur zuzulassen (§ 115 Abs. 2 FGO), wenn:
- die Rechtssache grundsätzliche Bedeutung hat,
- die Rechtsfortbildung oder die Sicherung einer einheitlichen Rechtsprechung eine Entscheidung des Bundesfinanzhofs erfordert oder
- ein Verfahrensmangel vorliegt.

6. Abgabenordnung

Hat das Finanzgericht die Revision nicht zugelassen, kann die Nichtzulassung der Revision mittels Beschwerde angefochten werden (sog. Nichtzulassungsbeschwerde nach § 116 Abs. 1 FGO).

Die Beschwerde ist innerhalb eines Monats nach Zustellung des vollständigen Urteils beim Bundesfinanzhof einzulegen und muss innerhalb von zwei Monaten nach der Zustellung des vollständigen Urteils begründet werden (§ 116 Abs. 3 S. 1 FGO). Diese Begründungsfrist kann vom Vorsitzenden auf Antrag um einen weiteren Monat verlängert werden (§ 116 Abs. 3 S. 1 FGO).

Der Bundesfinanzhof entscheidet über die Beschwerde durch Beschluss (§ 116 Abs. 5 S. 1 FGO). Wird der Nichtzulassungsbeschwerde wegen eines Verfahrensmangels (§ 115 Abs. 2 Nr. 3 FGO) zugestimmt, kann der Bundesfinanzhof in dem Beschluss das angefochtene Urteil aufheben und den Rechtsstreit zur anderweitigen Verhandlung und Entscheidung zurückverweisen (§ 116 Abs. 6 FGO).

Revisionsverfahren

Wurde die Revision zugelassen, ist diese innerhalb eines Monats nach Zustellung des vollständigen Urteils beim Bundesfinanzhof einzulegen. Die Revision ist innerhalb von zwei Monaten nach Zustellung des vollständigen Urteils zu begründen (§ 120 Abs. 2 S. 1 FGO). Die Frist kann auf Antrag verlängert werden (§ 120 Abs. 2 S. 3 FGO) und muss:
- die Erklärung, inwieweit das Urteil angefochten und dessen Aufhebung beantragt wird, sowie
- die Angabe der Revisionsgründe enthalten.

Neue Tatsachen oder Beweismittel können aber nicht als Revisionsbegründung herangezogen werden, da der Bundesfinanzhof lediglich eine Rechtsinstanz und keine Tatsacheninstanz ist. Liegen die Revisionsvoraussetzungen nicht vor, so verwirft der Bundesfinanzhof die Revision durch Beschluss (§ 126 Abs. 1 FGO). Ist die Revision zulässig, aber unbegründet, ist sie zurückzuweisen (§ 126 Abs. 2 FGO). Wenn die Revision begründet ist, kann der Bundesfinanzhof durch Urteil oder Gerichtsbescheid in der Sache entscheiden oder das angefochtene Urteil aufheben und die Sache zur anderweitigen Verhandlung zurückverweisen (§ 126 Abs. 3 FGO).

6.2 15 Fälle zur Abgabenordnung

> **Fall 1:** Der Händler M betreibt mehrere Marktstände. In seiner Umsatzsteuererklärung für das letzte Jahr hatte er die Umsätze (10.000 € zuzüglich 19 % Umsatzsteuer = 1.900 €) aus einem Marktstand nicht der Umsatzsteuer unterworfen. In diesem Zusammenhang kann er Vorsteuerbeträge i.H.v. 900 € nachweisen, die er auch nicht berücksichtigt hatte. Aufgrund einer Mitteilung erfuhr das Finanzamt von diesem Sachverhalt und setzte nachträglich gemäß § 173 Abs. 1 Nr. 1 AO 1.900 € Umsatzsteuer fest.
>
> **Frage:** Zu Recht? Kann Vorsteuer verrechnet werden?

Lösung: Aufgrund der Mitteilung sind dem Finanzamt Tatsachen oder Beweismittel nachträglich bekannt geworden, die zu einer höheren Steuer führen; eine Änderung des Umsatzsteuerbescheides ist dann nach § 173 Abs. 1 AO möglich.

Hinsichtlich der Vorsteuer ist § 173 Abs. 1 Nr. 2 AO einschlägig (nachträglich bekannt gewordene Tatsachen oder Beweismittel). Allerdings trifft den Steuerpflichtigen hieran ein grobes Verschulden, sodass ein Vorsteuerabzug nicht in Betracht kommt. Nach § 173 Abs. 1 Nr. 2 S. 2 AO ist das Verschulden nur unbeachtlich, wenn die Tatsachen oder Beweismittel in einem unmittelbaren oder mittelbaren Zusammenhang mit Tatsachen oder Beweismitteln im Sinne der Nummer 1 stehen.

Bei der Umsatzsteuer sind Tatsachen, die eine Erhöhung der Umsatzsteuer oder eine höhere Vorsteuer begründen, getrennt zu beurteilen. Ein Zusammenhang zwischen nachträglich bekannt gewordenen Umsätzen und nachträglich bekannt gewordenen Leistungen an den Unternehmer i. S. d. § 173

Abs. 1 Nr. 2 S. 2 AO besteht nur insoweit, als die Eingangsleistungen zur Ausführung der nachträglich bekannt gewordenen Umsätze verwendet wurden (s. § 173 AEAO Tz. 6.3). Im vorliegenden Fall ist dies gegeben ist; die Vorsteuer ist also zu berücksichtigen.

Fall 2: Max Meier (MM) betreibt seit Anfang 2017 ein Transportunternehmen mit sieben festangestellten Fahrern. Die Lohnabrechnungen sowie die entsprechenden Lohnsteueranmeldungen wurden immer fristgerecht erstellt und beim Finanzamt eingereicht.

Der Steuerberater von Herrn Meier, Herr Max Mustermann (MM), erhält mit einfachem Brief am 20.05.22 als Empfangsbevollmächtigter die in der Anlage 1 beigefügte Prüfungsanordnung vom 18.05.22. In einer einige Tage später stattfindenden Besprechung teilt Herr MM dies seinem Mandanten mit. Infolgedessen bittet Herr Meier seinen Steuerberater die Unterlagen/Datenträger für die Prüfung vorzubereiten. Daneben möchte er wissen, ob diese Prüfungsanordnung zulässig und ordnungsgemäß ist.

Erläutern Sie kurz, wie viele selbstständige Verwaltungsakte das Finanzamt mit dem Schreiben vom 18.05.22 erlassen hat.

Prüfen Sie außerdem unter Angabe der gesetzlichen Bestimmungen, ob das Schreiben des Finanzamtes vom 18.05.22 eine wirksame Prüfungsanordnung ist.
Nehmen Sie hierbei kurz Stellung zur Zulässigkeit der Außenprüfung bei dem Transportunternehmen des Max Meier.

Anlage zu Fall 2:
Finanzamt Essen-Süd
Postfach 123
45123 Essen   Essen, den 18.05.2022

Herrn Steuerberater
Max Mustermann
Musterstraße 1
45999 Essen

Steuernummer: 112/2222/3333
als Empfangsbevollmächtigter für Max Meier, Moritzstr. 2, 45143 Essen Prüfungsanordnung (§§ 196, 197 Abgabenordnung)

Sehr geehrter Herr M.,
aufgrund des § 193 Abs. 1 der Abgabenordnung – AO – und des § 42f des Einkommensteuergesetzes – EStG – wird in den Geschäftsräumen des Transportunternehmens Max Meier eine Lohnsteuer-Außenprüfung durchgeführt.
Die Prüfung soll am 01.07.22, 9.00 Uhr beginnen. Mit der Prüfung ist Herr C. C. beauftragt.
Zu prüfender Zeitraum ist 01.01.19 bis 31.12.21. Die Lohnsteuer-Außenprüfung erstreckt sich auf Lohnsteuer, einschließlich pauschaler Lohnsteuer, Solidaritätszuschlag, Kirchensteuer unter Berücksichtigung der Vorlage folgender Unterlagen/Daten: Datenträger der Lohn- und, Finanzbuchhaltung nebst Angabe des Systems und Datenpfad an Amtsstelle.

Mit freundlichen Grüßen D.D.
Unterschrift Sachgebietsleiter
der Betriebsprüfungssteile

Dieser Prüfungsanordnung ist eine ordnungsgemäße, zutreffende Rechtsbehelfsbelehrung beigefügt. Ebenso enthält das Schreiben eine Anlage mit allen nach § 5 BpO geforderten Hinweisen zu allen Rechten und Pflichten des Steuerpflichtigen bei der Lohnsteuer-Außenprüfung.

6. Abgabenordnung

Lösung: Die Außenprüfung ist gem. § 193 AO zulässig, da Meier mit seinem Transportunternehmen u.a. Einkünfte aus Gewerbebetrieb erzielt und Arbeitnehmer beschäftigt.

Die Prüfungsanordnung muss gem. § 196 AO schriftlich oder elektronisch ergehen. Dies ist zu bejahen; der Verwaltungsakt ist formgerecht ergangen (§ 119 Abs. 2 Satz 1 AO). Der Inhalt einer ordnungsgemäßen Prüfungsanordnung ist anhand der §§ 119, 193 ff. AO zu prüfen. Folgende Inhalte müssen weiterhin enthalten sein:

a) zuständiges Finanzamt (§ 119 Abs. 3 Satz 1 AO),
b) Unterschrift durch den Sachgebietsleiter, hier D. D. (§ 119 Abs. 3 Satz 2 AO),
c) Rechtsgrundlage der Lohnsteuer-Außenprüfung (hier: § 193 Abs. 1 AO),
d) Steuerarten und Prüfungszeitraum, hier: Lohnsteuer etc. für die Zeit vom 01.01.2019 bis 31.12.2021 (§ 194 Abs. 1 Satz 2 AO),
e) Hinweis auf die Rechte und Pflichten des Steuerpflichtigen Meier bei der Mitwirkung gem. § 5 Abs. 2 BpO,
f) ordnungsgemäße Rechtsbehelfsbelehrung (§ 196 AO),
g) der Name des Außenprüfers (§ 197 Abs. 1 Satz 1 AO), hier C. C.

Ergebnis: Es liegt eine ordnungsgemäße Prüfungsanordnung i.S.d. §§ 196 ff. AO vor.

> **Fall 3:** Am Montagmorgen, den 20.08.2022 kommt ein neuer Mandant zu Ihnen und erklärt, er „habe ganz verschwitzt seine Steuererklärung für das Jahr 2018 abzugeben". Sie würden das Mandat gern übernehmen, sehen aber, dass der potenzielle Mandant für das Jahr 2018 verpflichtet gewesen wäre eine Steuererklärung abzugeben (= keine Antragsveranlagung).
>
> **Frage:** Bis wann muss die Steuererklärung eingereicht werden? Gibt es Ausnahmen? Wie lang ist die Festsetzungsfrist und wie berechnet sie sich?

Lösung: Gemäß § 149 Abs. 2 AO sind Steuererklärungen spätestens fünf Monate nach Ende des Kalenderjahres abzugeben, hier also am 31.05.2019. Bei steuerlich beratenen Mandanten gilt laut dem sog. „Fristenerlass" eine allgemeine Fristverlängerung bis zum 31.12. (Hinweis: Seit dem VZ 2018 haben sich die Fristen bis zum 31.07. des Folgejahres bzw. 28./29.02. des übernächsten Jahres für Personen, die steuerlich beraten werden verlängert.) Es bleibt dem Finanzamt unbenommen, Fälle vorweg (in der Zeit vom 30.05. bis 31.12.) anzufordern (z.B. wegen verspäteter Abgabe in der Vergangenheit oder weil es die Arbeitslage erfordert). Eine Frist über den 31.12. hinaus wird grundsätzlich nicht mehr gewährt. Allerdings kann für eine bestimmte Anzahl von Fällen auch nach dem 31.12. Frist gewährt werden, wenn am sog. Kontingentierungsverfahren teilgenommen wird, bei dem man sich zur Abgabe einer bestimmten Menge an Erklärungen über einen bestimmten Zeitraum verpflichtet.

Die Berechnung der Festsetzungsfrist ergibt sich aus §§ 169 ff. AO. Nach § 170 Abs. 1 AO beginnt die Festsetzungsfrist grundsätzlich mit Ablauf des Kalenderjahres, in dem die Steuer entstanden ist. Allerdings beginnt die Frist nach § 170 Abs. 2 Nr. 1 AO bei den Steuern, bei denen eine Steuererklärung abzugeben ist, mit Ablauf des Kalenderjahres, in dem die Steuererklärung eingereicht wird, spätestens jedoch mit Ablauf des dritten Kalenderjahres, das auf das Kalenderjahr, in dem die Steuer entstanden ist.

Im vorliegenden Fall wäre der Beginn der Festsetzungsfrist der 01.01.2022, 0.00 Uhr. Die Festsetzungsfrist beträgt grundsätzlich vier Jahre, d.h. die Festsetzungsfrist endet am 31.12.2025, 24.00 Uhr.

> **Hinweis!** Durch die Corona-Pandemie kommt es zu einigen Besonderheiten hinsichtlich der Abgabe der Steuererklärungen: So musste die Steuererklärung für das Jahr 2020 spätestens bis zum 31.10.2021 abgegeben werden; für steuerlich Beratene endete die Frist am 31.08.2022 (s. hierzu das BMF-Schreiben vom 23.06.2022, BStBl I 2022, 938).

> **Fall 4:** Der Kaufmann Karl Bauer betreibt einen Polstereibetrieb in Bochum und ist außerdem als Kommanditist an einer Möbelschreinerei (KG) in Frankfurt beteiligt.
> Seine Einkommensteuererklärung für das Jahr 2020 reichte er im Januar 2022 beim zuständigen Wohnsitzfinanzamt Bochum-Mitte ein. Der Bescheid erging im April 2022.
> Die KG reichte die Erklärung zur gesonderten und einheitlichen Gewinnfeststellung 2020 im Jahr 2021 beim zuständigen Betriebsfinanzamt Frankfurt ein. Der Gewinnfeststellungsbescheid erging im Jahr 2021 unter dem Vorbehalt der Nachprüfung (§ 164 AO).
> Im Jahr 2024 fand bei der KG eine Außenprüfung statt, die (zulässigerweise) auch das Jahr 2020 erfasste. Am 06.03.2024 (Montag) ging der geänderte Gewinnfeststellungsbescheid 2020 ordnungsgemäß adressiert zur Post. Alle Formvorschriften wurden erfüllt.
>
> **Frage:** Durfte das Finanzamt Frankfurt am 06.03.2024 noch einen geänderten Gewinnfeststellungsbescheid erlassen?

Lösung: Für die Erklärung zur gesonderten Gewinnfeststellung sind die Vorschriften über das Besteuerungsverfahren sinngemäß anzuwenden (§ 181 Abs. 1 AO). Nach § 170 Abs. 2 Nr. 1 AO beginnt die Feststellungsfrist für die Gewinnfeststellung 2020 mit Ablauf des Jahres 2021 und endet vier Jahre später (§ 169 Abs. 2 Nr. 2 AO) mit Ablauf des Jahres 2025.

Die gesonderte Feststellung kann durchgeführt werden, wenn die Festsetzungsfrist für den Einkommensteuerbescheid 2020 des Karl Bauer noch nicht abgelaufen ist (§ 181 Abs. 5 AO). Die Festsetzungsfrist für den ESt-Bescheid begann gemäß § 170 Abs. 2 Nr. 1 AO mit Ablauf des Jahres 2022 und endet vier Jahre später mit Ablauf des Jahres 2026. Da im Zeitpunkt der gesonderten Feststellung, im März 2024, die Festsetzungsfrist für den Einkommensteuerbescheid noch nicht abgelaufen war, darf der Feststellungsbescheid noch ergehen.

Der geänderte Gewinnfeststellungsbescheid vom 06.03.2024 ist in Höhe des Gewinnanteiles Grundlagenbescheid und daher bindend für die Einkommensteuer 2020 des Karl Bauer (§ 182 Abs. 1 AO). Die Änderung des Einkommensteuerbescheides muss innerhalb von zwei Jahren nach Bekanntgabe des Gewinnfeststellungsbescheides erfolgen (§ 171 Abs. 10 AO).

Bekanntgabetag des am 06.03.2024 zur Post gegebenen Gewinnfeststellungsbescheides ist nach § 122 Abs. 2 Nr. 1 AO der 09.03.2024.

Die Zwei-Jahresfrist des § 171 Abs. 10 AO beginnt gem. § 108 Abs. 1 AO i.V.m. § 187 Abs. 1 BGB am 09.03.2024 und endet nach § 188 Abs. 2, 1. HS BGB mit Ablauf des 09.03.2026. Der geänderte ESt-Bescheid muss insofern spätestens bis zum Ablauf des 09.03.2026 zur Post gegeben werden (§ 171 Abs. 10 AO).

> **Fall 5:** Das Finanzamt Duisburg-Süd hat für die Eheleute Max und Maria Meier für die Vorjahre geänderte Steuerbescheide mit einer erheblichen Steuernachforderung – zu Recht – erlassen. In diesem Jahr wird Maria einen erheblichen Verlust realisieren.
>
> **Frage:**
> a) Was ist eine Aufrechnung und wo ist diese geregelt?
> b) Wie ist die Aufrechnungslage bei zusammen veranlagten Ehegatten zu beurteilen?

Lösung:
a) Die Aufrechnung ist in § 226 AO geregelt. Eine Aufrechnung setzt die Gleichartigkeit und Gegenseitigkeit der Ansprüche, die Erfüllbarkeit der Hauptforderung und die Fälligkeit der Gegenforderung voraus. Gegenstand der Aufrechnung können Ansprüche aus dem Steuerschuldverhältnis sowie schuldrechtliche Ansprüche aller Art sein. Neben dem Steueranspruch gehören hierzu:
- der Haftungsanspruch,
- der Erstattungs- und Rückforderungsanspruch,

6. Abgabenordnung

- der Steuervergütungsanspruch, der Anspruch auf steuerliche Nebenleistungen, z. B. Verspätungszuschläge,
- Kostenerstattungs- und Vorsteuervergütungsansprüche.

Die Voraussetzung der Gleichartigkeit ist erfüllt, wenn die Ansprüche aus dem Steuerschuldverhältnis und die Haupt- und Gegenforderung Geldansprüche sind. Gegenseitigkeit bedeutet Schuldner- und Gläubigeridentität, d.h. Haupt- und Gegenforderung müssen zwischen denselben Personen bestehen. Der Schuldner des einen Anspruchs muss Gläubiger des anderen Anspruchs sein. Aufrechenbar ist daher nur der eigene Anspruch, nicht der Anspruch eines Dritten. Die Forderung, mit der aufgerechnet wird (Gegenforderung), muss entstanden und fällig sein. Die Forderung, gegen die aufgerechnet wird (Hauptforderung), muss entstanden (erfüllbar) sein. Fälligkeit ist also nicht erforderlich.

b) Eine gegenseitige Aufrechnung ist deshalb bei Zusammenveranlagung nicht möglich. Das Finanzamt kann den Anspruch des einen Ehegatten auf Erstattung überzahlter Steuern nicht mit rückständigen Steuerschulden des anderen Ehegatten aufrechnen.

> **Fall 6:** Die Steuerpflichtige A hat ihre Einkommensteuererklärung für das Vorjahr selbst erstellt und dabei u.a. Einkünfte aus Vermietung und Verpachtung, Kapitalvermögen und nichtselbständiger Arbeit nach bestem Wissen und Gewissen erklärt. Die Erklärungsabgabe erfolgte am 11.03.2021 beim zuständigen Finanzamt. Mit Bescheid vom 08.06.2021 setzte das Finanzamt die Einkommensteuer des Vorjahres mit 5.000 € fest; die Bezahlung erfolgte fristgerecht. A ist jedoch steuerlich unerfahren und erkennt nicht, dass das Finanzamt höhere Einkünfte aus Vermietung und Verpachtung angesetzt hat, als von ihr erklärt wurden. Die Abweichung resultiert aus der Nichtberücksichtigung von in der Anlage V erklärten Schuldzinsen i.H.v. 3.000 €; das Finanzamt hatte diese Abweichung weder erläutert noch die Zinsbescheinigung angefordert. Bei einem Beratungstermin im Oktober 2022 legt A Ihnen den endgültigen ESt-Bescheid für das Vorjahr mit einer Kopie der eingereichten Steuererklärung zur Prüfung vor.
>
> **Frage:** Welche Vorgehensweise schlagen Sie vor?
>
> **Lösung:** Grundsätzlich kann ein Einspruch nur innerhalb eines Monats nach Bekanntgabe des Einkommensteuerbescheides eingelegt werden (§ 355 Abs. 1 S. 1 AO). Diese Frist war bereits im Oktober abgelaufen. Allerdings könnte § 126 Abs. 3 S. 1 AO (Wiedereinsetzungsfrist) einschlägig sein, weil das Finanzamtes rechtsfehlerhaft gearbeitet hat. Das Finanzamt hatte, die erforderliche Begründung nach § 121 Abs. 1 AO im Erläuterungsteil für die Nichtberücksichtigung der Schuldzinsen vergessen sowie die erforderliche Anhörung von A vor Erlass des Steuerbescheides unterlassen. A hatte keine ausreichenden Steuerkenntnisse, weswegen die Abweichung nicht erkannt wurde. Eine rechtzeitige Anfechtung des Einkommensteuerbescheids wurde somit nicht schuldhaft versäumt.
>
> Das Fehlen der Erläuterung bzw. die mangelnde Erörterung war ursächlich für die Nichtanfechtung des Einkommensteuerbescheids; insoweit ist ein Wiedereinsetzungsgrund gegeben. Gemäß § 110 AO kann daher die Wiedereinsetzung in den vorigen Stand beantragt werden. Nach § 126 Abs. 3 S. 1 AO i.V.m. § 110 Abs. 2 AO tritt das maßgebende Ereignis im Zeitpunkt der Nachholung der unterlassenen Verfahrenshandlung ein. Innerhalb eines Monats nachdem das Finanzamt die versäumte Handlung nachgeholt hat, muss der Antrag auf Wiedereinsetzung sowie die Einlegung des Einspruchs erfolgen.
>
> **Hinweis!** § 110 Abs. 3 AO ist unbeachtlich, weil noch nicht mehr als ein Jahr seit dem Ende der ursprünglichen Einspruchsfrist vergangen ist.

> **Fall 7:** Der ledige religionslose Steuerpflichtige A nimmt am Datenabruf-Bekanntgabeverfahren über das ElsterOnline-Portal teil. Am 03.05. (Mittwoch) erhielt A per Mail die Nachricht, dass sein ESt-Bescheid für das Jahr 2022 zum Abruf im ElsterOnline-Portal zur Verfügung steht. Die Abschlusszahlungen wurden i. H. v. 855 € festgesetzt.
> a) Wann gilt der Bescheid als bekannt gegeben?
> b) Wann beginnt und endet die Einspruchsfrist?
> c) Bis wann sind die Abschlusszahlungen im Falle einer Banküberweisung spätestens zu leisten, ohne dass steuerliche Nebenleistungen entstehen?

Lösung:
a) Der Bekanntgabetag ist Samstag, der 06.05. (Versand der Nachricht plus drei Tage, § 122a Abs. 4 AO – keine Fristverlängerung im Datenabrufverfahren auf den nächsten Werktag).
b) Die Einspruchsfrist beginnt am 07.05. um 0.00 Uhr (§§ 108 Abs. 1, 187 Abs.1 AO) und endet nach einem Monat (07.06. um 24 Uhr; §§ 355, 188 Abs. 2, 108 Abs. 1, 3 AO).
c) Die Abschlusszahlung ist am 07.06. fällig (§§ 220 Abs. 1 AO, § 36 Abs. 4 EStG, § 108 Abs. 3 AO). Die Schonfrist beginnt am 08.06. um 0.00 Uhr und endet am 10.06. um 24 Uhr (§§ 240 Abs. 3, 108 Abs. 1, 187 Abs. 1, 188 Abs. 1 AO).

> **Fall 8:** Der niederländische Staatsbürger Jan van Achtern erhält aus seiner ehemaligen nichtselbständigen Tätigkeit in Deutschland eine Rente. Diese Rente wurde in den Niederlanden der Besteuerung unterworfen. Zudem wurde diese Rente auch im deutschen Einkommensteuerbescheid berücksichtigt. Die Festsetzungsfrist ist noch nicht abgelaufen.
> **Frage:** Ist der Einkommensteuerbescheid – nach Ablauf der Einspruchsfrist – noch änderbar?

Lösung: Die Einspruchsfrist ist im vorliegenden Fall bereits abgelaufen ist, sodass lediglich die Berichtigungsvorschriften zu prüfen sind.

Eine offenbare Unrichtigkeit i. S. d. § 129 AO scheidet aus; ebenso wie die Korrekturvorschriften der §§ 164, 165, 172 AO. Die Aufhebung oder Änderung des Steuerbescheids wegen neuer Tatsachen oder Beweismittel zugunsten des Steuerpflichtigen nach § 173 AO ist in diesem Fall ebenfalls ausgeschlossen, weil den Steuerpflichtigen ein grobes Verschulden daran trifft, dass die Tatsachen oder Beweismittel dem Finanzamt erst nachträglich bekannt geworden sind. Allerdings ist § 174 AO anwendbar: Die Renteneinkünfte wurden in mehreren Steuerbescheiden zuungunsten eines Steuerpflichtigen berücksichtigt, obwohl diese nur einmal hätten berücksichtigt werden dürfen. Der fehlerhafte Steuerbescheid ist auf Antrag aufzuheben oder zu ändern.

> **Fall 9:** Der Steuerpflichtige Rudi Ratlos erstellt seine Einkommensteuererklärung stets selbst. Seit letztem Jahr nutzt er das Programm der Finanzverwaltung (ElStER). Rudi unterstützt seine Lebensgefährtin Rosa, die Mutter des gemeinsamen Kindes Ralf, monatlich mit 200 €. In der Einkommensteuererklärung für das letzte Jahr hat er diese Aufwendungen nicht berücksichtigt.
> **Frage:** Nachdem er gehört hat, dass die Aufwendungen gleichwohl steuerlich berücksichtigungsfähig sind, fragt er, ob Sie ihm helfen können, den Einkommensteuerbescheid für das letzte Jahr (nach Ablauf der Einspruchsfrist) zu ändern.

Lösung: Die Einspruchsfrist ist bereits abgelaufen, sodass nur die allgemeinen Berichtigungsvorschriften zu prüfen sind. Die Korrekturnormen der § 129, 164 und 165 AO scheiden mangels Angaben im Sachverhalt aus. Zu prüfen ist somit vorrangig die Regelung des § 173 AO. Tatsache i.S.d. § 173 Abs. 1 AO ist alles, was Merkmal oder Teilstück eines steuergesetzlichen Tatbestandes sein kann, also Zustände, Vorgänge, Beziehungen und Eigenschaften materieller oder immaterieller Art. Eine Änderung kommt allerdings nur in Betracht, soweit dem Steuerpflichtigen kein grobes Verschulden oder Fahrlässigkeit

6. Abgabenordnung

vorzuwerfen ist. Ein grobes Verschulden ist in diesem Fall jedoch zu bejahen, weil Rudi die mit „Unterhalt für bedürftige Personen" überschriebene Zeile 102 unbeantwortet gelassen und nicht nur die in der Anleitung zur Einkommensteuererklärung aufgeführten zwei auf ihn zutreffenden Sachverhalte, sondern auch den dort angeführten Hinweis nicht beachtet hat, dass eine Unterhaltspflicht gegenüber der Mutter eines gemeinsamen Kindes bestehen kann. Eine Änderung nach § 173 AO ist insofern ausgeschlossen.

Fall 10: Die Firma A&B GmbH & Co. KG unterhält in Duisburg einen Gewerbebetrieb. Komplementärin ist die AB-GmbH; Herr Ammer und Herr Brummer sind Kommanditisten. Seit jeher ist Ammer zum Geschäftsführer sowohl der AB-GmbH als auch der A&B GmbH & Co. KG bestellt. Beide Gesellschaften haben sämtliche Steuer- und Feststellungserklärungen jeweils bis zum 31.05. des Folgejahres erstellt und beim zuständigen Finanzamt eingereicht. Alle Bescheide dieser beiden Gesellschaften sind unter dem Vorbehalt der Nachprüfung ergangen.

Das zuständige Finanzamt in Duisburg wollte im Jahr 24 eine umfassende Außenprüfung durchführen und erließ deshalb am 09.03.24 für die Jahre 20 bis 22 jeweils schriftliche Prüfungsanordnungen gegenüber
- der A&B GmbH & Co. KG (ohne Begründung),
- Ammer, weil er Gesellschafter der KG in diesem Zeitraum war.

Aufgabe: Nehmen Sie Stellung zur Zulässigkeit einer Außenprüfung bei der KG und bei Ammer. Beurteilen Sie, ob und ggf. wie die Prüfungsanordnungen angefochten werden können.

Lösung: Eine Außenprüfung ist zulässig bei:
- Der A&B GmbH & Co. KG nach § 193 Abs. 1 AO, weil ein gewerblicher Betrieb unterhalten wird. Eine weitere Begründung ist nicht erforderlich (vgl. AEAO zu § 196 Tz. 1).
- Bei Ammer nach § 194 Abs. 2 AO, weil er Gesellschafter der KG war. Voraussetzung ist allerdings eine gesonderte Prüfungsanordnung.

Jede Prüfungsanordnung stellt einen Verwaltungsakt dar, der mit einer Rechtsbehelfsbelehrung zu versehen ist (§ 118 AO i.V.m. § 197 AO). Prüfungsanordnungen können mithilfe eines Einspruchs angefochten werden (§ 347 Abs. 1 Nr. 1, Abs. 2 AO).

Fall 11: Die S GmbH & Co. KG hat ihren Sitz und ihre Geschäftsleitung in München und vertreibt von dort Büroausstattungen und Ladeneinrichtungen. Komplementärin ist die S. Müller Verwaltungs-GmbH. Kommanditist ist Siegfried.

Die Gewerbesteuererklärung für das Jahr 2019 wurde am 15.12.2019 beim Finanzamt eingereicht. Daraufhin hat das zuständige Finanzamt einen Gewerbesteuermessbescheid mit Datum von 09.01.2020 bekannt gegeben. Allerdings enthielt dieser Verwaltungsakt den Zusatz: „Dieser Bescheid ergeht gem. § 164 AO unter dem Vorbehalt der Nachprüfung."

Wegen eines Fehlers im o.g. Bescheid erfolgte seitens der Finanzbehörde eine Änderung des Gewerbesteuermessbetrages durch Bescheid vom 30.12.2023; der Verwaltungsakt wurde an diesen Tag zur Post gegeben. Im Änderungsbescheid wurde Folgendes erläutert: „Dieser Bescheid ändert den Bescheid vom 09.01.2020. Der Vorbehalt der Nachprüfung wird aufgehoben."

Gegen diesen Änderungsbescheid legte Siegfried als vertretungsberechtigter Geschäftsführer der S. Müller Ladenbau GmbH & Co. KG mit Schreiben vom 31.01.2024 schriftlich Einspruch ein, der nachweislich am 02.02.2024 beim Finanzamt eingegangen ist.

Frage: Konnte das Finanzamt den Gewerbesteuermessbescheid vom 09.01.2020 am 30.12.2023 noch ändern? Gehen Sie auf die Festsetzungsverjährung und auf die Korrekturvorschrift ein.

Lösung:
Die Vorschriften über die Durchführung der Besteuerung sind sinngemäß anzuwenden (§ 184 Abs. 1 AO).

Für steuerpflichtige Gewerbebetriebe ist eine Erklärung zur Festsetzung des Steuermessbetrages abzugeben (§ 14a GewStG). Somit beginnt die Festsetzungsfrist mit Ablauf des Kalenderjahres, in dem die Gewerbesteuererklärung bei der Finanzbehörde eingereicht wurde (§ 170 Abs. 2 Nr. 1 AO), im vorliegenden Fall also mit Ablauf des Jahres 2019. Die Festsetzungsfrist beträgt vier Jahre und endet daher mit Ablauf des Kalenderjahres 2023 (§ 169 Abs. 2 Nr. 2 AO). Die Festsetzungsfrist ist im vorliegenden Fall noch nicht angelaufen, da der geänderte Gewerbesteuermessbescheid die zuständige Finanzbehörde fristgerecht, d.h. noch vor Ablauf des Kalenderjahres 2023 verlassen hat (§ 169 Abs. 1 S. 3 Nr. 1 AO); auf den Zugang beim Empfänger kommt es nicht an. Außerdem stand die ursprüngliche Festsetzung des Gewerbesteuermessbetrages unter dem Vorbehalt der Nachprüfung. Solange der Vorbehalt der Nachprüfung wirksam ist, kann die Festsetzung jederzeit aufgehoben oder geändert werden (§ 164 Abs. 2 AO).

Fall 12: Max Meier ist Geschäftsführer der M-GmbH. Infolge Gewinn- und Umsatzeinbußen konnte die GmbH ab Januar 2022 ihre Zahlungsverpflichtungen nur noch schleppend erfüllen.
So wurde die Umsatzsteuer-Voranmeldung für Dezember 2021 i.H.v. 30.000 € zwar fristgerecht beim Finanzamt eingereicht, die Vorauszahlung trotz vorhandener Mittel jedoch bei Fälligkeit nicht entrichtet. Im Laufe des Januar 2022 verschlechterte sich die Finanzlage der GmbH so drastisch, dass für die Ende Januar 2022 fälligen Lohnzahlungen in Höhe von 51.000 € und für die ordnungsgemäß beim Finanzamt angemeldete Lohnsteuer mit 9.000 € keine Mittel mehr vorhanden waren.
Nach langen Verhandlungen gewährte die Hausbank der GmbH Ende Januar 2022 letztmalig einen Kredit i.H.v. 30.000 €.
Trotz Bedenken des Lohnbuchhalters, der vorschlug, nur die Hälfte der Löhne i.H.v. 25.500 € auszuzahlen und die darauf entfallende Lohnsteuer mit 4.500 € an das Finanzamt abzuführen, erteilte Meier die Anweisung, den vollen Kreditbetrag als Lohnabschlag noch im Januar an die Arbeitnehmer auszuzahlen.
Nachdem Anfang Februar auch noch die letzten Kundenforderungen in voller Höhe ausfiel, war die GmbH vermögenslos und musste Insolvenzantrag stellen.
Vom Finanzamt erhielt Meier Ende 2022 einen Haftungsbescheid wegen
- Umsatzsteuer der GmbH für Dezember 2021 i.H.v. 30.000 € plus
- Säumniszuschlag zur Umsatzsteuer Dezember 2021 für die Monate Januar bis März (3 × 300) i.H.v. 900 €
- Lohnsteuer der GmbH für Januar 2022 i.H.v. 9.000 € plus
- Säumniszuschlag zur Lohnsteuer für die Monate Februar bis März (2 × 90 €) i.H.v. 180 €

Fragen:
1. Kann das Finanzamt Meier als Haftungsschuldner in Anspruch nehmen?
2. Haftet Meier für die Umsatzsteuer 2021 i.H.v. 30.000 €?
3. Haftet Meier für die gesamten Säumniszuschläge zur Umsatzsteuer Dezember 2021 i.H.v. 900 €?
4. Haftet Meier für die Lohnsteuer Januar 2022 i.H.v. 9.000 €?
5. Haftet Meier für die Säumniszuschläge zur Lohnsteuer Januar 2022 i.H.v. 180 €?

Lösung:
1. Das Finanzamt kann Meier nach § 69 AO i.V.m. § 191 AO als Haftungsschuldner in Anspruch nehmen, da er als gesetzlicher Vertreter der GmbH die Zahlungspflicht nach § 34 AO grob fahrlässig verletzt hat.
2. Nach § 34 AO i.V.m. § 18 UStG war Meier verpflichtet, bis zum 10. Januar die Umsatzsteuer zu entrichten. Zu diesem Zeitpunkt waren noch entsprechende Mittel vorhanden, sodass eine Haftung

zu bejahen ist. Grundsätzlich haftet Meier nach § 69 AO auch für Säumniszuschläge, allerdings nur soweit eine vorsätzliche oder grob fahrlässige Pflichtverletzung vorliegt. Dies trifft nur für die Säumniszuschläge des Monats Januar i.H.v. 300 € zu.

3. Die Säumniszuschläge für die Monate Februar und März mit 600 € dagegen entstanden nach § 240 AO erst Anfang Februar bzw. Anfang März. Zu diesem Zeitpunkt war die GmbH bereits zahlungsunfähig, d.h. Müller konnte gar nicht mehr zahlen. Eine vorsätzliche oder grob fahrlässige Verletzung seiner Zahlungspflicht liegt insofern nicht vor.

4. Nach § 34 AO i.V.m. § 41a Abs. 1 EStG war Meier verpflichtet, bis zum 10. Februar die Lohnsteuer an das Finanzamt abzuführen. Soweit die Mittel nicht für die Auszahlung der vollen Löhne und der Lohnsteuer ausreichen, dürfen die Löhne nur anteilig, d.h. mit 25.500 € ausbezahlt werden. Ebenso ist die darauf entfallende Lohnsteuer mit 4.500 € an das Finanzamt abzuführen. Die Haftung von Meier beschränkt sich auf den Betrag, der infolge seiner Pflichtverletzung nicht entrichtet wurde; hier: 4.500 € Lohnsteuer.

5. Grundsätzlich haftet Meier nach § 69 AO auch für Säumniszuschläge, allerdings nur soweit eine vorsätzliche oder grob fahrlässige Pflichtverletzung vorliegt. Die GmbH war jedoch bereits bei Entstehung der Säumniszuschläge nach § 240 AO im Februar völlig mittellos, sodass Meier nicht bezahlen konnte. Meier haftet nicht, weil weder eine vorsätzliche noch eine grob fahrlässige Pflichtverletzung vorlag.

Fall 13: A ist Gesellschafter der A GmbH & Co. KG und unbeschränkt steuerpflichtig. Bei der A GmbH & Co. KG fand im Jahr 2024 eine Betriebsprüfung für den Zeitraum 2021 bis 2023 statt. Einzige Prüfungsfeststellung war, dass A seine Sonderbetriebseinnahmen nicht richtig deklariert hatte. Dementsprechend änderte der Prüfer die Feststellungsbescheide der KG für die betroffenen Jahre, wodurch sich der Gewinnanteil von A erhöhte.

Fragen:
a) Beurteilen Sie, ob im Zuge der Außenprüfung auch die steuerlichen Verhältnisse der Gesellschafter mitgeprüft werden dürfen.
b) Überprüfen Sie, ob das Finanzamt aufgrund der Feststellungen berechtigt war, den ESt-Bescheid des A zu ändern.
c) Kann A die Feststellungen des Prüfers durch einen Einspruch gegen seinen ESt-Bescheid anfechten?

Lösung:
a) Die Norm des § 194 Abs. 1 S. 3 AO erlaubt die Prüfung der Verhältnisse der Gesellschafter ohne gesonderte Prüfungsanordnung nur insoweit, als sie mit der Personengesellschaft zusammenhängen und für die Feststellungsbescheide von Bedeutung sind. Das ist hier der Fall (= Sonderbetriebseinnahmen nach § 15 Abs. 1 Nr. 2 EStG; Einkünfte aus der Mitunternehmerschaft).
b) Der Bescheid über die gesonderte und einheitliche Feststellung von Besteuerungsgrundlagen ist ein Grundlagenbescheid nach § 171 Abs. 10 S. 1 AO und somit für den Folgebescheid (= ESt-Bescheid des Gesellschafters) bindend. Nach § 175 Abs. 1 Nr. 1 AO kann daher auch der Folgebescheid geändert werden.
c) Nach § 351 Abs. 2 AO können Einwendungen, die Feststellungen eines Grundlagenbescheides betreffen, nur durch Einspruch des Grundlagenbescheides angefochten werden. A kann damit die Prüfungsfeststellungen nicht durch einen Einspruch gegen seinen ESt-Bescheid anfechten.

Fall 14: An dem seit fünf Jahren bestehenden Handelsunternehmen „Meier & Müller oHG" sind die Gesellschafter Max Meier und Heiner Müller mit je 50 % beteiligt.
Am Mittwoch, den 06.07.21 geht bei der Firma eine formularmäßig erstellte Prüfungsanordnung ein, die das zuständige Finanzamt am 04.07.21 zur Post gegeben hatte. In diesem Vordruck wird mitgeteilt, dass bei der oHG gem. § 193 AO ab Montag, dem 11.07.21 eine Außenprüfung durchgeführt werden soll. Geprüft werden sollen die einheitlichen und gesonderten Gewinnfeststellungen, die Gewerbesteuer und die Umsatzsteuer für die Jahre 21 bis 23. Als Prüfer ist der Oberstudieninspektor Scharf vorgesehen.
Diese Prüfungsanordnung, die weder eine Unterschrift trägt noch eine Rechtsbehelfsbelehrung enthält, kommt der Firma äußerst ungelegen, da sich die Räume der Buchhaltung im Umbau befinden, der erst in einem Monat abgeschlossen sein wird.

Fragen:
1. Ist unter den gegebenen Umständen eine zeitliche Verschiebung der Betriebsprüfung möglich?
2. Ist trotz fehlender Rechtsbehelfsbelehrung gegen diese Prüfungsanordnung ein Rechtsmittel zulässig; ggf. welches und innerhalb welcher Frist?
3. Können aufgrund dieser Prüfungsanordnung zusätzlich die Steuerarten Einkommensteuer 21 bis 23 für die beiden Gesellschafter mitgeprüft werden?
4. Wäre ggf. für die zu prüfenden Steuerarten und Jahre nach Erhalt der Prüfungsanordnung noch eine Selbstanzeige zulässig, wenn Steuern hinterzogen worden wären und das Finanzamt bisher davon keine Kenntnis hätte?

Lösung:
1. Nach § 197 Abs. 2 AO soll der Prüfungsbeginn auf Antrag der Firma verschoben werden; der Umbau der Buchhaltungsräume gilt als wichtiger Grund.
2. Gegen die Prüfungsanordnung ist nach § 347 AO das Rechtmittel des Einspruchs gegeben.
3. Grundsätzlich können nach § 194 Abs. 2 AO die steuerlichen Verhältnisse der Gesellschafter mitgeprüft werden. Allerdings setzt dies nach § 197 Abs. 1 AO gesonderte Prüfungsanordnungen für die Gesellschafter voraus. Allein aufgrund der Prüfungsanordnung gegen die oHG können Einkommensteuer- und der Gesellschafter nicht mitgeprüft werden.
4. Eine Selbstanzeige ist nach § 371 Abs. 2 Nr. 1a AO nach Erhalt der Prüfungsanordnung nicht mehr möglich.

Fall 15: Der im Handelsregister eingetragene Kunsthändler van Gogh in Stuttgart veräußerte seine Einzelfirma mit Kaufvertrag vom 29.12.22 an das Kunsthaus Vincent oHG in Berlin. Der Betrieb sollte nach diesem Kaufvertrag am 01.02.23 übergeben werden. Im Kaufvertrag ist vereinbart, dass der Erwerber weder die Forderungen noch die Verbindlichkeiten vom Verkäufer übernimmt. Außerdem behält van Gogh einen bisher betrieblich genutzten Pkw für private Zwecke zurück.
Zum Zeitpunkt des Betriebsübergangs hat van Gogh folgende Steuerrückstände:

- Umsatzsteuer-Nachzahlung für 21   2.400 €
- Säumniszuschläge zur Umsatzsteuer 21   240 €
- Umsatzsteuer-Abschlusszahlung für 22   600 €
- Einkommensteuer-Nachzahlung für 21   3.000 €
- Säumniszuschlag zur Einkommensteuer 21   300 €
- Einkommensteuer-Vorauszahlung für IV/22   400 €

Fragen:
1. Unter welchen Voraussetzungen und für welche Steuern oder steuerliche Nebenleistungen haftet der Erwerber eines Betriebs nach den Vorschriften der Abgabenordnung?

6. Abgabenordnung

> 2. Für welche der oben genannten Steuerrückstände haftet Erwerber Vincent oHG?
> 3. Kann die Haftung durch vertragliche Vereinbarungen ausgeschlossen werden?
> 4. In welcher Form kann gegebenenfalls das Finanzamt die Haftung geltend machen?
> 5. Welche Rechtsbehelfe sind gegen die Haftungsinanspruchnahme möglich?

Lösung:
1. Nach § 75 AO haftet der Erwerber für betriebsbedingte Steuern, wenn ein Betrieb im Ganzen übereignet wird. Die Voraussetzung ist hier gegeben. Der Betrieb ist fortführbar, auch wenn einige Forderungen und Verbindlichkeiten sowie ein Pkw nicht übertragen wurden. Die Haftung ist auf das übernommene Vermögen beschränkt. Zeitlich ist die Haftung auf Steuern beschränkt, die seit Beginn des letzten vor der Übereignung liegenden Kalenderjahres entstanden sind. Sachlich beschränkt sich die Haftung auf betriebsbedingte Steuern und Steuerabzugsbeträge. Keine Haftung erfolgt hingegen für steuerliche Nebenleistungen wie z.B. Säumniszuschläge.
2. Der Erwerber haftet nur für die Umsatzsteuer-Abschlusszahlung 22 i.H.v. 600 €. Keine Haftung erfolgt für die Umsatzsteuer 21, da diese vor mehr als einem Jahr entstanden ist. Keine Haftung erfolgt außerdem für die Einkommensteuer und die Säumniszuschläge, weil diese keine betriebsbedingten Steuern bzw. steuerliche Nebenleistungen darstellen.
3. Der Haftungsanspruch nach der Abgabenordnung ist öffentlich-rechtlicher Natur, der durch vertragliche Vereinbarungen nicht ausgeschlossen werden kann.
4. Die Haftung wird nach § 191 AO durch Haftungsbescheid geltend gemacht
5. Gegen einen Haftungsbescheid ist nach §§ 347 ff. AO der Einspruch zulässig.

7. Bilanzsteuerrecht
7.1 54 Fragen zum Bilanzsteuerecht

Frage 1: Eine kurze Einstiegsfrage: Wie erfolgt die Zugangsbewertung von Vermögensgegenständen/Wirtschaftsgütern?

Antwort: Vermögensgegenstände/Wirtschaftsgüter sind gemäß § 253 Abs. 1 S. 1 HGB mit ihren Anschaffungs- oder Herstellungskosten zu bewerten.

Hinweis! Ob eine solche Einstiegsfrage kurz und knapp oder ausführlicher beantwortet werden soll hängt von der Prüfungssituation und dem Prüfer ab. Sollte der Prüfer nach einer knappen Antwort keine Folgefrage stellen, oder die Frage weitergeben, dürfte er weiterführende Ausführungen erwarten. Versuchen Sie – trotz dieser anstrengenden Prüfungssituation – auf die jeweilige Frageart des Prüfers einzugehen.

Frage 2: Wie erfolgt die steuerbilanzielle Zugangsbewertung von Wirtschaftsgütern, die in ein Betriebsvermögen eingelegt werden?

Antwort: Gemäß § 4 Abs. 1 S. 8 EStG eingelegte Wirtschaftsgüter werden grundsätzlich mit ihrem Teilwert im Zeitpunkt der Einlage bewertet (§ 6 Abs. 1 Nr. 5 S. 1 HS 1 EStG). Es gibt allerdings bestimmte Ausnahmen, die u.a. in § 6 Abs. 1 Nr. 5 S. 1 HS 2 EStG aufgelistet sind.

Ein Beispiel hierfür ist die Einlage einer Beteiligung i.S.v. § 17 Abs. 1 EStG. Die Bewertung erfolgt gemäß § 6 Abs. 1 Nr. 5 S. 1 HS 2 lit. b EStG nicht mit dem Teilwert, sondern höchstens mit den Anschaffungskosten. Dies gilt auch für die Bewertung einer sogenannten wertgeminderten Beteiligung, d.h. bei Beteiligungen, deren Wert im Zeitpunkt der Einlage unter die Anschaffungskosten gesunken ist (H 17 Abs. 8 „Einlage einer wertgeminderten Beteiligung" EStH).

Ferner ist die Sondervorschrift des § 6 Abs. 5 EStG zu beachten. Bei der Überführung von Wirtschaftsgütern zwischen verschiedenen Betriebsvermögen liegt nämlich grundsätzlich sowohl eine Entnahme als auch eine Einlage vor. Die Bewertung der (Entnahme und) Einlage erfolgt gemäß § 6 Abs. 5 EStG zwingend zum Buchwert.

Frage 3: Wie erfolgt die Folgebewertung bei Vermögensgegenständen des Anlage- und Umlaufvermögens?

Antwort: Bei Vermögensgegenständen des Anlagevermögens ist zu unterscheiden, ob ihre Nutzung zeitlich begrenzt ist oder nicht. Bei einer zeitlichen Nutzungsbegrenzung erfolgt eine planmäßige Abschreibung (§ 253 Abs. 3 S. 1 und 2 HGB). Unabhängig von der zeitlichen Nutzung hat darüber hinausgehend eine Abschreibung auf den niedrigeren beizulegenden Wert zu erfolgen, wenn die Vermögensgegenstände dauerhaft im Wert gemindert sind (§ 253 Abs. 3 S. 3 HGB). Bei Finanzanlagen können Abschreibungen gemäß § 253 Abs. S. 4 HGB auch bei nicht dauerhafter Wertminderung vorgenommen werden (sogenanntes gemildertes Niederstwertprinzip). Vermögensgegenstände des Umlaufvermögens sind auf ihren niedrigeren beizulegenden Wert abzuschreiben (§ 253 Abs. 4 S. 1 HGB).

Frage 4: Hat die handelsrechtliche Folgebewertung im Hinblick auf die Abschreibung auf den niedrigeren beizulegenden Wert auch Bindungswirkung für die steuerbilanzielle Folgebewertung?

Antwort: Grundsätzlich gelten die handelsrechtlichen Grundsätze ordnungsmäßiger Buchführung auch für die steuerbilanzielle Würdigung (§ 5 Abs. 1 S. 1 EStG). Allerdings handelt es sich bei der steuerbilanziellen Abschreibung auf den niedrigeren Teilwert gemäß § 6 Abs. 1 Nr. 1 S. 2 und 3 sowie Nr. 2

EStG um ein Wahlrecht. Die Finanzverwaltung führt hierzu aus, dass Wahlrechte, die nur steuerrechtlich bestehen, unabhängig vom handelsrechtlichen Wertansatz ausgeübt werden können (§ 5 Abs. 1 Satz 1 Halbsatz 2 EStG). Die Ausübung des steuerlichen Wahlrechts wird insoweit nicht nach § 5 Abs. 1 S. 1 Halbsatz 1 EStG durch die Maßgeblichkeit der handelsrechtlichen Grundsätze ordnungsmäßiger Buchführung beschränkt (BMF-Schreiben vom 12.03.2010, BStBl I 2010, 239 Rz. 13). Die Vornahme einer außerplanmäßigen Abschreibung in der Handelsbilanz ist nicht zwingend in der Steuerbilanz durch eine Teilwertabschreibung nachzuvollziehen; der Steuerpflichtige kann darauf auch verzichten (BMF-Schreiben vom 12.03.2010, a.a.O., Rz. 15). Zu beachten ist, dass eine Abschreibung sowohl bei Wirtschaftsgütern des Anlage- als auch des Umlaufvermögens eine dauerhafte Wertminderung voraussetzt.

Frage 5: Fallen Ihnen Konstellationen ein, in denen es Sinn machen könnte, keine Teilwertabschreibung vorzunehmen?

Antwort: Ja, dies ist insbesondere bei Abschreibungen von Beteiligungswerten an Kapitalgesellschaften sinnvoll, wenn der Anteilseigner wiederum eine Kapitalgesellschaft ist. Der steuerbilanzielle Abschreibungsaufwand ist außerbilanziell gemäß § 8b Abs. 3 S. 3 KStG zu neutralisieren. Im Fall einer möglichen Zuschreibung in Folgejahren, ist der Zuschreibungsertrag gemäß § 8b Abs. 2 S. 3 KStG zwar zu 100 % steuerfrei. Gleichwohl gelten gemäß § 8b Abs. 3 S. 1 KStG 5 % als nicht abzugsfähige Betriebsausgaben. Faktisch kommt es somit zu einer Versteuerung von 5 % des Abschreibungsbetrags im Fall der späteren Zuschreibung.

Frage 6: Wir haben bereits festgestellt, dass Vermögensgegenstände des Umlaufvermögens mit ihren Anschaffungs- bzw. Herstellungskosten bewertet werden und eine Prüfung auf einen niedrigeren beizulegenden Wert stattfindet. Sieht das HGB für bestimmte Konstellationen auch Vereinfachungen vor?

Antwort: Ja, § 256 HGB regelt die sog. Bewertungsvereinfachungsverfahren. Hiernach können Vermögensgegenstände, soweit es den Grundsätzen ordnungsmäßiger Buchführung (GoB) entspricht, nach bestimmten Verbrauchsfolgeverfahren angesetzt werden. Diese Verfahren erleichtern die in der Praxis häufig schwierigen Bewertungen.

Frage 7: Bitte erläutern Sie kurz anhand eines Beispiels, wie ein solches Verbrauchsfolgeverfahren funktioniert.

Antwort: § 256 S. 1 HGB nennt hier das sog. Fifo-Verfahren (First in-First out). Das bedeutet, dass die zuerst angeschafften Vermögensgegenstände auch als erstes wieder veräußert werden. Am Beispiel eines Lebensmittelimporteurs verdeutlicht, würde dies folgendes bedeuten:

29.12.2023	Einkauf von 100 Äpfeln für 0,50 €/Stück
30.12.2023	Einkauf von 100 Äpfeln für 0,52 €/Stück
31.12.2023	Verkauf von 50 Äpfeln für 1,00 €/Stück

Unter Berücksichtigung der Fifo-Methode werden die verkauften 50 Äpfel aus der ersten angeschafften Tranche veräußert, wodurch sich folgender Vorratsvermögensansatz zum 31.12.2023 ergibt:

50 Äpfel zu 0,50 €/Stück	=	25,00 €
100 Äpfel zu 0,52 €/Stück	=	<u>52,00 €</u>
		77,00 €

Frage 8: Fallen Ihnen noch andere Bewertungsvereinfachungsverfahren ein?

Antwort: Ja, z.B. das Lifo-Verfahren (Last in-first out). Hierbei wird unterstellt, dass die zuletzt angeschafften Vermögensgegenstände zuerst veräußert werden.

Frage 9: Wäre dieses Verfahren auch für Ihren oben genannten Beispielsfall des Lebensmittelpartners anwendbar?

Antwort: M.E. wäre dies kein sinnvolles Verfahren und damit nicht anwendbar. Das gewählte Verfahren muss mit dem GoB vereinbar sein. Bei der Lifo-Methode wird unterstellt, dass die zuerst angeschafften Vermögensgegenstände erst als letztes veräußert werden. Bei verderblichen Lebensmitteln wie Äpfeln, würde das aber nicht den tatsächlichen Lebenssachverhalt widerspiegeln.

Frage 10: Angenommen die Lifo-Methode würde bei nicht verderblichen Sachen angewendet werden. Wäre dieses Verfahren auch für die Steuerbilanz möglich?

Antwort: Ja. Die Lifo-Methode ist im Gegensatz zur Fifo-Methode steuerlich anerkannt.

Frage 11: Was ist in diesem Zusammenhang unter einem Festwert zu verstehen?

Antwort: Das Festwertverfahren (§ 240 Abs. 3 i.V.m. § 256 S. 2 HGB) ermöglicht ebenfalls eine vereinfachte Bewertung. Hiernach können Vermögensgegenstände zu einem gleichbleibenden Wert angesetzt werden, wenn sie regelmäßig ersetzt werden und für das Unternehmen von nachrangiger Bedeutung sind.

Frage 12: Sind weitere Voraussetzungen für dieses Verfahren zu berücksichtigen?

Antwort: Ja, der Bestand dieser Vermögensgegenstände darf in seiner Größe, seinem Wert und seiner Zusammensetzung nur geringen Veränderungen unterliegen. Des Weiteren ist zur Überprüfung eine körperliche Bestandsaufnahme (i.d.R. alle drei Jahre) durchzuführen.

Frage 13: Gibt es Besonderheiten, wenn Vermögensgegenstände in fremder Währung angeschafft werden?

Antwort: Ja, hier sieht § 256a HGB eine Umrechnung zum Devisenkassenmittelkurs am Abschlussstichtag vor.

Frage 14: Würde eine Umrechnung zu einem Wechselkurs nicht bestehenden GoB widersprechen, wenn z.B. der Kurs einer Forderung zum Abschlussstichtag über ihren Wert zum Anschaffungszeitpunkt steigt?

Antwort: Grundsätzlich ja. Allerdings schreibt § 256a S. 2 HGB vor, dass bei Vermögensgegenständen mit einer Restlaufzeit von weniger als einem Jahr, das Realisations- und Anschaffungskostenprinzip durchbrochen werden.

Frage 15: Zu welchem Zeitpunkt sind Forderungen aus Lieferungen und Leistungen zu aktivieren?

Antwort: Die Forderung ist dann zu aktivieren, wenn die Verpflichtung aus der Leistung erfüllt ist und der Anspruch hieraus so gut wie sicher ist. Entsprechend des Realisationsprinzips ist kein vorheriger Ansatz einer Forderung möglich.

Frage 16: Wie sieht es in diesem Zusammenhang mit Abschlagsrechnungen aus? Dürfen Abschlagszahlungen auch als Forderungen aktiviert werden?

Antwort: Grundsätzlich gilt auch hier das Realisationsprinzip. Für Bewertungszwecke erfolgt hierbei ein Ausweis als Vorratsposten „unfertige Leistungen".

7. Bilanzsteuerrecht

Frage 17: Eine Besonderheit bildet immer die Bilanzierung von Grundvermögen. Angenommen eine GmbH erwirbt ein Grundstück mit aufstehendem Gebäude. Laut Kaufvertrag hat die GmbH hierfür einen Betrag von 250.000 € an den Veräußerer zu überweisen und eine bestehende Grundschuld von 150.000 zu übernehmen. Was können Sie zur Bilanzierung sagen?

Antwort: Steuerbilanziell handelt es sich bei dem Grund und Boden und das Gebäude um zwei separate Wirtschaftsgüter. Die Bewertung der Wirtschaftsgüter erfolgt mit ihren Anschaffungskosten. Die Anschaffungskosten setzen sich als Kaufpreis aus dem Überweisungsbetrag und der Übernahme der Schulden zusammen. Die Anschaffungskosten betragen damit 400.000 €.

Hinweis! Derartige kurze Sachverhaltsdarstellungen und allgemeine Frage wie „was fällt Ihnen hierzu ein" dienen häufig dazu anhand eines Beispielfalls Prüflinge der Reihenfolge nach zu befragen. Es ist regelmäßig davon auszugehen, dass vorab Grundwissen abgefragt wird und die Fragestellungen immer spezieller werden.

Frage 18: Sind noch weitere Kosten zu berücksichtigen?

Antwort: Ja. Anschaffungsnebenkosten fallen in Form von Grunderwerbsteuer, Notargebühren, Amtsgerichtskosten und u.a. Maklerkosten an.

Frage 19: Ist der Gesamtbetrag diese Anschaffungsnebenkosten zu aktivieren?

Antwort: Es kommt darauf an, ob in den Notargebühren auch Finanzierungskosten enthalten sind. Kosten im Zusammenhang mit einer möglichen Grundschuldbestellung sind nicht als Teil der Anschaffungskosten zu aktivieren, sondern direkt abzugsfähig.

Frage 20: Wie Sie richtigerweise ausgeführt haben, handelt es sich bei dem Grund und Boden sowie Gebäude um zwei Wirtschaftsgüter. Wie erfolgt die Aufteilung der Anschaffungskosten?

Antwort: Früher war es gängige Praxis die Bewertung anhand der Subtraktionsmethode vorzunehmen. Hierfür wurde der Wert des Grund und Bodens anhand des Produkts von Grundfläche und Bodenrichtwert ermittelt. Dieser Wert wurde sodann vom Kaufpreis abgezogen, um den Wert des Gebäudes zu ermitteln. Nun erfolgt die Bewertung vielmehr mittels der Teilwertmethode. Hierfür werden die Teilwerte der Wirtschaftsgüter ins Verhältnis gesetzt und die Anschaffungskosten so aufgeteilt.

Frage 21: Wie verhält es sich mit Renovierungskosten, die im Anschluss an die Anschaffung stattfinden?

Antwort: Hierbei ist zu unterscheiden, um welche Kosten es sich handelt. Sollte eine Erweiterung durchgeführt worden sein, z.B. durch einen Anbau, sind diese Kosten zu dem Gebäude hinzu zu aktivieren. Sollte eine erhebliche Verbesserung stattgefunden haben, liegen ebenfalls aktivierungspflichtige Kosten vor. Eine steuerbilanzielle Besonderheit ergibt sich dann, wenn innerhalb der ersten drei Jahre nach der Anschaffung mehr als 15 % der Gebäudeanschaffungskosten investiert werden.

Frage 22: Ist dies denn auch der Fall, wenn sogenannte verdeckte Mängel vorliegen, die seitens des Eigentümers zu reparieren sind?

Antwort: Handelt es sich um Renovierungsmaßnahmen, die lediglich durch die vertragsgemäße Nutzung eines Mietobjekts verursacht sind, führt dies zu anschaffungsnahen Herstellungskosten. Dies gilt durch das Urteil des BFH vom 13.03.2018 (IX R 41/17) auch dann, wenn bei der Renovierung sogenannte „verdeckte", bei der Anschaffung bereits vorliegende aber nicht erkennbare Mängel beseitigt werden.

Frage 23: Handelt es sich bei Ansiedlungsbeiträgen um aktivierungspflichtige Kosten?

Antwort: Ja, der vom Käufer gezahlte Ansiedlungsbeitrag ist aktivierungspflichtig. Die Aktivierung ist allerdings dem Grund und Boden und nicht Gebäude zuzuordnen (H 6.4 – Einbauküche – EStH).

Frage 24: Wie verhält es sich, wenn eine alte Einbauküche renoviert wird. Sind diese Kosten zu aktivieren oder direkt abzugsfähig?

Antwort: Die Geräte einer Einbauküche stellen grundsätzlich ein einheitliches Wirtschaftsgut dar und sind über zehn Jahre abzuschreiben (H 6.4 – Einbauküche – EStH).

Frage 25: Im Zusammenhang mit Gebäudeerrichtungen schließen die Bauherren oftmals Bauzeitversicherungen ab. Wie sind diese Kosten bilanziell zu würdigen?

Antwort: Grundsätzlich sind alle Kosten aktivierungspflichtig, die zur Herstellung der funktionsfähigen Nutzung des Wirtschaftsguts notwendig sind. Gleichwohl gehören Beiträge zu Bauzeitversicherung nicht zu den aktivierungspflichtigen Kosten, sondern sind als (vorweggenommene) Betriebsausgaben anzusetzen (H 6.4 – Bauzeitversicherung – EStH).

Frage 26: Ein aktuelles Thema betrifft sogenannte virtuelle Währungen, nachfolgend Krypto-Währungen genannt. Wie steht die Finanzverwaltung zur buchmäßigen Abbildung von Krypto-Währungen?

Antwort: Die Finanzverwaltung hat mit Schreiben vom 10.05.2022, IV C 1 - S-2256/19/10003 :001 zu Einzelfragen zur ertragsteuerlichen Behandlung von virtuellen Währungen Stellung genommen. Sofern Krypto's in einem Betriebsvermögen erworben werden, stuft die Finanzverwaltung diese als nicht abnutzbare Wirtschaftsgüter materieller Art ein (Rz. 41 BMF-Schreiben vom 10.05.2022).

Frage 27: Handelt es sich dabei um Anlage- oder Umlaufvermögen?

Antwort: Es kommt darauf an, welche Absicht der Gewerbetreibende verfolgt. Es gelten die allgemeinen Zuordnungsgrundsätze des § 247 Abs. 2 HGB, ob sie dauerhaft dem Betrieb dienen sollen oder nicht. Im Falle einer dauerhaften Nutzung im Betrieb erfolgt eine Zuordnung zum Anlage-, ansonsten zum Umlaufvermögen. Bei der Volatilität von Krypto ist regelmäßig von einer kurzfristigen Halteabsicht und somit Wiederverkaufsabsicht auszugehen, wodurch häufig eine Zuordnung zum Umlaufvermögen vorzufinden ist. Ebenso liegt bei dem Eintausch von verschiedenen Währungen ein Veräußerungs- und wiederum ein Anschaffungsvorgang vor.

Frage 28: Wie erfolgt die Zugangsbewertung von Krypto's?

Antwort: Die Finanzverwaltung führt in den Rz. 42 und 43, BMF a.a.O. spezifisch aus, dass die für die Blockerstellung sowie als Transaktionsgebühr zugeteilten Einheiten einer virtuellen Währung oder sonstigen Token angeschafft werden (sogenannter tauschähnlicher Vorgang). Zudem sollen die Anschaffungskosten dem Marktkurs im Zeitpunkt der Anschaffung der Einheiten einer virtuellen Währung oder sonstigen Token entsprechen (Ableitung aus § 6 Abs. 6 Satz 1 EStG). Wenn ein Börsenkurs vorhanden ist, ist dieser als Marktkurs zu Grunde zu legen. Bei fehlenden Börsenkursen kann ein Kurs von einer Handelsplattform (z. B. Kraken, Coinbase und Bitpanda) oder einer webbasierten Liste angesetzt werden.

Frage 29: Wie verhält es sich, wenn er Gewerbetreibende nicht bilanziert, sondern Einnahmen-Überschussrechner ist?

7. Bilanzsteuerrecht

Antwort: Die Finanzverwaltung vertritt in Rz. 44, BMF a.a.O. die Auffassung, dass bei der Gewinnermittlung durch Einnahmenüberschussrechnung nach § 4 Abs. 3 EStG der Zugang von Einheiten einer virtuellen Währung und sonstigen Token im Rahmen eines tauschähnlichen Vorgangs zu Betriebseinnahmen führt. Ferner wird ausgeführt, dass Einheiten einer virtuellen Währung als mit Wertpapieren vergleichbare nicht verbriefte Forderungen und Rechte als Wirtschaftsgüter im Sinne des § 4 Abs. 3 Satz 4 EStG anzusehen sind, deren Anschaffungskosten (§ 6 Abs. 6 EStG, vgl. Rz. 43, BMF a.a.O.) erst im Zeitpunkt des Zuflusses des Veräußerungserlöses oder bei Entnahmen im Zeitpunkt der Entnahme als Betriebsausgaben abzuziehen sind. Die Wirtschaftsgüter sind in die laufend zu führenden Verzeichnisse nach § 4 Abs. 3 Satz 5 EStG aufzunehmen (dies gilt für alle Wirtschaftsgüter des Anlage- und Umlaufvermögens).

> **Hinweis!** Auch hier ist es nicht erforderlich jede Randziffer eines BMF-Schreibens zu kennen. Gleichwohl kann erwartet werden, allgemeine Bilanzierungsprinzipien an speziellen Sachverhalten zu besprechen.

> **Frage 30:** Das BMF aktualisiert regelmäßig die Verwaltungsauffassung zu § 7g EStG. Welche Gestaltungsalternative fällt Ihnen ein, wenn ein Mandant einen Tisch für netto 1.500 € anschaffen und so schnell wie möglich abschreiben möchte?

Antwort: Grundsätzlich könnte im Jahr vor der Anschaffung ein Investitionsabzugsbetrag bis zu 50 % gebildet werden. Im Jahr der Anschaffung könnte dann eine weitere Sonderabschreibung nach § 7g Abs. 5 EStG vorgenommen werden. Der restliche Betrag wäre dann über insgesamt 13 Jahre abzuschreiben.

> **Frage 31:** Fällt Ihnen noch eine schnelle Möglichkeit ein?

Antwort: Wie im vorherigen Fall wird im Jahr vor der Anschaffung ein Investitionsabzugsbetrag gemäß § 7g Abs. 1 EStG bis zu 50 % gebildet. Die Anschaffungskosten des Tisches werden dann um 750 € auf 750 € reduziert (§ 7g Abs. 2 EStG). Da die GWG-Grenze von 800 € für selbstständig nutzbare Wirtschaftsgüter auf die Anschaffungs- bzw. Herstellungskosten rekurriert (§ 6 Abs. 2 EStG) wird somit die GWG-Grenze unterschritten. Damit ist eine Sofortabschreibung im Jahr der Anschaffung möglich.

> **Frage 32:** Welche weiteren Möglichkeiten fallen Ihnen ein, um ergänzende oder erhöhte Abschreibungen geltend zu machen?

Antwort: Im Jahr der Anschaffung und folgenden vier Jahren können bis zu 40 % der Anschaffungskosten als Sonderabschreibung geltend gemacht werden. Der Abschreibungswert wurde durch das Wachstumschancengesetz vom 27.03.2024, BGBl. 2024 I Nr. 108 erhöht.

> **Frage 33:** Erfolgt die Abschreibung nur linear?

Antwort: Nein, die degressive Abschreibung wurde wieder befristet eingefügt. Der Prozentsatz darf allerdings höchstens das zweifache des Prozentsatzes der linearen Afa betragen und 20 % nicht überschreiten.

> **Frage 34:** Wer ist buchführungspflichtig?

Antwort: Steuerlich ist zwischen zwei Vorschriften zur Buchführungspflicht zu unterscheiden. Buchführungspflichtig ist gemäß § 140 AO, wer nach anderen Gesetzen als den Steuergesetzen Bücher und Aufzeichnungen zu führen hat (**derivate Buchführungspflicht**). Ein Beispiel hierfür ist der Kaufmann i.S.d. HGB. Eine Buchführungspflicht ergibt sich gemäß § 141 AO auch für Steuerpflichtige, die nach den Feststellungen der Finanzbehörde Bücher zu führen haben (**originäre Buchführungspflicht**).

Dies sind beispielsweise Gewerbetreibende, die in einem Wirtschaftsjahr einen Gewinn von mehr als 60.000 € erzielen. Diese Grenze wurde durch das Wachstumschancengesetz vom 27.03.2024 (BGBl. 2024 I Nr. 108) auf 80.000 € erhöht.

> **Hinweis!** Grundsatzfragen werden oftmals zur Einleitung in ein Prüfungsgespräch genutzt. Zum einen erkennt der Prüfer, ob der Prüfling das „Pflichtwissen" beherrscht. Zum anderen lässt sich hieraus gut ein Folgegespräch entwickeln. Die letzten Prüfungsprotokolle haben wieder gezeigt, dass derartige Grundsatzfragen gerne gestellt werden.

> **Frage 35:** Unterstellen Sie bitte, dass ein Steuerpflichtiger weder originär noch derivativ buchführungspflichtig ist. Dennoch überlegt er, von der Einnahmen-Überschussrechnung zur Bilanzierung zu wechseln. Was ist zu beachten? Ist dies überhaupt möglich?

Antwort: Ja, ein Wechsel ist grundsätzlich zulässig, da es sich um ein Wahlrecht handelt. Es ist allerdings zu beachten, dass der Steuerpflichtige das Wahlrecht zum Betriebsvermögensvergleich erst dann wirksam ausgeübt hat, wenn er zeitnah eine Eröffnungsbilanz aufstellt, eine ordnungsmäßige kaufmännische Buchführung eingerichtet und aufgrund von Bestandsaufnahmen einen Abschluss gemacht hat (H 4.6 „Wechsel zum Betriebsvermögensvergleich" EStH).

> **Frage 36:** Unser Gewerbetreibender entscheidet sich zum Betriebsvermögensvergleich zu wechseln. Sein einziges Hemmnis ist, dass er durch den Wechsel zum Betriebsvermögensvergleich einen Übergangsgewinn von 20.000 € versteuern müsste. Gibt es diesbezüglich Gestaltungsmöglichkeiten?

Antwort: Für die Ermittlung des Übergangsgewinns gibt es grundsätzlich keinen Gestaltungsspielraum. Allerdings besteht die Möglichkeit, für den Übergangsgewinn zur Vermeidung von Härten zu beantragen, eine Verteilung gleichmäßig auf das Jahr des Übergangs und das Folge- oder die nächsten zwei Folgejahre vorzunehmen. Gleichmäßig bedeutet, dass für die Wirtschaftsjahre keine unterschiedlichen Beträge verteilt werden dürfen. Zudem ist diese Verteilung antragsgebunden (R 4.6 Abs. 1 EStR). Das Finanzamt wird entsprechenden Anträgen in aller Regel entsprechen.

> **Frage 37:** Welche Aufbewahrungsfristen gelten nach steuerlichen Grundsätzen für Unterlagen?

Antwort: Im Wesentlichen gelten gemäß § 147 AO zwei Aufbewahrungszeiträume. Dies sind sechs und zehn Jahre. Welche Aufbewahrungsfrist für welche Unterlagen gelten lässt sich sehr komfortabel aus § 147 Abs. 1 i.V.m. Abs. 3 AO zusammenstellen. Beispielsweise ist der Jahresabschluss zehn Jahre und empfangene Handels- und Geschäftsbriefe sind sechs Jahre aufzubewahren.

> **Tipp!** Markieren Sie sich in § 147a Abs. 3 AO die Verweise auf Abs. 1. Auf diese Weise können Sie in der Prüfung ohne viel Suchzeit schnell eine treffsichere Antwort geben.

> **Hinweis!** Einige Prüflinge neigen zu einer zu umfangreichen Markierung im Gesetz. In der Prüfungssituation führt dies häufig dazu, dass die wesentlichen Stellen untergehen und nicht direkt gefunden werden.

> **Frage 38:** Die von Ihnen genannten Aufbewahrungspflichten gelten für Steuerpflichtige, die ihren Gewinn ermitteln. Gibt es daneben noch weitere Aufbewahrungspflichten für andere Steuerpflichtige?

Antwort: Ja. Sogenannte „Einkommensmillionäre", bei denen die Summe der positiven Einkünfte nach § 2 Abs. 1 Nr. 4 bis 7 EStG (Überschusseinkünfte) mehr als 500.000 € im Kalenderjahr beträgt, haben

7. Bilanzsteuerrecht

die Auszeichnungen und Unterlagen über die den Überschusseinkünften zu Grunde liegenden Einnahmen und Werbungskosten sechs Jahre aufzubewahren.

Frage 39: Lassen Sie uns kurz dem Thema Rückstellungen zuwenden. Was ist das Ziel und die Voraussetzungen einer Rückstellung?

Antwort: Rückstellungen ordnen Aufwand der Periode zu, in der dieser wirtschaftlich entstanden ist. Dies betrifft vor allem die Fälle, wenn die wirtschaftliche Entstehung des Aufwands und die anschließende Zahlung nicht in einer Periode anfallen.

Rückstellungen sind zu bilden, wenn noch keine Verbindlichkeit vorliegt und diese hinsichtlich:
- ihres Bestehens,
- ihrer Höhne nach und
- ihres Zeitpunkts ungewiss

sind, aber mit hinreichender Wahrscheinlichkeit mit ihrem Eintritt zu rechnen ist.

Frage 40: Nennen Sie bitte die verschiedenen Arten von Rückstellungen.

Antwort: Die verschiedenen Arten von Rückstellungen können § 249 HGB entnommen werden. Diese sind:
- Rückstellungen für ungewisse Verbindlichkeiten,
- Rückstellungen für drohende Verluste aus schwebenden Geschäften,
- Rückstellungen für im Geschäftsjahr unterlassene Aufwendungen für Instandhaltung, die im folgenden Geschäftsjahr innerhalb von drei Monaten nachgeholt werden,
- Rückstellungen für im Geschäftsjahr unterlassene Aufwendungen für Abraumbeseitigungen, die im folgenden Geschäftsjahr nachgeholt werden,
- Gewährleistungen, die ohne rechtlichen Grund erbracht werden.

Hinsichtlich des Ausweises von Rückstellungen ist § 266 Abs. 3 B HGB zu berücksichtigen.

Frage 41: Lösen Sie bitte folgenden kurzen Beispielsfall zu diesem Thema. Folgende Kosten erwartet die ABC KG:
- Jahresabschlusserstellung   3.000 €
- Umsatzsteuererklärung   1.500 €
- Gewerbesteuererklärung   1.000 €
- Gesonderte und einheitliche Feststellungserklärung   2.000 €
- Freiwillige Jahresabschlussprüfung   5.000 €

Welche Kosten sind im Rahmen einer Rückstellung zu berücksichtigen?

Antwort: Die Kosten für die Jahresabschlusserstellung, Umsatzsteuer- und Gewerbesteuererklärung sind i.H.v. insgesamt 5.500 € zurückzustellen. Die Kosten für die Erstellung der gesonderten und einheitlichen Feststellungserklärung sind nicht rückstellungsfähig (BFH vom 24.11.983, BStBl II 1984, 301). Ebenso sind die Kosten für die Prüfung des Jahresabschlusses auf Basis des Gesellschaftsvertrags nicht rückstellungsfähig (BFH vom 05.06.2014, BStBl II 2014, 886).

Frage 42: Wir haben bisher nur über Einzelabschlüsse gesprochen. Was verstehen Sie unter einem Konzernabschluss?

Antwort: Der handelsrechtliche Konzernabschluss ist in den §§ 290 ff. HGB geregelt. Es handelt sich um den Jahresabschluss eines Konzerns. Das Ziel des Konzernabschlusses ist es, einen bestimmten

Kreis einer Unternehmensgruppe so zusammenzufassen, als würde es sich um den Abschluss eines Unternehmens handeln.

Frage 43: Welche Unternehmen sind in einen Konzernabschluss einzubeziehen?

Antwort: Gemäß § 294 HGB sind grundsätzlich das Mutterunternehmen und alle Tochterunternehmen ohne Rücksicht auf den Sitz und die Rechtsform einzubeziehen. Auf die Einbeziehung eines Tochterunternehmens kann gemäß § 296 HGB dann verzichtet werden, wenn eine der dort genannten Vorschriften erfüllt ist.

Frage 44: Besteht ein Konzernabschluss aus den gleichen Inhalten wie ein Einzelabschluss?

Antwort: Der Konzernabschluss besteht gemäß § 297 HGB aus der Konzernbilanz, der Konzern-Gewinn- und Verlustrechnung, dem Konzernanhang, der Kapitalflussrechnung und dem Eigenkapitalspiegel. Er kann um eine Segmentberichterstattung erweitert werden. Auch ein Konzernlagebericht ist zu erstellen.

Frage 45: Erläutern Sie bitte kurz die wesentlichen Schritte zur Erstellung der Konzernbilanz.

Antwort: Im ersten Schritt wird eine Summenbilanz erstellt. Anschließend ist die sogenannte Handelsbilanz II aufzustellen, da die einzubeziehenden Einzelabschlüsse eventuell vom Mutterunternehmen abweichende Bilanzierungsmethoden oder Stichtage haben. Entsprechendes gilt für eine mögliche Währungsumrechnung. Im Anschluss an diese Vereinheitlichung sind Konsolidierungsbuchungen durchzuführen.

Frage 46: Welche Konsolidierungsmethoden gibt es?

Antwort: Es ist zwischen folgenden Konsolidierungsmethoden zu unterscheiden:
- Kapitalkonsolidierung,
- Schuldenkonsolidierung,
- Zwischenergebniseliminierung,
- Aufwands- und Ertragskonsolidierung.

Frage 47: Wir haben bisher über buchführungspflichtige Steuerpflichtige gesprochen. Lassen Sie uns kurz über den Bereich der Einnahmen-Überschussrechner gemäß § 4 Abs. 3 EStG sprechen. Gibt es Ausnahmen von der Versteuerung von Zahlungen in einem Wirtschaftsjahr?

Antwort: Ja. Regelmäßig wiederkehrende Einnahmen und Ausgaben, die dem Steuerpflichtigen kurze Zeit vor oder nach Beendigung des Wirtschaftsjahres (sog. 10 Tage Regelung), zu dem sie wirtschaftlich gehören, zugeflossen sind, gelten als in diesem Kalenderjahr bezogen.

Frage 48: Wie verhält sich die 10-Tage Regelung bei Zahlungen zur Umsatzsteuer?

Antwort: Hier ist zwischen den Vorauszahlungen und der Abschlusszahlung zu unterscheiden. Die Abschlusszahlung stellt keine regelmäßig wiederkehrende Zahlung dar. Vorauszahlungen stellen regelmäßig wiederkehrende Zahlungen dar. Voraussetzung ist, dass diese Zahlung zum 10. Tag fällig und geleistet wurde. Dabei ist § 108 Abs. 3 AO zu beachten (siehe u.a. OFD NRW vom 17.01.2019).

Frage 49: Die anlässlich der Corona-Krise gewährte Soforthilfe NRW konnte am 27.03.2020 erstmalig beantragt werden. Wie würden Sie die Auszahlung bilanziell erfassen?

Antwort: Die Auszahlung ist als sonstiger betrieblicher Ertrag zu erfassen. M.E. liegen auch Argumente vor, diesen pandemieveranlassten Zuschuss dem außerordentlichen Ertrag zuzuordnen.

7. Bilanzsteuerrecht

Frage 50: Sollte sich herausstellen, dass kein Liquiditätsengpass vorlag und der Zuschuss (anteilig) zurückzuzahlen ist, wie wäre dieser Betrag zu erfassen, wenn die Zahlung erst zum 10.01.2021 erfolgte.

Antwort: Die Gründe für die Rückzahlung und alle relevanten Informationen lagen bereits zum Bilanzstichtag den 31.12.2020 vor. Somit ist ein nicht begründeter Zuschussanspruch bzw. dessen Ertrag erfolgswirksam zu korrigieren und als sonstige Verbindlichkeit zu erfassen.

Frage 51: Ist ein zu Recht erhaltener Zuschuss steuerpflichtig?

Antwort: Die pandemiebedingte Soforthilfe ist ertragsteuerlich als Einkommen zu erfassen und unterliegt den möglichen Steuerarten der Einkommensteuer, Körperschaftsteuer und/oder Gewerbesteuer. Dies gilt aber nur für den Teil, der nicht zurückzuzahlen ist. Die Finanzverwaltung hat klargestellt, dass die Soforthilfe keinen steuerbaren Umsatz darstellt und somit nicht der Umsatzsteuer unterliegt.

Frage 52: Im Rahmen der Corona Krise hat der Gesetzgeber weitere verschiedene Corona-Hilfen verabschiedet (u.a. Überbrückungshilfen I–III, Novemberhilfe und Dezemberhilfe). Ab einer bestimmten Größenordnung sind diese zwingend über Steuerberater oder Wirtschaftsprüfer zu beantragen. Worin liegt der wesentliche Unterschied der Hilfen.

Antwort: Bei den Überbrückungshilfen handelt es sich um Fixkostenerstattungen. Ab einem bestimmten Umsatzausfall werden verschiedene Prozentsätze an betrieblichen Kosten erstattet. Bei der November- und Dezemberhilfe werden keine Fixkosten, sondern Anteile von Umsatzausfällen erstattet.

Frage 53: Neben Überbrückungshilfen ist auch Kurzarbeitergeld ein wesentliches Mittel, um die wirtschaftlichen Folgen der Corona-Krise einzudämmen. Wie erfolgt die bilanzielle Berücksichtigung.

Antwort: Mit Kurzarbeitergeld ist entsprechend wie mit Überbrückungshilfen zu verfahren. Kurzarbeitergeld wird grundsätzlich monatsweise beantragt und erstattet. Der Erstattungsanspruch ist in dem Jahr zu bilanzieren, in dem der Monat liegt, für den die Erstattung beantragt wird.

Frage 54: Sofern eine Korrektur der Erstattungsansprüche vorzunehmend ist und sich der Erstattungsbetrag reduziert, ist hierfür eine Rückstellung zu bilden?

Antwort: Nein. Der bilanzierte Vermögensgegenstand „Erstattungsanspruch" der sonstigen Vermögensgegenstände ist insoweit nicht werthaltig und zu korrigieren.

Ergänzungshinweis! Zum Redaktionsschluss diese Buchs war eine Verlängerung der Corona Schlussabrechnungen 2 bis längstens zum 30.09.2024 möglich. Die Überbrückungshilfe III Plus und IV sind im Schlussabrechnungspaket 2 endabzurechnen. In dem Jahresabschluss zum 31.12.2023 sind die Auswirkungen hieraus entweder als sonstiger Vermögensgegenstand oder Rückstellung zu passivieren. Eine Verbindlichkeit scheidet u.E. aus, da zu diesem Zeitpunkt regelmäßig kaum ein finaler Schlussabrechnungsbescheid vorliegen wird. Zumindest wenn die Firstverlängerung genutzt wird ist dies sehr unwahrscheinlich.
Sofern keine Schlussabrechnung erfolgt, ist die gesamte Förderung für diesen Zeitraum vollständig zurückzuzahlen.

7.2 22 Fälle zum Bilanzsteuerrecht

Fall 1: Die Firma W betreibt den Handel mit Baumaschinen. Sie steht in Geschäftsbeziehung mit der Firma K, die als Einkaufs- und Verkaufskommissionär für W tätig ist. Mitte Dezember 2023 kaufte die Firma K im eigenen Namen, aber für Rechnung der Firma W zwei Baumaschinen für je 40.000 € zuzüglich 7.600 € Umsatzsteuer. Die Maschinen standen noch am 31.12.2023 in der Lagerhalle der Firma K. Sie wurden Mitte Januar 2024 an die Firma W ausgeliefert. Gleichzeitig erhielt W von K die Rechnung über 80.000 € zuzüglich 15.200 € Umsatzsteuer. Die Firma W behandelte diesen Vorgang als Geschäftsvorfall des Wirtschaftsjahres 2023.
Gebucht wurde:
per Warenkonto   80.000 €
per Vorsteuerkonto   15.200 €   an   Bankkonto   95.200 €

Eine der beiden Maschinen war in der Lagerhalle der Firma K durch ein Unwetter am 29.12.2023 beschädigt worden, wovon W erst in 2024 erfuhr. Der Teilwert der Maschine betrug infolge der Wertminderung 35.000 €. Schadenersatzansprüche der Firma W gegen die Firma K bestehen nicht.

Aufgabe: Beurteilen Sie den Vorgang zum 31.12.2023 und geben Sie an, welche Auswirkungen Ihre Beurteilung auf das Jahr 2024 hat.

Lösung: Die beiden Baumaschinen sind zum 31.12.2023 mit insgesamt 75.000 € (40.000 € + 35.000 €) zu bilanzieren. Die Maschinen sind der Firma W bilanzsteuerrechtlich auf den Bilanzstichtag zum 31.12.2023 zuzurechnen, weil sie wirtschaftlicher Eigentümer ist; §§ 246 Abs. 1 Satz 2 HGB, 39 Abs. 2 Nr. 1 AO.

Bei der Einkaufskommission ist der Kommittent und nicht der Kommissionär wirtschaftlicher Eigentümer. Deshalb trägt auch die Firma W die Gefahr des zufälligen Unterganges und der zufälligen Verschlechterung der Maschinen. Die unbeschädigte Maschine ist mit ihren Anschaffungskosten von 40.000 € und die beschädigte Maschine kann gemäß § 5 Abs. 1 EStG i.S.d. § 6 Abs. 1 Nr. 2 EStG mit 35.000 € aktiviert werden. Hierbei ist es unerheblich, dass W von der Beschädigung erst im Wirtschaftsjahr 2024 erfahren hat. Es handelt sich insoweit um eine wertaufhellende und nicht um eine wertbeeinflussende Tatsache („Wertaufhellungstheorie"). Außerdem ist die Vorsteuer in Höhe von 15.200 € als noch nicht verrechenbare Vorsteuer auszuweisen.

Die Verbindlichkeit in Höhe von 95.200 € ist zu passivieren.
Die Buchung für das Jahr 2023 lautet deshalb wie folgt:

Warenbestand   75.000 €
Materialaufwand; § 275 Abs. 2 Nr. 5a HGB   5.000 €
noch nicht abziehbare Vorsteuer   15.200 €   an Verbindlichkeiten   95.200 €

Der Gewinn des Wirtschaftsjahres 2023 ist somit um 5.000 € zu mindern, weil sich der Aufwand dieses Jahres um 5.000 € erhöht. Durch die „Zweischneidigkeit" der Bilanz ergibt sich für das Wirtschaftsjahr 2024 eine Gewinnerhöhung von 5.000 €.

Fall 2: Die Ehegatten A und B sind je zu ½ Miteigentümer eines – zunächst – unbebauten Grundstücks. Der Ehemann A hat mit eigenen privaten Mitteln auf dem Grundstück – mit Zustimmung seiner Ehefrau – eine Lagerhalle für 100.000 € errichtet, die er ausschließlich betrieblich nutzt. A hat auf zivilrechtliche Ansprüche (§ 951 Abs. 1 BGB) verzichtet.

Aufgabe: Was hat bzw. darf A in seiner Bilanz (zu) aktivieren?

Abwandlung: Welche Lösung ergibt sich, wenn A nicht auf seine Ansprüche verzichtet hat?

7. Bilanzsteuerrecht

Lösung: A ist zu ½ Miteigentümer des Grundstücks und muss deshalb 50 % des Grund und Bodens und 50 % des Gebäudes als notwendiges Betriebsvermögen aktivieren (§§ 246 Abs. 1 HGB, 5 Abs. 1 S. 1 EStG). Der auf dem Miteigentumsanteil der Ehefrau errichtete Gebäudeteil steht nicht im zivilrechtlichen Eigentum des A. Diesen Gebäudeanteil kann der Ehemann auch nicht aktivieren. Da A nicht zivilrechtlicher Eigentümer ist, scheidet eine Aktivierung als materielles Wirtschaftsgut aus. Eine Aktivierung als wirtschaftlicher Eigentümer scheidet ebenfalls aus, weil A auf den zivilrechtlichen Anspruch auf Aufwendungsersatz verzichtet hat. Es liegt auch kein aktivierbares Nutzungsrecht vor, weil A die Aufwendungen zur Errichtung der Halle nicht aus einer betrieblichen, sondern aus einer privaten Veranlassung heraus getragen hat. In Höhe der aufgewendeten Baukosten handelt es sich deshalb um (Geld-)Entnahmen.

Lösung der Abwandlung: A ist zu ½ Miteigentümer des Grundstücks und muss deshalb 50 % des Grund und Bodens und 50 % des Gebäudes als notwendiges Betriebsvermögen aktivieren (§§ 246 Abs. 1 HGB, 5 Abs. 1 S. 1 EStG). Der auf dem Miteigentumsanteil der Ehefrau errichtete Gebäudeteil steht nicht im zivilrechtlichen Eigentum des A. Soweit zwischen den Ehegatten – wie hier – keine besonderen Vereinbarungen feststellbar sind, nach deren Inhalt der Unternehmer-Ehegatte die tatsächliche Herrschaft über die Gebäude in der Weise ausüben darf, dass er den Eigentümer-Ehegatten im Regelfall für die gewöhnliche Nutzungsdauer der Gebäude von der Einwirkung auf sie wirtschaftlich ausschließen kann (vgl. § 39 Abs. 2 Nr. 1 Satz 1 AO), kommt es nicht zu einem Auseinanderfallen von zivilrechtlichem und wirtschaftlichem Eigentum. Dem Unternehmer-Ehegatten steht in derartigen Fällen daher auch kein wirtschaftliches Eigentum an dem zivilrechtlich im Eigentum des Nichtunternehmer-Ehegatten stehenden Gebäude zu. A hat einen Bilanzposten zu bilden, der allein der typisierten Verteilung seines betrieblich bedingten Aufwands dient, der jedoch nicht einem Wirtschaftsgut gleichzustellen ist (s. Urteil des BFH vom 09.03.2016, X R 46/14); der Unternehmer-Ehegatte kann in dieser Bilanzposition keine stillen Reserven bilden.

Fall 3: Der Handwerksmeister F, der seinen Gewinn nach § 5 EStG ermittelt, ist Eigentümer eines bebauten Grundstücks mit einem gemeinen Wert von 100.000 €, das wie folgt genutzt wird:

Alternative	eigenbetrieblich %	fremdbetrieblich %	zu eigenen Wohnzwecken %
a)	80	–	20
b)	20	–	80
c)	–	60	40

Den fremdbetrieblich genutzten Grundstücksteil (vgl. Alternative c)) hat Fröhlich an den Rechtsanwalt und Notar N vermietet. Dies geschah deshalb, weil er die Räume erst später nach einer geplanten Betriebserweiterung für eigenbetriebliche Zwecke benötigt.

Aufgabe: Welche Bilanzierungsmöglichkeiten hat F in der Handels- und Steuerbilanz?

Lösung: Unterschiedliche Nutzungen und Funktionen eines Gebäudes führen zu besonderen Wirtschaftsgütern. Wenn ein Gebäude teils eigenbetrieblich, teils fremdbetrieblich, teils zu fremden Wohnzwecken, teils zu eigenen Wohnzwecken genutzt wird, liegen insgesamt vier verschiedene Wirtschaftsgüter vor; R 4.2 Abs. 4 EStR. Die Anschaffungs-/Herstellungskosten des gesamten Gebäudes sind nach dem Verhältnis der Nutzflächen aufzuteilen; R 4.2 Abs. 6 EStR. Der Ansatz in der Handelsbilanz folgt den oben genannten Grundsätzen, Beck BilKo 6. Aufl., § 253 Rz. 335.

Somit ergeben sich für F in der Handels- und Steuerbilanz folgende Bilanzierungsmöglichkeiten bzw. -verpflichtungen:

Zu a): Die eigenbetriebliche Nutzung des Grundstücks zu 80 % ist nicht von untergeordneter Bedeutung, sodass dieser Grundstücksteil als notwendiges Betriebsvermögen behandelt werden muss; R 4.2 Abs. 7 und 8 EStR. Obwohl das Grundstück zwar zu mehr als der Hälfte die Voraussetzungen zur Behandlung als Betriebsvermögen erfüllt, darf nicht das gesamte Grundstück als Betriebsvermögen behandelt werden; R 4.2 Abs. 10 S. 1 EStR; von der vereinfachenden Regelung der R 4.2 Abs. 1 S. 4 EStR sind Grundstücke und Grundstücksteile ausdrücklich ausgenommen. Die Verwendung zu eigenen Wohnzwecken gehört zum notwendigen Privatvermögen, R 4.2 Abs. 1 S. 5 EStR.

Zu b): Die eigenbetriebliche Nutzung zu 20 % ist nach § 8 EStDV von untergeordneter Bedeutung, da weder die Bruchteilsgrenze von einem Fünftel noch die absolute Wertgrenze von 20.500 €, abgestellt auf den Grund und Boden und den Gebäudeanteil (R 4.2 Abs. 8 S. 2 EStR), überschritten wird. Der eigenbetrieblich genutzte Grundstücksteil braucht damit nicht als Betriebsvermögen behandelt zu werden. Gleichwohl besteht die Möglichkeit, durch ein entsprechend auszuübendes Wahlrecht diesen Grundstücksteil als Betriebsvermögen auszuweisen; vgl. auch R 4.2 Abs. 8 EStR.

In jedem Fall stellen die Aufwendungen – einschließlich AfA – für den eigenbetrieblich genutzten Grundstücksteil Betriebsausgaben dar; vgl. R 4.7 Abs. 2 S. 4 EStR. Der eigenen Wohnzwecken dienende Grundstücksteil muss als notwendiges Privatvermögen behandelt werden, vgl. zu a).

Zu c): Die fremdbetriebliche Nutzung des Grundstücksteils ist nicht auf Dauer angelegt. Sie soll nur so lange bestehen bleiben, bis der Grundstücksteil für eigenbetriebliche Zwecke benötigt wird. Der zu 60 % fremdbetrieblich genutzte Grundstücksteil stellt betrieblichen Raumvorrat dar, der zu gegebener Zeit eigenbetrieblich genutzt werden soll. Dieser Grundstücksteil steht somit in einem gewissen objektiven Zusammenhang mit dem Handwerksbetrieb. Soweit die übrigen Voraussetzungen des R 4.2 Abs. 9 EStR erfüllt sind, kann dieser Grundstücksteil als gewillkürtes Betriebsvermögen behandelt werden. Eine Verpflichtung besteht jedoch dazu nicht. Hinsichtlich des selbstgenutzten Wohnraums gilt das zu a) Gesagte.

Fall 4: L betreibt ein Einzelhandelsgeschäft in gemieteten Räumen. Die monatliche Miete beträgt 6.000 €. Im Laufe des Jahres 2022 wurden in diesem Gebäude folgende Baumaßnahmen durchgeführt, deren Kosten von L getragen wurden:
a) Einbau eines Lastenaufzugs im Juni 2022 für 10.000 € zuzüglich 1.900 € Umsatzsteuer;
b) Einbau von Trennwänden im Mai 2022 für 6.000 € zuzüglich 1.140 € Umsatzsteuer;
c) erstmaliger Einbau einer Heizungsanlage im Januar 2022 für 20.000 € zuzüglich 3.800 € Umsatzsteuer.

Die Nutzungsdauer der eingebauten Wirtschaftsgüter beträgt jeweils 10 Jahre. Bei diesen Baumaßnahmen handelt es sich um Herstellungsaufwand. Der Mietvertrag endet am 31.12.2023. Eine Verlängerung des Mietvertrags ist ausdrücklich ausgeschlossen. Der Vermieter hatte gegen die von seiner Mieterin durchgeführten Baumaßnahmen keine Einwendungen, allerdings nur unter der Voraussetzung, dass die Mieterin bei Beendigung des Mietvertrags den alten Zustand wiederherstellt.

Aufgabe: Wie sind die Mietereinbauten in der Steuerbilanz 2022 von L zu behandeln? Der Gewinn des Jahres 2022 beträgt mehr als 200.000 €; die Höhe einer etwaigen Rückstellung ist nicht zu berechnen.

Lösung: Da die Mieterin L Leistungsempfängerin der Leistungen der Bauhandwerker ist, ist sie zum Abzug der in Rechnung gestellten Umsatzsteuer berechtigt.

Zu a) Lastenaufzug:
Lastenaufzüge sind gemäß H 7.1 „Betriebsvorrichtungen" EStH und nach dem übereinstimmenden Ländererlass betreffend Richtlinien für die Abgrenzung der Betriebsvorrichtungen als Betriebsvor-

7. Bilanzsteuerrecht

richtungen anzusehen. Folglich sind sie gemäß R 7.1 Abs. 3 S. 2 EStR bewegliche Wirtschaftsgüter des Anlagevermögens; vgl. auch Beck StE 1 § 7/1.

Dies gilt nach Nr. 3 des Mietereinbauten-Erlasses (vgl. Beck StE 1 § 7/1) auch, wenn der Mieter eine Betriebsvorrichtung einbaut. Es handelt sich insoweit nicht um einen Teil des Gebäudes, sondern um ein besonderes Wirtschaftsgut.

Die AfA berechnet sich demnach nach § 7 Abs. 1 EStG und beträgt bei einer Nutzungsdauer von 10 Jahren 10 %, also 1.000 €. Gem. § 7 Abs. 1 S. 4 EStG ist die AfA nur zeitanteilig mit $7/_{12}$ = 583 € zu gewähren.

Der Buchwert beträgt somit 10.000 € ./. 583 € = 9.417 €.

Als Reaktion auf die verschlechterte weltwirtschaftliche Lage sowie zur Bekämpfung der direkten Folgen der Pandemie für die Wirtschaft im Inland wurden im „Zweiten Gesetz zur Umsetzung steuerlicher Hilfsmaßnahmen zur Bewältigung der Corona-Krise" (Beschluss des Deutschen Bundestags vom 29.06.2020 (BT-Drs. 19/20332); Zustimmung des Bundesrats am 29.06.2020 (BR-Drs. 370/20) als steuerlicher Investitionsanreiz eine degressive Absetzung für Abnutzung wiedereingeführt.

Diese degressive AfA in Höhe von 25 %, höchstens jedoch dem 2,5-fachen der linearen Abschreibung wird für bewegliche Wirtschaftsgüter des Anlagevermögens (also nur bei Gewinneinkünften!) eingeführt, die in den Jahren 2020 und 2021 angeschafft oder hergestellt werden. Die degressive AfA kann (= Wahlrecht) nach einem unveränderlichen Prozentsatz vom jeweiligen Buchwert bzw. dem Restwert vorgenommen werden. Die Regelung des § 7 Abs. 2 EStG ist nach der allgemeinen Anwendungsregelung in § 52 Abs. 1 EStG erstmals für den Veranlagungszeitraum 2020 anzuwenden. Die degressive AfA kann bis zum Ende des Abschreibungszeitraums in Anspruch genommen werden. Durch das Vierte Gesetz zur Umsetzung steuerlicher Hilfsmaßnahmen zur Bewältigung der Corona-Krise (BT-Drs. 223/22) wurde die degressive Afa auch für das Jahr 2022 erweitert.

Danach kann L auch folgende AfA geltend machen:
10.000 € x 25 % (max. 25 % der AK) = 2.500 € zeitanteilig zu $7/_{12}$: 1.458 €; Buchwert also: 8.542 €.

Zu b) und c) Trennwände und Heizungsanlage:

Trennwände und Heizungsanlage sind keine Betriebsvorrichtungen. Es ist deshalb zu prüfen, ob es sich um Scheinbestandteile handelt (Beck StE 1 § 7/1 Nr. 2). Diese liegen vor, wenn (kumulativ):
1. die Nutzungsdauer der eingefügten Sachen länger als die voraussichtliche Mietdauer ist,
2. die eingefügten Sachen auch nach ihrem Ausbau nicht nur einen Schrottwert, sondern noch einen beachtlichen Wiederverwendungswert repräsentieren und
3. nach den gesamten Umständen damit gerechnet werden kann, dass die eingebauten Sachen später wieder entfernt werden.

Da im vorliegenden Fall die Nutzungsdauer der eingefügten Sachen nicht länger als die voraussichtliche Mietdauer (11 Jahre) ist, liegen keine Scheinbestandteile vor.

Als nächstes ist zu prüfen, ob die Mieterin wirtschaftliche Eigentümerin der eingebauten Sachen ist. Wirtschaftliches Eigentum liegt u.a. vor, wenn die eingebauten Sachen während der voraussichtlichen Mietdauer technisch oder wirtschaftlich verbraucht werden; Beck StE 1 § 7/1 Nr. 6. Dies ist hier der Fall.

L muss somit diese Wirtschaftsgüter als wirtschaftliche Eigentümerin aktivieren. Nach Beck StE 1 § 7/1 Nr. 10 handelt es sich um unbewegliche Wirtschaftsgüter des Anlagevermögens. Die AfA richtet sich nach H 7.4 „Mietereinbauten" EStH nicht nach § 7 Abs. 1 EStG, sondern nach den für Gebäude geltenden Grundsätzen. Hiernach ist die AfA nach § 7 Abs. 5a i.V.m. § 7 Abs. 4 S. 2 EStG und der tatsächlichen Nutzungsdauer auf 10 Jahre zeitanteilig abzuschreiben.

Die Buchwerte ermitteln sich wie folgt:

- **Trennwände**
  Die AfA beträgt gemäß § 7 Abs. 4 S. 2 EStG 10 % von 6.000 € = 600 € × 8/12 = 400 €. Buchwert also 5.600 €.
- **Heizungsanlage**
  AfA = 10 % von 20.000 €. Da die Fertigstellung bereits im Januar erfolgte, ist die volle Jahres-AfA anzusetzen. Buchwert somit 18.000 €.
- **Rückstellung**
  Neben diesen zu aktivierenden Aufwendungen hat L für die Verpflichtung (Entfernungsverpflichtung, Wiederherstellungsverpflichtung), den alten Zustand wiederherzustellen, eine Rückstellung für ungewisse Verbindlichkeiten zu bilden, § 249 Abs. 1 S. 1 HGB, § 5 Abs. 1 S 1 EStG. Die Kosten der Wiederherstellung sind nach den Verhältnissen des Bilanzstichtages und in gleichen Raten auf die restliche Laufzeit des Mietvertrages zu verteilen und abzuzinsen.

Fall 5: Wie wäre der Fall im Jahr 2024 zu beurteilen, wenn die Anschaffungen nicht im Jahr 2022, sondern einheitlich zum 01.07.2024 erfolgen?

Lösung: Der Gesetzgeber hat durch das Wachstumschancengesetz vom 27.03.2024, BGBl. 2024 I Nr. 108 beschlossen, dass die degressive Afa wieder eingeführt wird. Die degressive Abschreibung ist für bewegliche Wirtschaftsgüter des Anlagevermögens möglich, die zwischen dem 31.03.2024 und dem 01.01.2025 angeschafft wurden. Der Prozentsatz darf allerdings höchstens das zweifache des Prozentsatzes der linearen Afa betragen und 20 % nicht überschreiten. Im Hinblick auf den Lastenaufzug würde die lineare Afa 1.000 € p.a. betragen. 20 % der Anschaffungskosten betragen 2.000 €, wodurch das zweifache des Prozentsatzes der linearen Afa nicht überschritten wird. Pro rata temporis beträgt die zeitanteilige Afa $^6/_{12}$ des Werts von 2.000 €. Somit beträgt der anzusetzende Afa-Wert 1.000 €. Im Vergleich zur linearen Afa ergeben sich dadurch 500 € mehr Abschreibungsvolumen im Jahr 2024.

Fall 6: Der Gewerbetreibende S erwirbt am 01.07.2023 ein bebautes Grundstück. Baujahr des Gebäudes war 1989. Die Anschaffungskosten (AK) von 1.000.000 € entfallen zu 70 % auf den Grund und Boden und zu 30 % auf das noch gut erhaltene und brauchbare Gebäude.
Da der Steuerpflichtige das Grundstück jedoch erwarb, um es ausschließlich als Park- und Lagerplatz zu nutzen, lässt er das Gebäude noch im Juli 2023 abreißen. Die Abbruchkosten betragen netto 20.000 €. Die Kosten für die Herstellung der Hofbefestigung (keine Betriebsvorrichtung) betragen 500.000 €.

Frage: Welche Auswirkungen ziehen Anschaffung und Abbruch in der Steuerbilanz zum 31.12.2023 nach sich?

Lösung: Der Abbruch des Gebäudes steht im engen wirtschaftlichen Zusammenhang mit der Errichtung des Park- und Lagerplatzes. Da das Gebäude objektiv nicht wertlos war, gehören Restbuchwert und Abbruchkosten zu den Herstellungskosten (HK) des Parkplatzes. Vgl. H 6.4 „Abbruchkosten" Nr. 3 EStH.

Somit sind die anteiligen AK des Gebäudes sowie die Abbruchkosten, insgesamt 320.000 €, auf das Konto Parkplatz zu buchen (zuzüglich der HK von 500.000 € für die Hofbefestigung ergeben sich auf dem Konto Parkplatz insgesamt 820.000 €.). Der Parkplatz/die Hofbefestigung ist als eigenständiges Wirtschaftsgut getrennt vom Grund und Boden zu sehen, H 6.4 „Außenanlagen" EStH. Solche Wirtschaftsgüter gelten als unbewegliche Wirtschaftsgüter, wenn sie nicht ausnahmsweise Betriebsvorrichtungen sind, H 7.1 „Unbewegliche Wirtschaftsgüter ..." EStH. Die AfA ist gemäß § 7 Abs. 1 EStG über die betriebsgewöhnliche Nutzungsdauer nach den amtlichen AfA-Tabellen zu bemessen.

7. Bilanzsteuerrecht

Fall 7: Der Gewerbetreibende A tauscht eine von ihm hergestellte Maschine (Buchwert/Herstellungskosten 40.000 €, Verkehrswert 60.000 €) gegen den gebrauchten Lkw des Unternehmers X (Buchwert 1.000 €, Verkehrswert 45.000 €, Inzahlungnahme aber in Höhe von 50.000 €, Zuzahlung durch X in Höhe von 10.000 €) ein.

Frage: Wie hoch sind die steuerlichen Anschaffungskosten des Lkw für den A und für den X (die Umsatzsteuer soll außer Betracht bleiben)?

Lösung: Gemäß § 6 Abs. 6 S. 1 EStG bemessen sich die Anschaffungskosten des gebrauchten Lkw nach dem gemeinen Wert des hingegebenen Gegenstands, hier also der Maschine. A hat deshalb den erworbenen Lkw grundsätzlich mit dem Verkehrswert seiner weggegebenen Maschine zu aktivieren. Die von X geleistete Zuzahlung von 10.000 € – die sogenannte „Baraufgabe" – mindert allerdings die Anschaffungskosten des Lkw, sodass dieser in der Bilanz des A mit 50.000 € einzubuchen ist. A versteuert einen Gewinn aus der Veräußerung der Maschine von 20.000 € (= 60.000 € ./. Buchwert 40.000 €).

Ebenfalls unter Beachtung der Grundsätze des § 6 Abs. 1 S. 1 EStG betragen die Anschaffungskosten des X den gemeinen Wert des hingegebenen Lkw i.H.v. 45.000 € zuzüglich seiner geleisteten Zuzahlung i.H.v. 10.000 €, insgesamt also 55.000 €.

Fall 8: Am 16.11.2023 veranstaltete der Kaufmann C anlässlich der Eröffnung der neuen Ausstellungshalle einen Tag der offenen Tür. Dabei erhielten alle Besucher, die an diesem Tag Waren im Wert von mindestens 500 € (ohne Umsatzsteuer) gekauft hatten, eine Kiste mit 6 Flaschen italienischem Rotwein. Der Wein konnte trotz entsprechender Nachfrage ohne gleichzeitigen Wareneinkauf von den Kunden nicht käuflich erworben werden, obwohl dabei sicher ein Verkaufspreis von 120 € zuzüglich Umsatzsteuer/Kiste zu erzielen gewesen wäre. C hatte im Hinblick auf diese Aktion Anfang Oktober 2023 insgesamt 50 dieser Weinkisten für insgesamt 5.000 € zuzüglich 800 € Umsatzsteuer erworben. Am Tage der Eröffnung konnten 45 Kisten an Kunden übergeben werden.
5 Kisten hat C am 31.12.2023 noch auf Lager.

Frage: Welche Überlegungen ergeben sich für C in seiner Steuerbilanz auf den 31.12.2023?

Lösung: Die Weinkisten gehören bis zu ihrer Abgabe an Kunden zum Umlaufvermögen; § 247 Abs. 2 HGB, R 6.1 Abs. 2 EStR. Die Höhe der Anschaffungskosten ist dabei unerheblich. Insbesondere handelt es sich angesichts der Anschaffungskosten von weniger als 800 €/Stück nicht um geringwertige Wirtschaftsgüter i.S.d. § 6 Abs. 2 EStG, denn diese Regelung ist nur dem Anlagevermögen vorbehalten.

Soweit die Weinkisten an Kunden verschenkt worden sind, ist zu prüfen, ob es sich hierbei um Aufwendungen für Geschenke i.S.d. § 4 Abs. 5 Nr. 1 EStG handelt. Derartige Aufwendungen dürfen den Gewinn nicht mindern, wenn die Anschaffungs-/Herstellungskosten der dem jeweiligen Empfänger im Wirtschaftsjahr zugewendeten Gegenstände insgesamt 35 € übersteigen.

Dabei liegt ein Geschenk allerdings nur vor, wenn ein Steuerpflichtiger einem Geschäftsfreund ohne rechtliche Verpflichtung und ohne zeitlichen oder sonstigen unmittelbaren Zusammenhang mit einer Leistung des Empfängers Bar- oder Sachzuwendungen macht; R 4.10 Abs. 4 S. 4 EStR. In diesem Sinne liegt kein Geschenk, sondern eine Zugabe vor, weil die Zuwendung einer Weinkiste jeweils vom Wareneinkauf im Wert von 500 € abhängig war. Es handelt sich um einen Preisnachlass, der zwar nicht zur Minderung des Barkaufpreises führt, aber in der Form eines Sachwertes gewährt wird, denn aus der Sicht des C wird für mindestens 500 € Waren und eine Weinkiste geliefert.

Die Aufwendungen sind folglich auch ohne Beachtung besonderer Aufzeichnungspflichten i.S.d. § 4 Abs. 7 EStG als Betriebsausgaben abziehbar und der Vorsteuerabzug ist auch nicht nach § 15 Abs. 1a Nr. 1 UStG zu kürzen. Die Buchung als Werbeaufwand ist daher insoweit nicht zu beanstanden.

Die am 31.12.2023 noch vorhandenen Kisten sind als Umlaufvermögen mit den Anschaffungskosten (§ 6 Abs. 1 Nr. 2 EStG) zu bewerten; ein etwaiger gestiegener Teilwert ist nicht zu berücksichtigen.

> **Fall 9:** Am 15.12.2023 erhielt eine AG eine Anzahlung für eine Lieferung, die erst im Wirtschaftsjahr 2024 erfolgen soll, i.H.v. 34.800 €. Die AG hat eine ordnungsmäßige Rechnung erteilt.
>
> **Frage:** Was ist zu veranlassen?

Lösung: Auch Anzahlungen sind – genauso wie RAP – Vorleistungen im Rahmen eines schwebenden Vertrags. Die erhaltene Anzahlung führt bei der AG im Geschäftsjahr 2023 zu Einnahmen, es handelt sich aber um Erträge des Geschäftsjahres 2024. Da kein strenger Zeitraumbezug vorliegt, erfolgt kein Ansatz eines Rechnungsabgrenzungspostens. Die Rechtsgrundlage für die Passivierung von Anzahlungen liegt darin, dass in dem Passivposten die Verbindlichkeit auf Erbringung von Leistungen zum Ausdruck kommt. Der Ausweis erfolgt gemäß § 266 Abs. 3 C. 3. HGB unter „erhaltene Anzahlungen auf Bestellungen" i.H.v. 34.800 €.

Weiterhin ist in der Steuerbilanz die als Aufwand berücksichtigte Umsatzsteuer auf die am Abschlussstichtag erhaltene Anzahlung auszuweisen (§ 5 Abs. 5 S. 2 Nr. 2 EStG). Dieser Posten ist ein Aktivposten eigener Art, der hier als „aktivierte Umsatzsteuer auf Anzahlungen" i.H.v. 5.700 € zu aktivieren ist; Gegenkonto ist das Konto „Umsatzsteuerschuld". Handelsrechtlich besteht insoweit keine Aktivierungspflicht und auch kein Aktivierungswahlrecht.

> **Fall 10:** Kaufmann K wirbt im Dezember 2023 für ein neues Produkt. Die Kosten der Anzeigen belaufen sich auf 3.000 € zuzüglich 480 € Umsatzsteuer. Davon zieht K in 2023 1.500 € als Betriebsausgabe und 285 € als Vorsteuer ab. Eine Rechnung geht K noch im kalendergleichen Wirtschaftsjahr 2023 zu. Für die weiteren 1.500 € zuzüglich der Umsatzsteuer bildet K einen Rechnungsabgrenzungsposten, weil die Werbemaßnahme bis in den Januar 2024 wirkt und für entsprechende Umsätze sorgt.
>
> **Frage:** Welche Auswirkungen ergeben sich auf den steuerlichen Gewinn 2023, wenn K nur steuerpflichtige Umsätze nach dem UStG ausführt?

Lösung: Eine aktive Rechnungsabgrenzung kommt nach § 5 Abs. 5 S. 1 Nr. 1 EStG nicht in Betracht, weil die Ausgaben keine bestimmte Zeit nach dem Bilanzstichtag betreffen, sondern sich auf einen unbestimmten Zeitraum auswirken. Die Werbemaßnahme kann über den Januar 2023 hinaus wirken und auch noch nach diesem Zeitraum Umsätze generieren. Die 3.000 € für die Anzeigen in 2023 sind insgesamt in 2023 als Betriebsausgabe abzugsfähig.

Ebenso ist die gesamte dem K in Rechnung gestellte Umsatzsteuer bei ihm als Vorsteuer im Kalenderjahr 2023 abzugsfähig, da die gesetzlichen Voraussetzungen des § 15 Abs. 1 Nr. 1 UStG vorliegen. Eine Auswirkung auf den Gewinn des K ergibt sich hieraus jedoch nicht.

> **Fall 11:** Durch einen Schaden im Getriebe, der durch unsachgemäße Behandlung eines Arbeitnehmers verursacht wurde, kann eine Baumaschine seit Juni des laufenden Geschäftsjahres nur noch in einer Fahrstufe gefahren werden. Da die Maschine für anstehende Bauarbeiten gebraucht wird, soll der Schaden im folgenden Jahr behoben werden. Die Kosten für die Reparatur werden zutreffend auf etwa 20.000 € geschätzt. Die Reparatur wird von einer Fremdfirma:
> - **Alternative 1:** im Januar des folgenden Wirtschaftsjahrs vorgenommen,
> - **Alternative 2:** im Mai des folgenden Wirtschaftsjahrs vorgenommen.
>
> **Frage:** Wie ist der Sachverhalt bilanzsteuerlich zu behandeln?

7. Bilanzsteuerrecht

Lösung: Die erforderliche Reparatur der Maschine wurde im laufenden Geschäftsjahr unterlassen, obwohl der Verschleiß (und damit die Verursachung der zukünftigen Aufwendungen) diesem Geschäftsjahr zuzurechnen ist. Da die Aufwendungen im folgenden Geschäftsjahr nachgeholt werden, ist gemäß § 249 Abs. 1 S. 2 Nr. 1 HGB in der ersten Alternative handelsrechtlich zwingend eine Rückstellung für unterlassene Rückstellungen zu bilden. In der zweiten Alternative ist die Bildung einer Rückstellung in der Handelsbilanz unzulässig.

Steuerlich ist eine Rückstellung für unterlassene Instandhaltung ebenfalls nur zulässig, wenn die Instandhaltungsarbeiten innerhalb von drei Monaten nach dem Bilanzstichtag nachgeholt werden (vgl. R 5.7 Abs. 11 S. 1 EStR). Die handelsrechtliche Passivierungspflicht führt in der ersten Alternative wegen der Maßgeblichkeit der Handelsbilanz für die Steuerbilanz zu einer steuerlichen Passivierungspflicht einer Rückstellung in Höhe von 20.000 €. Da die Reparatur nicht zu Herstellungskosten, sondern zu sofort abzugsfähigem Aufwand führt, ist die Rückstellungsbildung auch nicht nach § 5 Abs. 4b EStG ausgeschlossen. Für die unterlassene Instandhaltung, die nicht innerhalb von drei Monaten nach dem Bilanzstichtag nachgeholt wird (Alternative 2), darf auch in der Steuerbilanz keine Rückstellung gebildet werden.

> **Fall 12:** Die F AG (große Kapitalgesellschaft) kaufte zum 01.04.2023 das Einzelunternehmen P. Für den Geschäfts- und Firmenwert wurde zweifelsfrei ein Betrag von 150.000 € bezahlt. Nach Berücksichtigung aller Umstände kann – nach einer verlässlichen Schätzung – von einer Nutzungsdauer von 5 Jahren ausgegangen werden.
>
> **Frage:** Wie ist der Sachverhalt zu behandeln?

Lösung: Seit Inkrafttreten des Bilanzrechtsmodernisierungsgesetzes vom 25.05.2009 (BGBl I 2009, 1102) regelt § 246 Abs. 1 Satz 4 HGB, dass der entgeltlich erworbene Geschäfts- oder Firmenwert als zeitlich begrenzt nutzbarer Vermögensgegenstand aktiviert werden muss. Durch das Bilanzrichtlinie-Umsetzungsgesetz (BilRUG) vom 17.07.2015 (BGBl I 2015, 1245) wird die Abschreibung für immaterielle Vermögenswerte neu geregelt. Gem. § 253 Abs. 3 Sätze 3 und 4 HGB in der Fassung vom 31.08.2015 gilt folgende Regelung: Kann in Ausnahmefällen die voraussichtliche Nutzungsdauer eines selbst geschaffenen immateriellen Vermögensgegenstands des Anlagevermögens nicht verlässlich geschätzt werden, sind planmäßige Abschreibungen auf die Herstellungskosten über einen Zeitraum von zehn Jahren vorzunehmen. Dies gilt auch für einen entgeltlich erworbenen Geschäfts- oder Firmenwert. Lässt sich die Nutzungsdauer verlässlich schätzen (im vorliegenden Fall also 5 Jahre), so ist diese zugrunde zu legen.

Die Abschreibung 2023 beträgt 150.000 € : 5 Jahre × $9/12$ = 22.500 €. Der Wert am 31.12.2023 beträgt in der Handelsbilanz demnach 127.500 €.

Eine Abschreibung über einen über fünf Jahre hinausgehenden Zeitraum, sofern sie innerhalb der individuellen betrieblichen Nutzungsdauer bleibt, wäre im Anhang anzugeben und nachvollziehbar zu begründen gewesen; § 285 Nr. 13 HGB.

In der Steuerbilanz ist der entgeltlich erworbene Geschäfts- und Firmenwert mit den Anschaffungskosten anzusetzen (kein Wahlrecht) und um die planmäßige lineare AfA zu vermindern; § 7 Abs. 1 S. 3 EStG. Als Nutzungsdauer gilt nach der gesetzlichen Vermutung ein Zeitraum von 15 Jahren. Im Jahr 2023 ist die Abschreibung für Abnutzung zeitanteilig gemäß § 7 Abs. 1 S. 4 EStG zu berücksichtigen. Die AfA 2023 beträgt somit 150.000 € : 15 Jahre × $9/12$ = 7.500 €. Der Wert am 31.12.2023 beträgt in der Steuerbilanz demnach 142.500 €.

Eine degressive AfA kann nicht vorgenommen werden.

Nach § 274 HGB durch das BilMoG basiert die Abgrenzung latenter Steuern nicht mehr – wie früher – auf einem an der Gewinn- und Verlustrechnung orientierten Konzept (timing-Konzept), bei dem das handelsrechtliche und das steuerrechtliche Ergebnis einander gegenübergestellt werden, sondern auf dem bilanzorientierten Konzept, bei dem die unterschiedlichen Wertansätze in Handels- und Steuerbilanz miteinander verglichen werden (temporary-Konzept). Bestehen zwischen den handelsrechtlichen Wertansätzen von Vermögensgegenständen, Schulden und Rechnungsabgrenzungsposten und ihren steuerlichen Wertansätzen Differenzen, die sich in späteren Geschäftsjahren voraussichtlich abbauen, so ist eine sich daraus ergebende Steuerbelastung als passive latente Steuern in der Bilanz anzusetzen (§ 274 Abs. 1 Satz 1 HGB).

Diese Voraussetzungen sind vorliegend erfüllt. Die Differenz zwischen der Handelsbilanz und der Steuerbilanz beträgt 15.000 €. Für diesen Betrag tritt vorliegend allerdings eine latente Steuerentlastung ein, die als aktive latente Steuern (§ 266 Abs. 2 D.) in der Bilanz angesetzt werden kann.

> **Fall 13:** Der freiberuflich tätige Orthopäde Meier kauft zum 01.01. eines Jahres die Praxis eines in den Ruhestand gehenden Berufskollegen für 200.000 €. Die Parteien einigen sich auf die Aufteilung des Kaufpreises wie folgt:
> Praxiswert: 180.000 €
> Materielles Anlagevermögen: 15.000 € (darin Röntgengerät: 10.000 €, Empfangstheke: 5.000 €
> Verbrauchsmaterialien: 5.000 €
> Der kaufende Arzt ermittelt seinen Gewinn nach § 4 Abs. 3 EStG und hat einen Gewinn von 400.000 €. Die Restnutzungsdauer der materiellen Wirtschaftsgüter beträgt 5 Jahre.
>
> **Frage:** Wie wirkt sich die Anschaffung in der Gewinnermittlung des kaufenden Arztes aus?

Lösung: Grundsätzlich ist der Kaufpreis für die Praxis aufzuteilen. Trotz der Gewinnermittlung nach § 4 Abs. 3 EStG sind die Anschaffungskosten nicht sofort abzugsfähig (§ 4 Abs. 3 S. 3 EStG: „... die Vorschriften über die Absetzung für Abnutzung sind zu beachten..."). Anders als bei gewerblichen Unternehmen spricht man im vorliegenden Fall nicht von einem Geschäfts- oder Firmenwert, sondern von einem Praxiswert (zur Abgrenzung siehe: BFH vom 13.03.1991, I R 83/89, BStBl. 1991, 595). Die betriebsgewöhnliche Nutzungsdauer beträgt drei bis fünf Jahre.

Das materielle Anlagevermögen ist in zwei Posten (Röntgengerät und Empfangstheke) separat zu aktivieren und über die angegebene Restnutzungsdauer von fünf Jahren abzuschreiben. In Abhängigkeit des Jahres der Anschaffung wäre die degressive Afa zu prüfen. Eine Sonderabschreibung nach § 7 g Abs. 5 EStG scheidet aus, da die Gewinngrenze von 200.000 € überschritten ist.

Das Verbrauchsmaterial ist sofort abzugsfähige Betriebsausgabe, da es nicht als Vorratsvermögen bei einer Gewinnermittlung nach § 4 Abs. 3 EStG bilanziert werden kann.

> **Zusatzfrage:** Wie wäre die Lösung, wenn nur die Vertragsarztzulassung übernommen wird?

Lösung: Die Vertragsarztzulassung ist mangels Abnutzung kein abschreibungsfähiges Wirtschaftsgut (BFH vom 21.02.2017, VIII R 56/14, BStBl. II 2017, 694).

7. Bilanzsteuerrecht

Fall 14: Beurteilen Sie, ob bei folgenden Geschäftsvorfällen der Metallwaren GmbH bezogen auf den Monat Februar des laufenden Jahres Auszahlungen, Ausgaben, Aufwendungen und/oder Kosten vorliegen.

a) Die am 12. Dezember des Vorjahres gelieferten Schrauben wurden wegen eines Liquiditätsengpasses erst am 17. Februar durch einen Scheck über 13.200 € bezahlt.

b) Das Gehalt des Geschäftsführers für den Monat Februar i.H.v. 17.500 € wurde am 27. Februar überwiesen.

c) Im Oktober des Vorjahres wurden 1.200 Stück Rohbleche zum Durchschnittspreis von 3,20 € pro Stück gekauft und eingelagert. Im Februar werden davon 400 Stück verbraucht. Der kalkulatorische Verrechnungspreis für diesen Artikel liegt bei 3,50 € pro Stück.

d) Am 14. Februar lieferte die Eisen & Stahl AG Winkeleisen im Wert von 8.500 €. Die Rechnung wurde am 28. Februar nur teilweise per Überweisung beglichen: Ende Februar besteht aus dieser Lieferung noch eine Verbindlichkeit i.H.v. 3.500 €. Die Winkeleisen liegen Ende Februar noch auf Lager.

e) Am 2. Februar wurde für 180.000 € ein neuer Lkw angeschafft. Vereinbarungsgemäß wurden 60.000 € am 10. Februar bezahlt; der Rest soll erst im April. beglichen werden. Die monatlichen bilanziellen Abschreibungen betragen linear 1.500 €. Der Ermittlung der Abschreibungen in der Kostenrechnung liegt eine achtjährige Nutzungsdauer zugrunde.

f) Die kalkulatorischen Wagnisse wurden im Februar mit 2.400 € verrechnet. Tatsächlich sind keine Risiken betreffend das Anlage- und Umlaufvermögen eingetreten.

Lösung:

Sachverhalt	Auszahlung (€)	Ausgabe (€)	Aufwand (€)	Kosten (€)
a)	13.200	0	0	0
b)	17.500	17.500	17.500	17.500
c)	0	0	1.280	1.400
d)	5.000	8.500	0	0
e)	60.000	180.000	1.500	1.875
f)	0	0	0	2.400

Fall 15: Der buchführungspflichtige Einzelunternehmer A bildet im Jahr 2023 einen Investitionsabzugsbetrag gemäß § 7g Abs. 1 EStG für die Anschaffung eines neuen Pkw i.H.v. 30.000 € (50 % der erwarteten Anschaffungskosten von 60.000 €). Die Voraussetzungen des § 7g Abs. 1 S. 2 Nr. 2 EStG hat A erfüllt. Im Januar 2023 erwirbt A den Pkw für 60.000 €. Der Gewerbesteuerhebesatz beträgt 440 %.

Frage: Wie ist dieser Sachverhalt in den Jahren 2023 und 2024 zu würdigen? Unterstellen Sie, dass der Investitionsabzugsbetrag frühestmöglich wieder hinzugerechnet werden soll. A möchte die degressive AfA und die AfA nach § 7g Abs. 5 EStG nicht in Anspruch nehmen.

Zusatzfrage: Welche Folgen ergäben sich, wenn A keine Investitionen bis zum Ende des Jahres 2025 vornehmen würde?

Lösung:
2023:
Die Bildung eines Investitionsabzugsbetrags bleibt im Handelsrecht unberücksichtigt. Allerdings ist eine Rückstellung für passive latente Steuern zu bilden (keine Passive latente Steuer gemäß § 274 HGB). Diese ermittelt sich wie folgt:

Investitionsabzugsbetrag gemäß § 7g Abs. 1 EStG	30.000 €
x Steuersatz 15,4 % (= 440 % × 3,5 %)	15,4 %
= Rückstellung für passive latente Steuern	**4.620 €**

In der Steuerbilanz erfolgt im Jahr 2023 keine Bilanzierung des Investitionsabzugsbetrags gemäß § 7g Abs. 1 EStG. Die Bildung erfolgt rein außerbilanziell. Allerdings ist die handelsrechtliche Rückstellung für passive latente Steuern auch für die Steuerbilanz maßgeblich (§ 5 Abs. 1 EStG), da es sich um eine Rückstellung gemäß § 249 HGB handelt und nicht um einen Sonderposten eigener Art gemäß § 274 HGB. Zu beachten ist, dass dieser Steueraufwand als nicht abzugsfähige Betriebsausgabe bei der Steuerermittlung wieder hinzuzurechnen ist.

2024:

Der gemäß § 7g Abs. 1 EStG gebildete Betrag kann gemäß § 7g Abs. 2 S. 1 EStG außerbilanziell hinzuzurechnen werden. Dies soll nach der Aufgabenstellung auch im Jahr 2024 erfolgen. Da sich im Jahr 2023 gebildete Investitionsabzugsbeträge nicht mehr konkret auf ein Wirtschaftsgut beziehen (müssen), hätte dieser auch weiter fortgeführt werden können.

Gemäß § 7g Abs. 2 S. 2 EStG können (= Wahlrecht) im Jahr 2024 die 30.000 € gewinnmindernd von den Anschaffungskosten abgesetzt werden. Analog mindert sich die Abschreibungsbemessungsgrundlage für den Pkw. Es ergibt sich folgende Entwicklung:

Steuerbilanzielle Anschaffungskosten (vorläufig)	60.000 €
./. bilanzielle Abschreibung gemäß § 7g Abs. 2 S. 2 EStG	./. 30.000 €
= Steuerbilanzielle Anschaffungskosten	**30.000 €**
./. planmäßige Abschreibung (Nutzungsdauer: 6 Jahre, degressive AfA möglich, aber nicht gewollt)	./. 5.000 €
= Restbuchwert zum 31.12.2024	**25.000 €**

Nach der Aufgabenstellung will A die Sonderabschreibung des § 7g Abs. 5 EStG (40 % von 50.000 €), die neben der Abschreibung nach § 7 Abs. 1 EStG möglich wäre, nicht in Anspruch nehmen.

Zusammenfassung des steuerlichen Gewinneffekts 2024

Bilanzielle Gewinnminderung	./. 35.000 €
Außerbilanzielle Erhöhung	30.000 €

In der Handelsbilanz ergibt sich folgende Berücksichtigung:

Handelsbilanzielle Anschaffungskosten	60.000 €
./. planmäßige Abschreibung (Nutzungsdauer: 6 Jahre)	./. 10.000 €
= Restbuchwert zum 31.12.2024	**50.000 €**

Durch die außerbilanzielle Rückgängigmachung des Investitionsabzugsbetrags gemäß § 7g Abs. 2 S. 1 EStG ist die Rückstellung für passive latente Steuern aufzulösen. Der Steuereffekt aus dem nicht gleichlaufenden handels- und steuerbilanziellen Abschreibungslauf ist nicht im Rahmen einer Rückstellung für passive latente Steuern zu berücksichtigen. Dies gilt durch das Maßgeblichkeitsprinzip auch für die Steuerbilanz. Die Gewinnerhöhung aus der Auflösung der Steuerrückstellung ist im Rahmen der Steuerermittlung ebenfalls zu neutralisieren.

Lösung der Zusatzfrage: Nach § 7g Abs. 3 EStG ist die Veranlagung des Abzugsjahres zu korrigieren, d.h. der Investitionsabzugsbetrag ist rückgängig zu machen. Gründe dafür sind:
- die geplante Investition, für die ein Investitionsabzugsbetrag in Anspruch genommen wurde, unterbleibt innerhalb des dreijährigen Investitionszeitraums oder
- der beanspruchte Investitionsabzugsbetrag übersteigt 50 % der tatsächlichen Anschaffungs- oder Herstellungskosten oder

7. Bilanzsteuerrecht

- die freiwillige Rückgängigmachung eines Investitionsabzugsbetrages (BMF vom 20.11.2013, BStBl I 2013, 1493, Rz. 55).

Das gilt selbst für den Fall, dass der Gewinn des maßgebenden Wirtschaftsjahres bereits einer Steuerfestsetzung oder einer gesonderten Feststellung zugrunde gelegt wurde. In diesem Fall ist der entsprechende Steuer- oder Feststellungsbescheid, selbst wenn dieser bereits bestandskräftig geworden sein sollte, insoweit zu ändern. Die Festsetzungsfrist endet nicht, bevor die Festsetzungsfrist für den Veranlagungszeitraum abgelaufen ist, in dem das dritte auf das Wirtschaftsjahr des Abzugs folgende Wirtschaftsjahr endet (§ 7g Abs. 3 Satz 2 und 3 EStG). Die Rückgängigmachung von Investitionsbeträgen nach 7g EStG stellt ein rückwirkendes Ereignis dar (§ 175 Abs. 1 Satz 1 Nr. 2 und Abs. 2 AO). Als Folge kann sich eine Verzinsung der daraus resultierenden Steuernachforderung gemäß § 233a AO ergeben.

Investitionsabzugsbeträge sind grundsätzlich bis zum Ende des dritten auf das Wirtschaftsjahr des jeweiligen Abzuges folgenden Wirtschaftsjahres für begünstigte Investitionen zu verwenden. Andernfalls sind sie rückgängig zu machen (§ 7g Abs. 3 S. 1 EStG). Für in 2017 abgezogene Beträge stellt sich gegebenenfalls das Problem, dass infolge der sog. Corona-Krise nicht wie geplant in 2020 investiert werden kann. In der Folge sind die betreffenden Investitionsabzugsbeträge rückgängig zu machen und die daraus resultierenden Steuernachforderungen gemäß § AO § 233a AO zu verzinsen. Zur Vermeidung steuerlicher Nachteile infolge coronabedingter Investitionsausfälle wurden die in 2020 endenden Fristen für die Verwendung von Investitionsabzugsbeträgen nach § 7g EStG **um ein Jahr auf vier Jahre verlängert**. Dadurch hatten Steuerpflichtige, die in 2020 investieren wollen, aber wegen der Corona-Krise nicht investieren konnten, die Gelegenheit, die Investition in 2021 ohne negative steuerliche Folgen (Rückgängigmachung, Verzinsung der Steuernachforderung) nachzuholen.

> **Hinweis!** Die Frist für Investitionsabzugsbeträge, deren dreijährige oder auf vier Jahre verlängerte Investitionsfrist 2021 ausläuft, wurde durch das Gesetz zur Modernisierung des Körperschaftsteuerrechts um ein Jahr auf vier bzw. fünf Jahre verlängert (§ 52 Abs. 16 Sätze 3 und 4 EStG). Aufgrund der anhaltenden Auswirkungen der Corona Pandemie wurde diese Frist durch das Vierte Gesetz zur Umsetzung steuerlicher Hilfsmaßnahmen zur Bewältigung der Corona-Krise, für steuerliche Investitionsabzugsbeträge nach § 7g EStG, die in 2022 auslaufen, um ein weiteres Jahr verlängert.

Mit seinem Schreiben vom 15.06.2022, IV C 6 – S-2139b/21/10001 :001 äußert sich das BMF zu Zweifelsfragen zu den Investitionsabzugsbeträgen nach § 7g Abs. 1 bis 4 und 7 EStG in der Fassung des JStG 2020.

> **Fall 16:** Für das Jahr 2021 findet eine Betriebsprüfung statt. Die entsprechende Steuerfestsetzung erfolgt im Jahr 2022. Der Steuerpflichtige möchte zur Milderung der steuerlichen Mehrergebnisse einen Investitionsabzugsbetrag für das Jahr 2021 bilden. Der Antrag erfolgt am 01.03.2023 für eine im Jahr 2022 angeschaffte Maschine von netto 40.000,00 €.

Lösung: Das BMF-Schreiben zu Zweifelsfragen zu den Investitionsabzugsbeträgen nach § 7g Abs. 1 bis 4 und 7 EStG in der Fassung des JStG 2020 (BMF vom 15.06.2022, IV C 6 - S-2139b/21/10001 :001) äußert sich in Rz. 25 zu dieser Frage. Nach Auffassung der Finanzverwaltung ist die Bildung des Investitionsabzugsbetrags für das Jahr 2021 nicht mehr möglich, da das betreffende Wirtschaftsgut zum Zeitpunkt der Beantragung bereits angeschafft war. Das Wirtschaftsgut müsste vielmehr nach dem Zeitpunkt der Beantragung bis zum Ende des Investitionszeitraums angeschafft werden. In diesem Fall, wäre ein Investitionsabzugsbetrag von bis zu 20.000,00 € (entspricht 50 % der Anschaffungskosten) möglich.

Ein Steuerpflichtiger kann die Anteile der betrieblichen und der außerbetrieblichen Nutzung eines PKW, für den er einen Investitionsabzugsbetrag und eine Sonderabschreibung nach § 7g EStG in Anspruch genommen hat, nicht nur durch ein ordnungsgemäßes Fahrtenbuch, sondern auch durch andere Beweismittel nachweisen (BFH Urteil vom 16.3.2022, VIII R 24/19).

Fall 17: Bezugnehmend auf Frage 15 unterstellen Sie bitte, dass es sich um ein Einzelunternehmen handelt und die begünstigte Investition tatsächlich in der zulässigen Antragsfrist erfolgt und es sich um einen PKW handelt (keine LKW-Zulassung), der vom Betriebsinhaber selbst genutzt wird. Worauf ist zu achten?

Lösung: Grundsätzlich ist die Bildung eines Investitionsabzugsbetrags nur zulässig, wenn das betreffende Wirtschaftsgut ausschließlich oder fast ausschließlich betrieblich genutzt wird. Die betriebliche Nutzung ist laut Auffassung der Finanzverwaltung dann gegeben, wenn mittels Fahrtenbuch eine mindestens 90 %-ige Nutzung nachgewiesen wird. Hierzu nahm der BFH mit Urteil vom 16.03.2022, VIII R 24/19 Stellung. Demnach kann der Steuerpflichtige auch durch andere Beweismittel den Nachweis der geforderten betrieblichen Nutzung führen. So konnte durch Auflistungen von betrieblichen Terminen sowie Zeugenaussagen ein alternativer Nachweis geführt werden. Die Fahrtenbuchregelung gilt de jure nur für die Ermittlung des Eigenverbrauchs und nicht für Zwecke der betrieblichen Nutzung i.S.d. § 7G Abs. 4 EStG. Zu beachten ist allerdings, dass es keine klare Aussage gibt, welche alternativen Beweismittel in welchem Umfang für die Nachweisführung ausreichend sind. Somit ist das Urteil aus Sicht des Steuerpflichtigen zu begrüßen, allerdings bringt es keine abschließende Rechtssicherheit. Die Finanzverwaltung konkretisiert in Rz. 43 des BMF-Schreibens zu § 7g EStG lediglich, dass ohne weitere Nachweis bei Anwendung der 1 % Regelung, die zweifelsfrei eine ausschließliche oder fast ausschließlich Nutzung dokumentieren, von einer schädlichen Verwendung auszugehen ist. Im Ergebnis durfte jedoch auch in diesem Fall der Investitionsabzugsbetrag von maximal 20.000,00 € gebildet werden.

Mit dem Vierten Gesetz zur Umsetzung steuerlicher Hilfsmaßnahmen zur Bewältigung der Corona-Krise vom 19.06.2022 (BGBl I 2022, 911) wurden die Investitionsfristen für steuerliche Investitionsabzugsbeträge nach § 7g EStG, die in 2022 auslaufen, um ein weiteres Jahr verlängert.

Für die Erfüllung der Nutzungsvoraussetzungen des § 7g Abs. 4 S. 1, Abs. 6 Nr. 2 EStG genügt es in Fällen, in denen der Betrieb im Jahr nach der Anschaffung oder Herstellung des begünstigten Wirtschaftsguts aufgegeben wird, wenn das Wirtschaftsgut nicht für ein volles Kalenderjahr bzw. einen vollen Zwölf-Monats-Zeitraum nach dem Wirtschaftsjahr seiner Anschaffung oder Herstellung, sondern lediglich während des mit der Betriebsaufgabe endenden Rumpfwirtschaftsjahres in einer inländischen Betriebsstätte des Betriebs ausschließlich oder fast ausschließlich betrieblich genutzt wird (BFH Urteil vom 28.07.2021, X R 30/19).

Fall 18: Wie verhält es sich in Bezug auf Frage 16, wenn der PKW im Rahmen der Investitionsfrist angeschafft wurde und der Betrieb im Folgejahr zum 30.09. geschlossen wurde.

Lösung: Fraglich ist, ob die Regelung des § 7b Abs. 4 S. 1 EStG eingehalten wurde, wonach das Wirtschaftsgut auf das bis zum Ende des auf die Anschaffung folgenden Wirtschaftsjahres ausschließlich oder fast ausschließlich betrieblich genutzt werden muss. Auch hierzu hat der BFH mit Urteil vom 28.07.2021, X R 30/19 Stellung genommen. Hiernach sind die Voraussetzungen des § 7g Abs. 4 S. 1 EStG auch erfüllt, wenn das Wirtschaftsgut bis zum Ende des durch die Betriebseinstellung resultierenden Rumpfwirtschaftsjahres genutzt wird. Dies wurde von der Finanzverwaltung in Rz. 39 des BMF-Schreibens zu § 7g EStG übernommen.

7. Bilanzsteuerrecht

Fall 19: Unternehmer A kauft im Rahmen seiner GmbH ein denkmalgeschütztes Gebäude aus dem Baujahr 1900. Es handelt sich um ein altes Eichwerk. Das Gebäude hat zwei Etagen mit jeweils 100qm. Die auf das Gebäude entfallenden Anschaffungskosten betragen 1.000.000 €. Zusätzlich verwendet der Erwerber 238.000 € brutto (inklusive 19 % USt) für Renovierungskosten (keine baustatisch relevanten Leistungen; ebenso keine typischerweise jährlich anfallenden Aufwendungen). Das renovierte Objekt soll im EG an eine Kinderarztpraxis und im 1. OG an eine Rechtsanwaltspraxis vermietet werden.

Frage: Wie ist das Gebäude bilanzrechtlich zu erfassen? Bestehen Gestaltungsmöglichkeiten?

Lösung: Der auf das Gebäude entfallende Kaufpreis ist mit 1.000.000 € in der Handels- und Steuerbilanz zu aktivieren (§ 246 HGB i.V.m. § 5 EStG). Gemäß § 6 Abs. 1 S. 1 Nr. 1a EStG sind die Renovierungskosten zusätzlich zu aktivieren, da diese 15% der Gebäudeanschaffungskosten überschreiten. Maßgebend sind die Nettoanschaffungskosten (§ 9b EStG).

Sofern die Voraussetzungen des § 7i EStG eingehalten sind (Bescheinigung der zuständigen Landesbehörde), kann der Steuerpflichtige 9 % als Abschreibungssatz geltend machen.

Sofern der Unternehmen zur umsatzsteuerpflichtigen Vermietung optiert (§ 9 Abs. 1 UStG), kann er die Umsatzsteuer als Forderung gegenüber dem Finanzamt geltend machen. Dann betragen die Anschaffungskosten 1.200.000 €. Eine Option zur Umsatzsteuer ist bei einer ansonsten gemäß § 4 Nr. 12 UStG steuerfreien Vermietung allerdings nur dann möglich, wenn der Mieter ebenfalls Umsätze ausführt, die nicht den Vorsteuerabzug ausschließen. Dies ist grundsätzlich nur bezüglich des Rechtsanwalts möglich, da ein Kinderarzt grundsätzlich umsatzsteuerfreie Leistungen gemäß § 4 Nr. 14 UStG erzielt. Allerdings sind Altbauten i.S.d. § 27 Abs. 2 Nr. 3 UStG (Errichtung vor dem 11.11.1993) von diesem Erfordernis ausgeschlossen. Zu beachten ist, dass die Baumaßnahmen nicht dazu führen dürften, dass es sich um einen Neubau handelt. Sofern keine statisch relevanten Bauteile fundamental geändert werden liegt weiterhin ein Altbau vor. Auch die Funktionsänderung in eine Arztpraxis mit zeitgemäß hergerichteten Räumen stellt keine Wesensänderung dar (vgl. BFH vom 05.06.2003, V R 32/02, FG Berlin-Brandenburg vom 19.12.2018, 7 K 7157/15, rkr.).

Fall 20: Immer mehr Unternehmen erwerben Elektro- oder Hybridfahrzeuge. Angenommen ein Steuerpflichtiger erwirbt ein Hybrid-Kfz mit einer elektrischen Reichweite von 70 km im Wert von netto 35.000 €. Er beantragt einen E-Prämie Zuschuss von 4.500 € und erhält diesen.

Frage: Wie erfolgt die bilanzielle Behandlung? Folgefrage: Wie erfolgt die Versteuerung für die Privatnutzung des Kfz's, wenn der Steuerpflichtige kein Fahrtenbuch führt und das Kfz zu mindestens 50 % betrieblich nutzt (Bruttolistenpreis: 41.650 €). Fahrten Wohnung Arbeitsstätte liegen nicht vor.

Lösung: Der PKW ist auch im Fall eines Hybrid-Kfz's mit seinen Anschaffungskosten zu erfassen. In Bezug auf den öffentlichen Zuschuss gilt auch hier das Wahlrecht nach R 6.5 EStR zum Abzug von den Anschaffungskosten oder zur direkten Erlösvereinnahmung. Der Unternehmer kann, soweit die Größenkriterien des § 7g EStG erfüllt sind, auch eine Sonderabschreibung nach § 7g Abs. 5 EStG vornehmen.

Praxistipp: Auch, wenn nicht explizit nach dieser Gestaltung gefragt wurde, zeigt dies dem Prüfer Ihr Verständnis und Überblick. Derartige Ergänzungen sollten aus Zeitgründen jedoch nicht die eigentliche Frage überlagen.

Die Eigenversteuerung erfolgt grundsätzlich nach der 1 %-Methode des § 6 Abs. 1 Nr. 4 EStG. S. 2 Nr. 2 EStG ergänzt jedoch, dass in unserem Fall nur die Hälfte dieses Wertansatzes versteuert werden muss. Es ergibt sich folgende monatliche Versteuerung:

Bruttolistenpreis: 41.600 € (gerundet auf volle 100 €)
Davon 0,5 %: 208,25 €
Davon 20 % nicht mit vorsteuerbelasteten Kosten: 41,65 €
Restliche 80 %: 166,60 € zzgl. 19 % USt = 198,25 € brutto

Fall 21: Ein Einnahmen-Überschussrechner (Wirtschaftsjahr 01.01.–31.12.) zahlt die folgenden Umsatzsteuerbeträge. Bitte ordnen Sie diesem dem korrekten Jahr (Wirtschaftsjahr oder Folgejahr) zu:
1. Zahlung Umsatzsteuer November (mit Dauerfristverlängerung) am 09.01. des Folgejahres.
2. Umsatzsteuer November (mit Dauerfristverlängerung) wird vom Finanzamt per Lastschrifteinzugsermächtigung vom gedeckten Konto am 12.01. des Folgejahres belastet.
3. Zahlung Umsatzsteuer Dezember (mit Dauerfristverlängerung) am 09.02. des Folgejahres.
4. Zahlung Umsatzsteuer Dezember (ohne Dauerfristverlängerung) am 10.01. des Folgejahres.
5. Erstattung Umsatzsteuer Dezember (ohne Dauerfristverlängerung) am 11.01. des Folgejahres, (Geldeingang Steuerpflichtiger) wobei die Belastung der Erstattung auf dem Konto der Finanzverwaltung nachweislich bereits am 10.01. erfolgte.

Frage: Welchem Jahr ist die Zahlung als Betriebsausgabe zuzuordnen?

Lösung:
1. Wirtschaftsjahr.
2. Wirtschaftsjahr, da der Steuerpflichtige keinen Einfluss auf den Einziehungszeitpunkt der Finanzverwaltung hat. Voraussetzung ist allerdings, dass das Konto gedeckt ist und ein Einzug zum 10. auch tatsächlich stattfinden konnte.
3. Folgejahr.
4. Wirtschaftsjahr.
5. Folgejahr. Die Belastung auf dem Konto der Finanzverwaltung ist nicht maßgeblich. Maßgeblich ist, wann der Steuerpflichtige über die Mittel verfügen kann. Dies ist erst ab dem tatsächlichen Zugang am 11.01. und damit außerhalb der 10-Tage-Regelung möglich.

Fall 22: Die bilanzierende Gastro-G GmbH beantragt die Novemberhilfe i.H.v. 50.000 € am 15.12.2020 und die Dezemberhilfe i.H.v. 40.000 € am 28.01.2021. Die erste Abschlagzahlung der Novemberhilfe i.H.v. 25.000 € erfolgt am 21.12.2020. Die zweite Hälfte wird am 10.01.2021 gezahlt. Die Dezemberhilfe wird vollständig im Jahr 2021 gezahlt.

Frage: Welche Beträge sind in der Bilanz zum 31.12.2020 zu aktivieren?

Lösung: Alle noch nicht im Jahr 2020 gezahlten Beträge sind als Sonstiger Vermögensgegenstand zum 31.12.2020 zu aktivieren. Die erste Teilzahlung der Novemberhilfe wurde bereits im Jahr 2020 gezahlt und ist als Ertrag zu verbuchen. Die restlichen (insgesamt) 65.000 € sind als Sonstiger Vermögensgegenstand zu aktivieren.

8. Erbschaftsteuer und Bewertung
8.1 21 Fragen zur Erbschaftsteuer und Bewertung

Frage 1: Was bedeutet erben? Wer kann Erbe werden? Wie wird jemand Erbe?

Antwort: Der Erbe tritt im Rahmen der Gesamtrechtsnachfolge in die „Fußstapfen" des Erblassers. Dabei geht das Vermögen des Erblassers „automatisch" als Ganzes auf den oder die Erben über (§ 1922 BGB).

Erbe kann werden, wer erbfähig nach § 1923 BGB ist. Dies bedeutet, die natürliche oder juristische Person muss zur Zeit des Erbfalls leben (jur. Personen wirksam errichtet) bzw. vor dem Erbfall gezeugt und danach lebend geboren (Erbrecht des Nasciturus § 1923 Abs. 2 BGB) sein.

Die Person des Erben wird durch die gesetzliche oder die gewillkürte Erbfolge bestimmt, wobei letztgenannte Vorrang beansprucht.

Die gesetzliche Erbfolge ist geregelt im Abschnitt 1 des 5. Buches des BGB (§§ 1924 ff. BGB) und tritt daher immer (nur) dann ein, wenn der Erblasser nichts anderes geregelt hat bzw. seine Willenserklärungen als unwirksam anzusehen sind. In erster Linie erben hiernach die Abkömmlinge und der Ehegatte des Erblassers.

Die gewillkürte Erbfolge dient der Testierfreiheit des Erblassers und ermöglicht ihm seine Interessen bei der Verteilung des Nachlasses durchzusetzen. Möglich ist dies durch Errichtung eines Testaments nach §§ 2064 ff. BGB oder eines Erbvertrags nach §§ 2274 ff. BGB. Dergestalt getroffene Regelungen schließen die gesetzliche Erbfolge insoweit grundsätzlich aus. Allerdings werden durch das geltende Pflichtteilsrecht die Interessen der Familie geschützt, sollten nähere Angehörige nicht im Rahmen der gewillkürten Erbfolge bedacht worden sein. Zu dem Kreis der näheren Angehörigen, denen § 2303 BGB ein Pflichtteilsrecht zuspricht, zählen neben Abkömmlingen nur die Eltern sowie der Ehegatte des Erblassers.

Beide Erbfolgen können aber auch nebeneinander bestehen, z.B. wenn der Erblasser im Testament lediglich über die Hälfte des Nachlasses verfügt und dann für die andere Hälfte die gesetzliche Erbfolge eintritt.

Frage 2: Was ist der Unterschied zwischen Testament und Erbvertrag?

Antwort: Das Testament (§ 1937 BGB) ist eine einseitige Verfügung von Todes wegen, die jederzeit widerrufen werden kann, etwa indem es vernichtet oder ein Testament jüngeren Datums errichtet wird. Erbverträge (§ 1941 BGB) hingegen sind vertragsmäßige (mehrseitige) Vereinbarungen zur Niederschrift eines Notars von mindestens zwei Personen, die nur mit Zustimmung der Vertragsschließenden widerrufen werden können. Sie sichern also insoweit insbesondere die Position des künftigen Erben und spielen daher gerade in der Unternehmensnachfolge eine Rolle.

Sowohl in Testamenten als auch in Erbverträgen können neben der Erbeinsetzung auch andere Anordnungen getroffen werden, wie z.B. die Anordnung von Vermächtnissen und Auflagen.

Frage 3: Muss die Errichtung eines Testaments in einer bestimmten Form erfolgen?

Antwort: Ein Testament muss vom Erblasser handschriftlich und eigenhändig verfasst und mit Vor- und Nachnamen unterschrieben sein (§ 2247 BGB). Möglich ist auch ein notariell beurkundetes Testament erstellen zu lassen. Dieses wäre vom Erblasser ebenfalls zu unterschreiben.

Frage 4: Was genau ist ein Berliner Testament?

Antwort: Bei dem Berliner Testament handelt es sich um ein von Ehegatten gemeinschaftlich errichtetes Testament, in dem sich die Ehegatten gegenseitig zu Alleinerben einsetzen und bestimmen, dass nach dem Tode des länger lebenden Partners der gemeinsame Nachlass einem sogenannten Schlusserben – meist den Kindern – zufallen soll. Ein einstiger Widerruf ist grundsätzlich nur zu Lebzeiten beider Ehegatten möglich und bedarf in jedem Falle der notariellen Beurkundung. Nach dem Tod eines Ehegatten ist ein Widerruf indes – vorbehaltlich einer ausdrücklich vereinbarten Änderungsklausel – in aller Regel nicht mehr möglich, so dass ab diesen Zeitpunkt keine abweichende Erbeinsetzung durch den überlebenden Ehegatten vorgenommen werden kann.

Frage 5: Bitte beschreiben Sie die Grundzüge der gesetzlichen Erbfolge.

Antwort: Die gesetzliche Erbfolge ist geregelt im Abschnitt 1 des 5. Buches des BGB (§§ 1924 ff. BGB). Diese Erbfolge dient dem Interesse der Familie, indem sie den Nachlass den nächsten Angehörigen zuspricht, die in verschiedene Ordnungen unterteilt sind (sog. Parentelsystem §§ 1924–1930 BGB). Vorrangig erben hier die Abkömmlinge (Kinder, Enkelkinder usw.) des Erblassers nach § 1924 BGB. Man spricht hierbei auch von den Erben der ersten Ordnung. Nur wenn keine Abkömmlinge vorhanden sind, können gem. § 1930 BGB die Verwandten der zweiten Ordnung (§ 1925 BGB) erben. Innerhalb der jeweiligen Ordnung gilt das sog. Stammesprinzip und das Repräsentationsprinzip. Das Stammesprinzip bedeutet, dass in den ersten drei Ordnungen die Erben nach Stämmen und Linien eingesetzt werden. So bildet beispielsweise jedes Kind mit seinen Kindern einen Stamm und alle Stämme erben zu gleichen Teilen. Ebenso bildet, sofern sie als Erben zweiter Ordnung überhaupt zur Erbfolge berufen sind, jeder Elternteil mit seinen Kindern einen Stamm, also den (Halb-)Geschwistern des Erblassers. Innerhalb der Stämme gilt dann das sog. Repräsentationsprinzip. Dies bedeutet, dass z.B. innerhalb der ersten Ordnung ein zur Zeit des Erbfalls lebender Abkömmling seine Abkömmlinge von der Erbfolge ausschließt. Ein Enkelkind könnte also nur gesetzlicher Erbe nach einem Großelternteil werden, wenn sein Vater bzw. seine Mutter (als Kind des Erblassers) bereits vorverstorben ist. Innerhalb der zweiten Ordnung könnten Geschwister des Erblassers dementsprechend nur dann gesetzlicher Erbe sein, wenn ein Elternteil nicht mehr lebte.

Eine besondere Stellung in der gesetzlichen Erbfolge hat der überlebende Ehegatte (§ 1931 BGB), wenn die Ehe zur Zeit des Erbfalls gültig war. Die Höhe seines Erbanteils ist abhängig vom Vorhandensein der erbberechtigten Verwandten sowie dem Güterstand der Ehe.

Frage 6: Welche Vorgänge fallen unter das ErbStG?

Antwort: Hierunter fallen nach § 1 Abs. 1 ErbStG:
- die Erwerbe von Todes wegen (Nr. 1),
- die Schenkung unter Lebenden (Nr. 2),
- die Zweckzuwendung (Nr. 3) und
- die sog. Familienstiftungen/-vereine (Nr. 4).

Es handelt sich hierbei um eine abschließende Aufzählung der unter das ErbStG fallenden Besteuerungstatbestände (sachliche Steuerpflicht). Zu beachten sind aber die näheren Begriffsbestimmungen in den Vorschriften der §§ 3, 7 und 8 ErbStG sowie den dazugehörigen Verwaltungsvorschriften.

Frage 7: Was versteht man unter der persönlichen Steuerpflicht im ErbStG?

Antwort: Die persönliche Steuerpflicht ist geregelt im § 2 ErbStG und befasst sich mit der Frage, ob ein Erwerb in Deutschland (Inland) besteuert werden darf (Begründung des Besteuerungsrechts). Man unterscheidet im Wesentlichen zwischen der unbeschränkten und beschränkten Steuerpflicht.

8. Erbschaftsteuer und Bewertung

Die **unbeschränkte Steuerpflicht** (§ 2 Abs. 1 Nr. 1 und Nr. 2 ErbStG) hängt von der Inländereigenschaft der beteiligten Personen ab. Sie tritt immer dann ein, wenn entweder der Erblasser/Schenker oder der Erwerber ein Inländer ist. Ist der Erblasser ein Inländer wirkt dies auf alle am Erbfall beteiligten Personen. Dies bedeutet, unabhängig von der eigenen Inländereigenschaft der einzelnen Erwerber müssen diese aufgrund der Inländereigenschaft des Erblassers ihren Erwerb in Deutschland versteuern. Inländer ist/sind nach § 2 Abs. 1 Nr. 1 S. 2 ErbStG:

- wer seinen Wohnsitz (§ 8 AO) oder gewöhnlichen Aufenthalt (§ 9 AO) im Inland (§ 2 Abs. 1 Nr. 1 a) ErbStG) hat,
- wer deutscher Staatsangehöriger ist: bis 5 Jahre nach Aufgabe des inländischen Wohnsitzes (§ 2 Abs. 1 Nr. 1 b) ErbStG),
- wer deutscher Staatsangehöriger ist und unabhängig von der Fünfjahresfrist zu einer inländischen juristischen Person des öffentlichen Rechts in einem Dienstverhältnis steht und dafür Arbeitslohn aus einer inländischen öffentlichen Kasse bezieht, sofern im Ausland nur eine beschränkt Steuerpflicht vorliegt (§ 2 Abs. 1 Nr. 1 c) ErbStG) und
- Körperschaften, Personenvereinigungen und Vermögensmassen, die ihre Geschäftsleitung (§ 10 AO) oder ihren Sitz (§ 11 AO) im Inland haben (§ 2 Abs. 1 Nr. 1 d) ErbStG).

Im Rahmen der unbeschränkten Steuerpflicht unterliegt das gesamte inländische und ausländische Vermögen der Erbschaftsteuer. Doppelbesteuerungsabkommen sind allerdings zu beachten. Ist kein Doppelbesteuerungsabkommen vorhanden und wird im Ausland Erbschaftsteuer gezahlt, kann die ausländische Erbschaftsteuer unter den Voraussetzungen des § 21 ErbStG auf Antrag auf die deutsche Erbschaftsteuer angerechnet werden.

Die **beschränkte Steuerpflicht** (§ 2 Abs. 1 Nr. 3 ErbStG) erstreckt sich lediglich auf das sog. Inlandsvermögen i.S.d. § 121 BewG, wenn weder der Erblasser/Schenker noch der Erwerber ein Inländer ist.

Eine letzte Form der persönlichen Steuerpflicht stellt die **erweitert beschränkte Steuerpflicht** nach § 4 AStG dar.

Frage 8: Welche Steuerbefreiungen für Grundstücke gibt es im ErbStG?

Antwort: Steuerbefreiungen für Grundstücke finden sich an verschiedenen Stellen des ErbStG. Hierzu gehören:

Begünstigung des sog. Familienheims § 13 Abs. 1 Nr. 4a–4c ErbStG

Kern dieser Vorschriften ist die Zuwendung des sog. Familienheims als Schenkung unter Lebenden zwischen Ehegatten/Lebenspartnern oder als Erwerb von Todes wegen durch den überlebenden Ehegatten/Lebenspartner oder Kinder. Das Familienheim bezeichnet hierbei das Eigentum oder Miteigentum an einem bebauten Grundstück, welches im Inland, der EU oder dem EWR belegen ist und den Mittelpunkt des familiären Lebens bildet bzw. bei Erwerben von Todes wegen im Falle eines Nicht-Zusammenlebens spätestens nach dem Tod des Erblassers von dem erbenden Ehegatten oder Kind als solcher genutzt wird. Dieses besondere Heim soll nach dem Willen des Gesetzgebers steuerfrei übertragen werden können. Allerdings muss bei den Erwerben von Todes wegen der Erblasser dieses Heim bis zu seinem Tode selbst genutzt haben und der Erwerber die Selbstnutzung unverzüglich – d.h. ohne schuldhaftes Zögern, also regelmäßig innerhalb von sechs Monaten – aufnehmen und für die nächstem 10 Jahre aufrechterhalten. Ausnahmen gibt es nur, soweit Erblasser oder Erbe aus zwingenden Gründen an der Selbstnutzung gehindert waren oder sind, etwa weil sie sich im Pflegeheim befinden oder das Objekt z.B. aufgrund eines Schimmelbefalls zeitweise unbewohnbar war. Bei Schenkungen unter Lebenden gibt es eine entsprechende Verpflichtung nicht, sodass das Familienheim ohne Verlust der Steuerbefreiung auch kurze Zeit später veräußert werden könnte.

Eine weitere Besonderheit gibt es bei den Erwerben von Todes wegen durch Kinder. Hier ist eine Steuerbefreiung nur möglich, soweit die Wohnfläche der Wohnung 200 qm nicht übersteigt. Der darüberhinausgehende Anteil ist entsprechend zu versteuern.

Werden nur Teile eines Grundstücks als Familienheim genutzt, z.B. eine Wohnung innerhalb eines Mietwohngrundstücks, so ist die Befreiung entsprechend für den Teil zu gewähren der dem Verhältnis der als Familienheim genutzten Wohnfläche zur gesamten Wohnfläche des Objektes entspricht.

Steuerbefreiung für zu Wohnzwecken vermietete Grundstücke (§ 13d ErbStG)
Die Steuerbefreiung für zu Wohnzwecken vermietete Grundstücke beträgt 10 % und gilt für bebaute Grundstücke oder Grundstücksteile, die zu Wohnzwecken vermietet und nicht bereits nach § 13a ErbStG begünstigt sind. Nach einer Entscheidung des EuGH aus dem Jahr 2023 (EuGH vom 12.10.2023 C-670/21, BStBl II 2024, 576) verstößt die derzeit im Gesetz noch verankerte Beschränkung auf die Belegenheit in Inland, EU und EWR gegen die Kapitalverkehrsfreiheit, die auch im Verhältnis zu Drittstaaten Anwendung findet. Dementsprechend soll im JStG 2024 (das Gesetz wurde am 05.06.2024 von der Bundesregierung beschlossen, derzeit – Stand 12.08.2024 – stehen die Zustimmung vom Bundestag und Bundesrat aber noch aus) die Steuerbefreiung des § 13d ErbStG zukünftig auch für Grundstücke gewährt werden, die im Drittland belegen sind. Voraussetzung ist, dass mit dem Belegenheitsstaat auch ein Informationsaustausch sichergestellt ist.

Steuerbefreiung aufgrund besonderen öffentlichen Interesses (§ 13 Abs. 1 Nr. 2 ErbStG)
Die Steuerbefreiung beträgt 85 % für Grundstücke oder Grundstücksteile die aufgrund ihrer Bedeutung für Kunst, Geschichte oder Wissenschaft von besonderem öffentlichem Interesse sind. Weitere Voraussetzung ist jedoch, dass die jährlichen Kosten in der Regel die erzielten Einnahmen übersteigen und die begünstigten Gegenstände für Zwecke der Forschung und Volksbildung nutzbar gemacht werden und mindestens 10 Jahre unter diesen Voraussetzungen in der Hand des Erwerbers verbleiben. Die Steuerbefreiung erhöht sich auf 100 % ihres Wertes, wenn die Gegenstände darüber hinaus entweder den Bestimmungen der Denkmalpflege unterworfen werden und sich mindestens seit 20 Jahren im Besitz der Familie befinden oder in das Verzeichnis national wertvollen Kulturguts eingetragen sind.

Steuerbefreiung für Grundbesitz der ohne gesetzliche Verpflichtung der Allgemeinheit zugänglich gemacht ist (§ 13 Abs. 1 Nr. 3 ErbStG)
Die Steuerbefreiung beträgt 100 % und gilt für Grundstücke oder Grundstücksteile die für Zwecke der Volkswohlfahrt der Allgemeinheit ohne gesetzliche Verpflichtung zur Benutzung zugänglich gemacht sind und deren Erhaltung von besonderem öffentlichem Interesse ist Es handelt sich in der Hauptsache um Grundbesitz, der für Zwecke der Erholung zur Verfügung gestellt wird (z.B. Parks, Grünanlagen usw.). Weitere Voraussetzung ist jedoch, dass die jährlichen Kosten in der Regel die erzielten Einnahmen übersteigen und die begünstigten Grundstücke mindestens 10 Jahre unter diesen Voraussetzungen in der Hand des Erwerbers verbleiben.

Frage 9: Welche Stundungsmöglichkeiten gibt es im Erbschaftsteuerrecht?

Antwort: Die Stundungsmöglichkeiten sind abhängig von dem erworbenen Vermögen:

Begünstigtes Vermögen i.S.v. § 13b Abs. 2 ErbStG
Nach § 28 Abs. 1 ErbStG kann die Steuer, die auf zum Erwerb gehörendes begünstigtes Vermögen i.S.d. § 13b Abs. 2 ErbStG entfällt, bis zu 7 Jahre gestundet werden. Dies gilt allerdings nicht für die Steuer, die entsteht, sobald der Erwerber einen der Nachversteuerungssachverhalte des § 13a Abs. 3 ErbStG (Lohnsumme) oder § 13a Abs. 6 ErbStG (Behaltensfrist) auslöst.

Der erste Jahresbetrag ist ein Jahr nach Festsetzung der Steuer fällig. Bis dahin ist die Stundung zinslos. Für die weiteren Jahresbeträge sind die §§ 234 und 238 AO zu beachten. Das bedeutet, dass der noch offene Restbetrag ab dem zweiten Jahr mit jährlich 6 % verzinst wird. Denn die vom Bundesverfassungsgericht im Jahr 2021 veranlasste Herabsetzung des Zinssatzes zum 01.01.2019 auf jährlich 1,8 % gilt gerade nicht für die Stundungszinsen nach § 234 AO, sondern nur für die Verzinsung von Steuernachforderungen und Steuererstattungen (§ 233a AO).

Grundvermögen:
Für zu Wohnzwecken vermietete Grundstücke i.S.d. § 13d ErbStG oder für Einfamilienhäuser, Zweifamilienhäuser bzw. Wohnungseigentum, welches der Erwerber nach dem Erwerb zu eigenen Wohnzwecken nutzt (ohne Familienheim i.S.d. Befreiung sein zu müssen), kann die Steuer nach § 28 Abs. 3 ErbStG bis zu 10 Jahre gestundet werden, wenn die Steuer anderenfalls nur durch Veräußerung dieses Vermögens entrichtet werden könnte, also auch keine Kreditaufnahme möglich ist. Die Beweislast obliegt dem Steuerpflichtigen.

> **Hinweis!** Im JStG 2024 ist eine dahingehende Änderung des § 28 Abs. 3 ErbStG vorgesehen, dass es auf die generelle Nutzung zu Wohnzwecken ankommen soll. Zudem erfolgt eine grundsätzliche Ausweitung auf Drittstaaten, sofern dieser Drittstaat für Zwecke der ErbSt Amtshilfe leistet (das Gesetz wurde am 05.06.2024 von der Bundesregierung beschlossen, derzeit – Stand 12.08.2024 – stehen die Zustimmung vom Bundestag und Bundesrat aber noch aus).

Bei Erwerben von Todes wegen erfolgt die Stundung insgesamt zinslos, bei anderen Erwerben sind die §§ 234 und 238 AO zu beachten.

Wiederkehrende Nutzungen und Leistungen:
Keine echte Stundung, aber eine weitere Form der Zahlungserleichterung findet sich in § 23 ErbStG. Hiernach können Erwerber von Renten, Nutzungen und Leistungen zwischen zwei Formen der Besteuerung wählen:
1. der klassischen Sofortversteuerung sowie,
2. der Jahresversteuerung.

Bei der Jahresversteuerung wird der auf die Rente, Nutzung und Leistung entfallende Betrag der Steuer nicht sofort vom Kapitalwert fällig, sondern jährlich im Voraus vom Jahreswert der Rente, Nutzung oder Leistung.

> **Frage 10:** Muss ich generell eine Steuererklärung abgeben, wenn ich etwas geerbt oder geschenkt bekommen habe?

Antwort: Im Erbschaftsteuerrecht gibt es keine unmittelbare automatische gesetzliche Steuererklärungspflicht. Allerdings ist gem. § 30 ErbStG jeder Erwerber und bei einer Schenkung darüber hinaus auch der Schenker dazu verpflichtet, jeden der erbschaftsteuer unterliegenden Erwerb binnen einer Frist von drei Monaten nach erlangter Kenntnis von dem Anfall dem zuständigen Finanzamt schriftlich anzuzeigen. Das Finanzamt wird dann entscheiden, ob es zur Abgabe einer Steuererklärung nach § 31 ErbStG auffordert.

Die Anzeigepflicht für den Erwerber bzw. Schenker entfällt, wenn der Erwerb auf einer von einem deutschen Gericht, einem deutschen Notar oder einem deutschen Konsul eröffneten Verfügung von Todes wegen beruht und sich aus der Verfügung das Verhältnis des Erwerbers zum Erblasser unzweifelhaft ergibt. Einer Anzeige bedarf es auch nicht, wenn eine Schenkung unter Lebenden oder eine Zweckzuwendung gerichtlich oder notariell beurkundet ist. Denn in diesen Fällen ist ohnehin bereits das Gericht, die Behörde oder der Notar nach § 34 ErbStG zur Anzeige verpflichtet.

Zur Abgabe der Steuererklärung kann das zuständige Finanzamt schließlich dann gem. § 31 ErbStG jeden Beteiligten an einem Erbfall oder an einer Schenkung auffordern.

Frage 11: Können Steuerberatungskosten für Steuerangelegenheiten des Erblassers sowie im Zusammenhang mit der Anfertigung der Erbschaftsteuererklärung bereicherungsmindernd abgezogen werden?

Antwort: Steuerberatungskosten, die im Zusammenhang mit der Erstellung der Erbschaftsteuererklärung sowie der Erklärungen zur gesonderten Feststellung nach § 151 BewG anfallen, können als Nachlassregelungskosten i.S.d. § 10 Abs. 5 Nr. 3 Satz 1 ErbStG abgezogen werden.

Hinsichtlich Steuerberatungskosten für die Steuerangelegenheiten des Erblassers ist wie folgt zu differenzieren: Hatte der Erblasser noch zu Lebzeiten eine Steuerberatung beauftragt, liegen Erblasserschulden i.S.d. § 10 Abs. 5 Nr. 1 ErbStG vor. Hierunter fällt auch eine über den Tod des Erblassers hinausgehende Beauftragung, solange diese nicht durch eine Kündigung seitens des Erben beendet wird. Beauftragt hingegen der Erbe zur Erfüllung seiner vom Erblasser herrührenden steuerlichen Pflichten eine Steuerberatung, dienen diese Kosten dazu, den Umfang der Steuerschulden als Nachlassverbindlichkeiten zu klären. Stehen die Steuerberatungskosten im engen zeitlichen und sachlichen Zusammenhang mit dem Erwerb von Todes wegen, gehören sie nicht zu den Kosten der Nachlassverwaltung nach § 10 Abs. 5 Nr. 3 Satz 3 ErbStG. Es ist unschädlich, dass die Kosten dem Grunde und der Höhe nach durch einen eigenen Entschluss des Erben ausgelöst werden.

Frage 12: Macht es denn eigentlich einen Unterschied, ob Nachlassverbindlichkeiten Erblasserschulden i.S.d. § 10 Abs. 5 Nr. 1 ErbStG oder Erbanfallkosten i.S.d. § 10 Abs. 5 Nr. 3 Satz 1 ErbStG darstellen?

Antwort: Zum einen ist es so, dass das Gesetz für Erbanfallkosten in § 10 Abs. 5 Nr. 3 Satz 2 ErbStG eine Pauschale von 10.300 € vorsieht. Dementsprechend könnten tatsächlich angefallene Erbanfallkosten nur dann Berücksichtigung finden, wenn sie den Pauschbetrag übersteigen. Sofern dies nicht der Fall ist, könnte es vorteilhaft sein, wenn z.B. noch der Erblasser vor seinem Tod den Steuerberater mit der Erstellung seiner Einkommensteuererklärungen beauftragt hätte.

Auf der anderen Seite haben Erbanfallkosten aber den Vorzug, dass sie auch dann, wenn der Nachlass ganz oder teilweise sachlich steuerbefreit ist, nach § 10 Abs. 6 Satz 6 ErbStG uneingeschränkt abgezogen werden dürfen. Handelt es sich hingegen um Erblasserschulden i.S.d. § 10 Abs. 5 Nr. 1 ErbStG, könnte ihr Abzug möglicherweise nach § 10 Abs. 6 ErbStG eingeschränkt sein, soweit der Vermögensgegenstand, dem die Schuld wirtschaftlich zuzuordnen ist, steuerbefreit ist. Lässt sich ein Zusammenhang nicht feststellen, wie dies z.B. bei Kosten für die Erstellung der Erbschaftsteuererklärung der Fall ist, wäre die Schuld für diese Zwecke auf alle Vermögensgegenstände des Nachlasses aufzuteilen. In einem weiteren Schritt wären dann die jeweiligen Teile der Schuld ggf. in ihrem Abzug eingeschränkt, sofern bzw. soweit der dazugehörige Vermögensgegenstand steuerbefreit ist.

Hinweis! Im JStG 2024 ist eine redaktionelle Änderung des § 10 Abs. 6 ErbStG u.a. durch Einfügung eines § 10 Abs. 6a ErbStG vorgesehen. Damit können sich die Fundstellen zwischenzeitlich geringfügig verschoben haben (das Gesetz wurde am 05.06.2024 von der Bundesregierung beschlossen, derzeit – Stand 12.08.2024 – stehen die Zustimmung vom Bundestag und Bundesrat aber noch aus).

Frage 13: Ist es also immer so, dass Schulden, die zu steuerbefreiten Vermögensgegenständen gehören, einem eingeschränkten Abzug unterliegen?

Antwort: Grundsätzlich ja. Die Finanzverwaltung sieht aber eine Ausnahme für Hausrat und andere bewegliche körperliche Gegenstände vor. Für diese gibt es je nach Steuerklasse einen Freibetrag von 41.000 € bzw. 12.000 € (§ 13 Abs. 1 Nr. 1 ErbStG). Weil es sich nach Ansicht der Finanzverwaltung aber nur um einen pauschalen Abzugsbetrag handelt, der nicht die einzelnen Vermögensgegenstände als

8. Erbschaftsteuer und Bewertung

solche steuerbefreit, soll ein Abzug dazugehöriger Schulden sogar dann uneingeschränkt möglich sein, wenn der Vermögensgegenstand vollständig steuerbefreit ist (R E 10.10 Abs. 2 Satz 2 ErbStR).

Frage 14: Wie werden Grundstücke für Zwecke der Erbschaftsteuer bewertet?

Antwort: Für Grundstücke ist für Zwecke der Erbschaftsteuer nach § 12 Abs. 3 ErbStG i.V.m. § 151 Abs. 1 Nr. 1, § 157 Abs. 1 und 3, §§ 176 ff. BewG ein sog. Grundbesitzwert gesondert festzustellen. Dabei sind immer die tatsächlichen Verhältnisse und Wertverhältnisse zum Bewertungsstichtag (z.B. Todestag des Erblassers, Zeitpunkt der Ausführung der Schenkung) zu Grunde zulegen nach § 157 Abs. 1 BewG. Der Grundbesitzwert wird bei den unbebauten Grundstücken nach §§ 178, 179 BewG (Bodenrichtwert/m^2 × Grundstückfläche in m^2) ermittelt.

Bei den bebauten Grundstücken richtet sich das Bewertungsverfahren nach der jeweiligen Grundstücksart. Insgesamt gibt es drei verschiedene Arten:
1. Vergleichswertverfahren gem. § 183 BewG,
2. Ertragswertverfahren gem. §§ 184–188 BewG,
3. Sachwertverfahren gem. §§ 189–191 BewG.

Daneben gibt es besondere Vorschriften in den §§ 192 bis 197 BewG zu speziellen Grundstücken (Erbbaurechte, Gebäude auf fremden Grund und Boden, Zustand der Bebauung, Wehr- und Zivilschutz). Dabei handelt es sich technisch nicht um andere Bewertungsverfahren, sondern um Modifikationen der zuvor genannten (Vergleichs-, Ertrags- und Sachwertverfahren).

Sowohl bei den unbebauten als auch bei den bebauten Grundstücken ist bei der Ermittlung der gemeine Wert gem. § 177 BewG zugrunde zu legen. Sollte dieser nachweislich geringer sein, als der nach den §§ 178 bis 197 BewG ermittelte Wert, kann der nachgewiesene Wert berücksichtigt werden, § 198 BewG.

Der Grundbesitzwert wird dann nach § 151 Abs. 1 Nr. 1 BewG gesondert festgestellt und stellt einen Grundlagenbescheid für Zwecke der Erbschaftsteuer dar.

Frage 15: Mit dem JStG 2022 hat der Gesetzgeber schwerpunktmäßig Änderungen bei der Grundbesitzbewertung für Zwecke der Erbschaft-, Schenkung- und Grunderwerbsteuer vorgenommen. Warum sah der Gesetzgeber sich hierzu veranlasst und welche Bewertungsverfahren haben hierbei Änderungen erfahren?

Antwort: Mit der Änderung des Bewertungsgesetzes durch das JStG 2022 wollte der Steuergesetzgeber dem Umstand Rechnung tragen, dass durch die Änderung der Immobilienwertermittlungsverordnung (ImmoWertV) vom 14.07.2021 (BGBl I 2021, 2805) die Regelungen zur Verkehrswertermittlung marktentwicklungsbegleitend angepasst wurden, die in gewissem Umfang auch auf die steuerliche Grundbesitzbewertung im Bedarfsfall ausstrahlen. Die auf das JStG 2022 zurückgehenden Änderungen betreffen primär das Ertragswertverfahren und das Sachwertverfahren. Vom gesetzlichen Änderungsumfang mitumfasst sind darüber hinaus auch die Verfahren zur Bewertung in Erbbaurechtsfällen und Fällen mit Gebäuden auf fremdem Grund und Boden.

Hinweis! Für Zwecke der ab dem 01.01.2025 geltenden Regelungen zur Grundsteuer richtet sich die Bewertung nach §§ 218 ff. BewG. Hierzu wird auf die FAQ aus der Homepage des BMF vom 27.05.2024 verwiesen.

Frage 16: Welche Grundstücksarten gibt es im BewG?

Antwort: Für die Wertermittlung sind die folgenden Grundstücksarten nach § 181 Abs. 1 BewG zu unterscheiden:

- Ein- und Zweifamilienhäuser,
- Mietwohngrundstück,
- Wohnungs-/Teileigentum,
- Geschäftsgrundstücke,
- Gemischt genutzte Grundstücke,
- Sonstige bebaute Grundstücke.

Eine Übersicht über die maßgebenden Kriterien findet sich in R B 181 Abs. 1 Satz 1 ErbStR.

Frage 17: Wie wäre beispielsweise eine vollständig zu Wohnzwecken vermietete Eigentumswohnung zu bewerten?

Antwort: Bei einer Eigentumswohnung handelt es sich regelmäßig um Wohnungseigentum i.S.d. § 181 Abs. 4 BewG. Das bedeutet, dass die Bewertung grundsätzlich im Vergleichswertverfahren zu erfolgen hat (§ 183, § 182 Abs. 2 Nr. 1 BewG). Dabei wird der Grundbesitzwert des zu bewertenden bebauten Grundstücks entweder aus Vergleichspreisen für vergleichbare Grundstücke oder aus Vergleichsfaktoren abgeleitet. Lässt sich kein entsprechender Vergleichspreis ermitteln, wäre auf das Sachwertverfahren zurückzugreifen. Hierbei wäre der Bodenwert getrennt von dem Wert der Gebäude zu ermitteln. Es ist demnach unerheblich, ob die Wohnung einer Selbstnutzung unterliegt oder fremdvermietet wird.

Frage 18: Wie ist ein Nießbrauchsvorbehalt bei der unentgeltlichen Übertragung einer vermieteten Eigentumswohnung vom 58-jährigen Vater auf die 29 Jahre alte Tochter im Jahr 2024 schenkungssteuerlich zu würdigen?

Antwort: Da die Regelungen über Erwerbe von Todes wegen nach § 1 Abs. 2 ErbStG grundsätzlich auch auf Schenkungen unter Lebenden Anwendung finden, sind bei der Ermittlung der Bereicherung zwar keine Nachlassverbindlichkeiten, aber Gegenleistungen und Auflagen in Abzug zu bringen. Ein Vorbehaltsnießbrauch stellt eine solche Auflage dar, die bereicherungsmindernd mit dem nach §§ 13 bis 16 ErbStG zu ermittelnden Kapitalwert vom Steuerwert des Zuwendungsgegenstands abzuziehen ist.

Die Bewertung des Nießbrauchs für Erbschaftsteuerzwecke richtet sich nach §§ 13, 14 BewG i.V.m. § 15 BewG unter Beachtung des Grenzwertes nach § 16 BewG.

Wiederkehrende Nutzungen (Nießbrauch) sind nach § 13 ff. BewG grundsätzlich mit dem Kapitalwert anzusetzen. Der Kapitalwert wird dabei gem. §§ 13, 14, 15 BewG nach folgender Formel ermittelt:

Jahreswert der Nutzung × Vervielfältiger = Kapitalwert

Der Jahreswert eines Nießbrauchsrechts ist nach den Grundsätzen des § 15 Abs. 3 BewG zu ermitteln. Danach ist der Betrag anzusetzen, der im Durchschnitt der Jahre voraussichtlich erzielt wird. Maßgeblich ist dabei im Regelfall der Reinertrag des Nießbrauchs im Durchschnitt der letzten drei Jahre. Bei einem Grundstücksnießbrauch ist für die Bewertung der Höhe des Nießbrauchs der nachhaltig erzielbare jährliche Reinertrag (§ 16 Abs. 1 WertV), also in erster Linie der Unterschiedsbetrag zwischen den nachhaltig erzielbaren Einnahmen gem. § 17 WertV und den nachhaltig zu erwartenden Bewirtschaftungskosten gem. § 18 WertV, maßgeblich. Dabei wäre aber zu beachten, dass bei der Ermittlung des Wertes der Nießbrauchbelastung gem. § 16 BewG der Jahreswert dieser Nutzungen auf den Wert zu begrenzen ist, der sich ergibt, wenn der für das genutzte Wirtschaftsgut (hier: das Wohnungseigentum) nach den Vorschriften des Bewertungsgesetzes anzusetzende Wert durch 18,6 geteilt wird. Nur so kann sichergestellt werden, dass der für die Nutzung eines Wirtschaftsguts niemals ein höherer Wert ergeben kann als für das genutzte Wirtschaftsgut selbst.

Die Bestimmung des maßgeblichen Vervielfältigers ist schließlich abhängig von der Dauer des Nießbrauchsrechts.

8. Erbschaftsteuer und Bewertung

Ist das Nießbrauchsrecht auf eine bestimmte Zeit beschränkt, so bestimmt sich der Vervielfältiger nach § 13 Abs. 1 BewG i.V.m. Anlage 9a zum BewG.

Handelt es sich dagegen um ein lebenslängliches Nießbrauchsrecht, bestimmt sich der Vervielfältiger nach § 14 Abs. 1 BewG i.V.m. der jeweils geltenden Sterbetafel des Statistischen Bundesamtes.

Unter Berücksichtigung der Schenkung nach Vollendung des 58. Lebensjahres (bei Übertragung) ergäbe sich gemäß der Sterbetafel für Stichtage ab dem 01.01.2024 ein Vervielfältiger von 13,255.

Zu beachten wäre schließlich aus erbschaft- bzw. schenkungsteuerlicher Sicht, dass der übertragene Vermögensgegenstand zu 10 % steuerbefreit ist, weil die Wohnung am Stichtag zu Wohnzwecken vermietet war (§ 13d ErbStG). Dementsprechend dürfte aber auch der ermittelte Kapitalwert des Nießbrauchs nur zu 90 % abgezogen werden (§ 10 Abs. 6 Satz 3 ErbStG analog). Etwaige im Zusammenhang mit der Übertragung angefallene Erwerbsnebenkosten könnten jedoch uneingeschränkt bereicherungsmindernd abgezogen werden, soweit sie vom Erwerber getragen worden sind (§ 10 Abs. 6 Satz 6 ErbStG analog).

> **Frage 19:** Erblasser V hatte acht Monate vor seinem Tod seine Ehefrau E gemäß den testamentarischen Vorgaben (Berliner Testament) allein beerbt (Verkehrswert/Steuerwert des Nachlasses 2.000.000 €). Ein Steuerbescheid für den Erbfall von E war zum Zeitpunkt des Versterbens von V noch nicht ergangen. Die Eheleute lebten zwar im gesetzlichen Güterstand der Zugewinngemeinschaft, der auszugleichende Zugewinn betrug jedoch zum Zeitpunkt des Todes 0 €.
> V stirbt 2 Jahre später und hinterlässt das gesamte Vermögen (Verkehrswert/Steuerwert 3.000.000 €) dem gemeinsamen Sohn S als Schlusserben.
> Können Sie S eine Handlungsempfehlung geben, um die Erbschaftsteuerlast zu mindern?

Antwort: S wurde durch das Testament seiner Eltern für den Erbfall der E enterbt, sodass ihm ein Pflichtteil zugestanden hätte. Der Pflichtteil ist ein rein auf Geld gerichteter Anspruch über die Hälfte des Wertes der seiner gesetzlichen Erbquote (½) entsprochen hätte.

Als zivilrechtlicher Anspruch richtet sich der Pflichtteilsanspruch nach den Verkehrswerten.

2.000.000 € × ½ × 50 % = 500.000 €. Weil er diesen Pflichtteil nach seiner Mutter E erworben hätte, wäre ihm zur Verbesserung der Freibetragsausschöpfung zu empfehlen gewesen, den Pflichtteil geltend zu machen (vgl. BFH vom 19.02.2013, II R 47/11). Da der Anspruch auf einen Pflichtteil grundsätzlich erst nach drei Jahren verjährt, könnte S dies nunmehr noch nachholen. Der Anspruch ist zwar grundsätzlich durch Konfusion erloschen, da S nach dem Tod des V zugleich Berechtigter und Verpflichteter des Pflichtteilsrecht wäre. Erbschaftsteuerlich bleibt das Erlöschen des Rechts durch Vereinigung von Forderung und Verbindlichkeit jedoch gemäß § 10 Abs. 3 ErbStG unberücksichtigt.

Die Geltendmachung stellt einen eigenen Erwerb von Todes wegen i.S.d. § 3 Abs. 1 Nr. 1, 3. Alt. ErbStG dar (S erwirbt von E und erhält dort einen Freibetrag, sodass nur 100.000 € zu versteuern sind). Gleichzeitig führt die Geltendmachung zu einer Minderung der ErbSt-Last für S als Gesamtrechtsnachfolger von V aus dessen Erwerb nach E denn der geltend gemachte Pflichtteil (500.000 €) ist insoweit als Erbanfallschuld § 10 Abs. 5 Nr. 2 ErbStG abzugsfähig (sofern vor der Geltendmachung bereits Festsetzungen erfolgt sind, stellt die Geltendmachung ein rückwirkendes Ereignis dar). Und schließlich mindert sich der zu versteuernde Erwerb von S als Erben von V, da der Nachlass mit der Pflichtteilsschuld belastet ist. Zu beachten wäre aber, dass die Pflichtteilsschuld ggf. nach Maßgabe des § 10 Abs. 6 Satz 5 ErbStG auf alle Vermögensgegenstände des Nachlasses aufzuteilen wäre, sofern Teile des Nachlasses nach S einer sachlichen Steuerbefreiung unterliegen. Durch die damit einhergehende Kürzung des Schuldenabzugs (§ 10 Abs. 6 Satz 9 ErbStG) könnte sich damit eine eingeschränkte Abziehbarkeit der Pflichtteilsschuld ergeben.

Nach BFH vom 21.08.2015, II B 126/14, dürfte es dabei aber zulässig sein die Höhe des Pflichtteils gegen sich selbst frei zu wählen, sodass das optimale Ergebnis erreicht werden kann.

Frage 20: Welche Begünstigungen erfahren Betriebsvermögen im ErbStG?

Antwort: Die sog. Regelverschonung sieht für den Erwerb von begünstigten Betriebsvermögen nach § 13b Abs. 2 ErbStG einen 85 %igen Verschonungsabschlag vor (§ 13a Abs. 1 Satz 1 ErbStG). Demnach unterliegen nur 15 % des Vermögens der Besteuerung. Daneben kommen noch ein gleitender Abzugsbetrag (§ 13a Abs. 2 ErbStG) und gegebenenfalls die Tarifbegrenzung nach § 19a ErbStG (für natürliche Personen der Steuerklassen II und III) zur Anwendung. Bei der sog. Optionsverschonung wird das nach § 13b Abs. 2 ErbStG begünstigte Vermögen in voller Höhe, d.h. zu 100 % steuerbefreit (§ 13a Abs. 10 ErbStG). Es kommt somit ein 100 %iger Verschonungsabschlag zum Ansatz. Zu beachten ist jedoch, dass sich die Befreiung nur auf den begünstigten Teil des begünstigungsfähigen Vermögens bezieht, sodass z.B. die per se schädlichen jungen Finanzmittel und Wirtschaftsgüter des jungen Verwaltungsvermögens auch bei Anwendbarkeit der Optionsverschonung vollumfänglich steuerpflichtig wären.

Die Voraussetzungen für die Anwendbarkeit der Optionsverschonung auf das begünstigte Vermögen sind, dass:
1. das Verwaltungsvermögen nach Durchführung des sog. Finanzmitteltests nicht mehr als 20 % beträgt (§ 13a Abs. 10 Satz 2 ErbStG),
2. die erhöhte Mindestlohnsumme über eine verlängerte Lohnsummenfrist eingehalten wird (§ 13a Abs. 10 Nr. 1–5 i.V.m. Abs. 1 Satz 1, Abs. 3 Satz 1 und 4 ErbStG), und
3. die Einhaltung einer Behaltensfrist von 7 Jahren (§ 13a Abs. 10 Nr. 6 i.V.m. § 13a Abs. 6 ErbStG).

Seit dem 01.07.2016 kommt sowohl die Regel- als auch die Optionsverschonung nur bei einem begünstigten Vermögen bis zum Schwellenwert von 26.000.000 € vollständig zur Geltung; darüber hinaus kommt es zu einer sukzessiven Abschmelzung der Abschläge auf bis zu 0 %, sofern die Anwendung von § 13c ErbStG beantragt wird (Wahlrecht zwischen § 13c und § 28a ErbStG). Überschreitet der Erwerb von begünstigtem Vermögen i.S.d. § 13b Abs. 2 ErbStG die Grenze von 26.000.000 €, so verringert sich im Abschmelzungsmodell der Verschonungsabschlag um jeweils einen vollen Prozentpunkt für jede volle 750.000 €, die der Wert des begünstigten Vermögens i.S.d. § 13b Abs. 2 ErbStG den Betrag von 26.000.000 € übersteigt. Das Gesetz sieht jedoch keinen sogenannten Härteausgleich vor, wie er in § 19 Abs. 3 ErbStG normiert ist.

Überschreitet der Erwerb von begünstigtem Vermögen im Sinne des § 13b Abs. 2 ErbStG die Grenze des § 13a Abs. 1 Satz 1 ErbStG von 26 Millionen €, ist alternativ zum Abschmelzungsmodell nach § 13c ErbStG die auf das begünstigte Vermögen entfallende Steuer auf Antrag des Erwerbers zu erlassen, soweit er nachweist, dass er persönlich nicht in der Lage ist, die Steuer aus seinem verfügbaren Vermögen im Sinne des § 28a Abs. 2 ErbStG zu begleichen.

Bei Vorliegen bestimmter Tatbestandsmerkmale kommt bei Familienunternehmen vor Anwendung der Regelverschonung noch ein Bewertungsabschlag von bis zu 30 % für diese Unternehmen zur Anwendung (§ 13b Abs. 9, 9a ErbStG). Für die Erfüllung der dafür erforderlichen Voraussetzungen und der nachfolgend einzuhaltenden Verpflichtungen haben die Unternehmer aber regelmäßig einen hohen Einschnitt in die wirtschaftliche und persönliche Philosophie der Unternehmensführung in Kauf zu nehmen, der bis zu 22 Jahre anhalten kann. Dazu gehören insbesondere Entnahmen-, Abfindungs- und Verfügungsbeschränkungen.

Abschließend kann auf Antrag die auf das begünstigte Vermögen nach § 13b Abs. 2 ErbStG entfallende Erbschaftsteuer bis zu sieben Jahre gestundet werden, § 28 Abs. 1 ErbStG. Dabei wird die Stundung im ersten Jahr zinslos gewährt (s. Frage 9).

Frage 21: Wie sind verdeckte Gewinnausschüttungen in erbschaftsteuerlicher Hinsicht zu würdigen?

8. Erbschaftsteuer und Bewertung

Antwort: Der BFH hat hierzu folgende Grundsätze entwickelt:
- Im Verhältnis einer Kapitalgesellschaft zu ihren Gesellschaftern gibt es neben betrieblich veranlassten Rechtsbeziehungen lediglich offene und verdeckte Gewinnausschüttungen sowie Kapitalrückzahlungen, aber keine nach § 7 Abs. 1 Nr. 1 ErbStG freigebigen Zuwendungen (BFH vom 30.01.2013, II R 6/12, BStBl II 2013, 930 und vom 13.09.2017, II R 42/16, II R 54/15 und II R 32/16, BStBl II 2018, 299, 292 und 296).
- Zahlt eine Kapitalgesellschaft auf Veranlassung eines Gesellschafters einer diesem nahestehenden Person, die nicht Gesellschafter ist, überhöhte Vergütungen, liegt regelmäßig keine freigebige Zuwendung der Gesellschaft an die nahestehende Person vor (BFH vom 30.01.2013, II R 6/12, BStBl II 2013, 930; BFH vom 13.09.2017, II R 42/16, II R 54/15 und II R 32/16, BStBl II 2018, 299, 292 und 296).
- Das Gleiche gilt, wenn auf Veranlassung eines Gesellschafters eine diesem nahestehende Person an die Kapitalgesellschaft für eine erbrachte Leistung eine zu geringe oder keine Vergütung zahlt. Hierbei handelt es sich regelmäßig um eine vGA an den Gesellschafter. Das „Nahestehen" einer Person kann auf familien-, gesellschafts- oder schuldrechtlichen oder auch rein tatsächlichen Beziehungen beruhen (BFH vom 19.06.2007, VIII R 54/05, BStBl II 2007, 830).
- In den genannten Fällen liegt regelmäßig eine freigebige Zuwendung i.S.d. § 7 Abs. 1 Nr. 1 ErbStG zwischen dem Gesellschafter und der nahestehenden Person vor. Kommen mehrere Gesellschafter als Schenker in Betracht (z.B. Vater und Onkel des Begünstigten), kann eine quotale Zuwendung der Gesellschafter angenommen werden.
- Findet bei einer Gesellschaft eine nicht leistungsbezogen bestimmte disquotale Gewinnausschüttung statt, liegt ggf. eine freigebige Zuwendung im Sinne des § 7 Abs. 1 Nr. 1 ErbStG von den veranlassenden Gesellschaftern zugunsten des die Gewinnausschüttung erhaltenen Mitgesellschafters vor.

Zusammenfassend kann also festgehalten werden, dass eine schenkungsteuerliche Relevanz zwischen Gesellschafter und Gesellschaft nicht vorliegen kann, wohl aber zwischen unterschiedlichen Gesellschaftern (disquotale Gewinnausschüttung) sowie zwischen einem Gesellschafter und nicht selbst beteiligten ihm nahestehenden Personen.

8.2 11 Fälle zum Erbschaftsteuer- und Bewertungsrecht

Fall 1: Tom (48 Jahre) ist der Alleinerbe seines Vaters Adam. Adam war bis zu seinem Tode als Architekt in eigenem Büro tätig. Tom selbst ist kein Architekt, sondern arbeitet als angestellter Journalist. Beide leben bzw. lebten in Deutschland. Steuerwert des Nachlasses 1 Mio. € (davon Betriebsvermögen 300.000 €, Privatvermögen 700.000 €). Im Betriebsvermögen befindet sich Verwaltungsvermögen i.S.d. § 13b Abs. 4 Nr. 1-4 ErbStG i.H.v. 100.000 €; Schulden, junges Verwaltungsvermögen, Finanzmittel oder junge Finanzmittel sind nicht vorhanden.

Aufgabe: Wie ist der Sachverhalt zu behandeln?

Lösung: Im Rahmen dieses Falles wurden die Prüfungsteilnehmer zu folgenden Punkten befragt:
- **Steuerpflicht**
  Bei dem Erwerb handelt es sich gemäß § 1 Abs. 1 Nr. 1 ErbStG i.V.m. § 3 Abs. 1 Nr. 1, 1. Alt. ErbStG um einen steuerpflichtigen Vorgang in Form des Erwerbs von Todes wegen durch Erbanfall nach § 1922 BGB. Tom ist nach § 2 Abs. 1 Nr. 1 S. 1 ErbStG unbeschränkt steuerpflichtig, da Adam zum Zeitpunkt seines Todes ein Inländer war. Inländer war er nach § 2 Abs. 1 Nr. 1 S. 2 a) ErbStG, da er als natürliche Person seinen Wohnsitz (§ 8 AO) im Inland (§ 2 Abs. 2 ErbStG) hatte.

- **Begünstigung nach § 13a ErbStG**
  Der Erwerb von Betriebsvermögen ist grundsätzlich nach § 13b Abs. 1 Nr. 2 ErbStG begünstigungsfähig. Dazu gehört auch Betriebsvermögen im Rahmen einer freiberuflichen Tätigkeit (§ 96 BewG). Dass ertragsteuerlich mit dem Erbfall eine Umqualifizierung der Einkünfte stattfindet, da Tom selbst nicht Architekt ist, ist hier unerheblich. Es kommt lediglich darauf an, dass es in der Hand des Erblassers Betriebsvermögen war und in der Hand des Erwerbers Betriebsvermögen bleibt.
  Inwieweit das grundsätzlich begünstigungsfähige Vermögen tatsächlich begünstigtes Vermögen ist, bestimmt sich nach § 13b Abs. 2 ErbStG.
  Vorab ist zu prüfen, ob das Vermögen zu mindestens 90 % aus Verwaltungsvermögen besteht (§ 13b Abs. 2 Satz 2 ErbStG). Hier beträgt die Verwaltungsvermögensquote 33,33 % (100.000/ 300.000), damit nicht mindestens 90 %.
  Als nächstes ist der Nettowert des Verwaltungsvermögens nach § 13b Abs. 4 i.V.m. Abs. 6 S. 1 ErbStG zu bestimmen, hier mangels vorhandener Schulden 100.000 €.
  Hiervon sind nach § 13b Abs. 7 ErbStG als unschädliches Verwaltungsvermögen zu behandeln:

300.000 €	gemeiner Wert Betriebsvermögen
./. 100.000 €	Nettowert Verwaltungsvermögen
200.000 €	
x 10 % = 20.000 €	maximal unschädliches Verwaltungsvermögen

  Der Wert des begünstigten Vermögens nach § 13b Abs. 2 ErbStG beträgt somit:

	Wert des Betriebsvermögens	300.000 €
./.	Nettowert Verwaltungsvermögen	100.000 €
+	unschädliches Verwaltungsvermögen	20.000 €
=	**Begünstigtes Betriebsvermögen**	**220.000 €**

  Hiervon ist i.H.v. 85 % (von 220.000 € = 187.000 €) nach § 13a Abs. 1 ErbStG der sog. Verschonungsabschlag steuerfrei zu stellen, sofern nicht gegen die Lohnsummenregelung oder Behaltensregelungen verstoßen wird.
  Die verbleibenden 15 % des Vermögens (33.000 €) sind nach Maßgabe des § 13a Abs. 2 S. 1 ErbStG zu mindern, indem ein sog. Abzugsbetrag von 150.000 € gewährt wird. Im Ergebnis ist das begünstigte Vermögen hier bereits nach § 13a Ab. 1 und 2 ErbStG vollständig steuerbefreit, weil der gleitende Abzugsbetrag des § 13a Abs. 2 ErbStG bei einem nach Abzug des Verschonungsabschlages verbleibenden Betrages von bis zu 150.000 € nicht abgeschmolzen wird. Auf einen Antrag nach § 13a Abs. 10 ErbStG kam es mithin nicht an (welcher aufgrund der Verwaltungsvermögensquote auch abzulehnen wäre).
  Als steuerpflichtiges Vermögen verbleiben somit 80.000 € schädliches Verwaltungsvermögen.
- **Nachlassverbindlichkeiten**
  Nachlassverbindlichkeiten mindern die Bereicherung nach § 10 Abs. 1 S. 2 ErbStG und sind geregelt in den Absätzen 3 bis 9 des § 10 ErbStG. Im vorliegenden Fall wären nach § 10 Abs. 5 Nr. 3 S. 2 ErbStG 10.300 € Pauschbetrag für Erbfallkosten abzuziehen, soweit keine höheren Aufwendungen nachgewiesen werden.
- **Bereicherung**
  Bereicherung ist nach § 10 Abs. 1 S. 2 ErbStG der nach § 12 ErbStG bewertete Vermögensanfall abzüglich der nach § 12 ErbStG bewerteten abzugsfähigen Nachlassverbindlichkeiten.
  Im vorliegenden Fall also der verbleibende steuerpflichtige Teil des Vermögens:

Privatvermögen	700.000 €
Betriebsvermögen	80.000 €
abzüglich Pauschbetrag	./. 10.300 €
Bereicherung	**769.700 €**

8. Erbschaftsteuer und Bewertung

> **Hinweis!** In Betracht käme auch noch eine Steuerbefreiung für im Nachlass befindliche Gegenstände des Hausrats (Höhe 41.000 €) sowie bewegliche körperliche Gegenstände (Höhe 12.000 €) nach § 13 Abs. 1 Nr. 1 a) und b) ErbStG.

- **Steuerklasse**
  Tom gehört nach § 15 Abs. 1 I Nr. 2 ErbStG der Steuerklasse I an.
- **Persönlicher Freibetrag**
  Tom steht ein persönlicher Freibetrag nach § 16 Abs. 1 Nr. 2 ErbStG in Höhe von 400.000 € zu. Der Abzug eines besonderen Versorgungsfreibetrages nach § 17 Abs. 2 ErbStG kommt aufgrund des Alters von Tom nicht mehr in Betracht.
- **Steuerpflichtiger Erwerb**
  Der steuerpflichtige Erwerb ermittelt sich nach § 10 Abs. 1 S. 1, 6 ErbStG wie folgt:

Bereicherung	769.700 €
abzüglich Freibetrag	./. 400.000 €
Steuerpflichtiger Erwerb	**369.700 €**

- **Steuersatz**
  Der Steuersatz beträgt nach § 19 Abs. 1 ErbStG in Steuerklasse I 15 %.
- **Steuerbetrag**
  Die Steuer beträgt damit 55.455 €.
- **Härteausgleich**
  Der Härteausgleich des § 19 Abs. 3 ErbStG kommt nicht zum Tragen (vgl. auch H E 19 ErbStH), da die vorhergehende Progressionsstufe nicht nur geringfügig überschritten wurde. Er käme lediglich bei einem steuerpflichtigen Erwerb bis zu 334.200 € zur Anwendung. Sinn und Zweck der Vorschrift ist die Abmilderung der Progression bei geringfügigem Überschreiten der vorhergehenden Progressionsstufe. Anderenfalls käme es zu einer ungerecht hohen Besteuerung des die vorhergehende Wertgrenze übersteigenden Betrages im Vergleich zu einem Erwerb, der die obere Grenze der vorhergehenden Stufe nicht überschreitet.

Fall 2: Fabian war Alleinerbe seines Vaters Herbert. Zum Nachlass gehörte u.a. eine Rechtsanwaltskanzlei. Eine bereits bei der Erbschaftsteuer berücksichtigte Honorarforderung wird im Folgejahr eingezogen und als nachträgliche Betriebseinnahme (§ 24 EStG) der Einkommensteuer des Sohnes (Fabian) unterworfen.

Frage: Liegt eine unzulässige Doppelbesteuerung vor?

Lösung: Es liegt eine Doppelbesteuerung vor, deren Verfassungskonformität vom BVerfG und vom BFH abgenickt wurde. Die Honorarforderung unterlag bereits im Erwerbszeitpunkt einer latenten Ertragsteuerbelastung, da sie erbschaftsteuerlich bereicherungserhöhend wirkt, ertragsteuerlich aber noch nicht realisiert war. Die latente Belastung konnte sich jedoch nicht bereicherungsmindernd, also als Nachlassverbindlichkeit auswirken, da die Einkommensteuer rechtlich noch nicht entstanden war und mit Ablauf des Veranlagungszeitraumes der Vereinnahmung als originäre Einkommensteuerschuld des Erben (Fabian) und nicht mehr als Betriebseinnahme des Erblassers entsteht.

Ein Abzug der Erbschaftsteuer als Aufwand in der Einkommensteuer ist ebenfalls nach § 12 Nr. 3 EStG nicht möglich.

Der Sohn hat allerdings über § 35b EStG die Möglichkeit, die Doppelbesteuerung auf Antrag durch eine Steuerermäßigung abzumildern. Voraussetzung ist, dass bei der Ermittlung des Einkommens Einkünfte berücksichtigt worden sind, die im Veranlagungszeitraum oder in den vorangegangenen vier Veranlagungszeiträumen als Erwerb von Todes wegen der Erbschaftsteuer unterlegen haben. Die um sonstige Steuerermäßigungen gekürzte tarifliche Einkommensteuer, die auf diese Einkünfte entfällt, kann dann um einen Prozentsatz ermäßigt werden. Der Prozentsatz bestimmt sich nach dem Verhältnis, in dem die festgesetzte Erbschaftsteuer zu dem Betrag steht, der sich ergibt, wenn dem steuerpflichtigen Erwerb (§ 10 Abs. 1 ErbStG) die Freibeträge nach den §§ 16, 17 ErbStG und der steuerfreie Betrag nach § 5 ErbStG hinzugerechnet werden. Dadurch wird die steuerliche Doppelbelastung der Forderung abgemildert, jedoch nicht gänzlich aufgehoben.

> **Fall 3:** Stellen Sie sich vor, ein Mandant kommt zu Ihnen und möchte seinem eingetragenen Lebenspartner das gemeinsam genutzte Haus schenken.
>
> **Frage:** Wie ist der Sachverhalt zu würdigen, welche weiteren Angaben benötigen Sie?

Lösung: Hier sollte ergründet werden, ob das Haus den Mittelpunkt des familiären Lebens bildet und ob es im Inland, einem Mitgliedstaat der Europäischen Union oder einem Staat des Europäischen Wirtschaftsraumes belegen ist. Ist dies der Fall, handelt es sich um ein sog. Familienheim und es kann für die Übertragung die Steuerbefreiung des § 13 Abs. 1 Nr. 4a ErbStG genutzt werden. Hiernach bleibt die Übertragung eines solchen Heims zwischen Ehegatten oder zwischen Lebenspartnern steuerfrei. Dabei sind keine Behaltensfristen zu beachten und auch ein Objektverbrauch tritt nicht ein.

Weiterhin ist zu beachten, dass falls eine Restverschuldung besteht, die vom Beschenkten mitübernommen werden soll, eine gemischte Schenkung vorliegt, wobei die Gegenleistung (Schuldübernahme) von der Bereicherung abzuziehen ist. Dabei ist § 10 Abs. 6 ErbStG zu beachten, d.h. solange die Befreiungsvoraussetzungen vorliegen ist ein Schuldenabzug ausgeschlossen.

> **Fall 4:** Wie ändert sich die Lösung zu Fall 3, wenn Ihr Mandant nicht seinem Lebenspartner, sondern seinem Kind das Haus schenken möchte? Das Haus hat eine Wohnfläche von 250 qm.

Lösung: Bei einer Schenkung unter Lebenden an Kinder kommt für Grundbesitz keine Steuerbefreiung in Betracht. Es sei denn, das Haus wäre von besonderem öffentlichen Interesse, unterläge der Denkmalspflege oder würde für Zwecke der Volkswohlfahrt der Allgemeinheit zugänglich gemacht, dann kämen unter den weiteren Voraussetzungen der jeweiligen Vorschrift die Steuerbefreiungen des § 13 Abs. 1 Nr. 2 und Nr. 3 ErbStG in Betracht.

Die Zuwendung eines Familienheims an Kinder ist **nur** bei einer Übertragung von Todes wegen begünstigt. Voraussetzung ist hier nach § 13 Abs. 1 Nr. 4c ErbStG, dass es sich um ein Familienheim handelt, welches im Inland, einem Mitgliedstaat der Europäischen Union oder einem Staat des Europäischen Wirtschaftsraumes belegen ist und bis zum Todes des Erblassers durch diesen selbst genutzt wurde und die Selbstnutzung durch den Erwerber unmittelbar nach dem Erwerb, d.h. ohne schuldhaftes Zögern, angetreten wird. Darüber hinaus ist nur eine Wohnfläche von bis zu 200 qm begünstigt. Der darüberhinausgehende Teil ist steuerpflichtig. Außerdem muss der Erwerber das Familienheim mindestens 10 Jahre selbst nutzen. Unschädlich wäre es, wenn entweder der Erblasser oder der Erwerber aus objektiven Gründen an der Selbstnutzung gehindert waren oder sind. Objektive Gründe sind z.B. die Pflegebedürftigkeit, die die Führung eines eigenen Haushalts nicht zulässt.

8. Erbschaftsteuer und Bewertung

Fall 5: Mandant Martin Maus möchte sein im Bau befindliches Mehrfamilienhaus (Grundstück 500 qm, Bodenrichtwert 2023 500 €/qm) zum 01.01.2025 unentgeltlich auf seine Tochter übertragen. Der Rohbau wird zum 01.01.2025 zu ca. 45 % fertig gestellt sein und bis zu diesem Zeitpunkt sind Herstellkosten von ca. 450.000 € angefallen. Die nach der Fertigstellung nach anfallenden Kosten betragen nach Schätzungen ca. 550.000 € und sollen durch die Tochter finanziert werden. Künftige Mieteinnahmen belaufen sich auf ca. 38.000 € pa.

Frage: Wie ermittelt sich der Wert eines in Bau befindlichen Grundstückes im Fall der Erbschaft oder Schenkung?

Lösung: Der Grundstückswert für ein Grundstück im Zustand der Bebauung setzt sich wie folgt zusammen (§ 196 Abs. 2 BewG):
- Wert des bisher unbebauten oder bereits bebauten Grundstückes (Fläche x Bodenrichtwert),
- zzgl. der im Besteuerungszeitpunkt bereits entstandenen Herstellungskosten.

Der Wert unbebauter Grundstücke bestimmt sich regelmäßig nach ihrer Fläche und den Bodenrichtwerten (§ 196 des Baugesetzbuchs).

Fall 6: Eine Immobilie mit einem Verkehrswert (Grundbesitzwert) von 1.000.000 € und belastet mit Schulden von 500.000 € wird übertragen.

Aufgabe: Wie hoch ist die Bemessungsgrundlage bei der Erbschaftsteuer und wie hoch bei der Schenkungsteuer? Auf Freibeträge/Pauschbeträge ist nicht einzugehen.

Lösung: Sowohl bei der Erbschaftsteuer als auch bei der Schenkungsteuer beträgt die Bemessungsgrundlage 500.000 €.

Bei der Erbschaftsteuer ermittelt sich die Bemessungsgrundlage nach § 10 Abs. 1 S. 1, 2 ErbStG durch Vermögensanfall (1.000.000 €) abzüglich Nachlassverbindlichkeiten i.S.d. § 10 Abs. 5 Nr. 1 ErbStG (500.000 €).

Bei der Schenkungsteuer ergibt sich die Bereicherung (unentgeltlicher Teil der Übertragung) durch den Wert des geschenkten Gegenstandes (1.000.000 €) abzüglich übernommener Verbindlichkeiten (500.000 €). Man spricht auch von der sog. gemischten Schenkung, vgl. R E 7.4 ErbStR.

Fall 7: Stellen Sie sich vor, ein Mandant kommt zu Ihnen und erklärt Ihnen, er wolle dem Sohn seiner Ehefrau aus erster Ehe 500.000 € schenken. Zuvor sollen Sie die zu erwartende Belastung mit Schenkungsteuer berechnen. Außerdem will Ihr Mandant auch die Schenkungsteuer übernehmen oder jedenfalls dem Sohn so viel schenken, dass er nach Begleichung der Steuer 500.000 € zur Verfügung hat. Einzig das Honorar für die von Ihnen durchgeführte Gestaltungsberatung soll vom Beschenkten übernommen werden. Prüfen Sie für den Mandanten die schenkungsteuerlichen Konsequenzen sowie die Sinnhaftigkeit seines Vorhabens.

Lösung: Der Sohn der Ehefrau aus erster Ehe zählt zur Steuerklasse I nach § 15 Abs. 1 I Nr. 2 ErbStG, da es sich um ein Stiefkind handelt (vgl. H E 15.1 ErbStH). Ihm steht daher ein Freibetrag i.H.v. 400.000 € nach § 16 Abs. 1 Nr. 2 ErbStG zu. Der steuerpflichtige Erwerb i.S.d. § 10 Abs. 1 S. 1 ErbStG beträgt somit 100.000 € und wäre mit 11 % Erbschaftsteuer (11.000 €) nach § 19 Abs. 1 ErbStG belastet. Steuerberatungskosten im Vorfeld einer Schenkung sind nicht bereicherungsmindernd abziehbar (R E 7.4 Abs. 4 Satz 2 ErbStR).

Die Übernahme der Steuer durch den Schenker führt zu einer Erhöhung des Werts der Zuwendung um die zu zahlende Schenkungsteuer von 11.000 € nach § 10 Abs. 2 ErbStG und damit auch zu einer Erhöhung der Bemessungsgrundlage der Steuer, die nun 111.000 € beträgt. Zu einem „Steuersatz-

Sprung" kommt es aber vorliegend nicht. Die zu zahlende Schenkungsteuer beträgt daher insgesamt 11 % von 111.000 €, also 12.210 €. Der Mandant müsste in dieser Variante also 512.210 € aufwenden. Eine nochmalige Zusammenrechnung erfolgt nicht.

Würde der Mandant die Steuer nicht übernehmen, seinem Stiefsohn aber gleichwohl denselben Nachsteuer-Betrag von 500.000 € zuwenden wollen, müsste er entsprechend mehr schenken. Steuerfrei bliebe hierbei ein persönlicher Freibetrag von 400.000 €. Damit darüber hinaus nach Abzug von 11 % Steuern auch ein Betrag von 100.000 € verbliebe, müsste der Mandant etwa 12.360 € mehr schenken (100.000 €/89 %). Im Vergleich zur Übernahme der Steuer müsste der Mandant also mehr aufwenden. Geht es also nicht um die Übertragung bestimmter Gegenstände, sondern um die Zuwendung eines bestimmten Betrages führt die Inanspruchnahme von § 10 Abs. 2 ErbStG zu einer Steuerentlastung. Hier wäre daher die Übernahme der Schenkungsteuer zu empfehlen.

> **Fall 8:** Die Erblasserin E, seit 20 Jahren wohnhaft in den Niederlanden, verstirbt am 11.09.2024 in Amsterdam. Sie hinterlässt ihre 23-jährige Tochter T (Alleinerbin) ebenfalls wohnhaft in den Niederlanden (seit der Geburt). Zur Erbmasse gehören ein:
> - Grundstück in München,
> - Bankkonto in München,
> - Haus in Spanien.
>
> **Aufgabe:** Bitte nehmen Sie zu den folgenden Punkten Stellung:
> - Steuerbarer Vorgang,
> - Persönliche Steuerpflicht,
> - Steuerklasse,
> - Freibetrag.

Lösung:
- **Steuerbarer Vorgang**
  Gemäß § 1 Abs. 1 Nr. 1 i.V.m. § 3 Abs. 1 Nr. 1, 1. Alt. ErbStG liegt ein steuerbarer Vorgang, nämlich ein Erwerb von Todes wegen durch Erbanfall (§ 1922 BGB) vor.
- **Persönliche Steuerpflicht**
  T ist in Deutschland beschränkt steuerpflichtig nach § 2 Abs. 1 Nr. 3 ErbStG soweit ihr Erwerb in Inlandsvermögen besteht. Inlandsvermögen stellt hier nur das Grundstück in München nach § 121 Nr. 2 BewG dar. Weder das Bankkonto noch das Haus in Spanien zählen dazu.
  Unbeschränkte Steuerpflicht ist nicht gegeben, da weder E noch T Inländer i.S.d. § 2 Abs. 1 Nr. 1 S. 2 ErbStG sind.
- **Steuerklasse**
  Als Tochter zählt T zur Steuerklasse I nach § 15 Abs. 1 I Nr. 2 ErbStG.
- **Freibetrag**
  Bei der beschränkten Steuerpflicht steht T grundsätzlich der reguläre persönliche Freibetrag von 400.000 € nach § 16 Abs. 2 i.V.m. Abs. 1 Nr. 2 ErbStG zu. Dieser ist jedoch um einen Teilbetrag zu mindern der dem Verhältnis der Summe der Werte des in demselben Zeitpunkt erworbenen, nicht der beschränkten Steuerpflicht unterliegenden Vermögensteile, die innerhalb von zehn Jahren von derselben Person angefallen sind, zum Wert des Vermögens, das insgesamt innerhalb von zehn Jahren von derselben Person angefallen ist, entspricht. Der besondere Versorgungsfreibetrag in Höhe von 10.300 € für T gem. § 17 Abs. 2 Satz 1 Nr. 5 ErbStG (Versorgungsfreibetrag) findet gemäß Abs. 3 der Vorschrift nur Anwendung, wenn durch die Staaten in denen der Erblasser ansässig war oder der Erwerber ansässig ist, Amtshilfe geleistet wird. Da mit den Niederlanden ein solches Abkommen besteht, wäre der Versorgungsfreibetrag zu gewähren.

8. Erbschaftsteuer und Bewertung

Fall 9: Egon ist am 15.10.2024 in Hannover verstorben. Laut seinem Testament ist Alleinerbin seine Nachbarin Brunhilde. Sein Vermögen umfasst Bankguthaben im Wert von 60.000 €. Zu seinem Nachlass gehört auch der Dackel Waldi, ein stets treuer Gefährte von Egon. Laut seinem Testament erfolgt die Erbschaft unter der Auflage, Dackel Waldi bis zu seinem Ableben angemessen zu versorgen. Die Kosten der Versorgung betragen unstrittig 25.000 €.

Aufgabe: Wie ist die Auflage erbschaftsteuerlich zu beurteilen?

Lösung: Für die Nachbarin Brunhilde stellt die Auflage eine sog. Nachlassverbindlichkeit nach § 10 Abs. 5 Nr. 2 ErbStG (Erbanfallschuld) in Höhe von 25.000 € dar. Ihre Bereicherung beträgt daher insgesamt 35.000 € (60.000 € ./. 25.000 €). Da die Nachbarin zur Steuerklasse III nach § 15 Abs. 1 ErbStG gehört, steht ihr noch ein persönlicher Freibetrag von 20.000 € nach § 16 Abs. 1 Nr. 7 ErbStG zu. Der steuerpflichtige Erwerb beträgt damit 15.000 €, den sie nach Steuerklasse III mit 30 % nach § 19 Abs. 1 ErbStG, also mit 4.500 €, versteuern muss.

Die Auflage zugunsten des Dackels Waldi wiederum stellt eine sog. Zweckzuwendung dar, die nach § 8 i.V.m. § 1 Abs. 1 Nr. 3 ErbStG der Erbschaftsteuer unterliegt. Der Zuwendungsbetrag sind die 25.000 €, die abzüglich des Freibetrages der Steuerklasse III (20.000 € § 15 Abs. 1, § 16 Abs. 1 Nr. 7 ErbStG) dann noch in Höhe von 5.000 € zu besteuern ist. Die zu erhebende Steuer beträgt 30 % des steuerpflichtigen Erwerbs von 5.000 € nach § 19 Abs. 1 ErbStG, also 1.500 €. Da durch die Zweckzuwendung kein rechtsfähiger Erwerber (Waldi) bereichert ist, wird Brunhilde gleichsam als Verwalterin des Zweckvermögens als Steuerschuldnerin herangezogen.

Fall 10: Am 07.08.2024 stirbt Egon Echo und hinterlässt seine Tochter Lisa und seinen Sohn Tom. Laut Testament soll sein Vermögen im Wert von 300.000 € an seine Tochter Lisa als Vorerbin und seinen Sohn Tom als Nacherben gehen. Am 12.12.2024 stirbt Lisa. Auch sie hat ihren Bruder Tom als ihren Erben (Alleinerbe) eingesetzt. Tom fließen daher 300.000 € als Nacherbe und 110.000 € aus dem Nachlass seiner Schwester zu. Für die Bestattung von Lisa zahlt Tom 15.000 €.

Aufgabe: Bitte würdigen Sie den Fall erbschaftsteuerlich.

Lösung:
Erbfall Egon Echo
Die Tochter ist als Vorerbin wie ein Vollerbe nach § 6 Abs. 1 ErbStG zu behandeln, auch wenn sie faktisch in ihrem Handlungsspielraum eingeschränkt ist und den Nachlass hauptsächlich nur verwalten darf. Für Tom ist daher zum Stichtag 07.08.2024 nichts zu veranlassen (sein Anwartschaftsrecht als Nacherbe ist nicht zu berücksichtigen gemäß § 10 Abs. 4 ErbStG).

Lisa zählt als Tochter zur Steuerklasse I (§ 15 Abs. 1 I Nr. 2 ErbStG). Ihr steht nach § 16 Abs. 1 Nr. 2 ErbStG ein persönlicher Freibetrag von 400.000 € zu.

Damit ist der komplette Erwerb steuerfrei.

Erbfall Lisa
Tritt der Nacherbfall durch den Tod des Vorerben ein und wird der Nacherbe zugleich Erbe nach dem Vorerben, liegen zwar zivilrechtlich zwei Erbfälle vor, erbschaftsteuerrechtlich jedoch nur ein einheitlicher Erwerb vom Vorerben. Tom ist hier sowohl Erbe nach seiner Schwester Lisa als auch Nacherbe aus dem Erbfall seines Vaters. Ihm fließt daher sowohl Vermögen seiner Schwester als auch seines Vaters durch den Tod seiner Schwester zu. Es handelt sich um einen einheitlichen Erwerb von Todes wegen.

Gemäß § 6 Abs. 2 S. 1 ErbStG hat Tom den Erwerb als Nacherbe als vom Vorerben stammend zu versteuern. Tom zählt gegenüber Lisa zur Steuerklasse II nach § 15 Abs. 1 II Nr. 2 ErbStG. Nach § 16 Abs. 1 Nr. 5 ErbStG steht ihm insgesamt ein persönlicher Freibetrag von 20.000 € zu. Nach Abzug der Erbfallkosten von 15.000 € (§ 10 Abs. 5 Nr. 3 ErbStG) ergibt sich die folgende Steuerberechnung:

Wert	410.000 €
abzüglich Freibetrag	./. 20.000 €
Erbfallkosten	./. 15.000 €
=	**375.000 €**
× 25 % =	**93.750 € Erbschaftsteuer**

Allerdings hat Tom die Möglichkeit hier auf Antrag gem. § 6 Abs. 2 S. 2 ErbStG bezüglich der Nacherbschaft das Verwandtschaftsverhältnis zum Erblasser Egon zu Grunde zulegen. Dabei ist zu beachten, dass er als Nacherbe sowohl Vermögen, welches vom ursprünglichen Erblasser (Egon Echo) stammt, als auch eigenes Vermögen der Vorerbin (Lisa) erwirbt. Nach § 6 Abs. 2 Satz 3 ErbStG sind in einem solchen Fall die beiden Vermögen hinsichtlich der Steuerklassen getrennt zu behandeln. Tom steht daher für das Vermögen, das originär von Egon stammt, ein persönlicher Freibetrag von 400.000 € zu gemäß § 16 Abs. 1 Nr. 2 ErbStG.

Dieser Freibetrag wird für die Nacherbschaft nicht voll verbraucht, daher darf der verbliebene Teil vom Vorerben-Vermögen abgezogen werden, allerdings maximal bis zur Höhe des Freibetrags der Tom im Verhältnis zu Lisa zustehen würde. Im Verhältnis zu Lisa hat Tom einen Freibetrag von 20.000 €. Für das Nacherben-Vermögen werden von den 400.000 € Freibetrag 300.000 € verbraucht. Von den verbleibenden 100.000 € dürfen maximal 20.000 € für das eigene Vermögen der Lisa verwendet werden.

Folglich ergibt sich die Freibetragsverwendung wie folgt:

	Nacherbenvermögen	Eigenes Vermögen Lisa
Wert des Vermögens	300.000,00 €	110.000,00 €
Erbfallkosten		15.000 €
persönlicher Freibetrag	400.000,00 €	
verbleibender Freibetrag	100.000,00 €	
davon für eigenes Vermögen des Vorerben maximal 20.000 €		20.000,00 €
zu versteuern	**0,00 €**	**75.000,00 €**

> **Hinweis!** Bei Anwendung der Erbfallkostenpauschale von 10.300 € könnte nach Auffassung der Finanzverwaltung eine Aufteilung auf beide Vermögensteile vorzunehmen sein, damit sich diese nicht vollumfänglich in der schlechteren Steuerklasse auswirken kann (vgl. R E 15.3 Satz 3 Nr. 3 ErbStR, zur im Kern gleichlaufenden Regelung des § 15 Abs. 3 ErbStG).

Auf den steuerpflichtigen Erwerb von 75.000 € ist gemäß § 19 Abs. 1 ErbStG i.V.m. § 15 Abs. 1 Steuerklasse II Nr. 2 ErbStG und § 6 Abs. 2 Satz 5 ErbStG (75.000 € + 0 €) ein Steuersatz von 15 % anzuwenden, sodass sich eine zu zahlende Erbschaftsteuer von 11.250 € ergibt. Der Antrag führt daher zu einer Erbschaftsteuerersparnis von 82.500 € und ist daher dringend zu empfehlen.

> **Fall 11:** Zum bestandenen Abitur eröffnet dem frischgebackenen Abiturienten Alex Abbi sein vermögender, seit Jahrzehnten in den USA lebender Patenonkel Kurt Kinderlos (Studienfreund des Vaters von Alex Abbi), dass er ihn in einer ausländischen Elite-Universität eingeschrieben habe und die Studiengebühren für die nächsten 6 Semester von 180.000 € bereits entrichtet habe.
>
> **Aufgabe:** Ergeben sich aus der Zusage durch den Patenonkel irgendwelche Verpflichtungen, unter der Voraussetzung dass Alex diese annimmt?

8. Erbschaftsteuer und Bewertung

Lösung: Da Alex im Zeitpunkt der Zuwendung in Deutschland wohnte, handelt es sich bei der Zuwendung um einen steuerbaren Vorgang nach § 1 Abs. 1 Nr. 2 i.V.m. § 7 und § 2 ErbStG. Sowohl Alex als auch sein Patenonkel sind nach § 30 ErbStG verpflichtet, den Erwerb binnen einer Frist von drei Monaten nach erlangter Kenntnis von dem Anfall oder von dem Eintritt der Verpflichtung dem für die Verwaltung der Erbschaftsteuer zuständigen Finanzamt schriftlich anzuzeigen. Daran ändert sich auch dadurch nichts, dass die Zuwendung ggf. nach § 13 Abs. 1 Nr. 12 ErbStG steuerbefreit sein könnte. Voraussetzung für die Gewährung der Steuerbefreiung wäre jedoch unter anderem, dass Alex wie auch die gesetzlich zum Unterhalt verpflichteten Personen außerstande sind, die Kosten der Ausbildung selbst zu tragen. Diese Prüfungs- und Entscheidungskompetenz über die Steuerpflicht eines Erwerbsvorgangs liegt allein beim zuständigen Erbschaft- und Schenkungsteuerfinanzamt. Dieses könnte nach der erfolgten Anzeige (aber auch unabhängig davon) die Abgabe einer Schenkungsteuererklärung innerhalb einer angemessenen Frist fordern. Dabei entscheidet das zuständige Finanzamt nach seinem Ermessen wem es die Erklärungspflicht auferlegt. Anders als z.B. bei der Einkommensteuer besteht daher im Erbschaftsteuerrecht keine unmittelbare gesetzliche Erklärungspflicht.

9. Betriebswirtschaftslehre

9.1 7 Fragen zur Betriebswirtschaftslehre

Frage 1: Nennen Sie die wichtigsten Verfahren zur Unternehmensbewertung.

Antwort: Die Bewertung eines Unternehmens kann nach verschiedenen Verfahren vorgenommen werden. Zu den herkömmlichen, vergangenheitsorientierten Methoden zählen das Ertragswertverfahren, das Substanzwertverfahren und das sog. Mittelwertverfahren. Bei dem sog. Discounted-Cashflow-Verfahren (DCF-Verfahren), das sich an dem Zukunftserfolgswert orientiert, wird der Wert eines Unternehmens durch Diskontierung von Cashflows ermittelt.

Frage 2: Was ist der Leverage-Effekt?

Antwort: Der Leverage-Effekt beschreibt die Hebelwirkung des Verschuldungsgrades. Kann Fremdkapital zu einem niedrigeren Zins aufgenommen werden, als eine mit dem gesamten Vermögen getätigte Investition an Rendite abwirft, so nimmt die Eigenkapitalrentabilität umso mehr zu, je höher der Verschuldungsgrad ist. Man spricht dabei auch von dem sogenannten positiven Leverage-Effekt.

Ist die Gesamtrendite hingegen niedriger als der Fremdkapitalzins, so ist die Eigenkapitalrentabilität umso kleiner, je größer der Verschuldungsgrad ist. In diesem Fall tritt der sogenannte negative Leverage-Effekt ein.

Frage 3: Nennen Sie die wichtigsten Rentabilitätskennzahlen und erläutern Sie diese kurz.

Antwort:
Eigenkapitalrentabilität = (Gesamtergebnis vor Steuern/Eigenkapital) × 100

Bei der Berechnung der Eigenkapitalrentabilität wird das Gesamtergebnis vor Steuern ins Verhältnis zu dem am Anfang einer Periode vorhandenen Eigenkapital gestellt.

Die Eigenkapitalrentabilität gibt die Verzinsung des dem Unternehmen zur Verfügung stehenden Eigenkapitals wieder. Hierunter fallen sowohl die von den Eigenkapitalgebern eingebrachten als auch die durch Gewinnthesaurierung im Unternehmen verbleibenden Mittel.

Gesamtkapitalrentabilität =
((Gesamtergebnis vor Steuern + Fremdkapitalzinsen)/Gesamtkapital) × 100

Die Gesamtkapitalrentabilität stellt die tatsächliche Verzinsung des Gesamtkapitals dar. Das Gesamtergebnis vor Steuern und Fremdkapitalzinsen wird dabei dem Gesamtkapital, das sich aus dem Eigen- und Fremdkapital zusammensetzt, gegenübergestellt.

Umsatzrentabilität = (Gesamtergebnis vor Steuern/Umsatz) × 100

Die Umsatzrentabilität beschreibt das Verhältnis des Gesamtergebnisses vor Steuern zum Umsatz eines Unternehmens. Sie ist ein Maßstab für die Effizienz eines Unternehmens und gibt wieder, wie viel Rendite jeder Euro des Jahresumsatzes durchschnittlich erwirtschaftet.

Frage 4: Erläutern Sie bitte kurz den Unterschied zwischen einer Innen- und Außenfinanzierung.

Antwort: Entscheidend ist hier die Frage nach der Herkunft der dem Unternehmen zufließenden Mittel. Sowohl bei der Innen- als auch der Außenfinanzierung erfolgt der Zahlungsmittelzufluss von Quellen, die außerhalb des Unternehmens liegen. Bei der Innenfinanzierung resultieren die Einzahlungen jedoch aus dem innerbetrieblichen Leistungs- und Umsatzprozess, bei der Außenfinanzierung erfolgt der Zufluss von Zahlungsmitteln durch außerbetriebliche Finanztransaktionen.

Frage 5: Was versteht man unter einer Forfaitierung?

Antwort: Die Forfaitierung stellt eine besondere Form der Finanzierung dar. Im Rahmen der Forfaitierung werden Forderungen aus Exportgeschäften an spezielle Finanzierungsinstitute, sog. Forfaiteure, abgetreten. Fällt die Forderung aus, so erfolgt kein Rückgriff auf den Verkäufer. Der Forfaiteur trägt also das volle Ausfallrisiko, erhält im Gegenzug jedoch im Zeitpunkt der Forfaitierung einen Diskont, der die Laufzeit der Forderung, die Währung, das Länderrisiko als auch die Sicherheiten berücksichtigt. Für den Abtretenden ist diese Finanzierungsform gerade deshalb vorteilhaft, weil sie eine schnelle Erhöhung der Liquidität ermöglicht.

Frage 6: Was ist ein sog. Betriebsvergleich?

Antwort: Unter einem Betriebsvergleich versteht man eine Methode, um Betriebe mithilfe verschiedener Kennzahlen sowohl innerbetrieblich als auch überbetrieblich zu vergleichen und aufgrund der dadurch gewonnenen Erkenntnisse betriebliche Entscheidungen zu treffen. Ein Betriebsvergleich dient daher zugleich als Planungs-, Kontroll- und Sicherungsinstrument. Man unterscheidet zwischen dem sog. inneren Betriebsvergleich und dem äußeren Betriebsvergleich. Vergleichswerte können beim inneren Betriebsvergleich die Kennzahlen verschiedener Betriebseinheiten (Geschäftszweig, Standort), Wirtschaftsjahre oder die Ist- und Sollwerte sein. Der äußere Betriebsvergleich betrachtet hingegen verschiedene Betriebe derselben Branche. Untersucht werden können hierbei z.B. Rohgewinne oder Aufschlagsätze.

Frage 7: Was ist die Offene Selbstfinanzierung?

Antwort: Die Offene Selbstfinanzierung ist aus der Bilanz ersichtlich, z.B. in Form der Kapital- und Gewinnrücklagen. Hierbei handelt es sich um Gewinne, die im Unternehmen verbleiben (Thesaurierung). Die Anteilseigner verzichten dabei ganz oder teilweise auf die Gewinnausschüttung bzw. Dividende. Nach derzeitigem Steuerrecht in Deutschland werden thesaurierte Gewinne niedriger besteuert als zur Ausschüttung bestimmte Gewinne. Unter anderen Voraussetzungen können Steuern gespart werden, wenn Gewinne ausgeschüttet und gleichzeitig Kapitalerhöhungen um den Betrag des Gewinns durchgeführt werden. Diese Vorgehensweise wird auch „Schütt-aus-hol-zurück-Methode" genannt. Aktiengesellschaften und KGaA sind verpflichtet 5 % ihres Gewinns in die gesetzliche Rücklage einzustellen bis die gesetzliche Rücklage und die Kapitalrücklagen nach § 272 Abs. 2 Nr. 1 bis 3 HGB zusammen 10 % des Grundkapitals oder den in der Satzung bestimmten höheren Teil des Grundkapitals erreichen (§ 150 Abs. 2 AktG).

9.2 8 Fälle zur Betriebswirtschaftslehre

Fall 1: Steuerberater S aus Oldenburg händigt seinem Mandanten M seinen Jahresabschluss mit einem Gewinn von 200.000 € aus. M ist jedoch der Meinung, dass dieser fehlerhaft sei, da alle seine Geldkonten einen negativen Saldo ausweisen.

Lösung: Der vorliegende Fall stellt den Zielkonflikt zwischen Rentabilität und Liquidität dar. Es ist durchaus möglich, dass ein Betrieb trotz erzielter Gewinne nicht liquide ist, also nicht über ausreichende Zahlungsmittel verfügt, um laufende Verbindlichkeiten zu tilgen. Neben den Definitionen und den gängigen Kennzahlen sollten Sie mögliche Ursachen für die mangelnde Zahlungsfähigkeit eines Unternehmens nennen können. Genannt werden könnten hier u.a. zuvor getätigte Investitionen, längerfristige Aufträge oder die Tilgung von Schulden. Aber auch ein Rückgang des Umsatzes oder eine schlechte Kalkulation könnten ursächlich für eine schlechte Liquidität sein.

> **Fall 2:** Ein neuer Mandant kommt mit Bilanzen der vergangenen 6 Jahre in Ihre Kanzlei und fragt Sie, ob das in den Bilanzen ausgewiesene Eigenkapital ausreicht.
>
> **Aufgabe:** Wie gehen Sie vor?

Lösung: Bei diesem Fall geht es um die Bilanzanalyse, die Bilanzkritik und den daraus abzuleitenden, notwendigen Entscheidungen. Zu Beginn einer jeden Bilanzanalyse steht die Aufbereitung der Bilanz. Sie sollten hier darauf hinweisen, dass neben der Bilanz auch die Gewinn- und Verlustrechnung und ggf. der Anhang oder Lagebericht mit heranzuziehen sind. Durch Darstellung der einzelnen Bilanzpositionen in einem Strukturschema entwickeln Sie zunächst eine sog. Strukturbilanz. Neben der Aufbereitung der Bilanz erfolgt zudem eine Zerlegung der Gewinn- und Verlustrechnung auf Grundlage des § 275 Abs. 2 HGB. Der Aufbereitung der Bilanz sowie der Gewinn- und Verlustrechnung folgt die Ermittlung der für die Bilanzanalyse notwendigen Kennzahlen. Die Bilanzanalyse unterteilt sich in der Regel in die Investitionsanalyse, die Finanzierungsanalyse, die Liquiditätsanalyse sowie die Aufwands- und Ertragsanalyse. Auf der Grundlage der ermittelten Kennzahlen erfolgt nun eine Bewertung und Beurteilung des Unternehmens. Perioden-, Betriebs- und Branchenvergleiche geben Aufschluss über den Zustand des Betriebs und bilden die Grundlage für die durch den Unternehmer zu treffenden Entscheidungen.

> **Fall 3:** Ein Ihnen unbekannter Unternehmer bittet um einen Beratungstermin, da es seinem Unternehmen „nicht so gut gehe". Sie verabreden sich in seinem Unternehmen.
>
> **Aufgabe:** Wie gehen Sie in dem Beratungsgespräch vor?

Lösung: Dieser Fall knüpft an den vorherigen Fall an. Nach erfolgter Ist- und Bilanzanalyse und der betriebswirtschaftlichen Auswertung sollen Sie dem Unternehmer verschiedene Entscheidungs- und Handlungsmöglichkeiten aufzeigen.

Die Maßnahmen, die bei einer bestehenden oder drohenden Zahlungsunfähigkeit beziehungsweise bei Überschuldung zu treffen sind, sind abhängig von der Rechtsform des Unternehmens und der jeweiligen Finanzsituation.

Kapitalgesellschaften und rechtsfähige Personengesellschaften, bei denen keine natürliche Person als persönlich haftender Gesellschafter unbeschränkt haftet (z.B. eine GmbH & Co. KG) sind insolvenzantragspflichtig. Wird festgestellt, dass Zahlungsunfähigkeit oder insolvenzrechtliche Überschuldung besteht, hat das Unternehmen nur eine Frist von maximal 3 Wochen, um den Insolvenzeröffnungsgrund zu beseitigen. Sofern der Insolvenzeröffnungsgrund nicht innerhalb dieser Frist beseitigt werden kann, besteht für die Geschäftsführung eine gesetzliche Pflicht, zur Stellung eines Insolvenzantrags.

Handelt es sich bei dem Unternehmen um Selbstständige in der Form eines Einzelunternehmers oder um Gesellschafter einer Personengesellschaft, die persönlich für entstandene Verbindlichkeiten haften, kann der Insolvenzantrag wegen (drohender) Zahlungsunfähigkeit gestellt werden.

Stellen Sie fest, dass das Unternehmen zahlungsunfähig oder ggf. überschuldet ist, so muss auf die Eröffnung eines Insolvenzverfahrens hingewiesen werden. Nach § 19 Abs. 2 Satz 1 InsO liegt Überschuldung vor, wenn das Vermögen des Schuldners die bestehenden Verbindlichkeiten nicht mehr deckt, es sei denn, die Fortführung des Unternehmens in den nächsten zwölf Monaten ist nach den Umständen überwiegend wahrscheinlich. Der Schuldner ist zahlungsunfähig, wenn er nicht in der Lage ist, die fälligen Zahlungspflichten zu erfüllen. Nach § 17 InsO ist der Schuldner zahlungsunfähig, wenn er nicht in der Lage ist, die fälligen Zahlungspflichten zu erfüllen. Zahlungsunfähigkeit ist in der Regel anzunehmen, wenn der Schuldner seine Zahlungen eingestellt hat.

Fall 4: Was hat sich hierbei durch die Corona-Krise geändert?

Lösung: Das Gesetz zur vorübergehenden Aussetzung der Insolvenzantragspflicht und zur Begrenzung der Organhaftung bei einer durch die COVID-19-Pandemie bedingten Insolvenz (COVInsAG), trat rückwirkend zum 01.03.2020 in Kraft und betraf unterschiedliche Zeiträume (siehe hierzu die nachfolgende Tabelle). Ziel des Gesetzes war es, im Zusammenspiel mit umfangreichen staatlichen Hilfsmaßnahmen eine durch die COVID-19-Pandemie bedingte Pleitewelle zu verhindern, bzw. abzumildern. Hierzu enthielt das Insolvenzaussetzungsgesetz insbesondere eine Suspendierung der Insolvenzantragspflicht, § 1 Satz 1 COVInsAG.

Die Suspendierung der Insolvenzantragspflicht galt trotz COVID-19-Pandemie nicht bedingungslos. So musste die Insolvenzreife (Zahlungsunfähigkeit (§ 17 InsO) oder Überschuldung (§ 19 InsO)) im Ausgangspunkt auf den Folgen der COVID-19-Pandemie beruhen und zudem Aussicht darauf bestehen, dass die Zahlungsunfähigkeit beseitigt werden konnte, vgl. § 1 Abs. 1 S. 2 COVInsAG. Insoweit ist auch die Vermutungsregelung des § 1 Abs. 1 S. 3 COVInsAG zu beachten. Die Regelung des § 1 Abs. 3 COVInsAG ist zum 30.04.2021 ausgelaufen.

Tabellarische Übersicht zur Aussetzung und Modifizierung der Insolvenzantragspflicht während der COVID-19-Pandemie

Maßgeblicher Zeitraum	Insolvenzgrund der Zahlungsunfähigkeit § 17 InsO	Insolvenzgrund der Überschuldung § 19 InsO	Maßgebliche Gesetzesfassung
01.03.2020 bis einschließlich 30.09.2020	Bei Pandemiebedingtheit und Besserungsaussicht ausgesetzt (Beachte Ursächlichkeits- und Vermutungsregelungen)	Bei Pandemiebedingtheit und Besserungsaussicht ausgesetzt (Beachte Ursächlichkeits- und Vermutungsregelungen)	§ 1 Abs. 1 COVInsAG, BGBl I 2020, 569
01.10.2020 bis einschließlich 31.12.2020	Antragspflicht wieder in Kraft gesetzt	Bei Pandemiebedingtheit und Besserungsaussicht ausgesetzt (Beachte Ursächlichkeits- und Vermutungsregelungen)	§ 1 Abs. 1 und 2 COVInsAG, BGBl I 2020, 2016

Maßgeblicher Zeitraum	Insolvenzgrund der Zahlungsunfähigkeit § 17 InsO	Insolvenzgrund der Überschuldung § 19 InsO	Maßgebliche Gesetzesfassung
01.01.2021 bis einschließlich 31.01.2021	Bei Pandemiebedingtheit und Besserungsaussicht für Geschäftsleiter ausgesetzt, sofern im November/Dezember 2020 staatliche Hilfen zur Abmilderung der Corona-Pandemie beantragt wurden und die Gewährung nicht offensichtlich aussichtlos oder unzureichend ist (Beachte die u.U. ausreichende hypothetische Antragsstellung)	Bei Pandemiebedingtheit und Besserungsaussicht für Geschäftsleiter ausgesetzt, sofern im November/Dezember 2020 staatliche Hilfen zur Abmilderung der Corona-Pandemie beantragt wurden und die Gewährung nicht offensichtlich aussichtlos oder unzureichend ist (Beachte die u.U. ausreichende hypothetische Antragsstellung)	§ 1 Abs. 1 und 3 COVInsAG, BGBl I 2020, 3256
01.02.2021 bis einschließlich 30.04.2021	Bei Pandemiebedingtheit und Besserungsaussicht für Geschäftsleiter ausgesetzt, sofern im Zeitraum zwischen November 2020 bis einschließlich Februar 2021 staatliche Hilfen zur Abmilderung der Corona-Pandemie beantragt wurden und die Gewährung nicht offensichtlich aussichtlos oder unzureichend ist (Beachte die u.U. ausreichende hypothetische Antragsstellung)	Bei Pandemiebedingtheit und Besserungsaussicht für Geschäftsleiter ausgesetzt, sofern im Zeitraum zwischen November 2020 bis einschließlich Februar 2021 staatliche Hilfen zur Abmilderung der Corona-Pandemie beantragt wurden und die Gewährung nicht offensichtlich aussichtlos oder unzureichend ist (Beachte die u.U. ausreichende hypothetische Antragsstellung)	§ 1 Abs. 1 und 3 COVInsAG, BGBl I 2021, 237

Fall 5: Ihr langjähriger Mandant A aus Hamburg ruft Sie am Montagmorgen entsetzt an. Am Abend zuvor hatte er sich mit einigen Freunden zum Stammtisch getroffen und dort erfahren, dass jedes Unternehmen die Goldene Bilanzregel einhalten müsse.

Aufgabe: Da er bislang nie etwas von dieser Regel gehört hatte, befürchtet er nun, dass er seinen Betrieb nicht wirtschaftlich führen würde und bittet Sie um Ihren Rat.

9. Betriebswirtschaftslehre

Lösung: Hier sollen Sie die Definition der Goldenen Bilanzregel wiedergeben: Nach der Goldenen Bilanzregel soll langfristig gebundenes Vermögen langfristig und kurzfristig gebundenes Vermögen durch kurzfristig verfügbares Kapital finanziert werden. Weisen Sie zudem darauf hin, dass demzufolge das Anlagevermögen und das langfristig gebundene Kapital eines Unternehmens durch Eigenkapital und langfristig gebundenes Fremdkapital finanziert werden soll. Die Finanzierung des Umlaufvermögens sollte folglich durch kurzfristige Mittel erfolgen.

> **Fall 6:** Der Tischler X hat sich auf den Nachbau von Antikmöbeln spezialisiert, für die er weltweit Abnehmer hat. Für das kommende Jahr hat er bereits Aufträge erhalten: 100 Tische und 600 Stühle. Da seine Werkstatt allerdings ziemlich klein ist, liegt seine Kapazität nur bei 400 Möbelstücken.
>
> **Aufgabe:** Welche Möbelstücke sollte X herstellen, wenn der Deckungsbeitrag bei den Tischen bei 1.000 € und bei den Stühlen bei 500 € pro Stück liegt?

Lösung: Im Rahmen der Deckungsbeitragsrechnung wird der Betrag ermittelt, durch den die fixen Kosten eines Erzeugnisses gedeckt werden. Die Differenz aus Erlös und fixen Kosten liefert den sog. Deckungsbeitrag. Aufgrund dieser Berechnung kann der Unternehmer entscheiden, ob und in welchem Umfang ein Auftrag durchgeführt werden soll. Ist die Kapazität eines Unternehmens ausgelastet, so hat der Unternehmer bei mehreren Aufträgen auf Grundlage der Deckungsbeitragsrechnung zu entscheiden, welches der zur Auswahl stehenden Produkte hergestellt werden soll. Der Unternehmer wird hier das Produkt wählen, das den höchsten Deckungsbeitrag liefert. Im obigen Fall bedeutet dies, dass X sich zunächst für die Produktion der 100 Tische entscheiden wird, da der Deckungsbeitrag pro Stück höher ist als der der Stühle. Um die Kapazität des Unternehmens optimal auszulasten wird X zudem 300 Stühle herstellen.

> **Fall 7:** Unternehmer Y ruft bei Ihnen an und berichtet, dass seine einzige Controllerin im Betrieb leider erkrankt ist und er vor der Frage steht, bei welchen Geschäftsvorfällen es sich um Aufwand und/oder Kosten handelt. Y hatte in diesem Monat eine neue Maschine für 15.000 € gekauft, die bereits einen Tag nach der Bestellung geliefert wurde. Des Weiteren unterstützte er den örtlichen Kindergarten mit einer Geldspende in Höhe von 1.000 €.
>
> **Aufgabe:** Was antworten Sie Ihrem Mandanten?

Lösung: Unter dem Begriff Aufwand versteht man den gesamten in Geld bewerteten Wertverzehr von Gütern und Dienstleistungen einer Periode. Dabei kommt es zu einer Minderung des Reinvermögens. Davon abzugrenzen ist der Kostenbegriff, da Aufwand nicht immer Kosten impliziert bzw. Kosten nicht automatisch Aufwand gegenüber steht. Kosten umfassen den in Geld bewerteten Verzehr von Gütern und Dienstleistungen, der durch die betriebliche Leistungserstellung und Leistungsverwertung verursacht wird. Folglich handelt es sich bei dem Kauf und der Lieferung einer Maschine weder um Aufwand noch um Kosten. Aufwand liegt gerade deshalb nicht vor, da es hier zu keiner Minderung des Reinvermögens kommt. Es mangelt an einem Wertverzehr von Gütern und Dienstleitungen.

Die Spende hingegen führt am Ende der Periode zu einer Minderung des Gewinns. Die Zahlungen stellen Aufwand dar. Da sie jedoch nicht betriebsbedingt sind, also nicht durch die betriebliche Leistungserstellung bzw. Leistungsverwertung verursacht werden, handelt es sich bei der Spendenzahlung nicht um Kosten.

Fall 8: Ihr Mandant Unternehmer Paul Pleitemann stellt Anfang November fest, dass sein Betrieb über keine Liquiditätsmittel mehr verfügt. Er ist darüber sehr verwundert, da sein Unternehmen seiner Meinung nach gut läuft und die Auftragslage sehr gut ist. Seine Bilanz weist Beteiligungen, Forderungen, Grundstücke und diverse Anlagen und Maschinen für die Herstellung aus. Dennoch reicht sein Geldbestand nicht, um eine weitere Maschine zu kaufen. Kurzerhand greift er zum Telefon und ruft in Ihrer Kanzlei an, um noch vor dem Bilanzstichtag am 31.12. seine Maschine erwerben zu können.

Aufgabe: Was werden Sie ihm am Telefon raten?

Lösung: Vor dem Bilanzstichtag können verschiedene wirtschaftliche Gestaltungen vorgenommen werden. Zum einen die Wahl des Bilanzstichtages als auch Transaktionen vor dem Stichtag. Da Ersteres im vorliegenden Falle Ihrem Mandanten nicht helfen würde, raten Sie ihm zu Transaktionen, die seine Liquidität kurzfristig verbessern könnten. Ihr Mandant könnte zum Beispiel (vorausgesetzt der erzielte Forderungserlös ist größer als der in der Bilanz ausgewiesene Buchwert) eine Beteiligung veräußern, Forderungen abtreten oder Anzahlungen für geplante Aufträge fordern. Der Verkauf und die anschließende Anmietung eines Grundstücks (auch hier wieder unter der Voraussetzung, dass der Erlös größer wäre als der Buchwert) würde die Liquidität verbessern.

Des Weiteren könnten Sie ihm raten, die erforderliche Maschine nicht zu kaufen, sondern im Rahmen eines Leasingvertrages zu nutzen.

10. Volkswirtschaftslehre

10.1 19 Fragen zur Volkswirtschaftslehre

Frage 1: In welche großen Teilbereiche unterteilt sich die Volkswirtschaftslehre?

Antwort: Die Volkswirtschaftslehre unterteilt sich in die beiden großen Bereiche Mikro- und Makroökonomie. Die Mikroökonomie beschäftigt sich mit dem Verhalten einzelner Marktteilnehmer, also Haushalten und Unternehmen. Die Makroökonomie arbeitet im Gegensatz zur Mikroökonomie mit verdichteten Größen, also zum Beispiel mit dem Gesamteinkommen aller Haushalte oder dem Bruttosozialprodukt und betrachtet gesamtwirtschaftliche Phänomene wie Märkte und Marktkreisläufe. Denkbar wäre auch eine Einteilung in **Wirtschaftstheorie** und **Wirtschaftspolitik**. Weitere Disziplinen der Volkswirtschaftslehre sind die Ökonometrie, Finanzwissenschaft und speziellere Betrachtungsobjekte wie beispielhaft die Bildungs-, Familienökonomie sowie die Außenwirtschaftstheorie.

Frage 2: Was versteht man unter dem Gesamtwirtschaftlichem Gleichgewicht?

Antwort: Gesamtwirtschaftliches Gleichgewicht liegt vor, wenn die wirtschaftspolitischen Hauptziele des magischen Vierecks nach dem Stabilitätsgesetz (siehe Frage 11): Preisstabilität, Vollbeschäftigung, außenwirtschaftliches Gleichgewicht sowie stetiges und angemessenes Wirtschaftswachstum gleichzeitig verwirklicht sind.

Frage 3: Was versteht man unter der Staatsquote und was bedeutet sie?

Antwort: Die Staatsquote misst das Verhältnis von Staatsausgaben zum Bruttoinlandsprodukt (BIP). Sie ist ein wichtiger Gradmesser für den staatlichen Anteil am Wirtschaftsleben.

In den Staatsausgaben sind neben den Ausgaben für Investitionen, Personal und Verwaltung auch Zinszahlungen und vor allem aber Ausgaben für Transfers und Subventionen (z.B. Elterngeld, Hartz-IV, Investitionszuschüsse) enthalten. Letztere sind jedoch zugleich im privaten Konsum beziehungsweise den Unternehmensinvestitionen im Bruttoinlandsprodukt enthalten. Um eine doppelte Erfassung zu vermeiden, werden diese Transferzahlungen daher im Bruttoinlandsprodukt nicht mitgezählt. Insofern ist die Staatsquote eine sog. „unechte" Quote, da die Staatsausgaben nicht vollständig im Bruttoinlandsprodukt enthalten sind.

Die Staatsquote zeigt, ob der Staat seine Ausgaben in einem bestimmten Zeitraum weniger oder stärker als das Wirtschaftswachstum ausgeweitet hat und damit mehr oder weniger Einfluss z.B. auf die Konjunktur genommen hat. Eine steigende Quote ist in der Regel ein Zeichen für wachsenden Einfluss des Staates auf die wirtschaftliche Entwicklung eines Landes.

Frage 4: Was ist ein Basiszins und wofür wird er benötigt?

Antwort: Der Basiszins ist seit dem 01.01.2002 im § 247 BGB geregelt. Auf den Basiszinssatz wird regelmäßig als Ausgangsgröße in zivilrechtlichen Verträgen referenziert, um marktaktuelle, dynamische Zinssätze zu vereinbaren. Außerdem verweisen eine Reihe von anderen gesetzlichen Rechtsvorschriften auf den Basiszinssatz, die die Verzinsung von unterschiedlichen Ansprüchen betreffen. Der wichtigste Anwendungsfall, der auf den Basiszinssatz als Bezugsgröße verweist, ist § 288 BGB (Verzugszinsen). Auch beim Verzug des Darlehensnehmers eines Verbraucherdarlehens verweist § 497 Abs. 1 Satz 2 BGB auf den Basiszins. Der Basiszins beträgt aktuell (Stand 01.08.2024) 3,37 % und ist mit ./. 0,13 % am 01.01.2013 erstmals negativ festgelegt worden. Der bisherige Höchstwert des Basiszinssatzes betrug 3,62 % am 1.1.2024.

Auch das Institut der Wirtschaftsprüfer (IDW) gibt monatlich einen sog. Basiszins zur Unternehmensbewertung gem. IDW S1 heraus.

Frage 5: Was versteht man unter Transfereinkommen?

Antwort: Transfereinkommen stellen Leistungen ohne Gegenleistung i.d.R. im Rahmen der staatlichen reglementierten Umverteilung dar. Organisiert der Staat diese Transfers (Arbeitslosengeld, Kindergeld, Bürgergeld, Sozialhilfe, etc.) erfolgt die Zahlung auf einer entsprechenden rechtlichen Anspruchsgrundlage.

Frage 6: Beschreiben Sie bitte den Effekt der sog. „Kalten Progression". Was könnte man tun um diese zu vermeiden?

Antwort: Aufgrund des in Deutschland geltenden progressiven Einkommensteuersatzes steigt mit jedem Euro zusätzlichen Einkommens die Grenzsteuerbelastung auf das zusätzliche Einkommen. Wenn nun ein Arbeitnehmer zum Inflationsausgleich eine Lohnerhöhung in Höhe der Inflation erhält, müsste man annehmen, dass die relative Kaufkraft des Arbeitnehmers nach Anpassung seines Gehaltes an das gestiegene allgemeine Preisniveau wieder dieselbe sein müsste, wie zuvor. Aufgrund des gestiegen absoluten Einkommens steigt jedoch die relative Steuerbelastung auf das absolute Einkommen und unter dem Strich, das heißt netto, hat der Arbeitnehmer inflationsbereinigt, also real, weniger Kaufkraft als zuvor. Eine Gehaltserhöhung in Höhe der Inflation hat also einen realen Kaufkraftverlust zur Folge. Vermeiden könnte man dies, wenn Stagnation vorliegt, das heißt bei einer gesamtwirtschaftlichen Inflation von 0 % oder einer kontinuierlichen Anpassung der Progressionsstufen an die Inflation.

Frage 7: Erläutern Sie den Begriff Fiskalpolitik.

Antwort: Die sog. Fiskalpolitik ist ein wirtschaftspolitisches Instrument des Staates zur Kompensation von z.B. konjunkturellen Wirtschaftsschwankungen zur Sicherung eines konstanten Wachstums und Wohlstands.

In einer antizyklischen Fiskalpolitik setzt der Staat in Zeiten nachlassender Konjunktur zusätzliche Anreize zur Konjunkturförderung, in dem er z.B. durch eine vermehrte öffentliche Auftragsvergabe den Rückgang privater Aufträge zu kompensieren versucht. Auch Steuersenkungen, Erhöhungen von Sozialleistungen und Arbeitsförderungsprogramme sind Elemente einer nachfragesteigernden, expansiven, Fiskalpolitik. In Zeiten überbordender Konjunktur wird der Staat dagegen restriktiv mäßigend eingreifen und Steuern erhöhen sowie Sozialleistungen und öffentliche Auftragsvergaben zurückfahren.

Frage 8: Wer verwaltet Zölle und wie wirkt sich generell die Einführung eines Importzolles auf ein bestimmtes Produkt aus?

Antwort: Die Hauptzollämter verwalten die Zölle. Bei der Einführung eines Importzolles steigt zunächst einmal der Preis von importierten Gütern, was zu einer nachlassenden Nachfrage im Inland führt. Die Produktion im Inland wird um den Kostenfaktor Importzoll attraktiver, was zu einer gesteigerten Produktion im Inland führen sollte. Im Kern soll der Importzoll die Wettbewerbsfähigkeit heimischer Produzten steigern. Weiterhin führt der Importzoll natürlich zu Einnahmen der öffentlichen Haushalte, die somit einen Teil der im Ausland erfolgten Wertschöpfung ausländischer Produkte abschöpfen. Auch ein Effekt auf die Handelsbilanz des importierenden Landes ist möglich, da sich rückgehende Importe in einem anderen Verhältnis zu den Exporten darstellen. Die Gefahr besteht allerdings bei einer protektionistischen Importzollpolitik, dass andere Länder dies genauso machen. Dies würde wiederum die exportorientierten Unternehmen des Landes schwächen.

10. Volkswirtschaftslehre

Frage 9: Was versteht man unter Inflation, wie entsteht sie und welche Folgen hat sie?

Antwort: Unter der Inflation versteht man den absoluten Preisanstieg von Güterpreisen, die bei gleichbleibenden Einkommensverhältnissen zu einem realen Kaufkraftverlust führt. Zur Ermittlung zieht man häufig den Verbraucherpreisindex heran, der sich aus der Preisentwicklung eines repräsentativen Güterwarenkorbes ergibt. Für die Entstehung von Inflation gibt es verschiedene Theorien. Die eingängigste ist eine Steigerung der Nachfrage, der keine zeitgleiche Ausweitung der Produktion folgt, also eine Angebotsverknappung. Aber auch eine Steigerung der Produktionskosten zieht eine Preiserhöhung der Produkte nach sich. Generell führen allgemeine Lohnerhöhungen zu Inflation. Als staatliche Gegenmaßnahme kommen Preisbindung, Verknappung der Geldmenge bzw. Erhöhung der Steuern, Einstellung staatlicher Ausgaben, Goldhinterlegung der Währung in Betracht. Die Inflationsrate in Deutschland – gemessen als Veränderung des Verbraucherpreisindex (VPI) zum Vorjahresmonat – lag in Deutschland im Juli 2024 bei + 2,3 %.

Die Folgen von Inflation sind:
- Benachteiligung von Lohneinkommen und zum Teil von Mieteinkommen, da diese Einkommen i.d.R. erst mit zeitlicher Verzögerung an die Inflation angepasst werden,
- Entwertung der Geldeinlagen,
- Benachteiligung von Gläubigern, Begünstigung von Schuldnern,
- bei extremer Inflation kommt es zu einer massiven Störung der Geldfunktion als Zahlungsmittel,
- Flucht in Sachwerte, dadurch können Überbewertungen entstehen (z.B. Immobilienpreisblase).

Frage 10: Welche Funktionen erfüllt die Europäische Zentralbank?

Antwort: Die Europäische Zentralbank (EZB) ist ein Organ der Europäischen Union mit Sitz in Frankfurt. Die EZB ist die Notenbank für die gemeinsame Währung Europas, den Euro. Ihre Hauptaufgabe ist es, die Kaufkraft des Euro und somit Preisstabilität im Euroraum zu gewährleisten. Dies erfolgt im Wesentlichen über die Regulierung der im Umlauf befindlichen Geldmenge über die Festlegung des Leitzinses, der darüber entscheidet, ob die Aufnahme von Geld günstiger oder teurer wird. Ferner überwacht sie das Bankensystem innerhalb Europas. Die primären Ziele der EZB sind Preisstabilität und das ausgeglichene Wachstum Europas.

Frage 11: Was ist mit dem magischen Viereck gemeint?

Antwort: Das Magische Viereck ist ein volkswirtschaftliches System mit den folgenden vier wirtschaftspolitischen Zielen:
1. Stabilität des Preisniveaus,
2. Hoher Beschäftigungsstand,
3. Außenwirtschaftliches Gleichgewicht,
4. Angemessenes und stetiges Wirtschaftswachstum.

Diese Ziele werden aus den übergeordneten Zielen Gerechtigkeit, Freiheit, Wohlstand, Sicherheit des deutschen **Stabilitätsgesetzes** von 1967 abgeleitet. Die Preisniveaustabilität wird anhand der Inflationsrate ermittelt. Die Höhe des Beschäftigungsstandes wird anhand der **Arbeitslosenquote** gemessen. Indikator eines Wirtschaftswachstums ist ein gestiegenes reales Brutto Inlandsprodukt. Das außenwirtschaftliche Gleichgewicht wird anhand der **Außenbeitragsquote** gemessen. Sie errechnet sich aus dem Verhältnis des Außenbeitrages (entspricht dem Exportüberschuss = Exporte minus Importe) zum nominalen **Bruttoinlandsprodukt**.

Frage 12: Wozu gibt es Steuern?

Antwort: Steuern sind Geldleistungen, die nicht eine Gegenleistung für eine besondere Leistung darstellen und von einem öffentlich-rechtlichen Gemeinwesen zur Erzielung von Einnahmen allen auferlegt werden, bei denen der Tatbestand zutrifft, an den das Gesetz die Leistungspflicht knüpft; die Erzielung von Einnahmen kann Nebenzweck sein, vgl. § 3 AO. Steuern sind die Haupteinnahmequelle eines modernen Staates und das wichtigste Finanzierungsinstrument der staatlichen Funktionen und Aufgaben. Im Einzelfall können Steuern auch vorgeblich erzieherischen Charakter haben, wie z.B. Tabaksteuer oder Steuern auf Alkopop-Getränke.

Frage 13: Was versteht man unter Sättigungsmenge?

Antwort: Die Sättigungsmenge ist die maximale Nachfragemenge, die theoretisch abgesetzt werden kann, wenn es das Produkt kostenlos gäbe. Jeder, der das Produkt haben möchte, bekommt es dann auch. Die Sättigungsmenge ist einer der Extrempunkte der Nachfragekurve des mikroökonomischen Marktmodells. Der entgegengesetzte Extrempunkt, bei dem die Nachfrage gleich Null ist, wird Prohibitivpreis genannt.

Frage 14: Was versteht man unter CETA und TTIP?

Antwort:
CETA
Das Comprehensive Economic and Trade Agreement (CETA) ist ein Freihandelsabkommen zwischen der EU und Kanada. Durch gemeinsame Regeln und offene Märkte soll es dazu beitragen, den Handel zwischen Kanada und Europa zu sichern und auszubauen.

Fast keine Zölle mehr für Industriegüter, ein deutlich besserer Zugang zum kanadischen Markt für europäische Unternehmen, weniger Kosten für den Mittelstand durch gemeinsame Regeln: Das sind nur drei Vorteile des gemeinsamen Handelsabkommens. In CETA hat sich die EU mit Kanada auf hohe Standards geeinigt, die Maßstäbe für zukünftige Handelsabkommen setzen.

Nach der Unterzeichnung des Abkommens 2016 hat das Europäische Parlament am 15.02.2017 dem Abkommen zugestimmt und Teile von CETA sind seit dem 21.09.2017 vorläufig in Kraft getreten. Folgende Bereiche sind aber noch nicht in Kraft getreten:
- Investitionsschutz und Investitionsgerichtsbarkeit (ICS),
- Zugang zum Markt für Wertpapieranlagen,
- Bestimmungen über Camcording,
- Zwei Bestimmungen über die Transparenz von Verwaltungsverfahren, die Überprüfung und die Einlegung von Rechtsbehelfen auf Ebene der Mitgliedstaaten.

Ein vollständiges Inkrafttreten des Abkommens ist aber noch von der Ratifizierung durch die nationalen Parlamente in der EU und durch die EU selber abhängig. Z.B. hat das zypriotische Parlament in Nikosia Ende Juli 2020 die Ratifizierung des europäisch-kanadischen Handelsabkommen abgelehnt, Nachverhandlungen sind aber möglich. Es haben (Stand Juli 2024) noch nicht alle EU-Mitgliedsstaaten (z.B. Belgien und Bulgarien) das Abkommen ratifiziert.

TTIP
Das Ziel von TTIP (Transatlantische Handels- und Investitionspartnerschaft) ist ein transatlantisches Handelsabkommen zwischen Europa und den USA. TTIP soll Vorschriften und Regeln der Wirtschaft Europas und der USA langfristig so gestalten, dass sie besser zusammenpassen. Bei den Verhandlungen geht es darum, Zölle und andere Handelsbarrieren im transatlantischen Handel zwischen der Europäischen Union (EU) und den Vereinigten Staaten von Amerika (USA) abzubauen.

So soll eine stärkere Öffnung der Märkte auf beiden Seiten des Atlantiks erfolgen. Daneben sollen mit dem TTIP Einschränkungen für kommerzielle Dienstleistungen verringert, Investitionssicherheit und Wettbewerbsgleichheit verbessert und der wechselseitige Zugang zu öffentlichen Aufträgen auf allen staatlichen Ebenen vereinfacht werden.

Mit der Regierungsübernahme von US-Präsident Trump wurden die Verhandlungen über TTIP unterbrochen und seither auch nach der Regierungsübernahme von US-Präsident Biden nicht wieder aufgenommen. Die USA haben stattdessen diverse Schutzzölle für bestimmte Industriezweige und Produkte eingeführt.

Frage 15: Was versteht man unter Keynesianismus?

Antwort: Unter Keynesianismus wird in den Wirtschaftswissenschaften ein auf John Maynard Keynes zurückgehendes Modell verstanden, in dem die gesamtwirtschaftliche Nachfrage die entscheidende Größe für Produktion und Beschäftigung ist, d.h. die Produktion folgt der Nachfrage. Nach Keynes sollte in einer Wirtschaftskrise der Staat dafür sorgen, dass die fehlende private Nachfrage durch staatliche Nachfrage ersetzt und so die Wirtschaft aus der Krise herausgeführt wird. Indem der Staat die gesamtwirtschaftliche Nachfrage direkt durch Erhöhung seiner Ausgaben z.B. für öffentliche Aufträge wie den Bau von Straßen, Schienenwegen oder öffentlichen Gebäuden, oder indirekt, z.B. durch Steuervergünstigungen für Investitionen, steuert, trägt er zur Belebung der Wirtschaft bei.

Frage 16: Warum bedurften die Beihilfen der Bundesrepublik Deutschland im Zuge der Coronakrise der Genehmigung durch die Europäische Union?

Antwort: Um einen unfairen Wettbewerb innerhalb der Europäischen Union durch die ungleichmäßige Gewährung von Beihilfen durch die Mitgliedsstaaten an nationale Unternehmen zu vermeiden, bedürfen größere Beihilfen für nationale Unternehmen der vorherigen Genehmigung durch die Europäische Union. Nach Maßgabe des Artikels 107 Abs. 1 AEUV sind staatliche oder aus staatlichen Mitteln gewährte Beihilfen gleich welcher Art, die durch die Begünstigung bestimmter Unternehmen oder Produktionszweige den Wettbewerb verfälschen oder zu verfälschen drohen, mit dem Binnenmarkt unvereinbar, soweit sie den Handel zwischen Mitgliedstaaten beeinträchtigen. Die finanzielle Unterstützung aus EU- oder nationalen Mitteln für Gesundheitsdienste oder andere öffentliche Dienste zur Bewältigung der Coronakrise fällt nicht unter die Kontrolle staatlicher Beihilfen. Dasselbe gilt für jegliche öffentliche finanzielle Unterstützung, die Bürgern direkt gewährt wird. Auch staatliche Fördermaßnahmen, die allen Unternehmen zur Verfügung stehen, wie z.B. Lohnsubventionen und die Stundung von Körperschaft- und Mehrwertsteuern oder Sozialbeiträgen, fallen nicht unter die Beihilfenkontrolle und bedürfen keiner Genehmigung der Kommission nach den EU-Beihilfevorschriften. In all diesen Fällen können die Mitgliedsstaaten sofort handeln.

Wenn das Beihilferecht hingegen anwendbar ist, können die Mitgliedsstaaten im Einklang mit dem bestehenden EU-Beihilferahmen umfangreiche Maßnahmen zur Unterstützung bestimmter Unternehmen oder Wirtschaftszweige, die von den Folgen des Coronavirus-Ausbruchs betroffen sind, konzipieren. Die Kommission hat am 13.03.2020 eine Mitteilung über koordinierte Maßnahmen zur Abfederung der wirtschaftlichen Auswirkungen der Corona-Krise angenommen, in der diese Möglichkeiten erläutert werden. So sind zum Beispiel folgende Maßnahmen möglich:

Nach Art. 107 Abs. 2 Buchstabe b AEUV können die Mitgliedstaaten Beihilfen für bestimmte Unternehmen oder Beihilferegelungen für Wirtschaftszweige einführen, denen aufgrund außergewöhnlicher Ereignisse, etwa infolge des Coronavirus-Ausbruchs, unmittelbar Schäden entstanden sind.

Zudem können die Mitgliedstaaten auf der Grundlage des Art. 107 Abs. 3 Buchstabe c AEUV Unternehmen unterstützen, die mit Liquiditätsengpässen zu kämpfen haben und dringend Rettungsbeihilfen benötigen.

Flankierend sind zusätzliche Maßnahmen möglich, z.B. im Rahmen der De-minimis-Verordnung und der allgemeinen Gruppenfreistellungsverordnung, die von den Mitgliedstaaten ebenfalls unverzüglich und ohne Beteiligung der Kommission eingeführt werden können.

In einer besonders schwierigen wirtschaftlichen Lage, wie sie aufgrund des Coronavirus-Ausbruchs derzeit in allen Mitgliedstaaten und dem Vereinigten Königreich herrscht, können die Mitgliedstaaten nach Art. 107 Abs. 3 Buchstabe b AEUV und den darauf gestützten Beihilfevorschriften Beihilfen zur Behebung einer beträchtlichen Störung im Wirtschaftsleben gewähren.

Am 19.03.2020 hat die Kommission einen auf Art. 107 Abs. 3 Buchstabe b AEUV gestützten Befristeten Rahmen angenommen, damit die Mitgliedstaaten den in den Beihilfevorschriften vorgesehenen Spielraum in vollem Umfang nutzen können, um die Wirtschaft angesichts des Coronavirus-Ausbruchs zu unterstützen. Nach dem Befristeten Rahmen vom 19.03.2020, der am 03.04.2020, 08.05.2020, 29.06.2020, 13.10.2020, 28.01.2021 und am 13.10.2021 geändert wurde, können die Mitgliedstaaten folgende Arten von Beihilfen gewähren:

i) direkte Zuschüsse, Kapitalzuführungen, selektive Steuervorteile und rückzahlbare Vorschüsse;
ii) staatliche Garantien für Bankdarlehen an Unternehmen;
iii) vergünstigte öffentliche Darlehen an Unternehmen, einschließlich nachrangiger Darlehen;
iv) Zusicherungen für Banken, die staatliche Beihilfen an die Realwirtschaft weiterleiten;
v) öffentliche kurzfristige Exportkreditversicherungen;
vi) Unterstützung von Coronavirus-bezogener Forschung und Entwicklung (FuE);
vii) Unterstützung beim Bau und bei der Hochskalierung von Erprobungseinrichtungen;
viii) Unterstützung für die Herstellung von Produkten, die für die Bewältigung des Coronavirus-Ausbruchs relevant sind;
ix) gezielte Unterstützung in Form einer Steuerstundung und/oder Aussetzung der Sozialversicherungsbeiträge;
x) gezielte Unterstützung in Form von Lohnzuschüssen für Arbeitnehmer;
xi) gezielte Unterstützung in Form von Eigenkapital- und/oder hybriden Finanzinstrumenten.

Der befristete Rahmen galt zunächst bis 31.12.2020. Da Solvenzprobleme im Rahmen der Krise jedoch zeitverzögert auftreten können, hat die Kommission den Geltungszeitraum bis 30.06.2022 verlängert.

Seit dem 01.07.2022 ist die Gewährung von Beihilfen auf Basis des zeitlich begrenzten Corona-Beihilferahmens mit einigen Ausnahmen nicht mehr möglich. Z.B. können Investitionsförderungs- und Solvenzhilfemaßnahmen noch bis zum 31.12.2023 gewährt werden. Ferner ermöglicht der Befristete COVID-19-Rahmen einen flexiblen Übergang und bietet verschiedene Möglichkeiten, um bis zum 30.06.2023 Schuldtitel wie Garantien oder Darlehen, in andere Beihilfeformen wie direkte Zuschüsse umzuwandeln und umzustrukturieren.

Frage 17: Kennen Sie vergleichbare aktuelle Beihilfegenehmigungen?

Antwort: Ja, den „Vorübergehender Krisenbeihilferahmen anlässlich des Ukrainekriegs".

Am 23.03.2022 verabschiedete die Europäische Kommission einen Vorübergehenden Gemeinschaftsrahmen für staatliche Beihilfen, der es den Mitgliedstaaten ermöglichen soll, die in den Beihilfevorschriften vorgesehene Flexibilität zu nutzen, um die Wirtschaft im Zusammenhang mit dem Einmarsch Russlands in die Ukraine zu unterstützen.

Der Vorübergehende Gemeinschaftsrahmen ergänzt das bestehende Instrumentarium für staatliche Beihilfen um viele andere Möglichkeiten, die den Mitgliedstaaten bereits zur Verfügung stehen, z.B. Maßnahmen zur Entschädigung von Unternehmen für Schäden, die ihnen durch außergewöhnliche Umstände unmittelbar entstanden sind, sowie Maßnahmen, die in den Mitteilungen der Kommission über die Entwicklung der Energiemärkte dargelegt werden.

10. Volkswirtschaftslehre

Der neue Gemeinschaftsrahmen ermöglicht es den Mitgliedstaaten:
- Unternehmen, die von der aktuellen Krise oder den damit verbundenen Sanktionen und Gegensanktionen betroffen sind, begrenzte Beihilfen zu gewähren,
- sicherzustellen, dass den Unternehmen weiterhin ausreichend Liquidität zur Verfügung steht, und
- die Unternehmen für die zusätzlichen Kosten zu entschädigen, die ihnen durch die außergewöhnlich hohen Gas- und Strompreise entstehen.

Auf Basis des Temporary Crisis Framework gewährt z.B. die Kreditanstalt für Wiederaufbau (KfW) im sog. „KfW-Sonderprogramm UBR 2022" Förderdarlehen an Unternehmen, die unter folgenden Auswirkungen des Ukraine-Krieges leiden:
- Umsatzrückgang, wenn Sie in den letzten 3 Jahren mindestens 10 % ihres Umsatzes in den Märkten Ukraine, Russland und Belarus gemacht haben,
- Produktionsausfall in der Ukraine, in Russland und Belarus oder durch fehlende Rohstoffe und Vorprodukte aus diesen Ländern,
- geschlossene Produktionsstätten in der Ukraine, in Russland und Belarus,
- gestiegene Energiekosten (bei mindestens 3 % Energiekostenanteil am Umsatz 2021).

Die Europäische Kommission hat Änderungen bestehender deutscher Rahmenregelungen zur Unterstützung von Unternehmen infolge des russischen Kriegs gegen die Ukraine genehmigt. Die Änderungen wurden auf der Grundlage des am 23.03.2022 von der Europäischen Kommission erlassenen und am 20.07.2022 sowie am 28.10.2022 geänderten Befristeten Krisenrahmens für staatliche Beihilfen genehmigt, in dem die Kommission gestützt auf Art. 107 Abs. 3 Buchst. b AEUV anerkennt, dass das Wirtschaftsleben in der EU beträchtlich gestört ist. Der Befristete Krisenrahmen ist für alle Maßnahmen bis zum 31.12.2023 gültig.

Frage 18: Welche Änderungen wurden am 09.03.2023 von der EU-Kommission bezüglich des Befristeten Krisen- und Übergangsrahmen angenommen, um Unterstützungsmaßnahmen in Sektoren zu fördern, die für den Übergang zu einer Wirtschaft ohne Netto-Null im Einklang mit dem Industrieplan für den Grünen Deal von entscheidender Bedeutung sind?

Antwort: Bis zum 31.12.2023 ermöglicht der Befristete Krisen- und Übergangsrahmen den EU-Mitgliedstaaten, die wirtschaftlichen Auswirkungen der Aggression Russlands in der Ukraine abzufedern und
1. begrenzte Beträge an von der derzeitigen Krise betroffene Unternehmen zu gewähren,
2. sicherzustellen, dass den Unternehmen weiterhin ausreichend Liquidität zur Verfügung steht,
3. die Unternehmen für die zusätzlichen Kosten zu entschädigen, die durch außergewöhnlich hohe Gas- und Strompreise entstehen; und
4. Anreize für eine zusätzliche Senkung des Stromverbrauchs zu schaffen. Bis zum 31.12.2025 können die Mitgliedstaaten Beihilfen zur Förderung des Übergangs zu einer Netto-Null-Wirtschaft gewähren.

Daher können Beihilfen gewährt werden, um:
1. die Einführung erneuerbarer Energie, Speicher und erneuerbarer Wärme, die für REPowerEU relevant sind, zu beschleunigen und
2. industrielle Produktionsverfahren zu dekarbonisieren.

Darüber hinaus können die Mitgliedstaaten auch Beihilfen gewähren, um Investitionen in Schlüsselsektoren für den Übergang zu einer Netto-Null-Wirtschaft zu beschleunigen, die Investitionsunterstützung für die Herstellung strategischer Ausrüstungen, nämlich Batterien, Solarmodule, Windturbinen, Wärmepumpen, Elektrolyseure und CO2-Abscheidung sowie für die Herstellung von Schlüsselkomponenten sowie für die Herstellung und das Recycling entsprechender kritischer Rohstoffe, zu ermöglichen.

Die EU-Kommission wendet die Bestimmungen des am 09.03.2023 angenommenen Befristeten Krisen- und Übergangsrahmens auf alle am 09.03.2023 angemeldeten Maßnahmen sowie auf Maßnahmen an, die vor diesem Datum angemeldet wurden. Die Mitteilung vom 09.03.2023 ersetzt den am 28.10.2022 angenommenen Befristeten Krisenrahmen (Quelle: https://competition-policy.ec.europa.eu/state-aid/temporary-crisis-and-transition-framework_de?etrans=de).

Frage 19: Welche Änderungen des Befristeten Rahmens hat die KOMMISSION (C/2023/1188) am 21.11.2023 vorgenommen?

Antwort: Die MITTEILUNG DER KOMMISSION zur Änderung des Befristeten Rahmens für staatliche Beihilfen zur Stützung der Wirtschaft infolge des Angriffs Russlands auf die Ukraine – Krisenbewältigung und Gestaltung des Wandels (C/2023/1188) sieht eine Verlängerung bestehender Regelungen erforderlich, aber keinen Bedarf an völlig neuen Unterstützungsmaßnahmen, die den Zeitraum bis zum 30.6.2024 abdecken.

Die Kommission ist der Auffassung, dass die Abschnitte des Befristeten Rahmens zur Krisenbewältigung und zur Gestaltung des Wandels, mit denen der Übergang zu einer klimaneutralen Wirtschaft unterstützt werden soll (d. h. die Abschnitte 2.5, 2.6 und 2.8), die sich auf Artikel 107 Absatz 3 Buchstabe c AEUV stützen, nicht überprüft werden müssen, da sie bis zum 31.12.2025 gelten. Diese Abschnitte werden daher von dieser Änderung nicht berührt.

Die vorgenommenen Änderungen sind Folgende:

1. Randnummer 61 Buchstabe a erhält folgende Fassung:
„a) Die Gesamtbeihilfe beläuft sich zu keinem Zeitpunkt auf mehr als 2,25 Mio. € je Unternehmen je Mitgliedstaat. Die Beihilfe darf in Form von direkten Zuschüssen, Steuervorteilen oder Vergünstigungen in Bezug auf andere Zahlungen oder etwa in Form von rückzahlbaren Vorschüssen, Garantien, Darlehen oder Eigenkapital gewährt werden, sofern der Gesamtnennbetrag solcher Maßnahmen die Obergrenze von insgesamt 2,25 Mio. € je Unternehmen je Mitgliedstaat nicht übersteigt; bei den eingesetzten Beträgen muss es sich um Bruttobeträge handeln, d. h. um Beträge vor Abzug von Steuern und sonstigen Abgaben.

2. Randnummer 61 Buchstabe c erhält folgende Fassung:
„c) Die Beihilfe wird spätestens am 30.6.2024 gewährt. Wird die Beihilfe in Form eines Steuervorteils gewährt, so muss die Steuerschuld, in Bezug auf die der Vorteil gewährt wird, spätestens am 30.6.2024 entstanden sein."

3. Randnummer 62 Buchstabe a erhält folgende Fassung:
„a) Die Gesamtbeihilfe beläuft sich bei in der Primärproduktion landwirtschaftlicher Erzeugnisse tätigen Unternehmen zu keinem Zeitpunkt auf mehr als 280.000 € je Unternehmen je Mitgliedstaat bzw. bei im Fischerei- und Aquakultursektor tätigen Unternehmen zu keinem Zeitpunkt auf mehr als 335.000 € je Unternehmen je Mitgliedstaat; die Beihilfe darf in Form von direkten Zuschüssen, Steuervorteilen oder Vergünstigungen in Bezug auf andere Zahlungen oder etwa in Form von rückzahlbaren Vorschüssen, Garantien, Darlehen oder Eigenkapital gewährt werden, sofern der Gesamtnennbetrag solcher Maßnahmen die einschlägige Obergrenze von insgesamt 280.000 € bzw. 335.000 € je Unternehmen je Mitgliedstaat nicht übersteigt; bei den eingesetzten Beträgen muss es sich um Bruttobeträge handeln, d. h. um Beträge vor Abzug von Steuern und sonstigen Abgaben.

4. Randnummer 63 erhält folgende Fassung:
„(63) Wenn ein Unternehmen in mehreren Sektoren tätig ist, für die nach Randnummer 61 Buchstabe a und nach Randnummer 62 Buchstabe a unterschiedliche Höchstbeträge gelten, muss der betreffende

Mitgliedstaat durch geeignete Mittel wie getrennte Buchführung sicherstellen, dass der einschlägige Höchstbetrag für jede dieser Tätigkeiten eingehalten und der maximale Gesamtbetrag von 2,25 Mio. € je Unternehmen je Mitgliedstaat nicht überschritten wird. Wenn ein Unternehmen ausschließlich in den unter Randnummer 62 Buchstabe a fallenden Sektoren tätig ist, sollte der maximale Gesamtbetrag von 335.000 € je Unternehmen je Mitgliedstaat nicht überschritten werden."

5. Randnummer 72 Buchstabe a erhält folgende Fassung:
„a) Die Beihilfe wird spätestens am 30.6.2024 gewährt. Wird die Beihilfe erst nach einer Ex-post-Überprüfung der Belege des Beihilfeempfängers gewährt und beschließt der Mitgliedstaat, die Möglichkeit der Gewährung von Vorschüssen nach Randnummer 74 nicht vorzusehen, so kann die Beihilfe abweichend davon bis zum 31.12.2024 gewährt werden, sofern der unter Randnummer 72 Buchstabe e festgelegte beihilfefähige Zeitraum eingehalten wird.

6. Randnummer 72 Buchstabe b erhält folgende Fassung:
„b) Die Beihilfe darf in Form von direkten Zuschüssen, Steuervorteilen oder Vergünstigungen in Bezug auf andere Zahlungen oder etwa in Form von rückzahlbaren Vorschüssen, Garantien, Darlehen oder Eigenkapital gewährt werden, sofern der Gesamtnennbetrag solcher Maßnahmen die Beihilfehöchstintensität und die Beihilfeobergrenze nicht übersteigt. Bei den eingesetzten Beträgen muss es sich um Bruttobeträge handeln, d. h. um Beträge vor Abzug von Steuern und sonstigen Abgaben.

7. Randnummer 72 Buchstabe c erhält folgende Fassung:
„c) Beihilfen, die in Form von rückzahlbaren Vorschüssen, Garantien, Darlehen oder anderen rückzahlbaren Instrumenten gewährt werden, können in andere Beihilfeformen wie Zuschüsse umgewandelt werden, sofern die Umwandlung spätestens am 31.12.2024 erfolgt."

8. Unter Randnummer 72 Buchstabe (e) wird die Definition von „t" durch Folgendes ersetzt:
„t für einen bestimmten Monat oder mehrere aufeinanderfolgende Monate im Zeitraum vom 1. Februar 2022 bis zum 30. Juni 2024 (‚beihilfefähiger Zeitraum'),"

9. Die folgende Randnummer 73 Buchstabe e wird eingefügt:
„e) Bei Beihilfen, die im Einklang mit Randnummer 73 Buchstaben a, b, c oder d für in der Zeit vom 1.1.2024 bis zum 30.6.2024 entstandene beihilfefähige Kosten gewährt werden, kann das EBITDA im beihilfefähigen Zeitraum ausnahmsweise auf der Grundlage des am 31.12.2023 endenden Kalenderjahres berechnet werden."

10.2 Fälle zur Volkswirtschaftslehre

In aller Regel werden im Fachgebiet Volkswirtschaftslehre keine klassischen Fälle besprochen. Es empfiehlt sich allerdings, die Tagespresse zu aktuellen wirtschaftspolitischen Themen wie Börsenkurs- und Goldpreisentwicklung, Inflation, Eurokrisenfonds, evtl. Staatsbankrott, Bankenpleiten etc. tagesaktuell im Auge zu behalten, weil diese im Prüfungsgespräch gelegentlich thematisiert werden, um aktuelle Wirtschaftsentwicklungen auf dem Bildungsniveau einer gesunden, tagespolitischen Allgemeinbildung mit Ihnen zu diskutieren, z.B. welche Gründe sprechen für und gegen einen flächendeckenden Mindestlohn oder ein bedingungsloses Grundeinkommen.

11. Berufsrecht
11.1 17 Fragen zum Berufsrecht

Achtung! Durch das Gesetz zur Neuregelung des Berufsrechts der anwaltlichen und steuerberatenden Berufsausübungsgesellschaften sowie zur Änderung weiterer Vorschriften im Bereich der rechtsberatenden Berufe sind mit Wirkung zum 01.08.2022 einige Neuerungen im Steuerberatungsgesetz (StBerG) in Kraft getreten (vgl. Gesetz vom 07.07.2021, BGBl I 2021, 2363). Daneben sind zuletzt auch durch das Gesetz zur Stärkung der Aufsicht bei Rechtsdienstleistungen und zur Änderung weiterer Vorschriften (RDAufStG) mit Wirkung zum 16.03.2023 Anpassungen im StBerG erfolgt (vgl. Gesetz vom 10.03.2023, BGBl I 2023, Nr. 64) Die nachfolgenden Erläuterungen haben dies berücksichtigt. Es ist es wichtiger denn je, dass Sie bei der Vorbereitung auf die Prüfung mit einem aktuellen Gesetzestext arbeiten.

Frage 1: Wo ist der Inhalt der beruflichen Tätigkeit eines Steuerberaters geregelt?

Antwort: Die berufliche Tätigkeit eines Steuerberaters ist in § 33 StBerG geregelt. Diese Vorschrift zu den Kernaufgaben müssen Sie kennen. Man spricht hier auch von den sog. Vorbehaltsaufgaben des Berufsstands. Steuerberater und ihre Berufsausübungsgesellschaften haben die Aufgabe, im Rahmen ihres Auftrags ihre Auftraggeber in Steuersachen zu beraten, sie zu vertreten und ihnen bei der Bearbeitung ihrer Steuerangelegenheiten und bei der Erfüllung ihrer steuerlichen Pflichten Hilfe zu leisten. Dazu gehören auch die Hilfeleistung in Steuerstrafsachen und in Bußgeldsachen wegen einer Steuerordnungswidrigkeit sowie die Hilfeleistung bei der Erfüllung von Buchführungspflichten, die auf Grund von Steuergesetzen bestehen, insbesondere die Aufstellung von Abschlüssen, die für die Besteuerung von Bedeutung sind, und deren steuerrechtliche Beurteilung.

Frage 2: Welche weiteren Tätigkeiten dürfen Steuerberater ausüben?

Antwort: Mit dem Steuerberaterberuf sind neben den Vorbehaltsaufgaben des § 33 StBerG auch eine Vielzahl weiterer Tätigkeiten vereinbar. Welche Tätigkeiten das im Einzelnen sein können, ist in § 57 Abs. 3 StBerG geregelt. Dazu zählen zum einen die freiberuflichen Tätigkeiten als Wirtschaftsprüfer, Rechtsanwalt oder vereidigter Buchprüfer (§ 57 Abs. 3 Nr. 1 StBerG), zum anderen Lehr- und Vortrags- und schriftstellerische Tätigkeiten (§ 57 Abs. 3 Nr. 4 bis 6 StBerG).

Vereinbar mit dem Beruf des Steuerberaters sind außerdem freiberufliche Tätigkeiten, die die Wahrnehmung fremder Interessen einschließlich der Beratung zum Gegenstand haben (vgl. § 57 Abs. 3 Nr. 2 StBerG) sowie wirtschaftsberatende, gutachterliche oder treuhänderische Tätigkeiten (vg. § 57 Abs, 3 Nr. 3 StBerG).

Welche Tätigkeiten man sich darunter vorstellen kann, wird in § 15 BOStB konkretisiert. Dazu gehören insbesondere:
- die freiberufliche Unternehmensberatung im Sinne von § 1 PartGG,
- die Tätigkeit der Mediation,
- die Verwaltung fremden Vermögens,
- das Halten von Gesellschaftsanteilen für Dritte,
- die Wahrnehmung von Gesellschafterrechten,
- die Tätigkeit als Beirat und Aufsichtsrat,
- die Tätigkeit als Schiedsgutachter und Schiedsrichter,
- die Wahrnehmung des Amts als Testamentsvollstrecker, Nachlasspfleger, Nachlassverwalter, Vormund, Betreuer, Pfleger, Beistand,

- die Tätigkeit als Insolvenzverwalter, Zwangsverwalter, Sachwalter, Restrukturierungsbeauftragter, Sanierungsmoderator, Liquidator, Notgeschäftsführer aufgrund gerichtlicher Bestellung, Mitglied in Gläubigerausschüssen,
- die Tätigkeit als Hausverwalter und Wohnimmobilienverwalter.

Diese Aufzählung ist nicht abschließend. Es sind auch weitere Tätigkeiten denkbar.

Grundsätzlich sind immer auch die Grenzen der gewerblichen Tätigkeit des Steuerberaters (vgl. § 57 Abs. 4 Nr. 1 StBerG, § 16 BOStB) und das Rechtsdienstleistungsgesetz (§§ 2 und 5 RDG) zu beachten.

Frage 3: Wie hat der Steuerberater seinen Beruf auszuüben?

Antwort: Sicherlich ist § 57 StBerG neben dem oben genannten § 33 StBerG eine der wichtigsten Kernvorschriften im Berufsrecht der Steuerberater (**Anmerkung:** Wenn nachfolgend allein von Steuerberatern die Rede ist, dient dies der besseren Lesbarkeit. Steuerbevollmächtigte sind in diesen Fällen stets mit umfasst). Hier darf keiner überlegen; die Begriffe des § 57 Abs. 1 StBerG (Berufspflichten) müssen Sie auswendig kennen: Der Beruf ist unabhängig, eigenverantwortlich, gewissenhaft, verschwiegen und unter Verzicht auf berufswidrige Werbung auszuüben. Diese fünf Begriffe müssen kommen. Danach wird die Prüfungskommission nachhaken, was diese Begriffe bedeuten. Hilfreich ist hier die Satzung über die Rechte und Pflichten bei der Ausübung der Berufe der Steuerberater und Steuerbevollmächtigten – Berufsordnung (BOStB). Die §§ 2 bis 9 BOStB erläutern die fünf Begriffe näher.

Dabei bedeutet das Wort Unabhängigkeit, dass der Steuerberater gegenüber jedermann seine persönliche und wirtschaftliche Unabhängigkeit wahrt. Die Entscheidungsfreiheit darf nicht gefährdet sein (§ 2 BOStB). Als Beispiel wird die Annahme von Vorteilen jeder Art von Dritten, die Vereinbarung und Annahme von Provisionen oder die Übernahme von Mandantenrisiken im § 2 Abs. 3 BOStB aufgeführt.

Eigenverantwortlichkeit bedeutet, dass der Steuerberater verpflichtet ist, seine Tätigkeit in eigener Verantwortung auszuüben. Er entscheidet, ob ein Mandant angenommen wird oder nicht. Die wesentliche Korrespondenz – dies gilt auch für die elektronische Korrespondenz – wie Einsprüche, Klagen oder die Unterzeichnung der Gebührenrechnung hat der Steuerberater vorzunehmen (§ 3 BOStB).

Bei der Gewissenhaftigkeit hat der Steuerberater die erforderlichen fachlichen, personellen und organisatorischen Voraussetzungen zu gewährleisten. Ein Auftrag darf nur angenommen werden, wenn der Steuerberater über die erforderliche Sachkunde und die zur Bearbeitung erforderliche Zeit verfügt. Natürlich ist er wie im § 57 Abs. 2a StBerG geregelt zur Fortbildung verpflichtet (§ 4 Abs. 3 BOStB).

Die Pflicht zur Verschwiegenheit bezieht sich auf alles, was in Ausübung ihres Berufs bekannt geworden ist (vgl. § 57 Abs. 1 StBerG). Das bedeutet, dass der Steuerberater alles, was ihm in Ausübung seines Berufs oder bei Gelegenheit der Berufstätigkeit anvertraut oder bekannt geworden ist (auch Privatangelegenheiten), streng vertraulich behandelt; dies gilt gegenüber jedem Dritten, auch gegenüber Behörden und Gerichten (§ 5 BOStB). Soweit die Offenlegung der Wahrung der eigenen berechtigten Interessen des Steuerberaters dient oder soweit der Steuerberater vom Auftraggeber von seiner Verschwiegenheitspflicht entbunden wurde, besteht die Pflicht gem. § 5 Abs. 1 BOStB nicht. Das Gesetz stellt klar, dass die Verschwiegenheit nicht für Tatsachen gilt, die offenkundig sind oder ihrer Bedeutung nach keiner Geheimhaltung bedürfen (§ 57 Abs. 1 Satz 2 und 3 StBerG). Der Begriff der „offenkundigen Tatsachen" ist § 291 ZPO entnommen. Offenkundige Tatsachen sind insbesondere solche, die einem unbeschränkten Personenkreis aus allgemein zugänglichen Quellen bekannt sind oder sein können. Welche Tatsachen hingegen ihrer Bedeutung nach keiner Geheimhaltung bedürfen, ist ein unbestimmter Rechtsbegriff und damit eine Wertungsfrage im Einzelfall. Steuerberater müssen gem. § 62 StBerG, die von ihnen beschäftigten Personen in Textform zur Verschwiegenheit verpflichten und sie dabei über die strafrechtlichen Folgen einer Pflichtverletzung (z.B. bei Vorschriften wie Auskunftsverweigerungsrecht, Verletzung von Privatgeheimnissen, Zeugnisverweigerungsrecht und Beschlagnahmeverbot im Strafprozess und die jeweiligen Datenschutzbestimmungen) belehren. Zudem haben sie bei ihnen in geeigneter Weise auf die Einhaltung der Verschwiegenheitspflicht hinzuwirken. Den von dem Steuerberater beschäftigten Personen stehen die Personen gleich, die im Rahmen einer berufsvorbereitenden Tätigkeit oder einer sonstigen Hilfstätigkeit an seiner beruflichen Tätigkeit mitwirken. § 62 Satz 1 StBerG gilt nicht für angestellte Personen, die im Hinblick auf die Verschwiegenheitspflicht den gleichen Anforderungen wie der Steuerberater unterliegen. Hat sich ein Steuerberater mit anderen Personen, die im Hinblick auf die Verschwiegenheitspflicht den gleichen Anforderungen unterliegen wie er, zur gemeinschaftlichen Berufsausübung zusammengeschlossen und besteht zu den beschäftigten Personen ein einheitliches Beschäftigungsverhältnis, so genügt auch der Nachweis, dass eine andere dieser Personen die Verpflichtung nach § 62 Satz 1 StBerG vorgenommen hat. Die Verpflichtung ist schriftlich vorzunehmen. Die Pflicht zur Verschwiegenheit besteht für alle auch nach Beendigung des Auftragsverhältnisses; also bis zum Tod.

Der Steuerberater muss auf berufswidrige, insbesondere wettbewerbswidrige Werbung verzichten. Es ist auch unzulässig, diese durch Dritte zu veranlassen oder zu dulden (s. § 9 Abs. 1 BOStB).

Achtung! Durch das Gesetz zur Neuregelung des Berufsrechts der anwaltlichen und steuerberatenden Berufsausübungsgesellschaften sowie zur Änderung weiterer Vorschriften im Bereich der rechtsberatenden Berufe wurden mit Wirkung zum 01.08.2022 besondere Pflichten zur Vermeidung von Interessenkollisionen geregelt (vgl. § 57 Abs. 1a ff. StBerG).
Steuerberater dürfen nicht tätig werden, wenn eine Kollision mit eigenen Interessen gegeben ist. Berät oder vertritt ein Steuerberater mehrere Auftraggeber in derselben Sache, ist er bei Interessenkollisionen verpflichtet, auf die widerstreitenden Interessen der Auftraggeber ausdrücklich hinzuweisen und darf nur vermittelnd tätig werden.
Das gilt auch für Steuerberater, die ihren Beruf gemeinschaftlich mit einem Steuerberater ausüben, der selbst einem Tätigkeitsverbot unterliegt oder der nur vermittelnd tätig werden darf. Dieses Tätigkeitsverbot bleibt auch bestehen, wenn der dem Tätigkeitsverbot unterliegende Steuerberater die gemeinschaftliche Berufsausübung beendet. Etwas anderes gilt nur, wenn die betroffenen Auftraggeber der Tätigkeit nach umfassender Information in Textform zugestimmt haben und geeignete Vorkehrungen die Einhaltung der Verschwiegenheit sicherstellen.

Frage 4: Welche berufsgerichtlichen Maßnahmen gibt es?

Antwort: Auch diese fünf Begriffe sollten Sie kennen: Warnung, Verweis, Geldbuße bis zu 50.000 €, Berufsverbot für die Dauer von einem bis fünf Jahren und die Ausschließung aus dem Beruf.

Danach könnte weiter gefragt werden, welche Gerichte im berufsgerichtlichen Verfahren zuständig sind. Der Instanzenzug lautet: § 95 StBerG: Landgericht, § 96 StBerG: Oberlandesgericht und § 97 StBerG: Bundesgerichtshof.

Frage 5: Gibt es für den Steuerberater eine Möglichkeit auf Wiederbestellung?

Nach § 48 Abs. 1 Nr. 3 StBerG besteht die Möglichkeit, dass ehemalige Steuerberater wiederbestellt werden können, wenn die Bestellung nach § 46 StBerG widerrufen wurde und die Gründe, die für den Widerruf maßgeblich gewesen sind, nicht mehr bestehen. Die Steuerberaterkammer hat gem. §§ 48 Abs. 2, 40 Abs. 2 StBerG vor der Wiederbestellung zu prüfen, ob der Bewerber persönlich geeignet ist und die Bestellung zu versagen, wenn der Bewerber:
- nicht in geordneten wirtschaftlichen Verhältnissen lebt (§ 40 Abs. 2 Satz 2 Nr. 1 StBerG),
- infolge strafgerichtlicher Verurteilung die Fähigkeit zur Bekleidung öffentlicher Ämter nicht besitzt (§ 40 Abs. 2 Satz 2 Nr. 2 StBerG),

11. Berufsrecht

- aus gesundheitlichen Gründen nicht nur vorübergehend unfähig ist, den Beruf des Steuerberaters ordnungsgemäß auszuüben (§ 40 Abs. 2 Satz 2 Nr. 3 StBerG), oder
- sich so verhalten hat, dass die Besorgnis begründet ist, er werde den Berufspflichten als Steuerberater nicht genügen (§ 40 Abs. 2 Satz 2 Nr. 4 StBerG).

Die Bestellung ist nach § 40 Abs. 3 StBerG auch zu versagen:
1. wenn eine Entscheidung nach § 39a Abs. 1 StBerG ergangen ist,
2. solange der Bewerber eine Tätigkeit ausübt, die mit dem Beruf unvereinbar ist (§ 57 Abs. 4 StBerG),
3. solange nicht die vorläufige Deckungszusage auf den Antrag zum Abschluss einer Berufshaftpflichtversicherung oder der Nachweis der Mitversicherung bei einem Arbeitgeber vorliegt.

Frage 6: Ist die Beschlagnahmung von schriftlichen Unterlagen und Aufzeichnungen im Strafverfahren beim Steuerberater möglich?

Antwort: Das Verbot der Beschlagnahme im Strafverfahren steht in engem Zusammenhang mit dem Zeugnisverweigerungsrecht. § 97 StPO nimmt ausdrücklich Bezug auf die Zeugnisverweigerungsrechte aus §§ 53, 53a StPO und regelt, dass u.a. schriftliche Mitteilungen zwischen Beschuldigten und Steuerberater sowie Aufzeichnungen, welche Steuerberater über die vom Beschuldigten anvertrauten Mitteilungen oder über andere Umstände gemacht haben, nicht beschlagnahmt werden dürfen (soweit sich gegen den Steuerberater kein Teilnahmeverdacht richtet).

Beachte auch § 66 StBerG (Handakten): Das Gesetz unterscheidet hier im Zusammenhang mit dem, was Mandanten von ihrem Steuerberater herausverlangen können, zwischen dem umfassenden Begriff der „Handakte" und dem engen Begriff der „Dokumente". Letztere muss der Steuerberater auf Verlangen an den Mandanten herausgeben. Zum Begriff der „Dokumente" gehören alle Unterlagen, die der Steuerberater aus Anlass seiner beruflichen Tätigkeit von dem Auftraggeber oder für ihn erhalten hat (§ 66 Abs. 2 S. 1 StBerG), also z.B. Kontoauszüge, Rechnungen, sonstige Buchführungsunterlagen, Grundaufzeichnungen, Schriftwechsel des Auftraggebers mit Geschäftspartnern, Steuerbescheide, Bilanzen früherer Veranlagungszeiträume und Urteile. Nicht dazu gehören die Korrespondenz zwischen dem Steuerberater und seinem Auftraggeber, die Dokumente, die der Auftraggeber bereits in Urschrift oder Abschrift erhalten hat sowie die zu internen Zwecken gefertigten Arbeitspapiere (§ 66 Abs. 2 S. 4 StBerG). Nach § 66 Abs. 3 StBerG steht dem Steuerberater aber ein Zurückbehaltungsrecht an den herauszugebenden Dokumenten zu, solange der Mandant die Rechnung noch nicht beglichen hat.

Frage 7: Gibt es ein Auskunfts- und Zeugnisverweigerungsrecht des Steuerberaters als „Richter"?

Antwort: Soweit sich ein Steuerpflichtiger vor Gericht durch einen Steuerberater vertreten lässt, muss die AO auch ein Auskunfts- und Zeugnisverweigerungsrecht dieser Berater regeln (§§ 102–103 AO). Für das finanzgerichtliche Verfahren verweist § 84 Abs. 1 FGO auf die sinngemäße Anwendung der §§ 101–103 AO. Der Steuerberater muss sich auf sein Auskunfts- und Vorlageverweigerungsrecht berufen, solange ihn der Mandant nicht von der Schweigepflicht entbunden hat.

Frage 8: Was versteht man unter einer Berufsausübungsgesellschaft?

Antwort: Steuerberater können nicht nur allein tätig werden, sondern sich bei ihrer beruflichen Tätigkeit auch mit anderen Steuerberatern oder auch mit Vertretern anderer Berufe zusammenschließen. Als berufsübergreifend einheitlicher Oberbegriff sieht das Gesetz für solche Zusammenschlüsse die Bezeichnung „Berufsausübungsgesellschaft" vor. Zu beachten ist, dass dabei nicht nur die Berufsangehörigen selbst, sondern auch die Berufsausübungsgesellschaften eigenständiger Träger der gesetzlichen Berufspflichten (siehe oben Frage 2) sind (vgl. § 52 Abs. 1 StBerG).

Die Bezeichnung „Steuerberatungsgesellschaft" ist eine besondere Variante der Berufsausübungsgesellschaft (§ 55g StBerG). Eine Berufsausübungsgesellschaft darf sich nur dann als Steuerberatungsgesellschaft bezeichnen, wenn in der Gesellschaft die Berufsgruppe der Steuerberater über die Mehrheit der Stimmrechte verfügt und auch auf der Organebene mehrheitlich Steuerberater in der Geschäftsleitung tätig sind.

Frage 9: Welche Rechtsformen sind für eine Berufsausübungsgesellschaft zulässig?

Antwort: Als zulässige Rechtsformen einer Berufsausübungsgesellschaft kommen alle Gesellschaften in Betracht, die nach deutschem Recht und nach dem Recht der EU-Mitgliedstaaten oder der EWR-Vertragsstaaten zugelassen sind (§ 49 Abs. 2 StBerG).

Dazu gehören z.B. auch die deutschen Handelsgesellschaften OHG und KG (inklusive GmbH & Co. KG), die GmbH oder die AG, Sozietäten in Form der Gesellschaft bürgerlichen Rechts (GbR) und Partnerschaftsgesellschaften sowie die europäische Aktiengesellschaft SE. Nicht davon umfasst sind aber ausländische Gesellschaften von Drittstaaten außerhalb der EU bzw. des EWR. Von Bedeutung ist dies wegen des Brexits für die britische Limited Liability Partnership (LLP) und weitere Gesellschaftsformen u. a. auch aus den Vereinigten Staaten von Amerika. Es gibt aber eine Regelung, die den Berufsangehörigen eine Beteiligungsmöglichkeit an solchen Berufsausübungsgesellschaften aus Drittstaaten ausnahmsweise eröffnet, wenn diese im Inland zugelassen sind (§ 50 Abs. 2 StBerG).

Frage 10: Muss sich eine Berufsausübungsgesellschaft anerkennen lassen?

Antwort: Eine Anerkennung durch die zuständige Steuerberaterkammer ist grundsätzlich für alle Berufsausübungsgesellschaften, die der Ausübung des Berufs des Steuerberaters dienen, vorgeschrieben (§ 53 Abs. 1 StBerG). Keiner ausdrücklichen Anerkennungspflicht unterliegen hingegen die Gesellschaft bürgerlichen Rechts (GbR) und die sog. einfache Partnerschaftsgesellschaft nach § 8 Abs. 1 PartGG als Personengesellschaften, bei denen die Haftung der Gesellschafter nicht beschränkt ist und denen auch auf der Organebene ausschließlich Berufsangehörige, d.h. Steuerberater, Rechtsanwälte oder Wirtschaftsprüfer angehören. Sie können sich allerdings auf Antrag freiwillig anerkennen lassen. Unabhängig von einer Anerkennung müssen sich aber alle Berufsausübungsgesellschaften in das Berufsregister der zuständigen Kammer eintragen lassen (§ 76a Abs. 2 StBerG). Für die Prüfung der in das Berufsregister einzutragenden Tatsachen kann die Kammer sogar die Vorlage geeigneter Nachweise einschließlich des Gesellschaftsvertrags oder der Satzung verlangen (§ 76a Abs. 2 S. 3 StBerG). Für anerkannte Berufsausübungsgesellschaften ist aber zu beachten, dass sie aufgrund ihrer Kammermitgliedschaft ihrerseits einer eigenen Aufsicht durch die zuständige Berufskammer unterliegen und Verstöße auch berufsgerichtlich sanktioniert werden können (§ 81 Abs. 1 und 3, § 89 Abs. 3 StBerG).

Achtung! Das Gesetz sieht einen Bestandsschutz vor für alle vor dem Inkrafttreten der Novelle am 01.08.2022 bereits anerkannten Steuerberatungsgesellschaften vor, solange auf der Gesellschafterebene künftig keine Änderungen erfolgen (§ 157d Abs. 1 StBerG). Gesellschaften, die zum 01.08.2022 bereits bestanden haben und nach altem Recht bislang keiner Anerkennung bedurften, hingegen nach neuem Recht anerkennungspflichtig sind, wie z.B. eine Partnerschaftsgesellschaft mit besonderer Berufshaftung (PartGmbB), mussten ihre Anerkennung bis zum 01.11.2022 bei der zuständigen Kammer beantragen (§ 157d Abs. 2 StBerG).

Frage 11: Können auch im EU-Ausland niedergelassene Gesellschaften steuerberatend tätig sein?

Antwort: Nach einem Urteil des BFH vom 19.10.2016, II R 44/12 können im EU-Ausland niedergelassene Gesellschaften unter bestimmten Voraussetzungen berechtigt sein, für inländische Steuerpflichtige steuerberatend tätig zu werden. Der BFH entspricht damit dem, im Wege eines Vorabentscheidungsersuchens ergangenen Urteil des EuGH vom 17.12.2015 (C-342/14, X-Steuerberatungsgesellschaft) und beruft sich auf die unionsrechtlich verbürgte Dienstleistungsfreiheit. Voraussetzung für die Anerkennung einer im EU-Ausland niedergelassenen Steuerberatungsgesellschaft ist grundsätzlich, dass zumindest eine nachhaltige Berufsausübung nachgewiesen werden kann. Dies ist notwendig, sofern im EU-Niederlassungsland keine dem deutschen Steuerberatungsgesetz entsprechende Reglementierung vorliegt. Eine nachhaltige Berufsausübung liegt dann grundsätzlich vor, wenn in den letzten zehn Jahren mindestens zwei Jahre lang eine steuerberatende Tätigkeit im EU-Ausland ausgeübt wurde. Es muss auch ein entsprechender Berufshaftpflichtschutz vorliegen.

Frage 12: Was ist eine Berufshaftpflichtversicherung und wer muss diese unterhalten?

Antwort: Die Berufshaftpflichtversicherung ist eine Haftpflichtversicherung, die Vermögensschäden abdecken soll, die durch eine mögliche Fehlberatung beim Mandanten entstehen können (sog. Vermögensschaden-Haftpflichtversicherung).

Ohne den Abschluss einer Haftpflichtversicherung darf ein Steuerberater seinen Beruf nicht ausüben (§ 67 StBerG). Die Höhe der Versicherungssumme ist im § 52 DVStB geregelt (Mindestversicherungssumme für den einzelnen Versicherungsfall: 250.000 €, Jahreshöchstleistung für alle in einem Versicherungsjahr verursachten Schäden: mindestens 1 Mio. €).

Auch alle Berufsausübungsgesellschaften sind zum Abschluss einer Berufshaftpflichtversicherung verpflichtet (§ 55f Abs. 1 StBerG). Dabei ist es egal, ob es sich um eine anerkannte Berufsausübungsgesellschaft handelt oder nicht. Die Mindestversicherungssummen orientieren sich an der Art der Haftungsbeschränkung der jeweiligen Gesellschaftsform (§ 52 DVStB). Dabei wird unterschieden nach haftungsbeschränkten Gesellschaften, d.h. Gesellschaften, bei denen für Schäden aufgrund von Berufsfehlern keine natürlichen Personen haften (z.B. GmbH, AG, KG, PartGmbB), und nicht haftungsbeschränkten Gesellschaften, d.h. Gesellschaften, bei denen kein Haftungsausschluss für natürliche Personen gilt (z.B. GbR, einfache Partnerschaftsgesellschaft). Bei den haftungsbeschränkten Gesellschaften (§ 55f Abs. 3 StBerG) beträgt die Mindestversicherungssumme je Versicherungsfall 1 Mio. €, bei Gesellschaften ohne Haftungsbeschränkung (§ 55f Abs. 4 StBerG) dagegen 500.000 €. Die Leistungen des Versicherers für alle innerhalb eines Versicherungsjahres verursachten Schäden können betragsmäßig auf die jeweilige Mindestversicherungssumme vervielfacht mit der Zahl der Gesellschafter, die Steuerberater, Steuerbevollmächtigte, Wirtschaftsprüfer oder vereidigte Buchprüfer sind, und mit der Zahl der Geschäftsführer, die nicht Gesellschafter und Steuerberater, Steuerbevollmächtigte, Wirtschaftsprüfer oder vereidigte Buchprüfer sind, begrenzt werden (sog. Jahreshöchstleistung). Ist eine Berufsausübungsgesellschaft Gesellschafter, so ist bei der Berechnung der Jahreshöchstleistung nicht die beteiligte Berufsausübungsgesellschaft, sondern die Zahl ihrer Gesellschafter, die Steuerberater, Steuerbevollmächtigte, Wirtschaftsprüfer oder vereidigte Buchprüfer sind, und der Geschäftsführer, die nicht Gesellschafter und Steuerberater, Steuerbevollmächtigte, Wirtschaftsprüfer oder vereidigte Buchprüfer sind, maßgeblich. Die Jahreshöchstleistung muss dabei in jedem Fall aber mindestens noch das Vierfache der Mindestversicherungssumme betragen (§ 55f Abs. 5 StBerG). Nach § 67a Abs. 1 Nr. 2 StBerG sind Haftungsbeschränkungen durch Allgemeine Auftragsbedingungen (AAB) bzw. Allgemeine Geschäftsbedingungen (AGB) wirksam möglich. Dazu muss ein Versicherungsschutz mindestens in Höhe der vierfachen Mindestversicherungssumme bestehen.

Achtung! Auch nicht anerkannte Berufsausübungsgesellschaften (siehe oben) müssen der Kammer stets eine Bescheinigung über den Abschluss einer Berufshaftpflichtversicherung vorlegen (§ 55 Abs. 3 DVStB).

Frage 13: Was passiert, wenn einem Steuerberater ein schuldhafter Beratungsfehler unterläuft?

Antwort: Hat ein Steuerberater einen vorwerfbaren und damit schuldhaften Beratungsfehler begangen und ist dadurch dem Mandanten ein Schaden entstanden, so hat dieser einen Schadenersatzanspruch nach den §§ 280, 311 BGB. Der Steuerberater (Schuldner) hat in einem solchen Fall (Beratungs-) Pflichten aus einem bestehenden Schuldverhältnis (Steuerberatervertrag) verletzt und muss seinem Mandanten (Gläubiger) nach § 280 Abs. 1 Satz 1 BGB den hierdurch entstandenen Schaden ersetzen. Der Beratungsfehler bzw. die Pflichtverletzung muss schuldhaft erfolgt sein. Leichte Fahrlässigkeit reicht aber aus. Nach § 280 Abs. 1 S. 2 BGB trifft den Steuerberater die Schadenersatzverpflichtung nur dann nicht, wenn er die Pflichtverletzung (überhaupt) nicht zu vertreten hat. Das wird aber bei Falschberatungen kaum der Fall sein, nachdem vom Steuerberater erwartet wird, dass er die aktuelle höchstrichterliche Rechtsprechung kennt, die für sein Beratungsfeld relevant ist (BGH vom 06.11.2008, IX ZR 140/07, DStRE 2009, 452). Darüber hinaus kann der Steuerberater sogar verpflichtet sein, eine zu erwartende Rechtsprechungsänderung zu berücksichtigen (OLG Celle vom 23.02.2011, 3 U 174, 10).

Nach der Rechtsprechung des BGH ergeben sich die Aufgaben des Steuerberaters aus Inhalt und Umfang des ihm erteilten Mandats. Den Inhalt des Mandats hat der Tatrichter anhand der Umstände des Einzelfalls festzustellen (BGH, Urteil vom 19.04.2012, IX ZR 156/10).

Beispiel aus der jüngeren Rechtsprechung für eine Pflichtverletzung: Ein steuerlicher Berater handelt grob fahrlässig i.S.v. § 173 Abs. 1 Nr. 2 AO, wenn er die in der Anlage N-Gre ausdrücklich gestellte Frage nach steuerfreien Kinderzulagen bei einem in der Schweiz tätigen Grenzgänger nicht beantwortet, obwohl er bei sorgfältiger Prüfung und Aufarbeitung des steuerrelevanten Sachverhalts aus den (monatlichen) Gehaltsmitteilungen des Steuerpflichtigen erkennen konnte, dass in dem in der Jahreslohnbescheinigung ausgewiesenen Arbeitslohn steuerfreie Kinderzulagen enthalten waren (BFH Urteil vom 28.04.2020, VI R 24/17).

Frage 14: Wie kann ein Steuerberater seine Tätigkeit abrechnen?

Antwort: Die Vergütung, die ein Steuerberater für die steuerliche Beratung verlangen darf, ist in der Steuerberatervergütungsverordnung (StBVV) geregelt. Es gibt für jede Leistung einen Höchst- und einen Mindestbetrag. Damit bleibt die Vergütung für den Mandanten nachvollziehbar. Die StBVV unterscheidet zwischen Wertgebühren, Zeitgebühren und Betragsrahmengebühren. Die Wertgebühr ist am häufigsten. Sie gilt z.B. für die Erstellung einer Steuererklärung und bestimmt sich nach Gegenstandswerten. Diese orientieren sich am Wert der zu bearbeitenden Angelegenheit. Innerhalb des vorgegebenen Rahmens hat der Steuerberater die angemessene Gebühr zu bestimmen. Bei der Berechnung geht es vor allem um den Umfang und den Schwierigkeitsgrad im konkreten Fall. Die Zeitgebühr wird je angefangene halbe Stunde für Einzeltätigkeiten abgerechnet. Sie liegt zwischen 30 € und 75 € je angefangene halbe Stunde. Die Betragsrahmengebühr ist für Tätigkeiten vorgesehen, in denen es z.B. um bestimmte Hilfeleistungen bei der Lohnbuchführung geht.

Wichtig ist, dass der Steuerberater darauf hinweisen muss, dass er von der StBVV durch eine schriftliche Vereinbarung abweichen darf. Nach unten geht das allerdings nur in außergerichtlichen Angelegenheiten und auch nur, wenn die Vergütung dann noch in einem angemessenen Verhältnis zur Leistung, zur Verantwortung und zum Haftungsrisiko des Steuerberaters steht (§ 4 Abs. 3 StBVV). Der Steuerberater muss den Mandanten in Textform ausdrücklich darauf hinweisen, dass eine höhere oder niedrigere als die gesetzliche Vergütung in Textform vereinbart werden kann (§ 4 Abs. 4 StBVV).

Frage 15: Ist die Vereinbarung einer pauschalen Vergütung für die Erstellung der Buchführung möglich?

Antwort: Gem. § 14 Abs. 1 StBVV kann für laufend auszuführende Tätigkeiten (z.B. Buchführung) eine Pauschalvergütung vereinbart werden. Die Vereinbarung ist in Textform und für einen Zeitraum von mindestens einem Jahr zu treffen. In der Vereinbarung sind die vom Steuerberater zu übernehmenden Tätigkeiten und die Zeiträume, für die sie geleistet werden, im Einzelnen aufzuführen. Gem. § 14 Abs. 3 StBVV muss der Gebührenanteil in einem angemessenen Verhältnis zur Leistung des Steuerberaters stehen.

Der BFH hat mit Urteil vom 18.01.2017, II R 33/16 (für allgemein anwendbar erklärt durch BMF am 26.06.2017) entschieden, dass eine ausländische Steuerberatungsgesellschaft, die nach deutschem Recht nicht befugt ist, sich beim BFH selbst zu vertreten, diese Befugnis auch nicht aus der Dienstleistungsfreiheit herleiten kann. als die gesetzliche Vergütung in Textform vereinbart werden kann (§ 4 Abs. 4 StBVV).

Frage 16: Welche Aufgaben hat die Bundessteuerberaterkammer?

Antwort: Die konkreten Aufgaben der Bundessteuerberaterkammer bestimmen sich nach § 86 StBerG. Eine wichtige Aufgabe der Bundessteuerberaterkammer besteht nach § 86 Abs. 2 Nr. 2 StBerG darin, eine Berufsordnung als Satzung zu erlassen (Satzung über die Rechte und Pflichten bei der Ausübung der Berufe der Steuerberater und der Steuerbevollmächtigten – Berufsordnung (BOStB). Die Satzung bedarf der Genehmigung der Aufsichtsbehörde. Dies ist das Bundesministerium der Finanzen (BMF). Die Satzung und deren Änderungen werden von der Satzungsversammlung beschlossen.

Weitere Aufgaben nach dem Katalog des § 86 Abs. 2 StBerG sind beispielsweise:
- in Fragen, welche die Gesamtheit der Steuerberaterkammern angehen, die Auffassung der einzelnen Kammern zu ermitteln und im Wege gemeinschaftlicher Aussprache die Auffassung der Mehrheit festzustellen;
- Richtlinien für die Fürsorgeeinrichtungen der Steuerberaterkammern (§ 76 Abs. 2 Nr. 6 StBerG) aufzustellen;
- in allen die Gesamtheit der Steuerberaterkammern berührenden Angelegenheiten die Auffassung der Bundessteuerberaterkammer den zuständigen Gerichten und Behörden gegenüber zur Geltung zu bringen;
- die Gesamtheit der Steuerberaterkammern gegenüber Behörden und Organisationen zu vertreten;
- Gutachten zu erstatten, die eine an der Gesetzgebung beteiligte Behörde oder Körperschaft des Bundes oder ein Bundesgericht anfordert;
- die berufliche Fortbildung in den steuerberatenden Berufen zu fördern; sie kann den Berufsangehörigen unverbindliche Fortbildungsempfehlungen erteilen;
- die Verzeichnisse nach § 3b und § 3g StBerG zu führen;
- das Verzeichnis nach § 86b StBerG zu führen;
- eine Steuerberaterplattform nach § 86c StBerG einzurichten, die der elektronischen Kommunikation und der elektronischen Zusammenarbeit dient und die einen sicheren Austausch von Daten und Dokumenten ermöglicht;
- die besonderen elektronischen Steuerberaterpostfächer nach den §§ 86d und 86e StBerG einzurichten;
- die Einrichtung und der Betrieb einer Datenbank zur Verwaltung von Vollmachtsdaten im Sinne des § 80a AO und deren Übermittlung an die Landesfinanzbehörden.

Frage 17: Was ist das besondere elektronische Steuerberaterpostfach (beSt)?

Antwort: Das sog. beSt stellt einen wesentlichen Teil der gesetzlich einzurichtenden Steuerberaterplattform dar. Es soll Steuerberatern eine sichere, einheitliche und einfache elektronische Kommunikation sowohl untereinander als auch mit Gerichten, Behörden, Steuerberaterkammern, der Finanzverwaltung und mit anderen Berufsgruppen (z.B. Notare, Rechtsanwälte) ermöglichen.

Seit dem 01.01.2023 unterliegen Steuerberater der Verpflichtung, das beSt einzurichten. Sie waren zuvor bereits seit 2018 dazu verpflichtet, ein elektronisches Postfach (z.B. De-Mail) für Zustellungen seitens der Gerichte zu nutzen (sog. passive Nutzungspflicht). Verfahrensrechtlich besteht seit dem 01.01.2023 zusätzlich auch eine aktive Nutzungspflicht für Zustellungen von elektronischen Dokumenten an die Gerichte. Da Steuerberater damit einer aktiven und passiven Nutzungspflicht hinsichtlich des beSt unterliegen und die Nutzung des beSt nur über die Steuerberaterplattform möglich ist, ist es zwingend erforderlich, dass sich die Steuerberater und die Berufsausübungsgesellschaften auf der Steuerberaterplattform registrieren.

Die gesetzlichen Grundlagen dazu sind § 86 Abs. 2 Nr. 10 StBerG (Steuerberaterplattform als neue Aufgabe der BStBK), § 86c StBerG (Registrierungspflicht), §§ 86 Abs. 2 Nr. 11, 86d und 86e StBerG (Einrichtung beSt), § 86b Abs. 3 StBerG (Eintragung ins Steuerberaterverzeichnis), § 86f StBerG (Verordnungsermächtigung) und § 157e StBerG (Anwendungsvorschrift zur Steuerberaterplattform und zum beSt).

11.2 10 Fälle zum Berufsrecht

Fall 1: Der Prüfer legt allen Kandidaten eine – fehlerhafte – Rechnung eines Steuerberaters vor.

Aufgabe: Er möchte von Ihnen wissen, ob Sie hieran etwas zu bemängeln haben!

Lösung: Natürlich möchte der Prüfer wissen, ob Sie die Fehler in der Berechnung erkennen. Z.B. hat der Steuerberater die Berechnung der Vergütung vielleicht nicht eigenhändig unterschrieben, keine Zustimmung des Auftraggebers eingeholt, diese in Textform zu erstellen, die Berechnung dem Auftraggeber nicht mitgeteilt (§ 9 Abs. 1 StBVV) oder es fehlt die Bezeichnung des Gebührentatbestandes. Die Zustimmung muss nicht für jede Berechnung einzeln erteilt werden.

Sie sollten auch alle Voraussetzungen des § 9 Abs. 2 StBVV kennen. Diese sind:

a) Die Beträge der einzelnen Gebühren und Auslagen,
b) die Vorschüsse,
c) eine kurze Bezeichnung des jeweiligen Gebührentatbestandes,
d) die Bezeichnung der Auslagen sowie die angewandten Vorschriften der Gebührenverordnung und bei Wertgebühren auch der Gegenstandswert. Nach demselben Stundensatz berechnete Zeitgebühren können zusammengefasst werden. Bei Entgelten für Post- und Telekommunikationsdienstleistungen genügt die Angabe des Gesamtbetrages.

Weiter wird sicherlich gefragt, ob die Rechnung nichtig ist (§ 125 BGB) und wie die Mängel beseitigt werden können. Sollte die Steuerberatergebührenrechnung fehlerhaft sein, ist der Mandant erst nach Korrektur der Rechnung zur Zahlung verpflichtet.

Fall 2: Ein Steuerberater hat den Beitrag an die Steuerberaterkammer nicht gezahlt. Die Steuerberaterkammer beauftragt einen Gerichtsvollzieher.

Aufgabe: Welche Konsequenzen werden sich ergeben?

Lösung: Nach der berufsgerichtlichen Rechtsprechung umfasst die Pflicht zur gewissenhaften Berufsausübung auch die Verpflichtung zur Beitragszahlung an die Berufskammer (BGH vom 27.8.1979, Stb StR 3/79). Nach der vorgenommenen Abgrenzung ist § 57 Abs. 2 Satz 2 StBerG einschlägig, wenn nicht schon § 79 StBerG (Beiträge und Gebühren) als Grundlage für einen berufsrechtlichen Vorwurf reicht.

11. Berufsrecht

Nach § 57 Abs. 2 S. 2 StBerG haben sich Steuerberater auch außerhalb der Berufstätigkeit des Vertrauens und der Achtung würdig zu erweisen, die ihr Beruf erfordert. Die Steuerberaterkammer wird die Pflichtverletzung wegen des nicht gezahlten Beitrags ahnden und berufsgerichtliche Maßnahmen ziehen (§ 89 StBerG).

> **Fall 3:** Ein Mandant beschwert sich beim Steuerberater X. Der Steuerberater hatte ihm eine Einkommensteuererstattung in Höhe von 20.000 € ausgerechnet und von dem Mandanten „als Erfolg" ein Honorar in Höhe von 10 % der voraussichtlichen Erstattungssumme berechnet. Tatsächlich wurden dem Mandanten nur 5.000 € erstattet. Das zu hoch berechnete Honorar will X dem Mandanten nicht erstatten.
>
> **Aufgabe:** Ist X hier im Recht?

Lösung: Die Vergütungen bemessen sich nach § 1 StBVV. Nur in wenigen Ausnahmefällen darf nach § 9a StBerG ein Erfolgshonorar vereinbart werden, etwa wenn der Auftraggeber ohne die Vereinbarung eines Erfolgshonorars von der Rechtsverfolgung abgehalten würde (§ 9a Abs. 2 StBerG).

Steuerberater X muss eine ordnungsgemäße Rechnung gem. § 9 StBVV erstellen. Das Fehlverhalten kann die Steuerberaterkammer nach vorheriger Anhörung gem. § 81 Abs. 1 i.V.m. Abs. 3 StBerG rügen. Die Steuerberaterkammer kann X auffordern, bei der Steuerberaterkammer zu erscheinen. Verweigert er dies, kann er mit einem Zwangsgeld in Höhe von bis zu 1.000 € bestraft werden (§ 80a Abs. 1 StBerG). Die Steuerberaterkammer muss allerdings auf sein Auskunftsverweigerungsrecht hinweisen (§ 80 Abs. 1 S. 3 StBerG).

> **Fall 4:** Ein Steuerberater schließt mit seinem Mandanten eine Vereinbarung über eine Zeittaktklausel, wonach ¼ des Stundensatzes für jede angefangenen 15 Minuten berechnet werden.
>
> **Aufgabe:** Ist das zulässig?

Lösung: Die Frage, ob eine 15-Minuten-Zeittaktklausel zulässig ist, war von den Gerichten lange nicht abschließend geklärt (BGH Urteil vom 05.06.2014, IX ZR 137/12). Das OLG Düsseldorf mit Urteil vom 29.06.2006, I 24 U 196/04 und das LG Köln mit Urteil vom 18.10.2016, 11 S 302/15 sahen in der Klausel eine unangemessene Benachteiligung gem. § 307 Abs. 1, Abs. 2 Nr. 1 BGB. So auch das OLG München mit Urteil vom 05.06.2019, 15 U 318/18. Allerdings vertraten das OLG Schleswig mit Urteil vom 19.02.2009, 11 U 151/07 und das LG München I mit Urteil vom 21.09.2009, 4 O 10820/08 eine andere Auffassung mit dem Verweis auf § 13 S. 2 StBVV bzw. § 8 Abs. 2 S. 2 JVEG. Auf die Revision gegen das Urteil des OLG München vom 05.06.2019 hat der BGH mit Urteil vom 13.02.2020, IX ZR 141/19 entschieden, dass ein Mandant durch eine in einer Vergütungsvereinbarung getroffene Regelung, nach der die Abrechnung im Fünfzehn-Minuten-Takt für jede angefangene Viertelstunde erfolgt, unangemessen benachteiligt wird.

> **Fall 5:** Steuerberater X aus Oldenburg hat sich auf dem Oktoberfest in München in die dort lebende Zenzi verliebt. Da Zenzi viele Unternehmer kennt und gute Verbindungen hat, möchte X in München eine zweite Niederlassung gründen, die er dann ca. zweimal monatlich aufsucht. Dann kann er zudem die Zenzi öfters treffen.
>
> **Frage:** Geht das?

Lösung: Gem. § 34 Abs. 2 StBerG kann X eine weitere Beratungsstelle eröffnen, wenn er diese mit einem Leiter besetzt, der Steuerberater ist und dort oder im Nahbereich wohnt. In Ausnahmefällen kann die Steuerberaterkammer eine weitere Beratungsstelle gem. § 34 Abs. 2 Satz 4–6 StBerG auch ohne Besetzung mit einem anderen Steuerberater genehmigen. Da die weitere Niederlassung in München nicht im

„Nahbereich" liegt, wird die Steuerberaterkammer einen Antrag verweigern, da X nicht seinen Berufspflichten gem. § 57 StBerG gerecht werden kann.

Fall 6: Ein Steuerberater erleidet einen Herzinfarkt und ist von Januar bis August des Jahres nicht arbeitsfähig. Darf der Steuerberater sich auf seine erfahrenen Mitarbeiter verlassen, dass die Praxis problemlos ohne ihn betrieben wird?

Frage: Was meinen Sie?

Lösung:
a) Der Steuerberater hätte spätestens nach einem Monat einen allgemeinen Stellvertreter bestellen müssen, der ein Steuerberater oder Steuerbevollmächtigter ist und dies der Steuerberaterkammer unverzüglich mitteilen müssen (§ 69 Abs. 1 StBerG).
b) Die Steuerberaterkammer kann, wenn der Steuerberater es unterlassen hat, einen Vertreter zu bestimmen, von Amts wegen einen Vertreter bestellen. Vorher wird die Steuerberaterkammer den Steuerberater auffordern, einen Vertreter zu bestellen (§ 69 Abs. 3 Satz 2 StBerG).

Fall 7: Ein Steuerberater gibt eine Anzeige auf, in der steht:
Ich suche einen Steuerfachangestellten ab sofort. Bei Vermittlung von Neumandaten zahle ich zuzüglich zum Gehalt eine Provision von 10 % des Jahresumsatzes. Mein Spezialgebiet ist der Kfz-Handel. Diese Unternehmen werden vorzugsweise betreut.

Frage: Der Prüfer fragt Sie, was Sie von dieser Anzeige halten.

Lösung: Grundsätzlich darf ein Steuerberater auf seine Dienste (§ 33 StBerG = Vorbehaltsaufgaben oder vereinbare Tätigkeiten nach § 57 Abs. 3 StBerG oder sonstige gewerbliche Tätigkeiten in Ausnahmefällen nach § 57 Abs. 4 StBerG oder Dienste Dritter (Kooperationspartner) in Steuersachen hinweisen, soweit über die Tätigkeit in Form und Inhalt sachlich unterrichtet wird (§ 8 Abs. 1 StBerG i.V.m. § 57a StBerG und § 9 BOStB).

Die vorliegende Anzeige ist unsachlich, reklamehaft und verstößt gegen das StBerG und das Wettbewerbsverbot (Provision etc.).

Die Folgen der berufswidrigen Werbung könnten wie folgt geahndet werden:
- Die Steuerberaterkammer kann den Steuerberater gem. § 76 Abs. 2 Nr. 1 StBerG über seine Pflichten (§ 57 StBerG) beraten und belehren. Zu dieser Belehrung kann die Steuerberaterkammer den Steuerberater oder Steuerbevollmächtigten oder eine Person im Sinne des § 50 Abs. 3 StBerG verpflichten, vor der Steuerberaterkammer zu erscheinen (§ 80 Abs. 1 StBerG). Um ein Mitglied der Steuerberaterkammer zur Erfüllung seiner Pflichten nach § 80 StBerG anzuhalten, kann die für die Aufsichts- und Beschwerdesache zuständige Steuerberaterkammer gegen dieses Mitglied ein Zwangsgeld festsetzen (§ 80a Abs. 1 StBerG). Das Zwangsgeld kann wiederholt festgesetzt werden. Das Zwangsgeld muss vorher schriftlich angedroht werden (§ 80a Abs. 3 StBerG).
- Empfindet die Steuerberaterkammer, dass der Steuerberaterkammer bewusst die obliegenden Pflichten verletzt hat, wird sie gem. § 81 Abs. 1 StBerG eine Rüge erteilen. Eine Rüge darf nicht erteilt werden, wenn gegen das Mitglied der Steuerberaterkammer ein berufsgerichtliches Verfahren eingeleitet wurde oder während ein Verfahren nach § 116 StBerG anhängig ist (§ 81 Abs. 2 StBerG).
- Vor der Rüge ist der Steuerberater anzuhören (§ 81 Abs. 4 StBerG).
- Sollte der Steuerberater aber bereits durch mehrere Pflichtverletzungen bekannt sein, wird die Steuerberaterkammer eine berufsgerichtliche Maßnahme verhängen (s. hierzu auch Frage 3 und § 89 Abs. 1 StBerG).

11. Berufsrecht

> **Fall 8:** Ein Steuerberater möchte in die freie Wirtschaft wechseln.
>
> **Aufgabe:** Was hat dies eventuell für Konsequenzen?

Lösung:
a) Grundsätzlich muss ein Steuerberater, wenn er in die freie Wirtschaft wechselt oder einen Gewerbebetrieb eröffnet, gegenüber der Steuerberaterkammer auf die Bestellung verzichten (§ 45 Abs. 1 Nr. 2 StBerG).
b) Er kann sich gem. § 48 Abs. 1 Nr. 1 erster Halbsatz StBerG jederzeit wiederbestellen lassen.
c) Nach § 58 Satz 2 Nr. 5a StBerG ist es einem Steuerberater gestattet, sich als „Syndikus-Steuerberater" in Industriebetrieben und sonstigen gewerblichen oder wirtschaftlichen Unternehmen anstellen zu lassen. Voraussetzung ist, dass der „Syndikus-Steuerberater" im Rahmen des Anstellungsverhältnisses Tätigkeiten i.S.d. § 33 StBerG für seinen Arbeitgeber ausübt. Dem Syndikus-Steuerberater muss damit die Aufgabe übertragen werden, seinen Arbeitgeber zu beraten, ihn zu vertreten und ihm bei der Bearbeitung seiner Steuerangelegenheiten und bei der Erfüllung seiner steuerlichen Pflichten Hilfe zu leisten. Dazu gehört auch die Hilfeleistung bei der Erfüllung von Buchführungspflichten, die aufgrund von Steuergesetzen bestehen, insbesondere die Aufstellung von Steuerbilanzen und deren steuerliche Beurteilung.
Der Syndikus-Steuerberater muss in Erfüllung seiner Pflichten als Angestellter die in § 33 StBerG genannten Tätigkeiten aber nicht „ausschließlich" erbringen. Es wird bzw. muss ihm auch erlaubt sein, die mit dem Beruf des Steuerberaters vereinbaren Tätigkeiten auszuüben, wie beispielsweise die betriebswirtschaftliche Beratung des Arbeitgebers (Kostenrechnung, Kalkulation, Finanzplanung, Betriebsorganisation etc.).

> **Fall 9:** Steuerberater X ist Kassenführer eines Rotaryclubs und entwendet eine höhere Summe Bargeld aus der Clubkasse.
>
> **Aufgabe:** Wie ist der Fall zu behandeln?

Lösung: Die Steuerberaterkammer muss das strafgerichtliche Verfahren gem. § 109 Abs. 1 StBerG abwarten. Der Steuerberater darf zur Durchführung der berufsgerichtlichen Maßnahmen gem. § 106 StBerG weder vorläufig festgenommen, vorgeführt oder verhaftet werden. Sind aber dringende Gründe für die Annahme vorhanden, dass gegen einen Steuerberater auf Ausschließung aus dem Beruf erkannt werden wird, so kann gegen ihn durch Beschluss gem. § 134 Abs. 1 StBerG ein Berufs- oder Vertretungsverbot verhängt werden.

> **Fall 10:** Ein Unternehmen ist in wirtschaftlichen Schwierigkeiten und möchte im Rahmen eines geordneten Restrukturierungsverfahrens wieder an Stabilität gewinnen.
>
> **Aufgabe:** Besteht hier eine Möglichkeit für Steuerberater, tätig zu werden?

Lösung: Das Gesetz über den Stabilisierungs- und Restrukturierungsrahmen für Unternehmen (Unternehmensstabilisierungs- und -restrukturierungsgesetz - StaRUG) ist zum 1.1.2021 in Kraft getreten und setzt die sog. EU-Restrukturierungsrichtlinie (Richtlinie [EU] 2019/1023) um. Das StaRUG gibt Unternehmen in der Krise ein Instrumentarium zur Unterstützung der Sanierung außerhalb eines Insolvenzverfahrens an die Hand. Ziel ist es, ein Insolvenzverfahren für den Schuldner zu vermeiden, indem ein zielgerichtetes Sanierungskonzept erarbeitet und umgesetzt wird. Zentral ist der sog. Restrukturierungsplan des Schuldners, welcher sämtliche Maßnahmen und Beiträge zusammenfasst, die zum Erreichen des Sanierungsziels erforderlich sind.

Für Steuerberater ergibt sich hier die Möglichkeit, beispielsweise als Restrukturierungsbeauftragte tätig zu werden (§§ 73 ff. StaRUG). Sie sollen den Schuldner und die Gläubiger bei der Ausarbeitung des Restrukturierungsplans unterstützen (§ 79 StaRUG). Es handelt sich dabei um eine erlaubte vereinbare Tätigkeit nach § 57 Abs. 3 Nr. 2 und 3 StBerG. Die Bestellung als Restrukturierungsbeauftragter muss durch das Restrukturierungsgericht erfolgen, entweder von Amts wegen (§§ 73 ff. StaRUG) oder auf Antrag des Schuldners (§§ 77ff. StaRUG). Von Amts wegen bestellte Restrukturierungsbeauftragte sollen insbesondere die Restrukturierungsverhandlungen überwachen. Bei sog. fakultativen Restrukturierungsbeauftragten, die auf Antrag bestellt werden, steht die Förderung der Verhandlungen zwischen den Beteiligten im Vordergrund.

Zum Restrukturierungsbeauftragten ist nach § 74 Abs. 1 StaRUG ein für den jeweiligen Einzelfall geeigneter, in Restrukturierungs- und Insolvenzsachen erfahrener Steuerberater, Wirtschaftsprüfer oder Rechtsanwalt oder eine sonstige natürliche Person mit vergleichbarer Qualifikation zu bestellen. Die Person muss von den Gläubigern und dem Schuldner unabhängig sein.

Achtung: Dies dürfte zumindest eine Hürde bedeuten, wenn es um den Einsatz früherer Berater eines Unternehmens als künftige Restrukturierungsbeauftragte geht.

12. Bürgerliches Recht/Wirtschaftsrecht

12.1 19 Fragen zum Bürgerlichen Recht/Wirtschaftsrecht

Frage 1: Seit wann gibt es das Bürgerliche Gesetzbuch und wie viele Bücher enthält es?

Lösung: Das Bürgerliche Gesetzbuch ist am 01.01.1900 in Kraft getreten.
Es besteht aus den folgenden fünf Büchern:
- **Buch 1 Allgemeiner Teil:** enthält Rechtssätze von allgemeiner Bedeutung.
- **Buch 2 Recht der Schuldverhältnisse:** unterteilt sich in das allgemeine und das besondere Schuldrecht. Im allgemeinen Schuldrecht werden allgemeine Regeln, im besonderen Schuldrecht hingegen die einzelnen Schuldverhältnisse, wie z.B. der Kauf-, Dienst- und Werkvertrag behandelt.
- **Buch 3 Sachenrecht:** beinhaltet das Recht an beweglichen und unbeweglichen Sachen.
- **Buch 4 Familienrecht:** enthält Regelungen über die Ehe, Verwandtschaft und Schwägerschaft.
- **Buch 5 Erbrecht:** hier werden alle vermögensrechtlichen Folgen des Todes einer Person bestimmt.

Frage 2: Was versteht man unter der Rechts- bzw. Geschäftsfähigkeit von natürlichen Personen?

Lösung: Als Rechtsfähigkeit bezeichnet man die Fähigkeit einer Person, Träger von Rechten und Pflichten zu sein. Die Rechtsfähigkeit beginnt bei natürlichen Personen gem. § 1 BGB mit der Vollendung der Geburt und endet mit deren Tod. Von der Rechtsfähigkeit ist die Geschäftsfähigkeit zu unterscheiden. Eine Person ist dann rechtsfähig, wenn sie gesetzlich dazu befugt ist, rechtsgeschäftliche Willenserklärungen abzugeben. Anders als bei der Rechtsfähigkeit, kann eine natürliche Person geschäftsunfähig oder in ihrer Geschäftsfähigkeit eingeschränkt sein. Sie ist abhängig vom Alter und der geistigen Gesundheit.

Frage 3: Was ist bei der elektronischen Form nach § 126a BGB zu beachten?

Lösung: Soll die gesetzlich vorgeschriebene schriftliche Form durch die elektronische Form ersetzt werden, so muss der Aussteller der Erklärung dieser seinen Namen hinzufügen und das elektronische Dokument mit seiner qualifizierten elektronischen Signatur versehen (§ 126a Abs. 1 BGB).

Handelt es sich um einen Vertrag, müssen die Parteien jeweils ein gleichlautendes Dokument in der in § 126a Abs. 1 BGB bezeichneten Weise elektronisch signieren (§ 126a Abs. 2 BGB).

Frage 4: Was unterscheidet einen Dienstvertrag von einem Werkvertrag?

Lösung: Ein Dienstvertrag (§§ 611 ff. BGB) ist ein Vertrag, bei dem der Verpflichtende die Leistung von Diensten schuldet. Bei Abschluss eines Werkvertrags (§§ 631 ff. BGB) schuldet der Besteller hingegen nicht eine Leistung, sondern einen bestimmten Erfolg. Vertragsgegenstand ist bei dem Dienstvertrag somit das Tätigwerden an sich, bei dem Werkvertrag der Eintritt eines bestimmten Erfolges. Sowohl der Dienst- als auch der Werkvertrag stellt ein gegenseitig verpflichtendes Rechtsgeschäft dar, bei dem der Schuldner zur Zahlung eines Entgelts verpflichtet ist.

Frage 5: Was ist ein Leasingvertrag und welche Arten von Leasingverträgen kennen Sie?

Lösung: Bei einem Leasingvertrag handelt es sich um einen nicht im Gesetz geregelten Vertragstypus. Aufgrund der im Bürgerlichen Recht herrschenden Privatautonomie hat sich der Leasingvertrag ausgehend vom Mietvertrag als eine neue Vertragsform herausgebildet, der die entgeltliche Gebrauchsüberlassung von Investitions- und Konsumgütern regelt. Zu den Grundformen der Leasingverträge zählen das Operating-Leasing und das Finanzierungsleasing.

Beim Operating-Leasing schließen Leasinggeber und Leasingnehmer einen entgeltlichen Überlassungsvertrag ab, bei dem die Vertragslaufzeit entweder unbestimmt und somit jederzeit kündbar oder sehr kurz und unkündbar ist. Der Leasinggeber trägt hierbei sowohl die Instandhaltungskosten als auch das Investitions- und Überalterungsrisiko. Von der Grundstruktur liegt bei dieser Vertragsform ein atypischer Mietvertrag vor, sodass die geltenden Mietvertragsregeln Anwendung finden. Aufgrund der meist kurzen Vertragslaufzeiten kommt es häufig nur zu einer Teilamortisation.

Beim Finanzierungsleasing schließen Leasinggeber und Leasingnehmer einen entgeltlichen Überlassungsvertrag ab, bei dem das Entgelt so bemessen ist, dass sich das Leasinggut vollständig amortisiert. Dem Leasinggeber wird vertraglich meist eine Kaufoption nach Ablauf der Vertragslaufzeit eingeräumt. Er trägt zudem die Instandhaltungs- und Wartungskosten sowie das Überalterungsrisiko. Das Risiko des Leasinggebers besteht lediglich in der Zahlungsunfähigkeit des Leasingnehmers und der eventuellen Haftung für Mängel.

Frage 6: Was versteht man unter akzessorischen und abstrakten Kreditsicherheiten?

Lösung: Unter einer akzessorischen Kreditsicherheit versteht man eine Sicherheit, die von einer bestehenden Forderung abhängig ist. Besteht eine Forderung nicht mehr, so ist auch die mit ihr zusammenhängende Kreditsicherheit unwirksam bzw. erloschen. Die Übertragung der Sicherheit hat zwingend die Übertragung der Forderung zur Folge. Zu den akzessorischen Sicherheiten zählen die Bürgschaft, die Hypothek und das Pfandrecht.

Abstrakte, also nicht akzessorische Sicherheiten sind hingegen nicht von dem Bestand einer Forderung abhängig. Sie können losgelöst von einer Forderung bestehen, übertragen oder in Anspruch genommen werden. Abstrakte Sicherungsmittel sind z.B. die Garantie, die Grundschuld oder die Sicherungsabtretung.

Frage 7: Was genau versteht man unter einer Hypothek?

Lösung: Die Hypothek wird in § 1113 BGB geregelt. Es handelt sich bei einer Hypothek um eine akzessorische Kreditsicherheit. Sie sichert eine Geldforderung eines Gläubigers gegen einen Schuldner, der zugleich Eigentümer eines Grundstücks ist. Akzessorisch bedeutet in diesem Falle, dass eine Hypothek direkt von dem Bestehen einer Forderung abhängig ist. Kommt der Schuldner seiner Pflicht nicht nach, eine Forderung zu begleichen, wird ein Grundstück durch den Gläubiger als Sicherheit eingesetzt (z.B. Eigentumsübertragung an den Gläubiger, Veräußerung an Dritte oder Zwangsversteigerung).

Frage 8: In welche Abteilungen wird ein Grundbuchblatt unterteilt?

Lösung: Das Grundbuch setzt sich aus dem Bestandsverzeichnis und den Abteilungen I, II und III zusammen. Das Bestandsverzeichnis enthält Angaben zu der Bestandsnummer, der Gemarkung, zum Flurstück, der Wirtschaftsart und Lage und der Größe.

Der Abteilung I kann der Eigentümer und der Rechtsgrund der Eintragung entnommen werden.

In der Abteilung II sind alle sonstigen Lasten und Beschränkungen des Grundstücks aufgeführt, die nicht in der Abteilung III einzutragen sind. Hierzu zählen z.B. Nießbräuche und Dienstbarkeiten.

Die Abteilung III enthält die Angaben über Grundpfandrechte (Grundschulden, Hypotheken etc.).

Frage 9: Welche Ordnungen von Erben sieht das Erbrecht im Rahmen der gesetzlichen Erbfolge vor?

Lösung: Die Vorschriften über die gesetzliche Erbfolge sehen eine sog. Familienerbfolge vor. Zu der Familie zählen der Ehegatte und die Verwandten i.S.d. § 1589 BGB. Da sich die Erbfolge der Verwandten nach Ordnungen bzw. Parentelen bestimmt, spricht man von dem sog. Parentelsystem. Das BGB unterscheidet dabei zwischen der ersten bis vierten und ferneren Ordnungen. Erben der ersten Ordnung

12. Bürgerliches Recht/Wirtschaftsrecht

sind die Abkömmlinge des Erblassers, Erben zweiter Ordnung die Eltern des Erblassers und deren Abkömmlinge, Erben dritter Ordnung die Großeltern und deren Abkömmlinge, Erben vierter Ordnung sind die Urgroßeltern und deren Abkömmlinge. Ein Verwandter erbt nur dann, wenn kein Erbe einer vorhergehenden Ordnung vorhanden ist. Im Rahmen dieser Erbfolge werden die Abkömmlinge gegenüber den Vorfahren bevorzugt. So würde ein Kind des Erblassers (erste Ordnung) z.B. die Eltern des Erblassers (zweite Ordnung) von der Erbfolge ausschließen.

Der Ehegatte ist neben den Verwandten grundsätzlich zur Erbschaft berechtigt. Er erbt neben den Verwandten erster Ordnung in der Regel zu einem Viertel und neben den Verwandten zweiter Ordnung zur Hälfte (§ 1931 Abs. 1 BGB). Sind keine Erben der ersten oder zweiten Ordnung neben dem Ehegatten vorhanden, so ist dieser Alleinerbe.

Frage 10: Was ist sind Vorbehalts- bzw. Sondergüter?

Lösung: Vorbehalts- und Sondergüter stellen Güterarten im Rahmen der notariell vereinbarten Gütergemeinschaft dar. Unter Vorbehaltsgüter fallen alle Güter, die durch Ehevertrag als sog. Vorbehaltsgüter deklariert werden. Auch Güter, die einem Ehegatten durch Erbschaft oder Schenkung zugewendet werden, können Vorbehaltsgüter sein, sofern sie vom Zuwendenden als solche bestimmt wurden. Sie sind, anders als die Gesamtgüter, kein gemeinschaftliches Eigentum beider Ehegatten, sondern bleiben alleiniges Eigentum des Ehegatten, dem es zugeschrieben wurde.

Neben den Vorbehaltsgütern sind auch die Sondergüter von dem gemeinschaftlichen Eigentum beider Ehegatten ausgeschlossen. Sondergüter sind jene Gegenstände, die nicht durch Rechtsgeschäft übertragen werden können. Dazu zählen z.B. persönliche Schmerzensgeldansprüche, Forderungen aus Urheberrechten oder Gesellschaftsanteile an einer offenen Handelsgesellschaft.

Frage 11: Kann die Abnahme eines Werkes auch fingiert werden?

Lösung: § 640 Abs. 2 BGB regelt eine echte fiktive Abnahme. Nach § 640 Abs. 2 Satz 1 BGB gilt ein Werk auch als abgenommen, wenn der Unternehmer dem Besteller nach Fertigstellung des Werks eine angemessene Frist zur Abnahme gesetzt hat und der Besteller die Abnahme nicht innerhalb dieser Frist unter Angabe mindestens eines Mangels verweigert hat.

Dadurch muss der Besteller, bei Verweigerung der Abnahme den Grund dafür, d.h. den konkreten Mangel, den er rügt, benennen. Kann er innerhalb dieser Frist keinen konkreten Mangel benennen, dann gilt das Werk als abgenommen.

Verbraucher werden vor dieser Wirkung aufgrund von Unkenntnis geschützt. Nach § 640 Abs. 2 Satz 2 BGB gilt folgende Hinweispflicht: Ist der Besteller ein Verbraucher, so treten die Rechtsfolgen von § 640 Abs. 2 Satz 1 BGB nur dann ein, wenn der Unternehmer den Besteller zusammen mit der Aufforderung zur Abnahme auf die Folgen einer nicht erklärten oder ohne Angabe von Mängeln verweigerten Abnahme hingewiesen hat. Dieser Hinweis muss in Textform erfolgen.

Frage 12: Welche Neuerung hat der Gesetzgeber in § 559e Abs. 1 BGB n.F. in der am 01.01.2024 geltenden Fassung durch Artikel 2 Gesetz vom 16.10.2023, BGBl. 2023 I Nr. 280 in das Gesetz eingefügt?

Lösung: Nach § 559e Abs. 1 BGB n.F. kann, wenn der Vermieter Modernisierungsmaßnahmen nach § 555b Nr. 1a BGB durchgeführt hat (bauliche Maßnahmen durch die mittels Einbaus oder Aufstellung einer Heizungsanlage zum Zwecke der Inbetriebnahme in einem Gebäude die Anforderungen des § 71 des Gebäudeenergiegesetzes erfüllt werden), welche die Voraussetzungen für Zuschüsse aus öffentlichen Haushalten dem Grunde nach erfüllen, und dabei Drittmittel nach § 559a BGB in Anspruch genommen werden, die jährliche Miete um 10 % der für die Wohnung aufgewendeten Kosten abzüglich der in Anspruch genommenen Drittmittel erhöht werden. Wenn eine Förderung nicht erfolgt, obwohl die Voraussetzungen für eine Förderung dem Grunde nach erfüllt sind, kann der Vermieter die jährliche Miete nach Maßgabe des § 559 BGB erhöhen.

Zusatzfrage: Was wird im neuen § 559 Abs. 2 BGB geregelt?

Lösung: Im neuen § 559 Abs. 2 BGB wird geregelt, dass § 559 Abs. 2 Satz 1 BGB mit der Maßgabe anwendbar ist, dass Kosten, die für Erhaltungsmaßnahmen erforderlich gewesen wären, pauschal in Höhe von 15 % nicht zu den aufgewendeten Kosten gehören.

Zusatzfrage: Was wird im neuen § 559 Abs. 3 BGB geregelt?

Lösung: Im neuen § 559 Abs. 3 BGB wird geregelt, das § 559 Abs. 3a Satz 1 BGB mit der Maßgabe anwendbar ist, dass sich im Hinblick auf eine Modernisierungsmaßnahme nach § 555b Nr. 1a BGB (bauliche Maßnahmen durch die mittels Einbaus oder Aufstellung einer Heizungsanlage zum Zwecke der Inbetriebnahme in einem Gebäude die Anforderungen des § 71 des Gebäudeenergiegesetzes erfüllt werden), die monatliche Miete um nicht mehr als 0,50 € je Quadratmeter Wohnfläche innerhalb von sechs Jahren erhöhen darf. Ist der Vermieter daneben zu Mieterhöhungen nach § 559 Abs. 1 BGB berechtigt, so dürfen die in § 559 Abs. 3a Satz 1 und 2 BGB genannten Grenzen nicht überschritten werden.

Zusatzfrage: Was wird im neuen § 559 Abs. 4 BGB geregelt?

Lösung: Im neuen § 559 Abs. 4 BGB wird geregelt, dass § 559 Abs. 3, 4 und 5 BGB sowie die §§ 559b bis 559d BGB entsprechend gelten.

Zusatzfrage: Was wird im neuen § 559 Abs. 5 BGB geregelt?

Lösung: Im neuen § 559 Abs. 5 BGB wird geregelt, dass eine zum Nachteil des Mieters abweichende Vereinbarung unwirksam ist.

Frage 13: Welche aktuellen Änderungen bei der **Rechtsfähigkeit von Personengesellschaften** gibt es durch das MoPeG zum 01.01.2024?

Lösung: Nach § 124 HGB sind die OHG und die KG als rechtlich selbstständige Träger von Rechten und Pflichten gesetzlich anerkannt. Nach der Rechtsprechung des BGH wird auch die GbR, soweit sie als Außengesellschaft durch Teilnahme am Rechtsverkehr eigene Rechte und Pflichten begründet, als teilrechtsfähig angesehen. Mit dem MoPeG werden seit dem 01.01.2024 Außengesellschaften per Gesetz vollumfänglich rechtsfähig.

Gemäß § 123 Abs. 1 HGB entsteht die OHG mit der Eintragung in das Handelsregister. Die Gesellschaft entsteht aber auch dann, wenn sie mit Zustimmung aller Gesellschafter am Rechtsverkehr teilnimmt (§ 123 Abs. 2 HGB).

Bezüglich der Rechtsfähigkeit gilt für die OHG § 713 Abs. 2 BGB ergänzend über § 105 Abs. 3 HGB. Für die KG gilt § 713 Abs. 2 BGB ergänzend über §§ 161 Abs. 2, 105 Abs. 3 HGB.

Bisher war die Eintragung aller Gesellschafter und nicht lediglich der Gesellschaft im Grundbuch erforderlich. Durch die Rechtsprechung des BGH wurde allerdings auch im Bereich des Grundbuchrechts der GbR insoweit die Rechtsfähigkeit zuerkannt, dass eine GbR unter ihrer Bezeichnung eingetragen werden kann, sofern alle Gesellschafter namentlich im Grundbuch aufgeführt werden. Mit der Einführung des Gesetzes zur Modernisierung des Personengesellschaftsrechts (MoPeG) ab dem 01.01.2024 und der gleichzeitigen Einführung eines Gesellschaftsregisters für die GbR müssen nicht

12. Bürgerliches Recht/Wirtschaftsrecht

mehr alle Gesellschafter im Grundbuch eingetragen sein. Es ist ausreichend, wenn die GbR in das Grundbuch eingetragen wird.

> **Frage:** Welche weiteren Regelungen enthält § 14 und § 705 BGB durch das MoPeG?

Lösung: Gemäß § 14 Abs. 2 BGB ist eine rechtsfähige Personengesellschaft eine Personengesellschaft, die Rechte erwerben und Verbindlichkeiten eingehen kann. Durch die Neuregelung des § 705 Abs. 2 BGB kann die Personengesellschaft entweder selbst Rechte erwerben und Verbindlichkeiten eingehen, wenn sie nach dem gemeinsamen Willen der Gesellschafter am Rechtsverkehr teilnehmen soll, dann liegt eine rechtsfähige Gesellschaft vor. Die Personengesellschaft kann aber den Gesellschaftern auch zur Ausgestaltung ihres Rechtsverhältnisses untereinander dienen, dann liegt eine nicht rechtsfähige Gesellschaft vor.

Es erfolgt eine Unterscheidung zwischen einer rechtsfähigen Außengesellschaft und einer nicht-rechtsfähigen Innengesellschaft. Sofern der Gegenstand der Gesellschaft der Betrieb eines Unternehmens unter gemeinschaftlichem Namen ist, wird angenommen, dass die Gesellschaft nach dem gemeinsamen Willen der Gesellschafter am Rechtsverkehr teilnimmt (§ 705 Abs. 3 BGB).

> **Frage 14:** Können Personenhandelsgesellschaften nach dem MoPeG auch von Freien Berufen verwendet werden?

Lösung: Die Personenhandelsgesellschaft (Offene Handelsgesellschaft, Kommanditgesellschaft sowie die GmbH & Co. KG) wird gem. § 107 Abs. 1 S. 2 HGB n.F. ab dem 01.01.2024 grundsätzlich für die freien Berufe als Rechtsform möglich. Bis 31.12.2023 konnten Angehörige freier Berufe z.B. Ärzte, Zahnärzte, Heilpraktiker oder Architekten die OHG, KG sowie die GmbH & Co. KG als Rechtsform nicht nutzen, weil deren Gesellschaftszweck nicht auf den Betrieb eines Handelsgewerbes gerichtet ist und sich deren Firma auch nicht im Handelsregister eintragen lassen kann.

> **Frage 15:** Welche Änderungen gibt es beim Sachmangelbegriff des § 434 BGB seit dem 01.01.2022?

Lösung: Durch Artikel 1 des Gesetzes zur Regelung des Verkaufs von Sachen mit digitalen Elementen und anderer Aspekte des Kaufvertrags wird der Begriff des Sachmangels umfangreicher definiert. Nach § 434 BGB ist die Sache ab dem 01.01.2022 nur dann frei von Sachmängeln, wenn sie bei Gefahrübergang:
1. den subjektiven Anforderungen (Was wurde im Kaufvertrag vereinbart?),
2. den objektiven Anforderungen (Was kann vom Käufer erwartet werden?) und
3. den Montageanforderungen

entspricht.

Die Sache entspricht den subjektiven Anforderungen, wenn sie:
1. die vereinbarte Beschaffenheit hat,
2. sich für die nach dem Vertrag vorausgesetzte Verwendung eignet und
3. mit dem vereinbarten Zubehör und den vereinbarten Anleitungen, einschließlich Montage- und Installationsanleitungen, übergeben wird.

Zu der Beschaffenheit nach § 434 Satz 1 Nr. 1 BGB gehören Art, Menge, Qualität, Funktionalität, Kompatibilität, Interoperabilität und sonstige Merkmale der Sache, für die die Parteien Anforderungen vereinbart haben.

Soweit nicht wirksam etwas anderes vereinbart wurde, entspricht die Sache den objektiven Anforderungen, wenn sie:
1. sich für die gewöhnliche Verwendung eignet,
2. eine Beschaffenheit aufweist, die bei Sachen derselben Art üblich ist und die der Käufer erwarten kann unter Berücksichtigung

a) der Art der Sache und
b) der öffentlichen Äußerungen, die von dem Verkäufer oder einem anderen Glied der Vertragskette oder in deren Auftrag, insbesondere in der Werbung oder auf dem Etikett, abgegeben wurden,
3. der Beschaffenheit einer Probe oder eines Musters entspricht, die oder das der Verkäufer dem Käufer vor Vertragsschluss zur Verfügung gestellt hat, und
4. mit dem Zubehör einschließlich der Verpackung, der Montage- oder Installationsanleitung sowie anderen Anleitungen übergeben wird, deren Erhalt der Käufer erwarten kann.

Frage 16: Der BGH mit Urteil vom 24.04.2023, VIa ZR 1517/22 zum Verbund eines Kaufvertrags mit einem Allgemein-Verbraucherdarlehensvertrag – Inhaltskontrolle von Bestimmungen in Allgemeinen Geschäftsbedingungen (AGB) – Inanspruchnahme einer Fahrzeugherstellerin wegen der Verwendung unzulässiger Abschalteinrichtungen in einem Kraftfahrzeug auf Schadensersatz geurteilt. Was können Sie hierzu sagen?

Lösung: Die im Falle des Verbunds eines Kaufvertrags mit einem Allgemein-Verbraucherdarlehensvertrag in den Allgemeinen Geschäftsbedingungen des Darlehensgebers enthaltene Bestimmung

"3. Abtretung von sonstigen Ansprüchen
Der Darlehensnehmer tritt ferner hiermit folgende – gegenwärtige und zukünftige – Ansprüche an den Darlehensgeber ab, [der] diese Abtretung annimmt:

[...]

- gegen die [...] [Verkäuferin] gleich aus welchem Rechtsgrund. Ausgenommen von der Abtretung sind Gewährleistungsansprüche aus Kaufvertrag des Darlehensnehmers gegen die [...] [Verkäuferin]. Der Darlehensnehmer hat dem Darlehensgeber auf Anforderung jederzeit die Namen und Anschriften der Drittschuldner mitzuteilen.

unterliegt nach § 307 Abs. 3 Satz 1 BGB der richterlichen Inhaltskontrolle und ist im Verkehr mit Verbrauchern gemäß § 307 Abs. 1 Satz 1, Abs. 2, §§ 134, 361 Abs. 2 Satz 1, § 358 Abs. 4 Satz 5 BGB unwirksam."

Der BGH verbietet die o.g. AGB-Klausel in den Darlehensverträgen der Mercedes-Benz Bank. Als Ergebnis können die Käufer weiterhin gegen Mercedes klagen und Schadensersatz z.B. im Zusammenhang mit dem Diesel-Abgasskandal fordern. Dies gilt sowohl für Verbraucher als auch für Unternehmer.

Frage 17: Was hat sich im erneut geänderten § 356 Abs. 5 Nr. 2 BGB durch Artikel 4 Gesetz zur Ergänzung der Regelungen zur Umsetzung der Digitalisierungsrichtlinie und zur Änderung weiterer Vorschriften vom 15.07.2022 (BGBl I 2022, 1146) geändert?

Lösung: Das Widerrufsrecht erlischt bei Verträgen über die Bereitstellung von nicht auf einem körperlichen Datenträger befindlichen digitalen Inhalten auch unter folgenden Voraussetzungen:
1. bei einem Vertrag, der den Verbraucher nicht zur Zahlung eines Preises verpflichtet, wenn der Unternehmer mit der Vertragserfüllung begonnen hat,
2. bei einem Vertrag, der den Verbraucher zur Zahlung eines Preises verpflichtet, wenn
    a) der Unternehmer mit der Vertragserfüllung begonnen hat,
    b) der Verbraucher ausdrücklich zugestimmt hat, dass der Unternehmer mit der Vertragserfüllung vor Ablauf der Widerrufsfrist beginnt,
    c) der Verbraucher seine Kenntnis davon bestätigt hat, dass durch seine Zustimmung nach Buchstabe b) mit Beginn der Vertragserfüllung sein Widerrufsrecht erlischt, und
    d) der Unternehmer dem Verbraucher eine Bestätigung gemäß § 312f BGB zur Verfügung gestellt hat.

12. Bürgerliches Recht/Wirtschaftsrecht

> **Frage 18:** Welche Neuerung ist in § 312k BGB n.F. in der am 01.07.2022 geltenden Fassung durch Artikel 1 Gesetz vom 10.08.2021, BGBl I S. 3433 zur Kündigung von Verbraucherverträgen im elektronischen Geschäftsverkehr neu eingefügt worden?

Lösung: Nach § 312k Abs. 1 BGB n.F. treffen den Unternehmer die Pflichten nach § 312k BGB, wenn es Verbrauchern über eine Webseite ermöglicht wird, einen Vertrag im elektronischen Geschäftsverkehr zu schließen, der auf die Begründung eines Dauerschuldverhältnisses gerichtet ist, das einen Unternehmer zu einer entgeltlichen Leistung verpflichtet.

Zusatzfrage: Und wann gilt diese Neuerung des § 312 k BGB n.F. nicht?

Antwort: Die Neuerung gilt nach § 312k Abs. 1 BGB n.F. nicht:
1. für Verträge, für deren Kündigung gesetzlich ausschließlich eine strengere Form als die Textform vorgesehen ist, und
2. in Bezug auf Webseiten, die Finanzdienstleistungen betreffen, oder für Verträge über Finanzdienstleistungen.

Zusatzfrage: Was wurde in diesem Zusammenhang für eine Erklärung zur ordentlichen oder außerordentlichen Kündigung eines auf der Webseite abschließbaren Vertrags in § 312 k BGB n.F. geregelt?

Antwort: Der Unternehmer hat sicherzustellen, dass der Verbraucher auf der Webseite eine Erklärung zur ordentlichen oder außerordentlichen Kündigung eines auf der Webseite abschließbaren Vertrags nach § 312k Abs. 1 Satz 1 BGB über eine Kündigungsschaltfläche abgeben kann. Die Kündigungsschaltfläche muss gut lesbar mit nichts anderem als den Wörtern „Verträge hier kündigen" oder mit einer entsprechenden eindeutigen Formulierung beschriftet sein.

Sie muss den Verbraucher unmittelbar zu einer Bestätigungsseite führen, die:
1. den Verbraucher auffordert und ihm ermöglicht Angaben zu machen
   a) zur Art der Kündigung sowie im Falle der außerordentlichen Kündigung zum Kündigungsgrund,
   b) zu seiner eindeutigen Identifizierbarkeit,
   c) zur eindeutigen Bezeichnung des Vertrags,
   d) zum Zeitpunkt, zu dem die Kündigung das Vertragsverhältnis beenden soll,
   e) zur schnellen elektronischen Übermittlung der Kündigungsbestätigung an ihn und
2. eine Bestätigungsschaltfläche enthält, über deren Betätigung der Verbraucher die Kündigungserklärung abgeben kann und die gut lesbar mit nichts anderem als den Wörtern „jetzt kündigen" oder mit einer entsprechenden eindeutigen Formulierung beschriftet ist.

Die Schaltflächen und die Bestätigungsseite müssen ständig verfügbar sowie unmittelbar und leicht zugänglich sein (§ 312k Abs. 2 BGB).

Zusatzfrage: Welche Änderungen gibt es hierzu bei der Kündigungserklärung durch das Betätigen der Bestätigungsschaltfläche?

Antwort: Der Verbraucher muss seine durch das Betätigen der Bestätigungsschaltfläche abgegebene Kündigungserklärung mit dem Datum und der Uhrzeit der Abgabe auf einem dauerhaften Datenträger so speichern können, dass erkennbar ist, dass die Kündigungserklärung durch das Betätigen der Bestätigungsschaltfläche abgegeben wurde (§ 312k Abs. 3 BGB).

Zusatzfrage: Welche Form ist für die Bestätigung erforderlich?

Antwort: Der Unternehmer hat dem Verbraucher den Inhalt sowie Datum und Uhrzeit des Zugangs der Kündigungserklärung sowie den Zeitpunkt, zu dem das Vertragsverhältnis durch die Kündigung beendet werden soll, sofort auf elektronischem Wege in Textform zu bestätigen. Es wird vermutet, dass eine durch das Betätigen der Bestätigungsschaltfläche abgegebene Kündigungserklärung dem Unternehmer unmittelbar nach ihrer Abgabe zugegangen ist (§ 312k Abs. 4 BGB).

Zusatzfrage: Und was passiert, wenn der Verbraucher bei der Abgabe der Kündigungserklärung keinen Kündigungszeitpunkt angibt?

Antwort: Wenn der Verbraucher bei der Abgabe der Kündigungserklärung keinen Zeitpunkt angibt, zu dem die Kündigung das Vertragsverhältnis beenden soll, wirkt die Kündigung im Zweifel zum frühestmöglichen Zeitpunkt (§ 312k Abs. 5 BGB).

Zusatzfrage: Und was passiert, wenn die Schaltflächen und die Bestätigungsseite nicht entsprechend § 312k Abs. 1 und 2 BGB zur Verfügung gestellt werden?

Antwort: Werden die Schaltflächen und die Bestätigungsseite nicht entsprechend § 312k Abs. 1 und 2 BGB zur Verfügung gestellt, kann ein Verbraucher einen Vertrag, für dessen Kündigung die Schaltflächen und die Bestätigungsseite zur Verfügung zu stellen sind, jederzeit und ohne Einhaltung einer Kündigungsfrist kündigen. Die Möglichkeit des Verbrauchers zur außerordentlichen Kündigung bleibt hiervon unberührt (§ 312k Abs. 6 BGB).

> **Frage 19:** Welche Änderung hat sich im Betreuungsrecht bei der Anordnung der Betreuung gem. § 1814 BGB n.F. zum 01.01.2023 ergeben?

Lösung: § 1814 Abs. 1 BGB n.F. enthält zwei Tatbestandsvoraussetzungen für die Anordnung einer Betreuung:

1. Anders als im bisher geltenden Recht ist der objektive Betreuungs- und Unterstützungsbedarf, also die Feststellung, dass ein Volljähriger nicht in der Lage ist, seine Angelegenheiten ganz oder teilweise rechtlich zu besorgen, die erste Tatbestandvoraussetzung.
2. der o.g. erste Tatbestand muss zweitens auf einer Krankheit oder einer Behinderung beruhen.

Treffen die o.g. beiden Punkte zu, bestellt das Betreuungsgericht für den Volljährigen einen rechtlichen Betreuer.

Nach § 1814 Abs. 2 BGB n.F. darf gegen den freien Willen des Volljährigen ein Betreuer nicht bestellt werden.

Nach § 1814 Abs. 3 BGB n.F. darf ein Betreuer nur bestellt werden, wenn dies erforderlich ist. Die Bestellung eines Betreuers ist insbesondere nicht erforderlich, soweit die Angelegenheiten des Volljährigen:

1. durch einen Bevollmächtigten, der nicht zu den in § 1816 Abs. 6 BGB bezeichneten Personen gehört, gleichermaßen besorgt werden können oder
2. durch andere Hilfen, bei denen kein gesetzlicher Vertreter bestellt wird, erledigt werden können, insbesondere durch solche Unterstützung, die auf sozialen Rechten oder anderen Vorschriften beruht.

Nach § 1814 Abs. 4 BGB n.F. erfolgt die Bestellung eines Betreuers auf Antrag des Volljährigen oder von Amts wegen. Soweit der Volljährige seine Angelegenheiten lediglich aufgrund einer körperlichen Krankheit oder Behinderung nicht besorgen kann, darf ein Betreuer nur auf Antrag des Volljährigen bestellt werden, es sei denn, dass dieser seinen Willen nicht kundtun kann.

Nach § 1814 Abs. 5 BGB n.F. kann ein Betreuer auch für einen Minderjährigen, der das 17. Lebensjahr vollendet hat, bestellt werden, wenn anzunehmen ist, dass die Bestellung eines Betreuers bei Eintritt der Volljährigkeit erforderlich sein wird. Die Bestellung des Betreuers wird erst mit dem Eintritt der Volljährigkeit wirksam.

12.2 10 Fälle zum Bürgerlichen Recht/Wirtschaftsrecht

Fall 1: Steuerberater A, der schon seit längerem auf der Suche nach einem neuen Bild für sein Büro ist, nimmt an einer Kunstauktion teil. Während der Versteigerung des bekannten Gemäldes „Blauer Punkt auf rotem Grund" sieht er seinen Kollegen B den Auktionssaal betreten. Voller Freude winkt er diesem zu. Der Auktionator B hingegen denkt, er wolle ein Angebot abgeben und gibt ihm kurze Zeit später den Zuschlag.

Frage: Hat A das Gemälde im Wert von 1,2 Mio. € tatsächlich gekauft?

Lösung: A hat das Bild dann gekauft, wenn zwischen A und B ein wirksamer Kaufvertrag gem. § 433 BGB zustande gekommen ist. Bei einem Kaufvertrag handelt es sich um ein zweiseitiges Rechtsgeschäft, das zwei übereinstimmende Willenserklärungen, Angebot und Annahme, erfordert. Unter einer Willenserklärung versteht man die Äußerung eines Willens, die auf die Herbeiführung einer Rechtswirkung gerichtet ist. Eine Willenserklärung besteht zum einen aus einem objektiven Tatbestand, d.h. sie muss durch eine Erklärung nach außen erkennbar sein und zum anderen aus einem subjektiven Tatbestand. Die drei subjektiven Komponenten sind der Handlungswille, das Erklärungsbewusstsein und der Geschäftswille. Da A seine Hand zum Gruße seines Kollegen und nicht zur Abgabe eines Gebotes gehoben hat, könnte man annehmen, dass A mangels Erklärungsbewusstsein keine wirksame Willenserklärung abgegeben hat. Nach herrschender Rechtsprechung ist das Erklärungsbewusstsein jedoch kein notweniger Bestandteil einer Willenserklärung. Laut BGH vom 07.06.1984, IX ZR 66/83, BGHZ 91, 324 liegt eine Willenserklärung auch dann vor, wenn der Erklärende bei Anwendung der im Verkehr erforderlichen Sorgfalt hätte erkennen und vermeiden können, dass sein Handeln nach Treu und Glauben als Willenserklärung verstanden werden musste. A hätte sich im Voraus über die Usancen bei einer öffentlichen Versteigerung informieren müssen. Folglich liegt trotz Fehlen des Erklärungsbewusstsein eine wirksame Willenserklärung und somit ein Angebot des A vor. Da der Zuschlag des B die Annahme des Angebotes darstellt, ist ein Kaufvertrag i.S.d. § 433 BGB zustande gekommen.

Fall 2: Der Fachbuchhändler F schenkt seiner 17-jährigen Nichte N, die schon seit Kindesalter davon träumt eine erfolgreiche Steuerberaterin zu werden, zu ihrem Geburtstag Fachbücher im Wert von 600 €. Die Nichte freut sich über das Geschenk und nimmt diese dankend an. Als der Vater der N davon erfährt, der fest davon überzeugt ist, seine Tochter werde eine erfolgreiche Künstlerin, ist dieser empört. Er fordert N auf, die Bücher dem F zurückzubringen, da diese sowieso ohne seine Zustimmung ihr nicht geschenkt werden können.

Frage: Hat er Recht?

Lösung: Eine Schenkung ist ein Vertrag, der durch zwei Willenserklärungen, dem Schenkungsangebot und der Schenkungsannahme zustande kommt. N nimmt die Bücher im vorliegenden Fall dankend an. Sie gibt dadurch eine Willenserklärung ab. Da N jedoch gem. § 106 BGB beschränkt geschäftsfähig ist, bedarf es bei Vertragsabschluss nach § 107 BGB grundsätzlich der Einwilligung der Eltern. Dies gilt jedoch nicht, wenn durch den Vertrag lediglich ein rechtlicher Vorteil erlangt wird. Da N durch die Bücher rechtlich nicht benachteiligt wird, greift in diesem Fall die Ausnahme des § 107 BGB. Es ist somit ein wirksamer Schenkungsvertrag zwischen F und N zustande gekommen.

Fall 3: V verspricht seiner Tochter ihr bei Bestehen Ihres Abiturs einen Kleinwagen einer bestimmten Marke zu schenken.

Frage: Liegt bereits jetzt eine Schenkung vor?

Lösung: Die Wirksamkeit eines Rechtsgeschäfts kann von einer Bedingung abhängig gemacht werden. Tritt die Wirkung eines Rechtsgeschäfts erst mit Eintritt der Bedingung ein, so handelt es sich um eine aufschiebende Bedingung i.S.d. § 158 Abs. 1 BGB. Ein wirksamer Schenkungsvertrag kommt im vorliegenden Fall erst zustande, wenn die Tochter das Abitur bestanden hat.

> **Fall 4:** A verkauft dem B am 12.01.21 ein Grundstück, der darauf ein Zweifamilienhaus errichten möchte. Nach Übertragung des Eigentums am 13.04.21 stellt B fest, dass das Grundstück nicht bebaut werden darf und er deshalb keine Baugenehmigung erhält.
>
> **Frage:** Liegt ein Rechts- oder Sachmangel vor?

Lösung: Bei der öffentlich-rechtlichen Beschränkung, das Grundstück nicht bebauen zu dürfen, könnte es sich um einen Rechts- oder Sachmangel handeln.

Ein Sachmangel läge dann vor, wenn die öffentlich-rechtliche Beschränkung an dem Zustand oder der Beschaffenheit der Sache anknüpfen würde.
Ein Rechtsmangel wäre hingegen gegeben, wenn die Beschränkung auf anderen Umständen beruht.

Nach herrschender Meinung handelt es sich bei der fehlenden Bebaubarkeit eines als Baugrundstück verkauften Grundstücks um einen Sachmangel i.S.d. § 434 BGB.

> **Fall 5:** Steuerberater X kauft auf einer Automesse beim Händler H einen Mercedes 300 SL für 700.000 €. Kurz nachdem sich der Steuerberater am Messestand von ihm verabschiedet hatte, klingelt das Handy des H und ein Mitarbeiter teilt ihm mit, dass seine Ausstellungshalle samt des wertvollen, soeben verkauften Mercedes vom Elbehochwasser überschwemmt worden sei. H befürchtet nun, dass X einen Schadensersatzanspruch gegen ihn erheben könnte, da der Wagen bereits zum Zeitpunkt des Verkaufs zerstört war.
>
> **Frage:** Liegen Ansprüche vor?

Lösung: X könnte einen Anspruch auf Übergabe des Autos nach § 433 Abs. 1 BGB haben. X und H haben einen wirksamen Kaufvertrag i.S.d. § 433 BGB abgeschlossen. Aufgrund der Überschwemmung könnte H jedoch gem. § 275 Abs. 1 Alt. 2 BGB von seiner Leistungspflicht befreit sein. Die Leistungspflicht ist hier untergegangen, da sie aufgrund des Hochwassers für jedermann unmöglich ist. X hat somit keinen Anspruch gegenüber H gem. § 433 Abs. 1 BGB.

X könnte jedoch einen Anspruch auf Schadensersatz gem. § 311a Abs. 2 S. 1 Alt. 1 BGB haben. Zwischen X und H liegt ein wirksamer Kaufvertrag gem. § 433 BGB vor. Aufgrund des Hochwassers liegt bei Vertragsabschluss ein Leistungshindernis für H vor, da die Leistung für ihn nach § 275 Abs. 1 BGB unmöglich geworden ist. H hat dieses Leistungshindernis nach § 311a Abs. 2 S. 2 BGB nicht zu vertreten, da er das anfängliche Leistungshindernis nicht kannte und auch nicht kennen musste. Folglich hat X keinen Anspruch auf Schadensersatz

> **Fall 6:** A stiehlt das Fahrrad des B und veräußert dies an den gutgläubigen Fahrradhändler C. C wiederum verkauft dies an D, der ebenfalls nicht weiß, dass es sich um ein gestohlenes Fahrrad handelt.
>
> **Frage:** Wer ist Eigentümer des Fahrrads?

Lösung: D ist nach § 929 S. 1 BGB rechtmäßiger Eigentümer des Fahrrads geworden, da er es von C erworben hat. Bei der Veräußerung von B an C handelt es sich um einen gutgläubigen Erwerb eines Nichtberechtigten i.S.d § 932 Abs. 1 S. 1 BGB. Da C jedoch im guten Glauben war, dass das Fahrrad dem B gehörte, wurde er zum Eigentümer. Somit ging das Eigentum am Fahrrad rechtmäßig von C auf D über. D ist somit Eigentümer des Fahrrads.

12. Bürgerliches Recht/Wirtschaftsrecht

Fall 7: Als M am Sonntagnachmittag einen Kuchen backt, fällt ihr auf, dass sie keine Eier eingekauft hat. Sie klingelt darauf hin bei ihrem Nachbarn N, der ihr daraufhin 3 Eier leiht. Da auch N geplant hatte am Montag einen Kuchen zu backen, bittet er M darum, ihm gleich am nächsten Morgen 3 Eier zu bringen. M ist erfreut über die Hilfsbereitschaft ihres Nachbarn, backt mit den 3 Eiern ihren Kuchen und bringt dem M am nächsten Morgen 3 Eier vorbei.

Frage: Haben M und N einen Leihvertrag abgeschlossen?

Lösung: Nein, denn bei der Überlassung der Eier handelt es sich nicht um eine Leihe, sondern um ein Sachdarlehen i.S.d. § 607 BGB. Bei Abschluss eines Sachdarlehensvertrages verpflichtet sich der Darlehensgeber dem Darlehensnehmer vertretbare Sachen zu überlassen. Gleichzeitig erklärt der Darlehensnehmer dem Darlehensgeber bei Fälligkeit Sachen der gleichen Art, Güte und Menge zu erstatten und ein ggf. vereinbartes Entgelt zu zahlen.

Fall 8: C ist Geschäftsführer der „Äpfel&Birnen-GmbH". Da die GmbH ihren Betrieb vergrößern möchte wurde beschlossen ein weiteres Grundstück zu erwerben. C, der Eigentümer eines unbebauten Grundstücks ist, wittert seine Chance und beschließt das Grundstück an die GmbH zu verkaufen.

Frage: Kann er den Grundstückskaufvertrag als Käufer und zugleich als Verkäufer unterzeichnen?

Lösung: Nein, da hier ein sog. Insichgeschäft i.S.d. § 181 BGB vorliegt. Nach § 181 BGB darf ein Vertreter bei Vertragsabschluss nicht gleichzeitig als Vertreter und für sich selbst handeln. C darf den Vertrag folglich nicht im Namen der GmbH und für sich selbst abschließen. Dieses sog. Selbstkontrahierungsverbot kann jedoch durch eine Eintragung in die Satzung der GmbH und das Handelsregister ausgeschlossen werden.

Fall 9: Haushaltsgeräteverkäufer Mondos bestellt bei seinem Lieferanten Sonnos 8 neue Gefrierschränke. Seine Bestellung enthält folgenden Hinweis: „Für unser Wareneinkäufe gelten unsere allgemeinen Geschäftsbedingungen". Sonnos übersendet Mondos eine Bestätigung und verweist seinerseits ebenfalls darauf, dass für die Lieferung der bestellten Ware ausschließlich seine allgemeinen Geschäftsbedingungen gelten.

Frage: Von wem wurden allgemeinen Geschäftsbedingungen wirksam in den Vertragsschluss einbezogen?

Lösung: Allgemeine Geschäftsbedingungen zwischen Unternehmern werden grundsätzlich nur dann in den Vertrag mit einbezogen, wenn der Verwender bei Vertragsschluss auf die allgemeinen Geschäftsbedingungen (AGB) verweist und der Vertragspartner zumindest in der Lage ist, sich über die Bedingungen ohne weiteres Kenntnis zu verschaffen. Bei gegenläufig verwendeten AGB sollte früher „die Theorie des letzten Wortes" gelten. Da dies in der Praxis zu eher zufälligen Ergebnissen führte, wendet die neuere Rechtsprechung die AGB beider Vertragspartner an, soweit sich die AGB nicht widersprechen. An den Stellen, an denen die AGB gegenseitig kollidieren, wird auf die gesetzlichen Regelungen zurückgegriffen. Im vorliegenden Fall gelten also die AGB, die von beiden übereinstimmend formuliert sind, im Übrigen gilt das Gesetz.

Fall 10: M ist ein erfolgreicher Manager und lebt zusammen mit seiner Ehefrau E und den gemeinsamen Kindern X, Y und Z in Berlin. Während eines Segeltörns vor den Malediven kentert das Segelboot des M. Da M noch nie ein guter Schwimmer war ertrinkt er. M und E hatten Gütertrennung vereinbart.

Frage: Wie viel erben E, X, Y und Z jeweils?

Lösung: Im Falle der notariell vereinbarten Gütertrennung erhält der überlebende Ehegatte keinen güterrechtlichen Zugewinnausgleich. Er erbt jedoch nach § 1931 BGB neben den Erben erster Ordnung zu ½, wenn 1 oder 2 Kinder vorhanden sind, zu ¼ bei mehr als 2 Kindern. M hinterlässt hier neben seiner Ehefrau 3 Kinder. Folglich erbt E im Voraus ¼. X, Y und Z erben als Erben erster Ordnung die restlichen ¾ zu je gleichen Teilen, also jeder ¼.

13. Handelsrecht
13.1 12 Fragen zum Handelsrecht

Frage 1: Bitte erklären Sie den Hintergrund des Spruches „unter Kaufleuten gilt Schweigen als Zustimmung".

Antwort: Ist der Kaufvertrag für beide Teile ein Handelsgeschäft, d.h. An- und Verkauf erfolgt im Rahmen des Unternehmens des Kaufmannes, so hat der Käufer die Ware gem. § 377 HGB unverzüglich nach der Ablieferung durch den Verkäufer zu untersuchen und, wenn sich ein Mangel zeigt, diesen dem Verkäufer unverzüglich anzuzeigen. Unterlässt der Käufer die Anzeige, so gilt die Ware als genehmigt, es sei denn, dass es sich um einen Mangel handelt, der bei der Untersuchung nicht erkennbar war. Zeigt sich später ein solcher Mangel, so muss die Anzeige unverzüglich nach der Entdeckung gemacht werden; anderenfalls gilt die Ware auch in Ansehung dieses Mangels als genehmigt.

Dies gilt jedoch nicht, wenn der Verkäufer den Mangel arglistig verschwiegen hat.

Auch muss z.B. ein Kommissionär in einem bestehenden Kommissionsverhältnis gem. § 362 HGB unmittelbar auf ein vom Kommittenten angetragenes (angebotenes) Geschäft reagieren und widersprechen, sonst gilt sein Schweigen als Annahme. Vgl. auch Frage 9.

Frage 2: Was macht ein Kommissionsgeschäft aus und wie wird es bilanziell abgebildet?

Antwort: Kommissionär ist, wer es gewerbsmäßig übernimmt, Waren oder Wertpapiere für Rechnung eines anderen (des Kommittenten) in eigenem Namen zu kaufen oder zu verkaufen. Der Kommissionär ist verpflichtet, das übernommene Geschäft mit der Sorgfalt eines ordentlichen Kaufmanns auszuführen; er hat hierbei das Interesse des Kommittenten wahrzunehmen und dessen Weisungen zu befolgen. Er hat dem Kommittenten die erforderlichen Nachrichten zu geben, insbesondere die Ausführung der Kommission unverzüglich anzuzeigen. Er ist verpflichtet, dem Kommittenten über das Geschäft Rechenschaft abzulegen und ihm dasjenige herauszugeben, was er aus der Geschäftsbesorgung erlangt hat, d.h. im Fall der Verkaufskommission das Entgelt oder bei der Einkaufskommission die erhaltene Ware. Handelt der Kommissionär nicht entsprechend den Anweisungen des Kommittenten, so ist er diesem zum Ersatz des Schadens verpflichtet; der Kommittent braucht dieses Geschäft nicht für seine Rechnung gelten zu lassen. Anders als die Fiktion im Bereich der Umsatzsteuer weist der Kommissionär in seinem handelsrechtlichen Jahresabschluss das Kommissiongeschäft nicht wie ein Eigenhändler als An- und Verkauf von Ware aus, sondern gibt als Erlöse lediglich die Provision, die er vom Kommittenten erhält, an. Der Ausweis entspricht also eher dem des Handelsvertreters als dem des Eigenhändlers.

Frage 3: Welche Konsolidierungsarten gibt es und was passiert jeweils dabei?

Antwort: Die Konsolidierung ist eine Methode zur Darstellung mehrerer rechtlich selbständiger Einheiten eines Konzerns als ein einheitliches „fiktives" Unternehmen. Dieses Vorgehen nennt man Einheitstheorie. Denkbare Konsolidierungsformen sind im Konsolidierungskreis die Vollkonsolidierung sowie die Quoten- und Equitykonsolidierung. Im Rahmen der Konsolidierung erfolgen folgende Zwischenschritte:
- Kapitalkonsolidierung,
- Schuldenkonsolidierung,
- Zwischenergebniseliminierung,
- Aufwands- und Ertragskonsolidierung.

Im Rahmen der Kapitalkonsolidierung werden in einer Konzernsummenbilanz die Ansätze der Beteiligungen an Tochtergesellschaften im Einzelabschluss der Muttergesellschaft durch den Ansatz der Wirtschaftsgüter der Tochtergesellschaften ersetzt. Dabei werden die Wirtschaftsgüter in einer sog. Handelsbilanz II (HB II) neu bewertet zu anteiligen Anschaffungskosten der Mutter aus dem Erwerb der Beteiligung. Dabei wird der Kaufpreis der Tochtergesellschaft aufgeteilt auf die einzelnen Wirtschaftsgüter der Tochtergesellschaft. Diesen Vorgang nennt man Kaufpreisallokation (englisch purchase price allocation, PPA) Bei der Schuldenkonsolidierung werden konzerninterne Forderungen und Verbindlichkeiten miteinander verrechnet, quasi aus der Bilanz heraus gekürzt, was zu einer Verkürzung der Bilanzsumme und in seltenen Fällen zu einem Ergebniseffekt führen kann. Bei der Zwischenergebniseliminierung werden konzernintern realisierte Gewinne, z.B. aus dem Weiterverkauf von Handelsware, neutralisiert, da sie ja bei der Betrachtung des Konzerns als ein Unternehmen, noch nicht angefallen sind. Bei der Aufwands- und Ertragskonsolidierung werden Aufwände und Erträge zwischen Konzerneinheiten miteinander verrechnet und damit aus der Gesamt-Gewinn und Verlustrechnung heraus gekürzt.

Frage 4: In welchem Verhältnis stehen BGB und HGB zueinander?

Antwort: Das BGB regelt grundsätzlich die Rechtsverhältnisse aller privaten Rechtssubjekte zueinander, soweit diese nicht abweichende individuelle Regelungen (durch Vertrag) festlegen oder den allgemeinen Regeln des BGB speziellere Regeln eines Spezialgesetzes vorgehen. Soweit das HGB die Rechtverhältnisse von Kaufleuten untereinander oder z.B. Regelungen zu Gesellschaftsformen regelt, gehen die spezielleren Regelungen des HGB den allgemeineren Regeln des BGB als „lex specialis" vor. Das Handelsrecht ist das Sonderprivatrecht der Kaufleute und ergänzt, modifiziert oder ersetzt alle sonst einschlägigen Vorschriften des BGB (vgl. Art. 2 I EGHGB). Das HGB ergänzt daher die allgemein gültigen Rechtsregeln des BGB um Sondervorschriften für Kaufleute.

Frage 5: Für welche Fälle von Handelsgeschäften enthält das HGB spezielle Regelungen?

Antwort: Das HGB beinhaltet insbesondere Spezialregelungen zum Handelskauf, also dem Kauf unter Kaufleuten, dem Kommissionsgeschäft, zum Fracht- und Speditionsgeschäft sowie dem Lagergeschäft dem Seehandel und der Schifffahrt.

Frage 6: Was unterscheidet eine Prokura von einer Handlungsvollmacht?

Antwort: Eine Prokura ist eine von einem Kaufmann erteilte voll umfängliche Vertretungsvollmacht, die den Prokuristen zur Vornahme aller (gerichtlichen und außergerichtlichen) Geschäfte und Rechtshandlungen, die der Betrieb eines Handelsgewerbes mit sich bringt, ermächtigt. Die gesetzlichen Grundlagen ergeben sich aus den §§ 48 ff. HGB. Die Prokura kann mündlich oder schriftlich erteilt werden und ist in das Handelsregister einzutragen. Die Eintragung wirkt jedoch nicht konstitutiv, sondern deklaratorisch. Auch wenn die Prokura im Innenverhältnis Beschränkungen unterliegt, darf der Umfang der Prokura im Außenverhältnis nicht eingeschränkt werden. Insbesondere darf ein Prokurist auch selbst Handlungsvollmachten erteilen. Ausgeschlossen sind dem Prokuristen nur persönliche Geschäfte des Betriebsinhabers wie etwa die Unterschrift des Jahresabschlusses, Insolvenzantrag und Bestellung von Prokuristen. Der Prokurist unterschreibt mit dem Zusatz „ppa.". Eine Handlungsvollmacht ist hingegen eine durch einen Kaufmann oder Prokuristen erteilte beschränkte Vertretungsvollmacht, die sich auf das unmittelbare Handelsgeschäft des vertreten Kaufmanns bezieht und dabei „üblicherweise" vorkommt. Anders als dem Prokuristen ist dem Handlungsbevollmächtigten z.B. die Eingehung von Wechselverbindlichkeiten, die Darlehensaufnahme und die Prozessführung ohne entsprechender Spezialvollmacht nicht erlaubt. Die Handlungsvollmacht wird auch anders als die Prokura nicht in das Handelsregister eingetragen, was den Umfang der Vertretungsvollmacht für den Dritten schwerer erkennen lässt. Der Handlungsbevollmächtigte unterzeichnet mit „i.V.".

13. Handelsrecht

Frage 7: Welche rechtlichen Folgen hat die Kaufmannseigenschaft?

Antwort: Die Folgen der Kaufmannseigenschaft sind:
- Ein Kaufmann muss Bücher führen und einen Jahresabschluss erstellen, § 238 HGB.
- Ein Kaufmann kann mündlich eine Bürgschaft übernehmen (§ 350 HGB), während eine private Bürgschaft nur in schriftlicher Form gültig ist (§ 766 BGB).
- Schweigen gilt beim Kaufmann in bestimmten Fällen als Annahme des Vertragsangebots (§ 362 HGB), bei Privatpersonen nicht.
- Während bei Privatpersonen eine verwirkte Vertragsstrafe gemäß § 343 BGB vom Richter herabgesetzt werden kann, wenn sie unverhältnismäßig hoch ist, gilt dies für Kaufleute nicht (§ 348 HGB).
- Der private Bürge hat die Einrede der Vorausklage (§ 771 BGB), kann also die Befriedigung des Gläubigers verweigern, solange dieser nicht eine Zwangsvollstreckung gegen den Hauptschuldner ohne Erfolg versucht hat. Diese Einrede steht dem bürgenden Kaufmann nicht zu (§ 349 HGB). Er kann deshalb parallel zum nicht zahlenden Hauptschuldner in Anspruch genommen werden (selbstschuldnerische Bürgschaft).
- Wer von einem Kaufmann eine diesem nicht gehörende bewegliche Sache erwirbt, kann diese nicht nur dann gutgläubig erwerben, wenn er an das Eigentum des Veräußerers glaubt (§ 932 BGB), sondern schon dann, wenn sich sein guter Glaube auf die Verfügungsbefugnis des Kaufmanns i.S.v. § 185 BGB bezieht (§ 366 HGB).
- Der gesetzliche Zinssatz für Kaufleute (§ 352 HGB) ist höher als der von einer Privatperson geschuldete gesetzliche Zins (§ 246 BGB).
- Der Kaufmann schuldet Fälligkeitszinsen (§ 353 HGB), der Privatmann nicht (gilt für die Zeit bis zum Verzug, ab dort übernimmt § 288 II BGB als lex specialis).
- Die Sorgfaltspflicht eines Kaufmanns (§ 347 HGB) ist höher als die einer Privatperson (§ 276 BGB), ein Kaufmann hat empfangene Waren bei mangelhafter oder Fehllieferung (aliud) unverzüglich zu rügen, um seine Gewährleistungsrechte nicht zu verlieren (§ 377 HGB).

Frage 8: Der Kaufmann K erteilt seinem Mitarbeiter M Prokura „für Geschäfte bis 50.000 € Gesamtvolumen". Die Prokura wird im Handelsregister eingetragen. M bestellt daraufhin mit dem Zusatz „ppa." einen Kopierermietvertrag für 10 Jahre Laufzeit á 6.000,00 Miete/Jahr. Ist der Vertrag wirksam zu Stande gekommen?

Antwort: Ja, eine Beschränkung des Umfangs der Prokura ist im Außenverhältnis unwirksam, § 50 HGB.

Frage 9: Was ist ein Kaufmännisches Bestätigungsschreiben und was bewirkt es?

Antwort: Ein kaufmännisches Bestätigungsschreiben (kurz: KBS) ist eine schriftliche Bestätigung eines vorher mündlich geschlossenen Vertrags. Das KBS dient nur der Beweisvorsorge bei mündlichen Verträgen. Schweigt der Empfänger nach Erhalt des KBS, so gilt dies später als Beweis, dass ein mündlicher Vertrag des wieder gegebenen Inhalts geschlossen wurde, wenn der Empfänger und Absender Kaufleute sind, (nach h.M. wohl aber auch bei Freiberuflern möglich). Nach meiner Meinung als Absender auch Privatperson, wenn im Vorfeld tatsächlich Vertragsverhandlungen stattgefunden haben. Der Absender darf in die Bestätigung ferner nicht unredlich nicht vereinbarte Bestandteile aufnehmen und sie dem Empfänger damit „unterjubeln" und der Empfänger darf nicht (unverzüglich) widersprochen haben.

Frage 10: Was ist die negative Publizität des Handelsregisters?

Antwort: Durch die sog. negative Publizität wird das Vertrauen des Rechtsverkehrs geschützt, dass die eintragungspflichtigen Tatsachen im Handelsregister abschließend eingetragen sind, mithin das Handelsregister vollständig ist.

Frage 11: Was versteht man unter einem „Sperrjahr"?

Antwort: Das gesetzlich vorgeschriebene Sperrjahr (§ 272 AktG, § 73 GmbHG, § 90 GenG) dient während der Liquidation insbesondere dem Gläubigerschutz und bedingt ein verschärftes Ausschüttungsverbot: Während der Dauer des Sperrjahres ist jede Vermögensverteilung an die Gesellschafter verboten. Das bedeutet, dass nur Forderungen von Drittgläubigern aus Drittgeschäften beglichen werden dürfen. Eine Rangordnung unter den Gläubigern besteht nicht.

Bestand und Fälligkeit der Verbindlichkeiten werden durch das Sperrjahr nicht berührt. Die Ansprüche der Gläubiger bestehen nach allgemeinen Regeln fort. Das Sperrjahr ist keine Ausschlussfrist. Auch nach Ablauf des Sperrjahres können Ansprüche gegen die Gesellschaft geltend gemacht werden. Das Schicksal der Ansprüche hängt jedoch entscheidend davon ab, ob der jeweilige Gläubiger während des Sperrjahres bekannt wurde oder unbekannt blieb:

Solange nach Ablauf des Sperrjahres noch Gesellschaftsvermögen vorhanden ist, können sich auch bislang unbekannte Gläubiger bei der Gesellschaft melden und ihre Forderungen befriedigen. Ist das Vermögen dagegen bereits verteilt, gehen die Gläubiger leer aus. Diese Regelung wird im Allgemeinen auf unbekannte Forderungen zutreffen. Der Schutz des Sperrjahres endet hier folglich mit dessen Ablauf.

Bekannte Gläubiger sind dagegen auch nach Ablauf des Sperrjahres immer zu berücksichtigen. Meldet sich ein bekannter Gläubiger nicht, so ist der geschuldete Betrag ggf. zu hinterlegen oder Sicherheit zu leisten. Das Sperrjahr beginnt mit dem Gläubigeraufruf, in der Regel verbunden mit der Bekanntgabe des Liquidationsbeschlusses im Bundesanzeiger.

Frage 12: Kann eine Gesellschaft bürgerlichen Rechts (GbR) in das Handelsregister eingetragen werden?

Antwort: Eine GbR kann eigentlich nicht in das Handelsregister eingetragen werden. Ist die GbR jedoch gewerblich tätig, kann sie als oHG in das Handelsregister eingetragen werden. Mit dem Gesetz zur Modernisierung des Personengesellschaftsrechts (MoPeG) wird es aber seit dem 01.01.2024 ermöglicht, die GbR in das neu geschaffene Gesellschaftsregister einzutragen. Die Eintragung ist grundsätzlich freiwillig, jedoch erfordern grundbuchrelevante Vorgänge wie zum Beispiel der Kauf oder Verkauf von Grundbesitz durch eine GbR ab dem 01.01.2024 eine Eintragung der GbR in das Gesellschaftsregister.

13.2 9 Fälle zum Handelsrecht

Fall 1: Sie möchten Ihre neue Kanzlei im Jahr 2024 in der Rechtsform der GmbH betreiben und diese „Steuerberatungs GmbH" nennen.

Frage: Ist das zulässig?

Lösung: Grundsätzlich ist jeder Kaufmann berechtigt eine „Firma" zu führen, d.h. seinem Unternehmen einen Namen zu geben. Das gilt auch für eine Steuerberatungs-GmbH, die kraft Rechtsform ein Kaufmann ist. Bei der Führung der Firma sind allerdings einige Einschränkungen zu beachten. So muss diese die Rechtsform als Zusatz beinhalten, was vorliegend gegeben ist. Allerdings muss sie nach dem Grundsatz der Firmenklarheit hinreichend differenzieren, was bei der Wahl eines reinen Gattungsbegriffes wie „Steuerberatungs GmbH" ohne weitere Zusätze nicht der Fall ist. Denkbar wäre allerdings die Firma um einen Namenszusatz oder einen Fantasienamen zu ergänzen, z.B. „Treuratio Steuerberatungs GmbH". Die bisher gem. § 53 StBerG bestehende Verpflichtung, die explizite Bezeichnung „Steuerberatungsgesellschaft" in die Firma oder den Namen aufzunehmen, ist zum 01.08.2022 entfallen.

13. Handelsrecht

Hinweis! Durch das BRAORefG ist mit Wirkung zum 01.08.2022 eine vollständige Neuregelung der §§ 49 ff. StBerG erfolgt.

Fall 2: Ein Steuerberater wurde auf eigenen Antrag fälschlicherweise in das Handelsregister eingetragen. Gegenüber einem Geschäftspartner eines Mandanten bürgt der Steuerberater in einem unbedachten Moment des Überschwangs mündlich für ein Darlehen des Dritten an seinen Mandanten. Zwei Jahre später erhält der Steuerberater nach erfolgloser Zwangsvollstreckung des Dritten in das Vermögen des Mandanten die Zahlungsaufforderung aus seiner Bürgschaftszusage.

Frage: Muss der Steuerberater zahlen?

Lösung: Ja, zwar sind Bürgschaftszusagen grundsätzlich schriftlich zu erteilen, ein Kaufmann kann allerdings auch mündlich wirksam bürgen. Der Steuerberater wird zwar auch durch die Eintragung in das Handelsregister kein Kaufmann, muss aber das Kaufmannsrecht gem. § 5 HGB gegen sich gelten lassen, wenn der Dritte sich darauf beruft. Auch die Einrede der Vorausklage gem. § 771 BGB ist nicht möglich, da die Zwangsvollstreckung gegen den Mandanten bereits erfolglos betrieben wurde.

Fall 3: Ein asiatischer Schuhhersteller möchte in Deutschland Sandalen verkaufen. Er fragt den renommierten deutschen Sandalenproduzenten ProPedi, der unter der Firma „ProPedi Schuhe für Deutschland GmbH" firmiert, ob er ihm den eingeführten Namen „ProPedi Schuhe für Deutschland GmbH" für 1,5 Mio. € verkauft, umfirmiert und künftig weiter unter anderem Namen auftritt. Der Gesellschafter-Geschäftsführer der „ProPedi Schuhe für Deutschland GmbH" willigt ein und firmiert wenige Tage später neu unter „Brackenstock Sandalen GmbH". Der asiatische Hersteller gründet daraufhin eine GmbH mit der Firma „ProPedi Schuhe für Deutschland GmbH".

Frage: Was halten Sie davon?

Lösung: Die Übertragung einer Firma ohne den dazugehörigen Betrieb ist gem. § 23 HGB untersagt. Der Übertragungsvertrag ist nichtig gem. § 134 BGB, sollte die Firma eingetragen worden sein, kann das Registergericht diese löschen und den Gebrauch gem. § 37 HGB untersagen.

Fall 4: A wurde am 15.01.02 als Maurermeister in die Handwerksrolle eingetragen. Daraufhin meldete er am 20.01.02 seine selbständige Tätigkeit als Bauunternehmer bei der Stadt Oberhausen - Ordnungsamt - an. Gebühren sind nicht angefallen! Er beschäftigt seit dem 01.02.02 10 Mitarbeiter. Die Anstellungsverträge hat er am 22.01.02 für 11,90 € erworben und privat bezahlt. Ein ordnungsgemäßer Beleg liegt vor. Für den am 25.01.02 erworbenen Kran und das Handwerkszeug erhält er am 30.01.02 die ordnungsgemäße Rechnung über 119.000 €. A schätzt seinen voraussichtlichen Jahresumsatz auf 1.500.000 €.

Frage: Ist A buchführungspflichtig, wenn ja, ab wann?

Lösung: A ist Kaufmann gem. § 1 Abs. 1 HGB. Er übt ein Handelsgewerbe aus – erzielt Einkünfte aus Gewerbebetrieb – und sein Unternehmen erfordert einen nach Art und Umfang in kaufmännischer Weise eingerichteten Geschäftsbetrieb (§ 1 Abs. 2 HGB). Er ist verpflichtet, seine Firma und den Ort seiner Handelsniederlassung beim Gericht der Niederlassung zur Eintragung in das Handelsregister anzumelden (§ 29 HGB). Er ist zur Buchführung und Bilanzierung verpflichtet (§§ 238 Abs. 1, 242 Abs. 1 HGB i.V.m. § 140 AO). Da sein voraussichtlicher Jahresumsatz im Gründungsjahr mehr als 800.000 € betragen wird, ergibt sich keine Befreiung von der Pflicht zur Buchführung, Erstellung eines Inventars und eines Jahresabschlusses nach §§ 241a, 242 Abs. 4 HGB. Die Buchführungspflicht beginnt – unabhängig vom Zeitpunkt einer ggf. erforderlichen Eintragung ins Handelsregister, zu dem Zeitpunkt, zu dem das Gewerbe aufgenommen wird. Dieser Zeitpunkt entspricht in der Regel dem Zeitpunkt des ersten buchungspflichtigen Geschäftsvorfalles – hier dem 22.01.02.

> **Hinweis!** Der Betrag in § 141 Abs. 1 S. 1 Nr. 1 AO ist mit dem **Wachstumschancengesetz** vom 27.03.2024, BGBl. 2024 I Nr. 108 mit Wirkung vom 28.03.2024 von 600.000 € auf 800.000 € erhöht worden.

> **Fall 5:** Ein koreanischer Reifenhersteller möchte den deutschen Markt betreten. Dazu beauftragt er einen selbständigen Handelsvertreter mit dem Aufbau eines Kundenstammes und der Vermittlung von Aufträgen. Nach drei Jahren Aufbauarbeit durch den Handelsvertreter macht der Koreaner in Deutschland 35 Mio. € Umsatz pro Jahr und zahlt jährliche Provisionen von 700.000 € an den Handelsvertreter. Anfang des vierten Jahres kündigt der Koreaner den Handelsvertretervertrag fristgerecht, da er den Vertrieb künftig lieber mit angestellten Vertriebsmitarbeitern machen möchte. Der Koreaner bietet dem Handelsvertreter eine Stelle als Vertriebsleiter für 200.000 € Gehalt pro Jahr an.
> **Frage:** Was ist zu beachten?

Lösung: Im Falle der Beendigung steht dem Handelsvertreter ein Ausgleichsanspruch gem. § 89b HGB zu als Ausgleich für den wirtschaftlich fortbestehenden Nutzen des Kundenstammes an dem der Handelsvertreter nur nicht mehr partizipiert. Dieser beträgt maximal eine durchschnittliche Jahresprovision.

> **Fall 6:** Da ihr Mandant das notwendige Stammkapital für eine GmbH derzeit nicht aufbringen kann, hat er sein Unternehmen Vivadis zunächst als Unternehmergesellschaft (haftungsbeschränkt) gegründet.
> Im Rahmen der Buchführung erhalten Sie Ausgangsrechnungen auf denen er als „Vivadis uGmbH" firmiert. Was sagen Sie dazu?

Lösung: Mit dem zivilrechtlich unzutreffenden Rechtsformzusatz uGmbH statt Unternehmergesellschaft (haftungsbeschränkt) gefährdet ihr Mandant die zivilrechtliche Haftungsbeschränkung der Rechtsform Die sog. Rechtsscheinhaftung greift laut BGH-Urteil vom 12.06.2012, II ZR 256/11 nicht nur in Fällen, in denen der Rechtsformzusatz einer Kapitalgesellschaft ganz weggelassen wird, sondern auch dann, wenn für eine Unternehmergesellschaft (haftungsbeschränkt) mit dem unrichtigen Zusatz „GmbH" gehandelt wird. Nach der ständigen Rechtsprechung des BGH, kann es zur Haftung des Handelnden kraft Rechtsscheins entsprechend § 179 BGB führen, wenn dieser im Rahmen geschäftlicher Verhandlungen oder bei Vertragsabschlüssen für eine GmbH die Firma unter Weglassen des Zusatzes „Gesellschaft mit beschränkter Haftung" oder „GmbH" zeichnet (vgl. BGH, Urteil vom 03.02.1975, II ZR 128/73, BGHZ 64, 11, 16 f.; Urteil vom 07.05.1984, II ZR 276/83, BGHZ 91, 148, 152; Urteil vom 05.02.2007, II ZR 84/05, ZIP 2007, 908 Rn. 9, 14, 17; Beschluss vom 22.02.2011, II ZR 301/08 Rn. 2). Durch die in § 4 GmbHG gesetzlich vorgeschriebene Aufnahme der Gesellschaftsform in die Firma soll dem Geschäftsgegner die Tatsache der beschränkten Haftung seines Verhandlungs- oder Vertragspartners deutlich vor Augen geführt werden. Wird die vom Rechtsverkehr erwartete Offenlegung unterlassen, werden unzutreffende Vorstellungen erweckt. Dadurch entsteht die Gefahr, dass der Geschäftsgegner Dispositionen trifft, die er bei Kenntnis des wahren Sachverhalts ganz oder in dieser Form unterlassen hätte. Dem entspricht als Ausgleich die Vertrauenshaftung dessen, der die erforderliche Aufklärung nicht vornimmt.

Diese Grundsätze gelten entsprechend, wenn die Firma einer Unternehmergesellschaft unter Weglassen des in § 5a Abs. 1 GmbHG zwingend vorgeschriebenen Zusatzes „Unternehmergesellschaft (haftungsbeschränkt)" oder „UG (haftungsbeschränkt)" gezeichnet wird. Angesichts des Umstands, dass

13. Handelsrecht

die Unternehmergesellschaft mit einem nur ganz geringen Stammkapital ausgestattet sein kann, besteht sogar ein besonderes Bedürfnis des Rechtsverkehrs, dass hierauf hingewiesen wird. Aus Gründen des effektiven Gläubigerschutzes ist daher gerade auch hier eine entsprechende Haftung geboten. Diese Grundsätze gelten aber auch dann entsprechend, wenn im Rahmen geschäftlicher Verhandlungen oder bei Vertragsabschlüssen für eine Unternehmergesellschaft mit dem Rechtsformzusatz GmbH gezeichnet und dadurch bei dem Vertragspartner die unzutreffende Vorstellung geweckt wird, er kontrahiere mit einer Gesellschaft mit einem Mindeststammkapital von 25.000 € (§ 5 Abs. 1 GmbHG). Zudem ist die Rechtsform der uGmbH nicht existent, sodass darüber hinaus ein Vorsteuerabzug aus den Rechnungen für den Leistungsempfänger nicht möglich ist, FG Bremen vom 26.01.2017, 2 K 38/16 (1), rkr.

Fall 7: Sie vereinbaren am 01.05.2023 die Begleichung Ihrer Honorarforderung durch Erteilung eines in 3 Monaten fälligen Wechsels. Der Mandant übersendet Ihnen daher einen Verrechnungsscheck mit der Aufschrift „einzulösen nicht vor dem 01.08.2024".

Frage: Alles in Ordnung?

Lösung: Wechsel und **Scheck** sind **schuldrechtliche Wertpapiere.** Das Recht aus der Urkunde folgt dem Recht an der Urkunde, d.h. nur der Inhaber der Urkunde kann die Rechte aus der Urkunde geltend machen. Wechsel und Scheck sind außerdem auch sogenannte Orderpapiere, d.h. Wertpapiere, in denen der Aussteller verspricht, an eine bestimmte Person oder an einen von dieser Person benannten Dritten zu leisten. Die Übertragung (Benennung des Dritten) erfolgt durch sogenanntes Indossament, d.h. durch eine schriftliche Erklärung der begünstigten Person auf dem Scheck oder Wechsel.

Beispiel: „Für mich an (Name des Dritten)" mit Unterschrift der begünstigten Person.

Scheck und Wechsel können auch als Inhaberpapier ausgestellt werden. In diesem Fall ist der jeweilige Inhaber der Urkunde zur Geltendmachung der Rechte aus der Urkunde berechtigt.

Der **Wechsel** ist ein Wertpapier, das in einer bestimmten Form ausgestellt und ausdrücklich als Wechsel bezeichnet werden muss und das die Anweisung enthält, eine bestimmte Geldsumme (Wechselsumme) zu zahlen. Die Formerfordernisse sowie die rechtlichen Wirkungen eines Wechsels sind im Wechselgesetz (WG) geregelt.

Der Wechsel enthält eine abstrakte, d.h. vom zugrundeliegenden Schuldverhältnis unabhängige Forderung. Die Wechselforderung und die Forderung aus dem Kausalgeschäft, zumeist Kauf oder Darlehen, bestehen nebeneinander, bis die Wechselverbindlichkeit erfüllt ist. Die Forderung aus dem Kausalgeschäft ist bis zur Fälligkeit des Wechsels gestundet.

Der Wechsel ist bedingungsfeindlich, d.h. die Anweisung, eine bestimmte Geldsumme zu zahlen, darf nicht von Bedingungen abhängig gemacht werden (Art. 1 Nr. 2 und Art. 75 Nr. 2 WG).

Ansprüche aus dem Wechsel können im Wechselprozess bzw. im Wechsel-Mahnverfahren geltend gemacht werden. Es handelt sich hierbei um ein sehr schnelles Verfahren, da die Einwendungen aus dem Kausalgeschäft unberücksichtigt bleiben.

Der Scheck hingegen ist eine Zahlungsanweisung des Kontoinhabers und Ausstellers an seine Bank, einen bestimmten Geldbetrag an den Inhaber des Schecks zu zahlen. Wirtschaftlich gesehen ist er ein reines Zahlungsmittel. Wesentliches Unterscheidungsmerkmal zur Banknote ist, dass diese an Erfüllungs statt, der Scheck erfüllungshalber gegeben wird (§ 364 BGB).

Nur der Scheckaussteller, nicht jedoch die bezogene Bank, ist im Verhältnis zum Scheckinhaber zahlungsverpflichtet. Es wird kein unmittelbares Schuldverhältnis zwischen Scheckinhaber und Bank begründet, die Bank ist insoweit nur Erfüllungsgehilfin im Sinne des § 278 BGB. Eine Ausnahme hiervon ist der bestätigte Bundesbank-Scheck, der wie Bargeld zu behandeln ist.

Der Scheck ist, auch wenn er vordatiert wird, am Tage der Vorlegung („bei Sicht") zahlbar (Art. 28 ScheckG). Möglich ist auch die Rückdatierung eines Schecks, was zu einer Verkürzung der Vorlegungsfristen und damit auch zu einer Benachteiligung des Scheckinhabers führt.

Die Vorlage eines Schecks bedeutet, dass der Scheck beim bezogenen Kreditinstitut zur Zahlung eingereicht wird. Ein Scheck, der als Ausstellungsort das Inland ausweist, ist innerhalb einer Frist von acht Tagen ab Fälligkeit der Bank vorzulegen (Art. 29 ScheckG). Wichtig ist in diesem Zusammenhang, dass es nur darauf ankommt, welcher Ort als Ausstellungsort im Scheck ausgewiesen wird. Es kommt nicht darauf an, ob der Scheck dort tatsächlich ausgestellt wurde.

Ist die Vorlagefrist abgelaufen, kann er dennoch eingelöst werden; die bezogene Bank darf aber die Einlösung verweigern.

Der Scheck hat viele Ähnlichkeiten mit dem gezogenen Wechsel: Auch hier sind drei Personen beteiligt, nämlich Aussteller, Schecknehmer und Bezogener, mit der Besonderheit, dass Bezogener immer eine Bank ist. Der Scheck ist stets bei Sicht, d.h. bei Vorlegung, zahlbar (Art. 28 Abs. 1 ScheckG). Der wesentliche Unterschied zum Wechsel besteht darin, dass der Aussteller eines Schecks als Namen dessen, der zahlen soll (bezogene Bank), nur eine Bank angeben darf, bei welcher der Aussteller ein Guthaben hat. Ein Scheck dient daher – anders als der Wechsel – nicht dem Kreditverkehr, sondern nur dem Zahlungsverkehr. Außerdem kann die Einlösung eines Schecks von der bezogenen Bank verweigert werden.

Fall 8: Der Kaufmann K erteilt seinem Mitarbeiter M mündlich die Erlaubnis, mit dem Zusatz „ppa." Zu unterzeichnen. Die Prokura wird allerdings nicht im Handelsregister eingetragen.

Frage: Ist die Prokura wirksam erteilt?

Lösung: Ja, die Prokura ist wirksam erteilt. Eine mündliche Erteilung ist ausreichend, wenn sie ausdrücklich erfolgt. Das Wort „Prokura" muss dabei nicht fallen, die Formulierung, „Sie dürfen ab sofort mit ‚ppa.' unterzeichnen", genügt. Auch eine Eintragung in das Handelsregister ist nicht notwendig für die Wirksamkeit, sondern erfolgt nur deklaratorisch.

Fall 9: Steuerberater B ist als Einzelkaufmann in das Handelsregister eingetragen worden. Während einer Telefonkonferenz bei der Beantragung eines Darlehens für einen Mandanten mit der Bank des Mandanten erklärt der Steuerberater: „ich bürge für die Rückzahlung des Darlehens durch meinen Mandanten".

Frage: 2 Jahre später meldet der Mandant Insolvenz an und erklärt der Bank, dass er das Darlehen nicht zurückzahlen kann. Daraufhin möchte die Bank den Steuerberater als Bürgen in Anspruch nehmen. Muss der Steuerberater zahlen?

Lösung: Ja, eine Bürgschaftserklärung ist zwar grundsätzlich schriftlich zu erteilen (§ 766 BGB). Eine Bürgschaft per E-Mail oder sonstiger elektronischer Form ist ausgeschlossen. Nur die Bürgschaft eines Kaufmanns, der diese im Rahmen eines Handelsgeschäftes abgibt, kann mündlich erteilt werden (gemäß §§ 343, 350 HGB). Da der Steuerberater im Handelsregister eingetragen ist, muss er diese Eintragung gegen sich gelten lassen.

14. Gesellschaftsrecht

14.1 13 Fragen zum Gesellschaftsrecht

> **Frage 1:** Was ist eine Gesellschaft und welche Gesellschaftsformen lassen sich unterscheiden? Welches ist die in Deutschland verbreitetste Rechtsform für den Betrieb eines Unternehmens und wie erklären Sie sich das?

Lösung: Eine Gesellschaft im rechtlichen Sinne ist eine Organisationsform zum Zusammenschluss von mindestens 2 Personen, die einen gemeinsamen Zweck verfolgen. Im deutschen Zivilrecht gibt es verschiedene Ausprägungen von Gesellschaftsformen wie die Gesellschaft bürgerlichen Rechtes, die Offene Handelsgesellschaft, die Kommanditgesellschaft und die Partnerschaftsgesellschaft. Diese Gesellschaften bezeichnet man als Personengesellschaften, weil das Merkmal des Zusammenschlusses mehrerer Personen besonders ausgeprägt und notwendige Voraussetzung für diese Rechtsformen ist. Auch Genossenschaften und Vereine sind denkbare Formen des Zusammenschlusses. Letztlich ist der Begriff auch nicht zwingend beschränkt auf Personenzusammenschlüsse, da auch Kapitalgesellschaften wie Aktiengesellschaft und Gesellschaft mit beschränkter Haftung Gesellschaften sind. Eine Gesellschaft tritt mit eigener (Teil-)Rechtspersönlichkeit zusätzlich neben die beteiligten und handelnden Gesellschafter. Die einzelnen Gesellschaftsformen unterscheiden sich u.a. in notwendiger Kapitalausstattung, Vertretungsregelungen und Haftung.

Die in Deutschland verbreitetste Rechtsform für den Betrieb eines Unternehmens ist das Einzelunternehmen einer natürlichen Person. Einzelunternehmen sind formfrei und schnell zu gründen. Es besteht keinerlei Abstimmungsbedarf in der laufenden Geschäftsführung, die durch den Inhaber wahrgenommen wird.

Es gibt keine Mitbestimmung, Gewinne und Verluste stehen dem Unternehmer alleine zu, Verluste sind grundsätzlich uneingeschränkt mit anderen Einkünften verrechenbar (Ausnahmen: Mindestbesteuerung, § 15 Abs. 4 EStG u.a.). Es besteht keinerlei Mindestkapitalausstattung und der Unternehmer ist frei in der Form der Finanzierung.

> **Frage 2:** Welches sind die Voraussetzungen und Unterschiede zwischen GbR, OHG und KG?

Lösung: Die Vorschriften zur GbR sind in den §§ 705 ff. BGB geregelt. Die GbR ist die Grundform aller Personengesellschaften.

OHG und KG sind von ihr abgeleitet und die auf die Bedürfnisse des Handelsrechts ausgerichteten spezielleren Personengesellschaftsformen. Mit dem Gesetz zur Modernisierung des Personengesellschaftsrechtes (MoPeG) wurden zahlreiche Neuregelungen bei der Gesellschaft des bürgerlichen Rechts (GbR oder BGB-Gesellschaft) ab dem 01.01.2024 vorgenommen. Nach § 705 Abs. 2 BGB ist die GbR seit dem 1.1.2024 als Außengesellschaft rechtsfähig. Die GbR ist mit ihrer Eintragung in das Gesellschaftsregister verpflichtet, den Namenszusatz **eingetragene Gesellschaft bürgerlichen Rechts bzw. eGbR** zu führen. Auch die GbR kann einen Namen führen, es gibt dazu aber keine spezielle gesetzliche Regelung.

Eine GbR kommt mit Abschluss eines Gesellschaftsvertrags durch mindestens zwei Personen zustande. Für den Vertragsschluss ist keine besondere Form erforderlich, dieser kann daher grundsätzlich formfrei (z.B. auch mündlich) erfolgen, soweit nicht gesetzlich etwas anderes vorgeschrieben ist. Die Beiträge der Gesellschafter und die durch die Geschäftsführung für die Gesellschaft erworbenen Gegenstände bilden das Gesellschaftsvermögen gem. § 718 BGB. Seit dem 01.01.2024 wird in rechtsfähige Außen-GbR und nicht rechtsfähige Innen-GbR unterschieden.

Dadurch ergeben sich einige Änderungen und Zweifelsfragen für bestehende GbR.

Durch die Eintragung im Gesellschaftsregister wird die GbR nicht mehr vorrangig als teilrechtsfähige Gelegenheitsgesellschaft verstanden, sondern als auf Dauer angelegter Zusammenschlusses mit eigener Rechtsfähigkeit definiert und wird daher zum vollwertigen Rechtssubjekt im Rechtsverkehr (vgl. einer GmbH oder AG). Dies bedeutet, dass die GbR insbesondere selbst Eigentümer ihres Vermögens ist.

Das BGB hatte eine eigene Rechtsfähigkeit der GbR ursprünglich nicht vorgesehen. Die Idee der Rechtsfähigkeit entwickelte sich erst durch die Rechtsprechung des BGH.

Die Neuregelung des BGB unterscheidet nun ausdrücklich zwischen einer rechtsfähigen und einer nichtrechtsfähigen GbR.

Da die Innen-Gesellschaft selbst nicht rechtsfähig ist, kann das Vermögen ihr nicht gehören. Es ist vielmehr das gemeinschaftliche Vermögen aller Gesellschafter. Dabei unterliegt das Gesellschaftsvermögen einer sog. gesamthänderischen Bindung. Dies bedeutet, im Gegensatz zur sog. Bruchteilsgemeinschaft, dass grundsätzlich nur alle Gesellschafter gemeinschaftlich zur Verfügung über das Gesellschaftsvermögen berechtigt sind.

Die nichtrechtsfähige GbR, die sogenannte Innengesellschaft, wird nicht unternehmerisch tätig. Das bedeutet:
- Sie nimmt nicht am Rechts- und Geschäftsverkehr teil.
- Sie hat für die Gesellschafter den ausschließlichen Zweck, die Rechtsverhältnisse untereinander zu gestalten

Die rechtsfähige GbR, auch Außen-GbR oder Außengesellschaft, nimmt dagegen am Rechts- und Geschäftsverkehr teil.

Eine OHG ist quasi eine Spezialform einer GbR, nämlich eine Gesellschaft, deren Zweck auf den Betrieb eines Handelsgewerbes unter gemeinschaftlicher Firma gerichtet ist. Die OHG kann unter ihrer Firma Rechte erwerben, Verbindlichkeiten eingehen, Eigentum und andere Rechte an Grundstücken erwerben sowie vor Gericht klagen und verklagt werden.

Eine Gesellschaft, deren Zweck auf den Betrieb eines Handelsgewerbes unter gemeinschaftlicher Firma gerichtet ist, ist eine KG, wenn mindestens ein Gesellschafter gegenüber den Gesellschaftsgläubigern unbeschränkt und mindestens ein weiterer Gesellschafter beschränkt haftet. Jeder unbeschränkt haftende Gesellschafter einer KG wird Komplementär genannt. Die Gesellschafter, deren Haftung gegenüber den Gesellschaftsgläubigern auf einen bestimmten Betrag (Haftsumme) beschränkt ist, werden als Kommanditisten bezeichnet, § 161 HGB.

Die KG ist somit eine OHG, bei der bei mindestens einem Gesellschafter die Haftung beschränkt ist. Die Gesellschafter einer GbR und einer OHG haften genauso wie der Komplementär einer KG grundsätzlich jeweils unbeschränkt persönlich, der Kommanditist kann seine Haftung auf den Betrag seiner Einlage beschränken. Durch das MoPeG ist auch eine Erweiterung der umwandlungsfähigen Rechtsträger in § 3 UmwG auf die rechtsfähige Gesellschaft bürgerlichen Rechts (GbR) erfolgt, damit kann diese im Gesellschaftsregister eingetragene GbR, die den Namenszusatz eGbR zu tragen hat, Partei einer Umwandlung werden.

Frage 3: Was ist der handelsrechtliche Unterschied zwischen einer typischen und atypischen stillen Gesellschaft?

Lösung: Bei der stillen Gesellschaft beteiligt sich eine natürliche oder juristische Person an dem Handelsgewerbe eines anderen mit einer Kapitaleinlage (§ 230 HGB). Es handelt sich um eine reine Innengesellschaft. Sie tritt nach außen nicht als Gesellschaft auf. Sie wird nicht in das Handelsregister eingetragen. Die Gründung geschieht durch formlosen Vertrag. Das Handelsrecht unterscheidet dabei allerdings nicht nach einer typischen und atypischen stillen Gesellschaft. Der Unterschied zwischen einer typischen und atypischen stillen Gesellschaft ergibt sich ausschließlich aus der individuellen ver-

14. Gesellschaftsrecht

traglichen Vereinbarung zwischen dem Inhaber des Handelsgeschäftes und dem stillen Gesellschafter bezüglich der Teilhabe an den stillen Reserven einschließlich des Firmenwertes des Handelsgewerbes und stellt eine rein steuerliche Differenzierung dar.

Frage 4: Was ist der Unterschied zwischen Geschäftsführung und Vertretung?

Lösung: Eine Gesellschaft muss nach außen hin im Rechtsverkehr auftreten. Sie tut dies durch Vertreter. Diese geben selbständig Willenserklärungen ab und begründen damit Rechtsbeziehungen zwischen der Gesellschaft und Dritten. Eine Gesellschaft bedarf auch einer Geschäftsführung. Der Geschäftsführer unternimmt die Maßnahmen, die zur Erreichung des Gesellschaftszweckes erforderlich sind. Zur Geschäftsführung gehören interne Maßnahmen wie die Büroorganisation oder die Buchführung. Dazu zählen aber auch Maßnahmen im Außenverhältnis zu Dritten, z.B. der Abschluss von Arbeitsverträgen mit den Arbeitnehmern der Gesellschaft. In diesen Fällen liegen gleichzeitig Vertretung und Geschäftsführung vor. Der Unterschied liegt im Betrachtungsstandpunkt. Bei der Geschäftsführung kommt der Blick aus dem Innenverhältnis der Gesellschafter untereinander. Ist das Vorgehen von diesen gedeckt? Bei der Vertretung geht es allein um das rechtliche Auftreten gegenüber Dritten. Wurde das Rechtsgeschäft wirksam? Die Geschäftsführung in der OHG steht grundsätzlich jedem Gesellschafter zu, bei der KG nur dem Komplementär.

Führung der Geschäfte einer GbR durch das MoPeG seit dem 01.01.2024

Nach § 715 Abs. 1 BGB sind zur Führung der Geschäfte der GbR alle Gesellschafter berechtigt und verpflichtet. Nach § 715 Abs. 2 BGB erstreckt sich die Befugnis zur Geschäftsführung auf alle Geschäfte, die die Teilnahme der Gesellschaft am Rechtsverkehr gewöhnlich mit sich bringt. Zur Vornahme von Geschäften, die darüber hinausgehen, ist ein Beschluss aller Gesellschafter erforderlich. Nach § 715 Abs. 3 BGB steht die Geschäftsführung allen Gesellschaftern in der Art zu, dass sie nur gemeinsam zu handeln berechtigt sind, es sei denn, dass mit dem Aufschub eines Geschäfts Gefahr für die Gesellschaft oder das Gesellschaftsvermögen verbunden ist. Dies gilt im Zweifel entsprechend, wenn nach dem Gesellschaftsvertrag die Geschäftsführung mehreren Gesellschaftern zusteht.

Steht nach dem Gesellschaftsvertrag die Geschäftsführung allen oder mehreren Gesellschaftern in der Art zu, dass jeder allein zu handeln berechtigt ist, kann jeder andere geschäftsführungsbefugte Gesellschafter der Vornahme des Geschäfts widersprechen. Im Fall des Widerspruchs muss das Geschäft unterbleiben (§ 715 Abs. 4 BGB).

Nach § 715 Abs. 5 BGB kann die Befugnis zur Geschäftsführung einem Gesellschafter durch Beschluss der anderen Gesellschafter ganz oder teilweise entzogen werden, wenn ein wichtiger Grund vorliegt. Ein wichtiger Grund ist insbesondere eine grobe Pflichtverletzung des Gesellschafters oder die Unfähigkeit des Gesellschafters zur ordnungsgemäßen Geschäftsführung.

Nach § 715 Abs. 6 BGB kann der Gesellschafter seinerseits die Geschäftsführung ganz oder teilweise kündigen, wenn ein wichtiger Grund vorliegt.

Die Geschäftsführung einer GmbH obliegt der Geschäftsführung, die einer AG dem Vorstand.

Frage 5: Wann und warum wird eine GbR aufgelöst?

Lösung: Die GbR wird aufgelöst, wenn der Gesellschafter dies einvernehmlich beschließen, der Gesellschaftsvertrag dies vorsieht oder der Gesellschaftszweck erreicht worden ist. Auch die Kündigung oder der Tod eines Gesellschafters führte bis zum 31.12.2023 zur Auflösung, es sei denn, im Gesellschaftsvertrag war etwas anderes bestimmt. Seit dem 01.01.2024 gilt: Anders als bislang führen Kündigung oder Tod eines Gesellschafters nach dem MoPeG nicht mehr zur Auflösung der GbR, sondern zum Ausscheiden des betreffenden Gesellschafters. Weitere Ausscheidensgründe sind die Eröffnung des Insolvenzverfahrens über das Vermögen des Gesellschafters, die Kündigung der Mitgliedschaft durch einen

Privatgläubiger und die Ausschließung eines Gesellschafters aus wichtigem Grund. Die gesetzlich festgelegten Ausscheidensgründe können nicht abbedungen, aber durch weitere Ausscheidenstatbestände ergänzt werden. Ebenfalls möglich ist es, im Gesellschaftsvertrag zu vereinbaren, dass bei Tod eines Gesellschafters statt des Ausscheidens dessen Erbe oder dessen Erben an seine Stelle treten (sogenannte Nachfolgeklausel). Nach der Auflösung erfolgt die Auseinandersetzung. Die Gesellschaftsschulden werden beglichen, die geleisteten Beiträge an die Gesellschafter zurückerstattet, das Gesellschaftsvermögen veräußert und der Erlös auf die Gesellschafter verteilt.

Frage 6: Welche Voraussetzungen gibt es bei der Gründung einer GmbH?

Lösung: Die „strengen" Gründungsvoraussetzungen einer GmbH dienen dem Schutz der Gesellschaftsgläubiger, denn diese können sich nur an die Gesellschaft und nicht wie bei den Personengesellschaften an die Gesellschafter halten. So bedarf der Gesellschaftsvertrag der notariellen Form, § 2 GmbHG. Er muss die Angabe des Stammkapitals und der Stammeinlagen der Gesellschafter enthalten.

Das Stammkapital bildet die finanzielle Grundlage für den wirtschaftlichen Start der GmbH. Es muss mindestens 25.000 € betragen und setzt sich aus den Stammeinlagen aller Gesellschafter zusammen. Der Mindestbetrag für die Stückelung der Geschäftsanteile beträgt seit dem Gesetzes zur Modernisierung des GmbH-Rechts und zur Bekämpfung von Missbräuchen (MoMiG) in 2008 1 €. Die Stammeinlage kann in bar sowie in Form von Gegenständen erbracht werden (Sacheinlage). Der Geschäftsanteil eines Gesellschafters an der Gesellschaft, auch GmbH-Anteil genannt, richtet sich nach der Höhe der von ihm geleisteten Stammeinlage, § 14 GmbHG. Als weitere Gründungsvoraussetzung kommt die Eintragung ins Handelsregister hinzu. Erst ab diesem Zeitpunkt erlangt die Gesellschaft ihre eigene Rechtspersönlichkeit, d.h. sie beginnt zu „leben".

Frage 7: Welche Organe hat eine GmbH und welche Funktionen kommen diesen zu?

Lösung: Die Organe der GmbH sind Geschäftsführung, Gesellschafterversammlung und ggf. Aufsichtsrat. Die Geschäftsführung ist gesetzlicher Vertreter der GmbH gem. § 35 GmbHG und kann aus einer oder mehrere Personen bestehen, die Gesellschafter oder fremde Person sein können. Eine Beschränkung der Vertretungsbefugnis der Geschäftsführung ist im Außenverhältnis unwirksam (§ 37 Abs. 2 GmbHG). Die Gesellschafterversammlung bestimmt die grundsätzlichen Richtlinien der Geschäftspolitik. Zu Ihren Aufgaben gehört gem. § 46 GmbHG, z.B. die Feststellung des Jahresabschlusses und der Gewinnverwendung. Dem Aufsichtsrat obliegt die operative Überwachung der Geschäftsführung. Die Bildung eines Aufsichtsrates kann im Gesellschaftsvertrag vereinbart werden (§ 52 GmbHG) und ist zwingend bei GmbH mit mehr als 500 Arbeitnehmern vorgeschrieben (§ 1 Abs. 1 Nr. 1 Satz 1 DrittelbG).

Frage 8: Wie hoch ist das Mindeststammkapital einer SE und welche Organe gibt es bei der SE?

Lösung: Das Mindeststammkapital einer SE beträgt 120.000 €, Die Leitung einer Europäischen Gesellschaft kann (wie z.B. In Deutschland üblich) in Vorstand und Aufsichtsrat geteilt sein, oder wie im angelsächsischen Rechtsraum ein Board of Directors mit exekutiven und nicht exekutiven Managern sein. In Deutschland wird dieses Board Verwaltungsrat genannt. Die Gründer der SE müssen sich in der Satzung zwischen dem dualistischen und dem monistischen Modell entscheiden.

Die Unternehmen können daher frei zwischen 2 Leitungssystemen wählen:
1. dem, in Deutschland bestehenden, dualistischen Modell mit einer Trennung von Vorstand und Aufsichtsrat (wie AG) und
2. dem, etwa in England und Frankreich üblichen, monistischen (sog. Board-)Modell.

Frage 9: Was ist ein squeeze out und wie läuft er ab?

14. Gesellschaftsrecht

Lösung: Ein sog. „squeeze out" ist ein im AktG geregeltes Verfahren, dass es Mehrheitsaktionären erlaubt, Kleinaktionäre per Barabfindung aus dem Unternehmen zu drängen. Dies ist ab einem Mehrheitsanteil von 95 Prozent zulässig und erfolgt meist nach einer Unternehmensübernahme oder im Zuge z.B. eines Börsendelistings ist aber auch in Verschmelzungsfällen zulässig. Dabei wird der Mehrheitseigner den Vorstand oder die Geschäftsführung zur Durchführung des Ausschlussverfahrens auffordern, der dann die Hauptversammlung oder die Gesellschafterversammlung einberuft.

Der Hauptaktionär beantragt dann bei dem für die Gesellschaft zuständigen Gericht die Bestellung eines externen Wirtschaftsprüfers, der mit der Prüfung der Angemessenheit der Abfindung beauftragt wird. Der eigentliche squeeze out, d.h. die zwangsweise Anteilsübertragung der Kleinaktionäre auf den Mehrheitsaktionär gegen Barabfindung wird dann auf der Hauptversammlung beschlossen.

Frage 10: Was ist eine Patronatserklärung?

Lösung: Eine Patronatserklärung ist eine schuldrechtliche Erklärung, wonach ein zumeist mehrheitlich oder ausschließlich beteiligtes Mutterunternehmen gegenüber dem Gläubiger einer kapitalmäßig schwächer ausgestatteten Tochtergesellschaft oder SPV (special purpose vehicle; Zweckgesellschaft), die Zweifel an der Bonität des Tochterunternehmens ausräumen möchte. Man unterscheidet begrifflich zwischen einer sog. harten Patronatserklärung und einer weichen Patronatserklärung. Bei der harten Patronatserklärungen erwirbt der Gläubiger einen rechtlich durchsetzbaren Anspruch gegenüber der Mutter auf ausreichende Kapitalausstattung der Tochter, bei einer weichen Patronatserklärung bekundet die Mutter lediglich die Absicht, dass sie die Beteiligung an der Tochter nicht veräußern wird.

Frage 11: Welche Änderungen erfolgten zum 01.01.2024 im Gesellschaftsrecht der Personengesellschaften?

Lösung: Als Grundform aller Personengesellschaften gilt die Gesellschaft bürgerlichen Rechts (GbR), die von dem historischen Gesetzgeber als nicht rechtsfähige Gesamthandsgemeinschaft konzipiert wurde. Mit einer Grundsatzentscheidung aus dem Jahr 2001 leitete der Bundesgerichtshof einen Systemwechsel ein, indem er die Rechtsfähigkeit der Gesellschaft anerkannte, soweit sie am Rechtsverkehr teilnimmt. Die einschlägigen Gesetze wurden hieran bislang nicht vollständig angepasst. Als wesentliches Problem erweist sich, dass im Unterschied zu anderen rechtsfähigen Personengesellschaften (OHG, KG, PartG) für die GbR kein öffentliches Register existiert, aus dem sich mit Publizitätswirkung etwa der Gesellschafterbestand und die Vertretungsbefugnis ablesen lassen. Am 25.06.2021 hat der Bundesrat das **Gesetz zur Modernisierung des Personengesellschaftsrechts** (MoPeG) beschlossen.

Dessen Herzstück ist § 705 Abs. 2 BGB: „Die Gesellschaft kann Rechte erwerben und Verbindlichkeiten eingehen, wenn sie nach dem gemeinsamen Willen der Gesellschafter am Rechtsverkehr teilnimmt (rechtsfähige Personengesellschaft)".

Wesentliche Elemente des Gesetzes sind:
1. Für Gesellschaften bürgerlichen Rechts wird ein Register (das Gesellschaftsregister) ähnlich dem Handelsregister eingeführt, in das sie sich eintragen lassen können. Die Eintragung ist grundsätzlich freiwillig, jedoch erfordern grundbuchrelevante Vorgänge wie zum Beispiel der Kauf oder Verkauf von Grundbesitz durch eine GbR eine Eintragung der GbR in das Gesellschaftsregister.
2. Für Personengesellschaften wurde ein gesetzlich geregeltes Beschlussmängelrecht eingeführt, damit Unternehmen die Wirksamkeit von Gesellschafterbeschlüssen schnell klären und lähmende Schwebezustände vermeiden können.
3. Beibehaltung des Kaufmannsbegriffs: Die Trennung zwischen (handels-)gewerblichen Personengesellschaften und nicht gewerblichen Personengesellschaften bleibt im Grundsatz aufrechterhalten. Personenhandelsgesellschaften (OHG, KG) unterliegen deshalb weiterhin dem Sonderprivatrecht der Kaufleute.

4. Trennung zwischen rechtsfähiger und nicht rechtsfähiger Gesellschaft: Das gesetzliche Leitbild der GbR wird von der nicht rechtsfähigen Gelegenheitsgesellschaft auf eine rechtlich verselbständigte und auf gewisse Dauer angelegte Gesellschaft umgestellt. Dies ermöglicht es regelungstechnisch, die GbR als Grundform für alle rechtsfähigen Personengesellschaften (OHG, KG, PartGG) auszugestalten. Damit geht notwendigerweise eine höhere Regelungsdichte der §§ 705 ff. BGB einher. Für GbR, die nach dem gemeinsamen Willen der Gesellschafter nicht am Rechtsverkehr teilnehmen, sind eigene Regelungen vorgesehen.
5. Öffnung der Personenhandelsgesellschaften für Freiberufler: Seit dem 01.01.2024 können sich Gesellschafter auch zur gemeinsamen Ausübung Freier Berufe (z.B. Rechtsanwälte, Zahnärzte, Architekten) in einer Personenhandelsgesellschaft zusammenschließen, soweit das anwendbare Berufsrecht dies zulässt. Die Wahl insbesondere der Rechtsform einer GmbH & Co. KG ermöglicht so eine weitergehende Haftungsbeschränkung. Mit dem berufsrechtlichen Vorbehalt soll der mit bestimmten Berufen einhergehende Schutzbedarf zielgenau erfüllt werden können.
6. Sitzwahlrecht: Durch die Einräumung eines Sitzwahlrechts für im Gesellschafts-, Handels- oder Partnerschaftsregister eingetragene Personengesellschaften wird es diesen ermöglicht, ihre Geschäftstätigkeit außerhalb des deutschen Hoheitsgebietes zu entfalten, ohne auf eine für sie vertraute Rechtsform verzichten zu müssen.
7. Ausscheiden eines Gesellschafters, Auflösung der Gesellschaft: Wenn ein Gesellschafter stirbt oder kündigt, wird die GbR nicht mehr kraft Gesetzes aufgelöst, sondern er scheidet aus der Gesellschaft aus, ohne dass es hierzu einer Fortsetzungsklausel im Gesellschaftsvertrag bedarf.
8. Liberalisierung des Namensrechts der PartG: Für die Namensgebung einer PartG entfallen der Zwang zur Benennung mindestens eines Partners und zur Berufsbezeichnung aller vertretenen Partner. Dadurch werden reine Sach- oder Phantasiebezeichnungen zulässig.
9. Umwandlungsfähigkeit der GbR: Eine eingetragene GbR kann sich in Zukunft grundsätzlich im selben Umfang an einer Umwandlung (Verschmelzung, Spaltung, Formwechsel) beteiligen wie eine Personenhandelsgesellschaft.
10. Gesellschafter der GbR haften gemäß § 721 BGB n.F. wie OHG-Gesellschafter (§§ 126 ff. HGB) als Gesamtschuldner persönlich und unbeschränkt für die Verbindlichkeiten der Gesellschaft. Die Haftung kann im Außenverhältnis, also gegenüber Nicht-Gesellschaftern, nicht beschränkt werden.
11. Mit der gleichzeitigen Einführung eines Gesellschaftsregisters ist es für die GbR ausreichend, wenn lediglich die GbR bzw. deren Bezeichnung in das Grundbuch eingetragen wird.
12. § 106 Abs. 2 HGB enthält Angaben zur Handelsregisteranmeldung. In § 106 Abs. 2 HGB n.F. wurden Angaben ergänzt, die zu Gesellschaftern zu machen sind, bei denen es sich um eine juristische Person oder eine rechtsfähige Personengesellschaft handelt. Nach § 106 Abs. 2 Nr. 2 Buchstabe b HGB sind neben dem Namen oder der Firma des Gesellschafters auch die Rechtsform, Sitz und, wenn es sich um eine eingetragene Personengesellschaft oder juristische Person handelt, das zuständige Register und Registernummer anzugeben. Die anzumeldende Geschäftsanschrift muss sich nicht mehr im Inland, sondern in einem Mitgliedstaat der EU befinden.
13. Statt wie bisher nach Köpfen orientieren sich die Beteiligungsverhältnisse nun an den Beiträgen. Der Beitrag eines Gesellschafters kann in jeder Förderung des gemeinsamen Zwecks, auch in der Leistung von Diensten, bestehen. (§ 709 Abs. 1 BGB n.F.) Es verbleibt dabei, dass jeder Gesellschafter nur eine einheitliche Beteiligung an der Gesellschaft hält. Im Zweifel sind die Gesellschafter zu gleichen Beiträgen verpflichtet (§ 709 Abs. 2 BGB n.F.). Die Stimmkraft und der Anteil an Gewinn und Verlust richten sich vorrangig nach den vereinbarten Beteiligungsverhältnissen. Sind keine Beteiligungsverhältnisse vereinbart worden, richten sie sich nach dem Verhältnis der vereinbarten Werte der Beiträge. Sind auch Werte der Beiträge nicht vereinbart worden, hat jeder Gesellschafter

14. Gesellschaftsrecht

ohne Rücksicht auf den Wert seines Beitrags die gleiche Stimmkraft und einen gleichen Anteil am Gewinn und Verlust (§ 709 Abs. 3 BGB n.F.).

Das Gesetz trat im Wesentlichen zum 01.01.2024 in Kraft.

> **Frage 12:** Was ist das Transparenzregister und welche Änderungen haben sich dort in der letzten Zeit ergeben?

Lösung: Das Transparenzregister ist seit dem 01.08.2021 ein verpflichtendes Vollregister. Es wurde im Zuge der Geldwäschebekämpfung eingeführt und ist im Geldwäschegesetz (GWG) geregelt. Das Transparenzregister war bis August 2021 als sogenanntes Auffangregister ausgestaltet und enthält Angaben über den wirtschaftlich Berechtigten von juristischen Personen des Privatrechts (u. a. AG, GmbH, UG (haftungsbeschränkt), Vereine, Genossenschaften, Stiftungen, KG a.A., Europäische Aktiengesellschaft (SE)) und eingetragenen Personengesellschaften (u. a. OHG, KG, Partnerschaften).

Bei juristischen Personen zählt zu den wirtschaftlich Berechtigten jede natürliche Person, die unmittelbar oder mittelbar mehr als 25 Prozent der Kapitalanteile hält, mehr als 25 Prozent der Stimmrechte kontrolliert oder auf vergleichbare Weise Kontrolle ausübt, z.B. als Komplementär (§ 3 GwG).

Wird eine GbR in das zum 01.01.2024 neu eingeführte Gesellschaftsregister eingetragen, ist die so entstehende eingetragene Gesellschaft bürgerlichen Rechts (eGbR) nach § 20 Abs. 1 S. 1 GwG zur Mitteilung an das Transparenzregister verpflichtet.

Die Unternehmen sind dann verpflichtet, ihren wirtschaftlich Berechtigten nicht nur zu ermitteln, sondern dem Transparenzregister zur Eintragung mitzuteilen. Außerdem müssen sie die Eintragungen fortwährend überprüfen und bei Änderungen aktualisieren.

Die Einzelheiten regelt das Transparenzregister- und Finanzinformationsgesetz, diese wurden ab dem 01.08.2021 in das Geldwäschegesetz übernommen.

Von den Eintragungspflichten sind alle juristischen Personen des Privatrechts (u.a. AG, GmbH, Verein, Genossenschaft, Stiftung, KG a.A., SE) und alle im Handelsregister eingetragenen Personengesellschaften (u.a. oHG, KG, PartG, GmbH & Co. KG) betroffen. Die Mitteilungspflichten treffen auch ausländische Unternehmen mit Betriebsstätte in Deutschland wie z.B. Treuhandstiftungen, wenn der Stiftungszweck aus Sicht des Stifters eigennützig ist (§ 21 Abs. 2 Nr. 1 GwG).

Einzelunternehmer, eingetragene Kaufleute (e.K.) und GbR sind grundsätzlich nicht betroffen. Soweit die GbR allerdings Anteile an einer GmbH hält, sind über § 40 Abs. 1 GmbHG auch die Gesellschafter der GbR in die Gesellschafterliste der GmbH einzutragen.

Dem Transparenzregister sind folgende Angaben über den wirtschaftlich Berechtigten mitzuteilen:
- Vor- und Nachname,
- Geburtsdatum,
- Wohnort,
- Art und Umfang des wirtschaftlichen Interesses des wirtschaftlich Berechtigten,
- Staatsangehörigkeit.

Nach § 3 Abs. 1 GwG ist **Wirtschaftlich Berechtigter** die natürliche Person, in deren Eigentum oder unter deren Kontrolle eine juristische Person, sonstige Gesellschaft oder eine Rechtsgestaltung im Sinne des § 3 Abs. 3 GwG letztlich steht bzw. die natürliche Person, auf deren Veranlassung eine Transaktion letztlich durchgeführt oder eine Geschäftsbeziehung letztlich begründet wird. Bei juristischen Personen oder Personengesellschaften ist dies die natürliche Person, die mittelbar (zum Beispiel über zwischengeschaltete juristische Personen) oder unmittelbar 25 % oder mehr der Kapitalanteile hält oder mehr als 25 % der Stimmrechtsanteile kontrolliert. Unabhängig von der Höhe der Anteile kann auch die Person wirtschaftlich berechtigt sein, die auf vergleichbare Weise Kontrolle ausübt (zum Beispiel durch Beherrschungsvertrag oder aufgrund einer Satzungsbestimmung).

Durch das Sanktionsdurchsetzungsgesetz II sind Vereinigungen mit Sitz im Ausland, die vor diesem Zeitpunkt eine inländische Immobilie unmittelbar erworben haben, seit dem 28.12.2022 zur Mitteilung verpflichtet, sofern das Eigentum an der Immobilie zu diesem Zeitpunkt noch bestand.

Der Eintrag im Transparenzregister selbst ist kostenfrei. Für die Führung des Registers werden jährliche Gebühren erhoben, die in der Transparenzregistergebühren-VO festgelegt sind. Für 2021 beträgt die jährliche Gebühr 11,47 €, ab dem Jahr 2022 jährlich 20,80 € und ab dem Gebührenjahr 2024 19,80 € jährlich.

Die Eintragung im Transparenzregister kann das Unternehmen selbst vornehmen.

Bei Missachtung der Eintragungsverpflichtung kann als Ordnungswidrigkeit mit Bußgeldern geahndet werden: Bei Vorsatz sind dies bis zu 150.000 €, bei Fahrlässigkeit bis zu 100.000 €. In besonderen Fällen beträgt das Bußgeld bis zu 5 Mio. € bzw. 10 % vom Gesamtumsatz des Vorjahres.

Am 22.11.2022 hat EuGH mit Urteil (Az. C-37/20, C-601/20) entschieden, dass der uneingeschränkte Zugang der Öffentlichkeit zum Transparenzregister ungültig ist. Eine Einsichtnahme in das Register ist nur noch dann zulässig, wenn dafür ein berechtigtes Interesse besteht und von den Betroffenen geltend gemacht wird.

Frage 13: Was ist der Unterschied zwischen einer eingetragenen und nicht eingetragenen GbR?

Lösung: Zum 01.01.2024 trat mit dem Gesetz zur Modernisierung des Personengesellschaftsrechts (MoPeG) die Reform des Personengesellschaftsrechts in Kraft. Für Personengesellschaften, insbesondere in der Rechtsform der Gesellschaft bürgerlichen Rechts (GbR), kam es zu weitreichenden Änderungen der gesetzlichen Grundlage.

Mit dem MoPeG wurde ein neu geschaffenes Gesellschaftsregister eingeführt, in das die Gesellschafter von Gesellschaften bürgerlichen Rechts (GbR) die GbR eintragen lassen können. Bis zum 31.12.2023 waren GbRs in keinem Register eingetragen; sie konnten insbesondere nicht im Handelsregister eingetragen werden. Eine Verpflichtung, eine GbR im Gesellschaftsregister eintragen zu lassen, besteht zwar rechtlich nicht, ergibt sich aber mittelbar dadurch, dass die GbR zunächst im Gesellschaftsregister registriert sein soll, bevor für sie in anderen öffentlichen Registern ein Recht eingetragen wird. Dies betrifft insbesondere eine Registrierung als Grundstückseigentümer im Grundbuch oder die Gesellschafterliste einer GmbH bzw. ein Aktienregister.

In das Grundbuch oder die Gesellschafterliste kann eine GbR aber seit dem 01.01.2024 nur noch aufgenommen werden, wenn sie im Gesellschaftsregister eingetragen ist. Mittelbar ergibt sich damit für GbRs, die am Rechtsverkehr teilnehmen wollen, ein Zwang zur Eintragung.

Das MoPeG unterscheidet explizit zwei verschiedene Arten von GbRs, nämlich die rechtsfähige und die nicht-rechtsfähige Gesellschaft. Während die rechtsfähige GbR selbst Trägerin von Rechten und Pflichten sein kann, ist dies bei der nicht-rechtsfähigen GbR nicht der Fall. Welche Art einer GbR vorliegt, entscheiden die Gesellschafter. Wenn die Gesellschaft nach dem gemeinsamen Willen der Gesellschafter am Rechtsverkehr teilnehmen soll, handelt es sich um eine rechtsfähige GbR. Nur eine solche rechtsfähige GbR kann in das Gesellschaftsregister eingetragen werden. Voraussetzung für eine Eintragung ist somit der gemeinsame Wille der Gesellschafter, der GbR Rechtsfähigkeit zu verleihen. Die Eintragung ist aber keine Voraussetzung für die Erlangung der Rechtsfähigkeit.

Außengesellschaft	Innengesellschaft
Nimmt nach dem gemeinsamen Willen der Gesellschafter am Rechtsverkehr teil, z.B. ärztliche BAG	Regelt nur das Band „unter den Gesellschaftern" – keine rechtlichen Verbindungen nach außen

Voraussetzung für die Rechtsfähigkeit der Gesellschaft – also ihrer Fähigkeit, selbst Trägerin von Rechten und Pflichten zu sein – ist der gemeinsame Wille der Gesellschafter, dass die GbR am Rechtsverkehr

14. Gesellschaftsrecht

teilnehmen soll. Ist dies nicht der Fall, ist die GbR nicht als eigenständige Rechtspersönlichkeit anzusehen und kann z.B. kein eigenes Vermögen haben.

Das Gesetz unterscheidet zwar zwischen rechtsfähiger und nicht-rechtsfähiger GbR – für den Rechtsverkehr wird jedoch die weitere gesetzliche Unterscheidung zwischen eingetragener und nicht eingetragener GbR praktikabler sein. Die im neu eingeführten Gesellschaftsregister eingetragene GbR hat sich als solche in Lang- oder Kurzform zu bezeichnen („eingetragene Gesellschaft bürgerlichen Rechts" oder „eGbR"). Jede eingetragene GbR ist rechtsfähig – umgekehrt ist jedoch (zumindest theoretisch) nicht jede nicht eingetragene GbR nicht rechtsfähig, d.h. es kann auch rechtsfähige GbRs geben, die nicht im Gesellschaftsregister eingetragen sind. Ist Gegenstand der Gesellschaft der Betrieb eines Unternehmens, wird die Rechtsfähigkeit z.B. vermutet.

Rechtsfolgen der Eintragung

Mit der Eintragung ist die Gesellschaft berechtigt und verpflichtet, als Namenszusatz die Bezeichnung „eGbR" zu verwenden.

Sie erleichtert die Teilnahme der eGbR am Geschäftsverkehr, da die Vertretungsbefugnisse der Gesellschafter im Gesellschaftsregister einsehbar sind.

Da die Vertretungsbefugnis der Gesellschafter im Gesellschaftsregister eingetragen wird, genießt diese Registerpublizität. Der Rechtsverkehr kann sich somit einfach und rechtssicher über die Vertretungsbefugnis informieren.

Die nicht eingetragene GbR trägt den Rechtsformzusatz GbR, um den Rechtsverkehr über die Rechtsform aufzuklären. Zur Namensbildung werden die Vor- und Nachnamen der Gesellschafter verwendet. Eine Prüfung der Zulässigkeit dessen findet nicht statt. Zusätzlich kann eine Geschäftsbezeichnung geführt werden z.B. Phantasiebegriffe. Die Grenzen hierbei ergeben sich aus dem wettbewerbsrechtlichen Irreführungsverbot und bestehenden Schutzrechten Dritter.

Gesellschafter einer nicht eingetragenen GbR können eine bestehende Einzelvertretungsbefugnis auch künftig nur gesondert nachweisen, etwa mit einer Vollmacht.

14.2 13 Fälle zum Gesellschaftsrecht

Fall 1: Was ist der Unterschied zwischen einer GmbH und einer UG (haftungsbeschränkt)?

Lösung: Die GmbH ist eine juristische Person und als solche voll rechtsfähig, § 13 GmbHG. Sie muss ein Mindeststammkapital von 25.000 € aufweisen, während bei der UG nur 1 € geleistet werden muss. Sachgründungen sind bei der UG im Gegensatz zur GmbH ausgeschlossen. Die UG muss pro Jahr 25 % des um einen Vorjahresverlust geminderten Jahresüberschuss in eine gesetzliche Rücklage gem. § 5a GmbHG einstellen und im Rechtsverkehr unter Ausweis der Rechtsform „UG (haftungsbeschränkt)" auftreten.

Fall 2: Wie hoch ist die maximale Ausschüttung, wenn eine UG mit Stammkapital von einem Euro im ersten Jahr einen Gewinn i.H.v. 200.000 € erzielt?

Lösung: Die maximale Ausschüttung beträgt 150.000 €, da die UG 25 % (50.000 €) in eine gesetzliche Rücklage gem. § 5a GmbHG einstellen muss, selbst wenn diese höher ist, als das Mindeststammkapital einer GmbH. Zwar kann im Anschluss eine Umtragung in eine GmbH im Wege der Kapitalerhöhung aus Gesellschaftsmitteln gem. § 57c GmbHG erfolgen, aber dies erst nach Aufstellung des Jahresabschlusses. Solange die Rechtsformänderung in die GmbH nicht erfolgt, muss weiterhin eine Rücklage i.H.v. 25 % des jeweiligen Jahresüberschusses gebildet werden.

Fall 3: Eine UG möchte GmbH werden, was ist zu tun?

Lösung: Für die Umwandlung, die eigentlich keine Umwandlung, sondern eher eine Umtragung darstellt, einer UG (haftungsbeschränkt) in eine GmbH muss das Stammkapital der UG auf das Mindeststammkapital einer GmbH angehoben werden. Die kann durch Umwandlung einer gesetzlichen Gewinnrücklage erfolgen, muss aber explizit beschlossen werden, sodann muss der Rechtsformzusatz UG der Firma in GmbH ebenfalls per Gesellschafterbeschluss geändert werden und dann müssen die Gesellschafterbeschlüsse notariell beglaubigt beim Registergericht eingereicht und die Umtragung angemeldet werden. Soll die Erhöhung des Stammkapitals aus Gesellschaftsmitteln erfolgen, muss die der Umwandlung zugrunde liegende Bilanz gem. § 57e GmbHG von einem Wirtschaftsprüfer oder einem vereinigten Buchprüfer geprüft und testiert werden.

Fall 4: Ihr Mandant, ein Schreinermeister und sein Bruder kommen in Ihre Kanzlei:
Ihr Mandant, der Schreinermeister, möchte einen Transporter kaufen, sein Bruder möchte dies als sein Partner finanzieren. Die beiden möchten dazu eine Partnerschaftsgesellschaft gründen.

Frage: Geht das?

Lösung: Nein, die Bildung einer Partnerschaftsgesellschaft ist gem. § 1 PartGG nur für Freiberufler möglich. Im Weiteren würde dann wohl ausgeführt werden, welche alternativen Möglichkeiten die Mandanten stattdessen haben, z.B. Stille Gesellschaft (typisch, atypisch), partiarisches Darlehen.

Fall 5: Vater Huber stirbt. Seine Söhne Maik und Malte erben je zu gleichen Teilen.

Frage: Welchen gemeinsamen Zweck verfolgen die beiden als Gesellschaft?

Lösung: Achtung Fangfrage, Maik und Malte bilden eine Gemeinschaft, da sie gem. § 1922 BGB mit Eintritt des Erbfalls Miterben geworden sind. Sie wurden dies, weil Herr Huber sie als Erben bestimmt hat, oder die gesetzliche Erbfolge eingetreten ist, aber nicht weil eine vertragliche Vereinbarung der beiden die Erbengemeinschaft hat entstehen lassen. Die Erbengemeinschaft Maik und Malte ist daher keine Gesellschaft.

Fall 6: Was ist eine Due Diligence und welche Arten gibt es? Der Vorstand einer AG verzichtet auf eine Due Diligence bei Kauf einer GmbH. Sehen Sie ein Problem?

Lösung: Als Due Diligence bezeichnet man eine „mit der gebotenen Sorgfalt" durchgeführte Überprüfung eines Unternehmens vor dessen Kauf. Dabei soll das Unternehmen eingehend „auf Herz und Nieren" geprüft werden. Man unterscheidet dabei im Detail z.B. die Legal Due Diligence, Personal Due Diligence, Tax Due Diligence und Financial oder Commercial Due Diligence Im Rahmen der Legal Due Diligence werden beispielsweise Laufzeit und (Sonder-)Kündigungsrechte von Lieferanten- und Kundenverträgen geprüft sowie anhängige oder gegebenenfalls zu erwartende gerichtliche Verfahren bewertet. Im Rahmen der Personal Due Diligence verschaffen sich potenzielle Erwerber einen Überblick über die Qualifikation, Altersstruktur und Konditionen einschließlich Altersvorsorge und Sachbezüge der Beschäftigten und bereits ausgeschiedenen Mitarbeiter. Im Rahmen der Tax Due Diligence werden die für die Vergangenheit gebildeten Rückstellungen überprüft und die steuerlichen Verhältnisse der Gesellschaft auf besondere Risiken überprüft sowie die Werthaltigkeit von Verlustvorträgen und latenten Steuern ermittelt. Im Rahmen der Financial oder Commercial Due Diligence erfolgt eine Plausibilisierung der dem Kauf zu Grunde liegenden Planannahmen anhand zum Beispiel der konkreten Konditionen, die das Unternehmen im Zeitpunkt der Übernahme mit bestehenden Kunden und Lieferanten vereinbart hat. Ein Verstoß gegen eine sorgfältige Überprüfung eines Unternehmens vor dem

14. Gesellschaftsrecht

Kauf kann gegebenenfalls eine Schadensersatzpflicht des Vorstandes gegenüber den Gesellschaftern der Aktiengesellschaft, den Aktionären, begründen. Mögliche Anspruchsgrundlagen für einen Schadenersatz könnten sein: § 823 BGB, § 93 AktG sowie die laufende Geschäftsführung hinsichtlich derartig weit reichender Entscheidungen einschränkende Regelungen im Gesellschaftsvertrag einer GmbH.

Bei bewusster oder zumindest billigend in Kauf genommene Fehlinvestitionen zum Beispiel zum Erreichen kurzfristiger „eigener" Ziele könnte dies zudem den Tatbestand der Untreue an dem anvertrauten Anlegergeldern erfüllen.

Fall 7: Ein Neumandant hat nach britischem Recht in Großbritannien eine „LLP" gegründet und den Sitz der Geschäftsführung nach Bonn verlegt. Er fragt Sie nach der steuerlichen Behandlung der Rechtsform LLP in Deutschland.

Lösung: Eine (UK) Limited Liability Partnership (LLP) ist eine seit 2001 zulässige Personengesellschaft nach britischem Recht. Am ehesten ist sie mit einer deutschen Kommanditgesellschaft ohne Vollhafter zu vergleichen. Als hybride Gesellschaft verbindet sie Elemente der Personen- und Kapitalgesellschaft. Der Unterschied zur Limited Liability Company (LLC) besteht darin, dass die Gesellschafter die Geschäftsführung direkt ausüben können. Wie bei einer Kapitalgesellschaft haben sie einen umfassenden Haftungsschutz.

Die LLP hat nach britischem Recht eine eigene Rechtspersönlichkeit bei auf das Gesellschaftsvermögen beschränkter Haftung sowie eine weitgehende Freiheit bezüglich der Organisationsgestaltung der Gesellschaft. Die LLP steht grundsätzlich Gewerbetreibenden und Angehörigen Freier Berufe mit Gewinnerziehungsabsicht zur Verfügung.

Steuerliche Behandlung der LLP in Deutschland

Die Einordnung, ob eine LLP im Einzelfall in Deutschland als Personengesellschaft oder als Kapitalgesellschaft qualifiziert wird, entscheidet sich nach der Gesamtwürdigung der maßgebenden ausländischen Bestimmungen über die Organisation und Struktur der Gesellschaft. Es muss im Einzelfall geprüft werden, ob die LLP dem Typ und der tatsächlichen Handhabung nach einer Kapitalgesellschaft oder einer Personengesellschaft entspricht (BFH vom 20.08.2008, I R 34/08).

Details zu diesem Rechtsform Vergleich beinhaltet das BMF-Schreiben zur US amerikanischen LLC vom 19.03.2004, BStBl I 2004, 411. Diese Grundsätze zum Rechtstypenvergleich sind auch auf die englische LLP anzuwenden (Senats Finanzverwaltung Berlin, Erlass vom 19.01.2007, DStR 2007, 1034).

Die Einordnung der LLP in England ist für die Einordnung in Deutschland dabei ohne Bedeutung.

Zum sogenannten Rechtstypen-Vergleich hat der BMF verschiedene Kriterien entwickelt:

Kriterien

1. Zentralisierte Geschäftsführung und Vertretung

Nein   Personengesellschaft
Ja   Kapitalgesellschaft

2. Beschränkung der persönlichen Haftung der Gesellschafter

Nein   Personengesellschaft
Ja   Kapitalgesellschaft

3. Freie Übertragbarkeit der Anteile

Nein   Personengesellschaft
Ja   Kapitalgesellschaft

4. Gewinnzuteilung durch Beschluss erforderlich

Nein   Personengesellschaft
Ja   Kapitalgesellschaft

5. Kapitalaufbringung
Nein   Personengesellschaft
Ja   Kapitalgesellschaft

6. Lebensdauer begrenzt
Ja   Personengesellschaft
Nein   Kapitalgesellschaft

7. Gewinnverteilung nach Kapitalanteilen
Nein   Personengesellschaft
Ja   Kapitalgesellschaft

8. Besondere Gründungsvoraussetzungen, Registerzwang
Nein   Personengesellschaft
Ja   Kapitalgesellschaft

Eine der Kapitalgesellschaft entsprechende sogenannte zentralisierte Geschäftsführung und Vertretung liegt dabei vor, wenn eine oder mehrere Personen, jedoch nicht alle Gesellschafter auf Dauer ausschließlich befugt sind, die zur Durchführung des Gesellschaftszwecks erforderlichen Entscheidungen ohne Zustimmung aller, ggf. der übrigen, Gesellschafter zu treffen. Dies ist der Fall, wenn Geschäftsführung und Außenvertretung der Gesellschaft von fremden Dritten oder durch ein eigenständiges Gremium (Managementboard) wahrgenommen werden.

Wenn hingegen die Gesellschafter selbst die Geschäfte der Gesellschaft führen und alleinvertretungsberechtigt sind, spricht dies für die Geschäftsführung im Typus einer Personengesellschaft. Dies liegt vor, wenn die Geschäftsführung und die Vertretung von sämtlichen Gesellschaftern der LLP persönlich wahrgenommen werden.

Der Charakter der beschränkten Haftung der LLP wird regelmäßig in Richtung Kapitalgesellschaft beim Rechtstypenvergleich ausschlagen.

Weiteres Kriterium des Rechts-Typus-Vergleich ist die Frage, ob die Anteile frei und ohne Zustimmung der übrigen Gesellschafter auf Dritte übertragen werden können. Ist dies der Fall, liegen eher Elemente einer Kapitalgesellschaft vor. Unterliegen die Übertragungen auf Dritte der Zustimmung aller übrigen Gesellschafter, entspricht dies eher dem Typus der Personengesellschaft.

Weiteres Abgrenzungskriterium ist die Frage, ob die Gewinnverteilung einem Ausschüttungsbeschluss unterliegt. Ist dies der Fall, entspricht dies vom Typus her einer Kapitalgesellschaft. Falls die Gewinnverteilung vertraglich im Vorhinein festgelegt ist, entspricht dies vom Typus her einer inländischen Personengesellschaft. Hinsichtlich der Kapitalaufbringung entspricht die Erbringung einer Mindesteinlage eher dem Charakter einer Kapitalgesellschaft, ist dieses nicht zwingend vorgesehen eher dem einer Personengesellschaft. Insbesondere wenn die Einlage auch in Form einer persönlichen Arbeitsleistung möglich ist, spricht dies für die Annahme einer Personengesellschaft nach inländischem Recht.

Weiteres Kriterium für die Annahme einer Personengesellschaft ist die zeitliche Beschränkung der Lebensdauer durch den Gesellschaftsvertrag. Ist die Gesellschaft beispielsweise auf den Bestand und die Zusammensetzung des derzeitigen Gesellschafterkreises begrenzt, spricht dies eher für die Annahme einer Personengesellschaft. Ist die Lebensdauer auf eine unbegrenzte Zeit ausgerichtet, spricht dies eher für eine Kapitalgesellschaft. Im Falle der Gewinnverteilung nach Köpfen wäre dies ein Argument für die Annahme einer Personengesellschaft, wohingegen sich die Gewinnverteilung nach dem Verhältnis der Kapitaleinlagen eher als Kriterium zur Annahme einer Kapitalgesellschaft darstellt.

In einer Gesamtschau ist dabei für die Einordnung einer LLP als Personengesellschaft oder Kapitalgesellschaft entscheidend, ob die bei der LLP vorhandenen Merkmale in ihrem Gesamtbild eher für eine Körperschaft oder für eine Personengesellschaft typisch sind.

14. Gesellschaftsrecht

Dabei kommt keinem der Merkmale eine allein ausschlaggebende Bedeutung zu.

In der Regel sprechen bei einer freiberuflichen LLP neben der Haftungsbeschränkung und dem Registerzwang sämtliche anderen Kriterien wie Geschäftsführung und Vertretung durch die Gesellschafter, Beschränkungen in der Übertragbarkeit der Anteile, vertragliche Gewinnverteilungsregelung, kein gesetzliches Mindestkapital für die Annahme einer Personengesellschaft. Da die LLP in Summe sowohl Merkmale der Personengesellschaft als auch der Kapitalgesellschaft in sich, trägt kommt es in einem zweiten Prüfungsschritt darauf an, welche Merkmale in der Mehrheit überwiegen.

Wenn die LLP Verfassung dabei so ausgestaltet ist, dass die LLP für Zwecke der Besteuerung in Deutschland als Personengesellschaft einzuordnen ist und jeder Gesellschafter der LLP die persönlichen Voraussetzungen einer freiberuflichen Betätigung erfüllt erzielten die LLP im Inland freiberufliche Einkünfte gemäß § 18 EStG.

Da die LLP kein Kaufmann kraft Rechtsform ist und für Zwecke der Besteuerung als Personengesellschaft einzuordnen ist, kann sie bei dem Vorliegen freiberuflicher Einkünfte den Gewinn durch Einnahmenüberschussrechnung nach § 4 Abs. 3 EStG ermitteln. Auch eine originäre oder derivative Buchführungsverpflichtung gemäß § 140 AO besteht für eine als Personengesellschaft einzustufende freiberufliche LLP in Deutschland nicht. Eine LLP ist allerdings verpflichtet, nach englischen Rechnungslegungsvorschriften oder den IFRS Jahresabschlüsse zu erstellen und diese dort zu einmal jährlich zu melden. Erzielt die LLP als Personengesellschaft einzuordnende Rechtsform freiberufliche Einkünfte, unterliegen diese daher im Inland nicht der Gewerbesteuer. Die LLP ist als Unternehmer im Sinne des § 2 UStG selbständig umsatzsteuerpflichtig.

Fall 8: Ingo Investor möchte sich an der Meyer-Schulze-Grundstücksverwaltungs-GbR als stiller Gesellschafter beteiligen. Ist das möglich?

Lösung: Die Beteiligung als stiller Gesellschafter ist gem. § 230 HGB nur an einem Handelsgewerbe möglich. Eine Beteiligung scheidet daher an einer Grundstücks-GbR grundsätzlich aus. Die Parteien könnten aber eine BGB-Innengesellschaft unter sinngemäßer Bezugnahme auf die Regelungen des § 230 HGB oder vertraglicher Vereinbarung der identischen Rechtsfolgen eingehen.

Fall 9: Ingo Investor möchte seine II Invest GmbH auf die Meyer-Schulze-Grundstücksverwaltungs-GbR verschmelzen. Unter welchen Voraussetzungen ist das möglich?

Lösung: Die Verschmelzung ist eine Unwandlungsart nach dem Umwandlungsgesetz. Eine GbR war bis zum 31.12.2023 jedoch kein umwandlungsfähiger Rechtsträger, vgl. § 3 Abs. 1 UmwG. Eine Verschmelzung nach dem Umwandlungsgesetz wäre dagegen möglich, wenn es sich statt einer GbR um eine OHG, Partnerschaftsgesellschaft oder KG handeln würde.

Da Grundstücksverwaltung i.d.R. kein Handelsgewerbe darstellt, scheidet die Möglichkeit einer OHG aus, ebenfalls ist eine Partnerschaft nicht möglich, da diese nach dem PartG freien Berufen vorbehalten ist. Denkbar wäre z.B. durch den Beitritt der GmbH als Komplementärin an der GbR eine GmbH & Co. KG zu gründen und diese auf die GmbH zu verschmelzen. Ab dem 01.01.2024 kann sich die GbR zudem in das Gesellschaftsregister eintragen lassen und würde als rechtsfähige eGbR dadurch ein umwandlungsfähiger Rechtsträger i.S.d. UmwG, vgl. § 3 Abs. 1 UmwG.

Fall 10: Lukas Lebemann möchte sein seit inzwischen 3 Jahren bestehendes Einzelunternehmen als Influencer und Youtuber in die bereits gegründete Lifestyle Entertainment UG (haftungsbeschränkt) einbringen und den Vorgang ertragsteuerneutral behandeln. Ist das möglich?

Lösung: Eine Einbringung könnte gem. § 20 UmwStG auf Antrag zum Buchwert und damit steuerneutral erfolgen. Voraussetzung wäre jedoch, dass die aufnehmende Kapitalgesellschaft als Gegenleistung neue Anteile ausgibt. Eine Sachgründung ist bei der UG (haftungsbeschränkt) jedoch ebenso unzulässig wie eine Sachkapitalerhöhung, § 5a Abs. 2 Satz 2 GmbHG. Allerdings könnte die UG (haftungsbeschränkt) durch Kapitalerhöhung in eine GmbH umgewandelt werden oder die Einbringung erfolgt als „Sachagio" zusätzlich zu einer Barkapitalerhöhung.

> **Fall 11:** Drei Hautärzte betreiben im Jahr 2024 eine Gemeinschaftspraxis in der Rechtsform der Gesellschaft bürgerlichen Rechts und möchten diese in eine PartGmbB umwandeln. Geht das? Welche rechtlichen Änderungen würde diese Umwandlung mit sich bringen?

Lösung: Im Juli 2013 hat der Gesetzgeber mit der Reform des Partnerschaftsgesellschaftsgesetzes (PartGG) eine neue, teilweise haftungsbeschränkte Rechtsform für die gemeinschaftliche Berufsausübung für die Angehörigen freier Berufe geschaffen: die Partnerschaft mit beschränkter Berufshaftung (PartGmbB). Die PartGmbB ist eine besondere Variante der durch das PartGG geregelten Partnerschaftsgesellschaft (PartG). Sie unterscheiden sich in der Ausgestaltung der Haftung der Partner von der „normalen" PartG: Zwar haften im Grundsatz sämtliche Partner ebenso wie in der Gesellschaft bürgerlichen Rechts unbeschränkt für Verbindlichkeiten der Gesellschaft, Besonderheiten gelten jedoch für die Haftung für fehlerhafte Berufsausübung. So haften die Partner einer PartGmbB nicht für Verbindlichkeiten der Gesellschaft aus Berufsfehlern, während diese Haftung bei der (einfachen) Partnerschaft auf diejenigen Partner beschränkt ist, die an der „Bearbeitung des Auftrags" beteiligt waren. Übertragen auf Berufsausübungsgemeinschaften (BAG) von Ärzten bedeutet dies, dass die Partner einer PartGmbB generell nicht aus dem zwischen der BAG und dem Patienten bestehenden Behandlungsvertrag in Anspruch genommen werden können, auch nicht die behandelnden Ärzte. Unbenommen davon bleibt allerdings die persönliche deliktische Schadenersatzhaftung des fehlerhaft handelnden Arztes gem. § 823 BGB. Die PartGmbB ist verpflichtet, im Rechtsverkehr in den Namen der Partnerschaft als Hinweis auf die Haftungsbeschränkung den Zusatz „mit beschränkter Berufshaftung" oder die Abkürzung „mbB" beziehungsweise eine andere allgemein verständliche Abkürzung dieser Bezeichnung aufzunehmen und in das Partnerschaftsregister eintragen zu lassen (§ 8 Abs. 4 S. 3 i.V.m. §§ 3 Abs. 2 Nr. 1, 4 Abs. 1 S. 2 PartGG). Anstelle der Rechtsformzusätze sind auch „und Partner" und „Partnerschaft" oder die Abkürzungen „Part" und „PartG" zulässig, sodass auch die Bezeichnungen „PartGmbB", „PartmbB", „PartG mbB" oder „Part mbB" möglich sind. Nicht zulässig ist hingegen der Zusatz „mbH". Weitere Voraussetzung ist der Abschluss einer ausreichenden Haftpflichtversicherung. Aufgrund der fehlenden Umsetzung berufsrechtlicher Vorgaben stand die Gesellschaftsform der PartGmbB Ärzten allerdings zunächst nur in Bayern zur Verfügung. In der Zwischenzeit haben auch einige weitere Bundesländer diese Möglichkeit geschaffen (z.B. Niedersachen). Im Ergebnis muss im jeweiligen Bundesland geklärt werden, ob diese Rechtsform bereits umgesetzt wurde. Ansprechpartner hierfür wären z.B. die jeweils zuständigen Ärztekammern.

Auch die Gesellschafter einer PartGmbB erzielen trotz der teilweisen Haftungsbeschränkung unter den übrigen Voraussetzungen freiberufliche Einkünfte gem. § 18 EStG.

> **Fall 12:** Kapitalinvestor Donald Trampel möchte sich an einem jungen Start-up in der Rechtsform eines Einzelunternehmens (Enrico Nochnichtreich) beteiligen. Wegen alternativen Investments in Wettbewerbern und zur Wahrung des Anscheins der Unabhängigkeit des Start Ups möchte Donald Trampel nach außen hin nicht als Investor in Erscheinung treten. Was raten Sie Donald Trampel und Enrico Nochnichtreich?

Lösung: Sowohl in den naheliegenden Gesellschaftsformen einer GmbH als auch einer KG oder GmbH und Co KG sind die Gesellschafterlisten öffentlich einsehbar. In Betracht kämen daher Beteiligungsformen, die nicht registerpflichtig sind, wie zum Beispiel eine atypische stille Beteiligung. Alternativ könnte sowohl eine GmbH Beteiligung als auch eine KG-Beteiligung treuhänderisch durch einen Dritten oder auch ganz oder teilweise durch Enrico Nochnichtreich für Donald Trampel gehalten werden.

14. Gesellschaftsrecht

Ein Treuhandverhältnis liegt vor, wenn vertraglich oder kraft Gesetzes eine volle Rechtsmacht „zu treuen Händen" vom Treugeber an den Treunehmer (Treuhänder) übertragen wird. Der Treunehmer ist jedoch durch einen Treuhandvertrag gebunden, die Sache im Sinne und nach Vorgabe des Treugebers zu verwalten und nur zulässige Verfügungen vorzunehmen. In diesem Fall wäre die Treuhand dem Finanzamt anzuzeigen und die Einkünfte gem. § 39 Abs. 1 Nr. 1 Satz 2 AO zuzurechnen, soweit D. Trampel als Treugeber beteiligt wäre.

Allerdings ist in diesem Fall das Treuhandverhältnis nach dem Geldwäschegesetz dem Transparenzregister beim Bundesanzeiger Verlag anzuzeigen. Der Zweck des Registers besteht darin, die natürlichen Personen kenntlich zu machen, die wirtschaftlich tatsächlich beteiligt sind. Das Transparenzregister enthält Angaben über die meldepflichtige Vereinigung und deren „wirtschaftlich Berechtigte". Wirtschaftlich Berechtigte (§ 3 GwG) sind natürlichen Personen, die – unmittelbar oder mittelbar – mehr als 25 % der Kapitalanteile halten oder mehr als 25 % der Stimmrechte kontrollieren. Anders als das Handelsregister ist das Transparenzregister nicht generell öffentlich einsehbar. Es kann nur von bestimmten Behörden, insbesondere den Strafverfolgungsbehörden, von Gerichten sowie den in § 2 Abs. 4 GwG genannten Stellen von den Verpflichteten selbst und von jedem mit einem berechtigten Interesse eingesehen werden (§ 23 GwG). Auf Antrag des wirtschaftlich Berechtigten beschränkt die registerführende Stelle die Einsichtnahme in das Transparenzregister und die Übermittlung der Daten nach § 19 Abs. 1 GwG vollständig oder teilweise, wenn ihr der wirtschaftlich Berechtigte darlegt, dass der Einsichtnahme und der Übermittlung unter Berücksichtigung aller Umstände des Einzelfalls überwiegende schutzwürdige Interessen des wirtschaftlich Berechtigten entgegenstehen (§ 23 Abs. 2 GwG). Auf Antrag ist dem wirtschaftlich Berechtigten durch die registerführende Stelle Auskunft über die nach § 23 Abs. 1 Satz 1 Nr. 3 GwG erfolgten Einsichtnahmen zu erteilen, § 23 Abs. 8 GwG.

Mit Wirkung zum 01.08.2021 ist das Transparenzregister- und Finanzinformationsgesetz vom 25.06.2021, BGBl I 2021, 2083, in Kraft getreten.

Im Transparenzregister werden die wirtschaftlich Berechtigten von im Geldwäschegesetz (GwG) näher bezeichneten Gesellschaften und Vereinigungen (sog. transparenzpflichtige Rechtseinheiten) erfasst. Hierzu sind gem. §§ 20, 21 GwG die in § 19 Abs. 1 GwG aufgeführten Angaben zu den wirtschaftlich Berechtigten dieser transparenzpflichtigen Rechtseinheiten einzuholen, aufzubewahren, auf aktuellem Stand zu halten und der registerführenden Stelle unverzüglich zur Eintragung in das Transparenzregister mitzuteilen.

Transparenzpflichtige Rechtseinheiten gem. § 20 GwG sind Juristische Personen des Privatrechts (z.B. GmbH, AG) und eingetragene Personengesellschaften (z.B. KG, GmbH & Co. KG).

Transparenzpflichtige Rechtseinheiten gem. § 21 GwG sind Trusts, Nichtrechtsfähige Stiftungen, wenn der Stiftungszweck aus Sicht des Stifters eigennützig ist sowie Rechtsgestaltungen, die solchen Stiftungen in ihrer Struktur und Funktion entsprechen.

Mitteilungspflichtig sind folgende Angaben zum wirtschaftlich Berechtigten: Der Vor- und Nachname, das Geburtsdatum, der Wohnort (nicht die vollständige Adresse), alle Staatsangehörigkeiten, sowie Art und der Umfang des wirtschaftlichen Interesses (vgl. § 19 Abs. 1 GwG). Sowohl Änderungen der Angaben zum wirtschaftlich Berechtigten als auch die relevanten Änderungen hinsichtlich der nicht registerlich geführten transparenzpflichtigen Rechtseinheit sind mitteilungspflichtig (vgl. § 20 Abs. 3 GwG).

> **Fall 13:** Ernst Neumann und Peter Lustig haben vor Jahren die Brudi GbR gegründet. Gemeinsamer Gesellschaftszweck ist der Betrieb eines Handels mit Shisha-Tabaken und neuerdings auch Bongs und anderes Cannabiszubehör.
> Den beiden ist es zu lästig, jede Handlung der Geschäftsführung nur gemeinschaftlich vornehmen zu können. Wie können Sie den beiden als Steuerberater helfen?

Lösung: Schicken Sie die beiden zu einem Rechtsanwalt oder Notar, da die Frage keine originäre Steuerberatung sondern eine reine Rechtsberatung darstellt. Diese werden die beiden auf die Möglichkeit einer Einzel-Generalvollmacht oder der Eintragung der GbR als eGbR in das Gesellschaftsregister hinweisen. Die Anmeldung zur Eintragung erfolgt zwingend über einen Notar, der die Anmeldung zur Eintragung an das Amtsgericht weiterleitet.

In das Gesellschaftsregister ist bei der Anmeldung der Name, der Vertragssitz und die inländische Anschrift der Gesellschaft zur Eintragung anzugeben.

Daneben sind detaillierte Angaben zu den Gesellschaftern:
- bei natürlichen Personen: Name, Geburtsdatum und Wohnort,
- bei juristischen Personen: Firma/Name, Rechtsform, Sitz, Register, Register-Nr.

erforderlich.

Da es sich um eine nach außen tätige Gesellschaft handelt, müssen zudem die Vertretungsbefugnisse offen gelegt werden. Hier könnten beide Gesellschafter jeweils generell zur Einzelvertretungsberechtigung bevollmächtigt werden.

Diese Angaben können – wie beim Handelsregister – öffentlich eingesehen werden. Da die Vertretungsbefugnis der Gesellschafter im Gesellschaftsregister eingetragen wird, genießt diese Registerpublizität. Der Rechtsverkehr kann sich somit einfach und rechtssicher über die Vertretungsbefugnis informieren.

15. Insolvenzrecht
15.1 18 Fragen zum Insolvenzrecht

Frage 1: Welche Gründe führen zur Insolvenz?

Lösung: Das Insolvenzverfahren wird gem. § 13 InsO nur auf schriftlichen Antrag eröffnet. Antragsberechtigt sind die Gläubiger und der Schuldner. Der Antrag eines Gläubigers ist gem. § 14 InsO zulässig, wenn der Gläubiger ein rechtliches Interesse an der Eröffnung des Insolvenzverfahrens hat und seine Forderung und den Eröffnungsgrund glaubhaft macht. Die Eröffnung des Insolvenzverfahrens setzt gem. § 16 InsO voraus, dass ein Eröffnungsgrund gegeben ist. Allgemeiner Eröffnungsgrund ist die Zahlungsunfähigkeit. Zahlungsunfähigkeit liegt nach § 17 InsO vor, wenn ein Schuldner nicht (mehr) in der Lage ist, seine fälligen Zahlungspflichten zu erfüllen und ist in der Regel anzunehmen, wenn der Schuldner seine Zahlungen eingestellt hat. Indizien für die Zahlungsunfähigkeit sind gegeben, wenn der Schuldner selbst erteilte Zahlungszusagen nicht einhält oder verspätet nur unter Druck einer angedrohten Liefersperre vornimmt (BGH vom 09.06.2016, IX ZR 174/15, BB 2016, 1618 ff.). Der Schuldner selbst kann die Insolvenz auch bei drohender Zahlungsunfähigkeit beantragen. Zahlungsunfähigkeit im Sinne des § 17 Abs. 2 Satz 1 InsO muss nicht durch Aufstellung einer Liquiditätsbilanz, sondern kann auch mit anderen Mitteln dargelegt werden (BGH Urteil vom 28.06.2022, II ZR 112/21). Drohende Zahlungsunfähigkeit (§ 18 InsO) besteht, wenn der Schuldner voraussichtlich nicht in der Lage sein wird, die bestehenden Zahlungspflichten im Zeitpunkt der Fälligkeit zu erfüllen. Bei einer juristischen Person ist auch die Überschuldung ein Eröffnungsgrund (§ 19 InsO).

Überschuldung liegt nach § 19 Abs. 2 InsO vor, wenn das Vermögen des Schuldners/der juristischen Person (zu Verkehrswerten, die im Falle der Zerschlagung durch Einzelveräußerung realisiert werden könnten) die bestehenden Verbindlichkeiten nicht mehr deckt, es sei denn, die Fortführung des Unternehmens in den nächsten 12 Monaten ist nach den Umständen überwiegend wahrscheinlich.

Frage 2: Kann ich eine drohende Insolvenz durch den Verkauf von Anlagevermögen abwenden?

Lösung: Das kommt auf den Insolvenzantragsgrund an. Eine bilanzielle Überschuldung mit negativer Fortführungsprognose kann durch den Verkauf von Anlagevermögen nicht vermieden werden, da für die insolvenzrechtliche Überschuldungsbilanz das Anlagevermögen sowieso bereits zu Verkehrswerten angesetzt wurde. Eine Zahlungsunfähigkeit oder drohende Zahlungsunfähigkeit kann aber durch die aus dem Verkauf erzielten liquiden Mittel abgewendet werden.

Frage 3: Welche Maßnahmen könnte Ihr Mandant ergreifen, um eine Überschuldung oder eine Zahlungsunfähigkeit abzuwenden?

Lösung: Die Überschuldung kann zum Beispiel durch Zuführung von zusätzlichem Eigenkapital, Forderungsverzicht, ggf. auch teilweise, Verzicht auf Gesellschafterdarlehen, ggf. mit Besserungsschein oder einem Rangrücktritt von Gesellschafterdarlehen erreicht werden.

Eine Zahlungsunfähigkeit oder drohende Zahlungsunfähigkeit wendet man durch die Zuführung von liquiden Mittel (Geldeinlagen), Veräußerung von Sachwerten oder Aufnahme eines Krediets ab. Auch eine Umschuldung von kurzfristigen in langfristige Verbindlichkeiten sowie Ratenzahlungsvereinbarungen können geeignete Maßnahmen darstellen.

Frage 4: Was unterscheidet bei einem Gesellschafterdarlehen an eine GmbH den Forderungsverzicht mit Besserungsschein von einem (qualifizierten) Rangrücktritt und worauf ist beim Rangrücktritt steuerlich zu achten?

Lösung: Beim Forderungsverzicht mit Besserungsschein geht die Verbindlichkeit aus Sicht der bilanzierenden Gläubigerin zumindest zeitweise unter und wird nicht mehr in der Bilanz ausgewiesen. Daraus resultiert sowohl in der Handels- als auch der Steuerbilanz ein Ertrag aus der Ausbuchung. Dieser Ertrag ist zumindest in Höhe des nicht mehr werthaltigen Teiles der Verbindlichkeit steuerpflichtig. Somit führt diese Gestaltung zur Vermeidung der Insolvenz zu einer Steuerbelastung, wenn nicht ausreichend Verlustvorträge vorhanden sind, um den Ertrag zu kompensieren. Ein im Rang zurückgetretenes Darlehen wird zwar insolvenzrechtlich drittrangig, quasi wie Eigenkapital, behandelt, es verbleibt jedoch grundsätzlich noch Fremdkapital und wird daher sowohl in Handels- als auch der Steuerbilanz weiter als Verbindlichkeit ausgewiesen. Der steuerpflichtige Ertrag wie bei dem Forderungsverzicht fällt daher nicht an. Zu beachten ist jedoch, dass wenn die Rückzahlung des Darlehens ausschließlich aus künftigen Jahresüberschüssen oder einem evtl. Liquidationserlös erfolgen soll, ein Ausweis laut BFH vom 30.11.2011, I R 100/10 in der Steuerbilanz gem. § 5 Abs. 2a EStG ebenfalls nicht mehr erfolgt, sodass ebenfalls ein steuerpflichtiger Ertrag erzielt wird, der durch diese Gestaltung ja gerade vermieden werden soll. Wichtig ist daher, die Tilgung nicht nur durch künftigen Jahresüberschuss oder einem evtl. Liquidationserlös zu vereinbaren, sondern auch aus „sonstigen freien Vermögen" (ausreichend aber laut derzeit nicht rechtskräftigen FG-Urteilen die Formulierung „Tilgung nur aus künftigen Handelsbilanzgewinnen" und „Bilanzgewinnen"). Fällt ein bedingtes Darlehen i.S.v. § 5 Abs. 2a EStG aus, zählt es zu den Anschaffungskosten der Beteiligung gem. § 17 EStG, BMF vom 05.04.2019, IV C 6 – S 2244/17/10001.

Frage 5: Werden im Insolvenzverfahren alle Gläubigeransprüche gleich behandelt?

Lösung: Nein, die seit der Eröffnung des Insolvenzverfahrens laufenden Zinsen und Säumniszuschläge auf Forderungen der Insolvenzgläubiger, die Kosten, die den einzelnen Insolvenzgläubigern durch ihre Teilnahme am Insolvenzverfahren erwachsen, Geldstrafen, Geldbußen, Ordnungsgelder und Zwangsgelder, Forderungen auf eine unentgeltliche Leistung des Schuldners und Gesellschafterforderungen einer Kapitalgesellschaft oder dieser gleichgestellten Personengesellschaft sowie Forderungen, für die eine Nachrangigkeit vereinbart wurde, werden im Rang nach den anderen Ansprüchen befriedigt (§ 39 InsO). Sofern sich im Vermögen des Insolvenzschuldners Vermögensgegenstände befinden, die nicht dem Vermögen des Insolvenzschuldners zuzurechnen sind, kann der Eigentümer außerhalb des Insolvenzverfahrens die Herausgabe dieses Vermögens im Wege der **Aussonderung** fordern. Zu Gunsten eines Gläubigers kommt eine **Absonderung** in Betracht, wenn dessen persönliche Forderung gegen den Schuldner durch ein dingliches Recht an einem zur Insolvenzmasse gehörenden Gegenstand gesichert ist. Das Absonderungsrecht des Gläubigers erfasst insbesondere durch Hypotheken oder Grundschulden gesicherte Rechte oder aber Rechte, die beispielsweise durch ein Pfandrecht, wie dem Vermieterpfandrecht (§ 562 ff. BGB) oder dem Verpächterpfandrecht (§ 581 Abs. 2 BGB), begründet werden. Die der Absonderung unterliegenden Vermögenswerte gehören im Gegensatz zu den auszusondernden Vermögenswerten begrifflich allerdings zur Insolvenzmasse und unterliegen damit zunächst der Verwaltung und Verwertung durch den Insolvenzverwalter.

Frage 6: Welche Ziele verfolgt das Insolvenzverfahren?

Lösung: Das Insolvenzverfahren dient nach § 1 InsO dazu, die Gläubiger eines Schuldners gemeinschaftlich zu befriedigen, indem das Vermögen des Schuldners verwertet und der Erlös verteilt oder in einem Insolvenzplan eine abweichende Regelung insbesondere zum Erhalt des Unternehmens getroffen wird. Dem redlichen Schuldner wird Gelegenheit gegeben, sich von seinen restlichen Verbindlichkeiten zu befreien.

Frage 7: Was versteht man unter einem Bilanzsprungrisiko und worin besteht das Risiko?

Lösung: Unter Bilanzsprungrisiko versteht man das „Auffüllungsrisiko" bei einer Pensionsrückstellung in der Bilanz im vorzeitigen Todes- oder Invaliditätsfall.

Mit Erteilung einer Versorgungszusage bildet das Unternehmen in der Handels- und Steuerbilanz eine Pensionsrückstellung. Vor Fälligkeit einer Versorgungsleistung beginnt der ratierliche Zuführungszeitraum dieser Pensionsrückstellung mit dem Beginn der aktiven Dienstzeit und endet planmäßig mit dem Eintritt des Versorgungsfalls aufgrund des Erreichens der Altersgrenze. Tritt während dieser Zeit ein vorzeitiger Versorgungsfall ein (Invalidität oder z.B. Hinterbliebenenrente im Todesfall) so ist eine sofortige Aufstockung der gebildeten Pensionsrückstellung durch Zuführung des bisherigen Buchwertes auf den vollen Barwert der fälligen Versorgungsleistung vorzunehmen. Dieser einmalige Gewinneffekt aus der sofortigen Vollzuführung der Pensionsrückstellung sowie der sich daraus ergebende Effekt auf die Bilanz (schlagartige erhebliche Erhöhung der Schulden) wird als Bilanzsprungrisiko bezeichnet. Das Bilanzsprungrisiko ist umso höher desto früher der Versorgungsfall eintritt. Steuerlich kann die Erhöhung der Pensionsrückstellung in diesem Fall auf das Wirtschaftsjahr und die beiden folgenden Wirtschaftsjahre gleichmäßig verteilt werden (§ 6a Abs. 4 Satz 5 EStG). Handelsrechtlich führt dies jedoch zu einer sofortigen Belastung der GuV und der Bilanz, was zu einer Überschuldung führen kann. Ein anderer Aspekt des Bilanzsprungrisikos ist das Auflösungsrisiko. Stirbt der Versorgungsberechtigte, ohne dass eine zusätzliche Hinterbliebenenversorgung vereinbart wurde, z.B. kurz vor seiner Rente, sind zu diesem Zeitpunkt bereits hohe Pensionsrückstellungen gebildet worden. Diese sind nun im Todesfall wegen des Wegfalls der Verpflichtung in einem Betrag unmittelbar aufzulösen, woraus eine erhebliche Gewinnerhöhung und damit Steuerbelastung resultiert. Da dieser Gewinnerhöhung aber kein Liquiditätszugang gegenübersteht, muss die Steuerbelastung auf den Auflösungsertrag aus vorhandenen liquiden Mitteln geleistet werden. Sind diese nicht in ausreichendem Umfang vorhanden, droht die Zahlungsunfähigkeit.

Frage 8: Was ist ein Restrukturierungsverfahren?

Lösung: Durch das Unternehmensstabilisierungs- und -restrukturierungsgesetz (StaRUG) wurde als frühe Alternative zum (absehbaren) Insolvenzverfahren das sog. Restrukturierungsverfahren geschaffen. Das StaRUG bildet den ersten Teil des Sanierungs- und Insolvenzrechtsfortentwicklungsgesetzes (SanInsFoG). Es handelt sich hierbei um ein eigenes Gesetz, das unabhängig von den Regelungen der Insolvenzordnung ist und um ein eigenständiges (vorgeschaltetes) Verfahren zur Vermeidung einer Insolvenz.

Ein Restrukturierungsverfahren ist möglich, wenn die Zahlungsunfähigkeit eines Schuldners innerhalb der nächsten 24 Monate absehbar ist. Der Schuldner kann in diesem Fall dann dem Gericht mitteilen, dass er die Durchführung eines Restrukturierungsverfahren wünscht. Während des Restrukturierungsverfahrens sind insbesondere Insolvenzantragspflichten wegen Überschuldung ausgesetzt. Eine Zahlungsunfähigkeit ist gleichwohl unverzüglich anzuzeigen.

Ist die Zahlungsunfähigkeit absehbar aber noch nicht eingetreten(!) gegeben, kann der Schuldner dem Gericht einen Restrukturierungsplan vorzulegen.

Dieser ist einem Insolvenzplan (§§ 5 bis 16 StaRUG) vergleichbar und enthält:
- die Erklärung zur Bestandsfähigkeit,
- eine Vermögensübersicht,
- einen Ergebnis- und Finanzplan sowie
- die Auswirkungen der angestrebten Sanierung,
- und eine Aufstellung der Forderungen nach Gruppen sowie die Planbetroffenen.

Aussonderungsrechte und Verpflichtungen gegenüber Arbeitnehmern sowie Ansprüche aus Betriebsrenten können nicht Gegenstand eines solchen Plans sein.

Die Umsetzung des Restrukturierungsplans kann entweder durch den Schuldner eigenverantwortlich oder unter Beistellung eines Restrukturierungsbeauftragten durch das Gericht erfolgen.

Das Restrukturierungsgericht bestellt einen Restrukturierungsbeauftragten gem. § 73 StaRUG, wenn:
1. im Rahmen der Restrukturierung die Rechte von Verbrauchern oder mittleren, kleinen oder Kleinstunternehmen berührt werden sollen, weil deren Forderungen oder Absonderungsanwartschaften durch den Restrukturierungsplan gestaltet werden sollen oder die Durchsetzung solcher Forderungen oder Absonderungsanwartschaften durch eine Stabilisierungsanordnung gesperrt werden soll,
2. der Schuldner eine Stabilisierungsanordnung beantragt, welche sich gegen alle oder im Wesentlichen alle Gläubiger richten soll,
3. der Restrukturierungsplan eine Überwachung der Erfüllung der den Gläubigern zustehenden Ansprüche vorsieht.
4. der Schuldner dies beantragt.

Ein Restruktukturierungsplan wird durch die Gläubiger angenommen, wenn in jeder nach § 9 StaRuG zu bildenden Gruppen von Gläubigern und Gesellschaftern von 75 % der Stimmrechte in der jeweiligen Gruppe angenommen wird (§ 25 StaRUG). Was passiert, wenn in einer Gruppe die nach § 25 StaRUG erforderliche Mehrheit nicht erreicht wird, regelt § 26 StaRUG.

Das Gericht kann im Einzelfall von einer Bestellung eines Restrukturierungsbeauftragten absehen, wenn dessen Bestellung zur Wahrung der Rechte der Beteiligten nicht erforderlich oder offensichtlich unverhältnismäßig ist.

Eine Bestellung erfolgt auch stets, wenn absehbar ist, dass das Restrukturierungsziel nur gegen den Willen von Inhabern von Restrukturierungsforderungen oder Absonderungsanwartschaften erreichbar ist.

Frage 9: Welche Änderungen sind durch das MoPeG in § 15 InsO erfolgt?

Lösung: In § 15 InsO wurden in der Überschrift die Wörter „Gesellschaften ohne Rechtspersönlichkeit" durch die Wörter „rechtsfähigen Personengesellschaften" ersetzt. In § 15 Abs. 1 Satz 1 und Abs. 3 Satz 1 InsO wurden die Wörter „Gesellschaft ohne Rechtspersönlichkeit" durch die Wörter „rechtsfähigen Personengesellschaft" ersetzt.

Diese Änderungen ergeben sich wegen der gesetzlichen Anerkennung der GbR und der Einführung des Gesellschaftsregisters durch das MoPeG. Die Gesellschaftsformen OHG, KG, Partnerschaftsgesellschaft, GbR, Partenreederei und die Europäische wirtschaftliche Interessenvereinigung werden mit der Änderung unter dem neuen Oberbegriff **Rechtsfähige Personengesellschaft** zusammengefasst.

Frage 10: Was ist die sog. Pfändungsfreigrenze und wie hoch liegt diese etwa?

Lösung: Die Pfändungsfreigrenzen sollen sicherstellen, dass der Schuldner auch bei einer Pfändung seines Arbeitseinkommens über das Existenzminimum verfügen und seine gesetzlichen Unterhaltspflichten erfüllen kann. Bei einem Arbeitseinkommen, das den Grundfreibetrag übersteigt, soll dem Schuldner zudem ein gewisser Teil seines Mehrverdienstes verbleiben. Der pfändungsfreie Betrag erhöht sich, wenn der Schuldner anderen Personen aufgrund einer gesetzlichen Verpflichtung Unterhalt zu leisten hat. § 850c Abs. 1 ZPO setzt Pfändungsfreibeträge fest, in deren Höhe das Arbeitseinkommen des Schuldners unpfändbar ist. Die Pfändungsfreigrenzen werden gemäß § 850c Abs. 4 Satz 2 ZPO jedes Jahr zum 1. Juli nach dem Maßstab der Änderung des einkommensteuerrechtlichen Grundfreibetrages in § 32a Abs. 1 Satz 2 Nr. 1 EStG angepasst. Die letzte Anpassung der Pfändungsfreigrenzen ist zum 01.07.2024 erfolgt. Demnach erhöhen sich die nach § 850c ZPO unpfändbaren Beträge von 1.402,28 € auf 1.491,75 € monatlich, wenn der Schuldner keine Unterhaltsverpflichtungen hat.

15. Insolvenzrecht

Die letzte Anpassung, gemäß Bekanntmachung vom 10. Mai 2024 (BGBl. 2024 I Nr. 160) in Verbindung mit der Berichtigung vom 23. Mai 2024 (BGBl. 2024 I Nr. 165a), ergibt sich aus der „Bekanntmachung zu den Pfändungsfreigrenzen 2024 nach § 850c der Zivilprozessordnung (Pfändungsfreigrenzenbekanntmachung 2024)".

Die Beträge erhöhen sich jeweils bei bestehenden Unterhaltsverpflichtungen um 561,43 € (vorher: 500,62 €) im Monat bei einer unterhaltsberechtigten Person und um 312,78 € (vorher: 294,02 €) im Monat je weiterer unterhaltsberechtigten Person wie folgt:

Für	Ab 01.07.2024	Bis 30.06.2024
Alleinstehende (unpfändbarer Grundbetrag)	1.491.75 €	1.402,28 €
zusätzlich für einen Unterhaltsgläubiger	561,43 €	527,76 €
zusätzlich für zweiten bis fünften Unterhaltsgläubiger	312,78 €	294,02 €
höchster Grundpfändungsbetrag	3.309,99 €	3.106,12 €

Der Nettoverdienst, ab dem voll gepfändet werden darf, beträgt ab dem 1. Juli 2024 4.573,10 €, bis zum 30.06.2023 waren es 4.298,81 €.

Vom darüber hinaus gehenden Einkommen, verbleibt als Anreiz ein Teil ebenfalls beim Schuldner. Alle Beträge, die über 4.573,10 € (vorher: 4.298,81 €) hinausgehen, sind voll pfändbar.

Frage 11: Was unterscheidet einen „schwachen" von einem „starken" Insolvenzverwalter?

Lösung: Da die Prüfung der Eröffnungsvoraussetzungen nach Stellung des Antrages auf Eröffnung der Insolvenz einige Zeit in Anspruch nehmen kann, sind:
- häufig vorläufige Sicherungsmaßnahmen erforderlich, um zu vermeiden, dass
- der Insolvenzschuldner in der Zwischenzeit zwischen Insolvenzbeantragung und Eröffnung des Verfahrens das Vermögen weiter vermindert oder
- neue Schulden begründet.

Um dies zu verhindern kann vom zuständigen Insolvenzgericht ein vorläufiger Insolvenzverwalter bestellt werden. Dabei sind gem. § 21 Abs. 2 InsO zwei Arten von vorläufigen Insolvenzverwaltern denkbar:

1. Der sog. **„schwache"** vorläufige Verwalter gem. § 21 Abs. 2 Nr. 1 InsO hat keine Verfügungsbefugnis über das schuldnerische Vermögen. Seine Rechte und Pflichten werden vom Insolvenzgericht jeweils im Einzelfall individuell festgelegt. Häufig wird etwa bestimmt, dass Verfügungen des Schuldners nur noch mit seiner Zustimmung wirksam sind (sog. Zustimmungsvorbehalt) und dass Zahlungen nur noch an ihn zu leisten sind.
2. Der **„starke"** vorläufiger Verwalter gem. § 21 Abs. 2 Nr. 2 InsO ist dem „endgültigen" Insolvenzverwalter weitgehend angenähert. Er hat bereits die Verwaltungs- und Verfügungsbefugnis wie ein Insolvenzverwalter und zahlreiche Pflichten, wie etwa die Verpflichtung, das schuldnerische Vermögen zu sichern und zu erhalten, das Unternehmen fortzuführen und zu prüfen, ob das Vermögen des Schuldners die Kosten des Verfahrens decken wird (§ 22 Abs. 1 InsO). Die Bestellung eines „starken" vorläufigen Insolvenzverwalters stellt in der Praxis eher die Ausnahme, die eines „schwachen" vorläufigen Verwalters meist die Regel dar.

Frage 12: Welche Änderungen sind durch das Gesetz zur weiteren Digitalisierung der Justiz vom 12.7.2024 in § 5 InsO erfolgt?

Lösung: Mit dem Gesetz zur weiteren Digitalisierung der Justiz vom 12.7.2024 (BGBl. 2024 I Nr. 234) erfolgten die nachgenannten Änderungen.

In § 5 Abs. 5 InsO wurde geregelt, dass Insolvenzverwalter ein elektronisches Gläubigerinformationssystem vorzuhalten haben und darin jedem Insolvenzgläubiger, der eine Forderung angemeldet hat, alle Entscheidungen des Insolvenzgerichts, alle Rechtsmittelentscheidungen, alle an das Insolvenzgericht übersandten Berichte, welche nicht ausschließlich die Forderungen anderer Gläubiger betreffen, und alle die eigenen Forderungen betreffenden Unterlagen unverzüglich in einem gängigen Dateiformat zum elektronischen Abruf zur Verfügung zu stellen haben. Über das Gläubigerinformationssystem müssen auch die Dokumente zugänglich sein, die dem Insolvenzgläubiger nach § 8 Abs. 3 InsO zugestellt wurden; sie sind besonders kenntlich zu machen.

Außerdem ist dem Insolvenzgericht ein Zugang zur Ausübung der Aufsicht nach § 58 InsO zu gewähren.

In § 5 Abs. 6 InsO wurde geregelt, dass, wenn die Eigenverwaltung angeordnet ist, § 5 Abs. 5 InsO mit der Maßgabe gilt, dass den Schuldner die Pflicht zur Verfügungstellung sämtlicher in das System einzustellender Informationen und Dokumente trifft. Verfügt der Schuldner selbst nicht über ein geeignetes System, so kann die Gläubigerinformation über ein vom Sachwalter geführtes System bewerkstelligt werden.

> **Frage 13:** Was ist die Funktion des Schutzschirmverfahrens?

Lösung: Bei dem Schutzschirmverfahren handelt es sich um eine besondere Verfahrensart des deutschen Insolvenzrechts. Es verbindet die vorläufige Eigenverwaltung mit dem Ziel der frühzeitigen Vorlage eines Insolvenzplans, um hierdurch eine Sanierung von Unternehmen zu erleichtern. Das Schutzschirmverfahren wurde – wie auch die in §§ 270b und 270c InsO geregelte vorläufige Eigenverwaltung – zum 1.3.2012 durch das Gesetz zur weiteren Erleichterung der Sanierung von Unternehmen (ESUG) in die Insolvenzordnung aufgenommen.

Das Schutzschirmverfahren ist eine besondere Variante des in Eigenverwaltung betriebenen Insolvenzeröffnungsverfahrens. Dementsprechend ist der Anwendungsbereich der in § 270d InsO n.F. (zuvor § 270b InsO a.F.) angeordneten speziellen Vorschriften des Schutzschirms beschränkt auf den Zeitraum zwischen dem Eröffnungsantrag und der Eröffnung des Insolvenzverfahrens. Gegenüber dem „normalen" Eröffnungsverfahren in Eigenverwaltung weist es nur wenige eigenständige zusätzliche Regelungen auf.

Die Möglichkeit, mit weitgehender Bindung für das Gericht den vorläufigen Sachwalter vorzuschlagen, ist entscheidende Vorteil dieser Unterart eines vorläufigen Insolvenzverfahrens. Als wesentlicher Unterschied zum regulären Insolvenzverfahren oder zur normalen Eigenverwaltung ist der Sachwalter im Schutzschirmverfahren vom Unternehmen weitgehend frei wählbar. Eine Ablehnung durch das Gericht kann nur dann erfolgen, wenn die vorgeschlagene Person offensichtlich nicht geeignet ist, beispielsweise bei fehlender Unabhängigkeit oder gänzlich fehlender Erfahrung, § 270d Abs. 2 S. 3 InsO.

Die Anordnung des Schutzschirmverfahrens setzt voraus, dass der Insolvenzgrund der drohenden Zahlungsunfähigkeit oder der Überschuldung, jedoch keine bereits eingetretene Zahlungsunfähigkeit, vorliegt und dass die angestrebte Sanierung nicht offensichtlich aussichtslos ist. Der Schuldner hat über das Vorliegen dieser Voraussetzungen zusammen mit seinem Insolvenzantrag eine Bescheinigung einer qualifizierten Person vorzulegen, § 270d Abs. 1 S. 1 InsO. Zu den Anforderungen an die im Zusammenhang mit dem Schutzschirmverfahren zu erstellende Bescheinigung vgl. IDW Standard: Bescheinigung nach § 270b InsO (IDW S 9) (Stand: 18.08.2014).

> **Frage 14:** Was sind die Voraussetzungen des Schutzschirmverfahrens?

15. Insolvenzrecht

Lösung:

Allgemeine Anordnungsvoraussetzungen

Bei dem Schutzschirm handelt es sich nicht um einen außergerichtlicher Sanierungsversuch; vielmehr stellt das Schutzschirmverfahren als Eröffnungsverfahren einen Verfahrensabschnitt des zu beantragenden Insolvenzverfahrens dar. Daher muss ein Eröffnungsantrag gestellt werden, der den Anforderungen der §§ 13 bis 15a InsO) entspricht. Im Übrigen sind die speziellen Anordnungsvoraussetzungen der vorläufigen Eigenverwaltung gem. §§ 270a bis 270c InsO zu beachten, die sowohl für das normale Eigenverwaltungsverfahren als auch für das Schutzschirmverfahren gelten.

Besondere Voraussetzungen des Schutzschirmverfahrens

Die Anordnung eines Schutzschirmverfahrens setzt einen Antrag auf Durchführung eines Eigenverwaltungsverfahrens in der Ausformung des Schutzschirmverfahrens voraus. Des Weiteren muss der Schuldner eine Frist zur Vorlage eines Insolvenzplans beantragen, § 270d Abs. 1 Satz 1 InsO.

Nach § 270d Abs. 1 S. 1 InsO muss der Schuldner zusammen mit seinen Anträgen eine mit Gründen versehene Bescheinigung vorlegen, die bestätigt, dass drohende Zahlungsunfähigkeit gem. § 18 InsO und/oder Überschuldung gem. § 19 InsO vorliegt, jedoch keine Zahlungsunfähigkeit. Tritt erst nach der gerichtlichen Anordnung des Schutzschirms Zahlungsunfähigkeit ein, so ist dies nicht mehr schädlich. Ebenfalls unschädlich ist es, wenn eine bereits eingetretene Zahlungsunfähigkeit, etwa durch Stundungen, bis zur gerichtlichen Entscheidung nachhaltig beseitigt wird. Das Vorliegen der Insolvenzgründe der drohenden Zahlungsunfähigkeit und/oder der Überschuldung ist als Zugangsvoraussetzung zum Schutzschirmverfahren unverzichtbar; das Vorliegen muss daher positiv festgestellt werden. Nicht hinreichend ist das Vorliegen einer allgemeinen Krisensituation. Des Weiteren muss sich aus der Bescheinigung ergeben, dass die angestrebte Sanierung nicht offensichtlich aussichtslos ist. Hinsichtlich der Eigenverwaltungsplanung wird überprüft, ob die nachfolgend genannten Voraussetzungen des § 270a InsO vorliegen.

Der Schuldner fügt dem Antrag auf Anordnung der Eigenverwaltung eine Eigenverwaltungsplanung bei, welche:

1. einen Finanzplan umfasst, der den Zeitraum von grundsätzlich 6 Monaten abdeckt und eine fundierte Darstellung der Finanzierungsquellen enthält, durch welche die Fortführung des gewöhnlichen Geschäftsbetriebs und die Deckung der Kosten des Verfahrens in diesem Zeitraum sichergestellt werden soll.

   > **Hinweis!** In dem Zeitraum vom 09.11.2022 bis einschließlich 31.12.2023 war der Prognosezeitraum des § 270a Abs. 1 Nr. 1 InsO von sechs auf vier Monate verkürzt, § 4 Abs. 2 SanInsKG.

2. ein Konzept für die Durchführung des Insolvenzverfahren umfasst, welches auf Grundlage einer Darstellung von Art, Ausmaß und Ursachen der Krise das Ziel der Eigenverwaltung und die Maßnahmen beschreibt, welche zur Erreichung des Ziels in Aussicht genommen werden,

3. eine Darstellung des Stands von Verhandlungen mit Gläubigern, den am Schuldner beteiligten Personen und Dritten zu den in Aussicht genommenen Maßnahmen,

4. eine Darstellung der Vorkehrungen umfasst, die der Schuldner getroffen hat, um seine Fähigkeit sicherzustellen, insolvenzrechtliche Pflichten zu erfüllen, und

5. eine begründete Darstellung etwaiger Mehr- oder Minderkosten, die im Rahmen der Eigenverwaltung im Vergleich zu einem Regelverfahren und im Verhältnis zur Insolvenzmasse voraussichtlich anfallen werden.

Außerdem hat der Schuldner mit dem Antrag auf Eigenverwaltung zu erklären:
1. ob, in welchem Umfang und gegenüber welchen Gläubigern er sich mit der Erfüllung von Verbindlichkeiten aus Arbeitsverhältnissen, Pensionszusagen oder dem Steuerschuldverhältnis, gegenüber Sozialversicherungsträgern oder Lieferanten in Verzug befindet,
2. ob und in welchen Verfahren zu seinen Gunsten innerhalb der letzten 3 Jahre vor dem Antrag Vollstreckungs- oder Verwertungssperren nach diesem Gesetz oder nach dem Unternehmensstabilisierungs- und -restrukturierungsgesetz angeordnet wurden und
3. ob er für die letzten drei Geschäftsjahre seinen Offenlegungspflichten, insbesondere nach den §§ 325–328 oder 339 HGB nachgekommen ist.

Frage 16: Wie läuft der Vorschlag und die Auswahl des vorläufigen Sachwalters ab?

Lösung: Der Schuldner ist nach § 270d Abs. 2 S. 2 InsO berechtigt, den vorläufigen Sachwalter (verbindlich) vorzuschlagen. Das Gericht darf von dem Vorschlag nur dann abweichen, wenn die vorgeschlagene Person offensichtlich nicht geeignet ist. Der Schuldner kann daher eine Person auswählen und vorschlagen, die nach seiner Erwartung das erarbeitete Sanierungskonzept optimal umsetzen wird. Die vorgeschlagene Person muss jedoch die Voraussetzungen des § 56 Abs. 1 InsO erfüllen, d.h. sie muss geeignet, insbesondere geschäftskundig und unabhängig sein. Nur dann, wenn der Vorschlag des Schuldners **offensichtlich** gegen diese Voraussetzungen verstößt, muss das Insolvenzgericht einen anderen vorläufigen Sachwalter bestimmen. Das Insolvenzgericht ist nicht verpflichtet, einen weiteren Vorschlag des Schuldners einzuholen. Einen etwaig eingesetzten vorläufigen Gläubigerausschuss hat das Insolvenzgericht gem. § 56a Abs. 1 InsO anzuhören, d.h. es hat dem vorläufigen Gläubigerausschuss Gelegenheit zu geben, sich zu den Anforderungen, die an den Verwalter zu stellen sind, und zur Person des Verwalters zu äußern, soweit dies nicht innerhalb von zwei Werktagen offensichtlich zu einer nachteiligen Veränderung der Vermögenslage des Schuldners führt. Ein eigenes Vorschlagsrecht des vorläufigen Gläubigerausschusses gem. §§ 21 Abs. 2 S. 1 Nr. 1, 56a Abs. 2 InsO besteht nicht; § 270d Abs. 2 InsO ist insoweit Lex specialis.

Lehnt das Gericht den Vorschlag des Schuldners ab, so ist dies von dem Gericht schriftlich zu begründen, § 270d Abs. 2 S. 3 InsO.

Frage 17: Was sind die Rechtsfolgen?

Lösung: Bei Zulässigkeit des Antrags bestimmt das Insolvenzgericht eine Frist von bis zu drei Monaten zur Vorlage eines Insolvenzplans, § 270d Abs. 1 InsO. Bei Fristversäumung riskiert der Schuldner:
- dass die (vorläufige) Eigenverwaltung abgebrochen wird durch die Eröffnung eines Regelinsolvenzverfahrens oder
- dass die (vorläufige) Eigenverwaltung abgebrochen wird durch die Anordnung eines vorläufigen Insolvenzverfahrens.

Als vorläufige Sicherungsmaßnahmen hat das Insolvenzgericht auf Antrag des Schuldners insbesondere eine Vollstreckungssperre zu erlassen, §§ 207d Abs. 3, 21 Abs. 2 S. 1 Nr. 3 InsO. Nach § 270c Abs. 3 InsO kann das Gericht weitere Sicherungsmaßnahmen anordnen, insbesondere anordnen, dass Gegenstände, die Ab- oder Aussonderungsrechten unterworfen sind, zur Fortführung des Unternehmens eingesetzt werden können.

Liegen die Voraussetzungen des Schutzschirms nicht vor, so muss das Insolvenzgericht dem Schuldner die Möglichkeit einräumen, den Eröffnungsantrag zurückzunehmen, § 270c Abs. 5 InsO.

Nach Ablauf der Frist zur Vorlage des Insolvenzplans entscheidet das Gericht über die Eröffnung des Insolvenzverfahrens, § 270d Abs. 4 S. 2 InsO. Bei Vorliegen der Voraussetzungen des § 270f InsO wird die Eigenverwaltung angeordnet.

15. Insolvenzrecht

Die Schutzschirmanordnung – wie auch die „normale" vorläufige Eigenverwaltung – wird durch Bestellung eines vorläufigen Insolvenzverwalters vorzeitig aufgehoben, wenn die Aufhebungsgründe gem. § 270e Abs. 1, Abs. 2 InsO vorliegen.

Frage 18: Welche Besonderheiten galten im Jahr 2022 und 2023 bezüglich einer Insolvenzantragspflicht und warum?

Lösung: Als Reaktion auf die Folgen des Ukrainekrieges im Jahr 2022 soll durch das Sanierungs- und insolvenzrechtliches Krisenfolgenabmilderungsgesetz (SanInsKG) vermieden werden, dass Unternehmen, die im Grunde gesund sind, in die Insolvenz gedrängt werden. Mit der Gesetzesänderung wird eine Maßnahme aus dem dritten Entlastungspaket umgesetzt.

Das Sanierungs- und insolvenzrechtliches Krisenfolgenabmilderungsgesetz (SanInsKG) ging durch eine Umbenennung aus dem COVID-19-Insolvenzaussetzungsgesetz (COVInsAG) hervor.

Das Sanierungs- und insolvenzrechtliches Krisenfolgenabmilderungsgesetz (SanInsKG) sieht folgende vorübergehende Regelungen im Insolvenzrecht vor:
- Der Prognosezeitraum für die Überschuldungsprüfung wurde verkürzt.
- Die Insolvenzantragspflicht wegen Überschuldung nach § 15a InsO wurde modifiziert und für die sogenannte insolvenzrechtliche Fortführungsprognose von zwölf auf vier Monate herabgesetzt. Hierdurch wird die Insolvenzantragspflicht wegen Überschuldung nach § 15a InsO deutlich abgemildert.

Die Regelung gilt auch für Unternehmen, bei denen bereits vor dem Inkrafttreten eine Überschuldung vorlag, der für eine rechtzeitige Insolvenzantragstellung maßgebliche Zeitpunkt aber noch nicht verstrichen ist.

Die Regelung galt bis zum 31.12.2023. Wichtig ist jedoch, dass bereits ab dem 01.09.2023 der ursprüngliche Prognosezeitraum von 12 Monaten wieder relevant werden kann, wenn absehbar ist, dass auf Grundlage der ab dem 01.01.2024 wieder auf einen 12-monatigen Zeitraum zu beziehenden Prognose eine Überschuldung bestehen wird.

Die Insolvenzantragspflicht wegen Zahlungsunfähigkeit bleibt von der vorübergehenden Regelung genau wie während der Corona-Pandemie unberührt.

Zudem wurden die Planungszeiträume für Eigenverwaltungs- und Restrukturierungsplanungen verkürzt:

Die maßgeblichen Planungszeiträume für die Erstellung von Eigenverwaltungs- und Restrukturierungsplanungen wurden bis zum 31.12.2023 von sechs auf vier Monate verkürzt. Dies galt für den Zeitraum vom 09.11.2022–31.12.2023 (§ 4 Abs. 2 SanInsKG).

Die Höchstfrist des § 15a InsO für die Stellung eines Insolvenzantrags wegen Überschuldung wurde zudem bis zum 31.12.2023 von sechs auf acht Wochen verlängert. Dies galt für den Zeitraum vom 09.11.2022–31.12.2023.

Insolvenzanträge sind jedoch weiterhin ohne schuldhaftes Zögern zu stellen (§ 15a Abs. 1 Satz 1 InsO). Die Höchstfrist darf nicht ausgeschöpft werden, wenn zu einem früheren Zeitpunkt feststeht, dass eine nachhaltige Beseitigung der Überschuldung nicht erwartet werden kann.

Die Höchstfrist zur Antragstellung wegen Zahlungsunfähigkeit bleibt hingegen unberührt.

15.2 8 Fälle zum Insolvenzrecht

Fall 1: Ihr Mandant legt Ihnen folgende Bilanz einer GmbH vor und fragt, ob ein Insolvenzantragsgrund vorliegt, wenn ja welcher.

A	Handelsbilanz 31.12.24		P
Lizenzen	300	Eigenkapital	0
Grundstück	200	Verbindlichkeiten L.+L.	600
Vorräte	150	Steuerrückstellung	200
ARAP	150		
Summe	**800**	**Summe**	**800**

Lösung: Hier müssen Sie der Versuchung widerstehen, sich vorschnell über eine Überschuldung auszulassen. Ob eine Überschuldung vorliegt oder droht, kann nicht an der Handelsbilanz abgelesen werden. Vielmehr wäre eine Insolvenzfeststellungsbilanz aufzustellen, in der die Vermögensgegenstände und Schulden mit den realisierbaren Verkehrswerten anzusetzen wären. In der Handelsbilanz werden die Vermögensgegenstände jedoch mit den „ggf. fortgeführten Anschaffungskosten" angesetzt. Ob eine Überschuldung vorliegt, kann also erst bei Kenntnis der stillen Reserven des Unternehmens festgestellt werden. Selbst bei bilanzieller Überschuldung wäre aber vor einem Insolvenzantrag zunächst noch eine Fortführungsprognose zu erstellen. Kritisch ist aber die Finanzierungssituation des Unternehmens, da den 600 kurzfristig fälligen Verbindlichkeiten keine ausreichenden liquiden Mittel gegenüberstehen, um diese bei Fälligkeit zu begleichen, ein Darlehen könnte an der Eigenkapitalsituation scheitern. Auch hier sind die Verkehrswerte z.B. des Grundstücks relevant. In Betracht käme daher die Prüfung einer drohenden Zahlungsunfähigkeit.

Nach § 102 StaRUG sind Steuerberater, Steuerbevollmächtigte, Wirtschaftsprüfer, vereidigte Buchprüfer und Rechtsanwälte ausdrücklich auch dazu verpflichtet, auf den Insolvenzgrund der drohenden Zahlungsunfähigkeit gemäß § 18 InsO und die daran anknüpfenden Pflichten hinzuweisen.

Fall 2: Der Insolvenzverwalter erstellt folgende Vermögensübersicht gem. § 153 InsO und fragt, welche Gläubiger mit wie viel Geld zu rechnen haben.

A	Insolvenz„Eröffnungsbilanz" 31.03.24		P
Verwertbare Lizenzen	200	Bankdarlehen	200
Grundstück	500	Gesellschafterdarlehen	50
Vorräte	150	Gesellschafterdarlehen mit Rangrücktritt	50
Eigenkapital	./. 250	Verbindlichkeiten L.+L.	600
		Umsatzsteuer	200
Summe	**1.100**	**Summe**	**1.100**

Lösung: Nach Abzug der Verfahrenskosten erhalten die Bank, sämtliche Kreditoren (Verbindlichkeiten aus L+L) und das Finanzamt ca. 85 % Ihrer Forderungen vor Eröffnung des Insolvenzverfahrens, da gleichrangigen erstrangigen Verbindlichkeiten von 1.000 ein Deckungsvermögen von 850 gegenübersteht.

Fall 3: Für einen Schuldner ist ein Antrag auf Anordnung der Eigenverwaltung zu erstellen. Welche Unterlagen sind dem Antrag beizufügen und was ist bei der Person des Ausstellers zu beachten?

15. Insolvenzrecht

Lösung: Der Schuldner hat dem Antrag auf Anordnung der Eigenverwaltung eine Eigenverwaltungsplanung beizufügen, welche:

- einen Finanzplan, der den Zeitraum von sechs Monaten abdeckt und eine fundierte Darstellung der Finanzierungsquellen enthält, durch welche die Fortführung des gewöhnlichen Geschäftsbetriebes und die Deckung der Kosten des Verfahrens in diesem Zeitraum sichergestellt werden soll,
- ein Konzept für die Durchführung des Insolvenzverfahrens, welches auf Grundlage einer Darstellung von Art, Ausmaß und Ursachen der Krise das Ziel der Eigenverwaltung und die Maßnahmen beschreibt, welche zur Erreichung des Ziels in Aussicht genommen werden,
- eine Darstellung des Stands von Verhandlungen mit Gläubigern, den am Schuldner beteiligten Personen und Dritten zu den in Aussicht genommenen Maßnahmen,
- eine Darstellung der Vorkehrungen, die der Schuldner getroffen hat, um seine Fähigkeit sicherzustellen, insolvenzrechtliche Pflichten zu erfüllen, und
- eine begründete Darstellung etwaiger Mehr- oder Minderkosten, die im Rahmen der Eigenverwaltung im Vergleich zu einem Regelverfahren und im Verhältnis zur Insolvenzmasse voraussichtlich anfallen werden.

umfasst.

Die Bescheinigung ist zu beiden Punkten mit Begründungen zu versehen. Den Anforderungen an Sanierungsgutachten nach IDW S 6 bzw. nach IDW S 11 (Beurteilung des Vorliegens von Insolvenzeröffnungsgründen) müssen die Begründungen nicht entsprechen. Die Praxis orientiert sich weitgehend an dem IDW-Standard S 9, Bescheinigung nach § 270d InsO und Beurteilung der Anforderungen nach § 270a InsO vom 18.08.2022 (IDW ES 9).

Person des Ausstellers

Die Bescheinigung muss von einem in Insolvenzsachen erfahrenen Steuerberater, Wirtschaftsprüfer oder Rechtsanwalt oder einer Person mit vergleichbarer Qualifikation ausgestellt sein. Die Erfahrung in Insolvenzsachen setzt voraus, dass eine mehrjährige Befassung mit deutschen Insolvenz- und/oder Sanierungsfällen erforderlich ist, vgl. IDW ES 9 Rz. 10. Nicht ausreichen dürfte die ausschließliche Tätigkeit im Bereich von Verbraucherinsolvenzverfahren. Erforderlich sind vielmehr Berufserfahrungen im Bereich der Unternehmensinsolvenz, etwa als Gutachter oder Insolvenzverwalter.

Der Bescheiniger darf nicht zum vorläufigen Sachwalter bestellt werden, § 270d Abs. 1 InsO. Er darf keine dem Sachwalter oder dem Insolvenzschuldner nahestehende oder zur Berufsausübung verbundene Person sein. Eine etwaige Vorbefassung mit der Erstellung eines Sanierungskonzepts ist kein Ausschlussgrund, ist dem Gericht jedoch anzuzeigen, vgl. IDW ES 9 Rz. 13.

Die Bescheinigung darf bei Einreichung des Antrags bei Gericht nicht älter als drei Tage sein. Es ist daher erforderlich, dass der Ersteller der Bescheinigung mit den von ihm eingesetzten Tools auf die Unternehmensdaten zugreifen kann, um zeitnah testieren zu können.

Fall 4: Der Insolvenzverwalter erstellt folgende Vermögensübersicht gem. § 153 InsO und fragt, welche Gläubiger mit wie viel Geld zu rechnen haben.

A	Insolvenz „Eröffnungsbilanz" 31.03.24		P
Verwertbare Lizenzen	200	Bankdarlehen	200
Grundstück	500	Gesellschafterdarlehen 1	50
Vorräte	350	Gesellschafterdarlehen 2	50
		Verbindlichkeiten L.+L.	600
Eigenkapital	./. 50	Umsatzsteuer	200
Summe	**1.100**	**Summe**	**1.100**

Lösung: Unter Vernachlässigung der Verfahrenskosten erhalten die Bank, sämtliche Kreditoren (Verbindlichkeiten L.+L.) und das Finanzamt Ihre vollständigen Forderungen vor Eröffnung des Insolvenzverfahrens, da gleichrangigen erstrangigen Verbindlichkeiten von 1.000 ein Deckungsvermögen von 1.050 gegenübersteht. Das verbleibende Vermögen wird quotal gleich auf die beiden Gesellschafterdarlehen verteilt, die damit jeder ca. 50 % Ihrer Forderungen erhalten.

Fall 5: Der Insolvenzverwalter erstellt folgende Vermögensübersicht gem. § 153 InsO und fragt, welche Gläubiger mit wie viel Geld zu rechnen haben.

A	Insolvenz „Eröffnungsbilanz" 31.03.24		P
Verwertbare Lizenzen	200	Bankdarlehen	200
Grundstück	500	Gesellschafterdarlehen	50
Vorräte	350	Gesellschafterdarlehen mit Rangrücktritt	50
Eigenkapital	./. 50	Verbindlichkeiten L.+L.	600
		Umsatzsteuer	200
Summe	**1.100**	**Summe**	**1.100**

Lösung: Unter Vernachlässigung der Verfahrenskosten erhalten die Bank, sämtliche Kreditoren (Verbindlichkeiten L.+L.) und das Finanzamt Ihre vollständigen Forderungen vor Eröffnung des Insolvenzverfahrens, da gleichrangigen erstrangigen Verbindlichkeiten von 1.000 ein Deckungsvermögen von 1.050 gegenübersteht. Das verbleibende Vermögen von 50 wird zunächst zur Rückzahlung des Gesellschafterdarlehens ohne Rangrücktritt eingesetzt, sodass der Gesellschafter mit erklärtem Rangrücktritt nichts mehr erhält.

Fall 6: Eine alleinstehende Steuerpflichtige mit 2 Kindern hat Steuerschulden i.H.v. 25.000 € und bei der Hausbank i.H.v. 20.000 €. Sie könnte von einem Freund 10.000 € als Darlehen erhalten und fragt Sie als Steuerberater ob man einen Erlass oder Teilerlass beim Finanzamt erwirken kann oder was Sie ihr in dieser Situation stattdessen raten können.

Lösung: Voraussetzung für den Erlass gem. § 227 AO sind Erlassbedürftigkeit und Erlasswürdigkeit. Erlassbedürftigkeit bedeutet, dass der Erlass die Situation verbessern müsste, was vorliegend nicht der Fall wäre, da die Mandantin auch ohne die Steuerschulden überschuldet wäre. Eine Umschuldung ändert daran zunächst einmal nichts. Wenn die Zurückführung der Schulden nicht aus künftigen Einnahmen erkennbar wird, sollte die Mandantin ggf. ein Verbraucherinsolvenzverfahren beantragen. Das Verbraucherinsolvenzverfahren soll wirtschaftlich in Schwierigkeiten geratenen Personen einen Neuanfang ermöglichen. Es kann bei Zahlungsunfähigkeit oder drohender Zahlungsunfähigkeit des Schuldners eingeleitet werden und ist Voraussetzung für eine sog. Restschuldbefreiung. Das Verfahren hat drei Stufen, die nacheinander zu durchlaufen sind:

- **Stufe 1:** außergerichtlicher Schuldenbereinigungsversuch.
- **Stufe 2:** gerichtliches Verfahren über den Schuldenbereinigungsplan.
- **Stufe 3:** Verbraucherinsolvenzverfahren mit Restschuldbefreiung nach einer dreijährigen Wohlverhaltensphase.

15. Insolvenzrecht

Fall 7: Eine überschuldete GmbH beauftragt einen Steuerberater, den Jahresabschluss für 2022 zu erstellen und übergab hierzu den Jahresabschluss für 2021, der bereits einen nicht durch Eigenkapital gedeckten Fehlbetrag auswies. Auch die vom Steuerberater erstellten Jahresabschlüsse für die Jahre 2018 bis 2020 weisen in Folge nicht durch Eigenkapital gedeckte Fehlbeträge auf.
2019 wies der Beklagte darauf hin, dass der Geschäftsführer der GmbH verpflichtet sei, „regelmäßig die Zahlungsfähigkeit sowie die Vermögensverhältnisse der GmbH dahingehend zu überprüfen, ob die Zahlungsfähigkeit gewährleistet ist und dass keine Überschuldung vorliegt". Mitte 2019 übersandte er den vorläufigen Jahresabschluss für 2018 und teilte mit, dass sich die Überschuldung durch den Jahresfehlbetrag weiter erhöht habe.
Nach Eröffnung des Insolvenzverfahrens über das Vermögen der GmbH 2024 macht der Insolvenzverwalter einen Haftungsanspruch gegen den Steuerberater für einen Insolvenzverschleppungsschaden geltend, da die GmbH bereits seit Mitte 2018 insolvenzreif gewesen sei. Haftet der Steuerberater? Wie sieht die Haftung des Beraters nach dem SanInsFoG aus?

Lösung: Der mit der Erstellung eines Jahresabschlusses für eine GmbH beauftragte Steuerberater ist verpflichtet zu prüfen, ob sich auf der Grundlage der ihm zur Verfügung stehenden Unterlagen und der ihm sonst bekannten Umstände tatsächliche oder rechtliche Gegebenheiten ergeben, die einer Fortführung der Unternehmenstätigkeit entgegenstehen können. Hingegen ist er nicht verpflichtet, von sich aus eine Fortführungsprognose zu erstellen und die hierfür erheblichen Tatsachen zu ermitteln (Ergänzung zu BGH vom 07.03.2013, IX ZR 64/12, WM 2013, 802 und BGH vom 06.06.2013, IX ZR 204/12, WM 2013, 1323).

Der mit der Erstellung eines Jahresabschlusses für eine GmbH beauftragte Steuerberater hat die Mandantin auf einen möglichen Insolvenzgrund und die daran anknüpfende Prüfungspflicht ihres Geschäftsführers hinzuweisen, wenn entsprechende Anhaltspunkte offenkundig sind und er annehmen muss, dass die mögliche Insolvenzreife der Mandantin nicht bewusst ist (teilweise Aufgabe von BGH, a.a.O.; Leitsätze des Gerichts). Dies hat der BGH mit Urteil vom 26.01.2017, IX ZR 285/14 entschieden. Der BGH weist in dem Urteil darauf hin, dass er nicht uneingeschränkt an seiner bisherigen Rechtsprechung festhalte, wonach es grundsätzlich nicht Aufgabe des Steuerberaters sei, die Gesellschaft bei einer handelsbilanziellen Unterdeckung darauf hinzuweisen, dass eine Prüfungspflicht des Geschäftsführers bezüglich einer möglicherweise bestehenden Insolvenzantragspflicht gem. § 15a InsO bestehe. Der Steuerberater müsse den Mandanten vielmehr klar und deutlich darauf hinweisen, dass er die handelsrechtliche Bilanz nur dann nach Fortführungswerten (going-concern-Prinzip) erstellen könne, wenn hierfür die gesetzlichen Voraussetzungen vorlägen. Er hätte dem Mandanten erläutern müssen, welche Anforderungen § 252 I Nr. 2 HGB an die Bilanzierung nach Fortführungswerten stelle und dass aufgrund der bilanziellen Überschuldung und den wiederholten Verlusten konkrete Zweifel an einer Fortführung der Unternehmenstätigkeit bestünden und dass deshalb eine explizite Fortführungsprognose erforderlich sei. Der vom Beklagten erteilte allgemeine Hinweis, dass eine bilanzielle Überschuldung vorläge, entlastete den Steuerberater nicht.

Hinweis! Entscheidend ist, wie eine Zukunftsprognose die Entwicklung des Unternehmens/der Gesellschaft beurteilt. Erkennt diese eine erfolgreiche Entwicklung trotz buchhalterischer Überschuldung, ist sie positiv und bewirkt, dass eine insolvenzrechtliche Überschuldung zu verneinen ist.

Allerdings ist der Steuerberater ohne einen ausdrücklich hierauf gerichteten Auftrag nicht verpflichtet, umfassende Nachforschungen oder Untersuchungen anzustellen, ob die gesetzliche Vermutung des § 252 I Nr. 2 HGB tatsächlich gerechtfertigt sei, oder von sich aus nach möglichen Insolvenzgründen zu forschen. Ihn trifft auch keine allgemeine Untersuchungspflicht hinsichtlich der wirtschaftlichen Verhältnisse der Gesellschaft. Daher haftet der Steuerberater für einen objektiv fehlerhaften Jahresabschluss nicht schon dann, wenn er bei einer Nachforschung oder einer Untersuchung der wirtschaftlichen Verhältnisse hätte erkennen können, dass die Gesellschaft insolvenzreif war.

Eine Haftung ergibt sich hier allerdings aus §§ 280 I, 675 I BGB wegen Verletzung von Hinweis- und Warnpflichten. Da die erstellten Jahresabschlüsse in mehreren aufeinander folgenden Jahren nicht von Eigenkapital gedeckte Fehlbeträge aufwiesen, ist der Steuerberater verpflichtet gewesen, die Schuldnerin auf möglicherweise bestehende Handlungspflichten gem. §§ 17 ff. InsO hinzuweisen. Der generelle Hinweis aus dem Jahr 2019 genüge diesen Anforderungen nicht.

Haftung des Beraters nach dem SanInsFoG
Die Grundsätze der Rechtsprechung des BGH zu Prüfungs- und Warnpflichten des Steuerberater im Rahmen der Erstellung von Jahresabschlüssen hinsichtlich der Fortführungsfähigkeit von Unternehmen, wurde durch das Sanierungs- und Insolvenzrechtsfortentwicklungsgesetz (SanInsFoG) in § 102 Unternehmensstabilisierungs- und -restrukturierungsgesetz (StaRUG) ausdrücklich gesetzlich geregelt.

§ 102 StaRUG regelt erstmalig und ausdrücklich eine gesetzliche Hinweis- und Warnpflicht für solche Berufsträger, die mit der Erstellung von Jahresabschlüssen beauftragt sind. Nach § 102 StaRUG haben Steuerberater, Steuerbevollmächtigte, Wirtschaftsprüfer, vereidigte Buchprüfer und Rechtsanwälte bei der Erstellung eines Jahresabschlusses den Mandanten auf das Vorliegen eines möglichen Insolvenzgrundes nach den §§ 17 bis 19 InsO und die sich daran anknüpfenden Pflichten der Geschäftsleiter und Mitglieder der Überwachungsorgane hinzuweisen. Dies gilt, wenn die entsprechenden Anhaltspunkte offenkundig sind und der Berufsträger annehmen muss, dass dem Mandanten die mögliche Insolvenzreife nicht bewusst ist. Der Gesetzgeber bezieht sich hierbei ausdrücklich auf die Rechtsprechung des BGH (vgl. BGH Urteil vom 26.01.2017, IX ZR 285/14); eine Ausweitung der Haftung ist nicht bezweckt. Ziel ist vielmehr, die Hinweis- und Warnpflichten als Instrumente zur Früherkennung von Unternehmenskrisen auch gesetzlich klarzustellen, weshalb der Anwendungsbereich dieser Vorschrift keinesfalls auf den Geltungsbereich des StaRUG beschränkt ist.

Nach § 102 StaRUG sind Steuerberater, Steuerbevollmächtigte, Wirtschaftsprüfer, vereidigte Buchprüfer und Rechtsanwälte ausdrücklich auch dazu verpflichtet, auf den Insolvenzgrund der drohenden Zahlungsunfähigkeit gemäß § 18 InsO und die daran anknüpfenden Pflichten hinzuweisen.

In diesem Zusammenhang ist bei Rechtshängigkeit einer Restrukturierungssache nach dem StaRUG insbesondere auf die Regelungen des § 43 StaRUG hinzuweisen. Unabhängig davon wird dem Insolvenzgrund der drohenden Zahlungsunfähigkeit in der laufenden Beratungstätigkeit aufgrund des Prognosezeitraums von 24 Monaten zukünftig erhöhte Aufmerksamkeit zu schenken sein. Die entsprechenden Hinweise an die Geschäftsleiter und die Mitglieder der Überwachungsorgane sind sorgfältig zu dokumentieren.

Fall 8: Was unterscheidet die Liquidation von einer Insolvenz?

Lösung: Unter Liquidation, auch Abwicklung genannt, versteht den freiwilligen vollständigen Verkauf aller Vermögensgegenstände eines Unternehmens durch den Liquidator mit dem Ziel, das darin gebundene Kapital in Bargeld oder andere leicht in Bargeld umtauschbare („liquide") Mittel umzuwandeln, um daraus alle Gläubiger der Gesellschaft zu befriedigen. Ziel der Liquidation ist die planmäßige Beendigung der Gesellschaft Übersteigen die erzielbaren Barmittel den Betrag der Schulden, wird das Liquidationsendvermögen einschließlich des Stammkapitals an die Gesellschafter ausgekehrt. Wesentlicher Unterschied zwischen der Insolvenz und Liquidation ist daher, dass bei der Liquidation ausreichende Mittel bestehen, alle Gläubiger zu befriedigen, während dies bei der Insolvenz regelmäßig nicht der Fall ist. Die Geschäftsführung und gesetzliche Vertretung übernimmt während der Liquidation der Liquidator, während der Insolvenz der Insolvenzverwalter, der nur in Ausnahmefällen (Insolvenz in Eigenverwaltung) mit dem bisherigen gesetzlichen Vertreter übereinstimmt. Stellt sich im Rahmen der Liquidation heraus, dass nicht alle Gläubiger aus dem vorhandenen Mitteln befriedigt werden können, muss auch während einer Liquidation Insolvenz angemeldet werden.

16. Grunderwerbsteuerrecht
16.1 10 Fragen zum Grunderwerbsteuerecht

> **Vorbemerkung:**
> Das Grunderwerbsteuerrecht wird in den nächsten Jahren grundlegende Änderungen erfahren. Angestoßen wurden diese durch das Gesetz zur Modernisierung des Personengesellschaftsrechts (Personengesellschaftsrechtsmodernisierungsgesetz – MoPeG) vom 10.8.2021. Ursprünglich hätte sich das Grunderwerbsteuergesetz, insbesondere im Hinblick auf immobiliarrechtliche Umstrukturierungen von Personengesellschaften bereits ab dem 1. Januar 2024 geändert.
>
> Im Einzelnen:
> Aus gesellschaftsrechtlicher Sicht ergaben sich bereits ab 2024 folgende Änderungen (Fischer: Wirtschaftsprivatrecht, Einführung in die Grundlagen und Kerngebiete des Wirtschaftsrechts, 2. Aufl. 2023, S. 249):
> „Das MoPeG tritt am 1.1.2024 in Kraft, durch diese Verzögerung soll der Praxis die Möglichkeit gegeben werden, sich auf das neue Gesetz einzustellen (insb. die Schaffung eines neuen Registers für die GbR erfordert einige Vorbereitungen). Die Kernelemente des MoPeG sind:
> - Neufassung des gesamten GbR-Rechts, die zur »kleinen OHG« wird, insb. durch Kodifizierung der rechtsfähigen Außen-GbR, Abschaffung der Gesamthand als Vermögensträger (Vermögensträger ist nun die GbR) und Schaffung eines GbR-Registers (Gesellschaftsregister) sowie Neuregelung der Gesellschafterhaftung.
> - Grundsätzliche Öffnung der OHG und damit auch der KG für Freiberufler, soweit das jeweilige Standesrecht dies zulässt, aber die Unterscheidung von Freiberuflern und Gewerbe bleibt bestehen."
>
> Eine bedeutende Änderung durch das MoPeG ergibt sich bei den Regelungen zur gesamthänderischen Vermögensbindung. Ab dem 1. Januar 2024 erfolgt eine Trennung der Vermögenssphären zwischen dem Personengesellschafter und „seiner" Personengesellschaft. Dies hätte bei der GrESt dazu geführt, dass Steuervergünstigungen, die auf die Gesamthand abzielen (z.B. §§ 5–7 GrEStG), nicht mehr anwendbar gewesen wären. Im Ergebnis wurde aber § 24 GrEStG eingeführt, der folgendes ausführt:
>
> *„Rechtsfähige Personengesellschaften (§ 14a Absatz 2 Nummer 2 der Abgabenordnung) gelten für Zwecke der Grunderwerbsteuer als Gesamthand und deren Vermögen als Gesamthandsvermögen."*
>
> Hierzu zählen „rechtsfähige Personengesellschaften einschließlich Gesellschaften (§ 705 des Bürgerlichen Gesetzbuchs), Personenhandelsgesellschaften, Partnerschaftsgesellschaften, Partenreedereien und Europäische wirtschaftliche Interessenvereinigungen" (§ 14a Abs. 2 Nr. 2 AO).
>
> Da dem derzeitigen Grunderwerbsteuerrecht Übergangsvorschriften fremd sind, könnte zunächst vermutet werden, dass der „neue" § 24 GrEStG „ad infinitum" gilt. Das ist allerdings nicht der Fall. Durch das Gesetz zur Förderung geordneter Kreditzweitmärkte und zur Umsetzung der Richtlinie (EU) 2021/2167 über Kreditdienstleister und Kreditkäufer sowie zur Änderung weiterer finanzmarktrechtlicher Bestimmungen (Kreditzweitmarktförderungsgesetz) vom 14.12.2023 endet die Regelung des § 24 GrEStG am 31. Dezember 2026 (Art. 36 Abs. 5 i.V.m. § 30 Kreditzweitmarktförderungsgesetz).
>
> Bei den folgenden Fragen und Fällen wird auf diesen Umstand nicht mehr gesondert hingewiesen! Die aktuelle Diskussion zum Thema sollten Sie allerdings kennen, z.B. Jacobsen/Kolwey: Die Novellierung des Grunderwerbsteuergesetzes, in DStZ 3/2024, S. 66–81.

Frage 1: Was ist das Wesen der Grunderwerbsteuer?

Antwort: Bei der Grunderwerbsteuer handelt es sich – wie bei der Umsatzsteuer – um eine Verkehrsteuer. Eine Verkehrsteuer ist dadurch gekennzeichnet, dass sie an zivilrechtliche Vorgänge anknüpft. Im Gegensatz zur Umsatzsteuer, die als allgemeine Verkehrsteuer bezeichnet wird, ist die Grunderwerbsteuer eine besondere Verkehrsteuer, da sie ausschließlich das „inländische Grundstück" als Besteuerungsobjekt kennt. Ferner handelt es sich um eine direkte Steuer, d.h. Steuerschuldner und Steuerträger, also derjenige, den die Steuer wirtschaftlich belastet, sind identisch. Bei der Umsatzsteuer als allgemeine Verkehrsteuer ist das nicht der Fall, da hier der Steuerschuldner (=Unternehmer) und der Steuerträger (= Endverbraucher) nicht identisch sind.

Frage 2: Wo finden sich die verfassungsrechtlichen Grundlagen der Grunderwerbsteuer und wie können diese beschrieben werden?

Antwort: Die rechtliche Fundierung für die Grunderwerbsteuer – wie auch für andere Steuerarten – findet sich im Grundgesetz. Der Bund hat nach Art. 105 Abs. 2 Satz 2, 2. Hs. GG i.V.m. Art. 72 Abs. 2 GG die konkurrierende Gesetzgebung des Bundes über die Grunderwerbsteuer. Die Bundesländer legen den Steuersatz fest (Art. 105 Abs. 2a S. 2 GG). Konsequenterweise sind die Bundesländer für die Verwaltung der Grunderwerbsteuer verantwortlich (Art. 108 Abs. 2 GG) und diesen steht im Regelfall auch das Steueraufkommen zu (Art. 106 Abs. 2 Nr. 3 GG), sofern es nicht den Gemeinden überlassen wird.

Hinweis! Zu den ersten zwei Fragen bzw. zu den Grundlagen des Steuerrechts im Allgemeinen sei der „Klassiker": Seer, in Tipke/Lang, Steuerrecht, 25. Auflage 2024, „1. Teil Grundlagen der Steuerrechtsordnung" empfohlen.

Frage 3: In welcher Beziehung steht die Grunderwerbsteuer zu anderen Steuerarten?

Antwort: Die Grunderwerbsteuer hat v.a. „Beziehungen" zur Umsatz- als auch zur Erbschaftsteuer. Ferner besteht eine Verbindung zur Einkommen- bzw. Körperschaftsteuer.

Die Umsätze, die unter das Grunderwerbsteuerrecht (= besondere Verkehrsteuer) fallen und ebenso vom Umsatzsteuerrecht (= allgemeine Verkehrsteuer) erfasst werden, stellt § 4 Nr. 9 Buchst. a UStG diese Umsätze von der Umsatzsteuer frei.

Umsätze mit inländischen Grundstücken, die der Grunderwerbsteuer unterliegen, aber von Todes wegen oder aufgrund einer Schenkung erfolgen, werden von der Grunderwerbsteuer nach § 3 Nr. 2 GrEStG von der Erbschaftsteuer „befreit". Das Grunderwerbsteuerrecht spricht zwar unter dem Punkt „Steuervergünstigungen" von „Allgemeine(n) Ausnahmen von der Besteuerung". Es handelt sich allerdings um (echte) Steuerbefreiungen und nicht um Vorgänge, die (nachträglich) als nicht steuerbar erklärt werden (ähnlich: Meßbacher-Hönsch, in: Viskorf, Grunderwerbsteuergesetz Kommentar, 21. Aufl. 2024, § 3, Rn. 6).

Ertragsteuerrechtlich zählt die Grunderwerbsteuer im Regelfall zu den Anschaffungsnebenkosten eines Grundstücks und kann damit lediglich mit dem Gebäudeanteil über die Abschreibungen „verrechnet" werden. Ausnahmen ergeben sich lediglich bei den sog. Ersatz- bzw. Ergänzungstatbeständen bei gesellschaftsrechtlichen Umstrukturierungen.

Hinweis! In diesem Zusammenhang wird auf Loose, in Viskorf, Grunderwerbsteuergesetz Kommentar, 21. Aufl. 2024, Vorbemerkung, Rn. 172–181 verwiesen. Empfehlens- und lesenswert bei grunderwerbsteuerlichen Umstrukturierungen sind auch: Jahndorf/Kister, Grunderwerbsteuer in der Beratungspraxis, 2. Aufl. 2022 und Krich, Grunderwerbsteuer im Konzern, 1. Aufl. 2018. Zur Grunderwerbsteuer als Betriebsausgabe vgl. letzterer, S. 46–48.

16. Grunderwerbsteuerrecht

Frage 4: Was sind die Voraussetzungen für einen Erwerbsvorgang gemäß § 1 Abs. 1 Nr. 1 GrEStG (sog. „Haupttatbestand")?

Antwort: Nach § 1 Abs. 1 Nr. 1 GrEStG gilt Folgendes:
(1) „Der Grunderwerbsteuer unterliegen die folgenden Rechtsvorgänge, soweit sie sich auf inländische Grundstücke beziehen:
1. ein Kaufvertrag oder ein anderes Rechtsgeschäft, das den Anspruch auf Übereignung begründet."

Im Ergebnis müssen folgende Tatbestandsmerkmale erfüllt sein:
- ein inländisches Grundstück und
- z.B. ein Kaufvertrag, der den Anspruch auf Übereignung begründet.

Für den Begriff des Grundstücks wird in § 2 Abs. 1 GrEStG auf das Bürgerliche Gesetzbuch (BGB) verwiesen. Eine Definition ist dort allerdings nicht zu finden. Gleiches gilt für die Grundbuchordnung (GBO). Das Bewertungsgesetz (z.B. § 68 BewG) sowie das (reformierte) Grundsteuergesetz (z.B. § 2 GrStG, da es auf das Bewertungsgesetz verweist) hilft hier auch nicht weiter. Es kann also festgehalten werden, dass eine sog. „Legaldefinition" für das Grundstück nicht existiert. Staudinger führt hierzu aus:
„Der für das gesamte Grundstücksrecht grundlegende Rechtsbegriff des Grundstücks wird im Gesetz nicht definiert, sondern vorausgesetzt. Grundstück im Rechtssinn ist ein bestimmter räumlich abgegrenzter Teil der Erdoberfläche, der auf einem besonderen Grundbuchblatt oder unter einer besonderen Nummer eines gemeinsamen Grundbuchblattes geführt wird. Das BGB, die GBO, die ZPO, das ZVG, das GrdstVG, das BauGB und die BauNVO gehen von diesem juristischen Grundstücksbegriff aus." (Staudinger, in Schulze/Dörner/Ebert u.a., Bürgerliches Gesetzbuch Handkommentar, 12. Aufl. 2024, Vorbemerkung zu §§ 873–928, Rn. 2).

„Nach § 1 Abs 1 bis 3 GrEStG unterliegen der Steuer nur Rechtsvorgänge, die sich auf inländische Grundstücke beziehen. Der Begriff Inland ist im GrEStG ebenso wenig wie im EStG definiert. Welche Grundstücke als inländische Grundstücke anzusehen sind, ergibt sich aus der Natur des GrEStG als eines Gesetzes der Bundesrepublik Deutschland. Inländische Grundstücke sind daher nur die Grundstücke, die im Geltungsbereich des GrEStG belegen sind." (Viskorf, in Viskorf: Grunderwerbsteuergesetz Kommentar, 20. Aufl. 2022, § 2, Rn. 21).

Neben einem inländischen Grundstück muss als zweites Tatbestandsmerkmal ein Kaufvertrag o.ä. vorliegen, der den **Anspruch auf Übereignung** begründet. Das Grunderwerbsteuerrecht knüpft damit – anders als das Umsatzsteuerrecht – vorrangig an das schuldrechtliche Verpflichtungsgeschäft, die sog. „causa" an. Das Umsatzsteuerrecht knüpft dagegen an das sachenrechtliche Erfüllungsgeschäft an, z.B. Lieferung nach § 3 Abs. 1 UStG („Verschaffung der Verfügungsmacht").

Hinweis! Zur Veranschaulichung bzw. pointierten Wiederholung des Abstraktionsprinzips (und weiterer Grundprinzipien) wird auf das Beispiel bei Fischer, Wirtschaftsprivatrecht, Einführung in die Grundlagen und Kerngebiete des Wirtschaftsrechts, 2. Aufl. 2023 Kapitel 7.4.2, S. 85 ff. verwiesen.

Frage 5: Welche sog. „Ergänzungstatbestände" für Gesellschaften kennen Sie?

Antwort: Ergänzungstatbestände für Gesellschaften sind:
- § 1 Abs. 2 GrEStG,
- § 1 Abs. 2a GrEStG,
- § 1 Abs. 3 GrEStG,
- § 1 Abs. 3a GrEStG.

> **Hinweis!** Diese Ergänzungstatbestände sollten Sie zur Prüfung (wenigstens) einmal gelesen haben.

> **Frage 6:** Welche Steuervergünstigungen kennt das Grunderwerbsteuerrecht? Nennen Sie anschließend jeweils zwei nicht-gesellschaftsrechtliche und gesellschaftsrechtliche Vergünstigungen.

Antwort: Die Steuervergünstigungen sind (nicht) abschließend in den § 3-7 GrEStG genannt; im Einzelnen:
- § 3 GrEStG Allgemeine Ausnahmen von der Besteuerung,
- § 4 GrEStG Besondere Ausnahmen von der Besteuerung,
- § 5 GrEStG Übergang auf eine Gesamthand,
- § 6 GrEStG Übergang von einer Gesamthand,
- § 6a GrEStG Steuervergünstigung bei Umstrukturierungen im Konzern,
- § 7 GrEStG Umwandlung von gemeinschaftlichem Eigentum in Flächeneigentum.

Zu den nicht-gesellschaftsrechtlichen Steuervergünstigungen zählen §§ 3, 4 und 7 GrEStG. Zu den gesellschaftsrechtlichen Vergünstigungen zählen §§ 5–6a GrEStG.

> **Hinweis!** Diese Abgrenzung ist allerdings nicht vollständig „trennscharf", wird aber trotzdem aus systematischen Gründen verwendet.

Zwei Beispiele für nicht-gesellschaftsrechtliche Vergünstigungen sind:
- „der Grundstückserwerb durch den Ehegatten oder den Lebenspartner des Veräußerers" (§ 3 Nr. 4 GrEStG),
- „der Grundstückserwerb durch den früheren Ehegatten des Veräußerers im Rahmen der Vermögensauseinandersetzung nach der Scheidung" (§ 3 Nr. 5 GrEStG).

Zwei Beispiele für gesellschaftsrechtliche Vergünstigungen sind:
- Übergang eines Grundstücks vom Alleineigentum eines Personengesellschafters auf eine Gesamthand, d.h. auf die Personengesellschaft, an der er beteiligt ist (§ 5 Abs. 2 Satz 1 GrEStG),
- Umwandlungsvorgänge iSd. § 1 Abs. 1 Nr. 1 bis 3 UmwG (§ 6a GrEStG).

> **Hinweis!** Zu Steuerbefreiungen bei der Grunderwerbsteuer außerhalb des Grunderwerbsteuergesetzes wird auf Kugelmüller-Pugh, in: Viskorf, Grunderwerbsteuergesetz Kommentar, 21. Aufl. 2024, Anlagen 1 und 2 zu § 4 verwiesen.

> **Frage 7:** Was ist bei der Grunderwerbsteuer hinsichtlich der Bemessungsgrundlage und des Steuersatzes zu beachten?

Antwort: Der Grundsatz nach § 8 Abs. 1 GrEStG bestimmt die Bemessungsgrundlage nach der Gegenleistung. Besonderheiten ergeben sich nach § 8 Abs. 2 GrEStG. Der Steuersatz ist länderabhängig (§ 11 GrEStG).

> **Frage 8:** Welche verfahrensrechtlichen Aspekte sind bei der Grunderwerbsteuer zu beachten?

Antwort: Einige verfahrensrechtliche Aspekte sind in den §§ 13–17 GrEStG genannt; im Einzelnen handelt es sich um folgende Punkte:
- Steuerschuld (§§ 13–15 GrEStG),
- Nichtfestsetzung der Steuer, Aufhebung oder Änderung der Steuerfestsetzung (§ 16 GrEStG),
- Örtliche Zuständigkeit, Feststellung von Besteuerungsgrundlagen (§ 17 GrEStG).

16. Grunderwerbsteuerrecht

Steuerschuldner
In § 13 Nr. 1 GrEStG werden als Grundfall („regelmäßig") die an einem Erwerbsvorgang **als Vertragsteile** beteiligten Personen als Steuerschuldner bestimmt. Die §§ 13 Nr. 2–8 GrEStG behandeln den Steuerschuldner bei Sonderfällen. Bezogen auf das Grunderwerbsteuerrecht bei Gesellschaften sind insbesondere folgende Konstellationen zu nennen:
- Steuerschuldner bei einer Anteilsvereinigung von mindestens 90 % der Anteile in einer Hand (§ 1 Abs. 3 GrEStG): **der Erwerber** (§ 13 Nr. 5 Buchst. a GrEStG),
- Steuerschuldner bei einer Anteilsvereinigung von mindestens 90 % der Anteile in der Hand von herrschenden und abhängigen Unternehmen (§ 1 Abs. 3 GrEStG): **die Beteiligten** (§ 13 Nr. 5 Buchst. b GrEStG),
- Steuerschuldner bei einer (wenigstens) wesentlichen Änderung im Gesellschafterbestand einer Personengesellschaft (§ 1 Abs. 2 Buchst. a GrEStG): **die Personengesellschaft** (§ 13 Nr. 6 GrEStG),
- Steuerschuldner bei einer (wenigstens) wesentlichen Änderung im Gesellschafterbestand einer Kapitalgesellschaft (§ 1 Abs. 2 Buchst. b GrEStG), **die Kapitalgesellschaft** (§ 13 Nr. 7 GrEStG).

Entstehung der Steuer (in besonderen Fällen):
Die Grunderwerbsteuer entsteht nach § 38 AO, „sobald der Tatbestand verwirklicht ist, an den das Gesetz die Leistungspflicht knüpft." **§ 14 GrEStG enthält** allerdings besondere Vorschriften, wenn ein Erwerbsvorgang von einer Bedingung oder einer Genehmigung abhängt.

Fälligkeit der Steuer sowie Nichtfestsetzung der Steuer, Aufhebung oder Änderung der Steuerfestsetzung
Nach § 15 GrEStG wird die Steuer grundsätzlich einen Monat nach der Bekanntgabe des Steuerbescheids fällig. § 16 GrEStG enthält Verfahrensvorschriften zur Nichtfestsetzung der Steuer, Aufhebung oder Änderung der Steuerfestsetzung.

Örtliche Zuständigkeit, Feststellung von Besteuerungsgrundlagen (§ 17 GrEStG)
Nach § 17 Abs. 1 Satz 1 1. Hs. GrEStG ist grundsätzlich das Finanzamt örtlich zuständig, in dessen Bezirk das Grundstück liegt. Es existieren allerdings besondere Vorschriften für gesellschaftsrechtliche Umstrukturierungsvorgänge (§ 17 Abs. 3 GrEStG).

> **Hinweis!** Die Anzeigepflichten und die Unbedenklichkeitsbescheinigung werden aufgrund ihrer besonderen Bedeutung als verfahrensrechtliche Vorschriften nachfolgend in Frage 9 und 10 besprochen.

Frage 9: Was verstehen Sie unter Anzeigepflichten im Grunderwerbsteuerrecht?

Antwort: § 18 GrEStG bestimmt die Anzeigepflichten für Gerichte, Behörden und Notare. Diese Aufzählung ist abschließend, so haben z.B. Immobilienmakler keine Anzeigepflichten. Die Inhalte der „Anzeigen" sind in § 20 GrEStG definiert; im Einzelnen:
„(1) Die Anzeigen müssen enthalten:
1. Name, Vorname, Anschrift, Geburtsdatum sowie die Identifikationsnummer gemäß § 139b der Abgabenordnung oder die Wirtschafts-Identifikationsnummer gemäß § 139c der Abgabenordnung des Veräußerers und des Erwerbers, den Namen desjenigen, der nach der vertraglichen Vereinbarung die Grunderwerbsteuer trägt, sowie Name und Anschrift dessen gesetzlichen Vertreters und gegebenenfalls die Angabe, ob und um welche begünstigte Person im Sinne des § 3 Nummer 3 bis 7 es sich bei dem Erwerber handelt; bei nicht natürlichen Personen sind bis zur Einführung der Wirtschafts-Identifikationsnummer gemäß § 139c der Abga-

benordnung die Register- und die für die Besteuerung nach dem Einkommen vergebene Steuernummer des Veräußerers und des Erwerbers anzugeben;
2. die Bezeichnung des Grundstücks nach Grundbuch, Kataster, Straße und Hausnummer, den Anteil des Veräußerers und des Erwerbers am Grundstück und bei Wohnungs- und Teileigentum die genaue Bezeichnung des Wohnungs- und Teileigentums sowie den Miteigentumsanteil;
3. die Größe des Grundstücks und bei bebauten Grundstücken die Art der Bebauung;
4. die Bezeichnung des anzeigepflichtigen Vorgangs, den Tag der Beurkundung und die Urkundennummer, bei einem Vorgang, der einer Genehmigung bedarf, auch die Bezeichnung desjenigen, dessen Genehmigung erforderlich ist, bei einem Vorgang unter einer Bedingung auch die Bezeichnung der Bedingung;
5. den Kaufpreis oder die sonstige Gegenleistung (§ 9);
6. den Namen und die Anschrift der Urkundsperson.

(2) Die Anzeigen, die sich auf Anteile an einer Gesellschaft beziehen, müssen außerdem enthalten:
1. die Firma, den Ort der Geschäftsführung sowie die Wirtschafts-Identifikationsnummer der Gesellschaft gemäß § 139c der Abgabenordnung; bis zur Einführung der Wirtschafts-Identifikationsnummer gemäß § 139c der Abgabenordnung ist die Register- und die für die Besteuerung nach dem Einkommen vergebene Steuernummer der Gesellschaft anzugeben;
2. die Bezeichnung des oder der Gesellschaftsanteile;
3. bei mehreren beteiligten Rechtsträgern eine Beteiligungsübersicht."

Der Vollständigkeit halber sei angemerkt, dass der Notar keine Angaben über den baulichen Zustand (z.B. „gut erhalten") noch über bauliche Besonderheiten (z.B. „Schwimmbad") zu berichten hat. Die Frist für die Anzeige beträgt nach § 18 Abs. 3 Satz 1 GrEStG zwei Wochen nach der Beurkundung o.ä.

Frage 10: Was ist eine sog. „Unbedenklichkeitsbescheinigung"?

Antwort: Bei der Unbedenklichkeitsbescheinigung handelt es sich um einen Verwaltungsakt nach § 118 AO. Nach § 22 Abs. 2 Satz 3 GrEStG ist diese Bescheinigung schriftlich (= **nicht** digital) von der Finanzverwaltung zu erteilen. Zuständig ist das jeweilige Lagefinanzamt (§ 17 Abs. 1 GrEStG). Sinn der sog. Unbedenklichkeitsbescheinigung ist eine sog. „Grundbuchsperre", d.h. vorher kann der Eigentümerwechsel im Grundbuch nicht eingetragen werden (§ 22 GrEStG). Gemäß § 22 GrEStG gilt Folgendes:
„(1) Der Erwerber eines Grundstücks darf in das Grundbuch erst dann eingetragen werden, wenn eine Bescheinigung des für die Besteuerung zuständigen Finanzamts vorgelegt wird (§ 17 Abs. 1 Satz 1) oder Bescheinigungen der für die Besteuerung zuständigen Finanzämter (§ 17 Abs. 1 Satz 2) vorgelegt werden, daß der Eintragung steuerliche Bedenken nicht entgegenstehen. Die obersten Finanzbehörden der Länder können im Einvernehmen mit den Landesjustizverwaltungen Ausnahmen hiervon vorsehen.
(2) Das Finanzamt hat die Bescheinigung zu erteilen, wenn die Grunderwerbsteuer entrichtet, sichergestellt oder gestundet worden ist oder wenn Steuerfreiheit gegeben ist. Es darf die Bescheinigung auch in anderen Fällen erteilen, wenn nach seinem Ermessen die Steuerforderung nicht gefährdet ist. Das Finanzamt hat die Bescheinigung schriftlich zu erteilen. Eine elektronische Übermittlung der Bescheinigung ist ausgeschlossen."

Hinweis! Zu weiteren Details der Unbedenklichkeitsbescheinigung wird z.B. auf Loose, in Viskorf, Grunderwerbsteuergesetz Kommentar, 21. Aufl. 2024, § 22, Rn. 5–12 m.w.N. verwiesen.

16.2 7 Fälle zum Grunderwerbsteuerecht

Fall 1: Die "Swing-GmbH" (kurz: „SD") ist Eigentümerin eines Golfplatzes einschließlich aller Einrichtungen in München. Die GmbH verkauft das gesamte Unternehmen an den US-amerikanischen Milliardär Gill. Ihnen liegt der notariell beurkundete Kaufvertrag vor, der unter dem Punkt „5. Kaufpreis und Aufteilung" folgende Ausführungen enthält.
„Der Kaufpreis von 10.000.000 € teilt sich wie folgt auf:

Grund und Boden:	5.000.000 €
Abschlagbahnen:	2.000.000 €
Mehrere Kioske (ohne Vorräte):	500.000 €
Duschräume und Toiletten:	1.000.000 €
Küchen- und Ausschankeinrichtungen:	1.500.000 €
Summe	**10.000.000 €**

Ermitteln Sie die Grunderwerbsteuer, die Gill an das bayerische Finanzamt zahlen muss.

Lösung: Der Kaufvertrag zwischen SD und Gill führt zu einem grunderwerbsteuerbaren Vorgang nach § 1 Abs. 1 Nr. 1 GrEStG, soweit es sich um ein inländisches Grundstück handelt. Nach § 2 Abs. 1 Satz 1 GrEStG wird für den Begriff des Grundstücks auf die bürgerlich-rechtliche Definition zurückgegriffen (vgl. B 16.1 Frage 4). Nicht zu den Grundstücken zählen allerdings gemäß § 2 Abs. 1 Satz 2 Nr. 1 „Maschinen und sonstige Vorrichtungen aller Art, die zu einer Betriebsanlage gehören", d.h. die sog. „Betriebsvorrichtungen". Der Begriff ist identisch mit dem bewertungsrechtlichen Begriff nach § 68 Abs. 2 Nr. 2 und § 176 Abs. 2 Nr. 2 BewG.

Steuerartenübergreifend erfolgt die Abgrenzung anhand der gleichlautenden Erlasse vom 05.06.2013 (S 3130, BStBl I 2013, 734). Anlage 2 des o. g. Abgrenzungserlasses enthält unter Tz. 12 Ausführungen zu Golfplätzen. Nicht zu den Grundstücken zählen damit nach Tz. 12.2 „besonders hergerichtete „Abschläge", Spielbahnen, „roughs" und „greens" (Spielbefestigung, Drainage, Rasen) sowie nach Tz. 12.15 Küchen- und Ausschankeinrichtungen. Als Grundstück sind nach Tz. 12.1, 12.11 und 12.14 der Grund und Boden, die Kioske sowie die Küchen- und Ausschankeinrichtungen zu qualifizieren.

Im Ergebnis sind aus dem Kaufpreis 2.000.000 € (Abschlagbahnen) und 1.500.000 € (Küchen- und Ausschankeinrichtungen) auszunehmen. Im Ergebnis wurden inländische Grundstücke mit einem Wert von 6.500.000 € übertragen. Steuerbegünstigungen sind nicht ersichtlich. Nach §§ 8 Abs. 1, 9 Abs. 1 Nr. 1 GrEStG beträgt damit die Gegenleistung 6.500.000 €. Der Steuersatz beträgt nach § 11 Abs. 1 GrEStG 3,5 %, mithin 227.500 € (§ 11 Abs. 2 GrEStG). G hat diesen Betrag an das Finanzamt zu entrichten.

Fall 2: Der verwitwete Vater V überträgt entgeltlich an seinen Sohn S1 eine Eigentumswohnung und an seinen Sohn S2 ein kleines Einfamilienhaus mit je einer Gegenleistung von 300.000 €. Seiner einzigen Tochter T überträgt er unentgeltlich ein Penthouse mit einem Verkehrswert von 650.000 €. Zudem überträgt S1 dem S2 eine Eigentumswohnung für eine Gegenleistung von 400.000 €. Beurteilen Sie, welche Sachverhalte grunderwerbsteuerbar und ggfs. steuerfrei oder steuerpflichtig sind.

Lösung: Alle Vorgänge sind nach § 1 Abs. 1 Nr. 1 GrEStG grunderwerbsteuerbar. Steuerfrei sind die Übertragungen an die Söhne S1 und S2 als Erwerb in gerader Linie (§ 3 Nr. 6 GrEStG) und als Schenkung an die Tochter T (§ 3 Nr. 3 GrEStG). Für die entgeltliche Übertragung von S1 an S2 für 400.000 € ist die Gegenleistung nicht steuerfrei, da dieses Verwandtschaftsverhältnis nicht in gerader Linie, sondern in Seitenlinie besteht (§ 3 Nr. 6 GrEStG).

Fall 3: Anton und Bertram sind seit sieben Jahren Gesellschafter der AB-Immobilien-OHG. Sie sind jeweils zu 50 % an der OHG beteiligt. Aufgrund der seit 2023 fallenden Immobilienpreise möchten beide ihre Gesellschaft an zwei institutionelle Anleger (I1 und I2) verkaufen. Da sich beide allerdings nicht vollständig von „ihrer" OHG „lösen" können, halten sie jeweils 3,5 % der Anteile zurück. Welche grunderwerbsteuerlichen Konsequenzen ergeben sich?

Lösung: Der Vorgang ist steuerbar. Nach § 1 Abs. 2a GrEStG gilt Folgendes:
„Gehört zum Vermögen einer Personengesellschaft ein inländisches Grundstück und ändert sich innerhalb von zehn Jahren der Gesellschafterbestand unmittelbar oder mittelbar dergestalt, dass mindestens 90 vom Hundert der Anteile am Gesellschaftsvermögen auf neue Gesellschafter übergehen, gilt dies als ein auf die Übereignung eines Grundstücks auf eine neue Personengesellschaft gerichtetes Rechtsgeschäft".

Im Sachverhalt werden 93 % der Anteile übertragen, sodass der Vorgang grunderwerbsteuerbar ist, obwohl der Grundbesitz nach Veräußerung der Anteile an I1 und I2 weiterhin der OHG „gehört".

Fall 4: Anton ist zudem alleiniger Gesellschafter der A-AG. Die Bilanz der A-AG enthält umfangreiches Immobilienvermögen. Da Anton nunmehr seinen Ruhestand genießen und auf große Segelfahrt gehen möchte, verkauft er seine gesamten Anteile an den weitaus jüngeren Bertram. Welche grunderwerbsteuerlichen Konsequenzen ergeben sich?

Lösung: Der Verkauf der Anteile durch Anton bzw. der Erwerb der Anteile durch Bertram ist nach § 1 Abs. 3 Nr. 3 GrEStG steuerbar.

Fall 5: Anton, Bertram und auch Caspar sind Gesellschafter der ABC-Immobilien-OHG. Die Beteiligungsverhältnisse stellen sich wie folgt dar: 50 %/25 %/25 %. Anton und Bertram besitzen je zur Hälfte ein inländisches Grundstück, welches sie an die ABC-Immobilien-OHG verkaufen. Welche grunderwerbsteuerlichen Konsequenzen ergeben sich?

Lösung: Der Vorgang ist steuerbar (§ 1 Abs. 1 Nr. 1 GrEStG). Da Anton sowohl am Grundstück als auch an der OHG zu 50 % beteiligt ist, ist der Vorgang nach § 5 Abs. 1 GrEStG vollständig steuerfrei. Bei Bertram gehen allerdings 25 % der Anteile an die OHG über. Es findet also ein Eigentumswechsel von 25 % statt. Der Vorgang ist damit in Höhe von 25 % steuerbar und steuerpflichtig (§ 5 Abs. 1 GrEStG).

Fall 6: Anton verkauft Bertram zudem ein Schloss in Hannover-Herrenhausen (Niedersachsen) mit einem zutreffenden Wert von 3.000.000 €, welches er erstens aufgrund seines Alters und zweitens aufgrund seiner großen Segelfahrt (Fall 4) nicht mehr beibehalten und benutzen will. Anton und Betram sind sich einig, dass Anton aufgrund des hohen Kaufpreises die Grunderwerbsteuer an das Finanzamt entrichten bzw. auch wirtschaftlich tragen soll. Welche grunderwerbsteuerlichen Konsequenzen ergeben sich?

Lösung: Steuerschuldner sind der Grundstückserwerber und der -veräußerer. Sie sind Gesamtschuldner (§ 13 GrEStG i.V.m. § 44 AO).

Das bedeutet, dass beide die Steuer schulden, insgesamt aber nur einmal die Steuer gezahlt werden muss. Bemessungsgrundlage ist der Wert der Gegenleistung (§ 8 Abs. 1 GrEStG). Der Steuersatz ist grundsätzlich in § 11 GrEStG festgelegt. Nach Art. 105 Abs. 2a S. 2 GG haben aber die Länder die Möglichkeit, einen abweichenden Steuersatz als 3,5% festzulegen. Für Niedersachsen gilt ein Grunderwerbsteuersatz von 5,0 % (vgl. hierzu: Viskorf, in: Viskorf, Grunderwerbsteuergesetz Kommentar, 21. Aufl. 2024, § 11, Rn. 19 m.w.N.).

16. Grunderwerbsteuerrecht

Die Bemessungsgrundlage für die Grunderwerbsteuer beträgt daher 3.108.808 € [Rechenweg: 3.000.000 €/(100 % ./. 5,0 %, mithin 3.000.000 €/95 %). Die Grunderwerbsteuer beträgt folglich 108.808 € (3.108.808 € x 5,0 %).

> **Hinweis!** Da diese Lösung steuerlich ungünstiger ist, wird in der Praxis meistens vereinbart, dass alleine der Käufer die Grunderwerbsteuer zahlen und tragen soll.

> **Fall 7:** Bertram wird der gesamte internationale „Immobilien-Trubel" nunmehr zu viel. Er beschließt seinen Immobilienbesitz auf die Bundesrepublik Deutschland zu beschränken. Aus diesem Grunde verkauft er seine Eigentumswohnung mit direktem Blick auf den Yachthafen von Palma de Mallorca/Spanien („Marina Port de Mallorca") an Caspar für 1.500.000 €. Sowohl Bertram als auch Caspar verfügen über die deutsche Staatsangehörigkeit, sind in der Bundesrepublik Deutschland unbeschränkt einkommensteuerpflichtig und gelten auch nach dem DBA-Spanien (Art. 4) als in Deutschland ansässig. Welche grunderwerbsteuerlichen Konsequenzen ergeben sich?

Lösung: Der Grunderwerbsteuer unterliegen grundsätzlich Rechtsvorgänge, die sich auf den Anspruch auf Übereignung eines inländischen Grundstücks beziehen (§ 1 Abs. 1 Nr. 1 GrEStG). Darunter fallen nur diejenigen Grundstücke, die im Geltungsbereich des Grundgesetzes befinden, mithin nicht auf Spanien (amtlich: Reino de España). Auf den Ort, an dem das Erwerbsgeschäft abgeschlossen wird, kommt es ebenso wenig an wie auf die Nationalität der daran beteiligten Personen. Bezogen auf den o.g. Sachverhalt ergeben sich keine (deutschen) grunderwerbsteuerlichen Konsequenzen.

Stichwortverzeichnis

Symbole
4200-Zollverfahren 160

A
Abbruch
- eines Gebäudes 206
- -kosten 206

Abgeltungssteuer 78
Abgrenzung latenter Steuern 209
Abnahme eines Werkes
- BGB 267

Abrechnungsbescheid nach § 218 Abs. 2 AO 180
Abschlagsrechnungen 194
Abschluss
- eines Sachdarlehensvertrags 275

Abschmelzungsmodell 226
Abschreibung
- auf den niedrigeren beizulegenden Wert 192
- auf den niedrigeren Teilwert 192
- von Beteiligungswerten an Kapitalgesellschaften 193

Absonderung 302
Abspaltung 113, 130
Abstrakte Sicherungsmittel 266
AfA
- degressive 205

AGB 275
- Einbeziehung 275
- -Klausel in den Darlehensverträgen der Mercedes-Benz Bank 270

Aktien- und Immobilienfonds 55
Aktienveräußerung
- Verluste 55

Aktive latente Steuern 210
Aktive Rechnungsabgrenzung 208
Aktivierte Umsatzsteuer auf Anzahlungen 208
Aktiv-Passiv-Tausch 91
Akzessorische Kreditsicherheit 266
Alleinerbe 267
Allgemeine Gruppenfreistellungsverordnung 248
Altenpfleger 110
Amtshilfe 232
Amtsträger 178
Änderung
- bei der Grundbesitzbewertung für Zwecke der Erbschaft-, Schenkung- und Grunderwerbsteuer 223
- des Befristeten Rahmens für staatliche Beihilfen zur Stützung der Wirtschaft infolge des Angriffs Russlands auf die Ukraine – Krisenbewältigung und Gestaltung des Wandels (C/2023/1188) 250
- des Einkommensteuerbescheid 184
- des Gewerbesteuermessbescheids 112

Anerkennung einer im EU-Ausland niedergelassenen Steuerberatungsgesellschaft 257
Anfahrt 20, 21
Anfechtungsklage 167
Anschaffungskosten
- gebrauchter Lkw 207
- negative 84

Anschaffungsnebenkosten 195
- Aktivierung 195

Ansiedlungsbeiträge 196
Ansprüche aus dem Steuerschuldverhältnis 162
Anteile
- einbringungsbezogene 120
- Tausch 119

Anteilstausch
- steuerneutral 119

Anteilsvereinigung mit anschließender Anwachsung in der GmbH 103
Antizyklische Fiskalpolitik 244
Antrag
- auf Feststellung eines fortführungsgebundenen Verlustvortrages 79
- -sveranlagung 175

Anwachsung 103
Anzahlung 208
- erhaltene 208
- für eine Lieferung 208

Anzeigepflicht
- Erbschaftsteuer 221

Arbeitslosenquote 245
Atypisch stille Gesellschafter 57
Aufbereitung des Vortragsthemas 24
Auf besonderen Verpflichtungsgründen beruhende lebenslange und wiederkehrende Versorgungsleistungen 50
Aufbewahrung
- -sfristen 198
- -spflichten 198

Auflösung
- der GbR 287
- einer GmbH 98

Aufrechnung 184
- bei Zusammenveranlagung 185

Aufspaltung 113
Aufteilung der Anschaffungskosten 195
Aufwands- und Ertragskonsolidierung 200
Aufwendungen 211
Ausgaben 211
Ausgleichszahlungen
- im Zusammenhang mit der Beendigung des Leasingvertrages 153
- im Zusammenhang mit der Beendigung von Leasingverträgen 138

Ausgliederung 113

Auskunfts- und Zeugnisverweigerungsrecht des Steuerberaters als Richter 255
Auskunftsverweigerungsrecht 164, 253
Ausschließung aus dem Beruf 263
Ausschüttbarer Gewinn 100
Außenanlagen 206
Außenbeitragsquote 245
Außenfinanzierung 236
Außen-GbR 286
Außengesellschaften
– werden per Gesetz vollumfänglich rechtsfähig 268
Außenhaftung 53
Außenprüfung 170, 183, 187
– Ergebnis der 171
– Prüfungsbericht 171
– Prüfungsgrundsätze 171
– sachlicher Umfang 170
– Schlussbesprechung 171
– Zulässigkeit 170
Außenprüfung bei einem Steuerpflichtigen
– Teilnahme eines Gemeindebediensteten 105
Äußerer Betriebsvergleich 237
Außerplanmäßige Abschreibung in Handelsbilanz und Steuerbilanz 193
Aussonderung 302
Aussonderungsrechte und Verpflichtungen gegenüber Arbeitnehmern 304
Auswertung der Prüfungsergebnisse der Jahre 2011 bis 2023 4
Auszahlungen 211

B

Bannbruch 177
Baraufgabe 207
Basiszins 243
– -satz 243
Bauliche Maßnahmen durch die mittels Einbaus oder Aufstellung einer Heizungsanlage 268
Bauzeitversicherungen 196
Bebautes Grundstück 203, 206
Begünstigung nach § 13a ErbStG 228
Beihilfegenehmigungen 248
Beihilfen
– im Zuge der Coronakrise 247
– vorherige Genehmigung 247
Beihilferecht 247
Beispiele für Themen zur Selbstausarbeitung von Vorträgen 28
Beistellung eines Restrukturierungsbeauftragten durch das Gericht 304
Beitragszahlung an die Berufskammer 260
Belastung mit Schenkungsteuer 231
Benutzung nicht zugelassener Hilfsmittel 3
Beratungsfehler des Steuerberaters 258

Beratungsstelle 261
Bereicherung 228
Berichtigung
– des Vorsteuerabzugs 147
– -smöglichkeit nach § 129 AO 88
– -svorschriften 186
Berichtigung von Steuerverwaltungsakten
– Grundlagenbescheid 173
– Korrekturvorschriften 172
– neue Tatsachen oder Beweismittel 173
– Voraussetzungen 172
Berliner Testament 217, 225
Berufliche Tätigkeit eines Steuerberaters 252
Berufsausübungsgesellschaft 255
– Anerkennung 256
– Rechtsform 256
Berufsgerichtliche Maßnahmen 254
– gem. § 106 StBerG 263
Berufsgerichtliches Verfahren 254
Berufshaftpflichtversicherung 257
– Bescheinigung über den Abschluss 257
– Mindestversicherungssumme je Versicherungsfall 257
Berufs- oder Vertretungsverbot 263
Berufsordnung 253
Berufsrecht 252
– Stellvertreter 262
Bescheid über die gesonderte und einheitliche Feststellung von Besteuerungsgrundlagen 189
Beschlagnahmeverbot im Strafprozess 253
Beschlagnahmung von schriftlichen Unterlagen und Aufzeichnungen im Strafverfahren beim Steuerberater 255
Beschränkte Steuerpflicht 232
– ErbSt 219
Beschränkung der Vertretungsbefugnis der Geschäftsführung 288
Beschwerde gegen die Nichtzulassung 180
Besitzunternehmen 50
Besondere Pflichten für Zahlungsdienstleister 152
Besonderes elektronische Steuerberaterpostfach 259
BeSt 259
Bestandskräftige Steuerbescheide 173
Bestellung
– Verzicht auf 263
Besteuerung
– der Anteilseigner 119
– der Renten 53
– einer KGaA 83
– -santeil der Rente 54
– von Investmentfonds des Privatvermögens 55
Bestimmung der zutreffenden Höhe des steuerlichen Einlagekontos 89
Beteiligung
– als stiller Gesellschafter 297

- an einer ausländischen Kapitalgesellschaft 83
- im Sinne des § 17 Abs. 1 EStG 98

Betonung 20

Betrieb
- einer Photovoltaikanlage 138
- gewerblicher Art 78
- im Ganzen 191
- -sprüfungsordnung 170
- -sstätten 87
- -sunternehmen 50
- -svergleich 237
- -svorrichtung 205
- -swirtschaftslehre 236

Betriebsaufspaltung 50
- Arten 51
- Grundsätze der mitunternehmerischen 50
- mitunternehmerische 50
- Voraussetzungen 50
- wesentliche Betriebsgrundlage 50

Betriebsvermögen
- Begünstigungen 226
- -svergleich 198
- Wertpapiere 54

Bewertung
- einer vollständig zu Wohnzwecken vermieteten Eigentumswohnung 224
- einer wertgeminderten Beteiligung 192
- eines Unternehmens 236

Bezüge des Anteilseigners 94
BGB 278, 285

Bilanz
- -analyse 238
- einer A&B-OHG bei Buchwertverknüpfung 133
- -kritik 238
- -sprungrisiko 303

Bilanzielle Überschuldung 313

Bilanzierung
- von Grundvermögen 195

Bildung eines Investitionsabzugsbetrags
- betriebliche Nutzung 214

Bitcoin 72
Blickkontakt 18, 26
Bonuszahlungen 63
BOStB 253

Bruchteil
- -sgemeinschaft 286
- -sgrenze 204

Bruttoinlandsprodukt 245
Buchführungspflicht 197, 281
- derivate 197
- originäre 197

Buchwert
- -ansatz 114
- -einbringung 130
- -verknüpfung 128

Buchwertfortführung 132
- Antrag 134
- fiktive Ausschüttung 133

Bundessteuerberaterkammer
- Aufgaben 259

Bürgerliches Gesetzbuch 265
- fünf Bücher des 265

Bürgerliches Recht 265

Bürgschaft
- eines Kaufmanns 284
- per E-Mail oder sonstiger elektronischer Form 284
- -serklärung 284
- -szusage 281

C

CETA 246
Commercial Due Diligence 294
Comprehensive Economic and Trade Agreement 246
Corona-Hilfen 201
Corona-Krise 239
- Beihilfen 247

D

Darlehen
- schädliche Gegenleistung 135
- -sgeber 275
- -snehmer 275

Darlehensgewährung
- schädliche Gegenleistung 135

Darlehensvergabe innerhalb des Konzerns mit zu hohen/zu niedrigen Zinssätzen 84
Datenschutzbestimmungen 254
Datenzugriffsrecht 171
DCF-Verfahren 236
Deckungsbeitrag 241
- -srechnung 241

Degressive Abschreibung
- für bewegliche Wirtschaftsgüter des Anlagevermögens 206

De-minimis-Verordnung 248
Derivate Buchführungspflicht 197
Dezemberhilfe 201, 216
Dienstleistungsfreiheit 257
Dienstvertrag 265
- und Werkvertrag 265

Diesel-Abgasskandal 270
Direkte Steuer 105
Discounted-Cashflow-Verfahren 236
Dividenden 96
- aus Streubesitzbeteiligungen 99

Doppelbesteuerung 229
- -sabkommen 219

Drohende Zahlungsunfähigkeit 301
Due Diligence 294

E

Echte Betriebsaufspaltung 51
Echter Schadenersatz 137
  – Beispiele 137
Echte und unechte Betriebsaufspaltung 51
Eigenbetriebliche Nutzung des Grundstücks 204
Eigenkapital
  – -rentabilität 236
Eigentümer 274
Eigenverantwortlichkeit 253
Einbau
  – einer Heizungsanlage 204
  – eines Lastenaufzugs 204
  – von Trennwänden 204
Einbringung
  – als Sachagio 298
  – bei der Umwandlung einer Personenhandelsgesellschaft in eine Kapitalgesellschaft 116
  – Betriebsvermögen mit Buchwert, Teilwert oder Zwischenwert 131
  – Buchwert oder Zwischenwert 116
  – einer freiberuflichen Praxis 129
  – einer Praxis in die GbR 129
  – gegen Gewährung von Gesellschaftsrechten in eine Personengesellschaft 129
  – gem. § 20 UmwStG 297
  – gemeiner Wert 116
  – Gewinnrealisierung 116
  – im Sinne von § 24 UmwStG 136
  – in eine Kapitalgesellschaft 113
  – in eine Personengesellschaft 113
  – i.S.d. § 20 UmwStG 115, 131
  – -sgegenstand 116
  – von Betriebsvermögen in eine Kapitalgesellschaft 115
  – von Wirtschaftsgütern 52
  – zivilrechtliche 116
Einbringung eines Einzelunternehmens in eine GmbH
  – Beispiel 117
Einbringungen in Kapitalgesellschaften
  – Entnahmen im Rückwirkungszeitraum 117
Einbringungen
  – von einzelnen Wirtschaftsgütern aus dem Betriebsvermögen 52
  – von einzelnen Wirtschaftsgütern aus dem Privatvermögen 52
Einbringungsgewinn 130
  – I 119
  – II 119
Einfuhr in Deutschland 159
Eingeschränktes Auskunftsverweigerungsrecht für Unbeteiligte 164
Eingetragene Gesellschaft bürgerlichen Rechts 293

Einheitlicher Gewerbebetrieb 106, 109
Einheitliche und gesonderte Feststellung 78
Einheitstheorie 277
Einkaufskommission 202
Einkommensteuer 50
Einkommensteuerbescheid
  – Änderung 184
Einkünfte
  – aus den gesetzlichen Rentenversicherungen 53
  – aus Kapitalvermögen 54, 78
Einladung und Ablauf der mündlichen Prüfung 1
Einlage
  – des Kommanditist 53
  – einer Beteiligung i.S.v. § 17 Abs. 1 EStG 192
  – einer wertgeminderten Beteiligung 192
  – -nrückgewähr 101
Einlagelösung nach § 14 Abs. 4 KStG 104
Einnahmen
  – aus Kapitalvermögen 98
  – aus nichtselbständiger Arbeit 58
Einrede der Vorausklage gem. § 771 BGB 281
Einspruch 185
  – Einspruchsfrist 186
Einstiegsfrage 192
Eintragung im Transparenzregister 292
Einwendungen 3
Einwendungen, die Feststellungen eines Grundlagenbescheides betreffen 189
Einzelrechtsnachfolge 116
Elektronische Form nach § 126a BGB 265
Elektronische Rechnung ab dem 1.1.2025 152
Elektronisches Gläubigerinformationssystem 306
Entnahme zu unternehmensfremden Zwecken 91
Entstrickung 88
Equitykonsolidierung 277
Erbanfallkosten in § 10 Abs. 5 Nr. 3 Satz 2 ErbStG 222
Erbanfallschuld 233
Erbauseinandersetzung 65
Erbe 217
  – dritter Ordnung 267
  – erster Ordnung 218, 266
  – vierter Ordnung 267
  – zweiter Ordnung 267
Erbengemeinschaft 294
Erbfolge 217
  – gewillkürte 217
Erblasserschulden 222
  – i.S.d. § 10 Abs. 5 Nr. 1 ErbStG 222
Erbrecht 266
Erbschaft
  – unter Auflage 233
Erbschaftsteuer
  – Bemessungsgrundlage 231
  – Doppelbesteuerung 229
  – Härteausgleich 229

Stichwortverzeichnis

- persönlicher Freibetrag 229
- Steuererklärungspflicht 221
- Steuerklasse 229
- steuerpflichtiger Erwerb 229, 234
- Steuersatz 229
- Stundung 220
- und Bewertung 217
- verdeckte Gewinnausschüttungen 226

Erbvertrag 217
Erdienbarkeit 82
Ergebnis der Prüfung 3
Erhebung der Gewerbesteuer 106
Erhöhung des Stammkapitals aus Gesellschaftsmitteln 294

Erklärung
- -sbewusstsein 273
- zur Festsetzung des Steuermessbetrages 188
- zur gesonderten Gewinnfeststellung 184

Erkrankung 3

Erlass
- von Steuerschulden 312
- -würdigkeit 312

Erlaubtes Offenbaren 179
Ermittlung des Gewerbeertrags 111
Eröffnung des Insolvenzverfahrens 238, 301, 302, 310, 312

Errichtung
- einer Halle 203
- einer Kapitalgesellschaft 78

Erstellung
- der Buchführung, pauschale Vergütung 258
- der Konzernbilanz 200

Erteilung einer Versorgungszusage 303

Ertrag
- -sanalyse 238
- -steuer 105
- -swertverfahren 223, 236

Ertragsteuerliche Behandlung von virtuellen Währungen 196

Ertragsteuerliche Organschaft
- Wechsel der bisherigen Behandlung von Minder- und Mehrabführungen 104

Erweitert beschränkte Steuerpflicht 219

Erwerb
- von begünstigten Betriebsvermögen 226
- von Todes wegen 218, 225

Erwerbsunfähigkeitsrente 54
EU-Ausland niedergelassene Gesellschaften 256

EU-Kommission
- Krisen- und Übergangsrahmen 249

Europäische Zentralbank 245
EZB 245

F

Fakultative Restrukturierungsbeauftragte 264

Fälle zum Grunderwerbsteuerrecht 321

Familien
- -erbfolge 266
- -heim 219
- -stiftung 218

Fernverkäufe aus dem Drittland 143
Fernverkaufsregelung 142

Festsetzung
- Verjährung 174

Festsetzungsfrist 188
- Ablauf 174
- Ablaufhemmungstatbestände 175
- Berechnung der 183
- Ende 175

Feststellung
- -sfrist für die Gewinnfeststellung 184
- -sklage 167

FGO
- Revision und Beschwerde 180

Fiktionstheorie 92
Fiktiver innergemeinschaftlichen Erwerb 154
Financial Due Diligence 294

Finanzanlagen
- Abschreibung 192

Finanzierung
- -sleasing 266

Finanzmarktintegritätsstärkungsgesetz 179
Fiskalpolitik 244, 245
Fixkostenerstattungen 201
Folgebescheid 173
Folgebewertung bei Vermögensgegenständen des Anlage- und Umlaufvermögens 192
Förderdarlehen an Unternehmen, die unter folgenden Auswirkungen des Ukraine-Krieges leiden 249

Forderungen
- aus Exportgeschäften 237
- aus Lieferungen und Leistungen 194

Forderungsverzicht mit Besserungsschein 302
Forfaiteur 237
Forfaitierung 237

Formwechsel 116
- einer GmbH in eine KG 115
- nach dem Umwandlungsgesetz 103

Fortführungsgebundener Verlustvortrag 79
- gem. § 8d KStG 102

Fortführungsprognose 313
Fragen zum Grunderwerbsteuerrecht 315
Freiheitsstrafe 176
Freiwillige Rückgängigmachung eines Investitionsabzugsbetrages 213
Fremdbetrieblich genutzter Grundstücksteil 203
Fremdkapitalzins 236
Fristenerlass 183
Fristverlängerung 183

G

GbR 285
- Abschluss eines Gesellschaftsvertrags 285
- Gesellschaftsvermögen 285
- nicht-rechtsfähige 293
- rechtsfähige 292
- Verschmelzung 297

Gebäude
- Ansatz in der Handelsbilanz 203

Gebrochene Beförderung oder Versendung 144
Gebührenverordnung 260
Geldstrafe 176
Geldwäschebekämpfung 291
Gemeindesteuer 105
Gemeinnützige Zwecke 173

Gemeinnützigkeit
- Begriff 173

Gemeinnützigkeitsrecht
- selbstlos 174

Gemeinnützigkeitsstatus 174
Gemildertes Niederstwertprinzip 192
Gemischte Schenkung 230, 231
Gesamtkapitalrentabilität 236
Gesamtrechtsnachfolge 116, 128, 217
Gesamtumsatz im Sinne des § 19 Abs. 3 UStG 149

Geschäft
- -sfähigkeit 265
- -sführer 287
- -sveräußerung in Ganzen 138
- -swille 273

Geschenke 207

Gesellschaft 285
- -sformen 285
- -srecht 285

Gesellschafter
- einer PartGmbB 298
- -versammlung 288

Gesellschaftsregister 292
- Eintragungen 300
- Vertretungsbefugnis der Gesellschafter 300

Gesetz
- zur Modernisierung des Besteuerungsverfahrens 173
- zur Modernisierung der Körperschaftsteuer 77
- zur Modernisierung des Personengesellschaftsrechts 289
- zur Modernisierung des Personengesellschaftsrechts (MoPeG) 292
- zur Stärkung der Aufsicht bei Rechtsdienstleistungen und zur Änderung weiterer Vorschriften 252
- zur vorübergehenden Aussetzung der Insolvenzantragspflicht und zur Begrenzung der Organhaftung bei einer durch die COVID-19-Pandemie bedingten Insolvenz 239
- zur weiteren Digitalisierung der Justiz 306

Gesetzliche Erbfolge 217, 218, 266, 294
Gesonderte Feststellung nach § 27 Abs. 2 S. 1 KStG 101
Gesonderte Prüfungsanordnungen für die Gesellschafter 190
Gestik 20
Gesundheit 20

Gewährleistungen
- die ohne rechtlichen Grund erbracht werden 199

Gewährung neuer Anteile 121

Gewerbe
- -ertrag 107
- -verlust 107

Gewerbebetrieb 105
- kraft Tätigkeit 106

Gewerbeertrag
- Darlehenszinsen 109

Gewerbesteuer 105
- -aufkommen 105
- -bescheid 107
- Besitzgesellschaft 109
- Betriebsaufspaltung 110
- Betriebsstätten 112
- Betriebsstätten in unterschiedlichen Gemeinden 108
- Betriebsunternehmen 110
- fehlerhafter Gewerbesteuermessbescheid 112
- Festsetzung der Steuermessbeträge 106
- Gewinnausschüttungen 110
- -messbescheid 107, 112
- -messbetrag 112
- -pflicht 105, 108
- Steuerart 105
- Steuerobjekt 105
- Steuersubjekt 105
- Verlustrücktrag 107
- Verlustverrechnung 107
- Vermietung nur eines Wohnmobils 111
- Vermögensverwaltung 111
- Verpachtung 109
- Verwaltung der 106
- Vorauszahlungen 111
- werbende Tätigkeit 109
- Widerspruch 112

Gewerbliches Unternehmen 105
Gewerblich geprägter Gewerbebetrieb 108
Gewillkürte Erbfolge 217

Gewinn
- aus der Veräußerung von Aktien 54
- aus Wertaufholung 83
- -erhöhung 202
- -rücklagen 84
- und Verlustrechnung 238

Gewinnausschüttung 99
- an den Gesellschafter 100

- an Gesellschafter 100
Gewinnfeststellungsbescheid
- geänderter 184

Gewissenhaftigkeit 253

Gleichartigkeit der Tätigkeit 106

GmbH
- -Anteile im Betriebsvermögen 94
- Eintragung ins Handelsregister 288
- Geschäftsführung 287, 288
- Organe 288
- Stammeinlage 288
- Stammkapital 288
- steuerliches Einlagekonto 100

GoBD
- Datenträgerüberlassung 172
- mittelbarer Zugriff 172
- unmittelbarer Zugriff 172

Going-concern-Prinzip 313

Goldene Bilanzregel 241

Grenzsteuerbelastung 244

Grundbesitzwert 223

Grundbuch 266
- Abteilung I 266
- Abteilung II 266
- Abteilung III 266
- -blatt 266

Grunderwerbsteuer
- Anzeigepflichten 319
- Bemessungsgrundlage 318
- Entstehung der Steuer 319
- Ergänzungstatbestände für Gesellschaften 317
- Erwerb in gerader Linie 321
- Erwerbsvorgang gemäß § 1 Abs. 1 Nr. 1 GrEStG 317
- Fälligkeit der Steuer sowie Nichtfestsetzung der Steuer, Aufhebung oder Änderung der Steuerfestsetzung 319
- Grundstücksverkauf Immobilien-OHG 322
- Örtliche Zuständigkeit, Feststellung von Besteuerungsgrundlagen (§ 17 GrEStG) 319
- Steuersatz 318
- Steuerschuldner 319
- Steuervergünstigungen 318
- Übertragung inländischer Grundstücke 321
- Unbedenklichkeitsbescheinigung 320
- Verfassungsrechtliche Grundlagen 316
- Verkauf von AG-Anteile 322
- Vermögen einer Personengesellschaft ein inländisches Grundstück 322
- zu anderen Steuerarten 316

Grunderwerbsteuerrecht 315
- durch das MoPeG 315
- gesamthänderische Vermögensbindung 315
- immobiliarrechtliche Umstrukturierungen von Personengesellschaften 315

- Steuerschuldner 322
- Übereignung eines ausländischen Grundstücks 323

Grundlagenbescheid 107, 173

Grundsatz
- der Firmenklarheit 280
- der mitunternehmerischen Betriebsaufspaltung 50

Grundstück
- Betriebsvermögen 204
- Miteigentümer 203
- -sarten 223
- -swert für ein Grundstück im Zustand der Bebauung 231

Grundstücksbewertung
- ErbSt 223

Grundstücksteil
- Betriebsausgaben 204
- gewillkürtes Betriebsvermögen 204
- notwendiges Betriebsvermögen 204

Gründung einer GmbH 288

Gütergemeinschaft 267

Güterrechtlicher Zugewinnausgleich 276

Gütertrennung 276

Gutgläubiger Erwerb eines Nichtberechtigten 274

Gutschrift 156

H

Haftpflichtversicherung
- Vermögensschaden- 257

Haftung
- Begriff 161
- betriebsbedingte Steuern 191
- der Vertreter und Geschäftsführer nach § 69 AO 162
- des Beraters nach dem SanInsFoG 314
- des Betriebsübernehmers 163
- des Handelnden kraft Rechtsscheins 282
- des Steuerhinterziehers und des Steuerhehlers 162
- einer Organgesellschaft, die selbst Organträger ist 163
- für Ansprüche aus dem Steuerschuldverhältnis 161
- für fehlerhafte Berufsausübung 298
- für Steuerschulden 161
- nach § 69 AO 162
- -sbescheid 191
- -sschuldner 188
- -statbestände und Verfahren 161
- -sumfang 163
- Umsatzsteuer-Abschlusszahlung 191
- zeitliche Grenzen 163

Haftungsanspruch 161
- nach der Abgabenordnung 191

Haftungsbescheid 191
  – Einspruch 191
Haftungsrecht
  – materielles 161
Handakten 255
Handel
  – -sgewerbe 281
  – -srecht 277
  – -sregister 281
Handelsbilanz 278
  – II 200
Handelsvertreter
  – Ausgleichsanspruch gem. § 89b HGB 282
Handlung
  – -sbevollmächtigte 278
  – -svollmacht 278
  – -swille 273
Häusliches Arbeitszimmer 59
Heizungsanlage 206
HGB 278
  – Spezialregelungen 278
Hilfsmittel 2
Hofbefestigung 206
Hypothek
  – Definition 266

I
Idealfall eines Vortrags und seine Gliederung 25
Import-One-Stop-Shop 143
Importzoll 244
Im Rang zurückgetretenes Darlehen 302
Industrieplan für den Grünen Deal 249
Inflation 244, 245
  – Folgen 245
Inflationsausgleichsprämie 58
Inhalt der beruflichen Tätigkeit eines Steuerberaters 252
Inländer 219
Inländischer stehender Gewerbebetrieb 105
Inlandsvermögen 232
Innenfinanzierung 236
Innerer Betriebsvergleich 237
Innergemeinschaftliche Lieferung 157
Innergemeinschaftlicher Erwerb 158
Innergemeinschaftliches Verbringen 154
Insichgeschäft i.S.d. § 181 BGB 275
Insolvenz
  – -antragsgrund 301, 310
  – -antragspflicht gem. § 15a InsO 313
  – Fortführungsprognose 310
  – -recht 301
  – -rechtliche Überschuldungsbilanz 301
Insolvenzantragspflicht 239
  – Besonderheitem im Jahr 2022 und 2023 309
  – Suspendierung 239

  – wegen Überschuldung 309
Insolvenzverfahren 301
  – Gläubigeransprüche 302
  – Ziele 302
Insolvenzverwalter 310
  – schwacher vorläufiger 305
  – starker vorläufiger 305
Investitionsabzugsbetrag 62, 211
  – außerbilanzielle Rückgängigmachung des 212
  – Bildung 211
  – Corona-Krise 213
  – Frist 213
  – gemäß § 7g Abs. 1 EStG 197
Investitionsanalyse 238
Investmentfonds
  – Besteuerung im Privatvermögen 55
Investmentsteuerreformgesetz 56

J
Journalisten
  – Verweigerungsrecht 164

K
Kalte Progression 244
Kapitalertragsteuer 78
Kapitalgesellschaft
  – Auflösung 78
  – Besteuerung 78
  – Eintragung in das Handelsregister 78
  – im Gründungsstadium 78
Kapitalkonsolidierung 200
Kapitalkonto 53
  – im Sinne des § 15a Abs. 1 S. 1 EStG 53
Kapitalwert 224
Katalogberuf 110
Kaufmann
  – gem. § 1 Abs. 1 HGB 281
  – -srecht 281
Kaufmännisches Bestätigungsschreiben 279
Kaufmannseigenschaft 279
  – Folgen 279
Kaufpreisallokation 278
Kaufpreis für Praxis
  – Aufteilung 210
Kaufvertrag 277
  – wirksamer 274
  – Zustandekommen 273
Keynesianismus 247
KfW-Sonderprogramm UBR 2022 249
KG 286
  – Haftung 286
KGaA
  – Einkünfte des Komplementärs 84
  – Kommanditaktionäre 84
Klage
  – Anfechtungs- 167

- Feststellungs- 167
- Leistungs- 167
- Sprung- 167
- Verpflichtungs- 167

Klagemöglichkeiten der Finanzgerichtsordnung 166
Kleidung 20
Kommanditisten 286
Kommissionär 277
Kommissionsgeschäft 277
Kommittenten 277
Komplementär 286

Konsolidierung
- Arten 277
- Methoden 200
- -skreis 277

Kontokorrentkonto 59
Kontrolle durch einen Videorecorder/Filmaufnahme 21
Kontrollmitteilung 170

Konzernabschluss 199
- aus den gleichen Inhalten wie ein Einzelabschluss 200
- Mutterunternehmen 200
- Tochterunternehmen 200

Konzernsummenbilanz 277
Körperschaftsteuer 77
Korrektur von Steuerbescheiden 173

Korrekturvorschriften
- für alle Verwaltungsakte, die keine Steuerbescheide sind 172
- für Steuerbescheide 173
- für Steuerbescheide nach Einzelsteuergesetzen 173

Kosten 211

Kreditsicherheit
- akzessorische 266

KStG
- Steuerfreibeträge 77

KSt-Option nach § 1a KStG 104
Kurzarbeitergeld 201
Kurzvortrag 3

L

Lastenaufzug 204
Last in first out 96

Leasing
- in der Umsatzsteuer 137
- -vertrag 265

Legal Due Diligence 294
Leichtfertige Steuerverkürzung 177
Leistungen 100
Leistungsklage 167
Leverage-Effekt 236

Lieferung
- bewegte 142

Liquidation
- Definition 314
- Unterschied zu einer Insolvenz 314

LLP
- Personengesellschaft oder Kapitalgesellschaft 296
- Rechtstypen-Vergleich 295
- steuerliche Behandlung 295
- Typus einer Personengesellschaft 296

Lohnsteuer
- Abführung 189

M

Magisches Viereck 245
Makroökonomie 243
Maßgeblichkeitsprinzip 212
Mehrabführungen 104
Mehr- und Minderabführungen 104
Mietereinbauten 205
- -Erlass 205

Mikroökonomie 243
Mimik 20
Minderabführungen 104
Minderung des Einlagekontos 101
Mindestbesteuerung 108
Mindeststammkapital einer SE 288
Miterben 294
Mittelwertverfahren 236
Mitunternehmeranteil 113
Mitunternehmerische Betriebsaufspaltung 51
- an einer freiberuflich tätigen Personengesellschaft 51

Modernisierungsmaßnahmen nach § 555b Nr. 1a BGB 267
Mündliche Verwaltungsakte 165

N

Nachehelicher Unterhalt 64
Nacherbe 233
- -nvermögen 234

Nacherbschaft 234
Nachfolgeklausel 288
Nachhaltige Berufsausübung 257
Nachhaltigkeit einer Tätigkeit 139
Nachlass
- -verbindlichkeiten 228, 233

Nachprüfung
- Vorbehalt der 188

Nachteile einer Organschaft 86
Näheverhältnis zwischen Gesellschafter und Vorteilsempfänger 86
Nasciturus 217
Negative Anschaffungskosten 84
Negative Publizität des Handelsregisters 279
Negativer Leverage-Effekt 236
Negatives Kapitalkonto des Kommanditisten 53

Nennkapitalrückzahlung 98
Nicht abzugsfähige Betriebsausgaben 193
Nicht akzessorische Kreditsicherheit 266
Nichtrechtsfähige GbR 286, 293
Nicht rechtsfähige Gesellschaft 269
Nichtverzinsung einer noch nicht geleisteten Einlage 82
Nichtzulassungsbeschwerde 181
Niederlassung 261
Nießbrauch
- Bewertung für Erbschaftsteuerzwecke 224

Nießbrauchsrecht
- Jahreswert 224

Nießbrauchsvorbehalt 224
Notwendiges Betriebsvermögen 203
Novemberhilfe 201, 216
Nutzung
- -sdauer eingebauter Wirtschaftsgüter 204

O

Objektsteuer 105
Offenbare Unrichtigkeit 88, 175, 186
- bei Erlass eines Verwaltungsakts 89

Offene Gewinnausschüttung 100
Offene Selbstfinanzierung 237
OHG 286
- Geschäftsführung 287

One-Stop-Shop 143
Operating-Leasing 265
Option des § 1a KStG 103
- fiktiver Formwechsel 103
- Folge aus Ausübung 103

Option nach § 9 UStG 145
Optionsverschonung 226
- Voraussetzungen 226

Option
- zur Besteuerung nach dem KStG wie eine Körperschaft 103
- zur Körperschaftsteuer 77

Organgesellschaft 140
Organschaft 139
- im Sinne des Umsatzsteuergesetzes 140
- Nachteile 86
- Umsatzsteuerliche Betriebsaufspaltung 140
- Vorteile 86

Originäre Buchführungspflicht 197
Ort
- der Leistung 154

P

Parentelsystem 266
Parkplatz 206
PartGmbB für Ärzte 298
Partnerschaft
- mit beschränkter Berufshaftung 298
- -sgesellschaft 294

Patronatserklärung 289
Pauschalierte Betriebsausgaben 94
Pausentechnik 19
Pensionsrückstellung 82, 94
- Erdienbarkeit 82
- fehlende Erdienbarkeit 82
- nicht beherrschende Gesellschafter-Geschäftsführer 82
- Unverfallbarkeit einer Zusage 82

Pensionszusage 94
Personal Due Diligence 294
Personelle Verflechtung 50
Personen
- -zusammenschlüsse 285

Personenbeförderung 159
Personengesellschaft 78, 285
Persönliches Erscheinungsbild 26
Persönliche Steuerpflicht
- ErbSt 218

Pfändungsfreigrenze 304
Pflichtteil
- -sanspruch 225
- -srecht 217

Pflicht zur Verschwiegenheit 253
Photovoltaikanlage 156
- Einnahmen aus der 75

Planmäßige Abschreibung 192
Planungszeiträume für die Erstellung von Eigenverwaltungs- und Restrukturierungsplanungen 309
Praxiswert 210
Preis
- -anstieg von Güterpreisen 245
- -nachlass 207
- -niveau 244
- -stabilität 245

Privatvermögen
- Wertpapiere 54

Prognosezeitraum des § 270a Abs. 1 Nr. 1 InsO 307
Prognosezeitraum für die Überschuldungsprüfung 309
Programmierbarer Taschenrechner 3
Prohibitivpreis 246
Prokura 278, 284
- Beschränkung des Umfangs der 279
- wirksame Erteilung 284

Prokurist 278
Prüfung
- der Verhältnisse der Gesellschafter ohne gesonderte Prüfungsanordnung 189
- -sausschuss 1
- -sgebiete 2
- -sgespräch 4
- -skommission 1
- -srunden 47
- -svortrag 21
- -szeit 2

Stichwortverzeichnis

Prüfungsanordnung 182, 183, 187, 190
- ordnungsgemäß 183
- und Beginn der Außenprüfung 171

Prüfungsdialog 26
- keine Antwort 27

Prüfungsprotokoll 45
- Muster 45

Prüfungstag
- Ablauf 18

Prüfungstipps
- lebendige Gestik 20
- lockere Haltung 20
- sprechende Mimik 20
- Wechsel der Lautstärke 20
- Wechsel der Pausenlänge 20
- Wechsel der Stimmlage 20
- Wechsel des Tempos 20

Psychologische Vorbereitung 21
Publikums-Investmentfonds 55

Q
Quotale Entrichtung 162

R
Realisationsprinzip 194
Realsteuer 105
Realteilung 136
- Bestandsvergleich 136
- durch Einzelübertragung 122
- Durchführung 122
- durch Spaltung des Rechtsträgers 122
- einer Personengesellschaft 122
- mit Buchwertfortführung 136

Rechnung eines Steuerberaters 260
Recht
- -sbehelfsbelehrung 187
- -sfähigkeit 265
- -smangel 274
- -sscheinhaftung 282

Rechtsfähige
- GbR 286, 292
- Gesellschaft 269
- Personengesellschaft 304

Rechtsfähigkeit
- von natürlichen Personen 265
- von Personengesellschaften 268

Rechtsfolgen der Organschaft 142
Rechtsform
- Berufsausübungsgesellschaft 256
- der GmbH 280
- der uGmbH 283
- des Organträgers 140
- -zusatz GmbH 283

Redemanuskript 24
Regelverschonung 226

Reihengeschäft 142, 144, 158
- Unmittelbarkeit 144

Reisegewerbebetrieb 105
Reiseleistungen
- Voraussetzungen 150

Renovierung
- Kosten 195
- Maßnahmen 195

Rentabilität
- -skennzahlen 236
- und Liquidität 237

Rentabilitätskennzahlen 236
Rente
- Besteuerungsanteil der 54
- Erwerbsunfähigkeits- 54

Renten
- Besteuerung 53

Reparatur einer Maschine 209
Repräsentationsprinzip 218
Restrukturierungsbeauftragte 264
- durch das Gericht 304
- gem. § 73 StaRuG 304
- von Amts wegen bestellte 264

Restrukturierungsgericht 264, 304
Restrukturierungsplan
- Umsetzung 304

Restrukturierungsverfahren 303
Restrukturierungsziel 304
Reverse-Charge-Verfahren 146
Revision 180
- an den Bundesfinanzhof 180
- begründete 181
- Nichtzulassung 181
- -sbegründung 181
- -sverfahren 181
- und Beschwerde 180
- zulässig, aber unbegründet 181
- Zulässigkeitsvoraussetzungen 181

Revisionsvoraussetzungen 181
Rückgängigmachung einer vGA 86
Rückstellung 199, 201
- für drohende Verluste aus schwebenden Geschäften 199
- für im Geschäftsjahr unterlassene Aufwendungen für Abraumbeseitigungen 199
- für im Geschäftsjahr unterlassene Aufwendungen für Instandhaltung 199
- für passive latente Steuern 211, 212
- für ungewisse Verbindlichkeiten 199
- für unterlassene Instandhaltung 209
- für unterlassene Rückstellungen 209

Rückzahlung
- aus der Herabsetzung des Stammkapitals 84
- aus Kapitalherabsetzung 98
- des Gesellschafterdarlehens ohne Rangrücktritt

312
- des Nennkapitals 98
Rüge 262

S

Sachdarlehen 275
Sachgründung 132
Sachliche Gewerbesteuerpflicht 108
Sachliche Steuerpflicht
- ErbSt 218
Sachmangel 274
Sachwertverfahren 223
Sachzuwendungen 90
Sale-and-lease-back-Verfahren 153
Sanierungskonzept 263
Sanierungs- und Insolvenzrechtsfortentwicklungsgesetz 314
SanInsKG 309
Sättigungsmenge 246
Säumniszuschlag 169
- Entstehung 189
- Haftung 189
Schachtelbeteiligung 110
Schadensersatz 137
- gem. § 311a Abs. 2 S. 1 Alt. 1 BGB 274
Schädigung des Umsatzsteueraufkommens 177
Schädlicher Beteiligungserwerb 97
Schaltkreise 155
Schattenwirtschaft 244
Scheck 283
Scheidungsvereinbarung 64
Schenkung 273
- -svertrag 273
- unter Lebenden 218, 219
- unter Lebenden an Kinder 230
Schlussauskehrung 98
Schmuggel 177
Schonfrist 169
Schreibfehler, Rechenfehler und ähnliche offenbare Unrichtigkeiten, die beim Erlass eines Verwaltungsakts unterlaufen sind 88
Schriftlicher Verwaltungsakt 166
Schulden
- die zu steuerbefreiten Vermögensgegenständen gehören 222
- -konsolidierung 200, 278
Schuldrecht
- und die Corona-Krise im Miet- und Pachtrecht 267
Schuldrechtliche Wertpapiere 283
Schutzschirmverfahren
- Allgemeine Anordnungsvoraussetzungen 307
- Besondere Voraussetzungen 307
- Eigenverwaltung 309
- Eröffnung eines Regelinsolvenzverfahrens oder eines vorläufigen Insolvenzverfahrens 308
- Vorschlag und die Auswahl des vorläufigen Sachwalters 308
SE
- Mindeststammkapital 288
Selbstanzeige 176, 177, 190
Selbstbewusstsein 23
Selbstfinanzierung
- offene 237
Selbstkontrahierungsverbot 275
Sitzen oder Stehen 22
Sonderabschreibung 61
- nach § 7b EStG 61
- nach § 7g Abs. 5 EStG 197
Sonderausgaben
- Bonuszahlungen 63
Sondergüter 267
Sondervorschrift des § 6 Abs. 5 EStG 192
Sonstiger Vermögensgegenstand 216
Sonstige Themen 43
Spaltung
- einer GmbH in eine KG 115
- von Kapitalgesellschaften 113
Sparerpauschbetrag 54, 70
Special purpose vehicle 289
Spenden 90
- Höchstbeträge 90
Sperrjahr 280
Spezial-Investmentfonds 55
Sprechdenken 19
Sprungklage 167
Squeeze out 288
Staatsquote 243
Stabilitätsgesetz 245
Stagnation 244
Stammesprinzip 218
Stellvertreter 262
Stempeltheorie 111
Steuer 246
- Definition 246
- -gefährdung 177
- -hehlerei 177
- -liche Außenprüfung 170
- -liche Nebenleistungen 167
- -neutrale Spaltung 113
- -ordnungswidrigkeiten 177
- -strafrecht 176
- -straftat 176
- -wirksame Teilwertabschreibung 97
Steueranmeldungen 169
Steuerartenübergreifende Themen 43
Steuerbefreiung
- aufgrund besonderen öffentlichen Interesses 220
- Betriebsvermögen 228
- Familienheim 219, 230

Stichwortverzeichnis

- für Grundbesitz der ohne gesetzliche Verpflichtung der Allgemeinheit zugänglich gemacht ist 220
- für zu Wohnzwecken vermietete Grundstücke 220
- Grundstücke 219
- nach 8b KStG 96

Steuerberatende Berufsausübungsgesellschaften 256

Steuerberater
- Abrechnung 258
- Berufsausübung 253
- Gebührenrechnung, fehlerhafte 260
- schuldhafter Beratungsfehler 258
- Werbung 262
- Wiederbestellung 254

Steuerberaterplattform 260

Steuerberatung
- -s-GmbH 280
- -skosten 222

Steuerberatungsgesellschaft 256

Steuerberatungskosten 222
- die im Zusammenhang mit der Erstellung der Erbschaftsteuererklärung sowie der Erklärungen zur gesonderten Feststellung nach § 151 BewG anfallen 222
- im Vorfeld einer Schenkung 231

Steuerbescheid
- Änderung wegen Schreib- oder Rechenfehler 173
- Änderungsmöglichkeiten 164

Steuererklärungspflicht
- Erbschaftsteuer 221

Steuerermäßigung
- ErbSt 229

Steuerfestsetzung
- unter Vorbehalt der Nachprüfung 164

Steuergeheimnis 178
- Art des Bekanntwerdens 178
- erlaubtes Offenbaren 179
- fremde Betriebs- und Berufsgeheimnisse 178
- Funktion 179
- zur Wahrung des - verpflichtete Personen 178

Steuerhinterziehung 162
- nach § 370 Abs. 1 AO 176
- nach § 370 Abs. 1 AO, Vorliegen 176

Steuerklasse I
- ErbSt 229

Steuerliches Einlagekonto 100
- nach § 27 KStG 95

Steuerpflicht
- ErbSt 227

Steuerrechtlicher Haftungsbegriff 161
Steuerschuldnerschaft des Leistungsempfängers 147
Stichwortzettel 25
Stille Gesellschaft 286
Stille Reserven 79, 203
Stiller Gesellschafter 297
Strafgerichtliche Verfahren gem. § 109 Abs. 1 StBerG 263
Strukturbilanz 238
Subsidiaritätsprinzip 54, 84
Substanzwertverfahren 236
Summenbilanz 200
Syndikus-Steuerberater 263

T

Tarif
- -begrenzung nach § 19a ErbStG 226
- -begünstigung des § 24 Abs. 3 UmwStG 130

Tätigkeit
- der Gewerbebetriebe kraft Rechtsform 106
- einer Personengesellschaft 106

Tätigkeiten
- die Steuerberater ausüben dürfen 252

Täuschungsversuche 3
Tax Due Diligence 294
Teile eines Grundstücks als Familienheim 220
Teileinkünfteverfahren 54
Teilerlass von Steuerschulden 312
Teilfreistellungen 55
Teilunternehmereigenschaft 156
Teilwert 192
Teilwertabschreibung 83, 193
- auf Beteiligungen 96

Temporary Crisis Framework 249

Testament 217
- Berliner 217
- Errichtung 217
- Errichtung, Form 217

Themen
- -analyse 24
- -auswahl 23
- zu Sonstigen Steuerarten 43
- zum Berufsrecht 35
- zum Bewertungsrecht 41
- zum Bilanzsteuerrecht 33
- zum Erbrecht 43
- zum Erbschaftsteuerrecht 41
- zum Ertragsteuerrecht 28
- zum Gesellschaftsrecht 35
- zum Handelsrecht 33
- zum Recht 35
- zum Umwandlungssteuerrecht 33
- zum Verfahrensrecht 37
- zum Wirtschaftsrecht 35
- zum Zivilrecht 35
- zur Betriebswirtschaft 42
- zur Grunderwerbsteuer 43
- zur Grundsteuer 43
- zur Umsatzsteuer 39
- zur Volkswirtschaft 42

Tie-breaker-rules 87
Timing-Konzept 209
Transatlantische Handels- und Investitionspartnerschaft 246
Transfereinkommen 244
Transparenzpflichtige Rechtseinheiten 299
Transparenzregister 291, 299
- Angaben über den wirtschaftlich Berechtigten 291
- Angaben zum wirtschaftlich Berechtigten 299
- Eintrag 292
- Eintragungspflichten 291

Transparenzregister- und Finanzinformationsgesetz 291, 299
Trennungsfolgenvereinbarung 64
Trennwände 206
- und Heizungsanlage 205

Treuhandverhältnis
- Anzeige beim Bundesanzeiger Verlag 299

TTIP 246

U

Überbrückungshilfen 1–3 201
Übereignung 163
- eines Unternehmens oder eines Teilbetriebes 163
- im Ganzen 163

Übergangsgewinn 198
Übernachtung 20
Übernahme
- Erbschaftsteuer/Schenkungsteuer 231

Übernehmender Rechtsträger 125
Überschaubare Sätze 19
Überschuldung 301
- Abwendung 301

Übersicht für den Kurzvortrag 27
Übertragender Rechtsträger 125
Übertragung
- einer Firma ohne den dazugehörigen Betrieb 281
- -sergebnis nach Steuern 127
- -sgewinn 127
- wesentliche Betriebsgrundlagen 132

UG (haftungsbeschränkt) 293
- Ausschüttung bei Gewinn 293
- Besteuerung 77
- möchte GmbH werden 294
- Stammkapital 294
- Unterschiede zur GmbH 77

uGmbH 283
Umgekehrte Betriebsaufspaltung 51
Umkehr der Steuerschuldnerschaft nach § 13b Abs. 5 S. 1 UStG 155
Umlaufvermögen 207
Umsatzrentabilität 236
Umsatzsteuer
- Entrichtung 188
- -prüfer 26
- -recht 137

Umsatzsteuerbescheid
- Änderung 181

Umsatzsteuerliche Organschaft 140, 142
Umtragung in eine GmbH im Wege der Kapitalerhöhung aus Gesellschaftsmitteln gem. § 57c GmbHG 293
Umwandlung
- einer GmbH auf eine KG 115
- einer Kapitalgesellschaft auf eine bestehende Personenhandelsgesellschaft 125
- eines Einzelunternehmens in eine GmbH 131
- Gebäudeabschreibung nach § 7 Abs. 4 EStG und § 7 Abs. 5 EStG 128
- in eine GmbH durch Kapitalerhöhung 298
- ohne Ertragsteuerbelastung 131
- Verluste 128
- zivilrechtliche Behandlung 125

Umwandlung einer GmbH & Co KG in eine GmbH 114
- Buchwertansatz 115
- steuerrechtliche 115
- zivilrechtliche 114

Umwandlungssteuerrecht 113
- 10 Fragen 113

UmwStE
- Ansatz der übergehenden Wirtschaftsgüter dem Grunde nach 127

Unabhängigkeit 253
Unbebaute Grundstücke
- Wert 231

Unbeschränkte Steuerpflicht
- ErbSt 219

Unbeschränkt körperschaftsteuerpflichtig 77
Unbewegte Lieferung 142
Unechte
- Betriebsaufspaltung 51

Unechter Schadenersatz 137
- Beispiele 137

Ungebührliches Verhalten während der Prüfung 3
Untätigkeitsklage 167
Unterlassene Instandhaltung 209
Unternehmen
- Bewertung 236
- -sidentität 107

Unternehmensbewertung
- Verfahren 236

Unternehmensstabilisierungs- und -restrukturierungsgesetz 303
Unternehmer 138
- -Ehegatten 203
- -identität 107

Unternehmerbegriff 151
Unternehmereigenschaft 139
Unterschied
- zwischen einer eingetragenen und nicht eingetra-

genen GbR 292
- zwischen einer GmbH und einer UG haftungsbeschränkt 293
- zwischen einer stillen und einer atypischen stillen Beteiligung 56
- zwischen einer typischen und atypischen stillen Gesellschaft 286
- zwischen GbR, OHG und KG 285
- zwischen Geschäftsführung und Vertretung 287
- zwischen Testament und Erbvertrag 217

V
Veräußerung
- einer Beteiligung an einer GmbH 93
- mittelbarer Beteiligungen 131
- -sgeschäft im Sinne des § 23 Abs. 1 S. 1 EStG 95
- unter fremden Dritten 97

Verbleibender nicht abziehbarer Verlust 97
Verbot
- der Beschlagnahme 255
- der Beschlagnahme im Strafverfahren 255

Verbraucher
- -preisindex 245

Verdeckte Einlage 81, 95
Verdeckte Gewinnausschüttung 69, 81, 91
- Begriff 81
- beherrschender Gesellschafter 81
- Bruttomethode 91
- Dividenden 96
- Erbschaftsteuer 226
- Pensionsrückstellung 92
- Rechtsfolge 92
- Umsatzsteuer 91
- und Kapitalertrag nach § 20 EStG 92
- Veranlassung durch das Gesellschaftsverhältnis 81
- Zurechnung der 91

Vereine
- neugegründete landwirtschaftliche Genossenschaften und bestimmte landwirtschaftlich tätige Vereine 77

Verfahrensrechtliche Aspekte 318
Verfahren zur Unternehmensbewertung 236
Vergleichswertverfahren 223
Verhältnis zwischen vGA und Verrechnungspreisen 85
Verjährungsfrist
- Lauf der 176
- Unterbrechungshandlungen 176

Verlängerung der Corona Schlussabrechnungen 201
Verletzung von Privatgeheimnissen 253
Verlust
- -anteile eines Kommanditisten 53
- -gesellschaft 97

Verluste
- aus Aktienveräußerung 55
- aus privaten Veräußerungsgeschäften 57

Verluste des Kommanditisten
- im Bereich seines Sonderbetriebsvermögens 53

Verlustvortrag 79, 101
- der GmbH 115
- stille Reserven 97

Verlustvorträge gem. § 8c KStG 102
- Geschäftsbetrieb 79
- qualitative Merkmale 79
- Wegfall 79

Vermögensgegenstände
- Anschaffung in fremder Währung 194

Vermögensschaden-Haftpflichtversicherung 257
Vermögensübergang
- auf eine Personengesellschaft 125
- im Wege der Gesamtrechtsnachfolge 128

Verpflichtungsklage 167
Verringerung des steuerlichen Einlagekontos 98
Verschiedenartigkeit der Betätigung 106
Verschmelzung 297
- Anmeldung und Eintragung im Handelsregister 125
- Ansatz der Wirtschaftsgüter 126
- Ansatz der Wirtschaftsgüter zum gemeinen Wert 126
- durch Aufnahme 115
- durch Aufnahme gem. § 2 Nr. 1 UmwG 125
- durch Neugründung 115
- einer GmbH auf eine bestehende OHG 132
- GbR 297
- Geschäftsveräußerung 129
- Grunderwerbsteuer 129
- handelsrechtlicher Umwandlungsstichtag 126
- Prüfung gem. § 9 UmwG 125
- Rückwirkung nach § 2 Abs. 1 UmwStG 126
- -sbericht 125
- -sbeschluss 125
- Schlussbilanz 126
- steuerlicher Übertragungsstichtag 126
- -svertrag 125
- Übertragungsgewinn 127

Verschmelzungen
- unter Beteiligung von Rechtsträgern in Drittstaaten 134

Verschonungsabschlag 226
Verschuldungsgrad 236
Verschwiegenheitsverpflichtung privater Berufsträger 164
Versorgungsleistungen 50
Verspätungszuschlag 168
Vertraglicher Haftungsausschluss 163
Vertragsarztzulassung
- kein abschreibungsfähiges Wirtschaftsgut 210

Vertretung 287
Verwaltungsakt 165, 187

- Bekanntgabe 166
- Bekanntgabe an Bevollmächtigte 166
- der im Ermessen der Finanzbehörde steht 166
- elektronischer 166
- heilbarer Verfahrens- oder Formfehler 166
- nichtiger 166
- schriftlicher 166
- Zugangsvermutung 166
- Zustellung nach dem Verwaltungszustellungsgesetz 166

Verwaltungsvermögen 228
Verwendung zu eigenen Wohnzwecken 204
Verzögerungsgeld 167
Verzugszinsen 243

vGA
- an nahestehende Person 86
- quotale Zuwendung der Gesellschafter 87

Volatilität von Krypto 196
Volkswirtschaft 2
Volkswirtschaftslehre 243
- Teilbereiche 243

Vollerbe 233
Vollkonsolidierung 277
Vollzuführung der Pensionsrückstellung 303
Voraussetzungen
- des § 7g Abs. 4 S. 1 EStG 214
- des Schutzschirmverfahrens 306
- für die Umkehr der Steuerschuldnerschaft 147

Vorauszahlungen
- Gewerbesteuer 111

Vorbehalt
- der Nachprüfung 188
- -sgüter 267

Vorbereitung für die mündliche Prüfung 1
Vorerbe 233
Vorgründungsgesellschaft 78
Vorleistungen im Rahmen eines schwebenden Vertrags 208
Vorsitzende des Prüfungsausschusses 3
Vorsorgeaufwendungen 63
Vorsteuerabzug 155
Vorteile einer Organschaft 86

Vortrag
- Abschluss 25
- abstrakte Regelungen 25
- Anrede 25
- Aufbereitung des Themas und Anfertigung des Redemanuskripts 26
- Ausblick auf künftige Rechtsentwicklungen 25
- Blickkontakt 26
- Dank an die Zuhörer 25
- Fragen durch die Prüfer 26
- Gliederung 25
- gut formulierte Einleitung 25
- Hauptstichworte 25
- Idealfall 25
- im Sitzen 22
- im Stehen 22
- Material sammeln 24
- Nebenstichworte 25
- Redemanuskript 24
- richtige Reihenfolge 24
- Schlussbetrachtung 25
- Schwerpunkte herausfiltern 24
- Stichwortzettel 25
- -svorlagen 18
- -szeit 3
- Unterpunkte zuordnen 24

Vorübergehender Gemeinschaftsrahmen für staatliche Beihilfen 248
Vorübergehender Krisenbeihilferahmen anlässlich des Ukrainekriegs 248
Vor- und Nachteile einer ertragssteuerrechtlichen Organschaft 86

W

Wahlrechte im Umsatzsteuerrecht 145
Wechsel 283
- von der Einnahmen-Überschussrechnung zur Bilanzierung 198

Wegfall der personellen Verflechtung 51
Weihnachtsgeld 68
Weitere Steuerstraftaten 177
Werbeaufwand 207
Werbemaßnahme 208
Werbungskosten-Pauschbetrag 53
Werkspensionen 53
Werkvertrag 265
Wertaufhellungstheorie 202
Wertaufholung 96
Wertpapiere
- Betriebsvermögen 54
- Privatvermögen 54

Wert unbebauter Grundstücke 231
Wertzeichenfälschung 177
Wesen der Grunderwerbsteuer 316
Wesentliche Betriebsgrundlage 132
Wettbewerbswidrige Werbung 254
Widerrufsrecht
- erlischt bei Verträgen über die Bereitstellung von nicht auf einem körperlichen Datenträger befindlichen digitalen Inhalten 270

Wiedereinsetzung in den vorigen Stand 185
Wiederkehrende Nutzungen 224
Willenserklärung 273
Wirksamkeit eines Rechtsgeschäfts 274
Wirtschaft
- -spolitik 243
- -srecht 265
- -stheorie 243

Wirtschaftlich Berechtigter 291
Wirtschaftlicher
- Eigentümer 202
- Geschäftsbetrieb 106

Wirtschaftlicher Geschäftsbetrieb 174
Wohnsitzverlegung des Gesellschafters 88

Z

Zahlung
- -sunfähigkeit 301
- -sverjährung 175

Zahlungspflicht
- Verletzung 189

Zahlungsunfähigkeit
- eines Schuldners 303
- im Sinne des § 17 Abs. 2 Satz 1 InsO 301
- Indizien 301

Zahlungsverjährungsfrist 175
Zeittaktklausel 261
Zeugnisverweigerungsrecht 253
Zinsen 169
- aus dem Darlehen eines mittelbaren Gesellschafters an eine Kapitalgesellschaft 53

Zugangsbewertung
- von Vermögensgegenständen/Wirtschaftsgütern 192
- von Wirtschaftsgütern, die in ein Betriebsvermögen eingelegt werden 192

Zugangsbewertung von Krypto's 196
Zugehörigkeit eines Bankkontos oder -depots zum Privat- oder Betriebsvermögen 56
Zugewinnausgleich 63
Zulässige Rechtsbehelfe 175
Zulassung zur mündlichen Prüfung 1
Zusammenfassende Meldung (§ 18a UStG) 158
Zusatzkosten 237
Zuständige Steuerberaterkammer 1
Zuwendung
- an Arbeitnehmer 159
- eines Familienheims an Kinder 230
- Familienheim 219
- zur Förderung steuerbegünstigter Zwecke 89

Zuwendungen
- an steuerbegünstigte Körperschaften 174

Zwangsweise Anteilsübertragung der Kleinaktionäre auf den Mehrheitsaktionär gegen Barabfindung 289
Zweck einer Geschäftsveräußerung im Ganzen 138
Zweckzuwendung 218, 233
Zweifelsfragen zu den Investitionsabzugsbeträgen nach § 7g Abs. 1 bis 4 und 7 EStG 213
Zwei-Instanzen-Weg 180
Zweischneidigkeit der Bilanz 202
Zwischenergebniseliminierung 200, 278

Weitere Bücher des HDS-Verlags

Jordan, Nachhaltigkeitsberichterstattung (ESRS) und ihre Prüfung – eine Darstellung im europäischen Kontext

Umfang: 310 Seiten
Preis: 59,90 €
ISBN: 978-3-95554-910-7
1. Auflage

Neu 2024

Szczesny, Körperschaftsteuer, Steuern und Finanzen in Ausbildung und Praxis, Bd. 5

Umfang: 436 Seiten
Preis: 54,90 €
ISBN: 978-3-95554-843-6
4. Auflage

4. Aufl. 2023

Arndt, Einkommensteuererklärung 2023 Kompakt

Umfang: 836 Seiten
Preis: 54,90 €
ISBN: 978-3-95554-883-4
15. Auflage

15. Aufl. 2024

Voos, Betriebswirtschaft und Recht in der mündlichen Steuerberaterprüfung 2024/2025

Umfang: 200 Seiten
Preis: 44,90 €
ISBN: 978-3-95554-930-5
4. Auflage

4. Aufl. 2024

Maier/Metzing, Falltraining Internationales Steuerrecht, Fälle und Lösungen zum Steuerrecht, Bd. 8

Umfang: 196 Seiten
Preis: 54,90 €
ISBN: 978-3-95554-919-0
2. Auflage

2. Aufl. 2024

Albert/Schröder/Schulz, Einkommensteuer, Steuern und Finanzen in Ausbildung und Praxis, Bd. 1

Umfang: 520 Seiten
Preis: 54,90 €
ISBN: 978-3-95554-857-5
8. Auflage

8. Aufl. 2023

Fränznick (Hrsg.), Die schriftliche Steuerberaterprüfung 2024/2025

Umfang: 412 Seiten
Preis: 69,90 €
ISBN: 978-3-95554-914-5
15. Auflage

15. Aufl. 2024

Dauber/Ossola-Haring, Due Diligence

Umfang: 88 Seiten
Preis: 49,90 €
ISBN: 978-3-95554-763-9
1. Auflage

Neu 2023

Kamchen, Besteuerung und Bilanzierung von Bitcoin & Co.

Umfang: 140 Seiten
Preis: 39,90 €
ISBN: 978-3-95554-887-2
2. Auflage

2. Aufl. 2024

Paket Falltraining 2024
Fälle und Lösungen zum Steuerrecht

Umfang: 8 Bücher mit 2.012 Seiten
Preis: 364,30 €
ISBN: 978-3-95554-918-3
8. Auflage

8. Aufl. 2024

Seefelder, Die GmbH & Co. KG,
Rechtsformen und Musterverträge im Gesellschaftsrecht, Bd. 4

Umfang: 128 Seiten
Preis: 49,90 €
ISBN: 978-3-95554-916-9
2. Auflage

2. Aufl. 2024

Fränznick u.a., Der Kurzvortrag in der mündlichen Steuerberaterprüfung 2024/2025

Umfang: 480 Seiten
Preis: 59,90 €
ISBN: 978-3-95554-926-8
16. Auflage

16. Aufl. 2024

Neudert, Falltraining Abgabenordnung und Finanzgerichtsordnung, Fälle und Lösungen zum Steuerrecht, Bd. 3

Umfang: 190 Seiten
Preis: 54,90 €
ISBN: 978-3-95554-888-9
4. Auflage

4. Aufl. 2024

Paket Steuerveranlagungsbücher Kompakt 2023

Umfang: 1.750 Seiten
Preis: 164,80 €
ISBN: 978-3-95554-905-3
15. Auflage

15. Aufl. 2024

Hüffmeier, Internationales Steuerrecht, Steuern und Finanzen in Ausbildung und Praxis, Bd. 10

Umfang: 222 Seiten
Preis: 54,90 €
ISBN: 978-3-95554-886-5
2. Auflage

2. Aufl. 2024

Paket Vorbereitung auf die mündliche Steuerberaterprüfung 2024/2025

Umfang: 4 Bücher mit insg. 1.638 Seiten
Preis: 204,90 €
ISBN: 978-3-95554-929-9
8. Auflage

8. Aufl. 2024

Hoffmann, Mandanten gewinnen – Akquisitionsstrategien für Steuerberater, Rechtsanwälte und Wirtschaftsprüfer

Umfang: 214 Seiten
Preis: 89,90 €
ISBN: 978-3-95554-924-4
2. Auflage

2. Aufl. 2024

Seefelder, Die GmbH & Co. KG auf Aktien, Rechtsformen und Musterverträge im Gesellschaftsrecht, Bd. 5

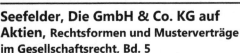
Umfang: 110 Seiten
Preis: 49,90 €
ISBN: 978-3-95554-917-6
2. Auflage

2. Aufl. 2024

Fränznick, Falltraining Besteuerung der Personengesellschaften, Fälle und Lösungen zum Steuerrecht, Bd. 4

Umfang: 432 Seiten
Preis: 54,90 €
ISBN: 978-3-95554-866-7
3. Auflage

3. Aufl. 2023

Dauber u.a., Vorbereitung auf die mündliche Steuerberaterprüfung/ Kurzvortrag 2024/2025 mit Fragen und Fällen aus Prüfungsprotokollen

Umfang: 364 Seiten
Preis: 54,90 €
ISBN: 978-3-95554-927-5
12. Auflage

12. Aufl. 2024

Radeisen, Praktiker-Lexikon Umsatzsteuer

Umfang: 924 Seiten
Preis: 99,90 €
ISBN: 978-3-95554-931-2
15. Auflage

15. Aufl. 2024

Perbey, Körperschaftsteuererklärung 2023 Kompakt

Umfang: 980 Seiten
Preis: 119,90 €
ISBN: 978-3-95554-904-6
15. Auflage

15. Aufl. 2024

Ulbrich, Lohnsteuer, Steuern und Finanzen in Ausbildung und Praxis, Bd. 11

Umfang: 278 Seiten
Preis: 54,90 €
ISBN: 978-3-95554-922-0
5. Auflage

5. Aufl. 2024

Grobshäuser u.a., Die mündliche Steuerberaterprüfung 2024/2025

Umfang: 568 Seiten
Preis: 59,90 €
ISBN: 978-3-95554-928-2
17. Auflage

17. Aufl. 2024

Preißer, GmbH & Co KGaA: die ultimative, innovative und passende Gestaltungsalternative für den Mittelstand

Umfang: 140 Seiten
Preis: 99,95 €
ISBN: 978-3-95554-899-5
1. Auflage

Neu 2024

Dauber, Handelsrechtliche und steuerliche Aufbewahrungspflichten

Umfang: 116 Seiten
Preis: 49,90 €
ISBN: 978-3-95554-860-5
1. Auflage

Neu 2023

Bosch u.a., Ausbildungstraining zum Finanzwirt Laufbahnprüfung 2024/2025, Steuern und Finanzen in Ausbildung und Praxis, Bd. 13

Umfang: 176 Seiten
Preis: 42,95 €
ISBN: 978-3-95554-885-8
8. Auflage

8. Aufl. 2024

Güllemann, Kreditsicherungsrecht

Umfang: 196 Seiten
Preis: 34,90 €
ISBN: 978-3-95554-906-0
3. Auflage

3. Aufl. 2024

Ratjen/Sager/Schimpf, Abgabenordnung und Finanzgerichtsordnung, Steuern und Finanzen, Band 7

Umfang: 576 Seiten
Preis: 54,90 €
ISBN: 978-3-95554-915-2
6. Auflage

6. Aufl. 2024

Hüffmeier, Investmentsteuerrecht Kompakt

Umfang: 200 Seiten
Preis: 99,90 €
ISBN: 978-3-95554-907-7
1. Auflage

Neu 2024

Ehrensberger u.a., Prüfungstraining zum Diplom-Finanzwirt Laufbahnprüfung 2024/2025, Steuern und Finanzen in Ausbildung und Praxis, Bd. 12

Umfang: 212 Seiten
Preis: 41,95 €
ISBN: 978-3-95554-939-8
8. Auflage

8. Aufl. 2024

Radeisen/Radeisen, Erbschaftsteuer und Bewertung, Steuern und Finanzen in Ausbildung und Praxis, Bd. 3

Umfang: 380 Seiten
Preis: 54,90 €
ISBN: 978-3-95554-908-4
5. Auflage

5. Aufl. 2024

Neudert/Sagemann, Steuerstrafrecht Kompakt

Umfang: 110 Seiten
Preis: 44,90 €
ISBN: 978-3-95554-925-1
2. Auflage

2. Aufl. 2024

Murrer, Klausurtraining Abgabenordnung und Finanzgerichtsordnung

Umfang: 120 Seiten
Preis: 54,90 €
ISBN: 978-3-95554-938-1
1. Auflage

Neu 2024

Fuldner, Fristenkontrolle für Steuerberater und Rechtsanwälte

Umfang: 120 Seiten
Preis: 49,90 €
ISBN: 978-3-95554-750-9
1. Auflage

Paket Steuerveranlagungsbücher Kompakt 2022

Umfang: 1.700 Seiten
Preis: 159,80 €
ISBN: 978-3-95554-847-6
14. Auflage

14. Aufl. 2023

Hoffmann, Lernstrategien für die erfolgreiche Prüfungsvorbereitung

Umfang: 184 Seiten
Preis: 54,90 €
ISBN: 978-3-95554-848-3
2. Auflage

2. Aufl. 2023

Radeisen, Falltraining Umsatzsteuer, Fälle und Lösungen zum Steuerrecht, Bd. 6

Umfang: 272 Seiten
Preis: 49,90 €
ISBN: 978-3-95554-704-2
5. Auflage

5. Aufl. 2022

Seefelder, Die Stille Gesellschaft, Rechtsformen und Musterverträge im Gesellschaftsrecht, Bd. 8

Umfang: 118 Seiten
Preis: 29,95 €
ISBN: 978-3-95554-251-1
1. Auflage

Herzberg/Dauber, Abgabenordnung und Steuerbegünstigte Zwecke für Vereine

Umfang: 176 Seiten
Preis: 44,90 €
ISBN: 978-3-95554-796-7
2. Auflage

2. Aufl. 2022

Fränznick, Falltraining Bilanzsteuerrecht, Fälle und Lösungen zum Steuerrecht, Bd. 2

Umfang: 392 Seiten
Preis: 49,90 €
ISBN: 978-3-95554-815-5
6. Auflage

6. Aufl. 2022

Bernhagen u.a., Falltraining Einkommensteuerrecht, Fälle und Lösungen zum Steuerrecht, Bd. 1

Umfang: 236 Seiten
Preis: 49,90 €
ISBN: 978-3-95554-861-2
5. Auflage

5. Aufl. 2023

Arndt, Einkommensteuererklärung 2022 Kompakt

Umfang: 754 Seiten
Preis: 49,90 €
ISBN: 978-3-95554-844-5
14. Auflage

14. Aufl. 2023

Seefelder, Die Aktiengesellschaft (AG), Rechtsformen und Musterverträge im Gesellschaftsrecht, Bd. 2

Umfang: 130 Seiten
Preis: 39,90 €
ISBN: 978-3-95554-749-3
2. Auflage

2. Aufl. 2022

Zielke, Wissenschaftliches Arbeiten durch plagiatfreies Ableiten

Umfang: 156 Seiten
Preis: 15,90 €
ISBN: 978-3-95554-806-3
1. Auflage

Zielke, Übungsbuch Wissenschaftliches Arbeiten durch plagiatfreies Ableiten

Umfang: 108 Seiten
Preis: 15,90 €
ISBN: 978-3-95554-807-0
1. Auflage

Paket Wissenschaftliches Arbeiten durch plagiatfreies Ableiten

Umfang: 2 Bücher mit 264 Seiten
Preis: 29,90 €
ISBN: 978-3-95554-808-7
1. Auflage

Seefelder, Die Gesellschaft bürgerlichen Rechts (GbR), Rechtsformen und Musterverträge im Gesellschaftsrecht, Bd. 3

Umfang: 132 Seiten
Preis: 39,90 €
ISBN: 978-3-95554-793-6
2. Auflage

2. Aufl. 2022

Uppenbrink/Frank, Neue Krisenfrüherkennungspflichten für Steuerberater, Wirtschaftsprüfer und vereidigte Buchprüfer gemäß SanInsFoG und StaRUG

Umfang: 96 Seiten
Preis: 49,90 €
ISBN: 978-3-95554-727-1
1. Auflage

Mutschler/Scheel, Umsatzsteuer, Steuern und Finanzen, Band 4

Umfang: 446 Seiten
Preis: 54,90 €
ISBN: 978-3-95554-849-0
7. Auflage

7. Aufl. 2023

Seefelder, Die GmbH, Rechtsformen und Musterverträge im Gesellschaftsrecht, Bd. 1

Umfang: 148 Seiten
Preis: 39,90 €
ISBN: 978-3-95554-748-6
2. Auflage

2. Aufl. 2022

Tonner u.a., Kurzvorträge für das Wirtschaftsprüferexamen

Umfang: 304 Seiten
Preis: 59,90 €
ISBN: 978-3-95554-862-9
5. Auflage

5. Aufl. 2023

Hendricks, Bilanzsteuerrecht und Buchführung, Steuern und Finanzen in Ausbildung und Praxis, Bd. 2

Umfang: 412 Seiten
Preis: 54,90 €
ISBN: 978-3-95554-794-3
8. Auflage

8. Aufl. 2022

Neumann, Falltraining Lohnsteuer, Fälle und Lösungen zum Steuerrecht, Bd. 7

Umfang: 124 Seiten
Preis: 49,90 €
ISBN: 978-3-95554-798-1
2. Auflage

2. Aufl. 2022

Blankenhorn, Gewerbesteuer, Steuern und Finanzen in Ausbildung und Praxis, Bd. 14

Umfang: 188 Seiten
Preis: 44,90 €
ISBN: 978-3-95554-802-5
4. Auflage

4. Aufl. 2022

Ulbrich/Dauber, Lohnsteuer für Vereine

Umfang: 168 Seiten
Preis: 44,90 €
ISBN: 978-3-95554-803-2
2. Auflage

2. Aufl. 2022

Dauber u.a., Vereinsbesteuerung Kompakt

Umfang: 988 Seiten
Preis: 109,90 €
ISBN: 978-3-95554-762-2
13. Auflage

13. Aufl. 2022

von Eitzen/Elsner, Buchführung und Bilanzierung

Umfang: 298 Seiten
Preis: 49,90 €
ISBN: 978-3-95554-838-4
2. Auflage

2. Aufl. 2023

Dauber/Ulbrich, Körperschaftsteuer und Gewerbesteuer für Vereine

Umfang: 124 Seiten
Preis: 39,90 €
ISBN: 978-3-95554-711-0
2. Auflage

Hoffmann, Lernstrategien für das Jura-Studium

Umfang: 188 Seiten
Preis: 49,90 €
ISBN: 978-3-95554-730-1
1. Auflage

Patt, Checkliste Einbringung eines Betriebs, Teilbetriebs oder Mitunternehmeranteils in eine Kapitalgesellschaft oder Genossenschaft (§ 20 UmwStG)

Umfang: 92 Seiten
Preis: 49,90 €
ISBN: 978-3-95554-864-3
2. Auflage

2. Aufl. 2023

Seefelder, Wie Sie Ihre Kanzlei vernichten ohne es zu merken

Umfang: 204 Seiten,
Preis: 49,90 €
ISBN: 978-3-95554-816-2
3. Auflage

3. Aufl. 2022

Preißer u.a., Umwandlungsrecht

Umfang: 122 Seiten
Preis: 29,90 €
ISBN: 978-3-95554-721-9
1. Auflage

Fritz, Wie Sie Ihre Familie zerstören ohne es zu merken

Umfang: 168 Seiten
Preis: 39,90 €
ISBN: 978-3-95554-117-0
2. Auflage

Fritz, Wie Sie Ihr Vermögen vernichten ohne es zu merken

Umfang: 238 Seiten
Preis: 39,90 €
ISBN: 978-3-95554-510-9
4. Auflage

Preißer u.a., Umwandlungsrecht/Umwandlungssteuerrecht, Steuern und Finanzen in Ausbildung und Praxis, Bd. 15

Umfang: 310 Seiten
Preis: 49,90 €
ISBN: 978-3-95554-671-7
1. Auflage

Traub, Abenteuer Steuerberaterprüfung

Umfang: 96 Seiten
Preis: 29,90 €
ISBN: 978-3-95554-709-7
1. Auflage

von Cölln, Veräußerung einer Immobilie im Umsatzsteuerrecht

Umfang: 136 Seiten
Preis: 39,90 €
ISBN: 978-3-95554-672-4
1. Auflage

Schwerberger, Alles Wahnsinn oder was? Über den Sinn des Wahns demenziell und psychisch Erkrankter. Handbuch für Angehörige

Umfang: 108 Seiten
Preis: 24,90 €
ISBN: 978-3-95554-898-8
1. Auflage

Hoffmann, Effektive und effiziente Vorbereitung auf die Steuerberaterprüfung, Vorbereitung auf die Steuerberaterprüfung, Bd. 6

Umfang: 188 Seiten
Preis: 49,90 €
ISBN: 978-3-95554-438-6
1. Auflage

Elvers, Abrechnung für Zahnarztpraxen Kompakt

Umfang: 106 Seiten
Preis: 49,90 €
ISBN: 978-3-95554-550-5
2. Auflage

Seefelder, Außergerichtliche Sanierung von Unternehmen, Finanzierung, Bewertung und Sanierung von Unternehmen, Bd. 4

Umfang: 152 Seiten
Preis: 29,90 €
ISBN: 978-3-95554-342-6
1. Auflage

Seefelder, Nachfolge von Unternehmen, Unternehmenskauf, Unternehmensverkauf, Unternehmensnachfolge, Bd. 3

Umfang: 124 Seiten
Preis: 29,95 €
ISBN: 978-3-95554-288-7
1. Auflage

Fränznick u.a., Besteuerung der Personengesellschaften, Steuern und Finanzen in Ausbildung und Praxis, Bd 8.

Umfang: 416 Seiten
Preis: 49,90 €
ISBN: 978-3-95554-718-9
3. Auflage

Seefelder, Die Wahl der richtigen Rechtsform, Rechtsformen und Musterverträge im Gesellschaftsrecht, Bd. 9

Umfang: 188 Seiten
Preis: 49,90 €
ISBN: 978-3-95554-884-1
2. Auflage

Birgel, Datenzugriffsrecht auf digitale Unterlagen

Umfang: 90 Seiten
Preis: 49,90 €
ISBN: 978-3-95554-845-2
2. Auflage

2. Aufl. 2023

Seefelder, Kauf und Verkauf von Unternehmen, Unternehmenskauf, Unternehmensverkauf, Unternehmensnachfolge, Bd. 2

Umfang: 138 Seiten
Preis: 29,95 €
ISBN: 978-3-95554-287-0
1. Auflage

Schneider, Familie und Steuern

Umfang: 152 Seiten
Preis: 39,90 €
ISBN: 978-3-95554-708-0
1. Auflage

Seefelder, Kreditsicherheiten, Finanzierung, Bewertung und Sanierung von Unternehmen, Bd. 3

Umfang: 134 Seiten
Preis: 29,90 €
ISBN: 978-3-95554-341-9
1. Auflage

Hoffmann, Lernstrategien für das erfolgreiche Bachelor-Studium

Umfang: 184 Seiten
Preis: 39,90 €
ISBN: 978-3-95554-475-1
1. Auflage

Dauber u.a., Recht, Buchführungspflichten, Haftung und Datenschutz für Vereine

Umfang: 106 Seiten
Preis: 44,90 €
ISBN: 978-3-95554-624-3
1. Auflage

Feindt, Businesspläne Kompakt

Umfang: 112 Seiten
Preis: 49,90 €
ISBN: 978-3-95554-183-5
1. Auflage

Ossola-Haring, Vererbung von GmbH-Anteilen

Umfang: 108 Seiten
Preis: 39,90 €
ISBN: 978-3-95554-765-3
2. Auflage

Patt, Checkliste Besonderheiten bei der Gewerbesteuer in Umwandlungs- und Einbringungsfällen

Umfang: 74 Seiten
Preis: 29,90 €
ISBN: 978-3-95554-636-6
1. Auflage

Merten/Orlowski, Beratung in Krise und Insolvenz

Umfang: 102 Seiten
Preis: 49,90 €
ISBN: 978-3-95554-766-0
1. Auflage

Rhode/Krennrich-Böhm, Betriebswirtschaftliche Problemstellungen für Apotheker/n

Umfang: 130 Seiten
Preis: 49,90 €
ISBN: 978-3-95554-569-7
2. Auflage

Seefelder, Sanierungsplan, Finanzierung, Bewertung und Sanierung von Unternehmen, Bd. 5

Umfang: 120 Seiten
Preis: 29,90 €
ISBN: 978-3-95554-343-3
1. Auflage

Seefelder, Beschlüsse der Gesellschafter einer GmbH, Die Leitung von Unternehmen, Bd. 1

Umfang: 118 Seiten
Preis: 49,90 €
ISBN: 978-3-95554-843-8
2. Auflage

Seefelder, Die Finanzierung von Unternehmen, Finanzierung, Bewertung und Sanierung von Unternehmen, Bd. 2

Umfang: 132 Seiten
Preis: 29,90 €
ISBN: 978-3-95554-340-2
1. Auflage

Müller, Forderungsmanagement für KMU nach dem Minimalprinzip

Umfang: 168 Seiten
Preis: 29,90 €
ISBN: 978-3-95554-170-5
1. Auflage

Patt, Checkliste Einbringung eines Betriebs, Teilbetriebs oder Mitunternehmeranteils in eine Personengesellschaft (§ 24 UmwStG)

Umfang: 78 Seiten
Preis: 29,90 €
ISBN: 978-3-95554-633-5
1. Auflage

Patt, Checkliste Spaltung einer Körperschaft

Umfang: 64 Seiten
Preis: 29,90 €
ISBN: 978-3-95554-635-9
1. Auflage

Seefelder, Die Offene Handelsgesellschaft, Rechtsformen und Musterverträge im Gesellschaftsrecht, Bd. 6

Umfang: 138 Seiten
Preis: 29,95 €
ISBN: 978-3-95554-253-5
1. Auflage

Schinkel, Wirtschaftsmediation und Verhandlung

Umfang: 264 Seiten
Preis: 59,90 €
ISBN: 978-3-95554-176-7
2. Auflage

Dauber, Verträge für Arztpraxen

Umfang: 126 Seiten
Preis: 49,90 €
ISBN: 978-3-95554-575-8
1. Auflage

Benz, Wie Apotheken funktionieren

Umfang: 266 Seiten
Preis: 49,90 €
ISBN: 978-3-95554-498-0
1. Auflage

Wermke u.a., Praxishandbuch Mediation

Umfang: 232 Seiten
Preis: 34,90 €
ISBN: 978-3-95554-171-2
3. Auflage

Patt, Checkliste Umwandlung einer Personengesellschaft in eine Kapitalgesellschaft oder Genossenschaft (§§ 20, 25 UmwStG)

Umfang: 78 Seiten
Preis: 29,90 €
ISBN: 978-3-95554-634-2
1. Auflage

Feindt, Businesspläne für Ärzte und Zahnärzte Kompakt

Umfang: 128 Seiten
Preis: 49,90 €
ISBN: 978-3-95554-184-2
2. Auflage

Ackermann/Petzoldt, Erbrecht, Grundzüge des Rechts für Finanzwirte/Diplom-Finanzwirte/Bachelor of Laws, Bd. 1

Umfang: 108 Seiten
Preis: 29,90 €
ISBN: 978-3-95554-494-2
1. Auflage

Hans-Hinrich von Cölln, Brennpunkte der Umsatzsteuer bei Immobilien

Umfang: 328 Seiten
Preis: 79,90 €
ISBN: 978-3-95554-702-8
4. Auflage

Wermke u.a., Exzellente Kommunikation im Wirtschaftsleben

Umfang: 170 Seiten
Preis: 44,90 €
ISBN: 978-3-95554-371-6
1. Auflage

Gieske, Gesetzliche Betreuung – Fluch oder Segen?

Umfang: 170 Seiten
Preis: 24,90 €
ISBN: 978-3-95554-620-5
1. Auflage

Patt, Umstrukturierungen von betrieblichen Unternehmen

Umfang: 214 Seiten
Preis: 49,90 €
ISBN: 978-3-95554-259-7
1. Auflage

Seefelder, Die Partnerschaftsgesellschaft, Rechtsformen und Musterverträge im Gesellschaftsrecht, Bd. 7

Umfang: 134 Seiten
Preis: 29,95 €
ISBN: 978-3-95554-254-2
1. Auflage

von Eitzen/Zimmermann, Bilanzierung nach HGB und IFRS

Umfang: 384 Seiten
Preis: 44,90 €
ISBN: 978-3-95554-623-6
4. Auflage

Uppenbrink/Frank, Haftungsrisiken für Steuerberater und Wirtschaftsprüfer bei insolvenzgefährdeten Mandaten

Umfang: 104 Seiten
Preis: 49,90 €
ISBN: 978-3-95554-497-3
1. Auflage

Laoutoumai, Gewinnspiele auf Websites und Social-Media-Plattformen

Umfang: 174 Seiten
Preis: 99,95 €
ISBN: 978-3-95554-283-2
1. Auflage

Hendricks/Preuss, Die Betriebsaufspaltung

Umfang: 166 Seiten
Preis: 54,90 €
ISBN: 978-3-95554-381-5
1. Auflage

Wendland, Die wichtigsten Buchungssätze für Ärzte (SKR 03)

Umfang: 118 Seiten
Preis: 29,90 €
ISBN: 978-3-95554-324-2
1. Auflage

Ossola-Haring, Vermögensübertragung und Nießbrauch

Umfang: 96 Seiten
Preis: 39,90 €
ISBN: 978-3-95554-431-7
1. Auflage

Dauber/Pientka/Perbey, Spendenrecht und Sponsoring für Vereine

Umfang: 104 Seiten
Preis: 39,90 €
ISBN: 978-3-95554-627-4
1. Auflage

Uppenbrink, Sanierungsmandate aus Bankensicht: MaRisk – (Problem-) Kreditbearbeitung

Umfang: 122 Seiten
Preis: 49,90 €
ISBN: 978-3-95554-407-2
1. Auflage

Laoutoumai/Sanli, Startups und Recht

Umfang: 230 Seiten
Preis: 49,90 €
ISBN: 978-3-95554-386-0
1. Auflage

Deussen, Jahresabschluss und Lagebericht

Umfang: 248 Seiten
Preis: 49,90 €
ISBN: 978-3-95554-363-1
4. Auflage

Ewerdwalbesloh, Betriebswirtschaftliche Grundlagen und Finanzierung für Arztpraxen, Zahnarztpraxen und Heilberufler Kompakt

Umfang: 132 Seiten
Preis: 49,90 €
ISBN: 978-3-95554-319-8
2. Auflage

Formularsammlung zur Bearbeitung von Sanierungs-/Insolvenzmandaten

Umfang: 540 Seiten
Preis: 199,90 €
ISBN: 978-3-95554-190-3
2. Auflage

Ackermann, Verluste bei beschränkter Haftung nach § 15a EStG

Umfang: 184 Seiten
Preis: 69,90 €
ISBN: 978-3-95554-355-6
1. Auflage

Dauber, Investitionen und Investitionsplanung für Ärzte, Zahnärzte und Heilberufler

Umfang: 82 Seiten
Preis: 49,90 €
ISBN: 978-3-95554-393-8
1. Auflage

Hellerforth, Immobilienmanagement Kompakt

Umfang: 270 Seiten
Preis: 59,90 €
ISBN: 978-3-95554-284-9
1. Auflage

Posdziech, Aktuelle Schwerpunkte der GmbH-Besteuerung

Umfang: 380 Seiten
Preis: 69,90 €
ISBN: 978-3-95554-425-6
3. Auflage

Held/Stoffel, Die Besteuerung der Zahnärzte Kompakt

Umfang: 168 Seiten
Preis: 49,90 €
ISBN: 978-3-941480-86-5
2. Auflage

Ackermann, Sachenrecht,
Grundzüge des Rechts für Finanzwirte/ Diplom-Finanzwirte/Bachelor of Laws, Bd. 2

Umfang: 138 Seiten
Preis: 29,90 €
ISBN: 978-3-95554-365-5
1. Auflage

Uppenbrink/Frank, Sanierung von Arzt-, Zahnarzt-, Heilberuflerpraxen und Apotheken Kompakt

Umfang: 116 Seiten
Preis: 49,90 €
ISBN: 978-3-95554-306-8
2. Auflage

Hild, Steuerabwehr aufgrund eines Steuerstrafverfahren

Umfang: 254 Seiten
Preis: 69,90 €
ISBN: 978-3-95554-432-4
1. Auflage

Poll u.a., Die Bewertung von Krankenhäusern Kompakt

Umfang: 186 Seiten
Preis: 69,90 €
ISBN: 978-3-95554-129-3
2. Auflage

Hendricks/Schlegel, Die Partnerschaftsgesellschaft für Arztpraxen

Umfang: 66 Seiten
Preis: 29,90 €
ISBN: 978-3-95554-413-3
1. Auflage

Zielke, Scientific work through plagiarism-free deduction

Umfang: 214 Seiten
Preis: 25,90 €
ISBN: 978-3-95554-818-6
1. Auflag

Zielke, Exercise book Scientific work through plagiarism-free deduction

Umfang: 134 Seiten
Preis: 25,90 €
ISBN: 978-3-95554-819-3
1. Auflage

Zielke, Package Scientific work through plagiarism-free deduction

Umfang: 2 Bücher mit 348 Seiten
Preis: 48,90 €
ISBN: 978-3-95554-817-9
1. Auflage

Held/Bergtholdt, Erfolgreiche Praxisführung/Checklisten zur Praxisführung für Arzt- und Zahnarztpraxen Kompakt

Umfang: 140 Seiten
Preis: 49,90 €
ISBN: 978-3-95554-305-1
2. Auflage

Fleischhauer/Grabe, Umsatzrealisierung und Erlösabgrenzung nach IFRS 15, IAS 11 und HGB

Umfang: 194 Seiten
Preis: 59,90 €
ISBN: 978-3-95554-285-6
1. Auflage

Feindt, Besteuerung internationaler Arbeitnehmertätigkeit Kompakt

Umfang: 160 Seiten
Preis: 59,90 €
ISBN: 978-3-95554-137-8
1. Auflage

Heßeling, Internetsuchmaschinen im Konflikt mit dem Urheberrecht

Umfang: 216 Seiten
Preis: 99,90 €
ISBN: 978-3-95554-006-7
1. Auflage

Seefelder, Geschäftsordnung für die Geschäftsführung,
Die Leitung von Unternehmen, Bd. 2

Umfang: 106 Seiten
Preis: 29,90 €
ISBN: 978-3-95554-412-6
1. Auflage

Dauber, Sozialversicherung für Vereine

Umfang: 140 Seiten
Preis: 39,90 €
ISBN: 978-3-95554-630-4
1. Auflage

Rhode/Krennrich-Böhm, Teilung einer Arztzulassung/Jobsharing

Umfang: 80 Seiten
Preis: 49,90 €
ISBN: 978-3-95554-618-2
1. Auflage

Seefelder, Bewertung von Unternehmen, Finanzierung, Bewertung und Sanierung von Unternehmen, Bd. 1

Umfang: 108 Seiten
Preis: 29,90 €
ISBN: 978-3-95554-339-6
1. Auflage

Nagel/Dauber, Umsatzsteuer für Vereine

Umfang: 180 Seiten
Preis: 39,90 €
ISBN: 978-3-95554-719-6
3. Auflage

Seefelder, Betriebserwerb durch Auffanggesellschaft

Umfang: 106 Seiten
Preis: 39,95 €
ISBN: 978-3-95554-289-4
1. Auflage

Seefelder, Haftungs- und strafrechtliche Risiken bei der Unternehmensführung, Die Leitung von Unternehmen, Bd. 3

Umfang: 120 Seiten
Preis: 39,95 €
ISBN: 978-3-95554-495-9
1. Auflage

HDS
Verlag

Die Bücher des HDS-Verlags sind auch als E-Book (Download für zwei Endgeräte wie PC, Mac, Laptop, Apple iPad, Android Tablet PC) sowie zusätzlich als Online-Leseversion verfügbar.

Alle E-Books können Sie unserem E-Book-Shop unter:
https://hds-verlag.ciando.com bestellen.
Alle Bücher können Sie bestellen unter:

Karl-Benz-Str. 19/1, 71093 Weil im Schönbuch
Tel: 07157/65162 – Fax: 07157/620294
E-Mail: info@hds-verlag.de
Internet: www.hds-verlag.de